谨以此书献给

为新疆高速公路发展事业作出贡献的决策者、建设者、管理者

"十三五"国家重点图书出版规划项目
中 国 高 速 公 路 建 设 实 录

Record of Expressway Construction in
Xinjiang

新疆高速公路建设实录

新疆维吾尔自治区交通运输厅

人民交通出版社股份有限公司
China Communications Press Co., Ltd.

内 容 提 要

本书是《中国高速公路建设实录》系列丛书之新疆卷，内容包括新疆经济社会与综合交通运输发展、公路建设及运输发展、高速公路发展成就、高速公路建设管理地方法规及相关制度、高速公路建设科技成果、高速公路运营管理与路政管理、高速公路文化建设、高速公路建设项目、新疆高速公路建设大事记、新疆高速公路建设附图。

本书全面系统总结了新疆高速公路建设发展成就，详细记述了高速公路建设过程中的管理经验、科技创新、文化传承以及项目建设实情，具有很强的史料价值。本书可供交通运输建设行业相关人员阅读、学习与查询参考。

图书在版编目(CIP)数据

新疆高速公路建设实录 / 新疆维吾尔自治区交通运输厅组织编写. — 北京：人民交通出版社股份有限公司，2019.10

ISBN 978-7-114-14843-9

Ⅰ. ①新… Ⅱ. ①新… Ⅲ. ①高速公路—道路建设—新疆 Ⅳ. ①U412.36

中国版本图书馆 CIP 数据核字(2018)第 137564 号

"十三五"国家重点图书出版规划项目
中国高速公路建设实录

书　　名：	新疆高速公路建设实录
著　作　者：	新疆维吾尔自治区交通运输厅
责任编辑：	刘永超　周　宇　石　遥
责任校对：	刘　芹
责任印制：	张　凯
出版发行：	人民交通出版社股份有限公司
地　　址：	(100011)北京市朝阳区安定门外外馆斜街 3 号
网　　址：	http://www.ccpress.com.cn
销售电话：	(010)59757973
总　经　销：	人民交通出版社股份有限公司发行部
经　　销：	各地新华书店
印　　刷：	北京雅昌艺术印刷有限公司
开　　本：	787×1092　1/16
印　　张：	37.75
字　　数：	718 千
版　　次：	2019 年 10 月　第 1 版
印　　次：	2019 年 10 月　第 1 次印刷
书　　号：	ISBN 978-7-114-14843-9
定　　价：	310.00 元

(有印刷、装订质量问题的图书，由本公司负责调换)

《新疆高速公路建设实录》编委会

主　　任：李学东

副 主 任：艾山江·艾合买提

委　　员：刘　平　苏　彪　王永轩　李志农　杨成连

　　　　　丁彦昕　高仙桂　郑明权　奚元琪　王廷武

　　　　　艾来提·司马义

参加本书编写人员

编审人员： 于瑞莹　王丛喜　王旭武　王伯礼　尹志强
（按姓氏笔画排序）

孔令忠　白旭东　包卫星　朱敏荣　任　婷

闫晓颉　安　欣　孙宪魁　杜洪烈　李　娟

李江华　李国强　杨建国　吴　健　何　朴

宋学艺　陈文友　陈建壮　陈晓光　范西康

郑荣江　赵尔胜　袁春毅　徐卫星　徐玉春

曹胜铨　崔云翔　雷志仁

编写人员： 牛晓莹　巴　彦　代晓敏　朱敏荣　朱　鹏
（按姓氏笔画排序）

任　婷　刘　娜　齐东玉　麦合布拜·麦麦提

李　莉　杨建国　杨新龙　何金畅　张明杰

张冠宏　阿不力克木·阿地力　尚紫瑜　胡霄震

徐小勇　唐　志　鲁倩云　曾　山

参加本书编写单位

编 写 单 位：新疆维吾尔自治区交通运输厅实录编撰办

参 编 单 位：新疆维吾尔自治区交通规划勘察设计研究院

资料提供单位：新疆维吾尔自治区交通运输厅体制法规处

新疆维吾尔自治区交通运输厅综合规划处

新疆维吾尔自治区交通运输厅建设管理处

新疆维吾尔自治区交通运输厅科技教育处

新疆维吾尔自治区交通运输厅规划设计管理中心

新疆维吾尔自治区交通运输厅宣传教育中心

新疆维吾尔自治区交通运输厅招标中心

新疆维吾尔自治区交通建设管理局

新疆维吾尔自治区公路管理局

新疆维吾尔自治区道路运输管理局

新疆维吾尔自治区路政海事局

新疆维吾尔自治区工程质量监督局

新疆维吾尔自治区位于我国西北边陲,是我国面积最大、陆地边境线最长、毗邻国家最多的省级行政区,是我国战略资源的重要基地,是我国实施"一带一路"建设向西开放的重要门户。

2013年,习近平总书记在出访中亚和东南亚国家期间,提出共建丝绸之路经济带和21世纪海上丝绸之路的倡议。新时期"一带一路"宏伟倡议,从历史深处走来,跨越时空,融贯古今,连接中外,顺应潮流,赋予古丝绸之路以崭新的时代内涵。

丝绸之路是两汉时期开创的以洛阳、长安为起点,经西域连接东西方文明的贸易和文化交流通道,西域是古丝绸之路南、中、北三条线路的重要交通运输枢纽。共建丝绸之路经济带,新疆更是处于核心区,战略位置十分重要。习近平总书记指出,"丝绸之路首先得要有路,有路才能人畅其行、物畅其流"。推动形成覆盖沿线国家的综合交通基础设施骨干通道网络,是"一带一路"建设中交通运输领域的宏伟目标。交通基础设施互联互通是实现"一带一路"愿景的基础支撑、重要保障,扮演着"先行官"的重要角色。

交通是经济发展的动脉与骨架,而高速公路不管是在建设期还是在运营期都是优化资源配置、推动区域经济协调发展的强劲"发动机"。《新疆高速公路建设实录》一书,详细记录了新疆高速公路的发展历程、科技成果和建设成就,为新疆高速公路创新发展、转型升级提供了历史借鉴。

"绿水青山就是金山银山",沙漠雪山也是金山银山。新疆高速公路在整体规划中,处处遵循绿色发展理念,整体发展思路愈发明晰。2017年,新疆加大固定资产投资力度,将完成1.5万亿元的固定资产投资,其中力争在2017年全区交通基础设施建设投资完成2000亿元,"十三五"期间力争完成1万亿元。

道路通，百业兴。习近平总书记在第二次中央新疆工作座谈会上明确指出，做好新疆工作要围绕社会稳定和长治久安这个总目标，以推进新疆治理体系和治理能力现代化为引领。在以习近平同志为核心的党中央正确领导下，新疆高速公路建设已经驶入后发赶超的"快车道"，道路的通达必将有力促进经济发展和民生改善，不断巩固民族团结，为新疆社会稳定和长治久安总目标的实现提供交通运输保障。

新疆维吾尔自治区交通运输厅
2017 年 6 月

新疆地域辽阔，经过改革开放30多年的努力，交通运输建设得以长足发展。1998年8月20日，吐鲁番—乌鲁木齐—大黄山高等级公路建成通车，该公路全长283km，其中一级公路101km，二级汽车专用公路182km，总投资30.7亿元，是新疆利用世界银行贷款建成的第一条长距离高等级公路。2000年11月3日，乌鲁木齐—奎屯高速公路正式通车，标志着新疆的公路建设迈上了一个新的台阶。从此，新疆开始进入高速公路快速发展时代。近年来，全区建成库尔勒—阿克苏—喀什等18条国家和地方高速公路，总里程达到4395km，居全国第12位、西部省区第3位。新疆高速公路建设的迅速发展、交通运输设施的日趋完善，极大地满足了人民群众对交通运输的需求，基本形成了以乌鲁木齐为中心，以国家高速公路为主骨架，环绕并穿越准噶尔和塔里木两大盆地，辐射地、州、市、县和农牧团场，东联甘肃、青海，南接西藏，西出中亚、西亚各国，北达蒙古国的干支线公路交通网。

建设"一带一路"，新疆具有独特的区位优势，发挥着向西开放的重要窗口作用，也必将发挥丝绸之路经济带上重要的交通枢纽和商贸物流中心作用。2016年11月22日，新疆维吾尔自治区党委书记，新疆生产建设兵团党委第一书记、第一政委陈全国同志在专题研究部署自治区交通工作时，作出了"从2017年开始，交通建设投资每年完成2000亿元，'十三五'期间力争完成1万亿元投资任务，到2020年实现县县通高速、乡乡通油路、村村通硬化路"的部署，努力打造丝绸之路经济带核心区。新疆交通运输建设迎来大发展大繁荣的重要历史机遇。

《新疆高速公路建设实录》一书，较为翔实地记录了新疆高速公路建设的技术政策、管理制度和建设实践等，还全面展示了新疆各族人民在公路建设中的理念创新和文化传承。新疆高速公路建设者们精心打造了"红沙驼""丝路驿站""温馨和库"等文化品牌。"公路的道德楷模"胡曼、"帕米尔的雄鹰"多力坤·加尼拜克、"挡住风雪的那堵墙"何汉明、"中国好人"徐成，还有全国劳模亚生·阿不拉、全国五一劳动奖章获得者孙宪魁、自治区劳动模范巴图散等，他们和无数普普通通的建设者一起，共同描绘了一幅波澜壮阔的壮美画卷，见证着新疆高速公路大建设的丰功伟绩。编撰者们本着对历史负责、对未来负责的态度，力求全方位记录改革开放以来新疆高速公路建设实况，体现新疆高速公路发展理念和规律，使得该书具有较好的专业性、技术性、时效性和资料性。

云山苍苍，沙海泱泱，新疆高速，四面八方。我们坚信，在以习近平同志为核心的党中央正确领导下，在自治区党委、政府和交通运输部的关心支持下，新疆高速公路建设一定会取得更大成绩，一定会为实现新疆社会稳定和长治久安的总目标发挥十分重要的交通运输保障作用。

《新疆高速公路建设实录》编委会
2017年6月

《新疆高速公路建设实录》是"中国高速公路建设实录"系列丛书的分册之一。本书采用编年体中的"实录"形式，收录了自改革开放以来至2016年底新疆已建和在建高速公路相关信息，内容包括经济社会与综合交通运输发展、公路建设及运输发展、高速公路发展成就、高速公路建设管理地方法规及相关制度、高速公路建设科技成果、高速公路运营管理与路政管理、高速公路文化建设、高速公路建设项目、高速公路建设大事记等。本书力求全方位展示新疆高速公路建设成就，具有专业性、技术性、时效性和资料性等特点。

全书共分八章：第一章，经济社会与综合交通运输发展，介绍新疆的经济社会发展概况和综合交通运输及物流发展概况；第二章，公路建设及运输发展，介绍公路建设及道路运输发展概况；第三章，高速公路发展成就，介绍新疆高速公路发展历程，突出介绍全区高速公路建设情况，重点介绍复杂地质地形条件下桥梁隧道建设情况，对高速公路建设经验进行总结，对高速公路与经济社会的协同发展进行分析；第四章，高速公路建设管理地方法规及相关制度，在介绍高速公路建设管理地方性法规和规章的基础上，从公路建设行业管理、建设市场管理和项目管理等三个方面分别介绍相关法规制度，包括自治区党委、政府、人大以及交通、发改、国土、规划、水利、环保、财政、审计、物价等部门出台的与高速公路建设相关的规范性文件；第五章，高速公路建设科技成果，主要介绍高速公路建设科技创新、开展的重大科研课题、取得的主要科研成果、"四新"技术应用等；第六章，高速公路运营管理与路政管理，主要介绍高速公路运营养护管理和路政管理情况；第七章，高速公路文化建设，从"人"和"物"两个方面对新疆高速公路文化建设进行介绍；第八章，高速公路建设项目，逐一介绍1994年以来自治区内已建成的国家高速公路及地方高速公路项目。

本书的编辑工作历时三年,由《实录》编撰办牵头,自治区交通运输厅党办(行办)、体改法规处、综合规划处、工程管理处、科技教育处、规划设计管理中心、宣教中心、自治区交通建设管理局、自治区公路管理局、自治区道路运输管理局、自治区路政海事局等部门和单位参与资料的搜集、整理和撰写,参与新疆公路建设的兄弟省自治区、直辖市的同行也给予了热情帮助,并提供了相关资料。自治区交通勘察设计研究院统稿总撰。

编写中,得到了《中国高速公路建设实录》编委会、人民交通出版社股份有限公司的关心和支持。

该书成功付梓,既是自治区交通运输厅党委高度重视的结果,也是全系统各部门、单位精诚协作、共同努力的结果,更是众多编辑人员辛勤付出的结果,在此,一并表示衷心谢忱!

由于编者水平有限,加之时间跨度大,资料零散不全,疏漏不足之处在所难免,恳请专家和读者批评指正。

编写组
2017 年 6 月 30 日

第一章	经济社会与综合交通运输发展	1
第一节	经济社会发展	1
第二节	综合运输与物流发展	7
第二章	公路建设及运输发展	13
第一节	公路建设	13
第二节	公路运输	15
第三章	高速公路发展成就	22
第一节	高速公路规划及建设历程	22
第二节	高速公路建设	38
第三节	高速公路桥梁隧道建设概况	45
第四节	高速公路建设管理经验	52
第五节	高速公路与经济社会发展	70
第四章	高速公路建设管理地方法规及相关制度	73
第一节	相关法规及规章	73
第二节	建设市场管理相关制度	74
第三节	项目管理相关制度	74
第五章	高速公路建设科技成果	77
第一节	高速公路建设科技创新	77
第二节	重大科研课题	84
第三节	主要科技成果	122
第四节	"四新"技术应用	128
第六章	高速公路运营管理与路政管理	136
第一节	高速公路运营管理	136
第二节	公路路政管理	139

第七章	高速公路文化建设	153
第一节	公路建设与精神文明	155
第二节	新疆高速公路文化特色	210
第八章	高速公路建设项目	231
第一节	G30 星星峡—霍尔果斯高速公路	231
第二节	G7 京新（北京—乌鲁木齐）高速公路	312
第三节	G3012 吐鲁番至和田高速公路	329
第四节	G3013 喀什至伊尔克什坦口岸高速公路	400
第五节	G3014 奎屯至阿勒泰高速公路	408
第六节	G3015 克拉玛依至塔城高速公路	454
第七节	G3016 清水河至伊宁高速公路	467
第八节	G30 乌鲁木齐绕城高速公路（东线）	475
第九节	G218 伊宁至墩麻扎高速公路	485
第十节	S215 三岔口至莎车高速公路	496
第十一节	S16 麦盖提至喀什高速公路	508
第十二节	G216 五彩湾至大黄山高速公路	522
附录	新疆高速公路建设大事记	533

第一章
经济社会与综合交通运输发展

第一节 经济社会发展

新疆在"一带一路"建设中具有重要地位,是丝绸之路经济带的重要组成部分,是丝绸之路经济带核心区。

一、地理位置、地形地貌与资源条件

1. 地理位置

新疆维吾尔自治区位于亚欧大陆中部,地处中国西北边陲,东南接甘肃、青海、西藏三省区,地理坐标在东经73°40′~96°18′、北纬34°25′~48°10′之间,东西最长约2000km,南北最宽约1650km,总面积166.49万km²,约占中国陆地总面积的六分之一。自治区周边与俄罗斯、哈萨克斯坦、吉尔吉斯斯坦、塔吉克斯坦、巴基斯坦、蒙古、印度、阿富汗等8个国家接壤;是中国面积最大、陆地边境线最长、毗邻国家最多的省级行政区。

2. 地形地貌

新疆地形地貌可以概括为"三山夹两盆":北面是阿尔泰山;南面是昆仑山;天山横亘中部,把新疆分为南北两部分,习惯上称天山以南为南疆,天山以北为北疆。昆仑山、天山环抱着塔里木盆地,天山、阿尔泰山之间镶嵌着准噶尔盆地,塔里木河、伊犁河、额尔齐斯河三大河流浇灌着天山南北的片片绿洲。

3. 资源条件

(1)水资源

新疆境内绵连的雪岭、林立的冰峰形成了独具特色的大冰川,占全国冰川面积的42%,冰储量2.58亿m³,是天然"固体水库"。新疆三大山脉的积雪、冰川孕育了500多条河流,分布于天山南北,较大的有塔里木河(我国最大的内陆河)、伊犁河、额尔齐斯河(流入北冰洋)、玛纳斯河、乌伦古河、开都河等。新疆有许多自然湖泊,总面积达9700km²,占全区总面积的0.6%以上。

（2）矿产资源

新疆矿产种类多、储量丰富。目前已勘探的矿产有138种，探明储量的有83种，保有储量居全国首位的有6种，居前十位的有41种。石油、天然气、煤、铁、铜、金、铬、镍、稀有金属、盐类矿产、建材非金属资源等蕴藏丰富。据全国第二次油气资源评价，新疆石油预测资源量208.6亿t，占全国陆上石油资源量的30%；天然气预测资源量10.3万亿m^3，占全国陆上天然气资源量的34%；煤炭预测储量2.19万亿t，占全国预测储量的40%。

（3）森林资源

新疆活立木总蓄积量3.1亿m^3，森林面积197.8万hm^2，森林蓄积量2.8亿m^3，森林覆盖率为1.92%。

（4）土地资源

新疆山地面积占56%、盆地面积占44%。农、林、牧用地面积约6297.37万hm^2，占总面积的37.8%。现有耕地面积411.6万hm^2，人均耕地3.19亩❶，为全国人均耕地面积的2倍，可开垦宜农荒地486.67万hm^2。

（5）畜牧业资源

新疆拥有草原8.6亿亩，占全国草原面积的22%，是我国的第二牧区。新疆细羊毛产量约占全国同类产品产量的36.7%，卡拉库羔皮产量约占全国同类产品总产量的三分之二，羊肉、牛肉产量分别居全国的第1位和第5位。新疆的草原和山区有大量野生动物资源，种类多达586种，全区拥有的鸟类和哺乳动物种类分别为全国的31%和34%。

（6）旅游资源

新疆共有174个3A级及以上景区，具体见表1-1。

新疆3A级及以上风景区列表 表1-1

级　　别	景　　区
5A(9)	喀纳斯景区、可可托海景区、博斯腾湖景区、天池景区、金湖杨景区、喀什噶尔老城区、天山大峡谷景区、那拉提景区、葡萄沟
4A(65)	库车王府、库车县天山神秘大峡谷、库车县龟兹绿洲生态园、温宿县天山神木园、阿瓦提县刀郎部落景区、乌什县沙棘林湿地景区、五彩滩景区、哈巴河县白桦林景区、乌伦古湖风景区、草原石人哈萨克民族文化园、天鹅河景区、巴音布鲁克景区、巩乃斯景区、罗布人村寨、相思湖景区、金沙滩景区、胡杨林景区、赛里木湖、温泉圣泉景区、江布拉克景区、昌吉回族自治州杜氏旅游景区、世纪园景区、乌鲁瓦提景区、达瓦昆沙漠旅游风景区、石头城景区、红海湾景区、刀郎画乡景区、喀什市大漠绿洲生态园、世界魔鬼城景区、克拉玛依河景区、阿克陶县奥依塔克冰川公园景区、乌苏佛山国家森林公园、裕民县巴尔鲁克旅游风景区、红光山旅游景区、乌鲁木齐市红山公园、水磨沟风景区、首蓿台生态公园、新疆天山野生动物园、新疆博物馆、新疆国际大巴扎景区、

---

❶　1亩=666.67m^2，后同。

续上表

级别	景区
4A(65)	乌鲁木齐丝绸之路国际度假区、喀赞其民俗旅游区、伊犁河风景区、托乎拉苏景区、喀拉峻国际生态旅游区、湿地古杨景区、唐布拉景区、惠远古城景区、解忧公主薰衣草园景区、大西沟中华福寿山景区、夏塔景区、西域天马文化园景区、野核桃沟景区、库尔德宁景区、锡伯民族博物院、霍尔果斯中哈国际旅游区、东天山景区、哈密雅尔当风景区(哈密魔鬼城景区)、哈密王景区、伊吾县胡杨林生态园景区、巴里坤古城景区、坎儿井游乐园、坎儿井民俗园、火焰山旅游景区、库木塔格风景名胜区
3A(100)	温宿县大峡谷景区、新和县天籁加依景区、乌什县燕泉山景区、拜城县克孜尔水库风景区、桦林公园(沙里福汗公园)、吉木乃口岸景区、新疆阿舍勒矿业景区、青河县塔克什肯口岸景区、中俄老码头风情街、阿山鹿王文化苑、铁门关景区、都市春天、五德玉苑、黄庙景区、东归生态园景区、北山森林公园、乡都酒堡、精河县滨河风景区、精河县巴音阿门景区、阿拉山口边境旅游区、鸣沙山·胡杨林景区、新疆第一窖古城酒文化博览区、奇台县壹方阳光、古海温泉、天地园、北庭园、昌吉市人民公园、昌吉市滨湖河景区、昌吉州华兴生态旅游有限公司、康家石门子景区、天山第一漂、黑梁湾山庄、新疆农业博览园、和田县巴格其镇核桃王公园、其娜民俗风情园、和田县无花果王景区、和田市吉亚丽人艾特莱斯绸厂、香妃故园景区、张骞公园景区、麻赫穆德·喀什噶里景区、中国新疆民族乐器村、高台民居景区、宗朗灵泉景区、木卡姆民俗风情度假村、麦盖提县文化广场、刀郎乡里、锡提亚谜城景区、坡陇原始森林生态园、香妃湖花卉庄园、核桃七仙园、叶尔羌汗国王陵、中西亚国际贸易市场、英吉沙县穆孜鲁克湿地景区、叶城县邓缵先纪念园、叶城县烈士陵园、丝绸之路莎车湿地公园、麦盖提县世界和平公园、文化中心、烃花苑、乌尔禾区恐龙文化苑景区、白沙滩景区、生态休闲健身公园、黑油山景区、文化街景区、克拉玛依博物馆、克拉玛依区荒漠绿洲生态园、阿图什市阳光绿洲生态园景区、阿图什市柽柳林景区、阿图什市天门景区、温泉旅游景区、鹿角湾旅游景区、森林公园、东大塘旅游景区、额敏县滨河公园、乌鲁木齐市植物园、乌鲁木齐市人民公园、乌鲁木齐市儿童公园、乌鲁木齐市烈士陵园、乌鲁木齐东白杨沟风景区、二道桥、亚洲地理中心、天山牧场西白杨沟景区、华凌和田玉文化产业园城、肖尔布拉克西域酒文化博物馆、科桑溶洞国家森林公园、八卦公园、紫苏丽人薰衣草产业创意园景区、丝绸之路文化旅游城景区、现代农业科技示范园景区、天鹅泉景区、白石峰森林公园、圣佑庙景区、塔里木景区、可克达拉风情园、哈密瓜园景区、哈密木卡姆传承中心、伊吾县伊水园景区、伊吾县太阳历广场景区、吐峪沟景区、吐鲁番市艾丁湖景区

二、经济社会发展现状

(一)地区生产总值

改革开放以来,新疆的落后面貌得到明显改变,天山南北发生翻天覆地的变化,经济总量明显提高,产业结构优化调整。2016年,实现全区生产总值9617.23亿元,按常住人口计算,全年人均生产总值40427元,同比增长5.3%。2015年新疆各地州市主要经济指标情况见表1-2。

2015年新疆各地州市主要经济指标情况 表1-2

地 州 市	地区生产总值(亿元)	人均生产总值(元)
乌鲁木齐	2631.6398	74340
昌吉	1140.0132	71251
石河子	315.7843	83701

续上表

地 州 市	地区生产总值(亿元)	人均生产总值(元)
克拉玛依	629.4299	131014
伊犁	1624.3371	34277
阿勒泰	222.1166	34996
塔城	593.1633	45964
巴州	1039.0002	73649
喀什	780.1202	17431
博州	287.2055	59641
哈密	423.5687	68669
吐鲁番	208.5846	32415
阿克苏	810.1842	28477
克州	100.0297	16777
和田	234.0523	10215

(二)产业结构

新疆三次产业结构由1978年的35.8∶47.0∶17.2调整为2016年的17.1∶37.3∶45.6,第一产业增加值1648.97亿元,同比增长5.8%;第二产业增加值3585.22亿元,同比增长5.9%;第三产业增加值4383.04亿元,同比增长9.7%。1992年,第二产业比重超过第一产业,成为主导产业,标志着新疆经济增长主要由第一、二产业带动改变为由第二、三产业驱动,产业结构逐步向优化升级方向演进。

(三)地方财力

地方财政一般预算收入增速每10年跃上一个新台阶。1979—1988年,年均增长12.2%;1989—1998年,年均增长14.4%。西部大开发战略实施十年来,地方财政一般预算收入由1999年的71.31亿元迅速攀升至2008年的361.06亿元,是1999年的5.1倍,年均增长19.7%。

2016年,财政和金融全年全口径财政收入2344.62亿元,同比下降3.9%;地方财政收入1637.05亿元,同比下降1.7%;全年地方财政支出4496.73亿元,同比增长7.9%。

(四)增长方式

1978年以来,固定资产投资增速一直快于全区生产总值增长,资本形成率由1978年的47.2%逐步攀升至2009年的59.6%。

从投资完成额看,新疆经济发展主要依靠国家投资拉动。2015年投资的资金来源中,国家预算内资金占14.65%,国内贷款占14.77%。

(五)全社会固定资产投资

2016年,新疆全年完成固定资产投资(不含农户)9983.86亿元,以1978年为基期,年均增长20.2%,高于同期全区生产总值增速3.8个百分点(以当年价计算),高于社会消费品零售额增速6.2个百分点。

2016年,新疆全年完成固定资产投资(不含农户)比上年下降6.9%。其中,第一产业投资498.01亿元,同比增长35.9%;第二产业投资3879.67亿元,同比下降25.1%;第三产业投资5606.18亿元,同比增长8.1%。在第二产业投资中,工业投资3738.46亿元,同比下降26.1%。新疆2006—2016年全社会固定资产投资情况见表1-3。

新疆2006—2016年全社会固定资产投资情况　　　表1-3

年份(年)	全社会固定资产投资(亿元)	年份(年)	全社会固定资产投资(亿元)
2006	1567.1	2012	6258.4
2007	1850.8	2013	7787.4
2008	2260.0	2014	9744.8
2009	2827.2	2015	10729.3
2010	3539.7	2016	9983.86
2011	4712.8		

三、人口及分布特征

新疆地广人稀,人口密度相对较低。到2016年末,新疆全区常住总人口2398.08万人,占全国总人口的1.7%。

2016年,全区常住总人口2398.08万人,其中,城镇人口1159.47万人,乡村人口1238.61万人。城镇人口占总人口比重(常住人口城镇化率)为48.35%。全年人口出生率15.34‰,死亡率4.26‰,自然增长率11.08‰。男性人口为1164.38万人,占50.66%;女性人口为1134.09万人,占49.34%。2015年全区常住人口地区分布情况见表1-4。

2015年全区常住人口地区分布表　　　表1-4

地 州 市	常住人口数(万人)	按城乡分	
		城镇人口(万人)	农村人口(万人)
乌鲁木齐市	266.83	206.35	60.48
克拉玛依市	29.97	29.68	0.29
吐鲁番地区	65.19	23.58	41.60
哈密地区	61.67	33.71	27.96
昌吉回族自治州	139.28	57.61	81.67
博尔塔拉蒙古自治州	47.97	23.14	24.83
巴音郭楞蒙古自治州	139.38	63.76	75.63

续上表

地 区	常住人口数（万人）	按城乡分	
		城镇人口（万人）	农村人口（万人）
阿克苏地区	253.05	83.04	170.01
克孜勒苏柯尔克孜自治州	59.61	12.73	46.87
喀什地区	449.92	109.01	340.91
和田地区	232.43	61.84	170.59
伊犁哈萨克自治州	469.63	203.58	266.05
塔城地区	102.42	45.55	56.87
阿勒泰地区	66.80	26.95	39.85
自治区直辖县级行政区划	106.80	60.35	46.44

四、城镇体系发展特征

（一）区域发展水平差异大

经济方面，以乌鲁木齐和昌吉为主的天山北坡经济带社会经济发展水平较高，天山北坡经济带拥有全区38.9%的人口，承载了全区69.1%的生产总值和55.1%的固定资产投资；乌昌地区的人均生产总值在4000美元以上，农牧民人均收入在5000元以上。南疆地区社会经济发展水平较低，尤其是南疆四地州大部分县市人均生产总值低于1000美元。全疆的经济社会发展不平衡。

新疆的贫困问题较为突出，局部地区甚至仅解决温饱问题。全区有27个国家级贫困县，主要分布在边境地区和南疆四地州等少数民族聚居区。这些地区贫困的根源，与处于国家末端的区位和交通条件不够完善、资源能源匮乏、以传统绿洲农业为主的经济产业结构有关系，也与少数民族比重高、教育水平较低有一定的关系，更与缺乏中心城市辐射带动有关系。

（二）中心城市对经济发展带动能力弱

乌鲁木齐城市规模独大，但区域性辐射带动作用尚不明显。主要表现为：一是现代金融保险、国际贸易、国际旅游服务业不发达，区域性文化教育服务功能与西部省会城市相比相对落后；二是城市人居环境条件不佳，尤其是大气、固体废弃物污染较为突出，与区域性国际城市的要求还有很大差距；三是重工业发展与城市功能发展之间的空间矛盾较为突出，影响了国际性和区域性服务功能的进一步拓展。

二级中心城市规模偏小，区域辐射影响力弱。目前，20万~50万中等人口规模城市有9座、10万~20万小城市6座。这些城市一般为绿洲的行政、经济、科教、文化和交通中心,但城市辐射影响力尚未超过所在绿洲范围,缺乏参与更大区域经济分工与协作的产业集群。当前地州中心城市的产业基础薄弱,不能有效带动周边地区农业产业化和农产品深加工。此外,地州中心城市之间距离偏大,缺乏有效的交通联系,对边远地区、边境地区的辐射影响力弱。各地州中心城市到乌鲁木齐的平均距离为735km,地州中心城市与县城平均距离为200km以上。尤其南疆三地州,由于缺乏具有区域辐射影响力的中心城市,与乌鲁木齐、北疆地区和边疆口岸地区之间交通联系通道不畅,产业发展动力不足,造成南疆地区呈现整体欠发达局面。

(三)城镇化推进相对迟缓

目前新疆的城镇化水平不高。2013年新疆的城镇化率44.5%,低于全国平均水平9.23个百分点。2000—2013年,新疆的城镇化速度年均仅0.67%,低于同期全国平均水平0.5个百分点左右。

第二节 综合运输与物流发展

一、交通运输与物流现状

到目前为止,新疆已初步形成了以干线铁路和高速公路为骨架,以国省干线、支线铁路为脉络,以农村公路为基础,以空港和大型陆港客运枢纽和物流园区为支点的综合运输网络。"十二五"末新疆综合交通基础设施发展情况见表1-5。

"十二五"末新疆综合交通基础设施发展情况　　表1-5

分类	指标	单位	2010年	2015年
铁路	铁路营业里程	km	4393	6105
	快速铁路里程	km	0	836
公路	公路通车里程	万km	15.3	17.9
	高速公路通车里程	km	843	4316
	普通国道二级及以上公路比重	%	35	50
	县城(团场)通二级及以上公路比重	%	29	86
	乡镇(营)通硬化路率	%	96	99
	建制村(连)通硬化路率	%	61	88
民航	民用运输机场数(含在建)	个	16	21

铁路建设加快推进。截至2016年底,全区铁路营业里程达6166.40km,与上年持平,复线率、电气化率分别达到44.7%和50.4%。兰新铁路第二双线全线贯通,实现了新疆高速铁路零的突破。实施了一批既有铁路干线电气化改造项目。新疆铁路逐渐实现由

"内燃时代""普速时代"向"电气化时代""高铁时代"转变。出疆旅客列车已通达24个内地省份。

公路建设实现跨越发展,服务水平得到显著提升。到2016年底,全区公路总里程达18.21万km,较"十一五"末增加2.6万km。高速公路通车里程达4395km,增长1.8%。实现所有地州市政府所在地及兵团师部驻地高速公路连接(和田市为半幅高速公路连接)。普通国有干线公路技术状况显著改善,自治区县城、兵团团场通二级公路比例分别由"十一五"末的45%和20%分别增加到92%和82%,普通国道二级及以上公路比重达到50%。15个陆路口岸公路全部实现黑色化。农村交通条件显著改善,全区建制村(连)通硬化路率达到88%,较"十一五"末提高28个百分点。截至2016年底,全区已开通客运班线4621条,一级客运站平均日发班次和平均日旅客发送量分别达到2120班次、1.954万人次,二级客运站平均日发班次和平均日旅客发送量分别达到6706班次、12.09万人次。

民航机场建设不断推进,航空网络不断拓展。"十二五"期间,完成了库尔勒、和田、哈密机场改扩建工程,迁建了富蕴、且末机场。推进了乌鲁木齐枢纽机场改扩建项目。推进了莎车、若羌、图木舒克、轮台等新建机场的各项前期工作。"十二五"末,全区运输机场达到21个(含在建)。2014年旅客吞吐量达1631万人次,位列全国202个机场第15位。开通新疆机场定期航班的航空公司达到33家,其中运营疆内支线机场的航空公司达到13家。全区共开通航线235条,其中国内航线195条、国际(地区)航线40条。有21个国家、32个国际(地区)城市、68个国内城市与乌鲁木齐国际机场通航。

枢纽站场建设全面提速。乌鲁木齐铁路集装箱中心站、乌鲁木齐新客站、霍尔果斯铁路口岸站等铁路枢纽及主要场站陆续开工建设。乌鲁木齐公铁联运国际客运站、喀什东综合客运枢纽、乌北物流中心等综合客运枢纽和物流园区陆续开工或建成投入使用,综合运输衔接水平不断提升。全区基本实现地州中心城市建有二级及以上公路客运站。

物流服务体系逐步形成。乌鲁木齐铁路局通过认证成为全区首个5A级物流企业,深入推进了铁路货运组织改革,实施运价优惠政策,组织开行了"环疆货物""批量散货"列车。顺利实施了公路甩挂试点项目,甩挂运输等运输组织方式得到推广应用,确定了首批道路货物运输龙头骨干企业,引导了交通物流企业的规模化、集约化发展。积极探索农村物流发展新模式,开展了农村物流富民畅通工程试点。

商贸物流节点设施不断完善。以乌鲁木齐华凌市场、乌鲁木齐亚中机电市场、奎屯新亚物流园区、喀什远方国际物流中心等为代表的商贸物流园区已经建成;以乌鲁木齐国际物流枢纽基地、乌鲁木齐空港物流城、库尔勒愿暻城、吐鲁番交河物流港等为代表的一批新的商贸物流设施正在规划建设中,各主要地州市均建成相对完善的商贸物流节点。阿拉山口综合保税区、喀什综合保税区、奎屯保税物流中心封关运行,霍尔果斯综合保税区即将封关运行,乌鲁木齐综合保税区等正在积极申建,保税物流节点设施日益完善。

邮政快递业持续快速发展。2016年,全区邮政行业业务总量完成27.50亿元。在我国电子商务尤其是网络购物井喷式发展的驱动下,"十二五"期全区快递业务收入以年均近26%的增幅快速增长,快递网络大幅拓展,主要快递品牌均形成了覆盖全区的快递服务网络。截至2016底,全行业拥有各类营业网点3946处,比上年末增长10.63%,其中设在农村的有1258处。自有快递服务营业网点2185处,合作快递营业网点217处。全行业拥有各类汽车4882辆,比上年末增长5.08%,其中快递服务汽车2912辆,比上年末增长7.61%。快递服务企业拥有计算机4732台,比上年末增长14.00%;手持终端6417台,比上年末增长17.72%,实现爆发式增长。邮政普遍服务和特殊服务满意度不断提升,寄递时限达到国家规定标准。

运输装备水平不断提高。公路营运车辆高档化、大型化、专业化比重稳步上升。新疆营运性客车中大型车和高级车所占比重分别为22.7%和12.7%,分别较"十一五"末提升1.7个百分点和8.7个百分点。大型货车占货车总量比重达39.2%,较"十一五"末提升了4.7个百分点。铁路已配属内燃机车447台、电力机车336台、客车2282辆、动车6组48辆,升级了大部分客车车底,改善了旅客出行体验。

国际运输发展成效显著。铁路方面,成功开行了"西行国际货运班列",实现了铁路国际班列常态化运营。"十二五"期,累计完成国际客运量336万人次、货运量2013万t。公路方面,签订了中哈、中乌、中吉、中塔、中巴、中俄、中蒙等双边汽车运输协定,中哈过境货物协定以及中吉乌、中巴哈吉多边汽车运输协定。开通了国际道路运输线路107条,占全国线路总数的30%以上,国际道路运输车辆达6610辆。

目前,新疆已经初步形成了具有专业分工、层次分明的物流基础设施系统和物流服务群体。部分大型物流企业逐步开始接受现代物流理念,探索加强物流管理的有效形式和方法,实行一体化供应链管理,降低企业采购成本,提高仓储利用率,加快资金周转等,努力围绕发展现代物流业目标,加快构建高效的物流服务体系。

二、综合运输发展规划

(一)战略定位

中央新疆工作座谈会明确了新疆是"丝绸之路经济带"核心区、我国西北的战略屏障、向西开放的重要门户、实施西部大开发战略的重点地区、全国重要的能源基地和运输通道。交通运输作为经济社会发展的"先行官",是新疆实现社会稳定和长治久安总目标的重要支撑。新疆综合交通运输体系的战略定位是:

（1）支撑新疆建成"丝绸之路经济带"交通枢纽中心。

（2）支撑新疆建成国家能源资源运输的重要通道。

（3）支撑新疆建成国家向西开放互联互通的重要窗口。

（4）支撑新疆稳定和保障国家安全。

（5）支撑新疆实现区域城乡协调发展。

结合新疆综合交通运输体系的战略定位、自然地理条件及运输需求特征，新疆各种运输方式的具体定位如下。

铁路：是新疆综合交通运输网络的主骨架，是丝绸之路大通道和国家能源资源运输大通道的重要组成部分。主要承担进出疆、南北疆，大运量货物运输和旅客快速运输。

公路：是新疆最主要的运输方式，是全区客货运输的主要承担者。其中，高速公路与干线铁路共同构成新疆综合交通运输网络的主骨架，是陆路交通互联互通网络的构成主体，主要承担国际以及省际、城际中长距离的快速客货运输。普通国省道在承担一部分中长距离客货运输的同时，还具有连接县市、重要产业区、旅游景区、枢纽集疏运、军事运输等功能。农村公路是交通运输基本公共服务体系的构成主体，主要承担广大农牧区的基本出行。

民航：是新疆对内对外开放的空中门户，主要承担新疆面向国际、内地及疆内区域、城际的高效、快速直达客货运输。其中乌鲁木齐国际机场作为门户枢纽，承担国际、国内快速直达客货运输，是空中丝绸之路的重要枢纽节点；喀什机场为疆内航空枢纽，库尔勒机场为疆内航空次枢纽，喀什、伊宁、塔城机场作为口岸机场，承担部分至周边国家重点城市和欧洲的国际运输。支线机场和通用机场是新疆航空体系的重要组成部分，其中通用机场在应急救援、农林养护、国边防安全等方面发挥重要作用。

管道：主要承担天然气、原油、成品油等能源的输送，是能源运输的主要承载方式，是我国进口周边国家油气资源以及向内陆地区输送油气资源的重要通道。

水运：是新疆综合交通运输体系的有益补充，主要承担部分旅游客运服务。

（二）发展目标

根据新疆经济社会发展的总体目标，结合综合交通运输体系的发展战略定位，新疆综合交通运输体系的发展目标是：构建功能完善、能力充分、结构合理、服务优质的现代综合交通运输体系，通过各种运输方式的协同发展，支撑新疆"丝绸之路经济带"核心区建设，为社会稳定和长治久安总目标的实现创造良好交通条件。

（三）规划布局

新疆综合交通运输体系规划布局为"四通道""三枢纽""三网络""四系统"。

1. 四通道

立足构筑全球视野下的全方位对外开放格局、打造丝绸之路经济带交通枢纽中心的战略要求,加快构建面向亚欧、内联外畅、能力充分、功能完善的综合运输大通道。

(1)丝绸之路经济带北通道

该通道沿新亚欧大陆桥通道北线布局,东经甘肃、内蒙古至京津冀及环渤海地区,在新疆境内经伊吾、巴里坤、富蕴、北屯、阿勒泰、克拉玛依、塔城等节点;向西从巴克图、吉木乃等口岸出境,经哈萨克斯坦阿斯塔纳、俄罗斯莫斯科至芬兰赫尔辛基及波罗的海沿岸。

该通道主要由铁路、公路和航空三种运输方式组成。通道内铁路主要由将军庙至安北(柳沟)铁路、阿勒泰至富蕴至准东铁路、阿勒泰至吉木乃铁路、准东至克拉玛依铁路、克拉玛依至塔城铁路等组成;公路主要由 G7 京新国家高速公路、S201 乌鲁木齐至克拉玛依公路、G3015 克拉玛依至塔城高速公路、G335 国道、G331 国道等组成;航空主要由经乌鲁木齐至莫斯科、赫尔辛基等欧洲北部重要城市及至京津冀、环渤海等地区的航线组成。

(2)丝绸之路经济带中通道

该通道沿新亚欧大陆桥通道中线布局,东经甘肃、陕西、山西、河南等省份至长三角地区,在新疆境内经哈密、吐鲁番、乌鲁木齐、昌吉、石河子、博乐、伊宁等节点;向西从阿拉山口、霍尔果斯等口岸出境,经吉尔吉斯斯坦比什凯克及希姆肯特、俄罗斯米丘林斯克、波兰华沙至德国汉堡、荷兰鹿特丹及大西洋沿岸。

该通道主要由铁路、公路和航空三种运输方式组成。通道内铁路主要由兰新铁路、兰新铁路第二双线、乌西至阿拉山口铁路、精伊霍铁路等组成;公路主要由 G30 连霍国家高速公路、G312 国道等组成;航空主要由经乌鲁木齐至中西亚、欧洲等地区的国际航线及乌鲁木齐至东部沿海、华中等地区的国内航线组成。

(3)丝绸之路经济带南通道

该通道沿中国—中亚—西亚通道布局,向东经青海、四川、重庆、贵州、湖南至珠三角及北部湾地区,在新疆境内经若羌、和田、喀什等节点;向西从红其拉甫等口岸出境,中巴通道包含于南通道。该通道以喀什为核心节点,经红其拉甫口岸向南至巴基斯坦伊斯兰堡、卡拉奇至瓜达尔港(印度洋沿岸)。

该通道主要由铁路、公路和航空三种运输方式组成。通道内铁路主要由南疆铁路和中巴铁路等组成;公路主要由 G0711 乌鲁木齐至库尔勒国家高速公路、G3012 小草湖至喀什国家高速公路、G314 国道等组成;航空主要由经乌鲁木齐、喀什至伊斯兰堡、瓜达尔港等地区的国际航线及疆内航线网络组成。

(4)南北疆通道

该通道北起中俄边界,经阿勒泰、克拉玛依、奎屯、精河、伊宁、昭苏、阿克苏、阿图什、喀什,向南进入西藏。

该通道主要由铁路和公路两种运输方式组成。通道内铁路主要由阿勒泰至吉克普林铁路、阿勒泰至北屯至奎屯铁路、南疆铁路等组成；公路主要由 G3014 阿勒泰至克拉玛依至奎屯国家高速公路、G3012 阿克苏至喀什国家高速公路、G217 国道、G219 国道、G577 国道、G314 国道等组成；航空主要由阿勒泰、克拉玛依、伊宁、阿克苏、喀什等机场的疆内串飞、环飞航线组成。

2. 三枢纽

为发挥新疆西出欧亚、东联内地的区位优势，统筹考虑枢纽对"丝绸之路经济带"北、中、南三大通道运输的衔接转换，以及疆内的客货运输组织的重要作用，加快构建分工合作、协调发展的三大综合交通运输枢纽。

（1）乌鲁木齐枢纽

乌鲁木齐枢纽由乌鲁木齐国际机场，乌鲁木齐铁路集装箱中心站、乌西编组站、乌北货运站、乌鲁木齐客运站等铁路枢纽站场，以及乌鲁木齐公路运输枢纽站场等构成。

（2）喀什枢纽

喀什枢纽主要由喀什国际机场、喀什铁路枢纽以及喀什公路运输枢纽组成。

（3）伊宁—霍尔果斯枢纽

伊宁—霍尔果斯枢纽主要由伊宁机场、霍尔果斯铁路口岸站、伊宁铁路枢纽以及伊宁—霍尔果斯公路运输枢纽组成。

3. 三网络

在综合运输大通道基础上，织密连接新疆境内重要节点的区域干线交通网络；沟通各种运输方式及不同层次线网的综合交通衔接转换网络；服务城乡统筹发展，提供交通运输基本公共服务的城乡基础交通网络。

4. 四系统

依托综合交通基础设施网络、口岸基础设施，构建全区客货运输的客运服务系统、物流服务系统、口岸运输系统，以及支撑社会稳定安全、应对灾害和突发事件、保障交通运输安全发展的交通安全与应急保障系统。

第二章
公路建设及运输发展

中央新疆工作座谈会召开之后,新疆进入大建设、大开放、大发展的时期。根据自治区党委、人民政府对交通运输率先发展的要求,新疆公路建设进入了历史上投资规模最大、发展速度最快的阶段。

第一节　公　路　建　设

"十二五"期间,围绕建设西部高速大通道和交通枢纽中心目标,坚持把构建交通基础设施框架作为打基础、利长远的重中之重,努力推进国省干线高速大通道和高等级大通道建设,加快形成东联西出、沟通南北的交通运输大通道。5年建设里程达4.62万km,路网总量同比增加17.4%。其中:高速公路通车里程由"十一五"末的843km跃升到4395km,全区各地州市(除和田正在建设外)基本实现了高速公路连接;普通国道基本达到二级及以上公路标准,各县市基本实现通二级以上公路。截至2016年底,公路总里程达18.2万km(含兵团,下同),其中,国省道公路2.66万km,二级以上公路2.01万km,公路网密度达到10.97km/100km²,比上年提高0.23km/100km²。

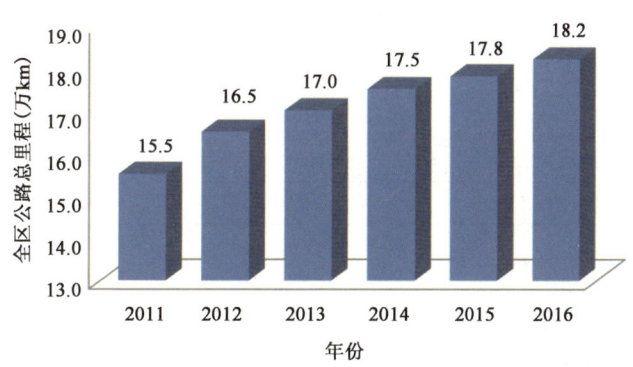

2011—2016年全区公路总里程增长图

1.公路技术等级有所提高

等级公路里程达144112km,占全区公路总里程的79.1%;二级及以上公路里程

21390km,占全区公路总里程的11.7%。

全区高速公路里程4316km,一级公路里程1323km,二级公路里程15671km,三级公路里程29130km,四级公路里程93593km,等外公路里程37972km。

2. 公路里程持续增长

全区国道里程17474km,省道里程10523km,县道里程24151km,乡道里程60610km,村道里程56293km,专用公路里程13034km。

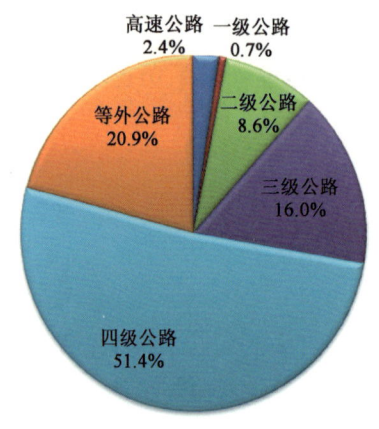

2016年公路技术等级结构图

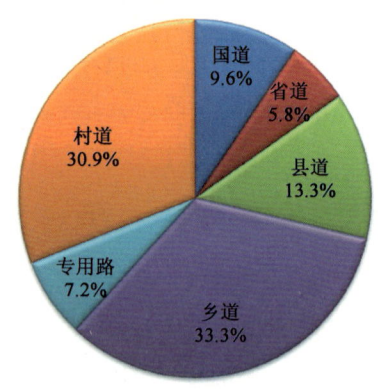

2016年公路行政等级结构图

3. 公路路面状况改善明显

全区有铺装路面和简易铺装路面里程达123929km,占公路总里程的68.1%。各类型路面里程分别为:有铺装路面里程46488km(其中,沥青混凝土路面45900km,水泥混凝土路面587km)简易铺装路面77441km;未铺装路面58156km。全区路面状况基本情况见表2-1。

全区路面状况基本情况(单位:km)　　　　　　　　表2-1

年份(年)	合　　计	沥青混凝土路面	水泥混凝土路面	简易铺装路面
2015	113455	38973	515	73967
2016	123929	45900	587	77441
同比增长(%)	9.2	17.8	14.0	4.7

4. 公路桥梁总量不断增加

全区公路桥梁达13853座521209延米,其中,特大桥27座41149延米,大桥767座162649延米,中桥2520座143002延米,小桥10539座174408延米。全区公路隧道37处32606延米。

5. 公路养护里程、绿化里程不断提高

全区公路养护里程达154381km,占全区公路总里程的84.8%。公路可绿化里程

141675km,其中已绿化里程98676km,已绿化里程占可绿化里程的69.6%。

6．农村公路通达深度不断延伸,通畅水平进一步提高

全区农村公路里程达12.0万km(不含兵团,下同)。乡镇通达率和通畅率分别为100%和99.5%;建制村通达率和通畅率分别为99.4%和96.5%。

第二节 公 路 运 输

一、运能运力

1．运力结构

截至2016年底,新疆营运客车达到3.64万辆,客位数达61.42万客位,平均客位数为16.90客位/辆。城市公交车达到10272辆。其中,BRT 552辆,出租汽车48591辆。营运货车达到31.78万辆,总吨位达264.35万t,平均吨位8.32t/辆。2012—2016年新疆营运客车及其客位数、货车及其吨位数变化情况见表2-2。

2012—2016年新疆营运客车及其客位数、货车及其吨位数变化情况　　表2-2

年份(年)	营运客车总计(万辆)	总客位数(万客位)	营运货车总计(万辆)	总吨位数(万t)
2012	3.65	63.72	43.56	309.64
2013	3.74	64.79	44.93	320.75
2014	3.82	66.41	46.77	336.31
2015	3.77	64.68	42.50	319.78
2016	3.64	61.42	31.78	264.35

2．道路运输站场建设

截至2016年底,新疆等级客运站有602个,简易客运站和招呼站897个。新疆公路等级客运站平均日换算旅客发送量为30.71万人次。

截至2016年底,新疆等级货运站达到168个。其中,一级货运站8个,二级货运站0个,三级货运站16个,四级货运站144个。新疆货运站平均日换算货物吞吐为2.73万t。2012—2016年新疆客、货运场站建设情况见表2-3。

2012—2016年新疆客、货运场站建设情况(单位:个)　　表2-3

年份(年)	客运站合计	其中					货运站合计	其中			
		一级	二级	三级	四级	五级		一级	二级	三级	四级
2012	620	3	40	101	324	152	480	0	1	344	135
2013	639	3	39	98	327	172	460	0	0	318	142
2014	658	3	41	97	335	182	355	0	1	136	218
2015	650	4	45	91	326	184	264	0	0	99	165
2016	602	4	48	83	288	179	168	8	0	16	144

3. 市场主体结构

截至2016年底,新疆共有道路客运经营业户527户,呈持续减少趋势。其中,拥有10辆客车以下的小型客运企业41户。个体经营业户150户。道路旅客运输车户比为68.98辆/户。

截至2016年底,新疆共有货物运输经营业户76104户。其中,从事道路危货运输经营性业户385户,道路货物运输车户比为4.18辆/户。拥有5辆及以下车数的小规模货运企业6157户,道路货物运输个体经营业户67021,呈持续减少趋势。

2016年,新疆共有机动车维修经营业户10194户。其中,一类汽车维修31户,二类汽车维修1834户,三类汽车维修7980户,摩托车维修346户。机动车维修业户数连续两年负增长。

2016年,新疆共有机动车驾驶员培训机构607户。其中,一级机动车驾驶员培训机构16户,二级机动车驾驶员培训机构250户,三级机动车驾驶员培训机构328户。

4. 经营结构

2016年,新疆一级客运站平均日发班次和平均日旅客发送量分别达到2120班次、1.954万人次,二级客运站平均日发班次和平均日旅客发送量分别6706班次、12.09万人次,平均日旅客发送量持续下降。

道路客运班线达到4621条,共有道路客运车辆36353辆。

在全部客运班线中,运距在400km以下的班线占全部客运班线的93.3%,其中,运距在200km以下的线路平均日发班次最高。200km以下的线路发展较快,基本为发往农牧区的班线。2012—2016年新疆客运班线及平均日发班次变化情况及2016年不同运距客运班线数量、平均日发班次情况分别见表2-4、表2-5。

2012—2016年新疆客运班线及平均日发班次变化 表2-4

项 目	年 份				
	2012	2013	2014	2015	2016
客运班线(条)	4077	4446	4705	4611	4621
客运线路平均日发班次(班次)	50096.6	50180.9	50237.5	48377.5	45077.4

2016年不同运距客运班线数量及平均日发班次 表2-5

项 目	运 距		
	<400km	400km≤运距<800km	≥800km
客运班线(条)	4313 (上年为4306) (前年为4382)	185 (上年为182) (前年为188)	123 (上年为123) (前年为135)

续上表

项　　目	运　　距		
	<400km	400km≤运距<800km	≥800km
客运线路平均日发班次(班次)	44087.8 (上年为47372.9) (前年为49252.1)	469.8 (上年为482.8) (前年为462.7)	519.8 (上年为521.8) (前年为522.7)

2016年,道路货运加快向现代化物流业转型,城市配送、冷链运输发展较快,甩挂运输试点进一步推进,甩挂运作模式进一步推广,政策进一步完善,推动行业转型升级和节能减排的效果也进一步显现。

5. 国际道路运输市场主体和运力

截至2016年底,新疆国际道路旅客运输业户14户,国际道路货物运输业户103户;从事国际道路运输经营车辆5868辆,其中,国际道路客运车辆154辆、总客位数4389客位,国际道路货运车辆5714辆、总吨位101855t。

2016年,完成出入境货运量319.32万t,呈持续下降趋势;完成出入境货物周转量90796.55万吨公里,完成出入境客运量63.80万人次,完成出入境旅客周转量14681.36万人公里,呈现持续下降趋势,显示出入境旅客平均运距大幅度缩短,出入境长途旅客运输量相对缩减,短途旅客运输相对增加。从新疆周边已开通中外双边口岸的5国来看,中蒙、中吉、中巴间客运量均有下降,中哈间客运量上升幅度相对较大,中塔间客运量继续为零;中哈、中蒙、中吉、中塔间货运量均有不同程度下降,中巴间货运量呈现小幅增长。

二、运量

1. 道路运输客货运输量及周转量

2016年,新疆完成经营性道路旅客运输量2.9亿人次,旅客周转量213.47亿人公里,较"十二五"初期(2011年)分别增长-12.65%、-28.11%。

2016年,新疆道路旅客运输量和旅客周转量继续呈下降态势。新疆道路班线客运中,中、长途运输受铁路运输和民航运输快速发展影响较大。近年随着兰新高速铁路、"北疆之星"和"南疆之星"等城际列车的开通运营,以及不断增加铁路客运发车的班次,对与之平行或重复系数较高的道路班线客运产生重要影响,导致客流减少;民航运输近年不断增加支线航班,也对分流长途客运旅客发挥重要作用;受国际国内经济不景气影响,自治区境内许多矿山企业停工或减产,人员流动大幅减少;私家车快速增长,减少了班线客运需求。

"十二五"期间,自2011年起道路旅客运输量和旅客周转量的同比增长幅度均逐年下降,旅客运输量在2014年大幅下降进入负增长,并达到"十二五"增速的低点。

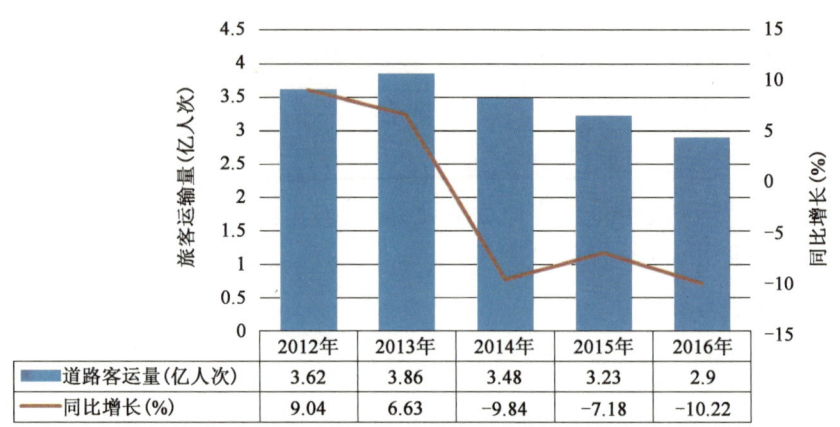

2012—2016年新疆经营性道路旅客运输量及同比增速

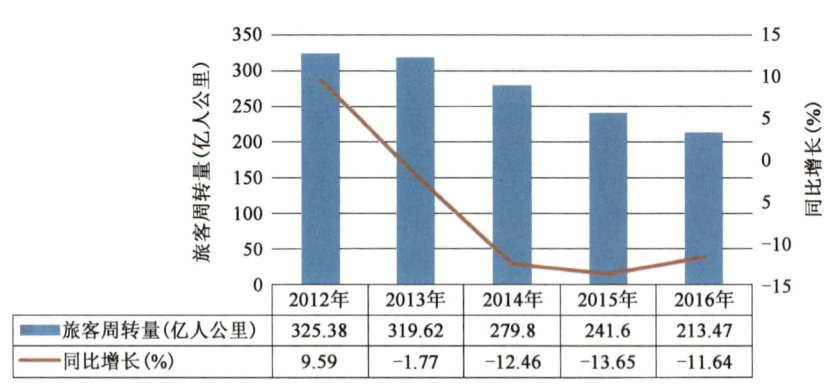

2012—2016年新疆经营性道路旅客周转量及同比增速

2016年,新疆城市客运(包括公共汽车和出租汽车客运)完成客运量31.21亿人次,其中,公共汽车客运量15.22亿人次,出租汽车客运量15.99亿人次,增长2.8%。

2016年,新疆完成经营性道路货运量6.51亿t,完成货物周转量1102.2亿吨公里,同比分别增长1.0%、3.9%,货物平均运距170.88kW。随着新疆综合运输结构调整的不断深入,经营性道路货物运输增长速度继续延续放缓趋势,道路货运量微幅增长,货物周转量小幅增长,经营性道路货物运输较上年略有回暖,货物平均运距略有增长。

2.道路客运在综合运输体系中的地位

2016年,新疆铁路、公路、民航三种运输方式完成客运量3.50亿人次,初步形成持续

第二章
公路建设及运输发展

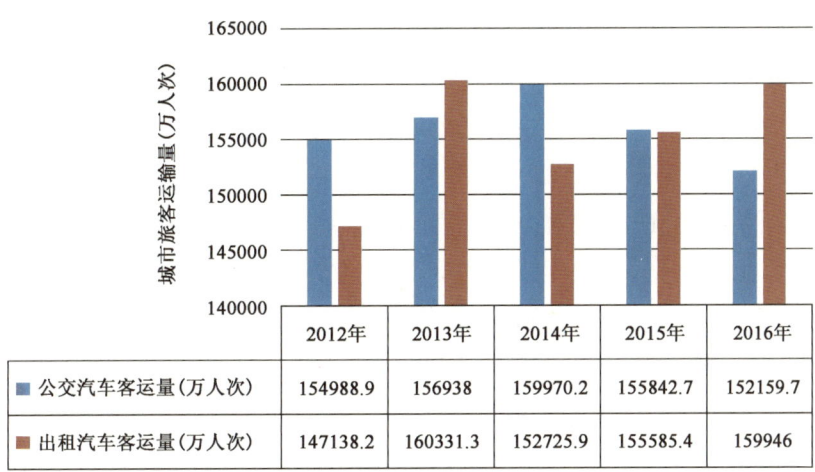

2012—2016 年新疆城市客运量情况

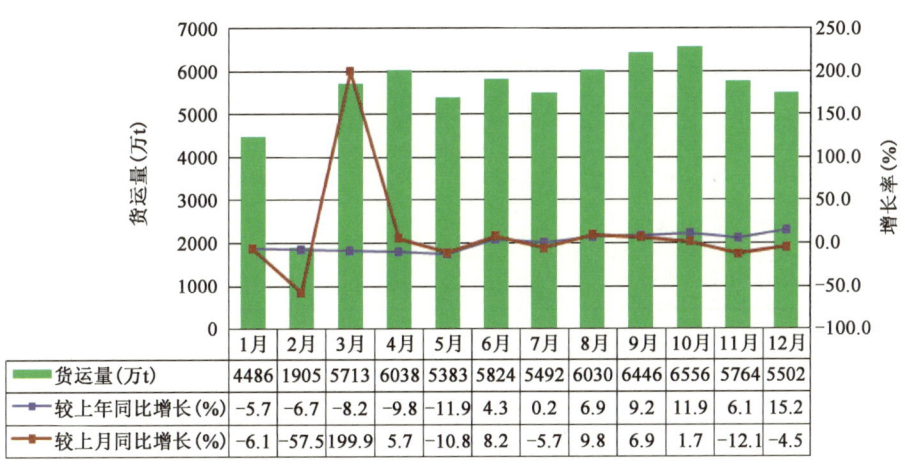

2016 年 1~12 月新疆经营性道路货运量及增长速度

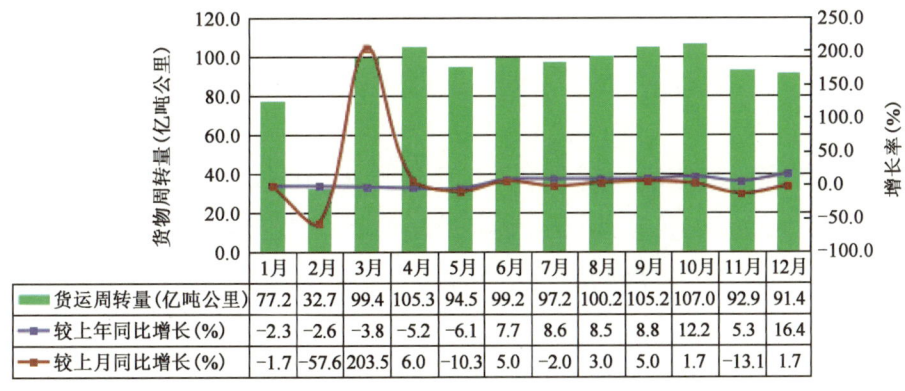

2016 年 1~12 月新疆经营性道路货物周转量及增长速度

下降趋势。经营性道路运输完成客运量28993万人次,在三种运输方式中的占比为82.9%,但在三种方式旅客运输中仍处于主导地位。

2010—2016年,在公路、铁路、民航三种旅客运输方式中,从客运量来看,公路客运量占比一直保持在80%以上,虽然大体形成逐渐下降趋势,但仍处于综合运输结构调整合理幅度之内,并保持了在三种运输方式中的主导地位。

从平均运距来看,铁路旅客运输平均运距保持在800～1100km之间,并大致形成运距逐年缩短的趋势,与近年来铁路部门大力开拓中短途旅客运输相一致;民航旅客运输平均运距多年保持在1900～2100km之间,但在2015年、2016年出现下降趋势,与民航部门不断新开区内航线相一致;公路旅客运输平均运距保持在70～90km之间,并大致形成"十二五"前期运距逐年延长、后期至今逐年缩短的趋势。显示铁路、民航运输在长途旅客运输中具有明显优势,道路运输在中、短途旅客运输中具有明显优势。2010—2016年新疆公路、铁路、民航客运平均运距变化情况见表2-6。

2010—2016年新疆铁路、公路、民航客运平均运距(单位:km)　　表2-6

运输方式	年份(年)						
	2010	2011	2012	2013	2014	2015	2016
铁路	1116.87	1079.72	1094.91	1082.10	1042.89	917.64	837.63
公路	89.15	89.53	89.87	82.72	80.30	74.78	73.63
民航	1972.4	1957.9	2021.6	2057.6	2093.6	1985.37	626.72

3.道路货运在综合运输体系中的地位

2016年,新疆铁路、公路、民航、管道四种运输方式合计完成货运量87044.72万t。经营性道路运输完成货运量65140万t,在各种运输方式中的占比为74.8%,在各种方式旅客运输中仍处于主导地位。

2010—2016年,在公路、铁路、民航三种运输方式中,从完成货运量来看,道路运输完成货运量所占份额一直保持在75%～90%之间,一直保持了在三种货物运输方式中的主导地位。

从平均运距来看,铁路货物运输平均运距保持在1100～1300km之间,并大致形成"十二五"前期运距逐年延长、后期至今逐年缩短的趋势;民航货物运输平均运距保持在2700～1000km之间,并大致形成运距逐年缩短的趋势;公路货物运输平均运距保持在150～160km之间,并大致形成运距逐年延长的趋势。显示铁路、民航运输在长途货物运输中具有明显优势,道路运输在中、短途货物运输中具有明显优势,且运距有进一步延长趋势。2010—2016新疆铁路、公路和民航货运平均运距变化情况见表2-7。

2010—2016 年新疆铁路、公路、民航货运平均运距（单位：km）　　　表 2-7

运输方式	年份（年）						
	2010	2011	2012	2013	2014	2015	2016
铁路	1187.84	1241.32	1313.40	1347.09	1288.96	1313.83	1152.15
公路	156.67	157.77	158.57	155.74	160.18	164.41	169.21
民航	2658.6	2487.2	2482.8	2402.3	2401.7	1064	995.27

2017 年乌拉斯台口岸首次开关过货量实现开门红

第三章
高速公路发展成就

第一节　高速公路规划及建设历程

1992年，自治区交通厅编制了《新疆三十年公路网规划（1991—2020）》，总目标是：2020年前建成以"Y"形为主通道、"三纵三横"为主骨架的新疆干线公路网。2016年，经自治区人民政府同意，《新疆省级公路网规划（2016—2030）》编制完成，其中新疆高速公路规划里程为1.4万km（2016—2030年）。新疆高速公路建设自第一条吐鲁番—乌鲁木齐—大黄山高等级公路（以下简称"吐—乌—大高等级公路"）开始，经过26年的奋斗，高速公路通车里程由0km发展到2016年底的4852km。新疆高速公路的发展历程大致分为建设起步（1990—2000年）、稳步发展（2001—2010年）、历史跨越（2011—2015年）、创新突破（2016—2020年）四个阶段。

一、新疆高速公路规划

为实现国家"一带一路"倡议，适应自治区经济社会发展对交通运输增长的要求，满足新疆社会稳定和长治久安总目标、深入实施脱贫攻坚战略、全面建成小康社会及推进交通大发展大建设、积极构建综合交通运输体系的需要，结合国家公路网规划，在现有省道基础上编制了新疆省级公路网及新疆高速公路网规划。规划范围为新疆维吾尔自治区行政区划范围（含兵团），规划期限为2016—2030年。省级高速公路与国家高速公路共同形成"东联内地、西出中西亚、沟通南北疆"的公路运输通道，构建"首府辐射地州、地市便捷连接、市县互相连通、重要乡镇全面覆盖"的干线公路网，力争在"十三五"末建成万公里高速公路主骨架，实现县县通高速公路的目标，大幅提升全区路网通行能力和服务水平，为实现新疆社会稳定和长治久安总目标、加快脱贫攻坚步伐、全面建成小康社会、加快建成丝绸之路经济带核心区建设提供强有力的公路交通支撑。

（一）高速公路规划目标

省级高速公路依托国家高速公路连通地级行政中心、兵团师部，连接所有县市（含兵团市）、5A级旅游景区、重要边境口岸，服务于国家级经济开发区、工业园区（含兵团国家级经济开发区、工业园区)。

(二)规划布局

省级高速公路与国家高速公路共同形成"六横六纵六联"(6条"东联西出"大通道、6条"南北贯通"大通道、6条联络线)高速公路网,总里程1.4万km。

6条"东联西出"大通道分别为:

"横一":塔克什肯口岸—喀拉通克—北屯—布尔津—吉木乃口岸。

"横二":明水—木垒—奇台—乌鲁木齐—克拉玛依—塔城—巴克图口岸。

"横三":星星峡—乌鲁木齐—奎屯—清水河—霍尔果斯口岸。

"横四":高昌(吐鲁番)—托克逊—阿乐惠—巴仑台—那拉提—墩麻扎—伊宁—清水河。

"横五":吐鲁番—库尔勒—阿克苏—阿图什—喀什。

"横六":依吞布拉克—和田—喀什—康苏—伊尔克什坦国门。

6条"南北贯通"大通道分别为:

"纵一":老爷庙口岸—哈密。

"纵二":吉克普林口岸—阿勒泰—福海—乌鲁木齐—若羌。

"纵三":阿勒泰—奎屯—库车—阿拉尔—和田—康西瓦。

"纵四":阿拉山口—精河—伊宁—昭苏—木扎尔特口岸。

"纵五":阿拉尔—图木舒克—巴楚—莎车—界山达坂。

"纵六":喀什—塔什库尔干—红其拉甫国门。

6条沟通联络线分别为:

"联一":梧桐大泉—骆驼圈子。

"联二":富蕴(喀拉通克)—大黄山。

"联三":小草湖—库米什。

"联四":阿拉山口—博乐—五台。

"联五":阿克苏—阿拉尔。

"联六":麦盖提—喀什。

省级高速公路和高速连接线共58条、里程8303km,其中,省级高速公路17条、里程5996km;高速连接线41条、里程2307km,实现了县市(兵团市)、5A景区、重要口岸等高速公路连接。

二、建设历程

(一)建设起步(1990—2000年)

20世纪90年代初,新疆提出到2000年全面完成新疆经济发展第二步战略部署,全区生产总值比1980年翻三番,使人们生活水平明显改善。要求提高经济效益和优化经济结构,继续实施优势资源转换战略。1992年11月自治区党委提出"全方位开放""外引内联""东联西出"的开放战略。这个时期新疆有3万多公里公路,没有高速公路,只有一级路38km。国省道干线公路15372km中,三、四级及等外公路11300km,占73.5%,干线公路普遍存在道路等级低、桥涵荷载等级低、公路病害多、抗灾能力低、服务水平低、运输成本高的问题。公路交通处在滞后发展状态,严重影响自治区社会经济发展,其中主要原因是缺乏建设资金。

经济要发展,交通须先行。自治区交通厅制定了《新疆三十年公路网规划(1991—2020)》,总目标是:2020年前建成以"Y"形为主通道、"三纵三横"为主骨架的新疆干线公路网。以吐—乌—大高等级公路、乌鲁木齐至奎屯高速公路(以下简称乌奎高速公路)为代表的新疆公路网"Y"形主通道项目建设,标志着新疆公路交通步入了高速公路时代。

这一时期新疆公路建设管理的主要做法和经验是:

(1)公路建设管理体制逐步由政府建设指挥部形式向项目业主制过渡,高速公路建设管理体制、机构雏形基本形成。

为实施吐—乌—大高等级公路项目,自治区人民政府以新政办〔1992〕36号正式批准成立新疆高等级公路建设指挥部,由自治区副主席任指挥、自治区副主席任第一副指挥。指挥部成员包括自治区计委、财政厅、交通厅、土地管理局,乌鲁木齐市、昌吉州、吐鲁番行署等单位,并规定由交通厅组建项目执行办公室,受指挥部直接领导,负责日常工作。高等级公路建设指挥部项目执行办公室下设办公室、总工程师室、计划统计室、财务会计室、设备材料室等5个科室,定编人员为40人。1994年2月,在新疆高等级公路建设指挥部机构的基础上,成立了自治区高等级公路管理局(简称高管局),吐—乌—大高等级公路、乌奎高速公路建成后由高管局管养(包括收费、路政等)。自治区高等级公路的建设管理养护收费还贷等逐步由高管局负责。

(2)贷款修路、收费还贷。鉴于新疆公路建设资金主要靠中央投资,大规模的公路建设需要大量的资金,但中央的投资是相对固定的。为筹措公路建设资金,第一次开始向银行贷款,分别向世界银行和国内银行贷款,建设收费公路。

(3)试行工程监理制。第一次实行工程监理制,吐—乌—大高等级公路和乌奎高速公路按国家有关规定和国际惯例实行工程监理组织,采取中外联合、以中方为主的形式,交通厅副厅长任总监理工程师,一名外籍专家任副总监理工程师,工程监理处为总监理工程师的执行机构,处长是总监理工程师代表,工程监理处下设办公室、综合室、计划管理室、中心试验室,项目下设代表处。

(4)项目实行专家咨询制度。为了保证项目前期工作的顺利进行和提高前期工作质量,组织新疆公路及有关方面的专家对项目的选择以及道路方案、技术标准等进行论证,邀请专家对项目的主要技术方案进行咨询,包括项目工可方案、初步设计、施工图设计、收费方式、筹融资方案及项目管理机构等。

上述两条高速公路的建成,缓解了乌鲁木齐市周边及出口交通拥挤不畅的局面,加快了高速公路沿线地区工业化、城镇化的进程,成为新疆公路史上一大亮点。

(二)稳步发展(2001—2010年)

党的十六大提出,要在21世纪头二十年,集中力量,全面建设小康社会,实现国内生产总值到2020年力争比2000年翻两番的宏伟目标。对西部,党的十六大强调实施西部大开发战略,促进区域经济协调发展。新疆资源丰富,是我国战略资源的重要储备区和西部对外开放的门户。面对周边地区日趋复杂多变的形势,新疆在全国发展和稳定中的战略地位更加突出。中央要求各有关部门把新疆作为西部大开发重点,进一步加大扶持力度,在国家投资、财政补贴、资源开发、土地利用、交通发展等各个方面对新疆给予政策倾斜,加快基础设施建设,增强发展后劲。21世纪头十年是新疆公路建设的重要战略机遇期,自治区抓住大好机遇,加快公路建设步伐,努力缩小同内地差异,"十五""十一五"十年公路建设一直保持着良好的发展势头。经过十年努力,共完成84个项目,完成投资436.4亿元,建成高速公路219km,在建高速公路582.8km。高速公路建设处于稳步发展阶段,为下阶段高速公路跨越式发展奠定了基础。

"十五""十一五"期,新疆公路建设规划目标:在《2001—2020年公路网发展规划》基础上,编制了《新疆维吾尔自治区公路建设"十一五"规划》。这个时期提出干线公路网三个层次,"三横两纵二环八通道",直接连通15个地州市。紧紧围绕新疆新型工业化发展战略,大力推进国道干线、西部开发省际公路通道和国家高速路网新疆境内段的建设,重点是"三个打通"(打通与内地联系的主通道、打通纵贯南北疆的快速干线以及打通对外通道)。

2001—2010年期间,根据自治区公路规划,重点公路建设项目仍然是国、省道干线的改造升级,提高通行能力和服务水平。十年奋战,基本适应经济社会发展的总体要求。建成的代表性高等级公路项目有:G312线奎屯—赛里木湖高等级公路、赛里木湖—果子沟口高速公路、果子沟口—霍尔果斯高速公路、清水河—伊宁高速公路、G314线和硕—库尔勒高速公路、G314线库尔勒—库车高速公路、库车—阿克苏高速公路、省道201线克拉玛依—榆树沟一级公路等。

这一时期,新疆高速公路建设管理体制、管理模式发生了较大变化。

(1)高速公路建设管理体制。自治区高等级公路管理局、公路管理局经过调整,成立了新疆交通建设管理局。新疆交通建设管理局负责国省道公路建设,公路管理局负责公路养护、收费、还贷等,新疆路政管理局负责国省道公路路政管理。先后成立了新疆公路交通质量监督管理局、公路造价管理局。

（2）高速公路建设项目试行了设计施工总承包模式。在 G3012 库车—阿克苏高速公路建设发承包中试行了设计施工总承包模式，较好地控制了投资和质量。

（3）实行了公路建设项目代建制，解决了新疆公路建设人才短缺问题。

（4）公路设计理念更加灵活，一批项目根据交通量大小和筹资现状，实行分幅分期建设。

2010 年，随着全长 297km 的库尔勒—库车高速公路主线通车，新疆高速公路通车里程突破了 1000km 大关，果子沟特大桥作为国内首座双塔双索面钢桁梁公路斜拉桥顺利合龙，赛里木湖—果子沟项目所有桥梁主体完工，左幅主线通车，成为 2010 年公路建设的标志性成果。新疆"三横两纵两环八通道"公路主骨架的通行能力得到大幅提升，在改善自治区投资环境、促进资源开发利用、推动社会和谐稳定、保障国防安全等方面，发挥了极其重要的作用。

主要成就如下：

2001 年，G312 线奎屯—赛里木湖高等级公路项目以及 G314 线和硕—库尔勒高速公路项目进入设计勘察、立项以及招投标工作，在年度内基本完成相关前期工作。

2002 年，新疆赛里木湖—果子沟口高速公路项目、果子沟口—霍尔果斯公路项目、清水河—伊宁高速公路项目均开工建设，新疆境内国家高速路网向西端迈进。

2003 年，在自治区党委、自治区人民政府的正确领导下，交通系统认真贯彻落实党的十六大和十六届三中全会精神，公路建设、运营养护和精神文明建设均取得了可喜的成绩，较好地完成了各项工作任务。

公路建设管理水平进一步提高，2003 年新开工项目有国道 314 线库尔勒—阿克苏、省道 201 线克拉玛依—榆树沟等 15 个，续建的项目有国道 312 线奎屯—赛里木湖、国道 314 线和硕—库尔勒等 13 个，建设项目共计 28 个，项目遍及南、北疆各地。为了确保投资计划的完成，认真贯彻落实上级的工作部署，进一步改进和加强项目建设管理工作，完成投资 47.6 亿元。国道 312 线乌奎老路、省道 303 线木垒—大黄山等 5 个项目建成通车，其他项目进展顺利，建成通车里程 400km。国道 314 线小草湖—托克逊、群巴克乡—库车、国道 216 线甘泉堡—喀什东路 3 个项目通过了交工验收。

2004 年，自治区公路交通基础设施建设投资规模为 110 亿元，其中交通建设管理局（原高等级公路管理局）的建设任务为 60 亿元，年内新开工项目有伊犁河大桥、清水河—伊宁、托里—阿拉山口等 15 个，续建的项目有奎屯—赛里木湖、和硕—库尔勒、克拉玛依—榆树沟等 23 个。建设项目 38 个，建设里程 4000km（其中高速公路 170km、一级公路 1030km、二级公路 1710km、三级公路 1090km），计划 2004 年底建成通车里程 1200km。工程质量目标是：确保所有项目工程合格率为 100%，优良率达到 75% 以上，其中高等级公路的优良率达到85%以上。

2004年,公路建设成绩喜人。38个续建和新开工的项目一年来实际完成投资51.13亿元,按投资概算完成63.04亿元,为年度计划的102.2%。

2005年,交通厅下达交通建设管理局的公路建设任务为60亿元,建设项目30个,其中,新建和预备项目有G045线赛里木湖—果子沟口、G217线那拉提—库车、G218线清水河—伊宁、阿拉尔—和田等9个;续建项目有奎屯—赛里木湖、和硕—库尔勒等21个。

2005年,是"十五"计划的最后一年,新疆公路建设的大事多、喜事多。2005年由交通建设局承担的建设任务为57.2亿元,建设项目有30个,通过上下的共同努力,包括自治区重点建设项目奎屯—赛里木湖高等级公路、和硕—库尔勒高速公路在内的14个公路项目通过交工验收并交付使用,是建成公路交付使用最多的一年。布尔津—白碱滩、青河—大黄山、北屯—青河等12个项目实现全线贯通,自治区重点建设项目伊犁河大桥实现主桥合龙,交通部和自治区重点建设项目阿拉尔—和田沙漠公路工程进度突飞猛进,240km长路段的路基已贯通。克拉玛依—榆树沟公路由二级公路标准提高到一级公路标准后,努力克服征地拆迁问题的影响,整体进度不断加快。2005年,交通建设局实际完成建设投资49亿元,其中续建项目45.6亿元,新建项目3.4亿元,按概算共完成投资58亿元,为年度计划的101%,圆满地完成了交通厅下达的年度建设任务。

在抓工程进度的同时,始终把工程质量放在第一位。以提高设计质量和强化现场管理为重点抓好质量管理,进一步完善质量保证体系,强化对项目的现场管理和控制,改进质量控制的手段和方法,重点抓好不良地质处治、桥涵构造物、原材料进场等容易出现质量问题的重点部位和环节,加大对桥涵基础、台背回填、软土基处理等隐蔽工程的监控力度,使工程质量始终处于良好的受控状态。和库高速公路和奎赛高等级公路分别以质量综合评定95.7分和93.5分的高分通过了交工验收,代表了新疆公路建设质量的较高水平。

2005年,交通厅质监站先后对交通建设局管建的17个在建公路项目中的75个合同段进行了工程质量监督检查,总体评价是:各项目执行机构能够按照施工、监理合同的要求组织施工,落实工程质量责任制,加强对质量通病的预防与监控,总体质量水平良好。和硕—库尔勒、伊犁河大桥、奎屯—赛里木湖、克拉玛依—榆树沟、托里—阿拉山口5个公路项目的工程质量受到厅质监站的通报表扬。

"十五"期间,自治区交通厅紧紧抓住国家实施西部大开发战略的历史机遇,加快公路交通基础设施建设,相继向交通建设局下达了41个公路项目的建设任务,总投资概算187亿元,实际完成投资167亿元,是"九五"时期完成投资的2.4倍,新建、改建公路4100km,建成并交付使用了小草湖—托克逊、托克逊—库米什、库米什—和硕、库尔勒—阿克苏、阿克苏—喀什、奎屯—赛里木湖、和硕—库尔勒等25个公路项目,完成新建、改建通车总里程2297km,其中高速公路110km,一级公路544km,二级公路1178km,三级公路465km。在建的阿拉尔—和田沙漠公路、克拉玛依—榆树沟公路、托里—阿拉山口公路、伊犁河大桥等16个项目进展顺利。

2006年,公路建设任务为48.5亿元,建设项目30个,其中,新建和预备项目有国道主干线045线赛里木湖—果子沟口、果子沟口—霍尔果斯口岸、国道218线清水河—伊宁、国道217线库如力—库车、国道314线库尔勒—库车、库车—沙雅、沙雅—阿拉尔等14个,续建项目有省道201线克拉玛依—榆树沟、阿拉尔—和田沙漠公路、伊犁河大桥等16个,其中有10个项目要在年内完工并交付使用。按照交通部的要求,阿拉尔—和田公路要建成世界一流的沙漠公路。为完成目标,加快项目前期工作,高度重视设计、环保、征地拆迁等前置性工作,严格执行基本建设程序,加强与有关部门的协调,衔接好前期工作的各个环节,确保项目按时开工建设。特别是伊犁地区的3个项目,总投资概算45.5亿元,建设难度大,面临的困难多,是2006年建设任务的重中之重。同时开展国道217线独山子—库车、库车—阿拉尔和亚洲开发银行贷款项目库尔勒—库车高速公路的前期准备工作,力争早日开工建设。

2006年,一是公路建设年度任务圆满完成。全年共承建25个公路建设项目,实际完成公路固定资产投资41.74亿元,为年度调整计划的100.96%。二是重点工程建设大力推进。GZ045线赛里木湖—果子沟口、果子沟口—霍尔果斯口岸、国道218线清水河—伊宁、国道217线库如力—库车、库车—沙雅、沙雅—阿拉尔等一批重点项目陆续开工建设,克拉玛依—榆树沟等12个项目通过交工验收,收费公路实现了通车收费,亚洲开发银行项目国道314线库尔勒—库车项目的前期工作已经启动,伊犁河大桥如期通车,阿拉尔—和田沙漠公路工程全线路基贯通。三是公路通行费收入再创新高。2006年完成通行费收入6.6959亿元,为年度计划的115.4%,同比增长17.3%。四是公路好路率逐年上升。

2007年是自治区全面建设小康社会、落实党的十六届六中全会精神、实施"十一五"规划任务、构建和谐社会的关键一年。胡锦涛总书记在新疆视察期间的讲话、自治区社会主义新农村建设、加快新型工业化进程和实施优势资源转换战略,为自治区公路发展带来了新的机遇。自治区人民政府出台了《关于加强公路建设的决定》,同年,新疆"十一五"公路项目100亿银团贷款合同正式签订,为新疆公路建设奠定了政策、资金保障,创造了良好的外部环境。

按照交通厅的安排,2007年共承建18个项目,主要任务有:加快赛里木湖—霍尔果斯口岸公路、国道218线清水河—伊宁高速公路、国道217线及延长线等11个续建项目的建设;开工建设国道314线库尔勒—库车、独山子—乔尔玛—那拉提段、阿拉尔塔里木河大桥等7个项目;确保阿拉尔—和田沙漠公路等4个项目按期交付使用。

第三章
高速公路发展成就

2007年,全年实际完成公路固定资产投资27亿元。阿勒泰—布尔津、阜康—天池项目陆续开工建设;库尔勒—库车、那拉提—库如力等项目的前期工作加紧进行;赛里木湖—霍尔果斯、清水河—伊宁、国道217线及延长线等10个续建项目顺利推进;阿拉尔—和田、托里—塔岔口、博乐—赛里木湖等8个项目及托克逊—库米什等2个项目的交通工程完成交工验收。

2008年,全区计划安排交通固定资产投资118亿元。按照交通厅的安排,由交通建设局承建17个项目,计划完成投资50.2亿元。主要是抓好伊犁片区3个高速公路项目、库如力—库车、阿勒泰—布尔津、阿拉尔塔里木河大桥、准东公路等13个续建项目的建设;开工建设库尔勒—库车、独山子—乔尔玛—那拉提、布尔津—白碱滩段二期、奎独工业园区及奎乌连接线等4个新开工项目;抓紧独山子—克拉玛依、库车—阿克苏等新项目的前期工作;确保库如力—库车—沙雅—阿拉尔公路、清水河—伊宁公路等9个项目建成通车。

17个公路项目的建设总里程为1653km,其中,高速公路460km、二级公路1086km、三级公路65km、四级公路42km,是建设任务最重、最多的一年。全年共完成建设投资50.3亿元,为年度目标的100.2%,比上年增加86.4%,果子沟—霍尔果斯、清水河—伊宁、沙雅—阿拉尔等9个公路项目全线建成通车,建成公路通车里程808km,其中,建成高速公路104km、二级公路640km、三级公路64km。完成了小草湖—托克逊、甘泉堡—喀什东路等13个已交工项目的竣工验收工作,独山子—克拉玛依、库车—阿克苏等一批预备项目的前期工作加快进行,实现了公路建设新的突破。

2009年,交通建设局承担了22个项目、51.98亿元的建设任务。其中,续建项目有赛里木湖—果子沟、库尔勒—库车、独山子—乔尔玛等9个;新开工项目有奎屯—克拉玛依、大黄山—奇台等13个,全部按期开工建设。建设总里程2000余公里,其中,高速公路744km(含239km半幅高速公路)、一级公路3km、二级公路1000km、三级公路72km、四级公路166km。

乌—昌大道、阿拉尔塔里木河大桥、托里—裕民公路、奎屯工业园公路等4个项目提前建成通车,赛—果公路五条隧道全部打通,果子沟大桥完成年度目标任务。特别是乌昌大道扩建工程实现了当年开工、当年通车的目标。

2010年,是全面实现"十一五"规划的收官之年,新疆交通迎来新一轮大建设、大发展的机遇。自治区交通工作会议对2010年的公路建设管理任务提出了明确目标,全区交通固定资产投资继续保持去年150亿元的规模,建设里程1.1万km,国省干线公路好路率达到89.1%。

2010年,交通厅下达了共计17个项目的建设任务。其中,续建项目有赛里木湖—果子沟、库尔勒—库车、独山子—乔尔玛等16个,新开工项目为乌鲁木齐—白杨沟岔口;建设总里程1723.3km,其中,高速公路(含半幅)579.7km,一级公路50.7km,二级公路879km,三级公路72.8km,四级公路141.1km。2010年是完工项目最多的一年。确保乌鲁木齐—白杨沟岔口项目按期开工建设,库尔勒—库车项目提前一年主线完工,独—乔—那—库等12个项目按期完工,奎屯—克拉玛依等4个项目实现年度计划目标。

"十一五"以来,交通建设局相继承担了43个公路项目,累计完成投资249.4亿元;新建、改建公路4788.2km,其中,建成高速公路100.9km,一级公路525.8km,二级公路2593.4km,三、四级公路239km;在建高速公路582.8km(含半幅),一级公路54.8km,二级公路432.9km,三、四级公路258.6km,构筑了新疆社会经济发展的快速通道。

5年来,随着克拉玛依—榆树沟、伊犁河大桥、阿和沙漠公路、博乐—赛里木湖、库如力—库车—沙雅—阿拉尔、果子沟—霍尔果斯、清水河—伊宁、准东、乌昌大道等一大批高质量、高水平、高效益公路项目的建成使用,新疆"三横两纵两环八通道"公路主骨架的通行能力得到大幅提升。

(三)历史跨越(2011—2015年)

2011—2015年,是自治区高速公路建设大发展阶段。这一阶段,在自治区党委、人民政府的坚强领导和来自全国各地代建单位的大力帮助支持下,实现了巨大的发展,高速公路建设项目多,完成任务大,建成通车里程达历史之最。

"十二五"是新疆全面建设小康社会、贯彻落实中央新疆工作座谈会精神的重要时期,也是交通事业科学发展、率先跨越的关键阶段,更是开创工作新格局的重要战略机遇期。面对新形势,牢牢抓住机遇,积极应对挑战。

交通运输部和自治区对交通率先跨越在政策、资金等方面的倾力支持,特别是14个省市交通援疆工作的扎实推进,为加快交通发展注入了强劲动力,提供了良好的空间、环境和保证。面对重大考验,总体思路如下:深入贯彻落实科学发展观,以科学发展、率先跨越为主线,以改革创新为动力,以现代文化和科技人才为引领和支撑,以服务和改善民生为出发点和落脚点,全面开展"三年攻坚、五年跨越,建成中国西部高速大通道和交通枢纽中心"战略行动,大力实施"57712"工程(构筑"五横七纵"高速公路、高等级公路网,建设七大国家级公路运输枢纽,建成四条东联内地和八条西出国际共计12条通道),加速建设富民强区、能源资源、国际战略大通道,为自治区跨越式发展和长治久安提供强有力的交通保障。

发展目标:"十二五"期规划交通建设投资规模1200亿~1700亿元(不含农村公路),建设总里程15500km。到2015年底,全区高速公路达到5000km,高等级公路(一、二级)超过15000km,基本实现连接14个地州市及兵团师部的公路高速化,各县市和团场通二级及以上公路。

第三章
高速公路发展成就

2011年,是落实中央新疆工作座谈会精神、推进新疆跨越式发展和长治久安的第一年,是实施"十二五"交通发展规划的开局之年。建设任务:承担公路建设项目44个,建设里程6443km,计划投资254.9亿元。其中,乌鲁木齐绕城高速公路东、西线等新开工项目29个,投资135.4亿元,奎屯—克拉玛依等续建项目15个,投资119.5亿元;另有G30吐鲁番—小草湖(一级公路改高速公路)等预备项目11个,建设里程1950km,投资37.3亿元。

主要目标:新开工项目按照统一安排和部署按时建设;乌鲁木齐—白杨沟、奎屯—克拉玛依等9个项目年内按期完工;库车—阿克苏项目提前实现主线通车;所有项目执行机构考核合格率100%;所有公路关键技术指标合格率100%,主要原材料质量合格率100%,工程交工验收一次合格率100%,竣工验收质量目标为优良工程,高速公路、一级公路其他检测指标合格率达96%以上,二级及以下公路其他检测指标合格率达92%以上;职责范围内无职工死亡、无重大安全事故;综合治理、精神文明工作考核达标;无违纪违法和腐败案件发生;党的建设、文化建设、行业文明建设再创佳绩,为全面完成"十二五"目标任务奠定基础。

2011年,共承建60个公路项目、建设里程6758km,完成投资230亿元,为年度计划的100.11%,是2010年建设局完成投资的3倍,相当于"十一五"期间建设局完成任务的总和,是建投资任务最多、最好、最快的一年。尤其是全长297km的库尔勒—库车高速公路建成,使得新疆高速公路通车里程突破了1000km大关;赛里木湖—果子沟高速公路的建成通车,不仅使果子沟天堑变通途,还创下了1项全国、6项新疆公路建设之最;五彩湾—大黄山等27个新项目的如期开工,掀起了新疆交通大建设、大发展的热潮;乌昌西延等20个项目34个合同段的交工验收、库车—阿克苏等4个项目的提前通车,让新疆交通人在服务经济社会发展、服务各族群众安全便捷出行上,又迈进了重要的一步;青河—大黄山等14个项目顺利通过竣工验收,其中塔里木河大桥、乌鲁木齐—奎屯2个项目评为优良工程,这都成为2011年交通建设跨越式发展的标志性成果。

2012年,是落实"十二五"规划承上启下的关键一年。做好当年的工作,对实现"三年攻坚、五年跨越"战略目标、推进交通建设科学发展率先跨越、以优异的业绩迎接党的十八大胜利召开,具有重大意义。

公路建设项目39个,计划投资271.01亿元,建设里程5514.6km。其中,准东五彩湾煤电煤化工基地—吉木萨尔等新开工项目10个,投资15.57亿元,建设里程436.8km;奎屯—克拉玛依等续建项目29个,投资255.44亿元,建设里程5077.8km。

主要目标:全面完成交通厅的年度计划投资。安排北疆片区承建14个项目、计划投资127.06亿元,南疆片区承建12个项目、计划投资77.32亿元,东疆片区承建13个项目、计划投资66.63亿元;新项目严格按照交通厅党委确定的时间节点开工建设;加速建设向东向西的大通道和疆内南北东西大通道,2012年底,东联内地大通道G30连霍高速公路星星峡—吐鲁番段、三北大通道大黄山—木垒段、南北疆大通道G3014线奎屯—克拉玛依、小草湖—和硕等总计1055km大通道高速公路建成通车。

2013年是建设完成"十二五"目标任务的攻坚之年。三年来,抢抓机遇,改革创新,敢于担当,攻坚克难,全面推行现代工程管理,全力加快大通道建设,确保了"三年攻坚"目标任务的完成。

三年攻坚,完成投资取得历史性突破。截至2013年底,全区完成投资310.05亿元,再创历史新高(2011年完成投资230亿元,2012年完成272亿元)。三年攻坚共完成投资任务812.07亿元,是"十一五"五年完成投资的3.3倍。

三年攻坚,通车里程实现跨越发展。完成交工项目25个,建成通车里程1920km,交工验收项目最多。三年攻坚共完成交工项目54个,建成通车里程达5539km(其中高速公路通车里程约2000km,至2013年底全区高速公路总里程达2635km),比"十一五"的5年建成通车里程还多750km。赛果、独—乔—那—库、新藏、果子沟牧道等一大批影响重大、意义重大的示范工程、民生工程建成使用。

2014年,是实现自治区"十二五"交通运输规划任务的关键之年,根据厅安排计划,交通建设局共承担51个项目、4509km的建设任务。一年来完成投资任务249亿元,建成通车里程1873.58km。其中建成高速公路6条,通车里程1620km,使全区高速里程突破4000km;建成国省道、口岸公路4条,通车里程253.58km。尤其是建成的阿克苏—喀什高速公路是我国当时在建路线最长的高速公路工程,三岔口—莎车公路项目是当时国内首条大量使用风积沙填筑的不良地质高速公路,并实现了主体工程与沿线配套设施同步完成,麦盖提—喀什公路项目在全区首次使用沥青路面数字化施工实时动态检测系统,克拉玛依—塔城高速公路项目的建成,彻底解决了玛依塔斯路段风吹雪袭击、冬天出行难的问题。

2015年,是全面深化改革的关键之年,是全面推进依法治国的开局之年,也是实现自治区"十二五"交通运输规划的收官之年,做好2015年交通建设各项工作意义重大。

主要目标:力争完成交通运输厅下达的总投资约200亿元的建设任务,加快推进乌鲁木齐绕城高速公路(东线)、G7明水—哈密、G3012墨玉—和田等高速公路建设进度,积极推进G30小草湖—乌鲁木齐、G7大黄山—乌鲁木齐、G30乌鲁木齐—奎屯高速公路的改造扩容,加快推进G30吐鲁番—小草湖、G3012喀什—疏勒、G3018精河—阿拉山口等6个项目前期工作,按计划推进实施G218线墩麻扎—那拉提、G216线富蕴—五彩湾、G218线霍尔果斯口岸、G314线包库都克—玉尔滚等项目。进一步提升项目管理水平和工程建设品质,力争年内G312线昌吉过境段、S215线叶尔羌河阿尔斯拉巴格大桥、S219线西岸大渠—沙湾等9个国省道干线公路项目按期完工,建成通车里程362km,确保全面完成

"十二五"规划各项目标任务。

公路建设实现历史性突破,完成投资创历史之最。五年累计完成投资任务1154.94亿元,是建设局整个"十一五"完成量的4.7倍,为自治区交通运输固定资产"十二五"期突破1700亿元大关奠定了扎实基础。建成通车里程飞跃式进展。5年建设里程达8230km,较全区"十一五"末建设总里程增加了近1倍,其中高速大通道建设取得突破性进展,使全区高速公路通车里程由"十一五"的843km攀升至4316km,全区14个地州市中除和田地区正在建设,13个地州市已通高速公路。形成一批重点示范工程。5年共交工项目75个,竣工项目18个,赛里木湖—果子沟高速公路、阿克苏—喀什高速公路、奇台—木垒高速公路、独乔那库天山公路改建项目、新藏公路新疆段整治改建项目等一大批高难度、高质量、高水平、高效益公路项目建成使用,使新疆通连内地、辐射周边的公路主骨架的通行能力得到大幅提升。

在交通运输部协调推动下,新疆实施公路代建制,12个省市派出16家代建单位,代建22个项目,成为全国公路建设项目创新的典范,也成为"十二五"期完成投资任务的中坚力量。主动争取高层推动扎实出台"双业主"制,合力加快项目征迁进程,营造了良好的外部环境。

"十二五"期是新疆交通发展历史上投资规模最大、增长最快、社会效益最好、管理服务水平显著提升的时期。

(四)创新突破(2016—2020年)

"十三五"是全面建成小康社会的决胜阶段。习近平总书记强调:社会稳定和长治久安是新疆工作的总目标。"要坚定不移推动新疆更好更快发展,同时发展要落实到改善民生上、落实到惠及当地上、落实到增进团结上,让各族群众切身感受到党的关怀和祖国大家庭的温暖。"李克强总理指示:加强铁路等基础设施建设,发展现代物流,立足区位优势,建设好丝绸之路经济带核心区。

中央的指示明确了下阶段新疆经济社会发展的思路和方向。新疆既迎来了新的发展机遇,也面临着考验和挑战。

发展机遇:一是国家"一带一路"倡议的深入推进、两次中央新疆工作座谈会议的贯彻落实,给交通建设带来了新的契机,创造了更为广阔发展空间;二是建设好丝绸之路经济带核心区、打赢扶贫攻坚战、保持自治区经济稳定增长等新任务和新形势,仍需发挥交通建设的关键作用;三是全面推进深化改革,PPP投融资模式的推广,为交通建设发展注入了新的动力和活力。

2016年,新疆交通建设管理局完成交通建设投资193.8亿元,为年度目标计划的101%。项目建设提速增效。G218线墩麻扎—那拉提、G216线富蕴—五彩湾等25个计划新开工项目全部开工建设,开工率100%;乌鲁木齐绕城高速公路(东线)等17个项目建成通车,通车里程1012km,其中建成高速公路137km;G3012墨玉—和田、喀什—疏勒、G7明水—哈密、G30吐鲁番—小草湖等项目建设取得新进展并超额完成投资任务。

自治区党委、人民政府为加快交通建设,部署"十三五"1万亿元建设目标,2017年完成2000亿元建设任务。自治区交通运输厅思想统一、行动坚决,以事不过夜的精神,调动一切可调动的力量,全力以赴,聚力推进项目前期。一是地厅联动、密切协作。迅速梳理出2017—2020年交通建设项目6330个,建设总里程约15.2万km、总投资1.16万亿元的项目清单。二是挂图作战、销号管理。制订并严格落实2017年开工项目建设整体推进责任表、分节点时序进度表,倒排工期、压茬推进。三是健全制度,加强督导。建立项目进展旬报制度,定期召开生产调度视频会,时时掌握和通报各地工作进度,以及交流好的经验做法。四是改革创新,集智聚力。迅速面向全国召集近100家勘察设计单位、调集4000多名专业技术人员投入一线,顶风冒雪、日夜奋战,充分运用"经验+能力+科技创新"来支撑和推动前期工作。五是强化指导,做好服务。组织5个工作组分赴各地州指导服务,抽调230余名技术人员脱产一年驻各地县、保证每个县2~3名帮助工作,组织咨询专家提前介入,随时为各地提供技术支持。

在自治区强有力的推动下,通过前一阶段工作措施,经过全区上上下下的共同努力,公路项目前期总体推进迅速。2017年交通运输工作的主要目标是:全区计划开工建设项目3410个,建设总里程约8.23万km,总投资约7571亿元,力争完成投资2000亿元,建设高速公路7292km,普通国省道10311km,农村公路、特色乡镇路4.18万km,资源路、旅游路、边境巡逻路等2.29万km。其中,自治区本级由新疆交通投资有限责任公司组织实施重要主干线项目40个,建设总里程5221km,总投资约2155亿元,计划完成投资约406亿元;地县组织实施辖区内高速公路和普通国省道、农村公路、资源路、旅游路、边境巡逻路等项目2893个,建设里程7.71万km,总投资约5416亿元,计划完成投资约1600亿元。

目前,全区公路建设项目总数达3410个,其中3174个项目已全部开展前期工作(占93%),1565个项目前期工作已完成(占46%),413个项目已招标建设(占12%)。其中,133个国省干线项目已全部开展工可报告编制工作,112个项目已完成工可报告编制(占84%),123个项目已开展初步设计编制(58个项目已完成),81个项目已开展施工图设计编制(37个项目已完成),33个项目已招标建设(占24.8%)。

3223个农村公路、资源路、旅游路等地方道路建设项目中,2994个项目已开展前期工作,1517个项目已完成前期工作(占47%),377个项目已招标建设(占11.7%)。

下一阶段,自治区交通运输厅将紧盯每个公路项目,尽快开工建设、落地开花,加强与兵团、地方及相关部门的联动,统筹协调,强化对全区公路建设的"规划、指导、监督和服务"职能,铆足劲头,拼命苦干,确保年度任务全面完成。

第三章
高速公路发展成就

紧紧围绕社会稳定和长治久安总目标,全力以赴推动基础设施建设取得重大突破,为全区促投资稳增长当好先行。2017年要死死盯住2000亿这个目标,牢牢扭住加快项目建设这个中心,紧紧抓住改革创新这个关键,狠狠拽住压实责任这个保障,严格落实《关于加快推进自治区"十三五"交通基础设施建设实施方案》,建立一套好机制,按照"省级管主干、地州管辖区、县市管地方道路"和"政府规划、政策引导、市场运作"的原则,有效推动形成上下联动、部门联合的统筹协调联动工作机制,创新改革、责任担当,充分调动各方力量,不讲条件、不打折扣,创造条件、主动作为,以"开局就是决战、起步就要冲刺"的精神状态,以更大的决心、更明确的思路、更精确的举措,确保目标任务完成,实现历史性重大突破。

一是厅本级要强化对全区公路建设的"规划、指导、监督和服务"职能,统筹全区高速公路、普通国省干线公路的规划、政策设计,制定公路建设相关标准规范、规章制度以及行业指导、行业审查和监督检查等相关文件,加强对地方交通建设的行业指导、监督和服务。统筹自治区重要通道中技术难度大、实施难度大、筹融资难度大、投资巨大的主干线项目的组织实施。统筹跨区域项目的协调和指导。要具体做好以下工作,抓好规划,完善对接。修改完善自治区交通运输"十三五"发展规划,推动修改完善区地县公路网规划,做好与交通运输部规划的衔接,争取更多项目纳入部规划中期调整,全力支持地方公路建设。做好工作指导。面向管理一线,结合具体实践,出台一系列管用、适用、好用的项目建设指南、操作规程和实施细则,实现项目推进和建设管理有章可循、有据可依;专门成立技术指导组和专家咨询组,为各地州市提供全方位、全过程、全领域的指导;对各地州市公路参建人员进行培训,提高专业技术水平和项目管理水平。强化监督管理。实行"挂图作战、销号管理",实化目标,量化任务,细化方案,强化措施,排定时间表,绘制路线图,确保项目建设合理交叉、无缝衔接、整体推进;千方百计推动项目"全断面、全范围、多工点"开工建设,做到以日保旬、以旬保月、以月保季、以季保年;加强市场监管和诚信信息公开力度,管理重心下移、关口前移,加强事中事后监管;坚持进度管理、量化考核、问责问效,组织督导帮办组,采取分片包干督办、定期绩效考核、双随机抽查等方式,准确掌握项目进度情况,及时解决项目存在的问题,对存在问题较多和进度滞后的项目进行"挂牌督办",扎实推进项目建设。全力提供服务。明确服务菜单,组建综合协调组、蹲点帮办队和一线服务团,有针对性地开展技术服务和管理咨询,为项目推进想办法、出点子、谋出路,全力破解项目难题;针对地州市交通技术人才短缺的问题,交通运输厅党委将从每个地县公路局抽调2~3名技术骨干、岗位能手(总计200余人),脱产一年帮助地方交通运输部门进行项目建设管理。

二是各地州市作为实施主体,承担辖区内高速公路、普通国省道、资源路、旅游路等专用公路和公路客货运站场的建设,负责项目前期、筹融资、建设管理等工作,以及承担国省主干线的征迁主体责任,并加强对县市交通建设的指导、监督和服务。各县(市)作为实施主体承担辖区内农村公路、资源路、旅游路等地方道路和公路客货运站场的建设,负责项目前期、筹融资、建设管理等工作。在具体工作中,要严格落实主体责任、任务清单,逐级立下军令状,严格对标建设项目开工时间、建设进度、工程质量、安全生产、项目管理等各项目标任务,打造一级抓一级、层层抓落实、事事有着落的"责任链条",确保事有专管之人、人有明确之责、责有限定之期;要强化项目管理,靠前指挥、分片包干,以超常规、强有力的措施推进项目建设;实施精细化管理,尤其对重点项目、难点工程蹲点帮办;建立绩效考核机制,及时通报考核结果,对未达标单位和个人严格追责,做到问题不解决不回头、解决不彻底不罢休。

三是改革创新建设管理体制机制。把改革创新作为推动发展的主引擎,破除体制机制障碍、创新方式方法,增续内生动力。一是改革创新投融资模式。按照"分级负责、市场运作、多元筹资"的原则,坚持以"市场运作"为主,发挥市场筹融资的主渠道作用,积极探索和创新利用 PPP 模式,可采用"BOT""BOT + EPC""BOT + EPC + 股权合作""BOT + EPC + 政府补助""股权合作 + EPC + 运营期政府补贴"等灵活多样的模式引导和吸引社会资本参与交通建设;做优做强各级融资平台,积极协调注入矿产、土地等优质有效资源,与金融机构合作成立交通发展基金,采用资产证券化等方式实现融资;各地州市要在 2017 年 2 月底之前成立交通投资公司,已成立的要加快资产装入和资本运作,力争在上半年形成融资能力;要做实做强新疆交投,增强融资能力,壮大投资实力,发挥示范引领作用;积极推动各级财政加大支持力度,充分发挥财政资金的杠杆作用。二是改革创新项目前期工作。按照"提前介入、简化程序、缩短周期、绿色通道"的要求,充分利用"经验 + 能力 + 创新"最大限度缩短前期工作周期;前期推进上实行"双向同步走",对国家审批项目可先按地方项目审批,同步推进国家审批;项目审批程序上建立科学高效的项目审核、审查和备案机制,厅要做好指导服务和行业审查;项目进度把控上采取"工可 + 勘察设计""工可 + 勘察设计 + 施工""工可 + EPC"一体化招标方式,进行社会招标人招标,加快推进前期工作。当前,要集中精力、想方设法抓好 2017 年新开工项目的前期工作,力争 2 月底前完成工可、5 月底前完成勘察设计、6 月底前全面开工建设。三是改革创新项目建管模式。按照"划区域、分类别、分层次、冷热搭配"等多种灵活方式打捆项目,形成项目组合包,实施专业化攻坚、全寿命管控;积极采取专业化咨询管理公司、公路建设项目代建、设计施工总承包等管理模式,充分发挥大企业、大集团的技术、人才和管理优势,科学统筹组织项目实施,有效推进项目建设进度,解决地方人才、管理、技术力量薄弱的问题;推行"扁平化"管理,整合资源,减少管理层级,优化工作流程;大力推行"专业化、标准化、信息化、精细化、人本化"管理。

紧紧围绕社会稳定和长治久安总目标,积极推进交通枢纽中心建设,为建设丝绸之路经济带核心区提供有力支撑。牢牢把握"一带一路"倡议的难得机遇,加快"大通道"、重点枢纽、综合交通运输体系建设。一是推动出台行动计划。积极参与、主动配合、加快出台《丝绸之路经济带核心区交通枢纽中心行动计划》,加强规划统筹,充分发挥规划引领作用,科学确定行动路线和建设时序,努力实现规划"一张图"、建设"一盘棋"。二是积极构建现代综合交通运输体系。加快推动形成有利于综合交通运输发展的组织管理体系、工作运行体系、政策制度体系;强化公路运输与铁路、民航、邮政、管道等运输方式合理衔接、融合发展;加强信息资源开放与共享;抓住货物多式联运、旅客联程运输两个关键环节,提升综合运输服务的可达性、便捷性、经济性、安全性。三是大力推进互联互通。围绕提高与周边国家、其他省份和疆内高效"互联互通"水平,加快构建以高速公路为主骨架,以国省道干线为主干,东联"三省"(甘肃、青海、西藏)、西出"三亚"(中亚、南亚、西亚)、畅通南北疆的大通道主骨架网络。启动高速公路联网畅通工程,抓好 G30 小草湖—乌鲁木齐、乌鲁木齐—奎屯、G7 大黄山—乌鲁木齐三个高速公路"四改八"项目,G0711 乌鲁木齐至库尔勒(尉犁)、G7 巴里坤至木垒等重点项目建设,推进高速公路联网畅通。启动国省干线升级提质工程,抓好 G216 乌鲁木齐市过境段、G216 阿勒泰—富蕴—五彩湾、G314 阿图什—喀什,吉木萨尔县—吐鲁番大河沿等项目升级改造,着力提升普通干线的通行能力,提高城市之间的基础设施互联互通水平。启动交通固边兴边工程,加快 G580 和田—康西瓦、G216 民丰—克里雅山口(黑石北湖)等国边防公路和 G219、G331 沿边国道建设,加快 G314 布伦口—红其拉甫、G218 霍尔果斯口岸段等口岸公路升级改造,推进中蒙俄、中国—中亚—西亚、中巴等国际经济走廊互联互通。启动运输服务提升保障工程,加快乌鲁木齐、伊宁(霍尔果斯)、喀什等七大国家级综合交通运输枢纽建设;加快推进霍尔果斯口岸国际物流园、阿拉山口综合保税区多式联运物流园等物流基础设施建设,积极推进伊宁市客运北站、博乐市公铁综合客运枢纽等项目建设,重点支持一批功能完备的综合交通运输枢纽。

G3012 库车—阿克苏温宿立交

第二节 高速公路建设

一、新疆高速公路概况

截至2016年底,全区高速公路通车里程达到4395km,增长1.8%,除和田外所有地州市政府所在地及兵团师部驻地均实现高速公路覆盖。新疆高速公路概况见表3-1。

新疆高速公路概况表　　表3-1

序号	类型	编号	总里程(km)	总投资(亿元)	建设性质
1	国家高速公路	G30、G7、G3012、G3013、G3014、G3015、G3016、G218	4380.524	1047.84	新建或扩建
2	地方高速公路	S215、S310、G216	471.05	222.41	新建或扩建

二、国家高速公路建设概况

从1994年建设第一条高等级公路开始,至2016年先后建成了G30星星峡至霍尔果斯高速公路(星星峡至吐鲁番、吐鲁番至乌鲁木齐、乌鲁木齐绕城、乌鲁木齐至奎屯、奎屯至赛里木湖、赛里木湖至果子沟、果子沟至霍尔果斯段);G7大黄山至木垒高速公路(大黄山至奇台、奇台至木垒段);G3012吐鲁番至和田高速公路(小草湖至和硕、和硕至库尔勒、库尔勒至库车、库车至阿克苏、阿克苏至喀什、墨玉至和田段);G3013喀什至伊尔克什坦口岸高速公路;G3014奎屯至阿勒泰高速公路(奎屯至克拉玛依、克拉玛依至乌尔禾、乌尔禾至福海、福海至阿勒泰段);G3015克拉玛依至塔城高速公路;G3016清水河至伊宁高速公路;G218伊宁至墩麻扎高速公路等,建设总里程4380.524km,总投资1047.84亿元,初步形成新疆高速公路骨干网。

1. G30星星峡至吐鲁番(一、二期)高速公路

本项目起自星星峡,经烟墩、骆驼圈子、哈密、一碗泉、鄯善、连木沁,止于吐鲁番西,接连霍高速公路吐鲁番至乌鲁木齐段,路线全长约584.7km。全线采用四车道高速公路标准建设,设计速度120km/h,整体式路基宽度28.0m,分离式路基宽度13.75m。过境段维持现有技术标准。桥涵荷载标准:公路—Ⅰ级。其他技术指标按《公路工程技术标准》(JTG B01—2003)执行。本项目总投资96.62亿元,开工时间2004年8月,完工时间2012年12月。

2. G30吐鲁番至乌鲁木齐高速公路

本项目起自吐鲁番,经小草湖、达坂城、盐湖、柴窝铺止于乌拉泊,接连乌鲁木齐绕城高速公路,路线全长113.38km。全线采用四车道高速公路标准建设,设计速度120km/h,

整体式路基宽度26.0m。过境段维持现有技术标准。桥涵荷载标准：汽车—超20级，挂车—120。其他技术指标符合《公路工程技术标准》（JTG 01—88）规定值。本项目总投资30.7亿元，开工时间1994年3月，完工时间1998年11月。

3. G30乌鲁木齐至奎屯高速公路

本项目起自乌拉泊，经昌吉、呼图壁、玛纳斯、石河子、沙湾，止于奎屯市东，路线全长228km。全线采用四车道高速公路标准建设，设计速度120km/h，整体式路基宽度26.0m。过境段维持现有技术标准。桥涵荷载标准：汽车—超20级，挂车—120。其他技术指标符合《公路工程技术标准》（JTJ 01—88）规定值。本项目总投资50.87亿元，开工时间1997年4月，完工时间2000年11月。

4. G30奎屯至赛里木湖高等级公路

本项目起于奎屯，接已建乌鲁木齐至奎屯高速公路，经乌苏、高泉、四棵树、精河、沙山子、五台、博乐岔口、四台，止于赛里木湖，与改建过的赛里木湖至霍尔果斯公路相连，路线全长311km。全线采用不同的设计标准，奎屯至乌苏段采用四车道高速公路标准建设，设计速度120km/h，路基宽度26.0m；乌苏至博乐岔口段采用四车道一级公路标准建设，设计速度100km/h，路基宽度25.5m；博乐岔口至赛里木湖段采用二级公路标准建设，设计速度80km/h，路基宽度12m。桥涵荷载标准：汽车—超20级，挂车—120。其余技术指标符合《公路工程技术标准》（JTJ 001—97）规定。本项目总投资30.55亿元，开工时间2002年6月，完工时间2005年10月。

5. G30乌苏至赛里木湖一级改高速公路

本项目路线起点乌苏东互通，接新疆境内星星峡—乌鲁木齐—奎屯段国道主干线，途经乌苏市、高泉农场、托托乡、沙泉子、精河县、八家户农场、八十三团场、沙山子、大河沿子、五台、博乐岔口、四台、三台，终点位于赛里木湖，与赛里木湖至果子沟高速公路相连。全线采用四车道高速公路标准建设，路线全长295.517km，桩号为K259+300～K552+462.303，其中新建39.881km，改建255.636km；全线新建辅道26.135km，整修辅道32.8km，按照三级公路标准建设。新建段设计速度100km/h，路基宽26m；升级改造段设计速度120km/h、100km/h、80km/h，路基宽26m、25.5m、2×12m（分离式），项目概算投资41亿元，开工时间2012年10月，完工时间2014年11月。

6. G30赛里木湖至果子沟高速公路

本项目起于赛里木湖三台岔口，连接已建成的奎屯至赛里木湖高等级公路，经赛里木湖、松树头、捷尔得萨依沟谷、加木帕斯夏子沟、果子沟、将军沟、桦木沟、藏营沟，止于果子沟口，与果子沟口至霍尔果斯高速公路相连，路线全长56.17km。全线采用四车道高速公路标准建设,设计速度100km/h,路基宽度26.0m;其余局部路段设计速度80km/h,路基宽度24.5m。桥涵荷载标准:公路—Ⅰ级。其他技术指标按《公路工程技术标准》(JTG B01—2003)执行。本项目总投资23.9亿元,开工时间2006年7月,完工时间2011年9月。

7. G30 果子沟至霍尔果斯高速公路

本项目起于果子沟口,经芦草沟、清水河、62团,止于霍尔果斯,接霍尔果斯城市道路,路线全长44.84km。全线采用四车道高速公路标准建设,设计速度100km/h,路基宽度26.0m。过境段维持现有技术标准。桥涵荷载标准:公路—Ⅰ级。其他技术指标按《公路工程技术标准》(JTG B01—2003)执行。本项目总投资9.13亿元,开工时间2006年8月,完工时间2008年12月。

8. G7 大黄山至奇台高速公路

本项目路线起点接乌鲁木齐至大黄山高等级公路幸福路口,途经吉木萨尔县、奇台县、农六师奇台垦区,终点为省道303线岔路口。路线全长114.931Km,总投资34.63亿元,设计标准为双向四车道高速公路,路基宽28m,设计速度120km/h。开工时间2009年9月,完工时间2012年12月。

9. G7 奇台至木垒高速公路

本项目路线起点与大黄山至奇台高速公路终点顺接,桩号为K114+900,位于省道303线桩号K407附近。终点与在建的木垒至鄯善公路衔接,桩号为K185+600,对应省道303线桩号为K333附近,路线全长70.636km。主线采用四车道高速公路标准建设,设计速度120km/h,路基宽度28m;博斯坦乡和大浪沙乡连接线采用二级公路标准,行车速度80km/h,路基宽度12m;木垒连接线采用一级公路标准,设计速度80 km/h,路基宽度24.5m。桥涵荷载标准:公路—Ⅰ级。其他技术指标按《公路工程技术标准》(JTG B01—2003)执行。项目投资19.85亿元,开工时间2011年5月,完工时间2013年10月。

10. G3012 小草湖至和硕公路高速公路(改建)

本项目位于吐鲁番地区托克逊县及巴州和硕县境内,路线总体走向由东北向西南,路线起点位于小草湖互通式立交托克逊至吐鲁番方向匝道起点对应主线位置,对应G3012线桩号K3+000,路线穿越戈壁滩,经托克逊县,至K51+400处路线上下行分开,上行线沿卧虎不拉沟翻越天山,下行线沿甘沟翻越天山。在K108+732处上下行线合并(上行线桩号K108+732=下行线桩号K121+182,长链12.45km),然后路线沿老路前行,经过库米什镇,穿过榆树沟,经乌什塔拉、曲惠乡镇,终点接和库高速公路起点G3012线桩号K238+284.79位置。路线全长235.685m(按上行线里程计,按下行线里程计路线全长为248.155km),总投资5.96亿元。本项目主线设计速度100km/h(80km/h、60km/h、40km/h),

整体式路基宽度采用25.5m(24.5m),分离式路基宽度采用12m(11.25m、10.25m);路面采用沥青混凝土高级路面,桥涵设计荷载:公路—Ⅰ级,标准轴载为BZZ-100;桥涵与路基同宽,荷载标准采用汽车—20级、挂车—100;其余标准按《公路工程技术标准》(JTG B01—2003)执行。开工时间2011年6月,完工时间2012年9月。

11. G3012 和硕至库尔勒高速公路

本项目起于和硕县以东,经和硕、24团、焉耆、27团、塔什店,止于库尔勒,接库尔勒至库车高速公路,路线全长92.45km。全线采用四车道高速公路标准建设,和硕至塔什店段设计速度120km/h,路基宽度28.0m;塔什店至库尔勒山区段设计速度100km/h,路基宽度26.0m。桥涵荷载标准:汽车—超20级,挂车—120。其余技术指标符合《公路工程技术标准》(JTJ 001—97)规定。本项目总投资24.33亿元,开工时间2003年5月,完工时间2005年9月。

12. G3012 库尔勒至库车高速公路

本项目起于库尔勒孔雀河桥头,与已建成的和硕至库尔勒高速公路终点相接,经库尔勒、28团、29团、30团、库尔楚、阳霞、轮台、二八台、牙哈,止于库车,接库车至阿克苏高速公路,路线全长299.92km。全线采用四车道高速公路标准建设,设计速度120km/h,路基宽度28.0m,分离式路基宽2×13.75m;利用老路作一幅的段落,维持原标准;库尔勒过境段设计速度100km/h,路基宽度24.5m。桥涵荷载标准:公路—Ⅰ级。其他技术指标按《公路工程技术标准》(JTG B01—2003)执行。本项目总投资41.05亿元,开工时间2007年9月,完工时间2011年5月。

13. G3012 库车至阿克苏高速公路

本项目起于库车,与库尔勒至库车高速公路终点衔接,经库车县、新和县、温宿县、五团、阿克苏市三县一市一团场,止于阿克苏青松建化厂,路线全长259.991km。全线采用四车道高速公路标准建设,设计速度120km/h,路基宽度28.0m,分离式路基宽2×13.75m;利用老路作一幅的段落,维持原标准;桥涵荷载标准:公路—Ⅰ级。其他技术指标按《公路工程技术标准》(JTG B01—2003)执行。本项目总投资64.91亿元,开工时间2010年3月,完工时间2012年11月。

14. G3012 阿克苏至喀什高速公路

本项目起点桩号为K1025+415(位于阿克苏建化厂附近,与库尔勒至库车高速公路终点相接),终点桩号为K1453+982.258(位于喀什市库曲湾收费站以南700m处),途经阿克苏市、柯坪县、巴楚县、伽师县、阿图什市、喀什市。该项目是国家高速公路网规划中的连云港至霍尔果斯高速公路、吐鲁番至和田及伊尔克什坦联络线的一段,路线全长428.4937km(其中阿图什东立交东终点K1423+700~K1453+982.258段完全利用一级公路,利用段全长 30.282km),辅道及连接线长 121km。设计速度 120km/h,整体路基宽度 28m。总投资 122.9 亿元,开工时间 2011 年 5 月,交工时间 2014 年 12 月。

15. G3012 墨玉至和田段高速公路

本项目位于和田地区的墨玉县、和田市、和田县及洛浦县境内。起点顺接墨玉县南侧的叶墨公路,经皮牙勒玛干渠、喀拉喀什河、昆仑工业园、玉龙喀什河、比孜里墓葬、拜什托格拉克干渠、洛浦县城、G315、阿其克河、洛浦县砂石料场等中间控制点,终点位于 G315(K2401+560)西侧,洛浦东互通式立交终点。路线全长 74.01430km,按照四车道高速公路标准建设,整体式路基宽度 28m,设计速度 120km/h。桥涵设计荷载等级采用公路—Ⅰ级,桥涵宽度与路基同宽。概算总投资 28.7 亿元,开工时间 2015 年 3 月,预计完工时间 2017 年 10 月。

16. G3013 喀什至伊尔克什坦口岸高速公路

本项目起点位于 G314 K1444+900,终点位于乌恰县境内的伊尔克什坦口岸,路线全长 213.91km。起点至乌恰段(Y1K0+959.70~K74+800)采用四车道高速公路标准建设,设计速度 100km/h,路基宽度 26m(2×13m);乌恰至康苏段(K74+800~K94+313.94)长 19.514km,按二级公路标准建设,设计速度 80km/h,路基宽度 12.25m;K94+400(康苏收费站)~终点 K211+387.97 段长 116.988km,按二级公路标准建设;局部困难路段在满足行车条件的前提下,个别技术指标适当降低,设计速度 60km/h,路基宽度 10m。新建桥涵荷载标准采用公路—Ⅰ级,桥涵宽度与路基同宽。投资概算为 41.68 亿元,开工时间 2011 年 4 月,完工时间 2013 年 11 月。

17. G3014 奎屯至克拉玛依高速公路

本项目起于奎屯市西互通式立交桥,经 131 团场、130 团场(共青城)、129 团场(五五新镇)、128 团场,止于克拉玛依市九公里互通式立交桥。路线全长 109.96km。全线采用四车道高速公路标准建设,设计速度 120km/h,路基宽度 28.0m,分离式路基宽 13.75m;利用老路作一幅的段落,维持原标准;桥涵荷载标准:公路—Ⅰ级。其他技术指标按《公路工程技术标准》(JTG B01—2003)执行。本项目总投资 39.21 亿元,开工时间 2009 年 7 月,完工时间 2011 年 11 月。

18. G3014 克拉玛依至乌尔禾高速公路

本项目途经克拉玛依区、白碱滩区和乌尔禾区的白口泉、黄羊泉以及乌尔禾乡,路线全长 139.125km。设计速度为 120km/h,采用四车道高速公路标准建设,路基宽度 28m,投资概算为 33.48 亿元,开工时间 2011 年 3 月,完工时间 2013 年 12 月。

19. G3014 乌尔禾至福海高速公路

本项目南起于 G217 乌尔禾收费站以北西侧(接同期实施的克拉玛依至乌尔禾高速

公路项目终点),穿越戈壁滩,跨越和布克河(设大桥),在和什托洛盖镇东侧设互通式立交与 G217 相连,穿越阿尔格勒特山(设长隧道),穿越巴嘎乌图布拉格牧场(二牧场)、伊克乌图布拉格牧场(国营牧场),沿 S318 线到达线路终点福海渔场(接同期实施的福海至阿勒泰高速公路项目起点)。路线全长 160.486km。采用四车道高速公路标准建设,设计速度 120km/h,路基宽度 28.0m。概算总金额为 48.77 亿元,开工时间 2011 年 3 月,完工时间 2014 年 8 月。

20. G3014 福海至阿勒泰高速公路

本项目起于阿尔泰地区福海县渔场以西约 15km 处,由南向北途经福海县、北屯市和阿尔泰市,止于阿尔泰市东南约 5.5km 处,路线全长 128.82km,概算投资 62.71 亿元。全线设计速度 120(100)km/h,整体式路基宽度 28(26)m,桥涵荷载标准为公路—Ⅰ级,双向四车道。开工时间 2011 年 4 月,完工时间 2014 年 11 月。

21. G3015 克拉玛依至塔城高速公路

本项目起于克拉玛依市三坪水库,连接在建的奎屯至克拉玛依高速公路和拟建的克拉玛依至乌尔禾高速公路,经托里县、铁厂沟镇、额敏县、塔城市,终点位于巴克图口岸,接省道 221 线。全线在三坪、哈图、铁厂沟、喇嘛昭、库鲁木苏、额敏、团结农场、塔城 8 处设置互通式立交。同步改建塔城互通式立交连接线 7km。起点至库鲁木苏互通段 128.026km,设计速度 100km/h,路基宽度 26m;库鲁木苏互通至塔城互通段 77.853km,设计速度 120km/h,路基宽度 28m;塔城互通至终点段 12.350km 采用双向四车道一级公路标准,设计速度 100km/h,路基宽度 26m,其中终点段约 3km 利用既有公路改扩建。全线新建桥涵荷载标准为公路—Ⅰ级,其他技术指标按《公路工程技术标准》(JTG B01—2003)执行。连接线采用一级公路标准改建。路线全长 218.229km,项目概算投资 75.82 亿元。开工时间 2011 年 4 月,完工时间 2014 年 9 月。

22. G3016 清水河至伊宁高速公路

本项目起于霍城县清水河镇朱家庄,经 65 团、霍城、英也尔,止于伊宁市巴彦岱镇,路线全长 53.25km。全线采用四车道高速公路标准建设,设计速度 120km/h,路基宽度 28.0m。桥涵荷载标准:公路—Ⅰ级。其他技术指标按《公路工程技术标准》(JTG B01—2003)执行。本项目总投资 12.6 亿元,开工时间 2006 年 6 月,完工时间 2008 年 10 月。

23. G3001 乌鲁木齐绕城高速公路

乌鲁木齐绕城高速公路(东线)项目起自乌鲁木齐市甘泉堡工业园区南侧,接吐乌大高速公路,止于西山路互通式立交,接乌鲁木齐至奎屯高速公路,路线全长 79.652km,工程概算总投资 79.85 亿元。全线采用六车道高速公路标准建设,设计速度 100km/h,路基宽度33.5m。开时间2011年6月,完工时间2016年8月。

24. G218伊宁至墩麻扎高速公路(扩建)

本项目位于伊犁哈萨克自治州腹地伊宁市、伊宁县境内。路线全长70.904km,桩号K49+899.2~K117+300,采用双向四车道高速公路标准,设计速度100km/h,整体式路基宽度26m;终点连接段二级路3.503km,桩号K117+300~K120+803.34,采用双向双车道公路标准,设计速度80km/h,整体式路基宽度20m。总投资约28.6亿元。开工时间2011年5月,主线主体工程完工时间2013年12月。

三、地方高速公路建设概况

作为国家高速公路网的完善和补充,新疆不断推进地方高速公路网建设,对完善新疆高速公路网起到了重要的作用。新疆先后建成三岔口至莎车(S215)、麦盖提至喀什(S310)、五彩湾至大黄山(G216)等地方高速公路,建设里程471.05km,总投资222.41亿元。

1. 三岔口至莎车高速公路(S215)

本项目起自阿克苏至喀什高速公路三岔口立交,经巴楚县、色力布亚镇、麦盖提县、莎车县,止于喀什至叶城高速公路莎车南立交,路线全长231.82km。全线采用四车道高速公路标准建设,设计速度120km/h,整体式路基宽度28.0m。桥涵荷载标准:公路—Ⅰ级。其他技术指标按《公路工程技术标准》(JTG B01—2003)执行。本项目总投资119.29亿元,开工时间2011年7月,完工时间2014年11月。

2. 麦盖提至喀什高速公路(S310)

本项目起自三岔口至莎车高速公路麦盖提立交,经麦盖提、伽师、喀什,止于喀什绕城高速公路立交,路线全长142.92km。全线采用四车道高速公路标准建设,设计速度120km/h,整体式路基宽度28.0m。桥涵荷载标准:公路—Ⅰ级。其他技术指标按《公路工程技术标准》(JTG B01—2003)执行。本项目总投资75.52亿元,开工时间2011年9月,完工时间2014年10月。

3. 五彩湾至大黄山高速公路(G216)

本项目起自火烧山立交,经火烧山、五彩湾、古海温泉、红旗农场岔路口、三台油库、紫泥泉岔路口,止于幸福路口立交,路线全长96.31km。全线采用四车道高速公路标准建设,设计速度120km/h,整体式路基宽度28.0m。桥涵荷载标准:公路—Ⅰ级。其他技术指标按《公路工程技术标准》(JTG B01—2003)执行。本项目总投资27.6亿元,开工时间2011年4月,完工时间2013年10月。

第三节 高速公路桥梁隧道建设概况

一、桥梁建设概况

（一）地形地貌

新疆的地形地貌可以概括为"三山夹两盆"，山岭连绵，地形地貌复杂。新疆三大山脉的积雪、冰川孕育汇集为500多条河流，分布于天山南北的盆地，其中较大的有塔里木河（中国最大的内陆河）、伊犁河、额尔齐斯河（流入北冰洋）、玛纳斯河、乌伦古河、开都河等20多条。夏季高温，山里雪融水和降雨易在山前冲积扇平原突发洪水。因此自然气候条件、地形地貌铸就了公路建设桥梁多的特点。

新疆第一条高速公路吐鲁番至乌鲁木齐高速公路全长113.38km，桥梁75座3165延米，桥隧比2.8%。2011年通车的赛里木湖至果子沟高速公路，全线56.17km，桥梁51座13395延米，隧道5座8778延米，桥隧比39.5%。2014年11月通车的克拉玛依至塔城高速公路，全线207.1km，桥梁24座7279延米，桥隧比3.5%。

（二）桥梁建设概况

新疆桥梁建设，经历了早期的各类拱桥，逐步向简支梁桥、连续箱梁桥、连续钢桁桥、空心板梁桥、T梁桥、工形梁桥、先简支后连续梁桥等发展。比较有代表性的是：1998年建成的后沟中承式1-70m拱桥，位于吐乌大高速公路后沟段，桥梁全长91.32m；1998年建成的孔雀河大桥，是西北地区最大跨径的钢筋混凝土拱桥，桥跨150m，宽24.5m，是和（硕）—库（尔勒）高速公路与库（尔勒）—库（车）高速公路的连接点；2006年建成的被称为"新疆第一桥"的伊犁河二桥，采用刚构连续组合梁，全长1608m，宽25.5m，桥面为一级路面双向四车道；克拉玛依友谊大桥全桥长246m，主桥长81m，引桥长165m，高4m左右，是世界最小的斜拉桥；2011年建成的果子沟大桥，是国道G30线赛里木湖至果子沟口高速公路建设项目标志性工程之一，桥梁全长700m，桥面距谷底净高达200m，主塔高度分别为209m和215.5m，大桥主桥全部采用钢桁梁结构，是自治区第一座公路斜拉桥，也是国内第一座公路双塔双索面钢桁梁斜拉桥；2016年建成的葛家沟特大桥，是乌鲁木齐绕城高速公路（东线）控制性工程之一，采用预制T梁和预制箱梁，桥梁全长1177.20m，宽33.5m，桥面为双向六车道高速公路路面；2016年建成的石人子沟特大桥，是乌鲁木齐绕城高速公路（东线）控制性工程之一，采用预制T梁和箱梁，左线桥梁全长2537.780m，右线桥梁全长2567.780m，分离式宽16.75m，桥面为双向六车道高速公路路面。

(三)典型特大桥梁建设概况

1. 果子沟大桥

果子沟大桥为钢桁梁斜拉桥,桥梁全长700m,桥跨为(170+360+170)m,为设纵向阻尼的半飘浮体系,主塔为阶梯形钢筋混凝土结构,Z2号塔高215.5m,斜拉索为双索面平面扇形布置。果子沟大桥为国内第一座高寒地区大跨度钢桁梁斜拉桥,也是国内公路建设史上第一座大跨度钢桁梁斜拉桥,同时也是"新疆第一桥"。

果子沟大桥

2. 山坡展线桥

山坡展线桥位于伊犁果子沟山区越岭段,属高寒、高海拔区域。展线桥沿山坡呈"S"形展线,其中半径270m曲线桥有两处共计15孔,半径278m一处共计7孔。山坡展线桥位于山坡上方,现场山势陡峭,地质条件差,施工场地狭小,加之项目位于果子沟风景区内,生态脆弱,环保要求高,施工组织困难,施工安全风险大。270m小曲线半径、6%横坡、3.95%山区多跨40m箱梁的架设施工在国内首次开展。山坡展线桥600m小半径S形曲线、大纵坡、超高、超低墩条件下的移动模架施工在国内是第一次,也是世界上移动模架应用中难度最大的。

山坡展线桥

3. 伊犁河二桥

伊犁河二桥是伊犁通往察布查尔县的主要通道,也是伊犁河上一座主要大桥。伊犁河大桥不仅工程量巨大,而且施工工艺较为复杂,其主孔的悬臂浇筑工艺在新疆还是首次采用。

该桥长1580.52m,桥面宽度27m,行车道宽度25m(四车道),大桥结构为引桥7孔40m连续T梁+主桥1孔66m+5孔120m+1孔66m连续刚构+引桥14孔40m连续T梁。大桥引道全长3.92km,建设标准为一级公路。

伊犁河二桥

4. 葛家沟特大桥

葛家沟特大桥为路基主线桥,为跨越葛家沟沟谷而设,起点里程K41+246.4,终点里程K42+423.6,中心里程K41+835,桥梁全长1177.2m。本桥平面位于曲线段内。桥梁基础为嵌岩钻孔灌注桩;下部结构桥墩采用空心薄壁墩和桩柱接盖梁形式,桥台采用柱式台、肋板台;上部桥跨布置为:(4×30m)预制箱梁+3×(3×50m)预制T梁+5×(4×30m)预制箱梁,桥面全宽33.5m。线路改移后的葛家沟特大桥从原平原地区移至山岭重丘区,其所有墩位全部位于葛家沟山谷地段、谷深坡陡。特别是1号~4号、8号~9号及13号~20号墩位处于陡峭的山峰上,出现了同一幅左右两根桩高差较大的情况,施工难度增大。

5. 石人子沟特大桥

石人子沟特大桥起于石人子沟隧道出口,跨越石人子沟、芦草沟后,终于南侧山体上。桥梁左线起点桩号ZK30+878.161,终点桩号K33+413.600;右线起点桩号YK30+875.82,终点桩号K33+443.600,桥梁中心桩号K32+160,左线桥梁全长2535.439m,右线桥梁全长2567.780m。跨径组合:左幅上部采用8×(4×50m)预制T梁+2×(3×50m)预制T梁+3×(4×30m)现浇箱梁+3×(3×30m)现浇箱梁;右幅上部采用8×(4×50m)预制T梁+2×(3×50m)预制T梁+3×(4×30m)现浇箱梁+2×(3×30m)现浇箱梁+(4×30m)现浇箱梁。本桥桥墩、桥台均按径向布置,下部采用柱式桥墩、薄壁墩、肋式桥台、桩基础。其中,桩基413根,桥台4个,圆柱墩61个,空心薄壁墩56个,50m预制T梁532片,现浇箱梁12联43跨。

石人子沟特大桥工程量巨大,而且施工工艺较为复杂,超过60m的桥柱共有13排,其中最高处70多米高,相当于24层楼的高度。

石人子沟特大桥

二、典型隧道建设概况

(一)新疆隧道建设概况

新疆1998—2010年建成的高速公路大多位于平原微丘区,均没有设置隧道,直到2011年建成通车的赛里木湖至果子沟高速公路、2014年建成通车的克拉玛依至塔城高速公路、2016年建成通车的乌鲁木齐绕城高速公路(东线)途经山岭重丘区,才设有隧道。

2011年建成通车的赛里木湖隧道位于西天山边缘赛里木湖及果子沟风景区内,沿线地质构造复杂、地震烈度高、地质灾害多发、气候条件恶劣、冰冻期长,部分路段地形狭窄、沟壑纵横,建设条件十分复杂。项目设有5座双洞隧道,隧道双洞总长8785m,赛里木湖隧道右线全长1827m,左线全长1802m,是新疆当时最长的高速公路隧道。

2014年建成通车的铁厂沟隧道是克拉玛依至塔城高速公路上的控制性工程,该项目为双洞,左、右洞长935m,双洞总长1870m。

2016年建成通车的石人子沟隧道设计为双洞分离式隧道,左右测设线间距为35m,左线隧道长度393m,右线隧道长度447m。

2016年建成通车的葛家沟隧道设计为双洞分离式隧道,左右测设线间距为19.1~53.6m,左线隧道长度1475m,右线隧道长度1430m。

(二)新疆隧道施工难点

1. 特大桥和隧道结构复杂,技术含量高

施工难度及施工风险大,项目构造物多,尤其越岭段地势险峻,山坡坡度陡,相对高差大,地质构造复杂,路线采用依山傍势桥隧为主的方案布设。

2. 地形条件复杂,地质病害较多

天山地区地形、地貌、地质条件复杂,沿线地质灾害多,沿线不良地质病害主要包括崩塌落石、坡面溜塌、坡面碎落、泥石流、滑坡、雪害、强震区等。

3. 气候条件恶劣

工程多处于高纬度、高海拔、严寒地区,一般每年11月开始下雪、结冰,次年4月开始解冻,一年中较佳的施工期为每年的5~10月,较佳的施工气候时间短,施工难度较大的月份为头年的12月至3月。

4. 生态环境脆弱,环保要求高

以赛里木湖隧道项目为例,所经区域有着丰富的自然资源,路线两侧多为森林和优质牧场,是新疆著名的风景名胜区,环保要求极高。受项目区高纬度、高海拔、高寒影响,工程所处地区生态环境极其脆弱,一旦破坏,极难恢复。

5. 混合交通大,交通组织困难

以赛里木湖至果子沟高速公路为例,其中沿湖段及沿溪段大部分工程为沿既有G30一侧加宽,沿溪段沟槽狭窄,而G30是伊犁与乌鲁木齐之间唯一全天候通车的交通大动脉,施工期间必须保证既有G30的道路交通畅通,交通疏解及施工组织困难。同时,畜牧业比较发达,牲畜在春秋季两次转场,上百万只牲畜要在果子沟走个来回,使本段道路混合交通严重、交通秩序混乱,严重干扰主线交通。

综上所述,新疆隧道施工具有沿线气候条件恶劣,冰冻期长;地质构造复杂,地震烈度高,地质灾害多发、类型多样、地点多处;部分路段地形狭窄,沟壑纵横;处于高寒山区,每年有效施工期短;桥隧构造物多,有特殊结构特大桥、山坡展线特大桥、长隧道等,工程艰巨、技术要求高;生态环境脆弱、环保要求高;具有"复杂的地形、复杂的地质、恶劣的气候、极其脆弱的生态环境和复杂艰巨的建设"等特性。

(三)典型隧道建设概况介绍

1. 赛里木湖隧道

该项目位于西天山边缘赛里木湖及果子沟风景区内,是赛里木湖至果子沟高速公路的控制性工程,是欧亚大陆桥的桥头堡,为欧亚公路连接的咽喉要冲伊犁与乌鲁木齐之间唯一全天候通车的交通大动脉。

赛里木湖隧道右线全长 1827m、左线全长 1802 m。该隧道是目前新疆境内最长的高速公路隧道，主要具有以下特点：

（1）赛里木湖隧道埋藏深度小，洞顶覆盖层厚度在 4～100m 之间，围岩松散破碎，Ⅳ、Ⅴ级围岩段占隧道全长的 55%，隧道中部共需要穿越 3 条以上的断层破碎带。

（2）赛里木湖隧道围岩周边水系发达，距高原山地内陆湖——赛里木湖的距离为 150～1000m，隧道 85% 地段低于赛里木湖水平面，出口低于赛里木湖水平面约 36m。单洞开挖后 80m 后涌水量就超过 200m³/h，加上进口端为单向下坡，对涌水的处理难度加大。

（3）工程处于高寒地区，极限最低温度为 -40℃，日温差 12～18℃。这样的环境条件使涌水对结构物的安全性和耐久性影响加剧。

天山地区海拔高、温度低、岩体破碎、构造复杂、不良地质发育，在这种特殊的自然地理环境下修建高速公路隧道，在我国是第一次，没有可资借鉴的工程实例。目前我国在高寒地区建成的公路隧道数量不多，但从国内高寒区隧道的使用情况看，冻害现象十分普遍，有的甚至出现严重的冻害，造成隧道报废。

赛里木湖隧道设计有完善的通风、照明、消防、安全、报警、应急、监控系统工程。

2. 铁厂沟隧道

本项目是克拉玛依至塔城高速公路上的控制性工程。该项目为双洞隧道，左、右洞长 935m，双洞总长 1870m。

3. 石人子沟隧道

石人子沟隧道设计为双洞分离式隧道，左线长度 393m，右线长度 447m，属短隧道。

本隧道明洞段采用明挖法施工，隧道暗洞均采用新奥法施工。隧道围岩等级为Ⅴ级，其中浅埋段、偏压段、加强段均采用双侧壁导坑法开挖，深埋段施工采用 CD 法开挖。

洞门设计以"早进洞，晚出洞"为原则，最大限度地降低洞口边坡仰坡的开挖高度，以保证山体的稳定，同时减小对洞口自然景观的破坏。洞门形式依据地形特点、地层稳定情况进行拟定，力求简洁明快、进洞自然顺畅；主要采用削竹式及端墙式洞门。结合洞口的地形、地貌，石人子沟隧道左、右线进口采用端墙式洞门，出口采用削竹式洞门。

隧道内路面采用水泥混凝土与沥青混凝土的复合式路面。路面结构形式：4cm 细粒式 SBS 改性沥青混凝土 AC-13C（抗滑阻燃）+6cm 中粒式混凝土 AC-20C（0.3% 抗车辙剂）+1cm 厚黏层沥青 +26cm 水泥混凝土层 +20cmC20 素混凝土基层 +仰拱填筑。

4. 葛家沟隧道

葛家沟隧道设计为双洞分离式隧道，左线长度 1475m，右线长度 1430m，属长隧道。

该隧道明洞段采用明挖法施工,隧道暗洞均采用新奥法施工。葛家沟隧道围岩等级为Ⅳ、Ⅴ级,其中Ⅴ级浅埋段、偏压段、加强段均采用双侧壁导坑法开挖,Ⅴ级深埋段施工采用CD法开挖;Ⅳ级采用预留核心土分步开挖法开挖。

洞门设计以"早进洞,晚出洞"为原则,最大限度地降低洞口边坡仰坡的开挖高度,以保证山体的稳定,同时减小对洞口自然景观的破坏。洞门形式依据地形特点、地层稳定情况进行拟定,力求简洁明快、进洞自然顺畅。结合洞口的地形、地貌,葛家沟隧道左、右线进、出口均采用削竹式洞门。

行人、行车横洞的设置按照规范布置统一考虑,一般在左右洞室之间间隔小于800m处设置联络两主洞的行车横洞,在两行车横洞之间设置联络两主洞的行人横洞,行人横洞布置一般与隧道轴线正交,行车横洞考虑车辆转弯及结构受力条件一般采用60°与隧道轴线相交。横洞尽可能设置在围岩较好地段,若实际地质情况有变化时,可适当调整横洞位置。横洞与主隧道连接处施工时优化施工方法,尽量减少对围岩的扰动。

由于隧道采用单洞三车道,其中最右侧一条可当作紧急停车带使用,又加上隧道地质情况差,如采用紧急停车带则开挖跨度太大,施工难度大,风险高,故对隧道取消紧急停车带设置。

隧道防排水遵循"防、排、截、堵结合,因地制宜,综合治理"的原则,保证隧道结构物和运营设备的正常使用和行车安全。隧道明洞段采用双层土工布夹防水板及黏土隔水层防水,采用碎石盲沟及ϕ110mm半边打孔PVC波纹管排水;洞内采用分区防水技术,复合式衬砌采用土工布加防水板防水,环向采用ϕ100mmΩ形排水管,墙脚纵向排水管采用ϕ110mm半边打孔PVC波纹管,横向采用ϕ100mm PVC管排水。明洞沉降缝、洞内沉降缝及伸缩缝处均设8mm(厚)×352mm(宽)橡胶止水带,洞内施工缝处设带注浆管遇水膨胀型止水条。变形缝及施工缝处均设置背贴式橡胶止水带。隧道洞内全长设ϕ400mm中心排水沟,以横向排水管连通纵向管将水引至洞外,使洞内形成便于检修的防排水体系,洞内防排水合理有效地分区段进行。洞门上方设截水沟,将地表水引至路基边沟或洞门外侧自然沟谷,以此形成完善且便于维修养护的洞内外防排水系统。

隧道内路面采用水泥混凝土与沥青混凝土复合式路面。路面结构形式:4cm细粒式SBS改性沥青混凝土AC-13C(抗滑阻燃)+6cm中粒式混凝土AC-20C(0.3%抗车辙剂)+1cm黏层沥青+26cm水泥混凝土层+20cmC20素混凝土基层+仰拱填筑。

本隧道采用全射流风机纵向式通风方式;隧道主洞基本(应急)照明灯具采用节能、环保、显色性好的LED灯,加强照明灯具采用透雾性能好、光效高、技术成熟的高压钠灯;隧道配置室内消火栓、固定式水成膜泡沫灭火装置、手提式灭火器、室外消防栓、消防给水管道、消防水泵和消防低位水池等;隧道设有完善的监控、通信和报警系统。

葛家沟隧道

第四节 高速公路建设管理经验

一、行业监管

(一)建设市场管理

(1)注重充分发挥市场在资源配置中的决定性作用。注重发挥"市场的决定性作用",继续坚持对施工、监理、勘察设计、环保、水保、路面技术服务等进行招投标管理的同时,设计咨询、地灾压矿评估根据具备竞争条件的情况通过公开招标、竞争性谈判、委托等方式向社会购买专业化服务,使分项工作更加专业化、精细化,特别是借助专业单位的优势资源,在公路建设的重难点工程建设、重大课题研究方面发挥技术支撑作用。

(2)进一步规范交通建设市场行为。在招标工作上严格执行2013年发布的《新疆公路工程标准施工招标文件范本》和《新疆公路工程标准施工资格预审文件范本》,进一步完善资格后审招标方式,注重动态调整发布招标备忘录,组织研究规范竞争性谈判工作的制度和办法,并要求参与新疆项目的评标专家、工作人员签订廉洁自律承诺书,从招标形式、要求、评标方法以及招投标监督等方面予以规范。对转包和非法分包情况全面进行摸底,加强治理转包和非法分包的力度,进一步规范市场秩序。

(3)进一步推动诚信体系建设。为进一步贯彻落实交通运输部关于加强诚信建设的一系列相关规定,新疆始终坚持以创新的思路、改革的办法和市场的手段,持续加强市场监管,认真贯彻落实交通运输部制定的《公路建设市场管理办法》《公路建设市场信用信息管理办法》《公路施工、监理、试验检测企业信用评价规则》和《交通运输部关于加强交通运输行业信用体系建设的若干意见》等规章制度,不断发展和完善信用体系,确保各项政策措施落实到位。

(二)质量安全监督

1.围绕质量安全目标,推进现代工程管理

(1)坚持把"施工标准化"和"平安工地"建设作为打造"品质工程""安全工程"的重要载体,推进"施工标准化""平安工地"建设工作常态化。按照交通运输部打造"品质工程"的新要求,明确质量目标,强化质量标准,适应新常态、实现新作为、推动新发展。

(2)开展深化"平安工地"建设。各项目指挥部要以质量年活动为抓手,落实"党政同责、一岗双责"的刚性要求,树立红线意识和底线思维,深化"平安工地"建设。

(3)在理念创新、制度创新、技术创新上狠下功夫,让创新成为提升工程品质、深化标准化建设、改进工作方法的动力,逐步推进现代工程管理。

2.以"质量年"活动为载体,扩大标准化建设成果

各项目指挥部积极按照交通运输厅三年"质量年"质量目标要求,制订方案,分解任务,积极落实施工标准化的各项要求。通过"十二五"期间的大力推广和培训、交流、观摩,各项目指挥部和参建单位思想认识逐步统一,认识到施工标准化对于推进现代管理、提高工程质量有着重要的意义,以施工、工艺、管理为主要内容的标准化体系逐步形成,工地建设粗陋、施工工艺粗糙、工程管理粗放现象得到有效治理,各项目指挥部和参建单位更加注重标准化建设。如拌和站"三集中",数控钢筋加工、数控张拉、数控压浆、模具卡具胎具等设备已得到普及。目前由施工标准化向工艺、工序延伸,由场站标准化向管理标准化延伸,由过去注重"外观"向重视"内涵"延伸,发挥标准化控制质量、指导施工的作用。

3.强化工程质量安全管控,落实参加单位主体责任

坚持生命至上、质量为本的理念,开展全员质量安全管理,确保管控能力实现新提升,质量安全取得新成效。

(1)完善质量安全责任保证体系,在工程项目管理、实施、监督等层面,做到机构落实、制度落实、人员落实、责任落实,把质量安全责任落实到参与工程建设的每一个班组、每一个人,明晰责任清单。严格落实工程质量终身责任制,做到可追究、能溯源,对造成严重后果的将不允许参与新疆交通建设市场。

(2)严格审查参建单位资质及人员资格,对不符合要求的要坚决予以清退,不具备条件的不开工,不履行合同的不开工。大力推行首件工程样板制,狠抓隐蔽工程、关键部位,

关键工序的质量管理,适时开展质量安全检查,落实整改措施,提高督查实效。

(3)加强现场监督,对隐蔽工程、重要构件与结构、重要施工工序等加大监督力度,对发现的质量问题决不迁就;进一步规范监理、检测工作,严格执行见证取样制度,确保工程检测、质量检验等各主要环节符合要求。

(4)严格控制路面材料质量,按照标准化的要求对石料开采、集料加工、整形设备、干法除尘等进行重点控制,对加工工艺、集料规格、储运等进行实地考察,不符合要求的坚决不用。

(5)制定了"5℃延度、针入度、软化点、老化后5℃延度、SBS掺量"必须检测的五大指标,对改性沥青供应商使用的基质沥青、生产工艺、试验检测提出了严格要求,规定了改性沥青SBS掺量、配伍性与基质沥青检测程序和方法。

4. 夯实工程质量安全基础,增强工程质量安全保障

坚持把质量安全放在项目建设首位,正确处理好加强质量安全与加快进度的关系。

(1)确保工程项目合理工期,保障关键工序有效时间,严禁擅自压缩合理工期。关键岗位一线作业人员须进行岗前培训,保证岗位操作程序、质量要求、安全风险、防范措施等明确交底到每个人。

(2)加强试验检测人员职业道德教育,杜绝出具人情报告、虚假报告或数据造假。对隐蔽工程、关键部位、每道工序、进场材料把关到位,对违规、不符合要求的坚决制止,不听劝阻的按照合同约定处罚。

(3)强化信用体系建设管理,通报严重的失信参建单位,通过强有力的惩处机制,强化质量安全意识,促进项目管理健康发展。

(4)在勘察设计、施工组织、技术方案、工艺控制等环节层层把关,做到审查到位、论证到位、督查到位,不给后期施工留下隐患,不给社会留下永久遗憾。

5. 树立红线意识底线思维,构筑安全生产事故防线

(1)落实参建单位主体,以标准化施工流程、规范的工艺控制、完善的安全管理,防范施工过程中出现的不安全行为,重点抓好高墩桥梁和长大隧道、高填深挖、特殊地质路段等关键工程安全风险防控工作,提高安全生产预控能力。

(2)针对极端天气可能造成的坍塌和高处坠落、起重伤害、用电安全、物体打击等事故,开展安全生产隐患排查治理工作,消除事故隐患。

(3)严格落实长大桥梁隧道、石方爆破、高边坡施工等安全风险评估制度,从源头排除安全隐患。

(4)以信息化技术为手段,利用大数据,推进大建设,通过互联网实现实时监控等资源共享,适应质量安全工作新需求。

质监局在施工现场检查工作

（三）信用体系建设

按照交通运输部《公路建设市场信用信息管理办法》《公路施工企业信用评价规则》以及新疆交通运输厅发布的《新疆交通建设施工企业信用评价实施细则（试行）》等4个实施细则，进一步推进公路建设市场信用体系建设，营造公平、公正、诚实、守信的市场环境，积极开展信用体系建设和从业单位信用评价工作。

1.成立信用评价工作小组

为切实做好信用管理工作，使信用评价结果能够客观真实地反映从业单位的诚信情况，新疆成立了交通建设施工企业信用评价工作小组，由交通建设局主要领导、分管领导任组长和副组长，负责局项目合同管理、勘察设计、工程建设管理、质量安全管理的建设局相关处室和三个项目执行处负责人为小组成员，负责开展建设局项目信用管理工作。信用评价工作由工程建设管理处牵头，计划处等相关处室工作人员组成工作组，主要职责是制定建设局项目从业单位的信用考核规划和计划，制定信用考核工作制度，组织项目和从业单位基础信息的录入，及时收集和整理从业单位信用信息并建立管理台账，按照年中和年末两次对项目从业单位开展信用评价专项考核，结合平时掌握的情况形成从业单位初步信用评价结果，报交通运输厅审核。

2.认真贯彻执行信用考核制度

为充分落实好交通运输部和交通运输厅对信用体系建设的相关要求，交通建设局把建立公路建设市场信用体系作为交通建设工作的一项重要工作来抓，作为根治工程建设中突出问题的治本之策来落实。一是切实提高对市场信用体系建设重要性的认识，认真学习、准确理解、正确把握，深刻领会好"信用体系建设两个文件"和交通运输厅4个实施细则的内容与要求，同时将交通运输厅4个实施细则转发到各项目执行处、各项目指挥部和各从业单位,为"信用体系建设两个文件"和 4 个实施细则的实施创造良好的外部环境。二是认真贯彻落实,增强执行力,做到责任到位、管理到位、监督到位、执行到位。

3. 及时录入信用信息管理平台数据

为大力推行现代工程管理,提高公路建设项目和从业单位信用信息管理手段,按照交通运输厅授予的操作权限,交通建设局组织专人对新疆交通运输厅公路建设项目综合管理平台进行管理和维护,负责公路建设项目和从业单位基础信息和数据的录入、更新和维护。目前,多数项目的基础数据已录入平台。

4. 及时建立信用信息管理台账

为了加强公路建设项目及从业单位信用信息的管理,更加详细地记录和反映从业单位的失信行为,交通建设局要求各项目执行处和指挥部自 2014 年建立从业单位信息管理台账,及时收集和整理从业单位信用信息情况。目前相关单位台账已经建立。台账较为详细、全面地反映了项目的建设信息和从业单位的信用信息。

5. 积极开展从业单位信用评价工作

为切实做好公路建设项目从业单位信用评价工作,确保信用信息真实有效,信用评价结果客观公正,全面反映从业单位合同的履行情况,交通建设局十分注重信用评价工作的开展,精心组织,严格把握。总体工作思路是:各从业单位自评,项目指挥部检查,项目执行处核查,建设管理局核定,最终在交通建设管理局形成从业单位初步评价结果,报交通运输厅审定。2009 年以来,由建设管理局主要领导带队,局相关处室人员组成从业单位信用考核工作组,对局属工程建设项目连续开展从业单位信用评价专项考核 10 批次,及时、准确地向交通运输厅提交从业单位信用信息和初步评价结果,确保了全区公路建设市场信用体系的建立和运行。

6. 注重信用评价结果的应用

按照新疆交通运输厅实施细则的规定,公路施工企业参与自治区公路建设项目活动时,按照其最近一次公布的信用评价等级予以奖励或处罚。

7. 有效遏制非法转包和违法分包行为

非法转包、违法分包是造成质量安全隐患的根源,不仅扰乱公路建设市场秩序,对人民生命财产造成损害,也会在客观上造成对农民工工资的恶意拖欠。为营造公平、公正、诚实、守信的市场环境,加强从业单位信用评价工作,使从业单位能够自觉履行合同义务,自觉维护公平、公正、诚实、守信的市场环境,须有效遏制非法转包和违法分包行为。一是维护合同的严肃性。二是加强信用体系建设和管理,加强信用评价工作,加大合同检查力度,严格履行合同。三是严格按照"两个文件"和 4 个实施细则的规定,加大对非法转包和违法分包的查处力度。

(四)招投标管理

为了防止低价抢标,加强新疆在项目管理和执行中对安全、质量、投资、进度等管控力的全面提升,主要开展了以下工作:

根据厅公路工程标准施工招标文件和施工企业信用评价实施细则修订完善的通知,建设进一步规范施工招标文件的编制,发布并实施了《关于发布〈自治区交通建设管理局公路建设项目土建工程施工招标从业单位信用加分工作制度〉的通知》(新交建计〔2014〕122号)、《关于进一步规范施工招标文件技术规范和工程量清单编审工作的通知》(新交建计〔2015〕20号)及施工招标文件修改事项备忘录(2014年1号、2015年1号)。

针对串标围标,采取了以下措施:

(1)投标保证金按投资额2%计取(2015年4月实施)。

(2)对3个以上施工合同段招标时出售招标文件数量限制(2015年1月实施)。

(3)计算投标报价平均值时去掉3个高值和1个低值(2014年5月实施)。

(4)评标基准价计算有效报价范围由90%调整到85%(2014年11月实施)。

(5)增加了二次平均下浮点数的数量和步距(0.5、0.8、1.1、1.4、1.7、2.0、2.3)(2014年5月实施)。

(6)投标人的信用得分采用新疆近3年信用评价结果的加权平均值(2015年3月实施)。

开标现场

二、建设模式

(一)代建制

中央新疆工作座谈会后,新疆迎来了大建设、大开放、大发展的全新时期。自治区

"十二五"期计划完成全社会交通固定资产投资 1500 亿~2000 亿元，建设总里程 7.6 万 km，到 2015 年底，全区高速公路通车里程达到 5000km，建设任务异常繁重，而新疆工程建设管理人员力量不足、人才匮乏，无法适应新形势的要求。为切实保证新疆交通建设又好又快地可持续健康发展，全面完成交通建设任务，实现"三年攻坚，五年跨越，建成中国西部高速大通道和交通枢纽中心"的宏伟目标，交通运输部把新疆交通运输工作摆到了前所未有的高度，全面落实中央新疆工作座谈会精神，强力支持自治区跨越式发展和长治久安的一系列战略目标的实现。

主要做法和经验如下：

1. 创新发展和丰富实践了项目管理的新观念、新思路、新体制

（1）新疆交通建设"三年攻坚、五年跨越"的新形势、新任务、新挑战，迫切需要新疆交通人变化变革、敢于担当，必须用新观念研究新情况、用新思路破解新难题、用新举措推动新跨越。可以说"超大的规模、巨额的投入、空前的任务"，使新疆交通人的思想理念得到了解放、信心勇气得到了增强、能力智慧得到了发展、工作机制得到了创新。

（2）全面开放新疆交通建设市场，将 2011 年 40 个新建项目中的 28 个项目面向全国招标，利用东中部地区丰富的建设管理经验和技术力量，集中"优势兵力"，实施"大兵团作战"模式，盘活了建设资金，激活了新疆市场，加快了人才发展，促进了新疆的长治久安和跨越发展。

（3）大建设、大发展、大跨越的新形势，推动了新疆交通人探索研究现代工程管理制度、适应新疆公路建设项目的投融资模式、项目代建制、设计施工总承包等管理模式及关键工程技术和科研项目的创新、发展和实践，进一步提升了新疆公路建设水平。

（4）创建"战时"管理新体制，采取大标段、大监理、施工总承包、设计施工总承包等方式，吸引了国内大企业参加新疆交通建设，带来了先进的管理经验和技术，节约了项目管理经费，加快了工程建设进度。

（5）推行质量管理新举措，采取项目质量监督第三方试验检测、沥青路面技术咨询服务、试验室单独招标、代建项目指挥部与总监办合署办公等管理新形式、新方法，对全面提高公路建设项目质量发挥了积极的作用。

（6）采取征地拆迁工作"双业主"制，紧紧依靠自治区党委、人民政府的坚强领导，依靠各相关部门和各级地方政府的支持配合，推动公路建设从部门行为向政府行为、从行业行为向社会行为转变，提出交通建设局和地方政府"双业主制"政策，为施工建设提供良好的外部环境。

（7）创举材料供应"大业主"新手段，靠前服务、全力保障，以最优价格与沥青、钢材、水泥等主要建材企业签订长期供货协议，并先行垫付货款，不仅保证了需求，也降低了建设成本，有效防止了大建设带来建材市场供应紧张局面。

(8)组建项目管理新机构,设置项目管理6个专项推进组,并在南疆、北疆、东疆成立3个片区指挥部,选派63名专业技术干部参与代建项目管理工作,靠前指挥、主动跟进,为代建项目顺利推进提供了有力的服务保障。

2. 建立和完善了项目管理相关配套制度及办法

(1)协助交通运输部研究制定《公路项目代建制管理办法》,与代建单位研究签订《公路代建项目框架协议书》,明确业主和代建单位的权利、责任及义务等,为代建工作顺利开展提供了法律法规依据。

(2)根据新疆公路建设特点,按照部"五化建设"要求,编印出台《新疆公路建设标准化管理手册》,创造了一批有效的工程建设管理经验。

(3)完善招标投标工作实施细则,组织代建项目主要管理人员参与代建项目前期审查和招标文件评审,提前掌握项目有关情况,保障后续工作的顺利实施。

(4)编制勘察设计标准化实施细则和指南,引进全国各大研究院、设计单位的优势技术力量,并与代建单位开展设计联合审查,完善设计方案,优化设计理念,有效提升了新疆公路建设设计的整体水平。

(5)修订工程变更管理实施办法,明确厅局及片区指挥部和项目指挥部变更审批金额权限,发挥各级作用,加快审批进度。同时,完善项目设计质量和变更审查办法,采取公路设计质量与设计费用相挂钩等方式,全面控制和降低了工程造价。

(6)完善从业单位信用评价考核办法,定期开展信用评价考核,结果与项目评优相结合。同时,设立优良工程奖励基金,奖优罚劣,强化了各参建单位的质量管理意识。

(7)推行项目管理信息平台建设,加强信息沟通,实现资源共享,确保计量支付、合同管理、文件传阅等项目管理信息尽快在平台上处理解决。

3. 推动和加深了新疆与交通运输部及各代建省市的互动交流

(1)领导重视,各方支持,协作配合,加强联系,相互学习,取长补短,以创新的精神、包容的态度、团结协作的意识共同致力于新疆交通建设发展,把更多成熟的做法和工程管理制度运用于代建项目,努力实现与新疆的建设环境有效融合。

(2)交通运输部先后与自治区党委、人民政府签署《贯彻落实中央新疆工作座谈会精神加快推进交通运输发展会谈纪要》,在京召开支持新疆公路建设项目管理协调会,在乌鲁木齐召开交通运输援疆工作推进会、公路代建工作座谈会,在政策、项目、资金、人才等方面给予全方位支持。

(3)交通运输部加快代建项目的前期审批,加大资金支持力度,在信贷资金规模趋紧的形势下,各项目顺利获得批复,极大地支持了新疆公路建设,消除了代建单位的顾虑,有力保障了代建项目的顺利实施。

（4）交通运输部及湖南省和四川省交通运输厅、北京交通大学分别选派了技术能力强、工作经验丰富的干部赴新疆交通运输厅挂职，指导规划和设计工作。

（5）代建省市高度重视援疆代建工作，多次赴疆进行代建项目检查指导工作，为代建工作献计献策，积极协调解决问题，慰问代建管理人员，征询代建人员的意愿和想法，及时掌握思想动态，特别是在政治进步、生活待遇等保障机制上，给予代建人员的关心照顾，为全力做好援疆代建工作提供了有力的保障。

（6）新疆交通运输部门与交通运输部和各代建省市交通运输主管部门建立沟通渠道，加强联系，定期反馈代建工作进展情况、存在的问题及下一步工作计划，定期召开协调会、推进会，沟通情况，交流经验，研究解决制约代建项目进展的问题。

（7）新疆交通运输部门组织对代建省市回访，表达谢意，了解各省市交通运输行业发展现状、主要做法及管理经验，更好地发挥代建单位在技术、经验方面的优势，对全面提升新疆公路建设管理水平起到了良好的促进作用。

4.推进了质量管理新材料、新技术、新工艺的研究应用

（1）进一步开展科技成果应用示范，加大新技术、新产品、新工艺、新机制的引进与推广应用，有效提高了工作效率和工程质量，降低了工程造价，促进新疆交通运输业的快速持续发展。

（2）对新疆公路建设中路面施工质量和技术管理工作中的经验教训、科研成果、国内外先进的公路路面施工技术进行梳理和深入研究，编制了符合新疆地域情况的《新疆沥青路面施工质量管理和控制技术手册》和《新疆沥青路面材料质量控制手册》，为提高新疆公路建设路面技术水平、项目管理和工程质量安全水平提供了技术支撑。

（3）推广应用新产品，引进了数控钢筋笼滚焊机、数控钢筋弯曲机、混凝土保护层厚度测量仪、数控张拉设备、大面积定型钢模、桥梁定位模具等先进设备，在路面沥青混凝土生产设备上安装"拌和站黑匣子"，提高了施工质量和效益。

（4）推广应用新材料，引入预应力压浆EPS专用灌浆剂，采用风积沙作为路基填充材料，使用高强砂浆垫块确保保护层厚度，试点泡沫混凝土填筑高填方软基路段，确保了工程质量。

（5）推广应用新工艺，引入沥青面层就地热再生技术，混凝土预制件养护采用循环水喷淋，水泥稳定基层由两层施工法改为两层连续施工法，基层养生采取一布一膜免洒水养生，小型构件预制采用塑料模具振动成型，桥墩采用高分子塑料薄膜养生、墩柱高位水箱养生，降低了工程成本。

5.创新和完善了项目廉政建设工作的监督约束机制

（1）交通运输部下发了《关于加强代建项目廉政建设工作的意见》、驻部监察局下发

《加强对全国交通援疆工作部署落实情况监督检查工作的实施办法》,为新疆加强代建项目廉政建设工作提供了支持。

（2）新疆交通运输厅与交通运输部、新疆监察厅、财务审计厅、人民检察院等相关部门建立联合监督检查机制,形成了条块结合、内外协作、上下联动的监督检查机制和工作合力。

（3）建设局成立南疆、北疆、东疆三个片区指挥部,派驻纪检监察组,与代建项目签订廉政工作目标责任制,统一纳入目标管理,定期开展检查考核,强化了对代建项目的监督制约。

（4）建设局结合代建工作实际,研究提出了工程建设项目廉政监督管理工作"五制两办法",重点对代建项目实施巡查制,突出关键环节监督,既解决了普遍性问题,又兼顾了不同项目管理模式的特殊性问题。

（5）建设局制定和落实工程建设关键环节、重点岗位廉政风险防控措施,推行"阳光工程"、绩效管理,制定作风建设各项规定,开展廉政文化建设、专项治理等活动,加强对各参建单位的教育、管理和监督,及时发现和纠正违规问题。

（6）引入项目动态管理机制,厅、局和各项目指挥部分别与驻地检察院建立预防机制,聘请当地人大代表为廉政监督员,定期开展预防职务犯罪警示教育活动,增强了参建人员遵纪守法的思想意识。

（7）厅、局通过召开"阳光工程"、廉政文化活动观摩会和代建项目廉政工作经验交流会、纪检监察理论研讨会和举办项目纪检监察人员业务学习培训班等形式,加强了项目廉政建设工作。

（8）各代建指挥部建立了纪检监察工作机制,建立廉政责任落实制度,加强廉政宣传教育,完善监督检查考核机制,深入开展"阳光工程"活动,为确保项目"工程优质、干部优秀、服务优良、资金安全"提供政治保障。

6. 丰富和充实了交通建设行业思想文化建设

（1）举办代建项目风采宣传栏目和代建工作信息简报,大力宣传代建单位思想文化亮点、项目管理经验和工作动态等内容,互通信息,加强交流,共同提高。

（2）代建指挥部成立了党支部,积极组织开展"创先争优""热爱伟大祖国、建设美好家园的爱国"等主题系列活动,增强了代建工作的凝聚力和影响力。

（3）各代建单位踊跃参加建设局组织的书画展、书法展、摄影展、体育比赛和诗歌、散文征集等活动,丰富了各参建单位职工业余文化生活,也为新疆交通建设行业文化建设的创新发展提供了智力支持。

7. 重视和加强了代建项目单位的后勤服务保障工作

（1）落实部援疆工作推进会精神,与代建省市及单位早衔接、早磋商、早签合同,设立专门的援疆工作服务机构,协调解决工作困难和问题,力求在工作上、生活上及其他方面提供良好的保障,确保各代建单位援疆人员的工作、生活环境及驻地安全,并协调当地政府给予支持和帮助。

（2）编制援建工作服务手册,让所有代建人员充分了解新疆、熟悉新疆,更好、更快投入到新疆公路建设事业中。

（3）根据代建项目的技术标准、建设规模、项目所在地的地形条件、建设难度,结合新疆多年公路工程建设管理经验,为各代建单位选配了满足工程建设需要的工作用车。

（4）协助代建单位选定驻地办公、生活地点,利用建设局外国专家接待中心,为代建工作人员提供免费住宿,并做好管理人员及亲属来疆探访的接待工作,解除援疆工作人员的后顾之忧。

8. 主要成效和体会

（1）领导重视、各方支持,是推进代建项目顺利实施的保证。交通运输部先后与自治区党委、人民政府签署《贯彻落实中央新疆工作座谈会精神加快推进交通运输发展会谈纪要》,在京召开支持新疆公路建设项目管理协调会,在乌鲁木齐召开交通运输援疆工作推进会、公路代建工作座谈会,在政策、项目、资金、人才等方面给予全方位支持。部领导及公路局、驻部监察局等部门领导多次来疆调研,检查、指导工作。自治区党委、人民政府、人大、政协、兵团主要领导分赴各代建项目见证开工仪式,并多次到工程一线慰问和检查。各兄弟省市交通运输部门讲政治、讲大局,选派精兵强将赴疆工作,多次来疆调研督导,推进了代建项目的顺利实施。可以说,采用代建制支持新疆公路建设这一"政治动员、市场运作"模式是一项创新。

（2）借力发展、激发活力,是推进代建项目顺利实施的关键。中央作出加快新疆发展的重大部署后,按照自治区的要求,制定了"三年攻坚、五年跨越"的奋斗目标,但新疆交通建设力量不足、管理经验较弱、专业技术人才匮乏,一直是制约新疆交通运输加快发展、科学跨越的"瓶颈"。正是因为代建制的引入、代建力量的加入,大幅度提高了新疆公路建设管理的专业素质和技术能力,激发了代建单位的责任感和工作活力,解决了新疆监管能力不足的问题,培养和锻炼了本土人才,推进了新疆公路交通加快发展的步伐。同时,通过实施公路代建,加强了新疆与交通运输部及各代建省市之间的信息交流、文化互通、技术合作、资源共享,为全国推进现代工程管理积累了新鲜经验。

（3）科学管理、健全制度,是推进代建项目顺利实施的根本。代建制是现代工程管理的一种有效手段。积极探索建立符合实际、有地域特点的代建制及配套制度,既是规范管理、推进项目管理专业化发展的一项重要任务,也是加强监督、有效控制、防范风险、源头治理的一项治本措施。新疆公路代建工作虽然不是严格意义上的代建制,但通过签订代建协议,推行标准化管理,建立资金管理、廉政建设等方面的制度,从一定程度上分离了投资与管理,形成了建设单位、代建单位、施工企业相对分离的管理关系,创新发展了代建制管理制度。

(4)建立机制、强化监督,是推进代建项目顺利实施的手段。如何开展代建项目的监督,对新疆来说,是一个全新课题、一项探索性的工作。经过两年多的实践,我们体会到,在充分信任代建单位、发挥其内控机制作用的同时,要建立条块结合、内外协作、上下联动的监督检查机制,对监督检查的对象、范围、内容、方法、结果运用等作出明确界定。通过落实项目廉政工作"五制两办法",开展关键环节、重点岗位廉政风险防控,推行"阳光工程",加强对代建单位、投资者、建设方的教育、管理和监督,及时发现和纠正违规违纪问题。

(5)融洽沟通、协作配合,是推进代建项目顺利实施的基础。代建工作是一种集成性工程,发挥各自优势是关键。通过沟通协调,加强联系,相互学习,取长补短,以创新的精神、包容的态度、团结协作的意识共同致力于新疆交通建设发展,把更多成熟的做法和工程管理制度运用于代建项目,努力实现与新疆的建设环境有效融合。同时,通过多层面的互动交流、协作配合,进一步密切了新疆交通建设人与交通运输部、各代建省市、各参建单位和自治区有关部门的工作关系,也密切了全国交通一家人的生活感情和工作友谊,为今后全国交通建设大发展奠定了良好的工作基础。

(二)设计施工总承包制

1. 项目概况

库阿高速公路是疆内首个设计施工总承包公路建设项目,是国家高速公路网"五横七纵主骨架"及新疆"Y"形公路网的重要组成部分,是连云港至霍尔果斯线的重要联络线吐鲁番至和田及伊尔克什坦高速公路的重要组成部分。

该项目为改扩建项目,路线全长259.9km,主线新建整体式高速公路141.345km,新建一幅、利用一幅分离式高速公路73.28km,新建一幅、改建一幅分离式高速公路28.72km,另有5条连接线长41.45km。概算投资64.91亿元。

新疆交通建设管理局邀请具有甲级公路设计资质、施工总承包特级或一级资质、有国际或国内工程施工总承包业绩的4家施工或设计单位,以联合体方式参与本项目的设计施工总承包的投标。中交第一公路工程局有限公司与中国公路工程咨询集团有限公司以联合体方式中标(主办方为中交第一公路工程局有限公司)。实施过程中分4个土建工程分部、1个交通安全设施工程分部、1个机电工程分部。

本项目设置两级监理机构,设一个总监理工程师办公室,设两个驻地监理工程师办公室。经交通厅核准总监理工程师办公室由新疆公路勘察设计研究院组建,驻地监理工程师办公室采用国内公开招标,河南宏力工程咨询有限公司、重庆锦程工程咨询有限公司两家具有甲级资质的监理单位中标。

项目合同工期为2009年12月25日至2012年9月30日。土建工程项目于2009年8月总承包单位、监理单位进场,试验段开工日期为2009年10月8日;全线开工日期为2010年3月1日;全线土建工程交工日期为2011年10月30日;房建工程交工日期为2012年8月15日。

2. 管理工作的探索与创新

(1) 引入标准化管理、精细化施工的管理理念。厅指挥部在组织中交指挥部、监理单位对全区8个重点在建项目进行广泛考察、调研的基础上,在本项目实施标准化管理、精细化施工,编制了《国道314线库车至阿克苏高速公路标准化建设管理手册》,为库阿项目的成功实施做好了开篇文章。

(2) 对总承包人的管理。厅指挥部抓大放小、信任监理,发挥承包人主观能动性作用,着重抓好承包人实施过程履约监管,抓住关键人(承包人指挥长和各分指指挥长),把握节奏,分阶段分时段抓关键环节、关键工作、关键工程,充分发挥总承包方管理职能,管好项目、规范施工,逐步引导承包人步入"自主管理、自主施工"的良性循环轨道。

(3) 对分包的管理。首先,在设计施工总承包合同中,对发包人如何对分包管理及对总承包方内部契约关系如何监管以合同条款及后期补充说明予以了明确;其次,通过内部合同落实总承包方与五个分指挥部的责任、权利和义务,以确保项目在管理过程中有章可循,有法可依;第三,厅指挥部在项目实施初期创新性地提出了抓协作队伍管理的"小循环、大流水"思路,要求总承包方建立内部奖励激励机制,加大奖惩力度。承包人据此提出了"小流水、大循环、分段干、按期完"的现场管理思路,各协作队伍按照标准化手册要求完成后方可进行下一区段的施工,达不到标准及质量和进度要求的队伍就无资格进入下一区段的施工,形成了各协作队伍自行比管理、比质量、比进度的局面,由此遴选出了好的协作队伍施工,项目现场管理步入了良性循环。

(4) 对设计工作的管理。以抓设计管理流程入手,抓住设计外业验收、设计报备和图纸咨询审查三个工作环节,力争达到设计引领施工、控制质量、节约投资、服务民生的目的。一是结合设计施工总承包特点,分阶段提交施工图进行审批。二是依据总承包合同,界定了完善设计和优化设计,制定了完善和优化设计报备制度和办法。三是实行了利益分享办法,即鼓励勘察设计咨询监理单位加大工作力度,严把优化设计和变更关,对因业主批准采用提出的变更建议,使工程的投资减少、工期缩短、获得长期运营效益或其他利益,业主、总承包方、监理单位均可按合同约定比例进行利益分享。四是加强施工图提交前图纸的内审和外审工作,进行总承包单位、监理单位、厅指挥部三个层面的图纸会审,必要时邀请公路接养单位参加图纸会审。

(5) 对监理工作的管理。创新性提出了大监理的管理理念,即监理加咨询的监理项目管理模式,拓展了监理工作的内涵和外延,监理工作涵盖设计施工总承包实施的设计、采购、施工的全过程、各环节。监理单位在行使管理职能的同时为业主提供咨询服务,形成利用少量的业主派出管理代表,发挥咨询监理单位力量,实现快捷高效管控工程的局面。

(6)采用合理大标段进行了一次成功的尝试。库阿高速公路项目每个施工分部工作量在10亿元左右,里程在60~80km之间。合理的工作量产生了相应的规模效益,承包人能够拿出足够的资金在驻地建设、拌和场站建设、临建工程等方面提高标准,同时能确保管理人员、生产人员、施工机械、设备的足量投入,这对保证工程质量、项目顺利实施是至关重要的。

(三)PPP模式

1. 背景

政府和社会资本合作(PPP)模式是指政府为增强公共产品和服务供给能力、提高供给效率,通过特许经营、购买服务、股权合作等方式,与社会资本建立的利益共享、风险分担及长期合作关系。开展政府和社会资本合作,有利于创新投融资机制,拓宽社会资本投资渠道,增强经济增长内生动力;有利于推动各类资本相互融合、优势互补,促进投资主体多元化,发展混合所有制经济;有利于理顺政府与市场关系,加快政府职能转变,充分发挥市场配置资源的决定性作用。

在经济增长放缓、财政收入增速下降的背景下,推广运用政府和社会资本合作(PPP)模式,不仅是促进经济转型升级、支持新型城镇化建设的必然要求,也是加快转变政府职能、提升国家治理能力的一次体制机制变革,更是深化财税体制改革、构建现代财政制度的重要内容。

国务院、财政部、发展改革委系列文件相继出台,明确了在公共服务、基础设施等领域鼓励发展政府与社会资本合作的政策导向。2015年2月,交通运输部发布《全面深化交通运输改革试点方案的通知》,启动了交通基础设施政府与社会资本合作试点工作;5月,财政部与交通运输部共同发布了《关于在收费公路领域推广运用政府和社会资本合作模式的实施意见》,为公路行业的政府和社会资本合作(PPP)模式发展和实施指明了大方向。

自治区人民政府陆续出台《关于在公共服务领域加快推行政府和社会资本合作模式的指导意见》《自治区人民政府和社会资本合作引导基金管理暂行办法》,加快在公共服务领域推行政府与社会资本合作的PPP模式。

根据中央改革精神,公路建设项目既有"统贷统还"的融资模式将逐渐退出历史舞台,交通运输部门直接向银行申请贷款的发展模式将不再适用,政府发债或采用政府与社会资本合作的 PPP 模式将是今后新疆交通建设的主要模式。但考虑到自治区财政的发展实际,预计自治区发债用于交通建设的资金有限。在新的发展形势和发展环境下,采用 PPP 模式,探索自治区交通发展投融资新机制、新模式,是破解新疆交通发展融资难题的重要举措。

2. 典型政府和社会资本合作(PPP)项目

1)G575 巴里坤至哈密公路建设项目

本项目是自治区第一个公路 PPP 项目,以"BOT + EPC(设计施工总承包) + 政府特殊股份"模式实施,新疆维吾尔自治区交通建设管理局(以下简称"建设局")作为本项目的实施机构,代表自治区人民政府授予项目公司特许经营权,由项目公司投融资、建设、运营本项目,并获得项目的车辆通行费收费权、项目沿线规定区域内的服务设施经营权和广告经营权。

自治区交通运输厅以车辆购置税收入补助地方资金(以下简称"车购税资金")对项目进行资金支持。车购税资金作为项目资本金的一部分注入项目公司,社会资本方负责筹集其余项目资本金和资本金以外的其他建设资金。

2016 年 6 月,中交第一公路工程局有限公司牵头与中交公路规划设计院有限公司组成联合体,中标社会投资人与新疆交通建设管理局共同组建项目公司——中交哈密交通建设有限公司,负责本项目投融资、建设及运营管理。截至目前,项目路基、桥涵工程已全面开工。

项目公司由中标的社会资本与建设局共同组建,建设局作为政府出资人代表是项目公司的特殊管理股东,在项目公司认缴壹元的特殊股份,并在公司章程中约定:特殊管理股东不参与项目公司日常管理,不参与收益分成,也不承担项目公司风险,全部风险和收益由社会资本承担;特殊管理股东具有特别投票权,保留对重大事项的决策权。

2)G216 富蕴至五彩湾公路建设项目

本项目中标的社会资本除完成 G216 富蕴至五彩湾公路的投融资、建设、运营外,另捆绑 S316 蜂场至则克台公路的投融资、建设工作。S316 项目将在项目建成后,由项目公司按照相关规定和程序将项目无偿移交给自治区人民政府,项目养护、运营、管理由交通运输主管部门负责。

本项目仍以"BOT + EPC(设计施工总承包) + 政府特殊股份"模式实施,但本项目的勘察设计单位已由建设局通过公开招标方式确定,初步勘察设计工作已完成,项目公司负责施工图勘察设计的组织和管理工作,加强设计与施工的协调,对项目实行设计施工总承包。

本项目的车购税资金作为政府补贴在建设期投入项目公司,社会资本方负责筹集全部项目资本金和车购税资金以外的其他建设资金(根据本项目 PPP 实施方案,车购税资金不作为项目资本金)。与 G575 项目类似,本项目仍采用"政府壹元特殊管理股份"的方式。

三、科技创新

1. 果子沟高寒复杂地质区域高速公路建设成套技术及工程应用

G30 赛里木湖至果子沟高速公路位于西天山边缘赛里木湖及果子沟风景区内,沿线地质构造复杂、地震烈度高、地质灾害多发、气候条件恶劣、冰冻期长,部分路段地形狭窄、沟壑纵横,项目建设条件十分复杂。主要技术创新点如下:

(1)丰富了高寒、高海拔、生态脆弱山岭区的路线设计。提出了适应高寒、高海拔、生态脆弱、复杂地形地质和特殊桥隧结构的线形组合,在疆内首次采用以桥隧相连为主的螺旋展线设计,解决了直线距离短、高差大的技术难题,减少了高填深挖,有效保护了生态环境。

(2)建设了国内公路建设史上第一座大跨度钢桁梁斜拉桥。为适应果子沟复杂地形、气候等建设条件,创造性地提出国内公路建设史上第一座大跨度钢桁梁斜拉桥设计方案,并首次采用以桥中央吊机为主的对称悬臂安装工艺,辅助于附臂吊机、横梁天车等设计确保钢桁梁顺利安装,解决了果子沟山区复杂风环境、高寒、高震以及场地狭窄的难题。

(3)桥梁建设重大装备突破。集成创新 YQ 165T-40 型架桥机,首次实现了 270m 小曲线半径、6% 横坡、3.95% 纵坡山区多跨 40m 预制箱梁的架设施工;应用自主发明的小半径移动模架,首次实现了 40m 跨、600m 小半径、S 曲线连续现浇箱梁的移动模架施工。

(4)完善了高寒地区桥梁混凝土耐久性设计方法。首次提出高寒山区桥梁混凝土不同结构部位的耐久性控制指标、耐久性混凝土控制指标及耐久性混凝土材料组成参数。

(5)发展了高寒山区富水隧道保温防冻、防水、防风雪技术。首次采用自行研制的恒温低温试验装置和寒区隧道保温模拟试验系统,多材料、多工艺试验比选,提出了适用于高寒山区富水隧道的防水材料和保温材料;国内首次在隧道中采用无机、不燃、环保、保温的泡沫玻璃作为保温材料,并采用对结构无损伤的粘贴铺设工艺;首次采用长明洞口削坡技术治理隧道洞口风吹雪病害。

(6)提出了高寒山区长大纵坡桥面沥青混凝土铺装结构不同层位混合料与气温、交通量、结构层位、行车速度相关联的抗剪强度标准。

本项目在高寒复杂地质区域高速公路勘察设计、桥梁建设、复杂隧道建设、路面建设、新型建筑材料、运营安全技术和生态环境保护等关键技术方面,有重大突破和实质性创新,形成了集理论、实践于一体的建设成套技术,解决了果子沟高寒复杂地质区域高速公路建设的重大难题。"果子沟高寒复杂地质区域高速公路建设成套技术及工程应用"成果荣获新疆维吾尔自治区科技进步一等奖。

2. 公路风害防控技术研究

G30 连霍高速公路星星峡至吐鲁番段公路梯子泉至鄯善段,大部分处于"百里风区"内,试验段具有新疆高速公路建设的代表性。通过对具有代表性公路建设及运营阶段柔性防风栅和柔性防风网的试验,提出新疆高速公路防风减灾技术和技术标准及其安全保障服务信息平台的合理与有效性。主要技术创新点如下:

1)提出了新疆公路风害风险三级区划指标体系和区划图

将新疆公路沿线年最大风速变化划分为 4 个等级,Ⅰ为重度危险路段、Ⅱ为危险路段、Ⅲ为控速路段、Ⅳ为危险极小路段,并且制定各危险度等级标准,得出新疆公路沿线最大瞬时风速 v_{4_2max} 五个区及各区域风害等级界限值(阈值):Ⅰ特强风害区 $v_{4\_2max} > 35.0 \text{m/s}$;Ⅱ强度风害区,$30.0 \text{m/s} < v_{4\_2max} \leq 35.0 \text{ m/s}$;Ⅲ重大风害区,$25.0 \text{m/s} < v_{4\_2max} \leq 30.0 \text{m/s}$;Ⅳ中度风害区,$20.0 \text{m/s} < v_{4\_2max} \leq 25.0 \text{m/s}$;Ⅴ风害较轻区,$v_{4\_2max} < 20.0 \text{m/s}$。

2)提出了新疆公路风害防控设施的类型和技术标准,编制了新疆公路防风技术指南

建立了公路风害设施设置技术标准,即公路风害防治工程抗风能力设计标准按 2 年一遇最大瞬时风速 25.0~30m/s 设计。防风栅抗风标准:设计风速 60.0m/s(17 级),设计风速重现期 100 年。

3)提出了新疆公路强风天气下风灾防控管理技术规则和预警体系

制定新疆公路强风天气下风灾防控管理技术规则和预警标准,即强横风天气下不同类型车辆安全行车临界风速及预警标准。运用公路风害防控技术及预案库,既可以降低大风对公路行车的影响和危害程度,也兼顾保证了行车效率,为行车指挥控制系统提供较为合理的行车速度限制指令信息。

4)在新疆公路修建了柔性防风栅和柔性防风网,效果良好

在新疆公路修建了柔性防风栅和柔性防风网,以波形开孔钢板式透风率 30% 防风栅防风效果最佳,瞬时最大风速降低 10.0m/s,防风范围 20m;柔性防风网最大瞬时风速降低 5.0m/s,防风范围 16m。

该科研项目 2013 年 8 月经西部中心组织专家鉴定,项目研究成果总体上达到国际先进水平。2014 年荣获中国公路学会科学技术奖二等奖。

3. 公路风雪灾害防治工程推广应用技术研究

克拉玛依—塔城高速公路塔城老风口和玛依塔斯是世界上罕见的风雪灾害地区,是当地与外界联系的"生命线"。通过大量的现场调查、室内外模型试验、实体工程应用,结合理论分析、防治工程验证,对已有科研成果综合分析评价研究,提出新疆公路雪害防治措施,为指导类似公路雪害防治措施的设计、施工、养护等工作提供技术指南,对公路雪害防治具有重要的应用价值。主要技术创新点如下:

路政人员冬季风吹雪巡逻及保障清雪车辆清雪作业

(1)首次在高速公路上系统地采用重点灾害段落绕避、深挖方路段隧道+桥的路线方案,主动预防风吹雪对高速公路的影响,取得显著效果。

(2)首次通过放缓路基边坡、采用分离式路基、路侧不设置护栏、敞开路基断面并设置积雪平台的综合防风雪路基方案治理高速公路风吹雪雪害,取得显著效果。

(3)系统地采用挡雪板、视线诱导标志、积雪标杆、可变情报板等特殊交通安全设施防治高速公路风吹雪雪害,取得显著效果。

(4)构建了公路雪害预警指标体系,提出了应急救援预案,为雪害地区抢险保通提供了技术支撑。

(5)编制了《新疆风雪灾害冬季养护除雪工艺技术指南》,为新疆风雪灾害影响区域的公路冬季养护提供技术支撑。

玛依塔斯冬季养护除雪

4.公路湿压法风积沙路基填筑施工技术

S215三岔口至莎车高速公路工程规模大、难度高、工期紧,全线有60余公里路段位于沙漠区,路线大部分路段路基采用风积沙填筑,且相当部分填筑高度超过6m,在新疆乃至全国高等级公路建设史上无先例。沿线地质条件复杂，包括盐渍土、戈壁滩、湿地、沙漠、软弱地基，地基处理量大、运距远，砾类填料运输距离长。

本项目对新疆(高速)公路"湿压法"风积沙路基填筑施工工艺开展研究，其目的在于研究风积沙路基填筑施工工艺，确定其施工质量控制措施，提高施工质量，获得最佳的技术经济效益。该项目因填筑材料特殊、填筑工艺较新颖，且该地区地下水位浅、水资源丰富，路基两侧范围的天然风积沙料场便于取料，"湿压法"便于路基质量方面的控制；路基外侧料场易形成供料规模，一次备料可同时满足多个作业面填筑，满足大面积施工要求。"湿压法"风积沙路基其研究的意义深远，为以后同类施工可提供借鉴，同时对保证本工程工期意义重大。

5. 盐渍土路基处理研究

新疆两大盆地存在大面积盐渍土，地下水位高，对路基的危害极大。新疆先后发布了《新疆盐渍土地区公路路基路面设计与施工规范》(XJTJ 01—2001)、《盐渍土地区公路设计与施工指南》(交工便字〔2006〕243号)。规范及指南所提出的处理方案，大量运用在包括高速公路在内的数万公里道桥建设中，为新疆公路建设事业作出了重大贡献。

土的易溶岩试验

第五节　高速公路与经济社会发展

一、经济社会发展促进高速公路建设

目前，我国经济发展已进入"新常态"，经济结构、增长方式、增长速度发生转变，面对社会经济发展新格局，中央审时度势，谋划推进"一带一路"倡议，协调推进"四个全面"战略布局。这些大政方针，将对新疆经济社会和交通运输发展产生深刻影响。

(1)维护社会稳定和长治久安,推动新疆实现跨越式发展,要求继续加快推进交通运输发展,更好地发挥交通运输的支撑引领作用。

(2)构建丝绸之路经济带核心区,打造"交通枢纽中心"要求进一步推进互联互通建设。新疆是丝绸之路经济带三大通道的重要交汇地,是衔接亚太地区与欧洲两大经济圈的重要节点和枢纽,在全方位对外开放格局中承担着重要使命。这就必然要求加快推进建设大交通运输通道,积极推进跨境、跨省区交通的对接,提升运输现代化、智能化水平。

(3)全面建成小康社会,保障改善民生,推进向南疆地区、沿边地区交通发展,进一步提高交通基本公共服务水平,为全面建成小康社会提供强有力的交通保障。

(4)经济发展转型和人们生活水平不断提高,交通需求量呈现多元化、个性化趋势,迫切要求提供更为丰富、优质的交通运输服务,人民群众也需要更多具备优质服务能力的高速公路。

(5)自治区党委八届四中全会提出"到2020年生产总值比2010年翻一番半以上,城乡人民人均收入翻一番半左右"。根据预测,新疆2020年客运量将比2010年增加2.7倍、货运量增加3倍;汽车保有量由2010年的1358466辆增加到2020年的5400000辆,增加近3倍。未来社会经济的快速发展,势必给交通提出新的更多、更快、更好的需求。在新疆区域特殊环境下,发展大容量高速大通道交通特别重要。

二、高速公路建设带动经济社会发展

高速公路建设在经济社会发展中发挥着重要的基础性、先导性、服务性作用。近年来,随着一条条高速公路建成通车,高速公路的快速和便捷已走进了平常百姓的生活。高速公路的建设与发展,从根本上改善了新疆路网技术等级结构,有效地拉动了内需,刺激了高速公路沿线地区的经济发展和繁荣,对促进自治区社会经济发展、自然资源开发、生产要素合理布局、相邻区域间合作、投资环境改善、交通出行便捷、生活水平提升等,起到了积极的推动作用。

(1)拉动投资和经济增长。截至2016年底,新疆高速公路完成投资约1335.75亿元,刺激和带动了钢材、水泥、机械等相关产业发展,直接和间接拉动项目所在地地区生产总值,为社会创造更多就业机会。如吐—乌—大等高级公路首轮拉动新疆地区生产总值29.59亿元,创造投资增加值9.19亿元,创造投资的后向波及效益20.41亿元,创造就业机会33.91万个。

(2)显著提高了全区路网的整体技术水平,促进了城镇化发展。全区14个地州除和田地区正在建设,其余13个地州全部实现高速公路覆盖,其平均行车时速为80~100km,是一般公路的2~4倍,大大缩短了区域间的空间、时间距离,从首府乌鲁木齐至各地州城市的出行时间均节省一半以上,到喀什1500km只需15个小时便可到达,为社会经济发展创造了更优越的条件。车速的提高节省了运行时间,提高了运输效率,减少了各种损耗,降低了运输成本,使高速公路真正成为人流、物流、信息流的大通道,对经济发展和社会进步起到催化剂的重要作用。

(3)改变了社会观念。高速公路带给人们快捷、安全、舒适的交通便利,促使了人们思想的进一步开放,度假、休闲的方式和目的地呈现多元化趋势,出行旅游的人越来越多,促进了新疆旅游业的蓬勃发展。"大路大富、高速快富",求发展、谋发展,全社会关心、支持交通建设的氛围进一步形成。

(4)提高了应对地震、冰雪等自然灾害和突发事件的保障能力。有效减少抢险救灾准备时间,保障救援人员、物资以及大型设施及时到位,为创造有利条件。

(5)新疆各种运输方式中,公路运输是主体。目前在客、货运量份额中分别占95%、80%。新疆客货运输平均运距102km,为全国平均运距的2倍。运距长、运费开支大、产品成本高,输出产品增加了销售成本,使产品降低了竞争力;旅客、货物在途时间长,减少了工作时间,加大了社会流动资金的占用量,会影响区内生产布局的展开和经济效益的提高。高速公路的建成,为提高运输经济效益、拉动社会经济发展起到重要作用,这一点在新疆更为突出。

库阿高速公路

第四章
高速公路建设管理地方法规及相关制度

在高速公路建设管理方面,新疆先后制定3部地方性法规及规章(1部地方性法规,2部政府规章)。为规范工程建设行为,在建设市场管理、项目管理等方面,自治区人民政府、发展和改革委员会、交通运输厅、住房和城乡建设厅、土地管理局、交通运输工程质量监督局等也相继制定相关规范性文件22件,为自治区公路建设管理的顺利开展奠定了坚实的制度基础。

第一节 相关法规及规章

2013年,自治区人大常委会对2001年通过的《新疆维吾尔自治区实施〈中华人民共和国公路法〉办法》(以下简称《办法》)进行了全面修订,对公路建设活动管理主体、资金来源、质量管理等事项进行了明确,《办法》的颁布实施标志着自治区公路法制建设迈上新台阶。《新疆维吾尔自治区重点建设项目管理办法》《新疆维吾尔自治区建设工程勘察设计监督管理办法》两部政府规章,对重点建设项目的管理和建设工程勘察设计监督等方面进行了规范,为自治区依法开展公路建设管理工作提供了法规依据。上述相关地方性法规及规章见表4-1。

自治区相关法规及规章　　　　　　　　　表4-1

序号	名　称	文　号	颁布日期	颁布机关
1	新疆维吾尔自治区实施《中华人民共和国公路法》办法	2001年9月28日新疆维吾尔自治区第九届人民代表大会常务委员会第二十四次会议通过,2013年7月31日新疆维吾尔自治区第十二届人民代表大会常务委员会第三次会议修订	2013年7月31日	自治区人大常委会
2	新疆维吾尔自治区重点建设项目管理办法	新疆维吾尔自治区人民政府令第76号	1998年5月28日	自治区人民政府
3	新疆维吾尔自治区建设工程勘察设计监督管理办法	新疆维吾尔自治区人民政府令第183号	2013年1月18日	自治区人民政府

第二节 建设市场管理相关制度

按照国家和自治区相关法律、法规和规章,自治区人民政府及自治区交通运输厅、自治区住房和城乡建设厅相继制定涉及公路建设市场管理、信用管理、资质管理、招投标管理方面的规范性文件6件,为规范公路建设从业单位的行为提供了制度依据。建设市场管理相关法规制度见表4-2。

建设市场管理相关法规制度表   表4-2

序号	性质	名称	文号	颁布日期	颁布机关
1	市场管理	新疆交通建设工程施工分包管理办法(试行)	新交工程〔2011〕2号	2011年1月25日	自治区交通运输厅
		新疆维吾尔自治区公路建设市场管理办法	新交体法〔2007〕17号	2007年9月19日	自治区交通厅
2	信用管理	新疆维吾尔自治区企业信用信息公示实施办法	新政办发〔2015〕24号	2015年3月17日	自治区人民政府
3	资质管理	新疆维吾尔自治区二级建造师注册实施办法		2007年10月19日	自治区建设厅
4	招投标管理	新疆维吾尔自治区工程建设项目招标范围和规模标准规定	新政办〔2001〕79号	2001年5月15日	自治区人民政府
		新疆维吾尔自治区建设工程招标投标管理办法	新建法〔2000〕7号	2000年5月9日	自治区建设厅

第三节 项目管理相关制度

为集中各方面的力量,加大对公路建设的支持力度,改善公路建设环境,进一步加快新疆公路建设步伐,2006年、2011年,自治区人民政府先后发布了《关于加强公路建设的决定》《关于进一步加快自治区公路建设的意见》,对自治区公路交通发展起到了重要促进作用。在建设项目综合管理、物资与资金、勘察设计管理、质量与安全管理、环保与土地等方面,自治区相关部门制定了《新疆维吾尔自治区公路建设标准化管理手册》等规范性文件15件。项目管理相关制度见表4-3。

第四章 高速公路建设管理地方法规及相关制度

项目管理法规制度表　　　　　　　　　　　　　　　　表 4-3

序号	性质	名称	文号	颁发日期	颁发单位
1	综合管理	关于加强公路建设的决定	新政发〔2006〕56号	2006年7月27日	自治区人民政府
		关于进一步加快自治区公路建设的意见	新政发〔2011〕4号	2011年1月6日	自治区人民政府
		新疆维吾尔自治区公路建设标准化管理手册	新交工程〔2011〕14号	2011年3月14日	自治区交通运输厅
2	物资与资金管理	新疆维吾尔自治区预算内基本建设投资项目管理暂行办法	新发改法规〔2011〕195号	2011年2月28日	自治区发展和改革委员会
		关于确保公路建设项目沿线配套设施与主体工程同步完工的若干规定	新交体法〔2011〕49号	2011年12月20日	自治区交通运输厅
		关于进一步加强交通建设项目工程费用控制的通知	新交体法〔2012〕47号	2012年8月24日	自治区交通运输厅
		关于印发新疆公路工程项目施工期价格调整工作指导意见的通知	新交造价〔2009〕3号	2009年10月14日	自治区公路工程造价管理局
		新疆维吾尔自治区公路重点工程项目材料物资管理暂行办法	新交工程〔2011〕30号	2011年4月14日	自治区交通运输厅
3	环保与土地管理	新疆维吾尔自治区划拨土地使用权管理规定	新政函〔1995〕12号	1995年3月2日	自治区土地管理局
		自治区重点建设项目征地拆迁补偿标准	新国土资发〔2009〕131号	2009年4月8日	自治区国土资源厅
		自治区环保局规划环评与建设项目环境管理办法(试行)	新环监发〔2007〕264号	2007年7月27日	自治区环境保护厅

续上表

序号	性质	名称	文号	颁发日期	颁发单位
4	勘察设计管理	新疆维吾尔自治区公路工程设计变更管理办法	新交体法〔2014〕10号	2014年5月14日	自治区交通运输厅
		关于进一步加强公路勘察设计工作若干意见实施细则	新交工程〔2012〕7号	2012年2月20日	自治区交通运输厅
		新疆交通运输建设工程优秀勘察奖、优秀设计奖评选管理办法	新交工程〔2011〕54号	2011年6月21日	自治区交通运输厅
5	质量与安全管理	新疆公路工程试验检测机构业绩登记及人员登记、注销、变更管理办法	新交质监发〔2014〕27号	2014年7月29日	自治区交通运输工程质量监督局
		新疆维吾尔自治区公路工程生产安全重大事故隐患挂牌督办办法（暂行）	新交体法〔2013〕16号	2013年4月28日	自治区交通运输厅
		新疆维吾尔自治区公路建设工程材料质量管理制度（试行）	新交体法〔2013〕8号	2013年3月20日	自治区交通运输厅

第五章
高速公路建设科技成果

新疆地域辽阔,气候恶劣,地形地貌独特复杂,生态环境脆弱,地质条件特殊,地质灾害频发。由此导致的各种工程病害长期困扰着新疆地区的公路建设,制约着新疆的交通运输发展。改革开放以来,特别是中央第一次援疆工作会议召开后,在交通运输部的大力支持下,自治区交通运输厅按照交通运输部党组提出的"以实用工程为主,以重点公路交通建设、养护中的技术问题为主,以长期想解决而现在还没有解决的技术问题为主,以交通运输发展需要的共性技术和基础研究为主"的指导原则,在全区广大科技工作者的勤奋努力下,交通科技工作取得了长足发展,取得了一大批优秀科技成果,培养了一大批交通科技人才,有力地促进了新疆交通现代化进程。

自改革开放以来,新疆交通运输行业累计承担交通运输部科技项目34项,部拨科技经费7000余万元;交通运输厅累计立项科技项目249项,项目经费突破1.5亿元。针对沙漠、盐渍土、风吹雪等公路病害防治技术方面进行了长期深入系统的研究,破解了新疆不良地质、高寒、高海拔、昼夜温差大等技术难题,改性沥青改性剂、高分辨率卫星图像、交通运输信息管理服务系统等新产品新技术,在新疆公路建设养护管理中得到了推广运用,有效支撑了新疆交通运输跨越式发展。

30余年来,新疆交通运输行业科研硕果累累。7项研究成果达到国际领先,6项研究成果国际先进,20项研究成果国内领先,另有国内先进成果30项,国内首创成果2项。项目研究成果累计获得省部级以上奖项75个。其中:国家科技进步二等奖3个;省部级特等奖2个,一等奖12个,二等奖20个,三等奖38个;其他类别奖项若干。其中,"沙漠公路工程成套技术""盐渍土地区公路建设成套技术及工程应用"和"果子沟高寒复杂地质区域高速公路建设成套技术"荣获"近20年新疆贡献最突出"美誉。

第一节 高速公路建设科技创新

一、科技支撑新疆高速公路建设

在新疆高速公路建设中,建设各方高度重视高速公路建设科技创新,依托重大工程建设,有序开展重大科技专项研究、科技示范工程和科技成果推广应用,推进公路工程建设关键技术研究,大力推广新技术、新材料、新工艺、新设备、新产品在工程实践中的应用,在应用技术及软科技领域均取得了一定的创新成果。

(一)应用基础研究

应用基础研究是科技和支撑交通基础建设的坚强后盾,在保证大部分科技力量投入到直接为交通基础设施建设服务主战场的同时,新疆广大科技人员针对新疆特殊地质、气候条件开展基础性、前沿性、探索性研究,提出与公路建设密切相关的新理论、新方法,提高了新疆交通科研的原始创新能力,拓展了交通科技进步的新空间,取得了一批可喜的应用基础研究成果,并应用于新疆交通基础设施的建设中。

1. 沙漠公路修筑技术研究

通过多年的实践探索,全面系统研究了新疆沙漠地区公路设计、施工和防沙养护成套技术,解决了新疆沙漠地区公路修筑的难题,填补了国内沙漠公路修筑和防沙工程领域的空白,科研成果总体达国际领先,获国家科技进步二等奖。依托科研成果在新疆地区成功修筑了3000余公里的沙漠公路,对沙漠地区经济发展、社会稳定起到了极大的推动作用。编制了《沙漠地区公路设计与施工指南》,填补了我国沙漠地区公路无行业专项技术指南的空白。目前新疆境内在塔克拉玛干流动沙漠、古尔班通古特半固定沙漠腹地先后修筑了阿拉尔至和田二级公路、G216五彩湾至大黄山高速公路。在沙漠边缘分别修筑了三岔口至莎车、麦盖提至喀什等高速公路。科研成果在这些公路建设中取得了良好的应用。

2. 盐渍土地区筑路技术研究

新疆公路沿线盐渍土病害分布广、危害大。新疆国道、省道、县乡道路约有三分之一处于盐渍土地段,导致公路耐久性差、养护维修费用高。通过大量的现场调查、室内外模型试验、实体工程试验,依托工程及经验总结,系统研究了盐渍土工程特性、病害类型和机理,盐渍土地区公路地基处治、路基路面病害处理方法,形成了盐渍土地区公路修筑的成套技术。项目研究成果在盐渍土地区公路自然区划及公路工程分类指标、盐渍土路基加固处治技术及防腐蚀技术等方面达到国际领先水平,并在新疆数千公里盐渍土地区公路建设中应用,社会经济效益显著。研究成果获得国家科技进步二等奖。研究成果成功应用于和硕至库尔勒、克拉玛依至榆树沟、喀什至叶城、麦盖提至喀什、三岔口至莎车等高速公路项目中。

3. 公路雪害研究

新疆由于其"三山夹两盆"的地貌特点,是全国雪灾最多最严重的地区之一。在昆仑山、天山、阿尔泰山三大山系及其两盆地中,雪灾特点也各不相同,公路建设受雪害影响的形式具有多样性。科研人员紧密结合雪害地区公路建设实际,通过现场调查、试验工程的实施等手段,提出了新疆各种公路雪害防治的完整体系,使我国公路雪害研究水平迈入国际领先行列。研究成果有利于提高公路运营质量、延长公路寿命、降低建设和养护成本。

此外,"新疆粉黏土地基处治技术研究""新疆公路桥涵水文参数研究""新疆干旱地区路基干压实技术研究"等一系列公路应用技术研究工作,不仅为科研人员搭建自由探索的学术平台,同时也有力地支撑了新疆公路建设的跨越式发展。

(二)公路软科学技术研究

改革开放以来,交通运输厅通过在公路交通领域的战略、规划、政策、法规等方面的立项研究,取得一大批重要的软科学研究成果,进一步增强了决策的科学性、系统性,为新疆公路交通事业的快速、健康发展和交通改革重大热点难点问题的解决提供了重要的决策支撑。

1. 战略性政策研究

如"新疆现代交通发展战略研究""新疆交通发展资金筹措政策研究""新疆公路建设技术政策研究"等课题,围绕事关新疆交通运输发展的全局性、战略性和前瞻性重大问题,深入开展新疆公路建设政策研究,为科学决策提供了高质量的决策研究和咨询服务。

2. 行业技术政策研究

随着新疆收费公路里程的不断增加,"新疆高等级公路收费研究""新疆公路收费技术框架研究""新疆汽车运输成本调查研究""收费还贷公路财务管理及会计核算办法研究"等课题,从不同角度、不同层面对新疆收费公路在发展阶段面临的问题,开展了针对性研究,在新疆收费公路的建设管理体制和运营管理等方面取得了大量的宝贵经验。

3. 阶段规划研究

"新疆综合运输体系研究""新疆维吾尔自治区'十二五'交通运输发展规划""新疆维吾尔自治区'十三五'综合交通运输发展规划""新疆维吾尔自治区'十三五'公路交通运输规划""新疆国道公路线位规划研究(2012—2030)""新疆省级公路网规划研究(2016—2030)"等研究,为新疆公路交通快速发展绘制了新的蓝图,为保障新疆公路快速、持续、健康发展提出了明确的发展目标。"新疆道路运输物流发展规划及相关政策研究""新疆丝绸之路经济带交通枢纽中心研究"等,对新疆道路运输业的发展起到了巨大的引导和促进作用。

同时,近年来新疆交通软科学研究在加强人才培养、加快交通立法、政府职能转变、深化交通体制改革、推进交通信息化进程等方面,处处留下了踪迹。

(三)交通运输建设科技

从20世纪90年代开始,交通运输厅以重大公益性技术及行业共性技术研究开发为重点,鼓励科研人员解决行业建设发展中的重大、关键技术问题,在交通基础设施建设与养护技术领域开展系列科技攻关,有力地支撑了新疆公路基础设施建设任务的完成。

通过多年的技术积累,新疆基础设施建设技术取得重大突破,保障了交通运输事业实现跨越式发展。在交通基础设施建设与养护技术领域开展系列科技攻关,在公路勘测设计、路基路面修筑、路面材料与结构、质量检测等各个方面开展专项研发,取得了显著的效果。针对新疆公路工程建设特点和地质条件等影响因素,"新疆平原微丘区高速公路建设技术导则""新疆干线公路改造中路基路面技术研究""盐渍土地区公路利用风积沙筑路技术开发与应用""天然砂砾路用性能及施工控制技术研究"等课题,提出了具有可操作性的解决方案,并取得一批科技创新成果。

"高等级公路半刚性基层沥青路面典型结构的研究""利用新疆稠油沥青修筑高等级公路的研究""新疆高等级公路沥青路面及混合料车辙指标对应关系的研究"等课题,为新疆高等级公路的建设奠定了良好的基础。"果子沟高寒复杂地质区域高速公路建设成套技术"获新疆科学技术一等奖。以果子沟高速公路建设为依托,开展科技和管理模式创新,在高寒复杂地质区域高速公路的公路勘测设计、桥梁建设、复杂隧道建设、路面建设、新型建筑材料、营运安全技术和生态环境保护等关键技术方面,有重大突破和实质性创新,形成了集理论、实践于一体的建设成套技术,解决了新疆高寒复杂地质区域高速公路建设的重大难题。

1.桥隧建设

长大桥隧建设技术取得新突破,极大地推动了新疆特大型桥隧工程建设技术发展的步伐。依托赛果高速公路,开展了"高寒地区桥梁大体积水泥混凝土温度控制技术研究""山区小半径、大纵坡连续箱梁移动模架施工技术研究""山区高寒隧道防水关键技术研究",为赛果高速公路建设打下了坚实的技术基础。赛果高速公路果子沟双塔双索面钢桁梁斜拉桥为全国公路系统首座钢桁梁结构斜拉桥(山坡展线桥最高桥墩达120m,最小半径270m);赛里木湖隧道(双幅,其中单线长1827m)为新疆地区第一座高速公路隧道。这些结构物的建设填补了新疆斜拉桥及公路隧道建设的空白。"长大公路隧道通风系统局部结构优化研究"针对高寒山区复杂条件下,高速公路隧道、桥梁、边坡、生态保护和交通安全等方面所面临的关键技术问题开展研究工作,研究成果将为拟建项目——国道216乌鲁木齐至尉犁高速公路工程建设提供技术支撑。

2. 养护技术

基础设施养护技术取得显著成果，保障了交通运输事业持续健康发展。"十二五"期间，针对新疆新建公路路面存在一定程度的早期损坏以及早期修建的公路大量进入大修期、路面质量下降较快的实际，开展公路基础设施养护关键技术研发。其中，"新疆地区沥青路面使用性能衰变规律研究"课题的组织实施，对以往路面建设经验进行总结与提炼，取得了大量的科技成果，在十多个实体工程得到应用与完善，为新疆进一步提高公路通行能力和服务水平提供了技术支持与对策保障，研究成果获自治区科技进步二等奖。"公路沥青表面综合处治技术研究"课题为公路养护提供了快速高效、技术可靠、经济实用的表层铺筑技术，研究成果获自治区科技进步二等奖。

3. 地质灾害防治

公路地质灾害预测与防治技术取得了创新性突破，保障了公路基础设施的建设和正常运营。针对新疆地域辽阔，公路建设和运营过程中沿线地质灾害类型多、延续里程长、分布范围广的特点，实施了公路地质灾害预测与防治技术研究。其中"天山公路工程地质病害研究"项目获自治区科学技术进步一等奖。该项目提出了天山公路建设中的灾害防治措施和环境保护对策及技术建议，不但保障了天山公路改造工程的顺利实施，而且对于新疆乃至全国山区公路水毁、崩塌、泥石流等公路病害防治具有科学指导和经验借鉴作用。

4. 信息化建设

数字化交通管理技术初步应用，推进了新疆交通信息化进程。"十二五"期间，新疆围绕"224"即两个中心、两个平台、四个保障系统总体框架有序发展，以公众出行交通信息服务平台、交通监控应急指挥中心、路网管理与应急指挥中心等为载体，通过信息技术、管理技术和计算机技术的集成，在交通规划、设计、管理、监控、运输组织、决策支持、行政执法以及交通公众信息发布等领域积极试点并广泛应用，电子政务水平逐步提高，提高了政务应用效能、增强了政府监管能力，提升了行业服务水平，在新疆交通运输行业向现代服务也转型的进程中发挥了重要作用。

（四）科技成果推广

新疆受地理、地形条件的限制，经济发展比较落后，科技水平也相对其他省份较低，能够投入的科技经费有限。一直以来，交通运输厅注重充分利用现有的交通科技成果，尤其是交通部西部交通建设科技项目的科研成果、本自治区及兄弟省区市的研发成果，对其进行收集、整理，筛选出具有推广应用价值的交通科研成果进行推广应用。这对节约科技投入，加大交通科技含量，推动交通科技进步，支撑新疆交通建设又好又快地发展具有重要意义。

改革开放之初,结合新疆公路建设的现实需求,生产和科研部门开展了"水泥混凝土路面滑模施工技术在新疆推广应用研究""阳离子乳化沥青稀浆封层技术推广应用""公路边坡锚固技术在新疆的推广应用研究"等科研成果的推广应用研究,解决了新疆交通基础设施建设中急需解决的技术难题。

交通部西部交通建设科技项目自实施以来,开展了大量的科研工作,取得了可观的科研成果。交通运输厅通过"积极引导,强化服务"的主要措施和方法,促进科技成果的转化。结合新疆实际,沙漠公路修筑技术、盐渍土地区公路修筑技术、雪害防治技术等一大批科研成果在新疆得到了推广应用,有力支撑了新疆交通基础设施建设的跨越式发展。

"十二五"期,绿色交通技术得到推广应用,为实现新疆交通运输可持续发展提供了技术储备。运用循环经济理念,开展了以环保和节能为重点的绿色交通技术研究的应用实践,如"就地热再生技术在新疆国省干道沥青路面车辙处治中的应用研究"在S301 K3~K41段道路大中修工程、G216吉木萨尔县火烧山(K454~K469)段养护大中修工程,以及S114(K2+600~K20+000)段大中修工程中进行跟踪观测,并编写新疆地区就地热再生技术指南。"新型硫黄改性沥青技术在新疆公路中推广应用研究"结合先进的硫黄改性沥青技术,在G217和什托洛盖镇K253+000~K279+000段大中修工程,以及G216幸福路口至卡子湾K546+600~K654+000段大中修工程进行适用性试验。

(五)标准、计量及质量研究计划

为了加强新疆交通运输地方标准的管理工作,充分发挥交通运输地方标准在推广科技成果、规范行业管理中的技术支撑作用,针对新疆公路工程施工特点,在提炼和总结科技成果与工程实践经验的基础上,编制完成了《破碎砾石沥青混凝土技术指南》《新疆公路沥青路面设计及施工技术指南》《新疆路面预防性养护技术指南及验收标准》《天然砂砾在公路工程中的应用指南》等一批技术指南及规范。

通过《新疆维吾尔自治区公路建设标准化管理手册》的编制,在工程建设中大力推广标准化,确保工程建设的过程、质量、安全、环保、工期等各项管理处于可控状态,推动交通运输事业规范发展。

进入"十二五",新疆加大了标准的编制工作力度,主编了《沙漠地区公路设计和施工指南》(JTG/T D31—2008),还参与了《公路路基设计规范》(JTG/T D30—2004)、《公路路基施工技术规范》(JTG F10—2006)等多项行业标准的编制工作。在地方标准编制方面,"十二五"有12项标准列入自治区地方标准编制计划,另有6项标准正在审批中。

二、科技创新取得的成绩

1. 有力支撑了新疆公路交通大建设大发展

紧紧围绕新疆高速公路、国省干线等重点工程，开展科技攻关，为新疆重要交通基础设施建设提供了技术保障。

针对新疆复杂地质地形和恶劣气候条件等，从勘察设计、建设施工、养护管理、生态环保等方面开展系统性研究，形成了沙漠、盐渍土两大类特殊地质筑路成套技术，巩固和提升了我国以沙漠、盐渍土为代表的特殊地质地区筑路技术的整体水平和国际领先地位。

2. 显著提升了新疆公路交通发展的整体效益

在重点解决制约新疆交通建设关键技术的同时，在交通安全保障、环境保护和信息技术应用等方面也取得了大批科研成果。着眼于提升交通安全保障能力，构建了公路交通安全基本理论体系框架，实现了应用技术、管理技术、标准规范的创新，有力支持了公路安全保障工程的实施。在交通基础设施建设规划、设计、施工、运营等各个环节积极采用新技术、新工艺，保障了吐—乌—大等高级公路、乌奎高速公路的等一批重点工程的建设。同时，注重现代信息技术和管理技术在新疆交通建设中的广泛应用，为提高交通网络通行能、运输效益和服务水平发挥了重要作用。

3. 有效推动了新疆公路交通科技创新体系建设

通过不断创新科技项目管理机制，营造了公平竞争、开放交流的良好氛围，促进了交通科技创新体系建设。科技项目有力支持了交通行业重点实验室等创新基地建设，使行业重点实验室在开展高水平研发活动、聚集和培养优秀科技人才、进行高层次学术交流等方面发挥了重要作用。

坚持项目研发与人才培养并举，为新疆交通科研队伍的建设作出了突出贡献。通过承担和参与新疆科技项目，一批科研人员得到锻炼和成长，交通科研队伍得到充实和稳定，为新疆交通科技创新能力的快速提高创造了重要条件。

4. 积极促进了新疆地区经济社会发展

在有效提高新疆交通发展水平的同时，科技项目还带动了新疆资源节约和一批优势特色产业的发展。以防风固沙等为代表的环保技术成果应用，改善了区域环境，节约、集约利用了土地；以路面材料再生、温拌沥青路面为代表的资源节约技术成果的应用，促进了新疆循环经济的发展。

与此同时，交通科技计划的实施，为改善新疆的发展环境作出了积极贡献。科技项目成果在公路建设和公路保通保畅方面支撑了新疆的公路建设，逐步消除了交通制约，有效促进了社会和谐。

第二节　重大科研课题

为支撑新疆高速公路建设,围绕跨南北疆纵向大通道、天山北坡横向大通道、南疆向西开放大通道等重大、特殊工程建设开展研究。先后开展高寒山区、复杂地形地质条件下山区高速公路建设成套技术、公路生态环保技术、公路改扩建技术等方面的研究,并推动已有相关科研成果在重大工程项目中的应用与深化,为"丝绸之路经济带核心区"交通枢纽中心建设提供技术支撑。与国内各大科研院所及大学合作开展科研攻关,解决公路建设中的重点及难点技术问题;与中国公路学会合作开展"粗颗粒盐渍土公路工程分类研究""乌鲁木齐绕城高速公路(东线)急倾斜煤层采空区治理应用技术研究"科研课题。

围绕高速公路建设的各类控制性项目开展专项研究,加强关键技术攻关,着力突破复杂条件下公路工程建设的重大技术瓶颈。

2010年,阿克苏至喀什、克拉玛依至阿勒泰、奇台至木垒等一批国家高速公路网项目及地方高速公路项目相继开工建设。根据公路建设中的重点及关键技术开展"玉希莫勒盖达坂高海拔多年冻土复杂地质条件下隧道稳定及可靠性研究""发热混凝土在道路及桥面融雪化冰中的应用研究""新疆高速公路天然砂砾路基压实质量快速检测技术研究"等课题研究。

2011年,根据公路建设中的重点及关键技术,开展依托三岔口至莎车高速公路的"利用风积沙修筑高速公路应用技术研究",以及依托克拉玛依至塔城高速公路的"新疆多雪山区高速公路路面抗冰冻技术研究"等课题研究。

2012年,开展"新疆高寒山区复杂条件下高速公路建设关键技术研究"。鉴于项目工程建设条件的复杂性,重点开展:高寒山区复杂地质条件下特长隧道建设方案研究,高寒山区复杂条件下桥梁设计与施工关键技术研究,高寒山区冻融风化边坡防护关键技术研究,公路建设对冰川、湿地、水源地等生态敏感区的影响评价及保护技术方案研究,长大纵坡冰雪路面交通安全保障措施的技术方案研究。上述研究为新疆高寒山区复杂条件下高速公路建设关键技术研究与推广应用示范课题的一期,研究目标主要为工程项目的工程可行性研究和初步设计等前期工作提供技术支持,并提出关键技术对策。

2013年,将科研与生产紧密结合、加快成果转化机制,明显提升新疆交通建设的科技含量和水平,进一步加强科技成果在新疆公路建设项目的推广应用,注重将成熟技术直接纳入设计,实现源头融合;注重将相关技术在施工阶段转化落实,实现有效应用;注重将成熟技术纳入标准规范,突破转化障碍。通过推广专项行动、科技示范工程和技术交流等多种途径,将行业成熟科技成果集中应用到新疆交通建设与发展中,努力将新疆建设成为科技成果转化应用的示范区。

依托 S215 巴楚至莎车、S310 麦盖提至喀什等工程,开展了"盐渍土地区公路修筑成套技术的推广应用"及"利用风积沙修筑高速公路应用技术研究及推广"研究课题。针对 G3014 克拉玛依至阿勒泰高速公路所在地环境条件极端恶劣,年极端温差和日极端温差均非常大,开展的"大温差沥青路面成果的推广示范与应用"可有效降低克阿高速公路路基、路面低温开裂病害、高温膨胀变形病害,提升大温差特殊环境下沥青路面材料耐久性指标,降低、节约建养费用,意义重大。同时还根据安全需要,开展了"新疆克塔阿地区高速公路运营安全和畅通保障技术研究应用与工程示范"研究课题。为支持风雪灾害防治技术,在 G3015 克拉玛依至塔城高速公路开展"暴风雪灾害防治工程推广应用研究及示范项目"研究课题。

2014—2016 年,以推动科技成果应用和转化,工程施工、公路病害治理、重难点分项工程控制为重点,开展科研和技术创新。根据公路建设需求,积极做好科研课题和科学技术的研究、报奖工作,建立科技项目档案,完成了 12 个科技项目和 3 个西部课题的申报工作,特别是组织力量专门就 G219 新疆段改扩建工程项目开展"高寒高海拔地区新藏公路修筑关键技术及应用"研究,成果获新疆科学技术进步二等奖,并获中国公路学会科学技术一等奖。

一、盐渍土地区公路建设成套技术及工程应用

盐渍土遍布五大洲 24 个国家,我国有 19 个省区存在这种特殊性岩土,导致公路频繁发生路面盐胀起伏、开裂,路基沉陷、翻浆、结构物腐蚀等病害,严重影响公路交通安全和通行能力,每年因公路病害造成的直接经济损失达数十亿元。虽然国际上关于该病害防治的研究已有 50 年的历史,但问题一直未能得到根本解决,成为世界性技术难题,被称为工程中的"癌症"。

项目历时 20 多年,在盐渍土公路工程理论、勘察技术、路基处治技术、构造物防腐与环境保护等关键技术方面,有重大突破和实质性创新,形成了集理论与实践于一体的建设成套技术,解决了盐渍土地区公路建设的重大难题。

(1)发展了公路盐渍土工程理论。应用自主发明的大型低温土工模拟试验系统开展研究,揭示了盐渍土盐胀、溶陷机理,建立了基于水、热、盐、力因素的盐渍土路基内四场交互作用理论分析模型,进而系统提出了硫酸盐渍土盐胀规律和工程特性,揭示了盐渍土公路病害形成机理,并首次提出了岩盐路基孔洞的动态响应理论模型,为设计施工提供了理论依据。

(2)首次提出盐渍土公路自然区划及工程分类方法。利用遥感技术开发了我国内陆公路盐渍土分布综合信息系统,通过对盐渍土分布规律及多因素影响规律的深入研究,提

盐渍土地区公路建设成套技术及工程应用"获奖"证书

出了中国盐渍土地区公路自然区划，建立了土类、含盐量、温度及含水率等为指标的公路盐渍土工程分类方法，对土地资源集约利用，指导盐渍土地区公路规划设计及合理确定其工程性质具有重要意义。

（3）首次建立盐渍土地区公路病害评价体系。在对盐渍土地区公路病害特征多年大规模现场调研基础上，通过系统路基模拟试验验证，建立了以土基硫酸钠含量及盐胀率为主要指标的盐渍土路基盐胀评价方法和控制指标。运用层次分析法和模糊综合评价法，建立了盐渍土公路病害综合评价体系。

（4）形成了盐渍土地区公路病害治理成套技术。创造性地提出了土工布隔断水盐迁移处治盐渍土路基病害技术，提出了风积沙换填盐渍土地基处置方法，开发了半刚性水泥板加固盐渍化软弱地基技术，提出了强夯、砾石桩等地基处治技术和控制指标。在理论研究与工程实践的基础上，通过集成形成的病害治理成套技术已在盐渍土地区公路建设中得到广泛应用。

（5）解决了干旱半干旱重盐渍土地区公路构造物防腐及环境保护难题。混凝土的密实性是决定其耐腐蚀的关键因素之一，据此发明了混凝土用养护保护一体化涂料、抗硫酸盐侵蚀的自密实混凝土。研究提出"泛盐指数"，并将其作为盐渍土地区公路环境影响评价指标之一;提出了盐渍土地区公路绿化植物种。

成套关键技术已在2400多公里高速、一级和二级公路建设工程上得到应用,取得总体经济效益24.04亿元,社会效益显著。成果获省部级一等奖2项,二等奖4项,发明专利4项,实用新型专利4项,出版专著2本,发表国家核心刊物论文55篇,相关成果已纳入2部国家行业规范,1部地方规范,3部国家行业技术指南。由院士、设计大师等组成的技术专家组评价"该项目多项关键技术达到国际领先水平,成果可破解盐渍土给公路建设带来的技术难题"。

(一)主要研究成果

(1)利用遥感及GIS专业软件平台,建立了新疆公路工程盐渍土分布的信息系统。

基于遥感及GIS专业软件平台,以盐渍土公路工程特性为出发点,首次开发了经人机交互式综合解译形成的新疆土壤盐渍化图层,以及通过拓扑关系构建的新疆维吾尔自治区土壤盐渍化遥感调查的空间数据库系统。把搜集到的与盐渍土相关的所有信息,均采用同一的地理信息系统管理软件进行管理,极大地方便了不同方面的信息进行比对、验证,也为以后公路选线提供了极大的方便。

(2)开展了大规模的典型区域天然盐渍土基本工程性质试验,系统总结归纳了典型区域天然盐渍土基本工程性质。应用开放系统中的大尺寸模型试验研究,提出了天然盐渍土的冻胀(盐胀)特性及工程评价。

我国盐渍土分布范围较广,各地区盐渍土的成因、组成及特征有明显的区域特点,因此,不同区域盐渍土工程特性表现有所不同。固相结晶盐和液相盐溶液变化将导致盐渍土工程性质的千变万化。

为掌握典型区域天然盐渍土的成因、组成及特征,并在此基础上,选取有代表性天然盐渍土,进行开放系统中经历多次冻融循环周期时盐胀特性试验研究,以及不同冻融循环后水分、盐分迁移试验和强度试验。在查阅大量文献和现场调研的基础上,选取新疆喀什地区、焉耆地区、石河子地区、东北松嫩平原、甘肃嘉峪关等地区的典型天然盐渍土及南北疆盐渍化风积沙,进行了室内物理力学性质试验。通过系统的室内试验研究,掌握了典型区域天然盐渍土的易溶盐特征、界限含水率特征、颗粒分布特点、击实特性,并深入分析了盐渍土基本指标与含盐量的关系。

(3)系统进行了细粒硫酸盐渍土在不同条件下的盐胀特性研究,定量提出细粒硫酸盐渍土在不同含盐量、含水率及干密度等条件下的盐胀特性。

盐渍土的物理力学性质在盐、水、温度等因素综合作用下产生显著变化,将导致细粒盐渍土工程性质的千变万化,天然盐渍土的含盐成分往往十分复杂,虽然其原状土或扰动土的试验结果具有真实性和代表性,但试验结果离散性较大。为了定量分析细粒硫酸盐渍土在不同含盐量、含水率及干密度等条件下的盐胀特性,进行了系统的细粒盐渍土在不同条件下的盐胀特性试验研究。

(4)开展了基于均匀设计的粗颗粒硫酸盐渍土盐胀特性试验研究,系统总结了粗颗粒硫酸盐渍土盐胀规律及机理。

西部地区存在着大面积的粗颗粒盐渍土,而对于粗颗粒盐渍土工程特性的研究一直以来都较少。为了深入掌握粗颗粒盐渍土的工程性质,采用均匀设计技术和冻融试验,从土、水、盐、温、力5个方面对粗颗粒盐渍土的盐胀特性进行了深入研究。

(5)开展了大规模的硫酸盐渍土物理力学特性系统试验研究,全面系统地总结归纳了盐渍土物理力学特性。

通过对硫酸盐渍土界限含水率、微观结构、击实特性试验、剪切试验、压缩试验研究,全面系统地总结归纳了盐渍土物理力学特性,有效地指导了盐渍土地区高等级公路设计,为完善和修订公路路基设计规范及制定相应的地基处理规范提供了理论依据。

(6)深入开展了氯盐渍土在不同条件下的盐胀特性研究,系统总结了氯盐渍土盐胀规律。采用开放系统中的大尺寸模型试验,研究了氯盐渍土的工程特性。

(7)系统进行了碳酸盐渍土工程特性研究,系统总结了碳酸盐渍土的遇水膨胀特征。选取典型碳酸盐渍土进行盐胀和膨胀试验研究。

(8)系统进行了硫酸盐渍土和氯盐渍土溶陷特性的离心模型试验研究,提出盐渍土遇水溶陷的规律及机理。

盐渍土地基或路基遇水后,会产生较大的沉陷,这种沉陷是由于土体中的易溶盐溶解,破坏了土体的原有骨架结构,在自重及附加应力下引起沉陷。在盐渍土对公路工程形成的三大危害中,溶陷变形与盐胀具有同样的危害性。

本试验首先通过室内溶陷试验单线法和双线法所得试验结果的对比分析,描述不同类型盐渍土在不同含水率和含盐量过程中的溶陷变形性状。采用离心模型试验,溶陷规律及机理对盐渍土溶陷特性进行了试验研究。

(9)深入揭示了多次冻融循环条件下盐渍土水盐迁移规律及盐渍土毛细水上升特征。

土的水盐迁移是一个复杂的过程,路基土盐胀的形成是土体内硫酸钠迁移聚积、结晶体胀和土体膨胀3个过程的综合结果。土体毛细水上升、水汽蒸发和低温作用是促使盐水向上迁移聚积的基本条件。硫酸钠在微迁移过程中,会在土粒接触点产生聚积结晶,是导致盐胀剧增并引起土体变形破坏的关键。

为了研究盐渍土的水盐迁移规律,选取有代表性的天然盐渍土,进行冻融循环试验,对天然盐渍土在经历不同冻融循环后的水分、盐分迁移试验及其性状分析。同时,自行设计并加工了室内大试件毛细水试验系统,采用直接观察法研究了盐渍化粉质黏土、砂土、砂砾料、风积沙毛细水迁移特征。

(10) 以多功能三轴系统(GDS)为试验平台，系统建立了盐渍土在不同含水率、含盐量条件下应力应变关系。

盐胀变化是通过物理变化和化学途径进行的，结果表现为盐渍土的结构重整、膨胀或收缩、分散性、应变率加大、强度降低，影响着道路的使用寿命。为了研究不同土类盐渍土在经历不同冻融周期后的强度特性，选取新疆喀什地区岳普湖至英吉沙道路沿线低液限黏土、含砂低液限黏土类盐渍土，和硕至库尔勒高速公路沿线黏土类氯盐渍土进行了经历不同冻融后的力学强度特性试验。不同土类盐渍土在不同含水率和含盐量条件下的强度特性，采用 GDS 三轴试验方法进行不同含水率和含盐量土的强度特性试验，分析盐渍土在不同含水率、含盐量条件下的$(\sigma_1-\sigma_3)-\varepsilon_1$关系曲线；分析体变($\Delta V$)随轴向应变($\varepsilon_1$)的变化规律，以及极限强度与初始含水率、含盐量及围压的关系。

(11) 系统地制定出以影响盐渍土工程性质的土类、盐分、含水率及温度等作为指标的盐渍土公路工程分类综合体系。

通过开展野外调查、室内工程特性试验研究及现场试验研究，在分析和总结国内外有关盐渍土分类资料的基础上，紧密结合盐渍土地区公路建设的生产实践，首次系统地制定出以影响盐渍土工程性质的土类、盐分、含水率及温度等作为指标的盐渍土公路工程分类综合体系。

细粒盐渍土的分类基本沿用了《公路路基设计规范》(JTG D30—2004)中细粒盐渍土的分类界限，根据细粒盐渍土盐胀试验结果，进行了局部调整。调整原则是对盐胀程度小的氯盐渍土分类界限值有所放宽，对盐胀敏感的硫酸盐渍土分类界限值有所从严。粗粒盐渍土的分类从砾类土和砂类土的角度分别提出，并根据其粉黏粒含量进行细化，针对氯盐与硫酸盐分别提出相应的含盐量界限值。

(12) 开展了盐渍土的水、热、盐、力四场耦合试验研究，系统建立了盐渍土水、盐、热、力四因素相互作用的四场耦合关系模型。

根据盐渍土土壤运移过程中的质流、分子扩散、机械弥散和化学反应的耦合性质，结合盐渍土含水率变化与体积膨胀之间的关系，首次开展了盐渍土的水、热、盐、力四场耦合试验研究，系统提出了基于盐渍土水、热、盐、力四场耦合关系模型。

(13) 开展了大规模的公路盐渍土公路工程病害调研，全面系统地总结了公路盐渍土工程病害特征及机理。

在全区开展了大规模的公路盐渍土公路工程病害调研、现场观测及室内外试验，全面系统地总结了公路盐渍土工程病害特征。

(14) 提出了 AHP 模糊多极综合评价法对盐渍土公路病害进行评价的思路和方法，建立了一套较为完善的盐渍土地区道路路基路面病害评价体系原则。

针对盐渍土地区道路路基路面病害评价的复杂性和评价系统的模糊性,本项研究将层次分析法和模糊综合评价法引入盐渍土地区道路路基路面病害评价系统,从定性、定量和多层次模糊综合评价方面开展研究,首次提出了 AHP 模糊多极综合评价法对盐渍土公路病害进行评价的思路和方法,建立了一套较为完善的盐渍土地区道路路基路面病害评价体系原则。

(15)通过对盐渍土地区特殊的自然环境与道路工程特性的深入研究,提出了适用于盐渍土地区的公路自然区划原则、方法、指标,系统建立了盐渍土地区的公路自然区划体系,并据此进行了中国盐渍土地区公路一、二级自然区的划分,对典型的新疆盐渍土地区细化完成到三级自然区。

(16)在深入总结的基础上,对当前盐渍土地区治理现状进行总结和评价,并提出了更为全面的盐渍土公路病害治理基本原则。

(17)结合依托工程的试验验证,系统地对加固盐渍化软弱地基的技术进行了研究,提出了振动沉管挤密砾石桩、强夯法、半刚性水泥土板层等措施加固盐渍化软弱地基的适用范围、技术参数、施工工艺、评定指标等成套设计施工技术。

(18)分析了盐渍土地区利用风积沙填筑路基对防盐隔水的作用,提出了盐渍土地区高等级公路填筑风积沙的施工工艺和合理断面。

(19)通过理论分析结合实践检验,提出了盐渍土地区地基承载力评价方法。

(20)通过多个设计项目的研究和总结,提出了盐渍土工程地质勘察内容、各设计阶段的地质勘察方法及室内外试验方法。

(21)在已有成果的基础上,通过进一步研究提出粗粒盐渍土易溶盐试验方法和工程分类。

(22)总结研究提出了盐渍土地区公路排水的原则和主要措施。

(23)结合盐渍土地区沥青路面破坏的现状,试验研究了盐分对沥青及其混合料路用性能影响试验,为防治此类病害提供依据。

(24)在综合评价和全面总结盐渍土地区公路病害特征及治理措施的基础上,结合理论研究、室内试验,依托工程检验,提出了盐渍土地区路基病害治理模式和路面典型结构。

(25)分析了盐渍土地区公路养护工程的病害及其产生机理,有针对性地研究了各种不同公路损坏的养护维修方法,并通过室内试验研究提出了公路破损面含盐界面对修补的影响及其处置方法。

(26)根据土中易溶盐对公路混凝土构筑物的腐蚀特点,提出了专门用于盐渍土地区公路工程水泥混凝土被腐蚀构件的修补工艺、修补材料及机械设备。

(27)通过试验研究揭示了盐渍土内易溶盐的存在(不同种类、不同含量)对土体抗冲刷能力的影响。结合道路地面径流条件,提出了基于水土保持的开挖面养护防护对策。

(28)提出盐渍土地区公路桥涵构造物防腐蚀的"隔、阻、缓"设计理念。

(29)研发了硅灰、磨细矿渣粉、粉煤灰三掺,并掺加混合乳液的抗腐蚀混凝土。

(30)提出了弹性强度调节层、弹性防水透气层、抗老化保护装饰层一体化的防腐蚀涂层结构。

(31)研发出具有养护、保护一体化的混凝土防腐蚀混合涂料。

(二)创新与水平

1.填补空白

(1)首次系统开展盐渍土地区公路修筑成套技术研究,充分利用我国已有的盐渍土地区30多年公路工程实践这一独特的优势,研究盐渍土地区勘察设计、工程建设、养护管理各阶段的理论与关键技术,填补了盐渍土研究领域的空白。

(2)本次研究立足于盐渍土地区长期跟踪试验和观测的基础,继承归纳总结了以往研究的大量基础资料和成果,开拓了许多新的领域进行大量的室内试验、模拟试验、模型试验、野外试验,充分利用我国新疆、内蒙古、青海等盐渍土地区大规模的高等级公路建设这一世界独有的工程条件,开展了盐渍土地区公路工程病害特征、高等级公路病害治理方案、公路养护维修及环境保护技术、构造物防腐蚀施工技术等系列研究,填补了这一领域的世界空白。

(3)研究中首次提出了公路工程的盐渍土地区自然区划体系,首次以多功能三轴系统(GDS)为试验平台,系统提出了盐渍土在不同含水率、含盐量条件下应力应变关系;首次基于均匀设计技术开展了粗颗粒盐渍土盐胀特性研究,系统总结了粗颗粒硫酸盐渍土盐胀规律及机理,明确了粗粒盐渍土在工程应用中的技术要求;首次对盐渍土采用离心模型试验研究其湿陷性,提出盐渍土遇水溶陷的规律及机理;首次较系统地提出了盐渍土的工程性质及工程分类。这些成果均填补了国内该领域空白。

(4)根据盐渍土土壤运移过程中的质流、分子扩散、机械弥散和化学反应的耦合性质,结合盐渍土含水率变化与体积膨胀之间的关系,首次开展了盐渍土的水、热、盐、力四场耦合试验研究,系统提出了基于盐渍土水、热、盐、力四场耦合关系模型,实现了其数值解法,填补了该领域的世界空白。

2.创新与突破

1)公路盐渍土工程基础及理论研究方面

(1)基于遥感及GIS专业软件平台,以盐渍土公路工程特性为出发点,首次开发了经人机交互式综合解译形成的新疆土壤盐渍化图层,以及通过拓扑关系构建的新疆维吾尔自治区土壤盐渍化遥感调查的空间数据库,建立了新疆公路工程盐渍土分布的信息系统。

(2)通过对盐渍土地区特殊的自然环境与道路工程特性的深入研究,首次提出了适用于盐渍土地区的公路自然区划原则、方法、指标,系统建立了盐渍土地区的公路自然区划体系,并据此进行了中国盐渍土地区公路一级自然区的划分,对典型的新疆盐渍土地区细化完成到三级自然区。该体系的建立对其他省区编制盐渍土地区公路三级自然区划有重要参考意义。

(3)首次开展了大规模的盐渍土物理力学特性试验研究。试验选取典型地区的天然盐渍土,自主开发大尺寸模型试验设备,全面系统的总结归纳了盐渍土物理力学特性,有效地指导了盐渍土地区高等级公路设计,为完善和修订公路路基设计规范及制定相应的地基处理规范提供了理论依据。

(4)首次以多功能三轴系统(GDS)为试验平台,系统研究了盐渍土在不同含水率、含盐量条件下应力应变关系,得出了$(\sigma_1-\sigma_3)-\varepsilon_1$关系曲线,体变$(\Delta V)$随轴向应变$(\varepsilon_1)$的变化规律及极限强度与初始含水率、含盐量及围压的关系。

(5)首次开展了基于均匀设计技术的粗颗粒盐渍土盐胀特性研究,从土、水、盐、温、力5个方面对粗颗粒盐渍土的盐胀特性进行了深入全面的研究,系统总结了粗颗粒硫酸盐渍土盐胀规律及机理。

(6)根据相似理论的几何相似和物理相似条件,结合盐渍土的渗流、扩散及盐溶解过程,首次对盐渍土采用离心模型试验研究其湿陷性,模拟土样在地基中的实际情况,测定盐渍土潜蚀溶陷变形参数,提出盐渍土遇水溶陷的规律及机理,为盐渍土地区工程勘察设计提供科学理论依据。

(7)通过开展野外调查、室内工程特性试验研究及现场试验研究,在分析和总结国内外有关盐渍土分类资料的基础上,紧密结合盐渍土地区公路建设的生产实践,首次系统地制定出以影响盐渍土工程性质的土类、盐分、含水率及温度等作为指标的盐渍土公路工程分类综合体系。

(8)根据盐渍土土壤运移过程中的质流、分子扩散、机械弥散和化学反应的耦合性质,结合盐渍土含水率变化与体积膨胀之间的关系,首次开展了盐渍土的水、热、盐、力四场耦合试验研究,系统提出了基于盐渍土水、热、盐、力四场耦合关系模型。

2)盐渍土地区公路工程技术研究方面

(1)针对盐渍土地区道路路基路面病害评价的复杂性和评价系统的模糊性,本项研究将层次分析法和模糊综合评价法引入盐渍土地区道路路基路面病害评价系统,从定性、定量和多层次模糊综合评价方面开展研究,首次提出了AHP模糊多极综合评价法对盐渍土公路病害进行评价的思路和方法,建立了一套较为完善的盐渍土地区道路路基路面病害评价体系原则。

(2)软弱地基的工程地质勘察技术手段和方法进行了系统分析,提出了针对盐渍化软弱地基的工程地质勘察方法。

（3）结合依托工程的实践，对强夯处理盐渍土技术进行了大规模的推广应用，系统提出了应用强夯加固老路盐渍土路基和盐渍化软弱地基的工程机理、加固规律、适用范围、技术参数、施工工艺、评定指标等成套技术。

（4）创新性地提出了水泥稳定砂砾半刚性板加固盐渍化软弱地基的新方法、新思路。通过大量的室内外试验、依托工程应用和理论分析，较全面较系统地掌握了水泥稳定砂砾半刚性板加固软弱化盐渍土地基的机理、规律、参数和工艺。

（5）通过对西部盐渍土地区公路的调查和观测，在综合评价和全面总结盐渍土地区公路病害特征及治理措施的基础上，结合依托工程的试验，首次较系统地提出了盐渍土地区包括多种技术措施的盐渍化软弱地基综合治理方案、一般路基病害治理模式和路面典型结构。

3）盐渍土地区公路养护、防腐及生态环保研究方面

（1）首次研发了抗硫酸盐侵蚀自密实混凝土、混凝土养护保护一体化涂料及水性混凝土防腐涂层结构。

（2）首次采用浸泡试件的方法研究了盐分侵蚀对沥青混合料各主要技术指标的影响，掌握了不同盐分下沥青混合料性能的变化规律，并分析了沥青混合料含盐界面对其黏附性能的影响，提出了相应的处治措施。

（3）首次采用快速扩散室方法测定了涂层的硫酸根离子扩散系数，提出了预测涂层对混凝土保护的方法。

（4）系统提出了与盐渍土公路评价等级及对应的维修处理的规定，为盐渍土地区公路养护维修标准的选取提供了选择依据。

（5）首次系统提出了盐渍化地区公路植物（乔本，草本，灌木）绿化植物种。

3. 专利

共获得6项国家专利。

二、沙漠地区公路建设成套技术研究

项目为交通部西部交通建设科技项目，获得了国家科学技术进步二等奖，项目共13个分课题，主要研究沙漠地区公路自然区划、选线及线形参数、路基设计技术、风积沙路用性能、沙漠公路路面结构与材料、公路防风固沙、沙漠高速公路施工、沙漠公路景观环境效益等成套关键技术，通过艰苦努力和系统深入研究，在8个方面取得40项研究成果，有2项成果填补国际沙漠地区公路空白；7项成果有重大创新；12项技术有重大突破；2项成果已获省部级科技进步一等奖；3项成果获得国家实用新型专利；发表论文55篇。

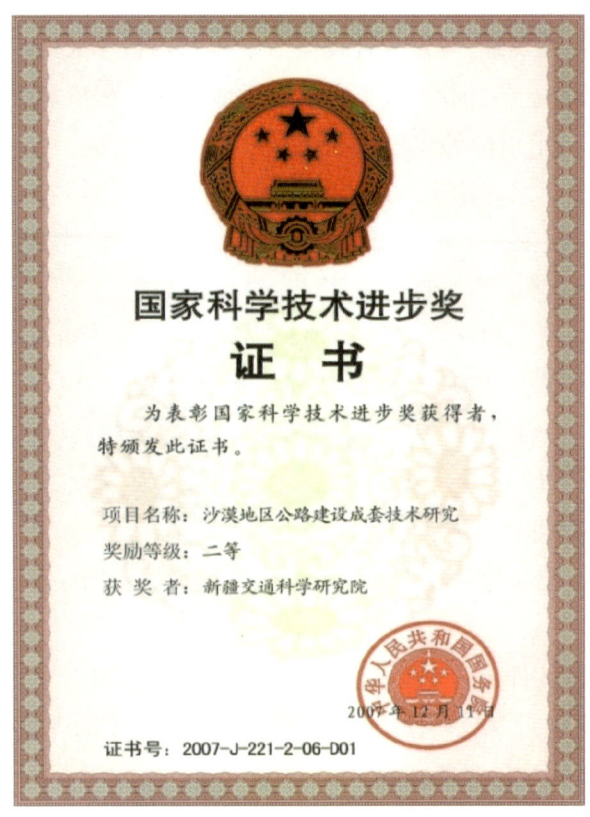

沙漠地区公路建设成套技术研究获奖证书

项目成果成功地应用在我国西部各等级沙漠公路建设中,总里程达2300km,利用项目提供的路线优化技术、路基设计技术、合理路面结构形式、综合防护技术,使这些沙漠公路在建设、运营和养护过程中节约了大量成本,仅三年就获得直接经济效益12亿元。

研究成果使我国沙漠公路建设技术水平达到了新高度,实现了技术上质的飞跃,对国家标准、规范体系修订和特殊地区筑路技术的完善起到了重要指导和参考作用,项目研究通过多学科融合、精炼和创新,不仅对本学科科技进步和发展起到推动作用,而且部分成果和研究思路对相邻学科有重大启示作用,在学术上有重要价值。

(一)主要研究成果

本项目通过200多名科技人员5年多的认真探索、刻苦攻关和艰苦努力,对研究范围所涵盖的全国各种沙漠地区的不同等级公路,从路线、路基路面、防沙设计、施工技术、试验检测、维修养护及环境景观经济评价等方面进行了全面研究、系统总结,并在各种沙漠地区的不同等级公路建设中进一步验证和应用,最终取得了多项具有技术含量高、实用性强、应用前景广的丰硕成果,在许多方面的关键技术上具有重大突破和创新。

1. 沙漠地区公路自然区划研究成果

（1）提出了我国沙漠地区公路自然区划指标和方法。

（2）采用干燥度和冷热比指标完成沙漠公路一级自然区划图，首次将植被覆盖度、沙丘高度作为沙漠公路二级自然区划指标，完成了沙漠地区公路二级自然区划图，对沙漠地区公路选线、路基路面设计、防沙设计和施工、环保等具有较强的实用性和可操作性。

2. 沙漠地区公路选线及线形参数研究成果

（1）提出了在沙漠地区公路设计时应遵循防沙和运营双安全，防沙和环保共同受益，宏观和谐、微观治理、资源节约、技术合理、指标灵活、过渡合理等5项新的设计理念，使设计更加科学合理。

（2）结合沙漠地区公路设计理念，从交通安全、环境景观、技术经济、方便快捷、防沙保通等方面，提出了体现安全选线、环保和防沙相互收益、顺应自然等5条沙漠地区公路总体选线原则。此外，针对流动、半固定、固定沙漠的不同特点，分别提出了共21条选线原则。

（3）通过风洞试验、效应观测及综合分析，提出了路线与主风向小夹角、低路基、浅路堑、缓边坡的直线形式有利于输沙的几何线形。

（4）提出了采用实际运行速度的理念，通过定性分析和定量计算，推荐出沙漠地区公路平纵横线形16项技术指标的244个参数。针对受限路段采用非受限路段线形指标，通过技术经济综合分析，提出了不同交通量条件下的适用条件，使公路线形设计更加趋于合理。

（5）通过3S综合技术在沙漠地区公路勘察设计中的应用，提出了应用程序、方法和注意事项，提升了沙漠地区公路勘察设计水平，保证了设计质量。

3. 沙漠地区公路路基设计技术研究成果

（1）通过对沙漠地区公路路基使用状况调查和风洞试验数据分析，首次提出了路基横断面阻沙性能指数及计算方法。

（2）研究揭示了路基不同高度（或深度）的阻沙性能指数随路堤边坡度的变化规律，以及路基不同边坡度的阻沙性能指数随路堤高度的变化规律。

（3）研究了沙漠地区公路建设、养护费用与公路路基边坡度、高度等之间的关系。综合考虑阻沙性能、工程造价及实际调查成果等三方面因素，提出了沙漠地区公路路基合理断面形式。

（4）总结了沙漠地区公路路基边坡失稳破坏形式和变形规律，建立了风积沙路基边坡稳定性计算理论和方法。

（5）提出了在保证路基边坡力学稳定性的基础上，从不同沙漠地区、不同等级公路，对路基防治沙害、水毁冲刷等方面进行具体的路基边坡设计原则和技术参数。

（6）通过对沙漠地区公路路基阻沙性能、经济性、稳定性等因素对路基填土高度合理性的研究，提出了沙漠地区公路路基的合理填土高度推荐值。

4. 风积沙路用性能研究成果

（1）通过风积沙物理力学性质等试验，全面系统地研究了风积沙的工程特性、应力—应变特性和强度机理，揭示了风积沙含水率、压实度与风积沙路基回弹模量的关系。

（2）通过对风积沙路基回弹模量值的原路面设计采用值调查分析、室内试验、现场测试和总结研究，首次按沙漠公路自然区划推荐出风积沙路基回弹模量值。

（3）研究了土工格室加固风积沙的加固方法和机理，通过各种试验结果的对比分析，推荐出土工格室的规格型号；提出了土工格室加固风积沙路基回弹模量的测定方法。

5. 沙漠地区公路路面结构与材料研究成果

（1）研究得出沙漠地区路面工作环境温度指标；分别建立了路面最高、最低温度、路面最大变温速率及最大温度梯度的预估公式和路面温度场数学模型和计算方法。

（2）根据沙漠地区环境特点和沙漠地区路面半刚性层材料的技术要求，通过试验研究，提出了风积沙作为底基层材料的加固方法和技术指标。

（3）针对部分沙漠地区的特点和路面的特殊要求，对硅藻土改性沥青混合料路用性能及 SMA 沥青混合料路用性能开展了室内试验研究，提出了相关的技术要求。

（4）根据试验研究结果，推荐了常规半刚性基层材料和加固风积沙材料的设计参数。

（5）在交通等级划分和风积沙路基强度分级研究的基础上，结合沙漠公路实际经验，参考国内外成功经验，推荐了不同沙漠公路分区的路面典型结构。

6. 沙漠地区公路防沙体系建设与维护技术研究成果

（1）根据工程固沙原理，通过室内风洞和野外固沙试验，提出了公路沙害防治的"调控固沙，以沙治沙"新观点，开发了可调控移动、多次使用的抗老化沙袋沙障、沙袋阻沙墙、土工方格沙障等固沙新技术；给出了计算公路防沙带宽度的计算公式。

（2）研究了干旱区植被恢复与重建技术及不同植被类型的防沙效果，表明其措施可极大地增加地表粗糙度，增加路域植被盖度和物种多样性，可根除公路沙害。

（3）提出了"以植物固沙为主，工程治沙为辅"的综合防护原则，形成了以乔、灌、草为主的人工植被系统，建立了一个"固、阻、输"沙的综合防护体系，有效地治理了公路沙害。

（4）开展了工程防沙体系破损原因、特点和危害形式的研究，有针对性地提出了工程防沙体系的维护原则、技术措施与施工方法。

（5）通过植物防沙体系维护的试验研究表明，封育、平茬、补植可有效地改善植物防沙体系的结构，提高了体系的防沙功能。

(6)提出了利用路面积沙构建输沙断面的技术,可有效地防止"二次积沙",提高养护工作的效率。

7.沙漠地区公路施工技术研究成果

(1)通过室内试验研究,首次提出了采用风积沙细集料(0.075mm)颗粒含量作为确定风积沙最大干密度试验方法的依据和新观点,并提出不同的试验方法、仪器。

(2)系统研究分析了风积沙的压实机理,为风积沙路基压实施工工艺提供了理论依据。

(3)通过室内试槽试验和现场试验,提出了沙漠地区不同等级公路路基压实标准,即:高速公路、一级公路路基压实度为94%,二级公路和其他等级公路压实度为93%。

(4)系统地分析总结了风积沙路基施工适用的机械类型及合理组合,推荐出较为合理的施工工艺方法、机械组合和压实遍数。

(5)提出了沙漠路基施工质量检测内容、方法和评定标准,为沙漠地区公路验收办法的制定奠定了基础。

(6)针对风积沙路基的特殊性,提出风积沙路基在不同含水率情况下,采用表面波法、落锤法、套筒环刀法等压实度检测仪器和方法。

(7)提出了土工合成材料加固风积沙的结构、材料和施工工艺以及沙漠地区高速、一级公路在风积沙路基顶面设置封层的作用、类型及施工工艺和质量措施。

(8)总结出了适用于沙漠地区公路路面的材料、施工工艺及路面防裂措施。

沙漠地区土工布施工

8.沙漠地区公路景观环境研究成果

(1)提出了沙漠地区公路景观设计要点和适合沙漠地区公路景观的模糊评价方法。

(2)结合沙漠特点,提出了环境效益和经济效益评价方法。

(3)根据灰色理论原理,提出以与最优评价向量贴近程度为依据的关联灰度的评价方法,并根据沙漠地区公路综合效益评价的"小样本""贫信息"特点,把该评价方法应用到沙漠地区公路综合效益评价中,提出了沙漠地区公路综合效益评价方法。

(4)提出了沙漠地区公路建设与生态环境保护及恢复的"少占用、大保护、快恢复"的基本理念和以公路建设带动路域生态环境保护和恢复的公路生态环境建设模式。通过沙漠地区公路建设取土方式的革新,可大面积减少植被的破坏,大量地恢复耕地,实现了公路建设和生态环境建设达到和谐统一。

沙漠地区公路生态环境保护成果

(二)创新与水平

通过对国内外沙漠地区公路建设最新技术的应用情况和研究成果的查新,本项目研究成果,在以下方面有重大突破、创新和填补空白。

1. 创新

(1)首次将植被覆盖度、沙丘高度作为沙漠地区公路二级自然区划指标,完成了沙漠地区公路二级自然区划。

(2)首次提出沙漠地区公路采用实际可能运行速度进行线形设计的理念,并通过技术经济分析确定了沙漠地区公路平、纵线形技术指标参数。

(3)首次提出了采用路基横断面阻沙性能指数定量分析路基横断面阻沙性能的方法,建立了沙漠地区公路路基横断面输沙能力分析(计算)的数学模型。

(4)揭示了不同高度(或深度)路基的阻沙性能指数随路堤边坡度的变化规律,以及路基不同边坡度的阻沙性能指数随路堤高度的变化规律。

(5)揭示了风积沙的含水率、压实度等对风积沙路用性能的影响规律。

(6)首次按沙漠地区公路自然区划推荐出风积沙路基回弹模量建议值。

(7)首次系统研究了沙漠地区公路路面温度场,建立了路面最高最低温度、路面最大变温速率以及最大温度梯度的预估公式,提出了沙漠地区公路路面工作环境指标。

(8)首次提出了防沙体系的可调控技术,利用沙袋沙障、土工方格沙障等构建可调控防沙体系。

(9)首次提出了"以沙治沙"的防沙理念,开发了沙埂沙障等新型工程固沙技术。

(10)首次提出了风积沙最大干密度试验仪器和方法、风积沙路基压实标准、检测仪器和方法、质量评定标准。

2.突破

项目研究在以下方面突破了原有沙漠公路建设中的各项技术:

(1)提出了沙漠地区公路设计新理念和综合选线原则。

(2)通过在沙漠地区公路勘察设计中全面使用3S综合技术,提出了在沙漠地区公路各勘察设计阶段使用3S综合技术的主要工作内容、可具体操作的程序技术要求。

(3)提出了综合考虑阻沙性能、工程造价及实际调查成果三方面因素的沙漠地区公路路基合理断面形式。

(4)通过对各种试验研究结果的整理、分析,提了土工格室加固风积沙路基回弹模量的测定方法。

(5)采用遗传算法,对沙漠地区路面结构进行了优化分析,推荐出适应沙漠特点的公路路面典型结构。

(6)提出了在沙漠地区高速、一级公路风积沙路基顶面必须设置封层,确保路面结构的整体强度和工程质量。

(7)提出了工程防沙体系和植物防沙体系维护的原则、目标及技术措施,改善了防沙体系的结构,提高了防沙体系的功能和效果。

(8)提出了利用路面积沙构建输沙断面的技术,防止"二次积沙",提高养护工作的效率。

(9)提出了沙障破损及沙埋后仍具有残留的防沙效益,在对防沙体系维护时,应充分利用沙障的残留效益,节约维护成本。

(10)提出了沙漠地区高速、一级公路风积沙路基施工适用的机械类型及合理组合和施工工艺、方法及质量控制措施。

(11)提出了适用于沙漠地区公路路面的施工工艺、质量控制措施。针对沙漠地区气候特点,提出了采用聚酯纤维、玻纤格栅等新材料防止沥青路面裂缝的措施。

(12)提出了适合沙漠地区公路景观评价的模糊评价方法和以最优评价向量贴近程度为依据的关联灰度综合效益评价方法。

3.填补空白

(1)首次全面系统研究了各种沙漠地区不同等级公路设计、施工和防沙养护成套技术,研究成果成功地应用在榆靖、靖王、陕蒙界、赤通等7条沙漠高速公路上,填补了沙漠地区高速公路建设技术的国际空白。

(2)首次将研究成果编入了《沙漠地区公路设计与施工技术指南》(JTG/T D31—2008),填补了我国沙漠地区公路无行业专项技术指南的空白。

4.获奖及专利

(1)分课题"沙漠地区公路边坡防护及防风固沙技术研究"获内蒙古自治区2004年度科技进步一等奖。

(2)分课题"盐渍土地区公路利用风积沙筑路技术开发与应用"获新疆维吾尔自治区2003年度科技进步一等奖。

(3)"土工编织袋沙障""沙障装置"两项技术2004年获国家知识产权局实用新型专利。

三、新疆国省干线公路冰雪灾害防治与应急保障关键技术研究及应用

(一)项目背景

新疆是中国面积最大的省级行政区。区内国省干线公路冬季受风雪危害的路段约有3600多公里,所有国道和部分省道均存在不同程度的冰雪灾害。由于冰雪灾害所造成的交通中断、车辆被埋、冻死、冻伤人畜的恶性事件每年都有发生。

冰雪灾害给人民生产生活带来的不便

新疆塔城老风口和玛依塔斯是世界上罕见的冰雪灾害地区,经行此处的国省干线公路是当地与外界联系的"生命线"。每逢冬春季节,这里风借雪势,雪助风威,常常形成强大的风吹雪,瞬间就会将整个风区变成能见度几乎为零的死亡之地。据统计,每年的11月至第二年的4月,6级以上大风平均63天,最大风速达41m/s,6级以下风平均48天,无风天气只有35天,阴雪天61天,阴晴天27天,最大稳定积雪厚度达112cm,路遇大风

卷杂着飞雪漫天飞舞。由于大风和暴雪频发，塔城公路总段配备了全国公路系统仅有的装甲车2辆。2010年冬季，因暴风雪能见度封路78次，道路积雪封路31次，一次最长封路时间长达7天之久。进出塔城的S201省道、S221省道、S318省道通行能力受到严重受阻，另有15条重要农村公路、37条一般农村公路无法通行，部分山区农牧民只能靠骑马或马拉爬犁出行。塔城成为一座孤城，由于煤炭供应中断，塔城市几近停暖。此次雪灾，中央领导高度关注，2010年2月23日，温家宝总理亲临现场慰问受灾群众时，因风雪灾害严重，公路无法通行，遂给予重要指示，要求当地政府想尽一切办法解决区域风雪灾害问题，保证公路畅通。

（二）主要研究成果

1. 新疆地区公路雪害分布规律及特征

（1）新疆地域广阔，气候复杂。通过调研将新疆地区公路雪害分为积雪危害、雪崩危害和风吹雪危害3种类型，并在分类的基础上总结了这3类公路雪害的分布规律及特征。

（2）在对依托工程克拉玛依至塔城高速公路建设全过程跟踪观测后，确定了克塔高速各个区段雪害分布情况及雪害关键参数，并在雪害严重路段设置道路边线警示标志。

道路边线警示标志

2. 新疆国省干线公路雪害区划图

（1）研究确定了新疆国省干线雪害分布，绘制了雪害区划图。

（2）针对新疆气候特点，在国内外已有的雪害危害度评价理论基础上，修正建立了本地区雪害危害度评价模型公式；结合上述两个模型，建立了公路雪崩和公路风吹雪危险度评价模型。

3. 新疆国省干公路风吹雪形成机理及影响参数

(1)对风吹雪运动理论进行了系统分析

首先从天山雪粒子的物理性质出发,探讨了雪粒起动的力学机理。通过对理想的雪面表层雪粒进行受力分析,在假定雪粒为球形的前提下,围绕临界状态建立了雪粒的起动模型,推导出了雪粒临界剪切速度的表达式,可以看出其与雪粒粒径、密度等有关;分别总结了起动风速随雪粒粒径、积雪密度、气温等的变化规律;最后对风致雪漂移运动中雪粒的三种运动形式——蠕移、跃移、悬移进行了探讨。研究表明:雪粒蠕移量相对较小;跃移一般是雪粒主要的运动形式;风速越大,做悬移运动的雪粒也就越多。

(2)对风吹雪起动风速影响因素的研究

将风洞试验与塔城地区现场观测的结果结合,研究了影响风吹雪起动风速的几个主要因素。根据风吹雪中雪粒子的运动主要取决于作用于其上的空气作用力,而这个作用力又主要与空气的速度变化率密切相关这一基本原理,引入了函数模型,定量化分析,这为新疆国省干线公路风吹雪害的防治提供了思路。

(3)公路线性对风吹雪的影响

通过对新疆部分国省干线公路现场调查,收集了不同路基断面的雪害情况,结合风洞模拟试验,得出了公路风吹雪雪害与公路等级定性关系,一般高等级公路抗雪害能力比低等级公路要强,但是高等级公路沿线的附属设施会引起风吹雪,从而产生新的雪害。

4. 新疆国省干线雪害防治及缓解措施

(1)运用项目成果,指导克拉玛依至塔城高速公路路线、路基路面、桥梁涵洞隧道、交安设施、防雪工程的设计工作。项目防风雪成果贯穿在克塔高速的建设全过程,主要包括:①路线合理绕避雪源丰富区以及弱风区,控制路线与主风向的交角,尽量不要使交角在30°~60°;②雪害严重段落采用分离式路基或整体式高路基;③深挖方路段采用隧道接桥梁的形式;④低填方路段不设护栏,高填方路段采用透风率高的缆索式护栏;⑤低能见度路段路侧设置视线诱导标志和积雪标杆;⑥桥梁、匝道、收费站等雪阻严重路段布设线外挡雪板工程。

(2)通过塔城地区公路风吹雪雪害防治工程的现场效益观测,确定了挡雪板、敞开式路基断面,视线诱导标等防治工程的实际雪害防治效果。

(3)提出了新疆地区国省干线雪害防治系统措施,并应用与克塔高速建设全过程。

5. 克塔高速公路雪害应急预案与预警框架方案

(1)结合克塔高速雪害段落,制订了相应的应急机制、应急交通组织、应急资源储备与调配等一系列联动方案。

(2)搭建了公路雪害预警指标体系,将公路雪害预警由低到高划分为蓝色、黄色、橙色、红色四级。

(3)针对公路雪害的类型,从雪害影响公路通行条件的角度出发,找出雪害形成的主要影响因素,选取了公路雪害监测预警指标,并综合公路降雪程度、阻雪程度、风吹雪程度和冰冻程度。

(4)结合克塔高速公路沿线结构物分布特点和关联特性,提出了克塔高速公路交通组织方案的选择原则,编制克塔高速公路道路封闭下的交通组织预案,包括分流交通组织预案、疏散交通组织预案及救援交通组织预案。

6. 完成了防治措施的可持续发展评价

(1)针对不易定量化的各项社会影响指标,研究将 Delphi 法、层次分析法、灰色关联分析以及模糊综合评判等方法集合而成的 DAGF 定量算法,对克塔高速公路冰雪灾害防治工程进行了社会经济效益影响的综合评价。

(2)通过选取具有代表性的指标,来衡量和描述公路与社会经济、资源环境的发展状况及各因素间的可持续发展关联度,得到了克塔高速公路冰雪灾害防治工程可持续综合评价等级为可持续发展的结论。各单项指标评价结果表明,该公路冰雪灾害防治工程无论在可持续发展水平,还是可持续发展能力以及与社会经济环境的协调程度上,都处于可持续发展阶段。

7. 北疆地区融雪剂技术参数

通过上千组试验数据分析得出融雪剂技术参数,主要金属碳钢腐蚀检测指标、水泥混凝土强度腐蚀指标、水泥混凝土质量腐蚀指标、pH 值、氯离子含量、融雪能力等。

8. 新疆公路风雪害防治技术指南

制定了风雪地区公路建设指南,填补新疆地区雪害地区公路建设空白。

(三)主要创新点

其研究成果在以下方面具有创新性:

(1)提出了公路防风雪主动预防和被动防护相结合的理念,通过合理布线主动预防,采用高速公路分离式、缓边坡、合理高度、不设护栏的防风吹雪路基断面形式,结合路侧阻雪及视线诱导工程、信息管理等被动措施形成公路综合防风雪体系。

(2)提出了防风雪栅栏在不同高度、风向角度和透风率等条件下的积雪长度公式,解决了栅栏设置位置难题。

(3)研制了新型挡雪板、管式化风墙等防风阻雪设施,以及弧形、百叶窗导风板、太阳能反光膜视线诱导标志等提高能见度的设施,取得专利 5 项。

(4)针对公路挖方断面雪害严重的问题,提出了雪害地区高速公路挖方路段采用敞

道路挡雪墙

开断面的路堤式路堑形式,首次做了示范工程,观测结果表明可有效缓解公路风吹雪阻问题。

(5)通过现场抢险救灾及调研分析,提出了雪害地区应急救援分流预案、除雪保障技术、预警指标体系框架及方案,为雪害地区抢险保交通提供了依据。

(6)系统归纳了新疆国省干线公路雪害特征及危险度评价方法,系统分析了新疆国省干线公路雪害分类和分布特征及区划参数指标。

四、公路风害防控技术研究

(一)研究背景

1. 立项时国内外相关科技状况

国外对公路安全的影响方面的研究,早期以简单的公路气象要素监测为主,目前则主要以计算机技术为核心的公路天气信息系统研发。

国内对公路交通气象灾害研究集中在四个方面:①交通运输气候灾害的类型与评估;②采用历史资料对气象要素与交通事故的关系进行统计分析;③从机理方面探讨气象要素对交通事故的影响;④公路气象信息服务系统研究。

参考国内客运专线高速铁路列车安全运行防风监控预警技术方面,主要从高速铁路沿线大风类型、大风形成机制及其影响、列车倾覆的流体力学模拟、大风预警系统及运行规则等进行系统研究。

2. 主要技术经济指标

公路天气信息系统是指对历史的和实时的天气信息以及公路信息进行综合集成的决策技术系统。该系统具有向使用者发布有效的实时信息的功能,目的在于提高公路维护效率,减少交通事故。美国、芬兰、加拿大、瑞典等国家从20世纪90年代就陆续研发了适合自己国情的公路天气信息系统。

参考国内提出瞬时风速是高速列车安全行车风险评估的主要指标,研究瞬时风速对高速列车安全运行的影响及其控制,建立了不同类型大风条件下最大风速概率模型,提出了概率评估方法。

3. 存在问题

国外就天气状况对交通事故的影响开展了大量的研究,取得了一定的成果。但是,即便是同一因素对交通事故的影响,不同学者的研究结论也有着较大差别。这表现出问题的复杂性,说明在具体应用方面需要考虑本国的实际情况。我国开展了一些交通气象方面的研究,在天气气候对于交通的影响分析方面积累了一些经验。由于起步较晚,与国际先进水平差距很大。国内目前还没有"公路交通防风减灾安全保障监控系统与服务信息平台技术"方面的公开报道。

4. 立项目的

新疆独特的地形地貌(三山夹两盆)及气候特征造成沙漠戈壁众多,受西伯利亚南下冷空气影响,大风天气对人民生产生活以及交通运输等造成不利影响,经济损失严重。自治区内部分重要地段大风严重威胁着道路交通安全,受大风天气影响,车辆停运,中断交通常有发生。本项目通过对大风、强风对公路行车安全的影响及其应对技术的研究,以及对百里风区公路风害防控技术进行系统研究,继而对全区的高速公路运行进行对比分析研究,目的在于提高高速公路通行能力和服务水平,减少风害对交通影响,实现安全、高效行车。

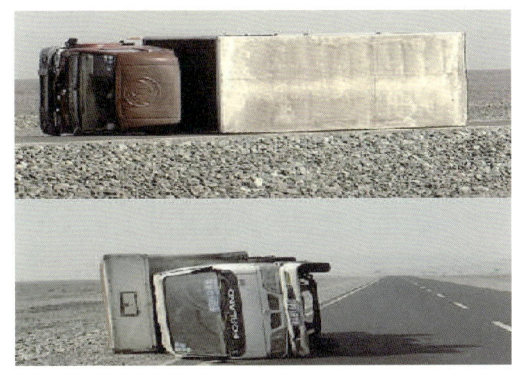

大风造成千余辆大型货车滞留和翻车

(二)研究内容

(1)建立新疆高速公路风害技术及预案库。

(2)提出新疆高速公路风害风险区划图。

(3) 提出新疆高速公路沿线瞬间最大风速与 10min 平均最大风速相关图。

(4) 开展新疆高速公路重点路段强风对主要车型行车安全的影响分析。

(5) 研究新疆最大瞬时风速对公路基础设施性能和交通安全的影响。

(6) 研究新疆高速公路沿线大风、强风盛行风向对交通安全的影响。

(7) 建立不同条件下大风、强风特性系数与车辆运行稳定性的定量关系。

(8) 开发新疆公路风害防控信息管理系统。

(9) 提出新疆高速公路风害设施设置技术标准。

(10) 编制新疆高速公路风灾防控与管理技术指南。

(11) 针对新疆高速公路重点路段强风对主要车型行车安全的影响进行研究，开发新疆公路风灾防控信息管理系统，从技术上能够支撑建立一个更安全可靠的公路交通系统，降低交通事故死亡率，减少与交通有关的经济损失，具有显著经济、社会效益。

(三) 研究成果

(1) 提出了新疆公路风害风险三级区划指标体系和区划图。

将新疆公路沿线年最大风速变化划分为 4 个等级，Ⅰ 为重度危险路段、Ⅱ 为危险路段、Ⅲ 为控速路段、Ⅳ 为危险极小路段，并且制定各危险度等级标准，得出新疆公路沿线最大瞬时风速 v_{max} 五个区及各区域风害等级界限值(阈值)：Ⅰ 特强风害区 $v_{max} > 35.0 \text{m/s}$；Ⅱ 强度风害区 $30.0 \text{m/s} < v_{max} \leq 35.0 \text{m/s}$；Ⅲ 重大风害区 $25.0 \text{m/s} < v_{max} \leq 30.0 \text{m/s}$；Ⅳ 中度风害区 $20.0 \text{m/s} < v_{max} \leq 25.0 \text{m/s}$；Ⅴ 风害较轻区 $v_{max} < 20.0 \text{m/s}$。

(2) 提出了新疆公路风害防控设施的类型和技术标准，编制了新疆公路防风技术指南。

提出了公路风害设施设置技术标准，即公路风害防治工程抗风能力设计标准按 2 年一遇最大瞬时风速 25.0～30m/s 设计。防风栅抗风标准：设计风速 60.0m/s(17 级)，设计风速重现期 100 年。编制防风技术指南是为了规范各种防风栅的最佳适用性。

(3) 提出了新疆公路强风天气下风灾防控管理技术规则和预警体系。

制定新疆公路强风天气下风灾防控管理技术规则和预警标准，即强横风天气下不同类型车辆安全行车临界风速及预警标准。运用公路风害防控技术及预案库，既可以降低大风对公路行车的影响和危害程度，也兼顾行车的经济效益，为行车指挥控制系统提供合理的行车速度限制指令信息。

(4) 在新疆公路修建了柔性防风栅和柔性防风网，效果良好。

在新疆公路修建了柔性防风栅和柔性防风网，以波形开孔钢板式透风率 30% 防风栅防风效果最佳，瞬时最大风速降低 10.0m/s，防风范围 20m；柔性防风网最大瞬时风速降低 5.0m/s，防风范围 16m。

柔性双层防护网(正面)

柔性双层防护网(背面)

开孔式波形钢板墙(正面)

开孔式波形钢板墙(背面)

(四)达到的水平及获奖情况

2013年8月经交通运输部科技司组织专家鉴定,项目研究成果总体上达到国际先进水平,2014年荣获中国公路学会科学技术二等奖。

五、G314线焉耆段公路软基研究

(一)研究背景

G314国道是连接新疆南北疆的重要通道之一,对新疆的经济发展起着重要的作用。该国道和硕—库尔勒高速公路约有57km横穿焉耆盆地。该盆地的沉积环境主要为河流冲积相和湖泊相,地下水埋深浅,地表排水条件差,土体主要是压缩性高和强度低的软弱土,且盐渍化程度较高。特殊的水文及工程地质条件,致使该路段发生了路基沉陷、翻浆及路面破坏等多种病害,影响了公路的正常使用。

新中国成立以来,对这段道路的病害采用各种方法治理。1961年,由当时的新疆公路设计院测设,新疆基建处第一公路工程对和甘肃交通厅筑路队施工,在此段道路做了石灰土基层的砂砾路面试验路,效果不甚理想;1967—1977年,在此段道路铺设了沥青路面,但因翻浆问题影响道路的使用;1980年,库尔勒公路总段在K405~K413段加50cm砂砾补强,并在其上做10cm级配基层,然后加铺沥青路面,翻浆问题得到一定程度的解决;1985年,新疆交通科学研究所对在4cm沥青面层和10cm水泥稳定砾石基层条件下的不同垫层进行了试验,经过观测表明,加土工布隔断层对防治盐胀问题效果相对较好。

多年来的工程措施在一定程度上缓解了特定的病害的发生,对该路段的整治积累了一些经验,但对各种病害的综合治理尚缺乏有效措施。究其原因,主要是对盐渍化软弱土的认识有待进一步加强,以往的整治措施主要是从道路结构(路基与路面结构)方面采取的,而针对地基方面所采取的措施较少,更缺乏系统的研究。

该地段的盐渍化软弱土地基处治方案合理与否,是和硕—库尔勒高速公路工程成败的关键技术之一。因此,课题对该工程有着重要的意义,同时对其他类似地区的同类工程也具有指导意义。

(二)研究内容

(1)盐渍化软弱土分布特征研究。通过汇总归纳已收集的资料,结合卫星遥感影像图,确定盐渍化软弱土的区域分布范围;通过岩土工程勘察,确定路线范围内盐渍化软弱土的垂直和水平分布特征,为处治方案的筛选和试验研究提供第一手资料。

(2)盐渍化软弱土工程特性和参数的研究。通过现场和室内试验,研究盐渍化软弱土的物理、力学及化学特性,和对建筑材料或构件的侵蚀特性,为选择有效的处治方案提供依据。

(3)适合于本地区不同厚度的盐渍化软弱土地基处治方案的研究。结合试验段,针对盐渍化软弱土地基,借助现场实测和试验,研究不同的处治方案的可靠性、可操作性及经济合理性,优化处治方案,指导全线工程实施;并根据现场实测反馈分析,提出相应的设计方案及计算方法。

(4)盐渍化软弱土地基沉降及稳定性的研究。在试验路施工过程中,通过观测沉降、水平位移、地下水位变化及各土层应力变化,分析总结其规律,进行反演计算,并修正参数。

(5)盐渍化软弱土地基设计参数、施工控制方法及质量评定标准研究。通过试验路的设计施工,对试验路的设计参数、施工工艺、质量评定标准进行修正、完善和补充。

(三)研究成果

(1)应用卫星遥感技术,结合实地勘察划分焉耆盆地沉积环境区段,并对盐渍化软弱土的物理力学指标和含盐性指标的空间分布以及指标间的相关性进行了分析,对和库高速公路选线及地基处治方案的选择起到了指导作用。

(2)在新疆高等级公路中,率先采用强夯置换方法处理盐渍化软弱土地基。

(3)对盐渍化软弱土提出了定义,概括了盐渍化软弱土的特性,便于工程应用。

(4)通过反演方法得出了本地区分层总和法计算地基沉降量的沉降系数。

(5)通过覆盖对粗粒土(砾石)毛细水上升高度影响的试验,确定了隔断层的厚度和材料级配。

(6)通过经济和安全指标的比较,确定适合本地区工程地质特征的处治方案为换填、强夯置换及砾石桩,同时界定了方案的适用范围和定性优化了方案的设计参数。

(7)编写了适合焉耆盆地及新疆类似地区地基处治方案的施工指南。

(四)获奖情况

2005年荣获自治区科学技术进步三等奖。

六、G217公路雪害防治技术应用研究

(一)研究背景

G217北起阿尔泰山脉脚下的阿勒泰市,沿准噶尔盆地西缘南行,在天山山脉中部穿越天山到达库车县,而后沿着和田河穿越塔克拉玛干沙漠,到达昆仑山脉北麓的和田市,全长大概2500多公里。这是一条连通新疆三大山脉和穿越两大盆地的道路。

在对新疆G217天山公路雪害进行系统观测、研究的基础上,通过推广防治工程验证,对已有科研成果综合分析评价研究,提出该路段的雪害防治措施,为指导G217雪害地区公路雪害防治措施的设计、施工、养护等工作提供技术指导,提高交通安全及通行能力,具有重要的应用价值。

(二)研究内容

(1)基于G217天山公路雪害分布规律及其特征研究,首次系统提出了高寒山区公路雪灾分类区划及风险评估指标和方法,完成了公路沿线雪灾区划图集,并建立了公路雪害危险度评价体系。

(2)针对G217天山公路自然降雪、雪崩、分吹雪共同危害复杂路段,首次建立了创新综合防治措施体系,并在相关工程中加以应用。

(3)首次建立了适用于高寒山区公路冬季养护机械化配置方案、除雪工艺、应急预案以及突发事件处置总和养护管理体系。

(4)基于 GIS 雪害数据,结合遥感及航空测绘技术,首次开发了 G217 天山公路雪害基础数据库信息管理及评价决策系统。

(5)首次系统研究总结了高寒山区防雪走廊风雪流流场分布规律、风吹雪运动特征,并成功应用于防雪走廊工程。

(三)研究成果

(1)揭示了 G217 天山公路雪害分布规律及特征,提出了高寒山区公路雪害区划系统及评估方法。

(2)建立了公路自然降雪、雪崩、风吹雪等雪害的综合防治措施体系。

(3)运用遥感及航空测绘技术,开发了雪害基础数据库信息管理及评价决策系统。

(4)建立了高寒山区公路雪害预警系统及应急预案等综合养护管理体系。

七、国道 217 线公路高边坡施工动态快速评价及支护技术研究

(一)研究背景

新疆部分地区所处地理纬度高、跨度大、海拔高差大,大部分地区冬季寒冷漫长,降雪量大。冬季降雪及其产生的风吹雪给公路冰雪灾害发生提供了充分的条件。根据统计,新疆公路冬季受风吹雪、雪崩、集中降雪和冰冻灾害等的影响,约有 2700km,其中受影响高速公路约占总公路里程的四分之一。结合 G217 公路建设情况,对项目的边坡稳定度进行评价,并编制相关指南,用于边坡支护技术提供技术和指导依据。项目针对 G217 天山公路工程建设期间的边坡地质灾害,通过大量的现场调查、理论分析、数值计算和模拟试验等多种手段,重点针对天山公路边坡崩塌、溜砂坡、滑坡等特征与动态发生发展机制,相关灾害核心工程防治技术,以及相关的环境保护技术进行了深入研究,系统地形成了的天山公路高边坡施工中安全风险快速评估及支护优化技术,并在实际工程建设应用中取得了良好效果。

(二)研究内容

(1)基于支护的高边坡工程地质条件补充调查研究。
(2)高边坡支护设计的地质—工程分类。
(3)高边坡支护设计地质参数及其优化分析。
(4)开挖边坡变形破坏机理研究。
(5)基于施工、监测信息反馈分析的边坡稳定性研究。
(6)边坡支护设计的分析与校核。

（7）重点工程边坡支护设计优化研究。

（三）研究成果

（1）经过试验得到了岩石物理力学性质随不同寒冻风化年限（15年、30年、50年）衰变规律，构建了相关物理力学指标线性与非线性方程；初步定义了高寒山区岩石"冻融—大温差耦合系数"，并量化界定了不同种类岩石相关系数与取值范围。

（2）紧密围绕高寒山区"冻融—大温差耦合作用"循环次数与岩石微观结构变化之间的相关性，深入分析岩体对应的宏观物理力学指标变化特征，构建了高寒山区典型岩石宏—微观特性本构方程。

（3）系统构建了一套强震环境下高寒山区公路边坡崩塌、滑坡、溜沙坡及典型泥石流灾害的理论分析技术体系，研究提出了高寒山区公路边坡崩塌、溜砂坡、滑坡致灾机制及动态演变规律。

（4）系统提出了强震环境下高寒山区公路岩质边坡崩塌、滑坡、溜沙坡及典型泥石流灾害防治关键技术，并重点针对崩塌灾害体系统构建了一套"理论计算+经验公式评判+数值模拟应力分析评估"的综合防治决策理论体系，并在具体灾害防治实例中得到了应用验证。

（5）自主研发了高寒山区溜沙坡防护网、抗强寒冻风化作用的岩体灌浆扩散装置；并集成创建了强震环境下高寒山区公路边坡重大灾害风险快速评估及应急防治优化技术体系。

（四）创新及水平

首次提出了"工程地质选线+设计+动态跟踪监测"为一体的"三高"地区公路边坡重大工程地质病害综合防治技术体系。在公路边坡稳定性快速评判、重大地质病害成灾机理模式及危险度量化评价、重大地质病害综合防治技术、裂缝灌浆的抗冻融材料开发、公路工程地质病害智能评价决策支持 GIS 系统以及公路地质病害监测预报技术等方面，有突出的理论和技术创新，并形成了"三高"地区公路边坡典型地质病害防治设计和施工技术指南，推动了行业的技术进步和学科的发展。

八、国道 218 线公路雪害防治技术应用研究

（一）项目背景

新疆天山西部山区冬季长达 6 个月以上，降雪天数多，积雪深度大，行车困难，国道 218 线那拉提—火烧桥段公路坡陡弯急、雪害典型。为了消除或减轻雪害对公路运输的

影响,在20世纪60~70年代,公路科研人员修建了许多防雪工程,对保障交通起到了积极作用。如针对G218进山段雪崩严重路段,设计了储雪场、水平台阶、土丘、土石楔、稳雪墙、溜雪槽等多种形式的雪崩防护工程。针对G218艾肯达坂风吹雪严重路段,实施了具有除雪效果好、施工简单、养护方便的透风式下导风防雪工程结构物(以下简称导风板),并在随后的十余年里不断补充、调整与完善。30余年过后,由于艾肯达坂导风板防雪工程年久失修,目前已伤痕累累、满目疮痍,部分导风板虽然完好,但由于种种原因导致自然除雪功能降低或丧失,公路养护部门常常迫不得已封闭交通,严重影响伊犁地区与巴音郭楞蒙古自治州,以及南疆其他地区的人员往来、物资交流。

基于G218那拉提—火烧桥段改建的需要,由新疆交通规划勘察设计研究院牵头,组成"G218国道雪害调查组",于2006年1~3月三次现场进行雪害调查,对既有导风板实际除雪效果进行实地测量与勘察,初步弄清了艾肯达坂段公路雪害的主要类型,并进行成因分析,实地观察雪害的各种孕育过程、堆积形式及对交通的影响,对完善、指导G218国道艾肯达坂段公路导风板的设计、施工、养护与管理工作有一定借鉴作用,同时对路线优化设计提供真实可靠、样本序列连续而长的第一手野外资料。2006年9~10月,调查组对那拉提公路段附近三处雪崩严重区域进行了实地考察,测绘了电子地形图,与当地公路养护部门技术人员、工人等座谈,切实了解雪崩的危害,着手进行雪崩的防护设计。

鉴于雪害的严重性、治理雪害的复杂性、现场试验的不可模拟性,以及冬季保障交通的迫切性,雪害治理极具深入研究之价值,调查组于2006年12月向交通厅申请课题立项,专题研究G218那拉提—火烧桥段公路雪害问题,课题名称为"G218国道公路雪害防治技术应用研究"。

(二)研究内容

(1)查明G218那拉提—火烧桥段公路雪害类型及分布。

(2)调查既有导风板损坏的原因和实际除雪效果,提出导风板失效原因。在此基础上设计外形美观、安装与拆卸方便装配式导风板,并针对雪崩发生的地理位置环境,设计不同类型的雪崩防治工程。

(3)在分析自然降雪对公路交通安全运营的同时,确定路线线形优化原则,避免由于路线平面位置不当、竖向位置不合理而引发新的雪害。

(4)编制导风板设计与施工技术指南、预算定额、施工质量检验评定标准。

(三)主要创新点

(1)首次提出了公路风吹雪组合堆积、糙面堆积形成机理,揭示了G218艾肯达坂公路雪害的成因规律。

（2）提出了装配式导风板结构设计方法和原则，编制完成了导风板设计与施工技术指南、预算定额、施工质量检验评定标准。

（3）开展雪害主动防护研究，提出了有效绕避山区雪害发生的路线线形优化设计原则。

（四）达到的水平

2014年1月经自治区科技厅组织专家鉴定，项目研究成果总体上达到国内先进水平。

九、新疆公路山口以上流域及山前冲击区设计流量计算方法研究

（一）研究背景

设计流量的大小是决定路基高程、桥面高程、桥孔长度及墩台冲刷的关键因素之一，对公路的安全与投资都有着直接的影响。公路工程尤其是高等级公路的洪水设计问题已日益受到工程技术人员和政府主管部门的高度重视，其中经常会遇到的便是无资料地区的设计流量推算问题，这是一个一直令公路测设人员感到棘手的难题。

现有的新疆公路水文分区与流量经验公式的参数值是20世纪70年代末制定的，近年来在应用过程中出现了一些不合理现象，主要体现在许多路段投入使用后多次发生超过设计频率标准的洪水，路基与桥涵损毁严重。这是由于30多年来自然条件的变化，原有的水文参数值已不能准确地反映形成洪水的客观规律，但这些参数值迄今仍在全区的公路勘测设计中使用，以致许多地区的路基、桥涵设计流量严重偏小。因此，对全区公路水文分区与水文参数进行全面研究与修订就十分必要，并且资料条件也已大为改善，修订的条件已经成熟。新的研究成果将对新疆无资料地区公路设计流量的推算提供可靠的依据，进而避免公路水毁事故的频繁发生。另外，在新疆的天山南、北坡及昆仑山北坡，出山口至公路区间的山前冲积区的产汇流规律与山口以上流域截然不同，在出山口以上，随着流程的增加流量是增加的。而在出山口以下，随着流程的增加流量却是减小的，流量的沿程衰减规律还未见有研究成果。然而出山口以下公路路基与桥位的流量计算问题在新疆很普遍，但至今也没有一个可靠的解决方法，在规范中也是一个空白。

本课题研究旨在制定新疆公路山口以上无资料地区设计流量的计算方法和探讨山前冲积区公路桥涵设计流量的计算方法。项目研究成果将在新疆公路的勘测设计中具有重要的应用价值。

(二)研究内容

(1)新疆洪水成因和类型。
(2)洪水频率分析及近30年来新疆洪水的变化。
(3)水文分区的重新划分与经验公式的修订。
(4)多因素经验公式的制定。
(5)山前冲积区公路桥涵设计流量计算方法。

(三)研究成果

(1)现行的20世纪70年代末制定的分区流量公式推算出的50年一遇的设计流量与新疆洪水的实际情况相比严重偏小,对公路桥涵的安全十分不利。

(2)将新疆公路水文分区由原来的5个调整划分为8个,新的分区更符合实际情况,分区的一致性更好,更合理。

(3)以新的水文分区为基础,建立的单因素流量经验公式,克服了计算结果偏小的问题,计算精度也有明显改善,平均计算误差由老公式的30%~136%降为20%~51%,使得路基、桥涵的设计流量推算更加合理可靠,工程的安全性得以提高。

(4)考虑流域面积、河流长度、河流比降等条件而建立的多因素经验公式,计算误差要小于单因素公式,各区50年一遇设计流量的平均计算误差由20%~51%降为13%~42%,建议在山口以上流域推算设计流量时,可优先采用多因素公式,或两种方法并用,取计算结果大者为采用值。

得到了山前区河流流量衰减的一般变化规律,建立了典型试验河流流量衰减率的计算方法,并给出了临界洪水的参考值。对于天山南北坡大多数山前区河流,50年一遇洪水在山口以下30km范围内,100年一遇洪水在山口以下50km范围内,衰减影响可忽略不计,可直接采用山口水文站的设计流量,这一统计规律可供天山南北坡山前区公路推算设计流量时使用,其他地区也可参考。

(四)主要创新点

(1)提出了新的新疆公路水文分区方案。
(2)首次提出了非产流水文分区的概念。
(3)建立了新疆公路设计流量多因素经验公式。
(4)初步得到了新疆山前区河流洪水衰减的一般规律。

(五)项目开展情况

2012年12月经交通运输部科技司组织专家鉴定,项目研究成果总体上达到国际先进水平,2013年荣获中国公路学会科学技术三等奖。

十、新疆地区沥青路面使用性能衰变规律及改善对策研究

(一)研究项目背景

针对新疆独特的自然地理与气候条件,选取了代表性工程项目与代表性路段,进行了沥青路面使用状况调查和统计回归分析,建立了符合新疆地区沥青路面使用性能衰变规律及特点的性能衰变方程。基于对新疆地区代表性沥青路面使用性能的评价,优选出了新疆地区不同等级沥青路面结构组合,提出了适合于新疆地区不同气候、交通及土基条件下的沥青路面典型结构。最后分别从技术与管理层面有针对性地提出了新疆地区沥青路面使用性能的改善对策,编制适合新疆地区沥青路面的设计、施工、养护维修操作指南。

(二)研究目的

本项目分析评价了新疆地区路面使用性能的衰变规律,建立路面使用性能评价体系,可以指导新疆地区沥青路面的设计、施工工作,提高公路建设水平,减少路面的早期破坏,以满足现在及未来公路大规模建设要求。项目研究成果对现有路面的使用性能进行客观的评价和研究,为合理制订路面养护维修计划并实施科学管理提供重要依据,在适当的时机采取合理的养护措施,提高新疆地区公路养护水平。

采用项目研究成果能够准确评价新疆地区沥青路面的使用性能,对沥青路面使用性能衰变做出科学的预测,从而正确判断出需要养护的路段以及养护时间。同时,利用研究得出的性能衰变规律对路面使用性能进行合理预测,相较于对路面进行大规模的现场实测,可以显著节约人力和物力,提高资金利用率,经济和社会效益十分显著。

(三)研究内容

沥青路面使用状况调查;沥青路面性能衰变的机制研究;沥青路面使用性能评价指标的研究;沥青路面使用性能衰变方程的研究;新疆公路建设项目沥青路面结构试验工程研究;沥青路面使用性能评价。

(四)研究成果

(1)通过对新疆地区沥青路面使用性能调查,揭示了不同病害产生的机制。

(2)结合新疆地区沥青路面的特点,在对路面使用性能各个单项性能评价指标进行分析的基础上,根据实测数据对部分单项性能评价指标进行了改进和完善,使之能够更加科学、客观地评价新疆地区沥青路面的实际状况,应用改进后的评价指标对新疆地区沥青路面进行分析,首次提出了以路面结构强度指数 $PSSI$ 作为评价新疆地区沥青

路面使用性能的单项指标,并用路面交竣工的相对弯沉偏离系数评价路面使用性能。

下封层室内直接剪切试验

(3)基于已有沥青路面使用性能典型衰变方程研究成果,结合新疆地区不同路段交通量和路面结构,建立了符合新疆沥青路面使用性能衰变规律及特点的性能衰变方程,确定了衰变模型参数。

(4)在对比研究我国现有公路沥青路面养护技术规范路面性能评价指标的基础上,引入物元分析法及人工智能技术,分别建立了新疆地区沥青路面使用性能的评价模型及方法。

(5)首次利用马尔科夫转移概率矩阵对新疆地区沥青路面交竣工资料进行了研究,利用概率转移的方法建立了交竣工资料之间的关联。

(6)通过对新疆地区沥青路面交竣工弯沉变化的分析研究,首次提出用交竣工弯沉修正系数 K 与交工时的弯沉值来预测竣工时的弯沉值,为新疆地区沥青路面交竣工弯沉验收提供依据。

(7)通过对新疆地区沥青路面 PCI 衰变规律进行分析,首次提出以 PCI 衰变方程斜率突变点划分 PCI 的变化,并以突变点对应的 PCI 值作为新 PCI 分级的参考值,再综合考虑各路段的气候条件以及路面结构等因素,从而确定了新的 PCI 分级标准方法。与规范中的 PCI 分级法比较发现,新 PCI 分级法对新疆沥青路面 PCI 评价更为客观,因此可作为新疆沥青路面 PCI 分级标准。

(8)通过对新疆沥青路面使用性能的评价和分析,提出了基于路面使用性能的适合新疆不同区域和交通等级的沥青路面典型结构,并将推荐的典型结构应用于实体工程中。

(9)结合项目研究成果,编制了《新疆公路建设的技术管理对策》指南,提出了新疆地区沥青路面使用性能改善对策,可有效指导新疆地区沥青路面的建设与养护。

十一、公路建设过程中落实资源节约环境友好对策措施研究

(一)项目背景

建设资源节约型、环境友好型社会是今后我国经济与社会发展的一项战略任务,这就要求社会各行各业共同努力,把建设资源节约型、环境友好型社会的工作落到实处。资源节约型、环境友好型交通运输行业通过开展公路建设过程中落实资源节约、环境友好对策措施研究,提出基于资源节约、环境友好的公路建设管理对策和技术措施,这对促进新疆交通运输行业又好又快发展具有重大的现实意义。为此,自治区交通厅对"公路建设过程中落实资源节约、环境友好对策措施研究"课题进行立项,并决定由新疆公路规划勘察设计研究院和交通运输部科学研究院作为项目承担单位。通过该项目的研究,以期提出新疆维吾尔自治区资源节约、环境友好公路建设对策,有力推动自治区公路建设不断迈上更高的水平。

(二)研究内容

在广泛查阅国内外环境友好的概念和基本特征以及公路交通环保领域研究概况的基础上,开展环境友好型高速公路的内涵与建设理念、对策和措施研究。

资源节约型、环境友好型公路是指以公路所在区域环境承载力为基础,在公路的勘察设计、施工建设、运营管理等各个环节,以节约资源、保护环境、改善生态为核心,依靠科技进步、强化环境管理,实现生态良好、环保达标、景观协调、安全畅通的"两型"公路。主要研究内容如下:

1. 资源节约型、环境友好型公路交通的内涵与建设理念研究

(1)资源节约型、环境友好型公路交通的内涵;

(2)资源节约型、环境友好型公路交通的建设理念;

(3)资源节约型、环境友好型公路交通的建设目标。

2. 勘察设计中落实资源节约、环境友好对策措施研究

(1)资源节约型、环境友好型公路勘察设计经验及适用性分析;

(2)新疆资源节约型、环境友好型公路勘察设计技术研究。

3. 工程施工中落实资源节约、环境友好对策措施研究

(1)资源节约型、环境友好型公路施工经验分析;

(2)新疆资源节约型、环境友好型公路施工技术研究;

(3)新疆资源节约型、环境友好型公路施工管理对策措施研究。

(三)研究成果

(1)通过查阅大量国内外资料和考察调研国内外相关路段,提出了资源节约型、环境友好型公路内涵、建设理念。以公路所在区域环境承载力为基础,在公路的勘察设计、施工建设、运营管理等各个环节,以节约资源、保护环境、改善生态为核心,依靠科技进步、强化环境管理,实现生态良好、环保达标、景观协调、安全畅通的"两型"公路。

(2)针对目前新疆公路建设中存在的问题和现状,通过勘察设计中资源节约经验及适用性分析,从节地、节水、节材、节能角度提出了基于资源节约的新疆公路勘察设计对策措施。

(3)通过勘察设计中环境保护经验及适用性分析,从路线、路基、桥梁、隧道、交通工程及沿线设施等方面提出了基于环境友好的新疆公路勘察设计对策措施。

(4)根据我国资源节约型、环境友好型公路施工经验分析,研究提出了新疆资源节约型、环境友好型公路施工技术措施。

(5)总结了资源节约型、环境友好型公路试验示范项目的勘察设计经验。研究多项对策措施,如采用低路基缓边坡、充分利用老路资源、分幅路基不对称设计、尽量避开农田选线、料场选择、路线规划、沿线设施等措施,在新疆 G30 连霍高速公路星星峡—吐鲁番高速公路、G3012 库尔勒—库车高速公路、G216 五彩湾—大黄山高速公路三条高速公路建设中得到了实施,取得了较好效果。

(四)项目达到的水平

2013 年 8 月经自治区科技厅组织专家鉴定,项目研究成果总体上达到国内先进水平。

1998 年至今新疆公路建设中重大科研课题统计见表 5-1。

重大科研课题统计表　　表 5-1

序号	项目名称	项目来源	研究单位	起止时间	成果形式	获奖情况
1	沙漠地区公路建设成套技术研究	交通运输部	新疆交通科学研究院	2002—2006 年	研究报告	2007 年度国家科技进步二等奖
2	盐渍土地区公路建设成套技术及工程应用	交通运输部	新疆交通科学研究院	2003—2010 年	研究报告	2013 年度国家科技进步二等奖
3	盐渍土地区公路病害机理及防治成套技术研究	交通运输部	交通建设局	—	研究报告	2013 年获国家技术进步二等奖、2010 年获新疆维吾尔自治区科学技术进步一等奖

第五章
高速公路建设科技成果

续上表

序号	项目名称	项目来源	研究单位	起止时间	成果形式	获奖情况
4	吐鲁番—乌鲁木齐—大黄山高等级公路建设成套技术开发	交通运输部	交通建设局	—	研究报告	2001年获新疆维吾尔自治区科学技术进步一等奖
5	果子沟高寒区复杂区域高速公路建设成套技术及工程应用	交通运输部	交通建设局	—	研究报告	2013年获新疆维吾尔自治区科学技术进步一等奖
6	天山公路边坡地质灾害预测评价与防治技术研究	交通运输部	交通建设局	—	研究报告	2012年获新疆维吾尔自治区科学技术进步一等奖
7	高寒高海拔地区新藏公路修筑关键技术及应用研究	新疆维吾尔自治区交通运输厅	交通建设局	—	研究报告	2014年获新疆维吾尔自治区科学技术进步二等奖，获中国公路学会科学技术一等奖
8	新疆公路建设项目设计施工总承包模式管理技术与应用研究	交通运输部	交通建设局	—	研究报告	2013年获中国公路学会科学技术一等奖
9	道路水泥混凝土组成设计研究	交通运输部	交通建设局	—	研究报告	2009年获中国公路学会科学技术一等奖
10	公路风害防控技术研究	新疆维吾尔自治区交通运输厅	新疆交通规划勘察设计研究院	—	研究报告	中国公路学会科学技术二等奖
11	新疆公路山口以上流域及山前冲击区设计流量计算方法研究	新疆维吾尔自治区交通运输厅	新疆交通规划勘察设计研究院	—	研究报告	中国公路学会科学技术三等奖
12	G314线焉耆软基研究	新疆维吾尔自治区交通运输厅	新疆交通规划勘察设计研究院	—	研究报告	新疆维吾尔自治区科学技术进步三等奖
13	国道218线公路雪害防治技术应用研究	新疆维吾尔自治区交通运输厅	新疆交通规划勘察设计研究院	—	研究报告	—
14	新疆国省干线公路冰雪灾害防治与应急保障关键技术研究及应用	交通运输部	新疆交通科学研究院	2011—2015年	研究报告	—

续上表

序号	项目名称	项目来源	研究单位	起止时间	成果形式	获奖情况
15	低温环境下大比例掺量废旧沥青混合料再生关键技术集成研究及产业化示范	新疆维吾尔自治区交通运输厅	新疆交通建设集团	—	研究报告	—
16	沥青路面混合料高性能改性剂开发与示范	新疆维吾尔自治区交通运输厅	新疆交通建设集团	—	研究报告	—
17	高寒山区公路沥青路面水泥稳定基层快速施工关键技术研究及示范	新疆维吾尔自治区交通运输厅	新疆交通建设集团	—	研究报告	—
18	沥青混合料拌和站动态质量监控系统开发应用	新疆维吾尔自治区交通运输厅	新疆交通建设集团	2012年起	研究报告	—
19	沥青混合料路面施工动态质量监控系统开发应用	乌鲁木齐市科技计划项目	新疆交通建设集团	2013年起	研究报告	—
20	基于物联网的公路路面智能施工装备开发及系统集成	自治区经信委重点技术创新项目	新疆交通建设集团	2014年起	研究报告	—
21	西北大温差重载条件下装配式简支空心板桥铰缝病害处治建养关键技术研究与示范	新疆维吾尔自治区交通运输厅	新疆交通建设集团	—	研究报告	—
22	新疆新建高等级公路环境问题研究	新疆维吾尔自治区交通运输厅	新疆维吾尔自治区高速公路管理局	1998年起	研究报告	—
23	新疆沙漠地区公路勘测设计及施工验收规范	新疆维吾尔自治区交通运输厅	新疆交通科学研究院	1999年起	研究报告	—
24	新疆盐渍土地区公路路基路面设计与施工规范	新疆维吾尔自治区交通运输厅	公路学会	1999年起	研究报告	—

第五章 高速公路建设科技成果

续上表

序号	项目名称	项目来源	研究单位	起止时间	成果形式	获奖情况
25	大跨度桥梁施工控制研究	—	交通部公路所	2004年起	研究报告	—
26	冷铺技术在新疆公路养护中的应用研究	新疆维吾尔自治区交通运输厅	新疆维吾尔自治区公路管理局	2005年起	研究报告	
27	新疆粉黏土地基处治技术研究	新疆维吾尔自治区交通运输厅	新疆交通科学研究院	2007年起	研究报告	
28	利用动态回弹模量Evd检测土石混合料路基压实质量的应用研究	新疆维吾尔自治区交通运输厅	新疆公路质量监督局	2010年起	研究报告	
29	新疆公路工程安全设施设计及施工技术标准	新疆维吾尔自治区交通运输厅	新疆交通科学研究院	2010年	研究报告	
30	资源节约型路面结构设计关键技术研究	新疆维吾尔自治区交通运输厅	长沙理工大学	2010年	研究报告	—
31	新疆高速公路天然砂砾路基压实质量快速检测技术研究	新疆维吾尔自治区交通运输厅	新疆交通建设管理局	2010年	研究报告	
32	新疆路面预防性养护技术指南及验收标准	新疆维吾尔自治区交通运输厅	新疆交通科学研究院	2011年	研究报告	
33	利用风积沙修筑高速公路应用技术研究	新疆维吾尔自治区交通运输厅	新疆交通建设管理局	2011年	研究报告	
34	新疆多雪山区高速公路路面抗冰冻技术研究	新疆维吾尔自治区交通运输厅	新疆交通建设管理局	2011年	研究报告	—
35	桥梁预应力智能张拉与压浆技术在新疆的推广应用	新疆维吾尔自治区交通运输厅	新疆交通建设管理局	2012年	研究报告	
36	荒漠戈壁区高速公路建设野生动物通道建设关键技术研究与示范	新疆维吾尔自治区交通运输厅	新疆交通建设管理局	2012年	研究报告	

续上表

序号	项目名称	项目来源	研究单位	起止时间	成果形式	获奖情况
37	新疆荒漠区高速公路柔性基层沥青路面结构设计与施工技术研究	新疆维吾尔自治区交通运输厅	新疆交通规划勘察设计研究院	2012年	研究报告	—
38	耐久性高模量沥青混合料在新疆地区高速公路中的应用研究	新疆维吾尔自治区交通运输厅	新疆交通建设管理局	2012年	研究报告	—
39	公路建设过程中落实资源节约环境友好对策措施研究	新疆维吾尔自治区交通运输厅	新疆交通规划勘察设计研究院	—	—	—

第三节 主要科技成果

主要科技成果包括标准规范及指南等、主要专著、主要发明专利和工法等方面。

一、标准规范及指南等

(一)《沙漠地区公路设计与施工指南》(JTG/T D31—2008)

我国是沙漠分布面积较广的国家。自从20世纪90年代以来,为满足经济发展的需要,全国不少地区和单位相继开展了沙漠公路修筑技术研究工作,尤其交通运输部西部交通建设科技项目管理中心组织新疆交通科学研究院等30多个科研单位立项开展的"沙漠地区公路建设成套技术研究"取得多项重要成果,并在此基础上建设了多条沙漠公路,积累了许多工程实践经验,初步形成了有特色的沙漠地区公路修筑技术。为了适应沙漠地区公路建设的需要,进一步总结沙漠地区公路修筑的研究成果和工程实践经验,交通运输部委托新疆交通科学研究院开展了《沙漠地区公路设计与施工指南》的编制工作。

本指南共有12章及3个附录,内容包括了沙漠地区公路勘察、设计、施工及质量检验,系统总结了全国沙漠地区多年的筑路经验和科研成果,结合部颁规范中有关沙漠地区公路勘察、设计、施工方面的内容,经过多次讨论修改而成。

(二)国家标准《公路收费制式》(GB/T 18277—2000)

2000年12月18日国家质量技术监督局发布中华人民共和国国家标准《公路收费制式》(GB/T 18277—2000),2001年9月1日实施。本标准由交通部提出,新疆高等级公路管理局作为参加起草单位。

收费制式对于收费公路的建设规模、工程成本和运营管理都有较大影响,对于收费系统方案的选择更有直接的影响。合理选择收费制式是规划、设计公路收费系统时的首要问题。本标准确立了均一制、开放式、封闭式和混合制四种收费制式的概念及其分类,给出了合理选择收费制式的指导原则以及收费站布设原则,适用于各种收费公路和桥隧。

(三)地方标准《新疆收费系统技术框架》

本技术框架基于新疆第一条高等级公路暨吐乌大高等级公路收费系统,提出统一的收费数据格式,可保证公路收费系统具有良好的兼容性,便于新建(改建)的系统可以与原系统的融合,以实现全区公路收费系统的统一规划、管理。作为新疆公路收费系统的技术标准,主要规定了收费系统的基本结构,收费系统编码规则、车道操作基本流程、收费系统的网络结构及IP地址分配、数据库和收费系统基本安全要求以及收费系统中的标准数据交换格式,规范收费系统中的数据和参数的传送等,用最少的资源管理尽可能多的业务,并为以后的联网收费、IC卡、ETC及ITS等业务打下基础。本技术框架适用于全区高速公路、一级公路及其他等级公路的收费系统。

(四)交通部行业联合科技攻关项目"新疆交通专用通信网发展框架设想和管理体制研究"

依托高速公路通信系统的建设与运营现状,为探索新疆交通专用通信网建设与管理的新路,使新疆交通专用通信网健康向前发展,实现交通专用通信网是交通基础设施的支撑作用,理顺各方面关系,充分发挥交通专用通信网这个优势产业的效能,为交通事业做出应有的贡献。通过研究提出了高等级公路的通信系统是交通专用通信,是交通专用通信网的重要组成部分;在一段时间内,交通专用通信网的发展将依赖高等级公路的建设发展;交通专用通信网必须加速网络化进程,实现"联网收费"提供交通信息化的传输通道及支撑作用,满足社会对交通运输行业的安全要求和信息传递要求,使交通专用通信优势资源保值增值,发挥更大效能;提出新疆交通专用通信网要统一建设、管理、维护的要求,是交通专用通信网健康发展的必备条件,是确保网络安全、可靠运行的关键所在。还提出了要改革现有专网的管理体制,适应交通行业发展新的形势和赋予交通专用通信网新的任务;根据新疆公路网发展的特点,形成了《新疆交通专用通信网总体发展规划》,确定了可行的新疆交通专用通信网发展的目标和方向。

(五)新疆交通运输厅科研项目"新疆公路网监控系统总体发展规划"

随着新疆高等级公路的迅猛发展,为确保公路安全、舒适、畅通和高效运营,解决高等级公路运营管理的现实要求,提高公路的服务水平,应用公路监控系统进行现代化和科学化的交通管理与控制,需结合新疆公路网发展形势与特点、监控系统及交通专用通信网现状,利用先进的计算机网络、通信技术和现代化手段,利用已建和新建的机电设施,以新疆交通专用通信网作为主要传输平台,建立一套以总中心为核心的监控系统,对各地州监控分中心及监控站上传至总中心的数据及图像进行分析处理,实现"联合监控、联合救援"、资源共享、统一管理、集中控制。制定新疆公路监控系统的总体规划。明确新疆公路网监控系统管理体制架构、监控系统功能,明确监控总中心、分中心及路段监控站的职能及设备配置,明确整个公路网交通电话会议系统的技术要求。确定监控外场设备的布置原则及交通信息发布系统的实施方案。

(六)交通部《公路机电系统维护技术指南》

为提高公路机电系统维护和管理的技术水平,保证公路机电设施完好和系统运行处于良好状态,充分发挥其应有功能,需对机电系统提供统一的维护和管理的规定和方法,交通部下达了编制《公路机电系统维护技术指南》的任务。该指南明确提出了公路机电系统维护的基本要求,确定了维护管理按照小修保养、中修工程、大修工程、改建工程以及专项工程进行分类维护,制定了维护的主要项目和周期以及设备完好率等量化指标,对新疆公路机电系统建设、运营维护和提升维护管理水平具有较强的指导意义。

(七)新疆交通运输厅科研项目"新疆公路收费系统工程技术指南"

依托新疆已建和在建收费公路机电工程,针对收费系统及收费广场相关设施及工作界面等方面存在的主要突出问题,结合"新疆公路收费技术框架""新疆公路收费技术研究"的主要研究结论,明确规定了适合新疆收费系统计算机网络系统、CCTV视频监控系统、收费车道系统等方面的设计要求、技术功能、施工要求以及收费广场预留预埋、机电系统设计与施工界面的详细规定,形成了《新疆公路收费系统工程技术指南》技术条文和配套图集,有效指导新疆机电工程设计和施工。

(八)《盐渍土地区公路设计与施工指南》

新疆是盐渍土高发区,受其影响的区内面积大于 30 万 km^2。因此,在盐渍土地区路段修筑方面取得了大量的经验,在新疆公路学会牵头,新疆交通科学研究院等相关单位协助下,编制《盐渍土地区公路设计与施工指南》。盐渍土地区公路的设计与施工存在许多特殊问题,为了进一步总结盐渍土地区筑路的技术经验和科研成果,提高技术水平,统一盐渍土地区公路设计与施工的技术要求,有效防治公路盐渍土病害,确保工程质量,项目组采取多种方式开展专题研究,组织现场调查、室内试验,广泛征求有关单位和专家的意见,认真吸取国内各单位的研究成果和工程经验,按照交通部《公路工程行业标准管理导则》形成了《盐渍土地区公路设计与施工指南》。

(九)地方指南《新疆公路自然区划指南》

根据收集的新疆地理、地质、气象、水文地质资料,从实用出发,项目组通过研究综合自然条件与公路建设的关系,系统地建立了新疆公路自然区的划分原则、划分方法、标志体系和描述体系。运用统计分析绘制了描述新疆地理、地质、气象等自然环境特点的图件系统,建立了完善的新疆公路自然环境参数和公路设计参数。

根据新疆公路三级自然区域划分,新疆公路三级自然区划系统是依据五个主要指标(地貌类型、流水作用、干燥作用、风力作用、寒冬作用)以及八个辅助指标(平均温度、冻土厚度、降水量、潮湿系数等)的影响建立的。

(十)地方指南《新疆通行能力指南》

首次针对新疆分析了公路交通量的时空分布规律、高峰小时系数和交通流特性;系统建立了新疆典型路段的交通流特征数据库;提出了新疆基于通行能力分析的车型分类标准和折算系数,建立了新疆双车道公路路段的速度—流量和流量—延误之间的统计分析模型;系统分析了新疆的横向干扰特点,提出了适合新疆的通行能力分析方法;并根据新疆的交通特点编制了《新疆通行能力指南》和通行能力分析软件。上述研究成果对完善新疆公路规划设计标准、提高公路建设决策的科学性具有重要的理论意义和实用价值,对公路规划建设及项目日后评估具有参考意义和指导作用。

二、主要专著

(一)《新疆冰雪道路养护管理手册》

为提高冬季公路养护水平和保交通能力,受交通运输部委托,在总结新疆防雪保交通工作经验的基础上,制定了《新疆冰雪道路养护管理手册》,编写了《新疆冬季防雪保交通教材》。希望与兄弟省区交通部门交流经验,分析问题,商讨对策,共同提高交通系统冬季保交通的应急救援能力和服务水平。

(二)《沙漠地区公路设计、施工与环保养护》

本书是专门介绍沙漠地区筑路技术的综合性专著。内容包括概论、风沙对公路的危害、沙漠公路设计、沙漠公路施工技术与工程质量控制、公路沙害防治工程设计与施工、沙漠公路养护、沙漠公路环境保护。

全书系统论著了新中国成立以来,尤其是近20年来,我国沙漠地区在公路科研、路线勘测、路基路面设计施工、防沙工程设计施工、沙漠公路养护和环境保护等方面所取得的最新成就和宝贵经验。

本书可供公路科研、测设、施工、养护、环保等从业人员使用,也可供公路专业大专院校师生学习参考。

(三)《沙漠地区公路建设成套技术研究论文集》

对沙、筑路材料、公路施工、风沙规律与环境等6部分进行分类编排,展示了我国近年来沙漠公路建设的最新成果。本书收集了西部交通建设科技项目"沙漠地区公路建设成套技术研究"课题论文50多篇,按路线勘察、路基路面、公路防沙、筑路材料、公路施工、风沙规律与环境6个部分,从事公路交通设计、施工、科研、教学、生产、管理等单位及交通相关从业单位的人员,均可从中获得理论和实践技术信息,对广大工程技术人员的学习和了解沙漠公路将起到重要的指导作用。

(四)《沙漠地区公路建设成套技术》

本书内容完全依托西部交通建设科技项目"沙漠地区公路建设成套技术研究"课题成果,系统介绍了沙漠公路自然区划、沙漠公路选线及线形设计参数、沙漠公路路基设计技术、风积沙路用性能及加固技术、沙漠公路路面结构及材料、沙漠公路防沙体系建设与维护技术、沙漠公路施工技术、沙漠公路生态环境评价与保护技术等研究成果,是迄今为止国内乃至国际该领域诸多突破性和创新性科技成果的综合提炼及系统总结。

本书的出版旨在巩固我国沙漠公路科研在世界上的领先地位,并对我国沙漠公路及铁路建设、运营起到指导和借鉴作用。

(五)《公路养护管理区域分类标准》

由新疆维吾尔自治区交通运输厅公路管理局主编,阿勒泰公路管理局、库尔勒公路管理局、塔城公路管理局及乌鲁木齐公路管理局为参编单位,共同编制《公路养护管理区域分类标准》,共包括三部分,分别为总则、区域管理(包括自然环境影响因素划分及通行环境影响因素划分)、段落管理。

(六)《沥青路面病害分类分级标准》

由新疆维吾尔自治区公路局主编,阿勒泰公路管理局、库尔勒公路管理局、塔城公路管理局及乌鲁木齐公路管理局为参编单位,共同编制《沥青路面病害分类分级标准》。标准共分为四部分,分别为总则、公路病害认知、公路病害分类分级及沥青路面预防性养护决策方法。

本标准从沥青路面损坏类型、损坏严重程度、出现损坏的范围和密度三个方面对路面破损状况进行调查和描述。将沥青路面病害按七种典型破坏发展趋势进行分类,包括:反射裂缝密度增加引起的病害、路表水引起的病害、沥青老化引起的病害、横向剪切引起的病害、高温稳定性不足引起的病害、毛细水作用引起的病害、其他等。

主要专著统计见表5-2。

主要专著统计表　　　　　　　　　　　　　　　　　表5-2

序号	专著名称	主编	出版社	出版时间
1	沙漠地区公路设计、施工与环保养护	彭世古、陈晓光	人民交通出版社	2004年
2	沙漠地区公路建设成套技术	陈晓光	人民交通出版社	2006年
3	沙漠地区公路建设成套技术研究论文集	新疆交科院	人民交通出版社	2006年
4	新疆冬季防雪保交通培训教材	刘健等	新疆科学技术出版社	2008年

三、主要发明专利

主要发明专利见表5-3。

主要发明专利汇总表　　　　　　　　　　　　　　　表5-3

序号	专利名称	专利号	专利发明人	授权单位	授权时间
1	一种环境友好型融雪剂	ZL 2009 1 0210221.0	新疆交通科学研究院	国家知识产权局	2011年2月9日
2	一种环保型融雪剂	ZL 2009 1 0210220.6	新疆交通科学研究院	国家知识产权局	2011年2月9日
3	一种复合氯盐型环保融雪剂	ZL 2009 1 0210222.6	新疆交通科学研究院	国家知识产权局	2011年2月9日
4	一种太阳能频闪指向装置	ZL 2010 2 0597263.2	新疆交通科学研究院	国家知识产权局	2011年6月29日
5	太阳能风吹雪交通诱导标志	ZL 2011 2 0571612.8	新疆交通科学研究院	国家知识产权局	2012年8月22日
6	移雪量测试仪	CN201320254848.8[P]	新疆交通科学研究院	国家知识产权局	2013年12月4日
7	波形挡雪装置	CN201320254846.9[P]	新疆交通科学研究院	国家知识产权局	2013年12月4日
8	圆弧形导风装置	CN201320254849.2[P]	新疆交通科学研究院	国家知识产权局	2013年12月4日
9	百叶窗式导风装置	CN201320254847.3[P]	新疆交通科学研究院	国家知识产权局	2013年12月4日
10	公路用边界动态反光标志	CN201320360901.2[P]	新疆交通科学研究院	国家知识产权局	2014年2月12日

第四节 "四新"技术应用

一、新技术

(一)基于遥感技术的公路边坡稳定变形监测应用技术研究

1. 立项背景

新疆地区公路地质灾害主要集中在天山地区,该区公路由北向南依次穿越哈希勒根、玉希莫勒盖、拉尔墩、铁力买提四个冰达坂及乔尔玛、巩乃斯、巴音布鲁克三大天山草原,途经的山峰海拔不少均在4000~5000m,河谷海拔也为1500~2000m,区内受南北向主压力作用,形成东西向展布的北天山纬向构造体系,这些东西向构造控制着北天山和准格尔盆地的地形地貌、岩性、地质构造和地震活动。

加之沿线现代冰川和水系发育、切割剧烈,区内属典型的高山区盆岭构造地貌,岩性发育有灰岩、石英砂岩、大理岩、碳质板岩等。其中Ⅰ、Ⅱ级大部分台阶已经剥蚀,Ⅲ级阶地高出河床大概110m,G217即在右岸Ⅲ级阶地上。

课题以新疆公路S226、G217、G216三条公路为依托工程,利用遥感卫星技术进行公路边坡危险性分区分级,并对大型滑坡泥石流进行识别。通过对重点单体边坡进行边坡位移、地下水等监测,并配合遥感与其他信息一起分析新疆公路边坡的稳定性。

a) 桥头路基毁损

b) 冲毁挡土墙

新疆地区公路泥石流危害

G217 溜砂坡与崩塌公路地质灾害

2. 研究内容

（1）卫星监测技术在边坡地质灾害适用性研究。利用多时相的遥感影像来动态研究更新数据，通过变化探测和对比研究来开展滑坡识别和探测研究。基于高精度 DEM 数据的地形地貌，研究利用高精度的 InSAR、LiDAR 或高分辨率光学影像立体像对生成的高精度 DEM 数据进行分析，在 GIS 平台下整合地质、历史滑坡资料、水文等要素，开展滑坡编目图研究。

（2）公路边坡卫星监测技术的高精度低成本系统架构研究。边坡卫星监测系统框架是一种典型的物联网技术，具有非常明显的应用环境针对性，在不同的应用环境中，无线传感器网络需要研发相应的硬件设备、软件协议。本部分将首先调研分析在新疆 G216、G217、S226 公路边坡这一应用环境的物理特征和功能需求，在北斗系统的基础上研究设备机械结构、硬件功能组成、网络拓扑结构、算法协议关键指标等，然后对各部分进行协调，形成可行的硬件开发方案、软件设计方案以及近程无线通信网、远程无线通信网、有线网之间的网关方案，结合 4G、GPRS 等技术，最后整合为完整的网络系统架构。本部分主要集中在提高监测精度和降低监测成本方面开展研究。

（3）单体边坡的预判指标临界状态监测与预警技术研究。不同类型的感知参数通常会有众多不同的监测方法，在不同类型路基边坡的感知参数得以确认后，还需对各种类型的监测方法进行研究。本研究内容主要通过对各类监测技术在不同应用环境中应用效果的样本采集与针对性分析，获取各类监测方法在不同环境应用时的优缺点及性能指标，并重点研究北斗技术在边坡深部位移监测中的应用，解决现有深部位移监测方法难以有效实现自动化、远程实时监测的问题，突破路基边坡监测所面临的瓶颈。

在遥感区域评价和现场地质调研的基础上，对于重点地段的单体边坡进行边坡的地下水、位移监测，并根据监测结果进行相关岩土力学参数的反分析和预警研究。

3. 主要研究成果

(1)提出基于遥感技术的依托工程边坡危险性分级参数及相应的风险分布图。

(2)建立基于卫星监测技术的依托工程重点路段的边坡稳定动态安全监测系统。

(3)提交《卫星遥感技术在公路边坡稳定变形监测中的应用研究报告》1份。

(二)公路工程竣工电子档案管理及其应用研究

1. 研究背景

结合自治区公路建设项目管理特点和工程竣工档案管理实际需要,以网络信息技术为手段,研究开发公路工程竣工档案管理系统,实现建设单位、承包商、监理各方对公路工程竣工资料的分散采集、组卷和集中组卷、归档,实现竣工档案快速、高效、优质管理,促进公路工程竣工档案管理水平的进一步提高。

2. 研究内容

(1)公路工程竣工档案管理系统的研究与开发。研究开发基于可扩展技术架构的公路工程竣工档案管理系统,实现工程竣工档案采集、编制、组卷、归档的全面信息化整合管理,系统具有良好的可扩展性和适用性。

(2)研究开发竣工档案管理系统与项目管理系统等其他公路业务管理系统的跨系统数据共享技术。可以将业务管理系统内的数据和档案管理系统内管理的数据进行集成,通过接口开发,可以将一些非关系数据统一保存在档案管理系统内,并可以在业务管理系统和档案管理系统同时查看,保证数据源的统一,具有良好的集成性。

(3)研究竣工档案管理系统在实际工作中的应用模式。很多科技成果无法推广应用,其主要原因是系统的功能及其应用模式远离实际,成果只能被浪费,项目通过调研、设计、试点应用、修正改进等过程提出科学、适用、切合实际的推广应用模式,保证了成果的适用性和可转化性。

3. 主要研究成果

(1)新疆公路建设项目竣工档案编制管理办法。

(2)公路建设项目竣工档案管理工作稽查办法。

(3)新疆公路工程竣工电子档案管理系统软件。

(4)新疆公路工程竣工电子档案管理系统操作手册。

(5)《新疆公路工程竣工电子档案管理系统应用模式和实施策略》研究报告。

二、新工艺

环境友好型景区公路协调性设计与安全保障关键技术研究及示范

1. 研究背景

根据新疆旅游资源开发的相关规划和建设两型交通公路系统的有关要求,针对新疆景区公路的实际情况提出与环境协调的景区公路设计、交通安全综合保障和旅游服务提升技术,开发新型的适合景区公路的自然化的公路安全设施,形成系统的景区公路设计、施工和管理技术。通过依托工程的示范应用以及评估,编制适合新疆特点的《新疆环境友好型公路与建设技术手册》,指导全区景区公路的建设,促进新疆旅游经济的发展。

2. 研究内容

(1)总结国内外景区公路设计的成功经验,结合自治区的旅游资源特征,系统归纳景区公路的功能要求,针对路线、路基、交通工程等设计分项提出设计理念、设计要求以及成功的设计案例,形成系统的环境友好型景区公路设计理念与设计方法。

(2)与环境协调的景区公路路线安全性设计关键设计参数研究;基于设计车型的景区公路路线关键控制要素取值研究;景区公路平面、纵断面和横断面关键设计指标研究;基于驾驶模拟实验系统的景区公路交通安全评价技术研究。

(3)景区公路宽容性路侧环境安全设计技术;高寒高纬度地区公路坡面绿化设计研究;景区公路环境友好型交通工程涉及沿线设施设计技术研究。

(4)依托工程优化设计与后评估研究。

3. 主要研究成果

(1)《新疆环境友好型景区公路设计与建设技术手册》。

(2)《环境友好型景区公路协调性设计与安全保障关键技术研究报告》。

(3)《新疆环境友好型景区公路设计与建设技术手册》。

三、新材料

(一)国产环氧沥青在桥面铺装中推广应用技术研究

1. 项目背景

众所周知,桥梁的建设随着交通事业快速发展也在发生日新月异地变化,大跨度混凝土桥梁的数量与日俱增。鉴于我国西北地区交通量不断增大和大温差气候条件苛刻的影响因素,许多混凝土桥桥面铺装层在通车后不久便出现早期病害,往往在达到设计使用年限前就存在严重的损害,给养护部门的维修带来了极大的不便,同时也给驾乘者的通行便利性与上部桥梁结构的安全性带来消极影响。因此,选择性能优良的胶结材料——环氧沥青在新疆推广应用显得尤为必要和迫切。

基于环氧沥青混合料高强、温度稳定性好和防水能力强等特点,将其应用于桥面面层时,一方面可将以将铺装厚度由 9cm~10cm 减薄到 5cm~7cm,从而可减轻桥梁自重、减小恒载、提高桥梁结构承载力,增加桥梁安全储备;另一方面,其优良的防水性起到了保护梁体结构的作用,有利于梁体结构寿命的延长。

基于环氧沥青混合料性能优越与钢桥面受力复杂的特点,世界上很多著名的钢桥都采用了环氧沥青铺装层,结束了桥面铺装短命的历史。而对混凝土桥而言,虽然其铺装层受力条件与耐久性没有钢桥面问题突出,但同样存在早期损坏严重、使用寿命短等问题。在新疆公路桥梁建设蓬勃发展的今天,系统深入地研究水泥混凝土桥面铺装用环氧沥青混合料的组成与性能、研究其在新疆干旱荒漠大温差条件下应用的技术指标、研究其适合新疆气候特点的施工工艺等具有重要意义。

2. 研究内容

在满足一般路面对沥青混凝土基本要求的同时,桥面铺装层还要兼具良好的变形协调性及与水泥混凝土桥梁结构特点相适应的特性。本项目研究的目的就是以国产环氧沥青为研究对象,研究其混合料的材料组成设计,确定矿料级配与最佳油石比,设计出符合水泥混凝土桥面铺装特点的国产环氧沥青混合料;系统研究国产环氧沥青混合料的高低温性能、水稳定性及施工工艺等性能;对 A、B 组分不同掺配比例时国产环氧沥青混合料的高、低温稳定性及水稳定性进行对比分析;采用有限元法对国产环氧沥青在水泥桥桥面铺装的力学性能进行分析,并对其铺装层的经济效益、社会和环境效益进行了综合评析。

于 2014 年 10 月在新疆公路管理局的大力支持下,在 G30 头屯河大桥和呼图壁大桥的桥面铺装工程中推广应用了环氧沥青桥面铺装技术,该试验段的具体实施路段为头屯河大桥左、右幅,呼图壁大桥左幅,起点桩号与终点桩号分别为头屯河大桥 K3630+500~K3630+650,呼图壁大桥 K3673+996~K3674+246,铺装试验段总长 550m,铺装宽度为 10.75m,厚度为 3cm。其中,头屯河大桥为 6 孔 25mT 型钢构梁,呼图壁大桥为 10 孔 25mT 型钢构梁。

头屯河大桥

呼图壁大桥

分别于2015年、2016年对其进行了效益观测,目前使用性能良好,桥面铺装无任何破损现象的发生,项目的实施极大地减轻了相关养护单位的工作强度。

3. 主要研究成果

通过对国内外研究的总结,针对水泥混凝土桥面铺装的特点,结合理论研究、室内试验、依托工程等对国产环氧沥青混合料的材料组成、路用性能、施工工艺、经济效益等进行了系统的研究,得出如下研究成果:

(1)针对水泥混凝土桥面铺装特点,结合新疆地产材料所具有的特性,采用马歇尔设计法对国产环氧沥青混合料进行了配合比设计,通过试验确定其组成设计如下:目标配合比设计与A、B组分不同掺配比例试验中,在满足课题组确定的合理级配范围内,粗集料用量为43%,细集料用量为45%,矿粉用量为12%,最佳油石比为6.05%;生产配合比设计中,粗集料用量为35%,细集料用量为56%,矿粉用量为9%,最佳油石比为5.93%。该成果可为今后在新疆大温差环境下的环氧沥青桥面铺装提供参考。

(2)国产环氧沥青混合料的马歇尔稳定度(MS)高达40kN,动稳定度(DS)达到SBS改性沥青的数倍,抗水损能力优于SBS改性沥青且低温性能也没因其MS的增加而降低并能满足使用要求,因此可得出环氧沥青混合料在新疆具有优良的路用性能的结论。

(3)在A、B组分不同掺配比例的试验中,随着A组分(即树脂)用量的减少,环氧沥青混合料的强度逐步降低并按一定的关系变化着,当B组分用量与A组分用量的比值增加0.5时,混合料的强度约降低4kN,另随着A组分掺量的减少,混合料的DS、最大弯拉应变、TSR等均变化不大,表明其高温抗车辙、低温抗裂和抗水损的能力没有明显的变化,这说明环氧沥青混合料的性能极为优良且环氧树脂掺量的多少直接影响混合料强度与其他性能的变化。

(4)选用环氧沥青混合料为水泥混凝土桥面铺装材料不仅可减小铺装层厚度、梁体自重及跨中与墩顶处的内力,还可增加梁体的承载能力和安全储备。国产环氧沥青混凝土能满足铺装层内最大正应力与最大剪应力的要求,使铺装表面的荷载型裂缝和挤压破坏得以控制。

(5)在室内试验的基础上,通过试验段的实施系统地研究了环氧沥青混合料的拌和时间、温度控制、时间控制、摊铺和碾压工艺等,对混合料的施工进行了控制、总结、验证,编制了环氧沥青在新疆推广应用指南,依托工程的成功实施为环氧沥青在新疆水泥混凝土桥面铺装的应用提供了可借鉴的经验。

(6)从全寿命周期来看,采用国产环氧沥青混合料进行水泥混凝土桥面铺装,虽然增加了初期建设成本,但也减少了此后的维修养护、重建费用。项目研究结果显示,环氧沥青桥面铺装的使用寿命大概在15年,而普通沥青桥面铺装的使用寿命在2~3年,改性沥青混凝土桥面铺装的使用寿命在4~5年。

(二)橡胶沥青技术在新疆沥青路面中的推广与应用

1. 项目背景

随着我国汽车工业的发展及人民生活水平的提高,汽车保有量逐年迅速增加。据统计,我国的废旧轮胎到2013年将达到2.6亿条。这样大规模的废旧轮胎将会带来巨大的环保问题,将废旧轮胎磨细成橡胶粉,应用于道路工程当中制成改性沥青是废旧轮胎处理的主要途径之一。同时,采用橡胶沥青混合料作为路面铺装材料可以科学减噪、降噪,充分利用废旧轮胎转换材料,降低环境污染,具有显著的社会效益与经济效益。橡胶沥青铺筑的路面具有高温抗车辙性能好、低温抗开裂性能好、耐久性好等优势。橡胶沥青路面已在越来越多的国家和我国多省份广泛推广。

结合新疆公路建设区情,截至2013年底,新疆建成了喀什—伊尔克什坦口岸等5条高速公路和13条国省干线公路、资源路,新改建里程共5502km,全区高速公路和一级公路里程首次突破4000km(其中高速公路2728km),大通道构架进一步延展。在已建的G312、G314、G216吐鲁番—乌鲁木齐—大黄山段均存在严重的车辙、龟裂、半刚性基层反射裂缝、低温裂缝、网裂等沥青路面病害。这些病害问题的缓解急需技术支撑,对今后新疆地区沥青路面铺筑与养护提出挑战。

橡胶沥青技术日趋成熟,优势明显,但在新疆地区的应用目前尚处在起步阶段,现有的橡胶沥青铺筑并未结合新疆区域气候特点,也未科学制定适应新疆地区的橡胶沥青技术指标和橡胶沥青混合料级配范围,未系统性编制出新疆地区橡胶沥青混合料施工技术指南。

鉴于此,开展橡胶沥青技术在新疆沥青路面中的推广与应用对于提高新疆沥青路面使用质量、延长路面使用寿命、节约建设成本具有重大现实意义。

2. 研究内容

通过新疆路用橡胶沥青粉技术性能参数、橡胶沥青技术性能评价及其在新疆不同气候分区技术指标、橡胶沥青混合料配合比设计、橡胶沥青混合料施工工艺四方面研究开展橡胶沥青技术在新疆沥青路面中的推广与应用,编制《新疆地区橡胶沥青及混合料的施工技术指南》。通过橡胶沥青技术研究及应用,达到减少公路病害、延长路面使用寿命的目的。

3. 研究成果

(1)提出适合新疆气候特点的橡胶沥青施工工艺并编制《新疆地区橡胶沥青及混合料的施工技术指南》,指导橡胶沥青在新疆大面积推广应用,以减少路面病害,降低养护费用,延长路面使用寿面。

（2）废旧橡胶沥青的使用可以减少温室气体排放，变废为宝，减少环境污染，更有利于道路建设的持续健康发展。

（三）新疆克拉玛依岩沥青推广应用示范

1. 项目背景

新疆地处欧亚大陆腹地、远离海洋，"三山两盆"的大地构造地貌特点及青藏高原造成的气候影响，决定了新疆气候属于典型的大陆性干旱气候区。北疆大部分地区属于准噶尔盆地，夏季极端炎热、冬季极端低温及戈壁荒漠极大的昼夜温差，对沥青路面高温稳定性能、低温抗裂性能带来了严峻的考验。南疆大部分地区属于塔里木盆地，夏炎热冬寒区，夏季极端高温，年降水量稀少，因此该地区对于沥青路面的高温稳定性有较高的要求。

新疆是资源大省，多个地区拥有大量的煤炭、石油、天然气资源，同时，新疆作为西部国际能源贸易中心和西部国际交通运输中心的国家战略地位日益突出，新疆公路网面临着繁重的运输任务。许多能源产地的交通量迅猛增长，并且大型货车所占比例急剧增大，车辆超重载、轴载和胎压不断增大等，这些特殊的交通条件给道路带来了极大的挑战。因此，使用好的材料有助于解决或缓和公路路面的早期病害问题。

近年来，改性沥青在我国公路沥青路面工程中得到了普遍应用，新疆克拉玛依岩沥青改性沥青也是其中一种。新疆岩沥青对抗车辙性能的提高尤为突出，不仅如此，也提高了抗水损坏性能和抗老化疲劳性能，施工特性较好。使用岩改性沥青铺筑的沥青路面，具有高使用寿命、高稳定性、高抗水损能力及很高的抗疲劳强度，显著改善和提高沥青路面性能。

2. 研究内容

通过吸收国内外先进成果和经验，旨在针对新疆地产基质沥青和矿质材料，研究新疆克拉玛依岩沥青改性沥青生产工艺、克拉玛依岩沥青改性沥青技术要求及岩沥青混合料的路用性能，解决岩沥青混合料设计与施工工艺等相关的技术问题。

3. 研究成果

（1）系统提出适合新疆区域性特点的克拉玛依岩沥青及沥青混合料质量控制的技术标准。

（2）编写《新疆地区克拉玛依岩沥青混合料设计技术指南》及《新疆地区克拉玛依岩沥青混合料的施工技术指南》。

第六章
高速公路运营管理与路政管理

新疆公路养护管理工作牢固树立和贯彻落实"公路建设是发展,养护管理也是发展,而且是可持续发展"的发展理念,坚持"畅通主导,安全至上,服务为本,创新引领"的公路养护管理工作方针,紧紧围绕"管理科学化、养护机械化、监控智能化、服务标准化"工作目标,以规划为引领、科技为先导、服务为宗旨、改革为抓手、资金为保障,持续转变公路养护管理发展方式,夯实公路养护发展基础,全面加强公路养护管理,公路基础设施使用效率和服务水平显著提高。

第一节 高速公路运营管理

一、总体情况

(一)规模

截至2016年底,新疆公路管理局管养高速公路4395km,高速公路管养总里程占新疆公路网构架的17%。

截至2016年底,全区拥有公路服务区61对。其中,全国百佳示范服务区2对(分别为昌吉公路管理局五工台服务区和奎屯公路管理局五五新镇服务区)、全国优秀服务区5对(阿克苏公路管理局库车服务区、乌鲁木齐公路管理局三坪服务区、石河子公路管理局石河子服务区、奎屯公路管理局奎屯服务区和喀什公路管理局克孜勒服务区),达标服务区27对。

(二)公路收费

截至2016年底,新疆公路管理局管养高速公路收费里程4334.286km,运营收费站168个。其中,高速公路主线收费站39个,匝道收费站95个;一级公路收费站10个;二级公路主线收费站24个。收费车道1206条,其中入口520条,出口686条。

第六章
高速公路运营管理与路政管理

收费服务 刘艳芳 摄影

积极推进非现金支付和 ETC 建设实施，提高通行效率。ETC 一期工程于 2015 年 9 月 28 日顺利实现与全国并网。ETC 二期工程（北疆片区）包括昌吉、石河子、奎屯、博乐、塔城、阿勒泰 6 个地州（市）局辖区范围内所有一级及以上公路，改造 48 个收费站、351 条 MTC 车道，新建 102 条 ETC 车道。截至 2016 年底，已顺利完成前期土建工程及 ETC 基础设备安装、加电调试工作。

加快客服网点建设。2015 年在哈密、吐鲁番、昌吉、石河子、奎屯、乌鲁木齐分别建立自营客服网点，负责天山行卡的发行、售后服务、报表统计、档案建管、银行一站式营业网点发行复核等工作。按照"一年打基础、两年见成效、三年上台阶"的 ETC 运营发展目标，将 ETC 建设作为一项解决群众现实需要、促进新疆经济发展的民生工程来抓。首批次与新疆建行合作，于 2016 年 7 月 20 日正式向公众发行 ETC 天山行记账卡，发行初期迅速在全疆建立了 108 处一站式营业网点、42 处外派柜台、6 处自营网点。截至 2016 年 12 月底，ETC 用户突破 33.8 万户，非现金交易总量 216.38 万笔，非现金通行费总收入 1.03 亿元。

按照交通运输部《收费公路车辆通行费车型分类》统一标准，对星星峡至吐鲁番段高速公路星星峡收费站等 6 个收费站的按车型收费标准进行了报批和调整。积极借鉴内地成功经验，委托编制开发了《新疆维吾尔自治区联网收费技术要求》及新疆 ETC 联网收费软件。采取与代理发行机构联合招标的方式采购 OBU 等关键设备，对电子标签、路侧天线等关键设备进行了耐高温、高寒检测、耐盐雾腐蚀性能检测，有效地保证了 ETC 关键设备的可靠性，提高 ETC 车道通过率。编制了《代理发行机构 ETC 技术对接实施方案》《代理发行机构 ETC 业务对接管理办法》，规范统一客服网点服务标准、标识。制定了《ETC 车道通过率保障实施方案》，在 ETC 收费车道铺设彩色路面，提高收费站通行效率。与自治区交通运输厅交通运输服务监督电话"12328"对接，建立 ETC 客服网站，开发手机 APP 综合智能服务平台。与此同时，通过走出去、请进来、岗位练等多种形式，培养业务骨干。

二、运营管理成效

(一)体制机制

新疆交通运输系统持续深化公路养护管理体制和养护运行机制改革,完善建管分离、管养分离模式。调整和理顺了公路建设、养护运营、路政管理的职责和机构。其中,自治区公路管理局负责全区高速公路的养护管理,负责全区收费公路的运营与管理,对全区农村公路建设进行质量监督。全区公路养护系统实行区级、地(州、市)级、县(市)级三级垂直管理模式。新疆公路管理局下设16个驻地(州、市)公路管理局、96个驻县(市)分局、274个养护站(道班),辖168个收费站、61对服务区,在职职工约1.8万人。

(二)管理能力与水平

新疆建立了以公路数据库为基础,以路面管理系统、桥梁管理系统和公路日常养护管理系统为手段的公路信息化管理体系。建成全区公路管理系统"阳光公路管理"及电子监察系统。统筹规划行业管理业务系统资源整合,分步推进主要业务管理信息系统及数据交换的资源共享、互联互通。推进地理信息管理系统、交通量调查综合分析系统等信息化建设。组织实施新疆高速公路信息通信系统联网工程,实现接入全国高速公路信息通信骨干传输网。

着眼自治区公路养护管理工作需要,大力推进专业化养护队伍建设,结合新疆实际,加强养护教材编制,创新培训方式手段,广泛搭建交流实践平台。完善教材体系,参考国内外养护技术管理文献,总结养护决策方法、管理程序、养护各环节操作规程和配套标准,对先进的养护理念、规范的管理程序、科学的工作方法进行总结提炼,编制了公路养护管理"一纲四册"系列丛书("一纲"即公路养护管理大纲,"四册"即日常养护管理手册、养护管理制度手册、技术管理手册、应急管理手册),"公路日常养护规范化管理技术人员系列丛书"(《公路养护决策管理手册》《公路日常养护作业指导手册》《公路日常养护作业管理手册》《公路养护规范化管理监督手册》《公路突发事件处置管理手册》)。按照养护生产分工不同,采取分层次、多层面、有侧重的培训方式,激发队伍获取知识、更新理念、提高素质本领的积极性和主动性。与此同时,通过召开养护技术研讨会等形式,搭建技术交流平台,围绕路面翻浆、沉陷处治、桥涵养护和路基预防性养护等重点内容展开交流探讨,形成了一批研究成果,涌现出了一批养护技术领军人才。

认真贯彻落实《公路养护技术规范》及养护机械配备标准,科学合理配置养护机械设备,多功能组合配套、一机多用,最大限度发挥机械设备使用效能。截至2016年底,全区拥有养护类机械设备 8427 台(套),设备原值 17.94 亿元。

第二节 公路路政管理

一、新疆维吾尔自治区公路路政执法模式

(一)路政管理形成和发展背景

1983 年 7 月,国务院印发了新中国成立以来第一个路政管理方面的文件,即《关于加强公路路政管理,保障公路安全畅通的通知》(国发〔1983〕105 号),把路政管理工作摆到了重要议事日程。

到 20 世纪 80 年代中期,社会各界对公路的重要性认识大幅提高,"要想富,先修路"的理念唱响全国,各地都掀起了修路的热潮。为保护公路不受侵占和破坏,1987 年 10 月,国务院颁布了《中华人民共和国路政管理条例》。1988 年 6 月,根据条例授权,交通部又发布了《中华人民共和国公路管理条例实施细则》,这是我国第一个比较系统全面的公路管理行政法规。

1989 年 11 月,交通部在四川重庆召开新中国成立以来全国首次路政管理工作会议,使路政管理工作逐步走向法制管理轨道,由单纯路政管理转向保护路产、维护路权、环境监督等多维管理。

1997 年 7 月,八届全国人大常委会第 26 次会议通过了《中华人民共和国公路法》,它的颁布施行标志着我国公路路政发展步入了法制轨道,保障和促进公路事业的发展,充分调动了各方建设公路的积极性,指明了改革方向及建设和管理公路的措施。之后,相继出台了《路政管理规定》《超限运输车辆行驶公路管理规定》《公路监督检查专用车辆管理规定》等一系列规章。2001 年 9 月 28 日,新疆维吾尔自治区第九届人民代表大会常务委员会第 24 次会议通过了《新疆实施〈中华人民共和国公路法〉办法》。

2011 年 2 月 16 日,国务院第 144 次常务会议通过并公布了《公路安全保护条例》(2011 年 7 月 1 日起施行),为"依法治路"打下了坚实的基础。2013 年 7 月 31 日,《新疆实施〈中华人民共和国公路法〉办法》(修订版)颁布,至此新疆路政管理法律法规体系初步形成,有力促进了各地路政管理部门理顺体制、完善制度、丰富执法手段、规范执法行为、提升公共服务的目标的实现,标志着新疆公路路政管理工作迈上规范化、制度化、法制化的新台阶。

(二)新疆路政管理体制发展沿革

1. 发展前身

在全国路政管理发展的大背景下,1989年,自治区公路管理局设置了路政科,并开展了两期全区范围内的路政管理人员培训班。1990年,自治区交通厅成立了路政稽查总队,全区各地州(市)也先后在公路总段内设立了路政科(即路政稽查大队),从此全区路政管理工作迈入了依法治路的轨道。

1990—1995年,各地交通局及兵团交通局、石油专用公路也相应成立了路政管理机构。2001年,考虑到自治区高速公路管理的统一性,新疆维吾尔自治区高等级公路管理局负责自治区高等级公路的建设、管理和运营养护,代表交通厅对新疆高等级公路进行行业管理和行使业主权。在这种管理模式下,新疆维吾尔自治区高等级公路管理局成立路政处,各管理处成立路政稽查大队,负责自治区高速公路路政管理工作。由新疆维吾尔自治区公路管理局路政稽查总队负责协调各行政执法机构,并对其进行业务指导和监督。

2. 体制改革历程

为贯彻落实党中央、国务院关于成品油价格和税费改革人员安置政策,根据自治区机构改革方案,新疆交通运输系统机构改革积极推进,2010年起在交通系统内实施"建管养"分离管理模式。同年4月,经自治区编委批准,新疆维吾尔自治区路政管理局、地方海事局(路政海事合署办公)成立。区局机关办公楼位于乌鲁木齐市扬子江路224号交通综合执法楼,与自治区道路运输管理局共用一栋楼合署办公,机关办公用房总使用面积为1230m²。

3. 现行体制

新疆维吾尔自治区路政管理、地方海事局,是隶属于自治区交通运输厅领导的正县级事业单位,采取三级垂直管理模式,编制1602人(含150个海事人员编制),内设8个职能处室,下设18个驻地(州、市)路政管理局(副县级)、57个驻(县、市区)路政管理局(乡科级)、46个超限检测站(其中正在运行28个,停测3个,在建5个,待建8个,维修2个)。全局车辆编制为602辆,现有车辆571辆,包括公务用车80辆、执法车辆491辆。全局承担着全区198条共计25591.569km高速公路、国省道及专用公路的路政管理工作,会同有关部门开展车辆超限超载路面治理,对全区兵团、石油及农村公路路政工作实施行业指导。同时,还肩负着对全区近56处湖泊、河流、水上旅游点,467艘各类船舶、387名船员和2681.43km²监管水域的海事监管职能。

2010年7月,新成立的新疆维吾尔自治区路政海事局完成了对各地(州、市)路政管理局领导班子的任命。2011年3月,完成了机构改革和人员划转工作(共划转1414人,其中原征稽局481人,交通建设局261人,公路管理局672人;干部身份843人,工人身份571人)。同时,根据交通运输厅《关于征稽(海事)局资产和财务会计资产移交有关工作的通知》(新交财〔2010〕57号)要求,认真编制会计移交清册、固定资产移交清册以及征稽业务有关票据和征稽资料移交清册,严格履行交接手续,完成原征稽(海事)局资产和财务会计资产移交工作。

2012年7月,新疆维吾尔自治区路政海事局实现了参照公务员法管理的体制转变。2014年1月,实现了全局1386名人员参照公务员法管理。全局已成立18个驻地(州、市)局党组,57个驻县(市区)局党组,1个机关党委,9个党总支,80个党支部(含6个离退休党支部),党员总数从2011年的738人发展到现在的951人(其中离退休党员193人)。

二、新疆公路路政管理主要做法和成效

(一)着力推进"三基三化"建设,夯实执法基础

路政行政执法工作的重点和难点在基层,新疆维吾尔自治区路政管理局以"三基三化"建设为契机,抓基层、打基础、练基本功,将"基层执法队伍职业化、基层执法站所标准化、基础管理制度规范化"建设推向纵深,全面推进交通运输依法行政。

1.加强执法队伍职业化建设

(1)严把"准入关"。对于新进的路政人员,严格规定录用条件,坚持基层推荐和凡进必考、岗前必培的原则。由各基层单位推荐身体素质好、社会责任感强、有较高文化素质的人员,经考试测验合格后进行岗前培训,取得交通行政执法资格后方可录用。2010年,新疆维吾尔自治区路政管理局成立之后,对划转人员同样采取考试考核择优录用,严把进入关。2013—2016年,参照公务法考核办法面向社会公开招录了3批次执法人员,共计247人,在保证执法队伍的高起点、高素质的同时,也确保了公路路政执法机构队伍的稳定。

(2)分层次、多角度强化业务培训,提高队伍素质。对从事路政工作的在岗人员,每年都组织开展执法轮训,充实和更新路政人员的业务知识。一是分批次、分层次安排人员参加交通运输部、自治区交通运输厅组织的疆内外各类高层次法律法规和业务培训;二是积极参加每年自治区组织的各类普法教育学习班和知识测验;三是分期、分部门先后组织开展了100多期培训班,参培人次超过5000人次,还多次聘请有关专家和教授对路政人员进行了交通法律法规专题讲座,全区在职路政人员受训率达到100%。

(3)提升路政队伍的纪律性和规范性。为了提升路政队伍的纪律性和规范性,按照准军事化管理的要求,开展执法队伍风纪整顿,全面推行交通执法禁令,严格按照交通运输部"五个规范"的要求,抓着装、仪表、规范用语等细节,多次组织了军事队列、军体拳和

交通指挥手势等多项科目的军事训练,培养了执法人员良好的身体素质和外在形象,巩固和发展了路政队伍军事化管理的成果。

(4)积极探索队伍建设新举措。为了拓宽人才评价渠道,鼓励路政部门优秀人才脱颖而出。多次组织开展路政业务知识竞赛、岗位练兵等活动,并于2012年在新疆交通学院组织了全区"路政业务技能大比武"活动,培训考核方式由过去传统的笔试考核模式,发展为现在的从实践中识别和发现优秀路政业务骨干,在全系统形成了比业绩、比技能、比素质的创先争优氛围,对改进和完善路政队伍人才评价发现机制做出了重要探索。另外,通过长期的积累和实践,与石河子干部学校合作,共同编写出了一套专门针对新疆农村公路路政执法的培训教材。该教材填补了在农村公路路政管理上的空白,为进一步提升新疆路政执法人员的素质能力奠定了坚实的基础。

2. 加强基层路政执法机构标准化建设

按照交通运输部"统一执法证件、统一执法标志、统一工作服装、统一执法场所外观"要求,结合实际进一步细化制作了《路政VIS视觉识别规范》和《路政执法服装管理办法》,编写了《新疆公路路政管理指南》及《路政执法规范化手册》,投入资金逐年分批次对局系统各单位办公楼、政务大厅、超限检测站点进行了维修,分3批次购置配备执法车辆129辆,全面统一了局系统路政指示标志、公示栏、执法车辆和主要办公用品的制作标准,完成了新式交通行政执法制服的更换,对所有路政执法车辆均喷涂统一外观,并办理了车辆示警灯手续。同时,利用换发新式执法证的契机,重新核定执法人员信息、执法类别,对新办证人员严格审批,努力实现执法队伍的职业化、正规化,实现了全区公路路政执法形象"四个统一",并逐步推进路政执法程序标准化、执法行为规范化。

3. 加强执法管理规范化建设

(1)建章立制。制度建设是保证路政单位行政执法规范的根本。新疆高速公路路政管理从制度建设入手,根据交通行政执法工作规范,一方面,制定了路政执法管理、行政执法处罚审核、重大案件集体讨论、备案和行政处罚自由裁量权细化标准等一系列路政管理制度,使行政执法水平有了明显提高,工作作风有了明显转变,并坚持在实际运用过程中不断予以修改和完善,使之更适应高速公路路政管理工作的需要;另一方面,对各类规章制度进行了清理、修订,并广泛征求干部职工的意见,择要形成60余项规章制度和管理办法汇编,进一步量化工作标准、规范工作程序、堵塞管理漏洞、完善运行机制,以制度规范行为,以制度管人管事。

(2)构筑阳光路政。在全系统实施了加强执法队伍建设"五项工程"(即执法队伍综合素质提高工程、执法队伍执法规范工程、民生建设推进服务工程、廉政形象建设工程、治超管理规范工程);建立了副科级以上干部重大事项报告、个人廉政档案、个人信息档案;

编制了《自治区路政廉政风险防控工作手册》和《路政执法人员作风建设系列丛书》;在全系统开展"家庭助廉走访系列活动",重点加强对治超重点领域和关键环节的纪检监察、审计监督和廉政风险防控;聘请了政风行风义务廉政监督员131名,预防职务犯罪工作联络员25名,每年2次参加新疆电视台新广行风热线电台直播,现场解答听众提问。

(3)完善执法督查评议。外部监督方面,通过在区局电子政务网站和各地州局办公场所设置公示栏、投诉邮箱、电子显示屏、公众查阅室,公布公众行风投诉举报电话12318等方式,对公路路政执法主体、执法依据、执法程序、执法监督、执法结果、当事人权利等相关信息进行全面公示。内部执法监督方面,建立路政行政执法评议考核办法及考评标准,成立督查办公室及定期组成督查组,对行政执法行为及工作目标管理完成情况进行督查。2011年来,先后组织开展了12次考核评议、50余次明察暗访,多次组织开展了执法案卷评查工作。各地、州(市)路政海事局每季度至少开展一次案卷评查,许可案卷、一般处罚案卷和赔偿案卷的评查率应达到80%,案卷自我检查由县(市)路政海事局在执法案件结案后5个工作日内完成,并对破案率、结案率和超限率采取实地现场测算的方式,作为各地州局党政领导年终考核的重要指标之一,确保了考核评估的准确性和真实性。

(二)依法行政,转变职能,忠实履行公路卫士职责

"十二五"以来,新疆维吾尔自治区公路路政管理进入崭新的发展阶段,路政管理工作迈向规范化、法制化轨道。新疆维吾尔自治区路政管理局针对新疆公路点多、线长、面广、管理分散、情况复杂的特点,坚持以依法保护路产、维护路权为中心,以路域环境整治为核心,以路政案件质量评查提升和涉路许可服务为重点,以涉路工程的安全监管为抓手,采取了政府相关职能部门多方协作、综合治理等诸多管理措施,不断提高依法行政的水平和能力,扩大路政管理工作的社会影响,有力维护了路产路权,保障了公路安全、畅通、完好。

1.路政管理成效显著,监管能力和服务水平大幅提升

(1)路政管理规模有了质的飞跃。除对国省干线公路路产路权进行管理以外,还组织对全区近15万km县乡公路、兵团公路和石油专用公路路政队伍进行人员培训、执法证件和执法车辆示警灯管理,组织开展执法检查,实施路政行业指导。

(2)国省干线路产损失得到及时有效赔偿。"十一五"累计查处各类路产损坏案件161824起,依法收缴公路赔(补)偿费2.5亿元,收取行政处罚金额5585.18万元;"十二五"累计查处各类路产损坏案件187243起,同比上升15.71%,依法收缴公路赔(补)偿费3.8亿元,同比上升51.87%;收取行政处罚金额3.34亿元,较"十一五"增幅近5倍;路政案件破案率、结案率连年保持在95%以上,路产损失回收率达到90%。

(3)涉路许可审批管理规范高效。认真落实行政许可制度改革,将原有7个审批事

项合并调整为4项,由地州市县路政机构具体负责实施;相继出台和制定了《公路路政行政审批管理办法》《路政许可程序示意图》和《路政管理涉路许可工程技术内参》,修订路政许可申请材料目录和文书标准,规范了行政许可事项、权限和涉路施工现场监管要求;施行许可首问责任制和限时20天办结制,加强涉路施工现场监管,强化行政许可事前、事中、事后监管和服务,一改以往行政审批先申请、再审核批复的例行程序,按照审批时间最短、效率最高的要求,尽最大努力缩短审批时间,对自治区重点工程项目采取主动对接,将可能发生的行政许可项目及有关要求提前告知,将问题解决在设计阶段,保障自治区重点工程项目的顺利实施,不仅为乌哈高铁建设、西气东输、电力送电工程、部队维稳光缆和公安安检监控等新疆重点工程建设项目提供了便捷,还为天然气南北疆入户、额尔齐斯河引水至乌克两市等与百姓息息相关的民生工程提供靠前服务,更好地为地方经济建设服务。"十二五"期间,共办理各类行政许可43340起,其中涉路许可3408起,收缴公路补偿费1.55亿元。

(4)公路路域环境进一步优化。严格落实交通运输部关于路域环境综合整治"八个无"(交通标志前后500m基本无广告、基本无违法建筑物、无穿越公路的设施、基本无违法非公路标志、路基路肩边坡基本无非植物、基本无摆摊设点、无打谷晒粮现象、公路用地范围内基本无堆积物)的工作要求。

一方面参与起草了《新疆维吾尔自治区国省干线公路路域环境综合整治工作实施方案》(新政办明电〔2015〕201号),制订实施计划,分时段分重点稳步推进,对全区非公路标志(广告牌)进行汇总分析,并牢牢抓住地方政府牵头这个关键点,通过积极协调,目前全区18个地州人民政府均组织召开了多部门参与的路域环境整治联席会议,并且各地区或县市人民政府均以正式文件形式划定了公路用地和两侧建筑控制区的范围和审批管理权限,使路域环境治理转化为政府牵头、多部门联动行为。

另一方面,进一步加大路政巡查的力度和密度,对公路用地、建筑控制区、桥梁禁止采砂区等公路安全保护区实行动态管理,重点治理在公路上抛撒杂物、占道经营等违法行为,拆除公路沿线遗留的非交通标志牌、影响路容路貌的堆积物等,配合有关部门抓好非公路标志牌的统一设置管理工作,做到"统一规划、统一审批、统一经营、统一管理",道路的行车条件得到有效改善。"十二五"期间,共依法责令改正、清理非公路标志牌10469块,清理非法平交道口3664处,拆除公路控制区内修建建筑物、地面构筑物1499处。

2.路政管理"亮点"纷呈

(1)夯实路政管理基础。公路路政巡查是高速公路路政管理最基础环节,"十一五"期间,针对交通量较大的一级公路、收费公路和高速公路实施全面巡查,有效保证了及时发现案件、及时勘查现场、及时处理路政事案,与此同时,还连续五年完成了《新疆公路交通情况调查资料汇编》的编写工作,在全区范围内完成了100个交通量调查自动观测仪的安装使用工作,给新疆公路的日常养护和公路网规划提供了可靠依据。

"十二五"期间,为适应新疆高速公路里程的快速增长,保障巡查的频率和效率,确保及时发现和查处路政事案,根据交通运输厅《关于印发新疆维吾尔自治区国省干线公路路政巡查办法的通知》(新交体法〔2015〕15号)要求,严格执行路政执法核准管理模式,对高速公路巡查频率提升到每日巡查不少于1次,大幅度提高路政巡查力度和密度,并结合实际,加强对重点时段、重点路段的现场监管。同时,统一了全区路政事案原始记录登记本、巡道日志、各类报表,采取"路段信息日报"等举措有效加强了公路动态监管,及时发现、制止和查处损坏路产、侵占路权的违法行为,排查公路通行安全隐患。各地州路政管理局积极与驻地公路养护部门加强沟通协作,共享巡查信息,定期召开联席会议,已初步建立了路政养护联合巡查机制。2011年至今,克服新疆巡查公路里程长、自然条件恶劣、灾害频发等不利条件,全局累计投入路政巡查人员71.37万人次,执法车辆34.22万车次,巡查里程累计达到2924.75万km。

(2)狠抓质量评查,提升路政案件办理水平。按照交通运输部执法规范化要求,不仅全面统一了全区路政案件办理程序和执法文书填写标准,对违法事实、执法依据、执法程序、调查取证、使用法条、处罚结果等各个方面均作出具体明确规定,还结合新疆实际,编制了《公路路政行政处罚自由裁量执行基准》《路政执法文书制作指南》《路政海事基础法律汇编》《路政执法依据汇编》《海事执法依据汇编》《路政管理法律、法规、规章、规范性文件汇编》,翻译制作了53种交通执法文书维文版,并坚持对重大案件资料实行上报备存制。2013年石河子路政案卷被交通运输部评为了"全国行政执法评议考核优秀案卷"。

(3)实施"路政逃逸案件举报协作奖励办法"。为了进一步激发社会群众共同参与路政执法工作的积极性,建立了公路沿线义务护路员制度,制定了"路政逃逸案件举报协作奖励办法",将路政事案处理所收缴的路产损失费7%用于奖励勇于举报或协助路政部门破获逃逸案件的个人或单位。同时通过与公安、保险部门的密切合作,已建成了多方共同参与路政案件逃逸处理的长期合作机制。

(4)路政档案管理严谨有序。全面建立电子档案系统,在档案管理力求"严",建立健全了从收集、整理、保管到查阅、转递、保密等一整套路政档案管理制度;路产档案收集力求"全",组织对辖区国省干线公路路产进行全面调查摸底,及时更新路产档案,并印制了新疆《公路及公路附属设施图册》(维吾尔语、汉语两种版本);资料整理力求"细",制定了路政档案目录资料指南,对路政档案的资料整理、汇编、分类、装订等方面提出了具体要求,确保路政档案的准确性、真实性、规范性和完整性。

3. 充分发挥法制机构在推进依法行政、建设法治政府部门中的组织、协调作用

为更好地贯彻落实交通运输厅《关于全面深化自治区交通运输法治政府部门建设的

实施意见》，开展自治区路政海事系统法治政府部门建设，制订实施方案，提出力争到2020年基本建成善于运用法治思维和法治方式的法治型领导班子，职能清晰、权力运行流程规范的法治型政府部门，严格规范、公正文明执法的法治型行政执法队伍的目标。

(三)重拳出击，联合执法，公路治超开创崭新局面

1. 新疆治超工作现状和发展历程

超限超载危害道路交通安全，社会影响广、治理难度大，已成为社会各界普遍关注的焦点和热点。

截至2016年底，新疆现有28个正在运行的固定超限检测站。治超工作不仅多在远离城市、地处偏远的位置，工作生活环境较为艰苦，而且近年来强行冲卡、蓄意堵路、车托绕路甚至攻击执法人员等暴力抗法也不断升级。2011年来，全区共发生蓄意堵路事件上百起，暴力抗法73起，造成45名执法人员受伤及个别执法车辆损毁。超限超载运输车辆可能造成路损桥塌、车毁人亡，保护公路桥梁安全，治理超限超载意义重大，任务艰巨。

2004—2007年期间，新疆治超工作主要由自治区交通运输厅组织实施，多部门的治超执法力量尚未形成合力，地方保护主义普遍存在，造成治超工作发展较为滞后，全区超限率曾一度超过30%。

随着两次中央新疆座谈会的召开，新疆优势资源转换战略和新型工业化进程不断推进，新疆公路建设步伐日益提速，新疆维吾尔自治区党委、人民政府主要领导十分重视治超工作，将治超工作定位于经济发展和长治久安的重要任务之一。2007年成立了全区治超工作领导小组和办公室；2015年又调整成立了由自治区党委常委、自治区常务副主席担任组长，自治区副主席担任副组长的全区治超工作领导小组。领导小组办公室设在自治区交通运输厅，由公安交警、道路运输管理和路政管理部门人员组成(其中路政部门负责会同有关部门治理车辆超限超载)。2016年9月，为落实国家五部委治超工作视频会议精神，起草出台了《关于印发自治区治理车辆运输车、货运车辆非法改装和超限超载工作实施方案的通知》(新治超办明电[2016]2号)，各地州(市)、县参照自治区治超领导小组办公室组成模式，在驻地交通运输局设立治超领导小组办公室，负责日常治超工作的组织实施，监督检查本地区的治超工作。确定了政府主抓、综合治理的总体思路，规定各地州、县(市、区)人民政府是本行政区域内治超工作的责任主体，全面理顺了治超工作机制，初步形成了政府主导治超、部门分工负责、各方协调联动的治超工作大格局，使新疆治超工作纳入正规化管理轨道。目前全区超限率控制在5%以内，高速公路超限率为0.82%。

2. 路政治超工作成绩斐然

面对超限超载运输车辆可能造成的路损桥塌、车毁人亡等种种压力，在自治区党委、

厅党委的大力支持下,在各级政府和相关职能部门的支持和配合下,路政管理部门没有等、靠、要,而是积极统一思想,坚定治超决心,严格履行路面治理职责,治理超限运输工作取得了一定成效。

(1)积极推进建立政府主导、多部门协作的治超长效机制。一方面,2010年协助自治区人民政府起草出台了《关于治理违法超限超载车辆确保道路交通安全的意见》(新政发〔2010〕95号)和《新疆维吾尔自治区超限运输车辆行驶公路补偿费标准》,明确了自治区各职能部门治理超限超载运输的责任。2013年参与修订编制了《新疆维吾尔自治区实施〈中华人民共和国公路法〉办法》和《新疆维吾尔自治区公路路政行政处罚自由裁量执行基准》,重点对治超工作的目标、监管责任、源头治理等进行了规范,为治超工作提供了强有力的法规和政策支撑。2015年,为填补新疆地方治超法律体系空白,启动了治超地方立法计划,2016年完成了立论基础、立法纲要、立法调研和立法草案,争取2017年完成立法计划。另一方面,多次主动向自治区人民政府和地方政府提交治超工作专题报告,争取政府支持。2014年自治区人民政府将治超工作纳入各地州(市)县政府绩效考核范畴,有效督促治超责任的落实到位。

(2)科学谋划超限检测站发展布局。通过深入南北疆实地调研和多次专家研究论证,编制了《新疆公路治超站建设规划工作报告》,完成了全区超限检测站点规划布局,提出了新疆未来超限检测站点选址规划、建设规模、场区房建设计等技术需求和发展建议,为今后治超工作发展描绘了蓝图。

(3)加强治超站基础设施标准化建设。根据《公路超限检测站管理办法》,分重点、分批次将治超站点基础设施建设纳入年度预算专项计划或公路配套项目,相关配套设施与新项目建设"同步施工、同步完工、同步交工"。坚持每年维修检测设备,为站点配备必要的照明、卸货和牵引设备,更新公示内容,逐步改善治超人员食宿等工作生活条件等,使全区治超站点名称符合规定,检测、执法处理、卸载、停车等基本功能区布局合理。

(4)创新管理模式,理顺管理机制。为理顺管理机制,加强日常管理,充分发挥基层党组织作用,从2011年起大力推行"小机关、大基层"工作模式,把路政队和正常开展工作的超限检测站全部纳入就近县级路政局管理;将工作重心向一线倾斜,抽调机关人员进驻超限检测站工作,并聘用协勤人员,连续3年分5批次,选送46人赴南疆三地州交流挂职;统一了治超站点组织建设、廉政建设和内业管理机制,并细化出台了包括《治超检测站内务管理制度》《卸货场安全管理制度》《流动治超管理办法》和治超人员岗位职责在内近20项内控规章,进一步明晰了治超管理权责,使治超执法管理纳入规范化轨道。

(5)坚持多方联动,开展集中专项治理。配备专人承办自治区治超领导小组办公室日常工作,组织成员单位到治超一线调研、督导,制定明确全区治超工作要点,通过召开治超联席会议、现场办公会等,推动全区治超工作深入开展。协调治超办成员单位,下企业、进源头,宣贯治超工作相关法律法规,组织对超限超载情况进行全面摸排,并结合新疆治超重点区域、重点路段和重点时段,先后组织开展了"大于60天""百日大会战"和"8个重点区域专项治理"等多次集中整治活动。以吐鲁番托克逊超限检测站为例,公安交警驻站与路政部门连续开展联合专项行动达到880天,使沿线恶性超限运输的态势得到有效遏制。对于蓄意堵路、强行闯卡等暴力抗法行为,由各地政府牵头,路政、公安、运政等部门组成联合执法工作组,对违法行为进行严厉打击,有效震慑了不法车主,净化了治超执法环境。

(6)优化路面治理方式。为打击违法超限车辆绕行行为,在以固定超限检测站为依托加大力度实施流动治超,并根据《流动治超管理办法》相关规定,为部分地州超限检测站配备了9辆流动治超车、3辆吊车、7辆铲车和6辆清障车,组织开展区域流动治超,实现了由原有固定站点被动值守的治超模式到主动出击流动治理的方式转变,并且不定时地对全区治超工作开展督导检查和明察暗访,确保了治超监管始终保持高压态势。

(7)建立大件货物超限运输车辆审批新机制。从2007年起,进疆大件货物超限运输车辆开始突增,针对这一情况,新疆高速公路路政部门立即组织人员,结合新疆公路运输实际,逐渐摸索并建立起一套较为完善的大件货物超限运输车辆审批机制,出台了《新疆维吾尔自治区大件货物运输车辆行驶公路管理规定》,印发了《关于办理不可解体大件超限运输手续资料清单》,实行办理一次性告知制。通过与交通科研院合作,对大件货物超限运输车辆进行技术分析和审查把关,既方便了运输单位,又减少了部门间的职能交叉,提高了管理效能。2016年又实现了大件运输行政许可网上受理。从2007年至今,共办理55t以上大件运输车辆1612辆,保障了新疆重点项目大件货物的安全到达。

(8)积极探索和推广不停车检测和非现场执法。为提高执法工作效率,加快推进治超非现场执法工作,选取了G30头屯河计重收费站、G216恰库尔图计重收费站、S303大黄山计重收费站、大黄山超限检测站为试点开展非现场执法,并同步在三坪超限检测站和小草湖超限检测站建设不停车称重预检试点,实现了精准称重、动态称重和不停车快速预检,并在五大高速公路紫泥泉匝道收费站入口加装了称重检测仪,实施阻截劝返,实现了科技治超的有益探索。

(9)加大宣传,营造浓厚氛围

广泛收集疆内外一些因超限超载导致的桥梁垮塌事故案例,制作成治超宣传单、宣传画册、宣传片。在《新疆日报》、新疆广播电台等主流媒体上对治超工作进行了不间断宣传报道,参加"新广行风热线"面对面电台直播8次,现场解答听众对治超工作的意见建议,参加全区各地州"交通万里行"节目5次,使社会各界对治超工作的关注和理解度进一步提升,为推进治超工作发展提供正能量宣传。

"十二五"以来,通过多方的共同努力,全区道路交通安全形势明显好转,道路交通安全隐患大幅减少,新疆路政管理局累计查处超限运输车辆10.18万辆,卸载、分流、转运货物114.94万t,较"十一五"增加近2倍;依法行政处罚2.99亿元,较"十一五"增幅超过4倍;办理55t以上不可解体大件货物超限运输审批1612件,为新疆重点工程项目物资、设备和器材的安全运输做出了贡献。与"十一五"治超工作开展相比,目前全区通行固定超限检测站路段车辆的超限率控制在5%以内,恶性超限超载运输基本消除。

路政执法人员现场执法

(四)科技问效,开拓创新,增强发展后劲

为提升路政治超执法管理水平,有效缓解路面治超执法人员不足、执法强度大等问题,通过加快推进信息化建设,运用科技手段取得一定成效。一是科学谋划。为加快推进路政信息化建设步伐,提高科学技术应用水平,2016年组织编制了《路政信息化建设"十三五"发展规划》,谋划了未来五年路政信息化发展的具体方向。二是定规立矩。为确保信息化各项工作执行落地,制定了《路政海事信息化应用管理办法》,明确了工作职责、应用规定和责任追究事项,并将信息化工作全面纳入目标考核内容范畴,在新疆路政管理信息化对外网站上公开许可一次性告知事项和权力下放清单。三是升级完善应用软件。为进一步完善路政、治超软件,2016年组织人员进行了为期1个月的实地测试,并安排软件研发单位技术人员和业务骨干赴各基层局进行设备安装和现场培训,推广普及运用。四是根治治超数据上传"顽疾"。为加强廉政执法管控,解决部分超限检测站检测数据无法联网上传的问题,组织技术力量下大力气整治,到2016年6月底,全区正在运行的超限检测站已全部实现了检查数据"省部站"三级联网信息分析和处理,填补了治超执法管理短板。五是发挥阳光电子监察"耳目"作用。2016年正式成立启用了自治区路政海事局信息监控中心,已实现了局系统90%基层单位[14个地、州(市)局,25个超限检测站,65个基层路政业务大厅]的实时指挥、监控和调度。六是强化单兵执法装备应用。为部分地州局配备单兵执法记录仪和巡查车载GPS定位设备,发挥单兵执法装备视频记录、实时监督、调查取证的防控作用,有力督促改进了基层工作作风转变。

(五)紧贴民生、服务社会,提升公路安全保畅水平

(1)着眼于效率提升。简化办事程序,办结时间平均提前5个工作日;在做好办事流程公开和行政许可一次性告知的基础上,利用电子邮件、传真等方式,减少群众来回奔波;与公安交警、公路管理局签订了三方共享协议书,便于及时准确发布交通出行信息,服务公路通行人员。

(2)着眼于应急准备。针对恶劣天气及重大活动期间的道路保畅工作,组建应急抢险队伍,制订了配套应急预案,储备应急抢险物资,定期开展实战演练。"十二五"以来,高速公路路政管理部门各单位组织道路除雪防滑、抢修水毁公路、交通事故应急处置、自然灾害地震抢险救助、反恐防暴等各类突发事件应急演练活动60余次。

(3)着眼于维稳保畅。深入学习陈全国书记在自治区深入贯彻落实习近平总书记关于新疆工作总目标再动员会议、自治区稳定工作等会议上的讲话精神,各级领导班子集中学习、认真研读,结合总目标和六项主要举措调整工作思路,树立大局意识、"一盘棋"思想,把主要精力放在落实七项任务上,带动各级班子和广大党员干部抓好学习、抓好落实,通过反反复复学习,在深学、精读、细研上下功夫,形成了逐级带动、上行下效的良好局面。从严落实安全维稳工作安排,梳理宣传看齐意识,重点加强"三节两会"安全维稳工作部署,严格落实领导带班和24小时值班制度,并积极响应自治区党委"访民情、惠民生、聚民心""民族团结进步年""南疆学前双语教育干部支教""民族团结一家亲"等工作安排,主动参与地区维稳防控工作。截至2016年,共派出72名干部到12个独包村(社区)驻村工作,派出61人参加40个住村工作组,选派15名优秀干部赴南疆学前双语支教。"十二五"以来,配合公路养护、公安交警部门疏导交通6656次,参与自然灾害救援889次,救援人数12111人,救援车辆6999辆,配合养护部门抗灾、清雪保畅1617次。

(4)着眼民生工作。按照自治区交通运输厅党委民生工程和惠民政策要求,2012年成立了自治区路政海事局工会委员会,各地(州、市)也相应健全了工会组织。一方面,积极开展便民利民服务,与公安交警、公路局、运管局的协作,实行信息共享,便于及时准确发布交通出行信息,服务公路通行人员;另一方面,坚持加大困难职工帮扶力度,努力推进基层站点食堂、异地任职调整、带薪休假、走访慰问困难户、离退休职工和遗孀、安排职工体检等一系列惠及职工利益的事项,积极落实办理集资建房和统建房,为昌吉、伊犁、喀什、石河子、塔城、和田和叶城等地州局办理集资建房和统建房共计579套,使得职工住房生活条件得到改善,使干部职工得益良多。同时,关心离退休人员,局系统各单位分别结合实际,建立离退休人员和职工文体活动场所,丰富职工业

余文化生活。

（六）执纪问责，肃清执法风气。立足于"防"，着眼于"控"，重点加强对治超重点领域和关键环节的纪检监察、审计监督和廉政风险防控

一是在全系统实施了加强执法队伍建设"五项工程"（执法队伍综合素质提高工程；执法队伍执法规范工程；民生建设推进服务工程；廉政形象建设工程；治超管理规范工程）。二是建立了副科级以上干部重大事项报告、个人廉政档案、个人信息档案。三是编制了《自治区路政廉政风险防控工作手册》和《路政执法人员作风建设系列丛书》。四是在全系统开展"家庭助廉走访系列活动"。五是在全局设立75处效能监测点，聘请了政风行风义务廉政监督员131名，预防职务犯罪工作联络员25名，每年2次参加新疆广播电视台"新广行风热线"直播，现场解答听众提问。六是与驻地纪检、纠风部门密切配合，狠抓执纪问责，强化内控制约机制，规范未结案件管理，开展票据清查工作，建立票据管理的长效机制，落实非现金支付管理，推广使用财政非税收入机打票系统进行路政治超业务结算，确保各项收费合理规范，有效避免违规乱收费现象的发生。

经过多年来持之以恒的教育、监督和管理，不断加强队伍建设，全局行业风气明显好转，局系统目前共有45个执法窗口单位荣获自治区级"行风示范单位"称号。

（七）取得的荣誉

新疆公路路政管理工作得到了各级领导的亲切关怀与大力支持。在制度建设、队伍建设、文明执法、窗口建设等方面取得了长足的发展，得到交通运输部、自治区党委、人民政府和交通运输厅的高度认可。

"十一五"期，先后荣获各级荣誉称号200多个。同时路政管理部门还涌现出一大批优秀党员、干部、青年岗位能手、先进工作者和模范团员，多次受到了上级的表彰。其中交通运输部交通执法标兵2名，交通运输部"全国公路交通情况调查先进个人"3名，"新疆2007年度十大法制人物"2名，"新疆2008年度十大法制人物"1名，累计获得地州、厅、局级以上荣誉称号的个人达到86人。

"十二五"期间，自治区路政海事局共建成自治区行风建设示范窗口3个，交通运输系统示范窗口5个，先后荣获交通运输部、自治区、地州、厅、局、县级荣誉称号162个，涌现出一大批优秀党员、干部、青年岗位能手、先进工作者和模范团员，多次受到了上级的表彰。其中荣获地州、厅、局级以上荣誉称号的个人达到183人次。

三、新疆公路路政管理工作的经验体会

历史发展证明新疆维吾尔自治区路政管理局的成立，集中体现了自治区党委、人民政府和交通运输厅党委顶层设计、审时度势的发展思路和长远的眼光，对进一步加强新疆高

速公路路政执法、保证费税改革划转人员平稳过渡、实现交通运输事业跨越式发展具有重要的意义。

（1）必须坚定不移地围绕社会稳定和长治久安的总目标，牢固树立稳定压倒一切的思想不动摇，认真落实中央和自治区党委的维稳工作安排和部署，这是队伍稳定发展的基石。

（2）必须坚定不移地贯彻落实党中央、自治区党委、自治区人民政府、交通运输部和自治区交通运输厅党委的方针政策和决策部署，按照"创新、协调、绿色、开放、共享"五大发展理念坚定不移地贯彻落实"四个交通"发展战略，大力推进"三基三化"建设，始终在思想上、政治上、行动上与上级党组织保持高度一致，确保政令畅通，这是做好自治区路政管理工作的前提和基础。

（3）必须不断加强和改进党的建设。党委重视、科学决策、发挥核心作用是推进路政服务不断提升的根本保障。

（4）必须始终坚持人才兴交，科技强交，加强队伍建设是提升服务的推动力。"十二五"期间，新疆公路路政管理部门牢固树立"人才是第一资源"的理念，把优势人才向基层一线倾斜，把青年人才输送到基层管理岗位，完善竞争机制，强化培训和锻炼，营造良好的人才环境，涌现出一大批先进集体和先进个人。展望"十三五"，路政管理要实现科学跨越发展，人才依然是关键。

（5）必须坚持文化引领、民生优先。在改革发展过程中，新疆公路路政管理部门坚持走群众路线，大力实施文化惠民工程，积极创造条件，大力改善基层干部职工工作生活条件，丰富他们的精神文化生活，提升他们的综合素质，这为路政管理事业不断发展提供了的强大动力。

风劲潮涌，自当扬帆破浪；任重道远，更须策马加鞭。新疆维吾尔自治区路政管理局将站在新的起点上，紧紧围绕"社会稳定和长治久安总目标"，以"保路护航，执法为民"为己任，以"严格执法，热情服务"为宗旨，大力践行"四个交通"理念，不断提高队伍综合素质和履职水平，持续提升辖区公路综合保障能力和窗口服务水平，强化应急处置和抗灾保通能力，健全规范依法行政的长效机制，推进路政管理各项业务转型升级，为丝绸之路经济带建设和新疆交通发展保路护航。

第七章
高速公路文化建设

有形之路是通衢之路、通疆之路,而无形之路是文化之路、精神之路!通过古丝绸之路的陆路交通,新疆各族人民与内地的交往历史悠久,情同手足。

据《穆天子传》记载,公元前10世纪穆天子姬满西方远游,自宗周出发,渡黄河,逾太行,涉滹沱,出雁门,抵包头,过贺兰山,经祁连山,走天山北路至西王母之邦(乌鲁木齐)。又北行二千余里,至"飞鸟之所解羽"的"西北大旷原",即哈萨克斯坦,由天山南路返回。穆天子西游时,与沿途各民族进行频繁的物资交流,如:珠泽人"献白玉石……食马三百,牛羊二千"。穆天子赐"黄金环三五,朱带贝饰三十,工布之四"等。从这些记载中,可以看到当时物资交换的规模、方式和品种等。穆天子西游是我国东西陆路交通史上最早的记录。

而人们大多认为,公元前2世纪西汉张骞两度出使西域、凿通西域是丝绸之路开通的源头。1000多年前,东起长安、西达罗马的"古丝绸之路"曾是连接中国与亚欧各国的贸易通道。在这条具有历史意义的国际通道上,五彩丝绸、中国瓷器和香料络绎于途,为古代东西方之间经济、文化交流作出了重要贡献。丝绸之路贯通东西方,共有三条线:第一条是南道,出甘肃敦煌,折向西南,经今天若羌、且末、和田、莎车、塔什库尔干,翻越帕米尔进入南亚;第二条中道,出甘肃敦煌,西行至楼兰,北行至吐鲁番,西行至库尔勒、库车、阿克苏、喀什,进入中亚地区南部;第三条是北道,出甘肃敦煌,西行至哈密、乌鲁木齐、伊宁,进入中亚大草原,西行西亚和欧洲(第三条线实际上还包括从我国华北地区向北越过戈壁,大致沿着北纬50°西行)。根据各自特点,这三条路又可分别称作"草原森林丝路""高山峡谷丝路"和"沙漠绿洲丝路"。作为经济全球化的早期版本,丝绸之路被誉为全球最重要的商贸大动脉。从中国视角看,丝绸之路是中国古代凿通的贯通东西方的交通大动脉,反映出中华民族古代走向世界的历史;从世界角度看,丝绸之路是古代西方世界通往中国之路,反映出西方对中国认知和交流的历程;从文化角度看,丝绸之路是世界文明交汇之路,反映出东西方文化交流的轨迹。丝绸之路三条线路在新疆(西域)交汇,凸显出新疆在丝绸之路上的重要交通枢纽作用。

往事越千年,文化贯古今。就在这一条条车马喧哗、驼铃叮当的古老道路上,慢慢悠

壁画中记载的沙漠绿洲丝路贸易通道

悠悠走过了汉、晋、唐、宋、元、明、清,走过了张骞、班超、刘细君、法显、玄奘、左宗棠、纪晓岚、林则徐,还有那西迁的锡伯人……当年的古丝绸之路已依稀湮没。

古丝绸之路

  2013年9月,中共中央总书记、国家主席习近平开启中亚之旅,倡议用创新的合作模式,呼吁"共建新丝绸之路经济带",古丝绸之路在沉寂1200多年后再度进入世界的视野,得到了沿线国家的积极响应。丝绸之路经济带东边牵着亚太经济圈,西边系着发达的欧洲经济圈,被认为是"世界上最长、最具有发展潜力的经济大走廊"。"丝绸之路经济带"的构想,为新疆交通运输事业的发展提供了历史机遇。

  今天,丝绸古道的三条线路已演变为三条国家干线公路,横亘在南疆北疆广袤的大地上:

  南道,现代公路从哈密瓜的故乡出发,翻越了终年积雪的阿尔金山,穿越了死亡之海罗布泊,在收费站姑娘亲切的"再见"声中,沿着塔克拉玛干一路远去,延伸进浩瀚的沙漠,沿途是石油钻机的轰鸣与和田市场的喧闹。

第七章
高速公路文化建设

中道，一条高等级的高速公路正在茫茫大戈壁里向西延伸，经过高楼如山的库尔勒、绿树掩映的阿克苏和新兴工业基地阿图什，到达中国西部的新区喀什。焉耆古国、尉犁古国、温宿古国、龟兹古国、疏勒古国……留在了古丝绸之路的历史中。

北道，与北庭古道一路并行，横跨起当今世界最长的桥梁——欧亚大陆桥。大桥两侧，秋天是白茫茫的棉花地，夏天是红灿灿的红辣椒和西红柿，大量丰富农产品运往各地。这条路的中外连接点是霍尔果斯——当代中国宏伟庄严的国门。

交通建设的快速发展，使新疆驶入了跨越式发展的快车道。建设丝绸之路经济带的重要交通枢纽，打造丝绸之路经济带核心区，已成为新疆交通人的共同梦想，也必将为新疆社会稳定和长治久安提供强有力的交通运输支撑和保障。

第一节 公路建设与精神文明

新疆公路发展的历史进程是一部波澜壮阔的历史画卷。1927年新疆汽车总局（运管局前身）正式组建，标志着新疆第一支公路运输队伍的诞生。到1950年新疆交通厅成立，新疆公路建设经历了战火纷飞、动荡不安的苦难年代。1950年，新疆公路仅有3361km；到了1978年，新疆的普通公路发展为23818km；而截至2016年12月，新疆公路已经飞跃到18.2万km。新疆公路从过去的"顺地爬""三跳路"到现在"绿洁畅美"四通八达的公路网，由过去粗放、低级、简陋的行业形象发展到现在成为自治区国民经济的基础性、先导性行业和先行官，已经发生了翻天覆地的变化。

新疆公路今天的硕果累累、辉映天山，是一代代公路人逢山开路、遇水架桥，战严寒斗酷暑、风餐露宿的结果，他们用足迹丈量天山南北，用汗水滋润大漠戈壁，用大爱唤醒沉寂荒原，用公路人的聪明才智、青春年华甚至生命，为新疆交通事业留下了一座座丰碑！

一、"文化引领、文化示范、文化惠民"三大工程建设

近年来，特别是中央新疆工作座谈会以来，新疆公路行业坚持以现代文化为引领，以科技教育为支撑，深入推进"文化引领、文化示范、文化惠民"三大文化工程，形成了以"大道为公、畅通天下、共享文明"为核心价值观，以"发展公路、服务社会"为行业使命，以"人便于行、货畅其流"为共同愿景，以"艰苦奋斗、勇于创新、不畏艰险、团结奉献"为交通精神的文化体系，并坚持把文化理念落地生根、开花结果，服务社会、惠及群众，坚持把文化建设成果转化为现实生产力，转化为行业的文明品牌，转化为行业的精神风貌，转化为行业的服务效能，转化为行业的社会美誉。新疆公路行业坚持以内强素质、外树形象为主线，以构建核心价值体系为根本，以改革创新精神为动力，以打造阳光交通为重点，以提升行

业文明形象和软实力为目标,大力推进精神文明创建工作,公路各项事业取得了突飞猛进的发展。

(一)文化建设历程

多年来,新疆公路行业坚持以现代文化为引领,切实提炼并构建了科学完整的符合社会主义先进文化前进方向、具有鲜明时代特征和公路行业特色的公路文化体系,提炼出广大公路职工普遍认同并自觉遵守的核心价值体系,形成了广泛意义上的文化自觉。

按照上级安排和部署,全区公路行业大力实施新疆公路文化建设"两个一批工程":推出一批自治区交通文化研究成果、建设成果、活动成果,培育一批自治区交通文化建设人才和示范单位,群众性文化建设活动广泛开展,交通文化建设成果不断涌现。通过广泛开展新疆公路文化、运输文化、窗口文化、廉政文化、安全文化、科研文化、校园文化和大众文化等建设,使交通文化建设呈现百花齐放、百家争鸣的局面。通过筹建"新疆交通文化联合会",并在此基础上成立"新疆公路书法分会""新疆公路摄影分会""新疆公路作家分会"等群众团体组织,使公路文化阵地的主体优势作用得到充分发挥。

2007年3月,自治区交通运输厅承担了交通运输部下达的全国公路文化建设研究课题,新疆课题组从公路行业精神、制度、行为、物质文化等层面,梳理了公路文化的历史资源和公路行业的文化传承,分析了公路文化的资源要素,对公路文化的现状进行了整体评估和基本研判,提炼并构建了公路文化建设的价值体系,提炼了公路文化的基本特质,阐释了公路精神文化、制度文化、行为文化和物质文化的基本要义、主要特征和重要价值理念,提出了公路文化建设的指导思想、主要措施及方法途径,形成了《公路文化建设研究报告》《公路文化理论与实践丛书》和《公路文化手册》三项研究成果。新疆交通人组建的中国公路文化课题组坚持主题先行、体现特色性,坚持深入浅出、体现科学性,坚持理论创新、体现先进性,既取得了丰硕的研究成果,又培养了一大批专门人才,受到了交通运输部主要领导和全国交通运输行业的广泛赞誉。

2007年8月7日,新疆公路收费站、服务区窗口建设现场会隆重召开。这次会议是大力提升全行业窗口服务能力、全面启动窗口文化建设、不断提高文明创建水平、积极构建和谐交通的一次推进会、动员会,并在天山南北首次提出了"坚持以文化建设为引领"的口号,全区交通运输行业"文化引领"一词一直沿用至今。文化引领方向,一线创造活力。首届厅系统窗口文化现场会是从文化活动到文化引领的一次思想跨越,是行业文化从探索到实践的一个巨大转变,将全行业的文化建设提高到了一个新的水平。自此以后,行业文化的吸引力和感召力不断增强,引领交通人树立共同理想,引领交通人继承优良传统,引领交通人增强担当勇气,引领交通人激发创新动力,"大交通"理念下的行业凝聚力不断深化,整个行业的影响力不断提升,行业的软实力支撑作用不断凸显,行业又好又快发展的氛围和态势不断形成。

2008年,经过深入系统的理论研究和多次专家咨询论证,新疆公路提出了行业核心价值观、行业使命和行业愿景等,构筑了科学的新疆公路行业文化体系,并结合实际选取了文化建设示范点,在坚持深入文化建设理论研究的同时,找到了付诸实践的试验田。此后3年间,行业文化课题研究的成果在公路系统得到了成功推广与普遍应用,伊犁公路管理局"1+2"团队精神、奎屯公路管理局"天戈路虹"文化品牌、库尔勒公路管理局"温馨和库"文化品牌、塔城公路管理局"卒子"精神、窗口文化品牌等行业文化品牌和示范单位不断培育、选树和涌现,在全行业构筑了一道具有鲜明特色和文化气息的靓丽风景。

2009年1月新疆公路明确把"文化引领"理念上升为行业发展战略,并将这一年确定为文化建设年,大力实施文化引领、文化示范和文化惠民"三大"文化工程,初步形成"大道为公,畅通天下,共享文明"的核心价值观,"发展公路、服务社会"的行业使命,"人便于行、货畅其流"的共同愿景,"艰苦奋斗、勇于创新、不畏艰险、团结奉献"公路精神的交通文化体系。通过对新疆进一步总结公路文化建设的经验和成果,以大力实施文化惠民工程为重点,探索行业文化建设的规律和方法,抓好文化建设成果转化,形成文化建设长效机制,逐步构建了顺应行业发展要求、符合行业发展战略、遵循文化发展规律、体现职工根本利益、具有行业特色的新疆公路行业文化体系。

文化建设成果

2007年至今,新疆公路文化、窗口文化、廉政文化、科研文化、安全文化及大众文化蓬勃开展,"阳光工程""阳光政务""阳光运输""阳光执法"活动不断深入,以大力弘扬爱国主义为核心的民族精神和以改革创新为核心的时代精神为重点,从传承创新"铺路石精神""新藏公路精神""雪歌精神""胡曼精神"到提炼宣贯"艰苦奋斗、勇于创新、不畏险阻、团结奉献"的新疆公路精神,全行业的凝聚力和战斗力显著增强,广大交通运输干部职工始终保持了奋发有为、昂扬向上的精神状态,行业文化的吸引力和感召力全面提升。

2010年5月,自治区党委七届九次全委(扩大)会议提出了"以现代文化为引领"的重大战略选择。在现代文化的引领下,交通运输系统各单位结合实际进行探索创新,全面提升行业文明形象,总结提炼核心价值理念,初步建立符合行业特色的文化体系。有重点、分层次地科学导入文化视觉识别系统,将交通运输行业的发展理念和管理思想等,运用视觉沟通技术和多种传播手段对交通运输行业外观形象进行逐步规范,营造了一种适合于交通运输发展的外部环境。交通职工文化活动得到了蓬勃开展,成立了党建工作研究会、思想政治工作研究会、文化联合会、公路学会、建设行业协会等各种社团组织,文化活动呈现出百花齐放、百舸争流、八仙过海、特色分明的局面,为交通运输行业注入了生机和活力。2011年2月,自治区人民政府在迎宾馆召开交通运输工作暨文化建设会议,第一次把文化建设放在年度交通工作会议进行安排部署,标志着厅党委正式将交通文化建设作为交通运输事业跨越发展的重要战略之一。

近年来,在自治区交通运输厅党委坚持倡导、强力推动下,从行业窗口到机关单位,从制度文化到精神文化,交通文化建设由点到面,由表及里,找准载体不断推进,行业文化建设长效机制不断完善,在全区交通运输行业形成了方兴未艾的文化引领之势,新疆交通运输事业在现代文化引领中踏上了跨越发展的快车道。

(二)文化成果

多年来,新疆公路行业在文化建设工作中,坚持从细节入手,从基层抓起,文化建设呈现金字塔式发展。从伊犁则克台养护站"细节管理模式"的创新实施到"精细化服务",从"天戈路虹"到"爱心驿站",从"丝路驿站·真情相伴"到"红沙驼"志愿者服务队,从品牌打造的坚持与坚守到品牌理念的拓展与延伸,从"人人是窗口、点点是形象、处处都闪光"的文化窗口品牌服务到厅党委"六个一"文化建设等,"文化引领、文化示范、文化惠民"三大文化工程建设取得丰硕成果。

全国文明单位:

自治区公路管理局机关

哈密公路管理局

塔城公路管理局

叶城公路管理局

和田公路管理局

全国交通运输行业文化建设示范单位:

自治区交通建设管理局(机关)

自治区公路管理局(机关)

塔城公路管理局

奎屯公路管理局

博乐公路管理局

昌吉公路管理局

全国交通运输行业文化建设品牌单位：

昌吉公路管理局五工台服务区——"丝路温馨驿站"

阿克苏公路管理局阿恰收费站——"红沙驼"

哈密公路管理局二堡收费站——"爱心驿站"

在"三年攻坚、五年跨越，构建中国西部高速大通道和交通枢纽中心"的历史进程中，新疆公路建设同样取得了诸多殊荣：2013年，中华全国总工会和自治区总工会在全国重大工程示范性劳动竞赛——新疆交通建设项目劳动竞赛中，分别授予新疆交通运输厅G314库车—阿克苏高速公路建设指挥部"全国五一劳动奖状"；授予新疆交通建设管理局赛果高速公路建设指挥部高级工程师孙宪魁、新疆公路管理局乌鲁木齐至白杨沟公路建设项目指挥部指挥长玉山江·伊布拉音"全国五一劳动奖章"；授予新疆交通建设管理局库尔勒—库车建设项目部、大黄山—奇台高速公路建设项目部、G045赛里木湖—果子沟口高速公路改建项目部、G219新藏公路新疆段改建整治工程项目部"全国工人先锋号"；授予奎屯—克拉玛依高速公路工程项目指挥部、四川路桥集团G3014克拉玛依—乌尔禾调整公路项目部"开发建设新疆奖状"；授予新疆交通建设管理局高级工程师杨安斌、大黄山—奇台调整公路建设项目部指挥长冯树林、新疆交通运输(集团)有限责任公司麦盖提—喀什项目第二合同段工程师赵友权、自治区公路管理局第九项目办主任赛帕尔·孜牙吾东"开发建设新疆奖章"；授予天津城建集团新疆项目部、交通建设管理局连霍高速公路星星峡—哈密公路工程项目部、新疆永升建设集团有限公司S222塔城—裕民公路改建工程第一合同段项目部、北京市首都公路发展集团有限公司克拉玛依—乌尔禾调整项目代建指挥部、新疆城建股份有限公司工程事业部第七项目部、上海市政工程设计研究总院(集团)有限公司S215三岔口—莎车公路项目代建指挥部、福建省S303奇台—木垒项目福建代建指挥部"自治区工人先锋号"荣誉称号。

在党建方面：一是党组织力量得到了加强。2007年自治区党委决定成立交通运输厅党委、纪委、政治部后，全厅系统经批准新组建各级党委(党组)275个。中央新疆工作座谈会后，在上级党委的指导下，不断优化完善基层党的组织建设，截至2014年底，厅系统共有党委(党组)327个、党总支(支部)584个、党员10334名。二是干部队伍建设持续加强。坚持正确用人导向，加强基层党组织和领导班子建设，共举办各类培训班116期，培训干部1.24万人次。在厅系统组织开展创先争优、党的群众路线教育实践、整治"四风""三严三实"等专题活动,连续开展党建"七加一"系列活动和"双十双百"评选表彰活动,基层党组织凝聚力明显加强。三是党风廉政建设持续加强。认真落实党风廉政建设"两个责任",以交通建设与运输市场监管、行政执法等领域为重点,制定出台190余项议事决策、行业管理、监督工作制度,具有交通运输行业特色的惩防体系初步建立。随着党的建设深入推进,公路系统各级党组织引领交通运输发展的能力明显增强。

重温入党誓词

在文明建设方面:近年来,新疆公路行业广泛开展精神文明创建工作,大力推进"能力适应、服务优良、安全环保、保障有效"的现代公路服务体系建设,公路窗口服务能力发生了巨大变化,建成了全国、自治区文明单位和先进单位11个。其中,建成全国文明单位5个,全国交通运输行业文化示范单位6个,各级青年文明号108个,各级"模范职工小家"220个,自治区级文明单位128个,省部级以上劳模、先进工作者180多人。这些文明创建成果标志着全区系统文化建设不断深入,文明程度不断提升,向社会展示了良好的行业形象。

在科技信息方面:近年来,新疆公路建设系统积极推进《科技支撑新疆交通运输跨越发展专项行动框架协议》,11项部科技项目通过了交通运输部组织的鉴定验收,先后有11项成果获得国家、省部级科技奖励。"盐渍土地区公路建设成套技术及工程应用项目"已推广应用2400km,获2013年度国家科技进步奖二等奖。"果子沟高寒复杂地质区域高速公路建设成套技术及工程应用项目"获2013年度自治区科技进步一等奖。"新疆公路设计施工总承包成套技术应用研究"获中国公路学会科技进步一等奖。公路信息化建设取得长足发展,大力推进行业管理、公众服务、电子政务"三大信息系统"建设,进一步完善公众出行服务平台、公路业务管理平台,将信息技术应用到新疆公路行业的各方面工作中。

二、"大道为公、畅通天下、共享文明"核心价值观

新疆公路以大力弘扬爱国主义为核心的民族精神和以改革创新为核心的时代精神为重点,从传承创新"铺路石精神""新藏公路精神""雪歌精神""胡曼精神"到提炼宣贯"艰苦奋斗、勇于创新、不畏险阻、团结奉献"的新疆公路精神,全行业的凝聚力和战斗力显著增强,全面提升了行业文化的吸引力和感召力。

(一)行业精神文明建设及核心价值观体系

经过历史的积淀,新疆公路人历经60余载探索,新疆公路在高速发展的同时,高度重视行业精神文明建设和文化建设,开展文明创建实践活动,坚持以现代文化为引领,形成了以"大道之行、公为天下"为核心价值观,以"发展交通、服务社会"为行业使命,以"人便于行、货畅其流"为共同愿景,以"艰苦奋斗、勇于创新、不畏艰险、团结奉献"为精神的新疆公路价值体系。

1. 新疆公路行业核心价值观:大道之行,公为天下

大道之行:"大道",指我们四通八达的公路大道,是康庄大道、阳关大道;指公路文化蕴含的道义理念和道德风尚。"大道",也由此升华为公路行业发展的规律和指导公路行业的理论。"行",指公路行业担负着服务人们出行的重任,指公路人用自己的行为和行动推动社会的行进。"行",也由此成为公路行业的实践。

公为天下:"公为天下",其含义是每一个公路人都要出以公心,弘扬公德,秉持公道,坚守公义,维护公平,致力公益,增强公共服务能力,提供又好又快的公众服务,提供一流的公路产品及附属设施,做到科学管理,提供公众服务。

2. 新疆公路行业使命:发展公路,服务社会

交通行业的使命是由交通运输在国民经济和社会发展中的地位和作用所决定的。公路运输是经济社会发展的基础产业和先导行业,是促进经济发展,改善人民生活,保障国家安全,维护社会稳定的先决条件和重要依托。发展交通运输的根本目的就是要服务社会,促进人民富裕、国家强盛,这是国家和人民赋予公路行业的神圣使命。公路行业只有把握世界交通发展的总体趋势和一般规律,建设一个现代化的交通体系,才能真正履行好肩负的神圣使命。

3. 新疆公路行业宗旨:创造良好的交通条件,提供满意的公路服务

公路发展为社会提供交通基础设施和交通运输服务两种产品,交通工作的直接效果都体现在这两种产品质量水平上。因此,交通行业各项工作都要以创造良好的交通条件,提供满意的运输服务为宗旨,不遗余力地改善各地区、各阶层、各群体民众的交通条件,不

遗余力为各地区、各阶层、各群体民众提供满意的公路运输服务,这是履行公路行业神圣使命的具体体现。

4. 新疆公路行业发展目标:更安全、更便捷、更可靠、更经济、更环保、更和谐

公路发展的直接目标是建设一个更安全、更便捷、更可靠、更经济、更环保、更和谐的公路体系。

更安全意味着更少的人员伤亡和财产损失,这是公路发展体现"以人为本"价值理念的首要标准。交通行业着力培育安全文化,要不遗余力地减少运输伤亡,保障公众安全。

更便捷意味着更方便、更快捷,最大限度地提高交通覆盖率、通达度和机动性,做到网络发达,衔接紧密、能力充分,实现货畅期流、人便于行。

更可靠意味着更准点、更及时,意味着不断改进组织管理和服务方式,提高客货运输的准时水平,确保高峰时节和突发事件下公路系统有条不紊地正常运行。

更经济意味着价格更低廉、更实惠,公路发展要最大限度地降低工程建设成本和运输服务成本,让社会各界享受最低廉、最实惠的公路运输服务。

更高效意味着公路发展不断提高交通基础设施的工程质量和客货运输的组织管理水平,确保公路系统的高效运行,有效缩短时空距离,让人们享受自由出行的效率和快乐。

更和谐意味着公路行业按照建设社会主义和谐社会的总体要求,努力增进公路行业的内外和谐关系,切实解决好人民群众最关心、最直接、最现实的利益问题。

5. 新疆公路行业精神:艰苦奋斗、勇于创新、不畏险阻、团结奉献

公路精神是民族精神和时代精神在公路实践中的生动体现,是对公路行业先进典型精神内核的高度概括,是公路行业广大从业人员共同创造的精神财富,是公路行业履行自身使命、实现共同愿景的强大动力,代表了公路行业广大从业人员的思想意志和精神风貌,体现着行业特质和价值理念,是公路行业文化的重要标志。公路行业有两大职责:一是为经济社会发展提供便捷高效的交通条件;二是为各行各业和广大人民群众提供安全优质的运输服务。世界上本来没有路,也没有桥,公路人必须不断地修路架桥,必须勇于修高质量的路、架高水平的桥,要发扬开拓创新精神,要敢为天下先。安全高效的客货运输才是优质运输。运输服务是面对面的服务,是直接面对亿万民众的服务,需要的是真诚奉献,必须做到安全、可靠、经济、便捷、舒适、体贴、细致、诚信、文明、礼貌,要发扬"俯首甘为孺子牛"的精神,甘于奉献。

"艰苦奋斗、勇于创新、不畏险阻、团结奉献"是公路行业精神中的主体,是对公路行业各部门数十年间形成的各种先进典型精神的提炼和概括,既反映了新时代公路建设者以科技为先导、勇于创新、敢攀世界技术高峰的自强不息精神,也体现了公路行业的各族干部职工,几十年如一日,爱岗敬业,无私奉献,俯首甘为孺子牛的高尚思想情操。长期以

来,公路行业各部门根据自己的工作特点、不同的环境、不同的服务对象等,形成了形式多样的具体化的行业精神:创业、献身公路的"天山路"精神,新藏公路精神,吃苦耐劳、无私奉献的"铺路石精神",自强不息、岗位成才的进取精神,恪尽职守、忘我工作的敬业精神,公益、助人为乐的公心精神,探索、敢于突破的创新精神,团结协作、同心合力的团队精神。

(二)公路行业文明建设机制的发展、完善和创新

新疆公路经过多年的建设实践、积累和总结,形成了一整套行业文明建设机制,并在实际运行过程中积极改进,逐步完善和创新。

坚持科学发展,健全完善长效机制。始终坚持贯彻落实科学发展观,坚持以人为本、全面协调、可持续发展的方针,把科学发展观贯穿在建设工作的始终,并把它作为评价工作机制是否成功的根本标准;要实现"三个相对稳定",即组织领导相对稳定,建设工作队伍相对稳定,管理体制相对稳定;须知道"三个到位",即责任到位、缺席到位、成果到位;要进一步增强对工作机制的物质鼓励和支持力度,逐步加大人、财、物的投入力度。

实施品牌战略,打造名牌示范机制。公路品牌随着行业文明建设工作的深入应运而生。多年来,新疆公路开展行业文明创建活动,不但涌现出了许许多多先进模范人物和先进模范单位,同时也以此促进了交通品牌的诞生,形成了公路系统宝贵的精神财富。公路品牌频频亮相于公路市场和社会公路服务窗口,引起全社会的广泛关注和热烈反响,公路品牌效应也在行业文明建设工作中发挥了独特的引领创造作用。

做好行业互动,建立民主沟通机制。公路行业文明建设就是要最大限度地吸收群众广泛参与,让公路战线上的各族干部职工唱主角,演大戏,并自觉融入活动中,受益于活动中,从而提升思想道德素质、科学文化素质和行业素质。开展好行业内的上下和谐沟通,加强不同责任群众之间的沟通,激发和调动群众积极性、主动性和创造性,构建民主沟通机制。

加强文化建设,实施文化引领机制。事实证明,公路行业文明建设与文化建设是密不可分的,要进一步推进行业文明创建工作,就必须把公路行业的文化建设作为重要发展任务和目标。在公路行业开展公路物质文化、精神文化、制度文化和行为文化建设,要用公路文化作引领,进一步促进公路行业文化建设的深入开展。新疆公路行业把文化建设作为重要发展任务和目标,建设学习型公路,重视和加强各族公路职工的理论、文化、专业技术知识的学习培训,深入开展社会主义核心价值观的宣传教育,经常进行公民道德、职业道德和"荣辱观"教育,重视文化人才和专业技术队伍培养,组建一流的高文化素质的管理、技术和职工队伍,大力开展各种形式的文化体育活动,以先进文化和健康文体活动陶冶公路人的高尚情操、高品位的文明素养和服务人民奉献社会的崇高精神。

坚持全程监管阶段评价,加强建设工作管理。为确保公路行业文明创建活动每一个

细化目标的制定合理,实施有效,成果明显,作用积极,新疆公路行业注重在公路行业文明建设工作机制实施和运行中进行阶段性评价,包括坚持定期检查评价、专项检查评价两种方法。在评价过程中,注意做到客观、公正、实事求是,做到善于积累和总结经验,发扬成绩,纠正和解决存在的问题,使建设工作不断迈向新台阶,提高到新水平。

加大建设工作力度,努力营造机制创新的良好环境。在公路行业文明创建工作中,加大资金投入和保障,满足文明建设的客观需要,保障行业文明可持续建设。尤其对偏远地区、农村分散的班线、公路养护、施工工地的职工文化生活给予较多的关注,加大物质和精神的双重投入,从基础上进行改变。尤其是对南疆三地州倾斜,迅速改变这些地区的公路落后面貌,着力改善和提高这些地区职工的物质待遇和生活水平,建设和谐公路,激发这些地区职工的积极性、主动性和创造性。

学习借鉴先进经验,构建和谐公路。新疆公路主动适应和衔接于全国公路发展大局,开放务实,加强与国内外公路行业的密切交往与联系,充分吸收国内外公路行业现代化成果,不断提升公路服务质量,推动公路文明建设进一步发展。新疆公路先后开展了学习胡曼同志先进事迹,学习南京长途汽车站建设的"李瑞班"先进事迹,学习青岛港(集团)有限公司推出的"振超效率"先进经验,学习湖北省交通规划设计院的"刚毅精神"。

积极创新创建平台,开展"两个延伸"活动。新疆公路在文明创建工作当中,十分重视创新工作。开展了公路行业文明建设"两个延伸"活动,即公路行业文明建设工作从"窗口"单位向全系统延伸,从系统单位向从业单位、从业人员延伸。大力开展"两个延伸"活动,提高了新疆公路的文明建设活动的影响力和辐射力,也促进了新疆公路行业文明创建向更高层次迈进。

(三)新疆公路行业文明创建工作实践与经验

新疆公路行业文明行业创建与文化建设进程中,注重在理论上突破创新,在实践中摸索前进,积累了丰富的经验。

1. 坚持文化引领,使精神文明建设在交通运输行业"传花授粉"

近年来,新疆公路行业坚持把构建核心价值体系作为公路文化建设的根本任务和主线灵魂,坚持用社会主义核心价值体系和公路文化核心价值观来引领公路发展,以着力加强公路文化引领工程建设为突破口,坚持以内强素质、外树形象为主线,以构建核心价值体系为根本,以改革创新精神为动力,以打造阳光公路为重点,以提升行业文明形象为目标,全面建设文化引领、文化示范和文化惠民三大文明创建工程,着力推进公路行业文明建设往深处做、往实处做、往细处做,使创建工作从文明达标式向文化管理型转变,从以"两个延伸"为目标的全覆盖创建向以"三个服务"(服务国民经济和社会发展全局、服务社会主义新农村建设、服务人民群众安全便捷出行)为内容的人本化建设转变,着眼"四个全面"战略布局,以培育和践行社会主义核心价值观为根本,以创新、协调、绿色、开放、共享五大发展理念为指导,大力弘扬新疆公路行业精神,全面推进和大力实施文化引领、文化示范和文化惠民三大文化工程,进一步提高了公路行业精神文明建设的科学化水平,不断增强新疆公路跨越式发展的精神动力,为推进新疆公路跨越式发展提供了强大的文化软实力。

2007年至今,新疆成功举办交通运输行业"主题文化周"两届,召开"去极端化"窗口现场会一届,召开行业文化窗口现场会四届、行业文化建设推进会两届,举办高端行业文化论坛三届、行业"老年乐"文化艺术节两届、行业主题文化艺术节四届,开展"送文化下基层"活动100余次,拍摄电影《雪歌》,制作《交通人之歌》《为了最后一公里》等MTV,录制《新疆路》等大型专题片,编印出版了《大道之行》《大道之魂》《路魂》《西路花语》《大路歌》《新疆公路文化建设典型案例》《住村工作画册》等图书120余种,充分运用文化产品、文化服务、文化活动传播社会主义核心价值观、行业精神文明建设成果。

2. 坚持思想引导,使创新、协调、绿色、开放、共享"五大发展理念"和精神文明建设在公路行业"入脑入心"

当前,随着我国经济体制深刻变革、社会结构深刻变动、利益格局深刻调整,人们在思想认识、道德选择、价值取向等方面的独立性、多样性、多变性、差异性日益增强,影响公路行业干部职工思想的因素更为多样,思想引导工作面临的形势和环境更为复杂。新疆公路行业坚持以现代文化为引领,紧紧围绕构建丝绸之路经济带交通枢纽中心,紧密结合新疆公路改革发展实际,切实把社会主义核心价值观、"五大发展理念"作为增强新疆公路行业凝聚力和向心力的纽带,坚持思想引导,对内凝聚人心,对外树立形象,坚持把社会主义核心价值观,创新、协调、绿色、开放、共享"五大发展理念"作为推进新疆公路全面深化改革的强大正能量。

新疆公路行业十分注重意识形态领域宣传教育工作,始终坚持做好思想引导工作,坚持把"五大发展理念"和行业核心价值体系建设作为干部职工思想政治教育的核心内容、作为行业文化软实力的灵魂、作为公民道德建设月和民族团结教育月活动的重点,紧密结合新疆公路改革发展实际,多措并举,全面推进。近几年来,新疆公路行业深入开展"爱岗敬业、明礼诚信"社会主义核心价值观主题实践活动,紧紧围绕协调推进"四个全面"战略布局,坚持用社会主义核心价值观凝聚人心,以"爱岗敬业、明礼诚信"主题实践为载体,以建设人民满意交通为目标,推动社会主义核心价值观学习实践具体化、系统化,不断提升行业的理想信念、价值追求、道德文化和文明风尚,社会主义核心价值观的生命力、凝聚力、感召力在全行业不断突显,为加快推进"四个交通"发展提供了坚强的思想保证和精神动力。厅系统各级党组织切实抓紧抓好职工思想政治教育工作,牢牢掌握意识形态领域的主动权、主导权、话语权,突出思想引导工作的针对性,把思想引导工作具体化。在对干部职工的思想引导中,坚持把民族精神和时代精神结合起来,坚持把个人成长和社会责任结合起来,坚持把个人价值追求与交通创新发展结合起来,注重系统的、有理论说服力的、有实践支持的引导方式,实现教育引导和帮助其成长做到有机结合,着重引导各族干部职工把个人成长与新疆发展和公路建设的目标结合起来,把个人的成长自觉融入新疆公路改革发展之中。

3. 坚持道德引航,使精神文明建设在交通运输行业"落地生根"

公路交通运输是支撑国民经济发展、促进社会全面进步的基础性、先导性产业和服务性行业。道德是构建和谐社会的人文基础,是一个国家和民族可持续发展的原动力。一代代公路人逢山开路,遇水架桥、战严寒、斗酷暑、风餐露宿,用足迹丈量大美新疆,用汗水滋润大漠戈壁,用大爱唤醒沉寂荒原,用交通人的聪明才智、青春年华,甚至生命,为新疆交通事业留下了一座座道德丰碑。

新疆公路行业各单位坚持道德引航,把"修路修德、造桥造福、干事干净、创业创新"作为干部职工的己任,坚持把道德建设作为立业之本,作为成就新疆公路事业的基石,不断增强服务社会、造福各族人民的使命感和责任担当。通过大力实施"畅通富民"工程和"双十双百"工程,牢固树立了典型引路、典型示范的道德建设工作思路,把宣传社会主义核心价值观和行业精神文明建设作为重要内容,并贯穿于"学、树、建、创"的全过程,吸引群众广泛参与,推动人们在为家庭谋幸福、为他人送温暖、为社会作贡献的过程中提高精神境界、培育文明风尚,各单位认真组织开展道德讲堂、文明创建活动,"最美公路人""全国最美养路工"的推荐评选活动,通过深入开展广大干部职工喜闻乐见、丰富多彩的活动,在全行业涌现了一批以胡曼、多力贡·加尼、何汉明、"新疆交通 60 年十大楷模""民族团结进步十大杰出人物"、为党争光"百佳"集体个人、"双十双百"工程等为代表的先进典型。

人无德不立,业无德不兴,国无德不威。在道德引航的过程中,全区交通运输行业各单位多措并举,多元推进,通过大力学习宣传时代楷模、最美人物、身边好人,建立健全先进模范发挥作用的长效机制,树立可亲可敬可学的榜样,营造见贤思齐的良好氛围;通过表彰劳动模范、先进工作者,创建文明行业、文明单位、青年文明号,推选"感动交通人物",评议"最美售票员""最美养路工"等系列载体和形式,深入挖掘先进典型,树立道德标杆,让行业干部职工学有方向、赶有目标;通过开设"道德讲堂",由道德模范现身说法,"身边人讲身边事、身边人讲自己事、身边事教身边人",掀起崇德向善的轰动效应;通过运用先进典型宣传,在示范引导上下功夫,通过发动各族干部职工举荐好人好事,评议凡人善举,对培育选树的重大典型、最美人物、身边好人进行广泛宣传,产生了良好效果,形成群星灿烂与七星共明的先进群体结构,产生覆盖全面、远近皆宜的示范效应;通过布置"道德长廊",宣传平凡人物的不凡事迹,创设惟吾德馨的和谐氛围;通过开展胡曼事迹报告会、民族团结先进事迹报告会等,传递大爱、践行美德,凝聚积极向上的道德力量,并产生轰轰烈烈的"森林效应";通过在车、船、路、站等窗口单位积极做好秩序引导、扶危济弱、搬运帮扶等服务,让雷锋精神在基层闪耀、在一线发光,让道德之光熠熠生辉,真正使社会主义精神文明在新疆交通运输行业落地生根、根深蒂固、枝繁叶茂,像空气一样无所不在、无时不有。

抓好文化建设和行业文明建设系统工程,新疆公路行业取得了较为丰富的经验,在实践中不断摸索总结,做到了"五个必须坚持"。

第一,必须坚持党的领导。只有切实加强党的领导,充分发挥党委的领导核心作用,才能为深入开展行业文明建设提供强有力的政治、组织保障。近年来,新疆公路行业始终把全面发挥各级党委的领导核心作用作为重中之重的一项政治任务,以此加强行业文明建设的组织领导,加大投入力度、健全工作机制、强化队伍建设,从而调动了一切积极因素,形成了工作合力,把行业文明建设各项任务落到了实处。

第二,必须坚持围绕中心。只有紧紧围绕新疆公路改革发展稳定大局这个中心,切实为自治区交通事业快速发展、后发赶超、率先跨越提供动力和保障,才能使行业文明建设找准定位、发挥作用、促进发展。"十二五"期新疆交通事业能够取得令人瞩目的成就,其中一个重要原因,就在于新疆公路始终围绕中心工作坚持不懈地开展行业文明建设,得益于由此而产生的文化软实力支撑。

第三,必须坚持文化惠民。只有坚持以人为本,真正把人民群众多样化、多层次、多方面的文化需求作为文化建设的根本任务,才能赢得社会和群众的认可。近年来,新疆公路行业坚持把解决群众最现实、最关心、最直接的利益问题,把文化惠民作为行业文明建设的立足点和落脚点,从而树立了良好的行业文明形象。

第四,必须坚持文化引领。现代组织文化一旦上升到一个行业或社会发展的战略高度,就会形成风生水起的精神文化引领之势。近年来,新疆公路行业在深入开展行业文明建设中,始终坚持文化引领的工作方针,坚持把构建公路行业核心价值体系作为交通发展的一项重要战略任务,并以此统一思想、提振精神、鼓舞士气、激发斗志、凝聚力量,为促进公路改革发展提供了源源不断的精神动力。

第五,必须坚持不断创新。只有牢牢把握时代发展的新方向、人民群众的新期待、干部职工的新需求,不断创新工作,才能使行业文明建设与时俱进,保持活力。近年来,新疆公路行业坚持改革创新精神,不断创新工作机制和载体形式,大力推进行业文明建设,取得了明显成效。

三、与时代同步、与文明同行

多年来,新疆公路行业以敢为人先、只争朝夕、奋发有为的精神状态,审时度势,顺势而谋,乘势而上,紧紧抓住并切实用好历史性大机遇,抢时间、争速度、抓当前、谋长远、有作为、见成效,一如既往地创造着经得起实践、人民和历史检验的光荣业绩,并在公路建设过程中涌现出了一大批先进人物、先进集体和先进事迹,扬起了与时代同步、与文明同行的风帆。

精神文明建设之花(一):新疆公路管理局(机关)
——全国文明单位　建高品质服务文化　创文化型服务窗口

(1)科学定位,构建特色鲜明的服务文化

窗口文化是窗口工作的活力和灵魂,是窗口服务精神的深化和升华,对推进窗口建设全面发展具有十分重要的作用。

"十一五"至"十二五"期间,公路管理局对公路文化的资源现状进行了系统梳理,对长期积淀的公路文化进行总结提炼,形成了以"畅通"为基础、"服务"为核心、"和谐"为方向,以"更好更快地为公众出行服务"为核心价值观、"保障安全畅通、服务社会公众"为使命、"路通人和、共享文明"为共同愿景、"爱路、奉献、创新、和谐"为新疆公路精神的公路文化体系。

以"服务"为核心的公路文化体系表达出新疆公路职工以公为先的公心精神、以路为业的行业操守、以人为本的人文情怀和尽职责保畅通、重服务树形象的永恒使命。

(2)文化引领,打造有竞争力的服务品牌

公路服务文化是服务驾乘人员的文化,是与时俱进,不断提升驾乘人员满意度的创新文化。多年来,公路管理局坚持以文化引领服务转型,以品牌助推服务升级,培育了一批具有行业特色的、有竞争力的服务品牌,确保了窗口服务质量上档次、上水平。

一是重视典型示范,不断提高窗口服务意识。收费工作直接面向社会,是最直接展示公路服务质量和文明程度的"窗口"。多年来,局属各收费站大力培养细节意识,倡导"用心用情,恰到好处"的服务理念,涌现出一批先进典型和先进理念,例如五台公路收费站的"精细化服务模式"、星星峡收费站的"规范化服务"、阿恰收费站的"人性化服务"、恰库尔图收费站的"五心服务"、奎屯女子收费站的"委屈服务",通过选树服务品牌,有效调动了窗口优化服务、争创品牌的积极性,形成了服务品牌百花齐放的良好局面。

二是加强业务建设,不断规范窗口服务行为。为强化收费基本功,自治区公路管理局制定了《星级收费员考核标准》,在各收费站引入竞争机制,积极推行全员星级服务考核制,并从收费流程、辨别车型、过车速度、肢体语言、微笑服务、文明用语、收费金额准确率等方面制定全面的考核评定标准,引导收费员们苦练内功,切实提高了收费员的业务熟练度。同时,针对窗口服务管理工作质量,先后修订、完善了《收费人员职业道德行为规范》《收费人员文明服务行为规范》《收费站服务承诺制》等多项管理制度,切实提高了收费管理的规范化水平。

三是创新服务举措,提升窗口服务效能。局属各收费站严格落实"五项便民措施",积极加强信息服务,依托各收费站安装的 LED 显示屏,为驾乘人员及时准确地发布路况、气象、施工、阻断等安全出行信息;针对过往突发事件和危急病重旅客,制定应急联络协作机制,确定在突发应急事件中特事特办,开辟伤病救助专用通道,参与伤员救助。从阿勒泰公路管理局所属收费站率先推出的"双语"服务,到石河子公路管理局所属收费站开展的"三个百分之百"(100%使用文明用语、100%微笑服务、100%服务动作规范)和"三更"(服务更主动、细节更关注、工作更到位)活动,从博乐公路管理局各收费站的"桔红青年志愿服务队"到阿克苏公路管理局各收费站提出的"沙驼志愿者服务队",都让收费站逐渐成为过往驾乘人员的"服务站、咨询站、维修站、消防站、休闲站"。

通过积极打造服务品牌,推动窗口成为行业文化建设成果的积聚点、行业文化新内涵的激发点,推进了行业服务品质不断提升,进一步树立了公路运输行业便民利民的群体形象,收到了良好的社会效益。

(3)统一外观,服务窗口传递行业新形象

在文化建设的实践过程中,公路管理局总结梳理了新疆公路系统多年来的历史文化积淀,结合时代特征和行业特点,确定文化建设的目标、任务,明确文化建设的方法、原则,编写了《新疆公路管理局文化建设手册》,出台了《公路管理局文化建设纲要》《公路管理局文化建设实施方案》《公路管理局文化建设示范单位管理办法》《公路管理局文化建设考核评比办法》等一套比较完整的文化建设指导性文件,组织编制《公路管理局 VIS 视觉形象识别系统规范手册》,对整个公路局系统的建筑外观形象、室内牌匾、办公用品外观、车辆机械外观形象、公共用品外观形象宣传等十方面进行规范,对提高公路行业整体素质和社会形象起到积极作用。

同时,严格按照公路管理局 VIS 形象识别系统,对公路沿线服务区、收费站等进行统一规划,通过系统建设,精心打造了一批富有文化内涵、与自然环境相协调的品牌收费站、服务区和交通文化示范中心。

通过外观标准化的建设,不仅使社会对行业的认同感明显增强,职工对组织的认同感也明显增强。"内强素质、外塑形象"的要求,由以往组织对职工硬性管理,逐步转变为职工自觉行为,有力地促进了中心工作的开展。

公路服务品牌是在长期的窗口服务实践中探索创造出来的具有鲜明个性的服务文化精品,是文化成熟的标志和落地的保证,体现了规范服务的程序性、承诺服务的严肃性、星级服务的标准性和优质服务的艺术性。在今后的工作中,新疆公路管理局将坚持以现代文化为引领,进一步增强服务意识、拓宽服务渠道、提高服务水平,努力为人民群众提供高质量的有文化内涵的窗口服务。

精神文明建设之花(二):塔城公路管理局
——全国文明单位　文明服务添动力　创新管理促发展

塔城公路管理局负责全地区6条省道和14条专用公路的管养,公路总里程1520km。近年来,该局党委紧紧围绕地委中心任务,按照自治区交通运输厅工作部署,坚持建一流班子、强一流队伍、树一流业绩,引导全局各族干部职工立足岗位、无私奉献、拼搏进取、争创一流,在推动交通运输事业发展、服务地区经济社会中做出积极贡献。

(1)建一流班子,提高文明创建力

领导重视、干部带头是推进各项工作的关键。塔城公路管理局党委把建设高素质领导班子与建设学习型党组织、创建五型班子有机结合起来,延伸和拓展文明创建内容,带头提高文明单位创建工作水平。

①带头强化学习培训。采取专题培训、理论研讨、集体讨论、参观考察等形式,加强班子成员的教育培训,提升领导水平和工作能力,增强学习创新意识、服务群众意识。2009年以来,塔城公路管理局赴疆内外考察学习1000余人次,共培训领导干部400余人次。

②带头深入联系基层。推行联系包点和蹲点调研制度,领导干部带头深入基层一线,开展调查研究,蹲点包扶联系,解决实际问题。几年来,14名局班子成员和各分局领导建立联系点16个,蹲点调研累计超过2000多天,解决问题260多个,收集建议65条。撰写推进交通运输事业等高质量论文50余篇,获地厅级以上奖项21篇,其中《试论增强公路管理体制改革中思想政治工作的有效性》《浅谈如何进一步增强思想政治工作的针对性、时效性、主动性》《全面提高公路养护职工整体素质的思考》被全国公路职工思想政治研究工作研究会评为优秀论文,《智能公路关键技术及其在多雪地区的工程应用》荣获中国公路学会科学技术二等奖。

③带头服务干部群众。推行扶贫帮困制度,针对特困职工生活难、无业青年就业难等问题,自筹扶持资金12.6余万元,捐赠物资折合资金20余万元。帮助10户困难家庭启动发展项目,解决169名职工的实际困难,为4位重病职工、因伤致残职工筹借医药费、帮扶款9.4万元,以实际行动温暖职工群众的心。

在局党委的正确领导下,塔城公路管理局形成了上下齐心、协调一致的良好局面,有力地推进了各项工作的顺利开展,极大提高了单位文明创建的凝聚力。

(2)强一流队伍,打造文明团队

以身边的先进典型为榜样,教育引导全体干部职工立足岗位多做贡献。

①学习弘扬先进典型。大力弘扬"胡曼精神",以创先争优活动为载体,大力开展文明单位、文明行业、文明窗口创建活动,开展"工人先锋号"、"青年文明号"、"巾帼建功"、养护生产劳动竞赛等文明细胞工程创建活动;组织实施"胡曼主题教育日"活动,通过胡

曼墓前献花、宣誓,组织胡曼事迹演讲比赛,参观胡曼事迹展厅等形式,教育引导干部职工争做"胡曼式"干部职工。落实党员承诺、帮扶、考核、奖惩等制度,激发热情、激励干劲。建立党员责任区、示范岗21个,146名党员结合实际做出承诺205项,兑现205项,群众满意率100%,选树表彰各类先进58人次。

②加强行业文化建设。投入50万元资金,兴建教育基地、建设文化长廊,提炼了风口精神,出版《文化建设手册》等系列书籍,形成独具特色的系统文化品牌。定期组织党员、干部职工到爱国主义教育基地、烈士陵园、纪念馆接受思想教育,开展知识竞赛、演讲比赛、公文写作、技能比武、文艺演出等活动。在丰富精神文化生活的同时,提高干部职工群众的思想观念和文明修养。连续两届取得自治区公路养护技能大比武团体第一名,连续九次荣获自治区公路管理局综合考评先进单位。

③发挥先锋模范作用。玛依塔斯和老风口是冬季防风雪和除险任务最严峻的路段,为了保障人民群众的交通出行安全,抢险基地的工作人员发挥模范带头作用,组建了抢险突击队,专门负责急、难、险、重任务,连续150天坚守在被茫茫雪海围困的基地,全力保障进出塔城的"干线动脉"畅通。抢险人员抗击风雪阻路,救援被困驾乘人员,保障公路畅通,以实际行动诠释和践行着"抗雪保通,顽强救援,用忠诚为生命护航"的风口誓言,让玛依塔斯、老风口防风雪抢险基地"暴风雪的救捞中心"美誉声名远播。2010年1月5日,距玛依塔斯防风雪抢险基地5km的一对哈萨克族夫妇煤气中毒,奄奄一息,乡里人离得太远,没办法救援,额敏县喇嘛昭乡将求救电话打到了玛依塔斯防风雪抢险基地。危急时刻,6名突击队员挺身而出,开出2辆抢险机械前往救援,但事发地点距离公路还有2km远,机械无法离开公路向前推进。6名突击队员毅然冒着-32℃低温,顶着8级大风,踏着80多厘米厚的积雪,将生命垂危、远离公路2km的一对哈萨克族夫妇,以徒步接力的方式背了出来,及时护送到医院进行抢救,整个过程仅用60min,为挽救其生命赢得了宝贵时间。3年来,先后组织营救被暴风雪困阻车辆7345辆,营救被困驾乘人员3.8万人(次)。涌现何汉明、叶克本、唐元斌、巴图散等救援英雄,被群众誉为"公路线上最可爱的人"。

(3)树一流业绩,创新服务促发展

坚持"爱路、奉献、求实、创优"精神,实施技术革新,提高养护技能,以一流业绩服务交通运输发展。

①引入竞争管理机制。打破传统养护模式,将管养路段划分为11个合同段,全面推行内部招投标,对路面病害处治、路肩整修等日常养护工程实行计量支付管理。突破道班管理模式,采取"将点兵、兵择将"双向选择的方式实施人员重组,激发干部职工的竞争服务意识。

②打造养护精品工程。针对主干道路肩过窄不易养护的问题,在反复调研认证的基础上,科学提出采用机械取土、人工整修、机械碾压的方式加宽路肩。对穿越村镇路段的

路肩,采取用混凝土硬化路肩边坡,采用沥青复原剂、灌缝胶、沥青纤维碎石封层技术、水泥基渗透结晶型防水材料等方法对路面、路基、桥涵以及防护工程进行全方位、多层次的预防性养护,适时介入公路病害处治,有效增加公路养护的科技含量,提高养护质量。

③实施技术革新创新。针对管辖区内的一级公路波形梁和立柱腐蚀部位除锈难、废弃标线清除难的问题,采用"先引进后支付"的方法,在全国率先引进法赫 B500 型桥隧养护车、法赫 B720 型多功能养护车。在降低养护工作强度、提高工作效率方面取得新突破。组织研发交通安全出行服务系统,通过信息发布咨询台和在风口路段设置电子显示屏,24 小时全天候准确、快捷地为出行人员提供天气预警及路况信息。近几年,全局共申报创新项目 44 项,其中可调式路面灌缝机导向喷枪头、安全标志牌摆放架等 10 项革新项目被国家知识产权局授予"实用新型专利证书",3 人荣获自治区公路交通"十佳发明革新明星","路基标准化整修"做法在全区公路养护领域得到推广应用,实现了国家专利零的突破,开创了道路养护新技术研发应用的新篇章。

近年来,该局坚持抓党建、强班子、建队伍、促发展,涌现出革命烈士周林、蒋笃远,全国五一劳动奖章获得者拉提帕·黑沙提、何汉明,自治区优秀职工徐玉春等先进典型。先后荣获全国创建文明行业先进单位、全国文明单位、交通运输系统先进集体、全国先进基层党组织及自治区开发建设新疆奖状、先进基层党组织等荣誉。

精神文明建设之花(三):叶城公路管理局
——全国文明单位　情暖新藏线

"只有缺氧的高原,没有失养的公路",是叶城公路管理局各族职工长期在养护工作和文化建设中形成的价值理念。正是由于这种无私、无畏理念的支撑,各族职工才能在平均海拔 4500m 新藏线上战天斗地,将自己的热情、感情和真情默默奉献到为保障新藏线畅通平安的各项工作中,从而取得了一个个新跨越。

(1)养好公路,保障畅通,服务社会能力不断增强

叶城公路管理局成立于 1958 年,是隶属于新疆维吾尔自治区公路管理局的直属县处级事业单位,下设叶城、库地、赛图拉、红柳滩 4 个公路分局,沿线共有 9 个道班(站)。现有在职职工 425 人。主要负责新藏线(新疆境内)705km 公路的管养工作。沿线平均海拔 4500m,空气含氧量不足平原地区的 50%,植被稀少,数百公里杳无人烟,是世界上海拔最高、道路最险、环境最恶劣的高原公路,有"生命禁区"和"铺在天上的国道"之称。

50 多年来,叶城公路管理局的各族职工怀着对新藏公路的热爱,为保证新藏公路的畅通无阻,经历着高原缺氧带来的头痛欲裂,承受着高原缺氧带来的撕心裂肺,忍耐着高原缺氧带来的恶心呕吐,对抗着高原缺氧带来的彻夜难眠,陪伴着荒原戈壁带来的孤寂难忍,在新藏公路"千里文明线"上为保障新藏线的安全畅通默默地奉献着青春和生命。

新藏公路

据统计,50多年来,经过叶城公路管理局各族职工的默默养护,新藏线由一条宽约2.5m的等外公路,到2009年已经成为宽为7m多的砂砾路。其间,叶城公路管理局的养护职工已经历了三代人,约有85.6%的过世职工患有高原病。目前,叶城公路管理局在世的遗属有近250户。然而,叶城公路管理局各族职工并没有因此而后悔和退缩,因为他们都热爱这条公路,用自己的真情保障着千里新藏线的畅通。

(2)创新机制,综合治理,切实维护社会大局稳定

叶城公路管理局党委带领各族职工,始终发扬"只有缺氧的高原,没有失养的公路"精神,坚持建立健全创新机制,积极探索新途径。落实好目标管理机制,检查考核机制和奖惩机制,硬件和软件并重。坚持充实创建工作的内在活力和整体推进。着重抓好"文明细胞工程"建设,开展了文明科室、文明职工、文明家庭等创评活动,形成"比、学、赶、帮、超"的竞争氛围。坚持把综合治理工作作为加强文明建设的重中之重,从宣传教育入手,注重做好"五法六条例"的学习。按照自治区公路管理局党委的统一部署,做到法制教育不断线,近年来购买学习教材100余套、500多册,组织观看法律、廉政方面的电影10余部,组织观看法律知识讲座10余次。采取定期与不定期相结合的方法,对管辖重点路段、重要部位进行安全检查,做到常抓不懈、群防群治、跟踪问效。健全治安防范网络,建立安全生产和综合治理工作责任制,严明工作纪律,严格制度落实,切实做到警钟长鸣。全局干部职工、家属子女始终保持坚定的政治立场,坚决维护民族团结、维护社会稳定,获得了"民族团结进步模范单位""社会治安综合治理先进单位""平安建设先进单位"等荣誉。

(3)扎实工作、营造品牌,创建水平不断迈上新台阶

50年来,叶城公路管理局大力弘扬"只有缺氧的高原,没有失养的公路"精神,将文明创建作为推动公路养护管理工作的动力源泉,着力打造"情暖新藏线"公路文化品牌,加

强军民共建,修筑"军民团结路"。扎实开展民族团结工作,定期组织团员青年为社会群众诚信服务和"献爱心"。特别是近年来,在上级党委正确领导和关心支持下,根据创建全国文明单位评选标准,深入开展文明创建活动,使得创建水平不断迈上新台阶。

1998年,叶城公路管理局被命名为自治区文明单位,并先后荣获全国交通行业抗灾保通先进集体、自治区民族团结进步模范单位、自治区政风行风建设示范窗口、自治区交通运输系统行业文明建设先进集体、自治区交通系统先进基层党委等称号。

同时,在"情暖新藏线"公路文化品牌创建过程中,还培养出全国五一劳动奖章获得者热比古丽·依明、全国交通行业巾帼建功标兵阿娜古丽·艾尼、全国优秀民主管理先进工作者帕提古丽·阿不都卡德、全国交通系统百名创新书记吐尔迪·吐尔逊等一批典型人物。

2010年,叶城公路管理局被自治区文明委评为"最佳文明单位",各公路管理分局均分别获得自治区级"文明单位"。2011年被评为"全国文明单位"。

(4)以人为本、注重民生,职工的生活条件逐步改善

2010年8月开始,新藏线全线改建,叶城公路管理局的各族职工在厅党委和自治区公路局党委的大力支持下,继续发扬"只有缺氧的高原,没有失养的公路"精神,将"热爱伟大祖国,建设美好家园"主题活动与"民生建设年"紧密结合起来,始终坚持以人为本,创新思路,精心组织,自己动手开展"四大工程"(庭院绿起来,道路亮起来,房子暖起来,生活润起来)实践,大大改善了职工生产生活条件。另外,职工休闲广场建设、小区道路改造和绿化美化、天然气和暖气管道改造、文化活动室和医务室建设等6个项目也让新藏线上各族职工的生活越来越美好。

以"只有缺氧的高原,没有失养的公路"精神为核心的"情暖新藏线"文化品牌,是叶城公路管理局各族职工对新藏线的热爱的真情表露和升华,是新藏公路养护各项工作的先导,也是新藏线上一个文化的标志,更是一代一代新藏公路养护职工传承的不朽价值和精神丰碑。

精神文明建设之花(四):喀什公路管理局
——全国精神文明建设工作先进单位　科学发展树品牌　团结拼搏创辉煌

近些年来,喀什公路管理局党委在自治区交通运输厅、自治区公路管理局两级党委的正确领导下,以做好"三个服务"为宗旨,以大力开展"创先争优"主题教育活动为契机,以开展"学、树、建、创"和公路文化建设活动为重点,以提升发展质量和服务水平为突破口,不断创新创建思路和创建载体,勇挑重担、不辱使命,率领各族职工艰苦奋斗、开拓进取、团结和谐,一路拼搏,一路高歌,用辛勤和汗水,走出了一条适合自身特点的文明行业创建之路。

(1)加强领导,健全机制,提高素质

强化领导,完善体系建设。喀什公路管理局党委高度重视文明创建工作,在总结、提炼以往创建工作经验的基础上,不断创新创建工作思路,精心制订创建规划与工作方案。组织人员深入基层开展调研,对创建文明行业活动的开展情况和取得的经验进行再总结、再提炼,结合自身实际制定《喀什公路管理局文明单位管理办法》等23项规章制度、管理办法,为文明行业创建工作提供组织和制度保障,使创建文明行业建设工作进一步制度化、规范化、经常化。

人是创建工作的根本,只有锻造一支素质过硬的职工队伍,才能打牢创建工作的根基。基于这一认识,喀什公路管理局党委十分重视职工素质的提高和教育,采取举办干部理论学习班,请老师上门,派出去深造等形式,加强对干部的理论培训,提高了干部队伍的政治理论水平和业务水平。以岗位培训为重点,突出技能培训,提高职工队伍的综合能力,为创建工作的顺利开展奠定了基础。

(2)创新思路,推进各项工作有序发展

喀什公路管理局党委以先进文化为引领,加强学习型党组织建设,使基层党组织的创新能力不断增强。各级党组织采取领导带头学、党员领头学、组织集中学、个人自主学、交流互动学、制度督查学的"六学"方法,使学习活动组织化、系统化、常态化。

喀什公路管理局党委把创建学习型组织、"争先创优"和"热爱伟大祖国,建设美好家园"主题教育活动有机结合起来,贯穿到公路养护、抢险保通,加强民族团结、日常工作和学习的全过程,在全局形成了爱读书、读好书、善读书的浓厚氛围。创建活动从机关到养护一线,从局领导到一线职工,在全局范围内,在全员中如火如荼地开展。

喀什公路管理局党委坚持以现代文化为引领,不断创新公路文化载体,营造了和谐共进的良好氛围。通过举办民族团结、热爱祖国、热爱公路等各类知识竞赛和《公路职工心向党》等大型文艺汇演,聘请老党员讲述身边事、抒发爱党情怀等系列活动,召开"七一"双先表彰大会等形式,表达了公路职工的爱党情怀。

(3)转变作风,扎实推进行业文明建设

进一步加强党风廉政建设、行政效能建设和作风建设,增强了党员干部的纪律观念和廉洁从政意识。把强化机关作风建设作为提升队伍综合素质的一项重要举措,不定期开展机关干部军姿队列训练活动,提高机关干部综合素质,提升文明服务水平。聘请人大代表、政协委员、运输企业代表、群众团体代表、新闻媒体代表以及离退休职工代表为作风效能义务监督员,从监督机制上促进了效能建设。

组织干部职工深入局属各基层单位,开展转变作风服务基层活动,选派干部到定点扶贫村挂职锻炼,抓好帮扶项目的实施,有效促进了机关干部作风的转变、效能建设的加强、工作效率的提高。

(4) 加大投入,推进文化建设,提升文明程度

公路文化建设是文明行业建设的重要组成部分,是加强和改进思想政治工作的重要载体。以培育公路文化为载体,促进公路行业文明建设是喀什公路总段一贯追求的目标。

近年来,喀什公路管理局不断加大对文化设施的投入力度,逐步完善文化设施,建设了职工书屋16个、健身房4个、休闲果园7个、职工小家14个、老干部活动中心10个,不仅丰富了职工的文化活动,同时提升了文明行业创建水平。

对局属各分局、养护站(道班)办公楼,按照VIS视觉形象识别系统要求进行了维修和改造,体现公路工作理念和精神风貌。

喀什公路管理局以"规范管理、优质便民"的服务理念,积极推行阳光服务、微笑服务、规范服务、高效服务、廉洁服务,广泛开展"五亮五比五创五评"活动,落实"绿色通道"政策,全面提升服务水平,展示了文明"窗口"形象。

(5) 关注民生,凝聚人心促和谐

喀什公路管理局党委从百姓关注的疑难热点问题入手,真情解忧,改善民生,造福民生,充分利用国家集资建房政策,集资建房278套,解决了职工住房困难。

结合"民生建设年"活动,集中开展走访基层活动,变群众上访为干部下访,面对面倾听群众的呼声,力求做到为他们解决实际困难,提供帮助,为困难职工遗属申请廉租房41套。

喀什公路管理局积极参与社会公益活动,开展定点扶贫、结对帮扶、救灾捐款、社区共建、慈善捐赠、金秋助学援助寒门学子等活动,把行业文明建设与促进整个社会的文明进步有机地结合起来,文明创建成效不断向社会辐射。

据不完全统计,近年来,喀什公路管理局以各种方式援助公益事业的款物价值100余万元。

(6) 抢险救灾,保公路畅通

2011年6月27日,在喀交会即将召开的日子,国道314线(中巴公路)K1613+800处突发泥石流灾害,造成交通完全中断,600余辆大小车辆,近2000名中外游客和过往旅客受阻。为了保证在喀交会召开之前抢通公路,确保喀交会期间道路畅通,喀什公路管理局抽调6台大型机械,经过各族职工近3个小时的艰苦奋战,受阻车辆和滞留旅客安全通过受阻路段。

(7) 树立典型,铸就文明品牌

有文明的职工,才有文明的行业。喀什公路管理局党委重视职工队伍整体素质的提高,注重把各族职工在创建工作中焕发出的工作积极性及时引导到公路养护这个中心工作上来,为社会公众提供安全、便捷、舒适的出行条件,在社会上树立了良好的行业形象。

通过各族职工的不懈努力,喀什公路管理局在文明行业创建工作中取得的成绩是光彩耀人的。喀什公路管理局自1994年以来连续保持"自治区文明单位"称号,2002年被命名为"自治区文明行业先进单位",2008年荣获"自治区最佳文明单位"称号,2010年荣获"自治区交通运输行业文明建设先进单位""精神文明建设先进单位"称号,2011年荣获"自治区交通运输厅系统十佳基层党委""自治区公路管理局党建工作创新单位",2012年荣获全国"国土绿化突出贡献单位"、自治区"开发建设新疆奖状"等多项殊荣。局属大部分基层单位先后获得"自治区文明单位"称号。

大江流日夜,慷慨歌未央。文明行业创建工作是一项永无止境、没有终点的浩大工程。延续着光荣,承载着梦想,沐浴着和谐社会的阳光雨露。喀什公路管理局将在大发展、大开发、大建设的大潮中,以昂扬向上的精神风貌、"厚德载物"的博大胸怀和"拔地通天"的天山气魄,用勤奋和无私的奉献,在文明行业创建大道上描绘出更加绚丽的彩虹。

公路风景

精神文明建设之花(五):阿克苏公路管理局阿恰收费站
——全国交通运输行业文化建设品牌单位 "红沙驼"文化品牌

1."红沙驼"由来

在遥远的西部边陲,一个叫柯坪阿恰的地方。这里,有火一样的茫茫大漠;这里,有驼队响起的铃铛——新疆阿克苏公路管理局"红沙驼"青年志愿服务队。他们以大漠为盘,以公路为弦,奏响了"红沙宏图,任重道远,坚韧不拔,无私奉献"文化建设奋斗目标的壮丽凯歌。

阿克苏公路管理局阿恰收费站位于阿克苏地区柯坪县阿恰乡,G314 K1127+500处,2009年5月4日阿克苏地区团委为"红沙驼"青年志愿者服务队挂牌,一个新的公路文化品牌由此诞生,服务队管理机构设在阿恰收费站团支部,"红沙驼"青年志愿者服务队由74人组成,其中汉族5名,少数民族69名,共分四个服务小组,分别是便民利民服务组、扶贫帮困服务组、抢险救灾服务组、社会公益事业服务组。"红沙驼"青年志愿者服务队成立以来,得到了各级领导的肯定与支持,2011年荣获团中央"优秀青年志愿者服务队"称号,在前进中留下一个个坚实的足迹。

2. "红沙驼"文化品牌内涵

(1)"红沙驼"青年志愿者服务队宗旨:文明服务、奉献社会、团结友爱、互相帮助、培育爱心、共同进步。

(2)总体目标:打造一流多功能服务团队(服务队、宣传队、战斗先锋队)。

(3)精神理念:奉献、友爱、互助、进步。

(4)服务理念:服务人民、奉献社会、互相帮助、培育爱心、共同进步。

(5)"红沙驼"青年志愿者服务队精神:红沙宏途、任重道远、坚韧不拔、无私奉献。

(6)"红沙驼"青年志愿者口号:爱心献社会、真情暖人心。

(7)"红沙驼"青年志愿者服务队原则:自愿参加、量力而行、讲求实效、持之以恒。

(8)"红沙驼"含义解释:"红"代表收费站所处的环境和欣欣向荣的收费事业以及收费工作者高昂的工作热情;"沙"体现了收费服务所要求的那份细致与缜密;"驼"代表收费人员的那份持之以恒、坚韧不拔、无私奉献、团结奋进的精神。

(9)"红沙驼"精神:红沙宏图、任重道远、坚忍不拔、无私奉献。

3. "红沙驼"文化品牌打造经验

文化是一个地方的灵魂和气质,是区域综合竞争力的重要组成部分。打造文化品牌是推动交通运输行业文化大发展大繁荣的重要内容,是塑造交通运输行业个性魅力、提升地域综合竞争力的重要举措。近年来,阿恰收费站高度重视文化建设,借助丰厚的文化资源,着力打造文化品牌,提升文化软实力。

(1)精心梳理和总结阿恰地域特色文化

一是立足"文明收费业务"的发展。自2005年建站开始,不断挖掘整理文明收费的具体细节和管理措施,结合阿克苏公路管理局"文明收费服务工作流程",对阿恰收费站做了一次系统的归纳整理;二是立足柯坪县阿恰乡红色沙漠的地域特色,结合骆驼这种动物坚忍不拔、顽强前进的"沙漠方舟"精神,由于阿恰收费站团员青年较多,以青年志愿者服务引领干部职工文化、精神生活,提炼出了"红沙驼"青年志愿者服务队文化品牌;三是深入挖掘"红沙驼"文化资源,制作了阿恰收费站"红沙驼"青年志愿者服务队形象雕塑、壁画长廊、文化手册、宣传片,修建沙滩排球场,策划举办"红沙驼"杯沙滩排球邀请赛,保护并开发更多的适合"红沙驼"文化品牌土壤生长的各种载体。

(2)大力开展青年志愿者服务活动

阿恰收费站"红沙驼"青年志愿者服务队以"爱心奉献社会,真情温暖人间"为目标,开展了多种多样的青年志愿者服务项目,获得了广大驾乘人员以及社会各界的好评。

说起"红沙驼"青年志愿者服务队献爱心,有很多故事。不光为各族群众送温暖,帮助阿恰乡孤寡老人,而且还为在校学生捐款助学,致力希望工程。特别是为患尿毒症的高中生郭婷捐款4000元,成为阿克苏各媒体的重要新闻,郭婷家属非常感激,并为收费站赠送锦旗以表感谢。

2012年6月27日,行驶在阿恰收费站收费公路上的一辆拉运危险品的车辆发生侧翻,"红沙驼"青年志愿者闻讯赶赴现场冒险救援,避免了一场重大事故的发生,维护了国家财产和群众的生命安全。获救驾驶员感动地说:"他们不光是收费的,也是献爱心的"。

2010年广州亚运会期间,经过新疆维吾尔自治区青年志愿者协会的推荐及阿克苏公路管理局党委、团委的支持,阿恰收费站青年志愿者选派了一名代表远赴广州,走出阿克苏,走出新疆,展示了新疆公路人的风采,为新疆公路人争得了荣誉,谱写了青年志愿者的美丽篇章,在广州亚运会这个更大的平台上继续将"红沙驼"青年志愿者服务的精神发扬光大。

4."红沙驼"文化品牌未来发展方向

阿恰收费站"红沙驼"青年志愿者服务队以自己的实际行动赢得了交通运输行业内外的赞誉,先后获得新疆交通系统和阿克苏地区的各种荣誉称号:共青团团中央颁发的"优秀青年志愿者服务队"光荣称号,自治区级青年文明号,自治区"政风行风建设示范窗口",自治区交通运输厅"文化建设示范单位",自治区交通运输厅"双十双百"文化建设优秀品牌、自治区模范职工小家等。

追求有目标,服务无止境。阿恰收费站"红沙驼"青年志愿者服务队将不断探索开展人性化服务活动的新举措,继续做好稳人心、聚人心、暖人心的工作,做好服务创新和青年志愿者服务活动,提高收费服务质量,提升窗口文明形象,阿恰大漠"红沙驼"正背负着重任在红沙大漠中坚韧前行,"红沙驼"精神在阿恰收费站发扬光大,像一团烈火温暖人心,映红大地。

精神文明建设之花(六):博乐公路管理局五台收费站
——全国交通运输行业文化建设示范单位 服务更好更快 精细化服务创佳绩

博乐公路管理局五台收费站成立于2005年11月,从建站伊始,五台收费站就把"精细化服务"作为收费工作的主题和切入点。近年来,五台收费站在实际工作中不断总结,逐步形成了以"更好更快地为公众出行服务"核心价值观、"精细精诚、精益求精"服务精神为主要内容的"精细化服务"品牌,从而源源不断地产生了强大的凝聚力、向心力、战斗力和生产力,职工的职业素养和窗口服务质量得到显著提高,在社会各界树立了良好的行业形象。

(1)立足工作职能,提高"精细化服务"品牌竞争力

收费工作直接面向社会,是最直接展示公路服务质量和文明程度的"窗口"。经过不

断总结、摸索和创新,按照自治区公路管理局"细节化管理模式"工作要求,五台收费站立足工作职能,把品牌建设定位在"精细化服务"上,即以"精细化服务"作为细节化管理的传承、创新和延伸,积极探索窗口建设由"抓管理"向"重服务"转变的有效实现形式,不断提高"精细化服务"品牌的战斗力和生产力。

"以细促创,以精创优"的精细化服务品牌,包含了"精细精诚、精益求精"的服务精神。"精细精诚"突出了"细心"和"诚心",体现了窗口建设的手段和内容;"精益求精"突出"耐心"和"恒心",体现了窗口建设的认识和态度。即在服务手段中做到"精细",在服务态度上做到"精诚",在服务目标上做到"精品",在服务过程中做到"精心"。

在实施精细化服务的过程中,五台收费站坚持以专业化为前提,以系统化为保证,以规范化为标准,以流程化为手段,从公路收费、监控、稽查、票管等关键岗位的基本要求入手,大力倡导"精细精诚、精益求精"的服务精神。

一是强化服务意识。始终把文明优质服务贯穿于收费工作的全过程,推行"星级服务""微笑服务""便民服务"。努力转变职工思想观念,提升职工服务理念,形成全站职工抓优质服务的共识,引导全站职工进一步树立服务的理念认识,全心全意为驾乘人员提供优质服务。

二是提高服务效能。把提高工作效率和工作质量作为窗口建设的一项重要内容,大力倡导"人人讲效能、事事讲效率"的工作作风,积极组织开展收费人员岗位大练兵,党、团员先锋模范示范岗、巾帼示范岗、青年文明号创建,收费业务技能培训等活动,全面提高收费人员服务效能。

三是优化服务环境。配齐配全便民服务设施,做到站亭清洁美观,标志标识规范清晰,力求为驾乘人员提供"温馨、舒适、安全、畅通"的通行环境。推出车辆修理、旅客急救、困难救助、公路咨询等便民服务项目,为驾乘人员排忧解难。

四是拓宽服务延伸。做到以驾乘为本,想驾乘之所想,急驾乘之所急,从细节入手,多方面、多渠道为车主着想。在满意服务的基础上,对服务内涵进行深化和拓展,注重细节服务,抓好对驾乘服务的每一个细小环节,在"人无我有,人有我先,人有我新"上面做文章。

(2)强化培育宣传,营造"精细化服务"品牌氛围

高品质的窗口服务,要求职工具备清晰的服务意识。为此,五台收费站通过动员大会、政治学习、宣传刊物、窗口板报等多种形式对"精细精诚、精益求精"服务精神进行深入宣传,广泛开展以此为主题的党员服务承诺、文体竞赛、征文比赛和座谈等载体活动,使精细化服务意识入脑入心。

实施"制度工程",在规范上保障"精细化服务"。先后制定了《精细化服务文化手册》《五台收费站内部管理办法》《五台收费站职工量化考核》《五台收费站班组管理办

法》《五台收费站重、特大事故应急预案》《五台收费站监控员岗位职责》等规章制度,使得收费工作有条不紊地进行。通过各种岗位职责,明确服务规范,实行目标管理,层层签订责任书,落实岗位责任制。良好的制度使管理、服务等工作进一步走上了程序化、标准化、规范化的轨道。

在制度建设的引领下,五台收费站又把目标转向了"内在功夫",在工作中,逐渐达成了共识:"有什么样的班组文化,就会有什么样的窗口形象"。五台收费站坚持以人为本,将班组文化建设与职工思想建设有机结合起来,在文化上体现"精细化服务"。如职工在保证整洁的前提下,可按自己的喜好来布置宿舍、餐厅等,通过一书一画、一幅自己的作品、一件自己喜爱的乐器来培养家的温馨氛围、增添站内的文化气息。每个班组拥有自己的文化建设园地,按照"精细化服务"的总体要求,把人员素质结构、班组目标、发展愿景等内容融于文化建设之内。职工们还提出了自己的服务格言,把"精细化"的服务理念内化成每个班组、个人做好服务的动力,使服务从自发到自觉,从被动到主动,极大调动并激发职工的创造性。

通过班组文化建设,职工相互间敞开心扉进行交流,相互间没有了抱怨与隔阂,有的是相互关心、帮助与真诚沟通,全站的每个角落都充满理解、包容、开放、和谐、温暖的家庭般氛围,把收费员的愿景内化成做好服务的外在动力,使服务从自发到自觉,从被动到主动,达到了凝聚人心、促进工作、优质服务的目的。

(3) 贯穿实践之中,丰富"精细化服务"品牌内涵

结合收费工作实际,在工作中体现"精细化服务"。按照精细服务意识的要求,五台收费站开展了"精细化服务之星"评选活动,详细制定了评选办法、考核内容、标准以及奖惩办法。每季度评选一次"季度精细化服务之星",每年评选一次"年度精细化服务之星",以此激励职工在收费岗位上开展全方位、多层次、高品质的服务,使精细化服务覆盖收费前、收费中、收费后全过程,在业务和技能上追求零缺陷。同时实行"星级"挂牌上岗制、公示制,所有被定级的"精细化服务之星"均按不同时期所确定的星级在收费亭明显位置悬挂"星级"服务标牌,在收费站区醒目的位置设置"精细化服务之星"公示台,以接受单位职工和社会的广泛监督。

活动开展以来,收费班组、收费人员之间开展了你有"绝活"、我有"绝招"相互学习活动。文明礼仪收费规范、收费速度、结账速度、点钞速度各项竞赛活动层出不穷,形成了"赶、比、超、学"的良好氛围,极大提高了收费员的业务能力和服务热情。星级服务意识带来了速度、创造了效率,保障了收费工作的"好中求快",收费员差错率从最初的0.078%降到现在0.003%,唱收唱付时间由收费之初的16.7s降到现在的5.6s,驾乘人员对收费服务工作满意率逐步上升。

为贯彻落实自治区公路管理局党委"不断将收费站打造成为集服务、信息、援助为一

体的综合型收费站"这一部署,五台收费站深入开展"窗口服务规范化"活动,按照"程序最简、时间最短、服务最优"的要求,深化细化服务内容、服务标准、服务程序,充分发挥收费站的便民、利民、惠民功能。

一是依托科技平台,着力打造信息站。依托现代信息科技手段,通过电子情报板、LED显示屏、广播系统、公告栏、发放宣传单、服务电话、窗口咨询等构成全天候的信息发布网,为广大驾乘人员提供及时、准确、可靠的出行信息服务,不断提高管理效能,确保路况动态信息第一时间向社会公布。

二是以"利民"为根本,创新窗口服务,倾力打造和谐站。先后推出车辆应急修理、车祸突发事故处置、旅客急病抢救、旅客困难救助、公路爱心服务卡以及交通服务咨询等六大类的利民服务项目,向驾乘人员发放《窗口队伍调查问卷》《征求服务对象意见反馈表》等,不断创新窗口服务的内涵和外延。从"三更"(服务更主动、细节更关注、工作更到位)活动,到"桔红青年志愿服务队",都让收费站逐渐成为过往驾驶员的"咨询站、维修站、消防站、休闲站、和谐站"。

三是以"惠民"为核心,开展人文关怀,全力打造服务站。为最大限度满足驾乘人员需要,在显著区域向社会公布24h车辆应急救援和投诉举报电话,制作"惠民服务"箱,配置医药箱、工具箱、灭火器、饮用水、行车导示图,为过往驾乘人员提供开水、免费针线、非处方药品、手机充电器、修理工具。

据统计,五台收费站自2005年建站以来,已累计做好事达100多件,救助车辆30余辆,为过往困难人员捐款800余元,收到单位和个人送来的锦旗16面,感谢信1封,为各族群众挽回经济损失20余万元,得到了社会各界的好评。

在"精细化服务"文化品牌创建活动中,五台收费站实现了文明创建又一个大跨步,窗口服务形象不断提高。先后荣获国家级青年文明号、全国巾帼文明示范岗、全国交通行业文明示范窗口单位、全国交通系统职工小家、自治区级工人先锋号等十多项不同级别的荣誉称号。文化的核心是理念,理念的核心是价值观。从窗口服务意识的培养,到班组文化的建设,再到服务精神的弘扬,窗口服务能力和服务质量增强的每一个细节、每一步推进和每一次提升,都让我们深深懂得并深刻认识到:文化建设没有终点,只有起点;"精细化服务"没有最好,只有更好。

精神文明建设之花(七):昌吉公路管理局五工台服务区
——全国交通运输行业文化建设品牌单位 打造丝绸之路上的温馨驿站

党的十八届三中全会提出推进丝绸之路经济带新格局,这预示着全方位开放的新格局,为已经掀起大发展热潮的新疆注入了提速发展的新动力,而且将有力地支撑未来丝绸之路经济带的形成和繁荣,同时给新疆天山北麓经济带的核心区域昌吉回族自治州的跨越式发展赋予了新的历史使命。五工台服务区地处昌吉回族自治州呼图壁县境内,位于乌奎高速公路 K3677+600 处,占地面积是 59500m²,作为全区客流量最大的服务区,有责任、有义务按照自治区交通运输厅、公路管理局"以创示范工程活动为载体,以标准化为手段,以提升服务水平为核心,以群众满意为目的"的总体思路,围绕内在服务品质的提升,兼顾外在形象的树立,更好更快地服务各族群众出行,打造 G30 高速公路服务区标准化示范工程。

为了满足新疆交通大发展大跨越的需求,优化高速公路服务功能,五工台服务区打造了"便捷、优质、舒适、温馨"的"丝路温馨驿站"品牌,加强自身管理、改进服务模式、增强服务意识、完善服务制度;实施高定位策划、高标准要求、高质量服务,不断推进服务区生态化、人文化、信息化、平安化建设,努力将服务区打造成设施全区一流、文化特色鲜明、星级服务达标、公众评价一流的公路行业窗口形象,大视野、全方位、开放性地展示新疆地域文化和交通文化。

1. 打造"丝路温馨驿站"文化品牌亮点

(1)"丝路温馨驿站"品牌定位明确。形象定位就是在充分挖掘、梳理服务区各种资源的基础上,因人、因时、因地,找到最佳切入点,使品牌建设内容体系更加具有个性,更加有利于推广与认同。形象定位是确保品牌建设成功的决定因素,只有适合的定位,才能得到认同,才具有持久的生命力。五工台服务区处于乌奎高速公路、呼克公路、乌昌大道的枢纽地段,是运输过程中客流、货流和过往旅客的休息聚集区,结合新疆地域特色,形成自己的品牌,就要在经营管理、优质服务以及硬件设施等方面在公路行业起到标杆榜样作用。

(2)"丝路温馨驿站"品牌功能不断延伸。服务区五大功能支撑"丝路温馨驿站"品牌建设。服务功能是将"更好更快地为公众出行服务"的核心价值理念融入服务民生的具体实践中,全方位实施人性化服务,强化细节,拓展服务领域,创新服务载体,使服务区由休息功能向服务功能转变。窗口功能是以构建服务区品牌文化为基础,将新疆地域文化、交通运输行业文化的内涵体现在服务、管理、经营等各个层面。导向功能是以打造行业典范和窗口品牌为目标,引领新疆高速公路服务区发展新阶段,为新疆经济社会发展推波助澜。塑人功能是在服务过程中,与社会大众实施良性互动,使各族群众在共享交通文化成果的同时,潜移默化地提升文明素质,达到以文化人、以文育人、以文塑人、共享文明的目的。经营功能是实施有效监督指导,形成管理、经营和服务统筹兼顾的模式,深挖地方特色产品的市场潜力,大力开展"地域文化、特色经营"活动,将服务区经营项目与当地特色、人文风情、历史文化、土特产品、旅游资源等融合起来,满足驾乘人员多元化的出行需求。

2."丝路温馨驿站"品牌建设稳中求进

优质服务是根本,服务质量是生命线,五工台服务区紧紧围绕"优质服务"这一主题,建章立制,采取多项举措,不断提高和改善服务质量。

(1)加强组织领导,为创建服务区品牌提供坚强的组织保障。为做好创品牌工作,根据管理需要和人员编制,服务区编制为7人,同时制定了组织机构及岗位设置图,对人员进行分工,划分了每个岗位的权限与职责,服务区领导在现有人员的基础上,注重锻炼复合型人才,满足一人多岗的工作需要。

(2)引导、强化服务区整体意识,让员工有归属感。服务区加油站、加气站及南、北区经营商户。修理及管理部门在过去各自划地为营,互不往来。现在服务区作为主管单位,通过开会、学习、重大节日的文体活动、团拜活动的参与引导,使服务区与各经营单位联动起来,形成整体合力,树立整体形象。服务区在做好监督管理的同时,积极为各商户排忧解难,提供力所能及的服务与帮助,使他们有归属感。

(3)制定"丝路温馨驿站"品牌目标,提出"便捷、优质、舒适、温馨"服务理念。根据实地调研,结合地域特色、驾乘人员意愿及服务区管理特点,对五工台服务区文化及服务品牌建设做出分析及定位,制定了《五工台服务区文化理念手册》,从核心理念(服务区使命、愿景、价值观、精神)与应用理念(服务、管理、环境、安全理念)两部分指导服务区工作。文化理念体系的制定与实施,提高了社会满意度,将服务与出行者的自身感受融为一体,使服务更为细致周到。

(4)建立和规范服务质量控制体系。服务质量的好坏必须有管理体系来保证,在服务管理上制定了《五工台服务区检查考核表》《五工台服务区每日检评表》《五工台服务区保洁工作标准》《五工台服务区温馨提示》等。设立了三级稽查监管机制,即管理人员每天检查(根据检查遇到问题,不断更正、完善《五工台服务区检查考核表》),分管领导每周不定期检查,主管单位每月月检,并对检查情况及时进行反馈与通报,指出存在的不足,提出整改要求与整改时限。其次建立了有效的文明服务投诉与预防工作机制,着重从事前预防、事中处置、事后总结这三个环节入手,使服务质量得到全方位跟踪和监管。设计了顾客满意度调查表和顾客意见箱,认真听取和征求顾客的意见和建议,及时掌握顾客所想与所求,以便更好地为社会大众服务。

(5)文化先行,提升服务区文化艺术含量,丰富品牌服务内涵。服务区作为高速公路上大量物流、人流和信息流的一个结点,功能与作用日益凸显。五工台服务区将文化建设贯穿于工作的各个方面,体现出单位的灵魂和精神,成为单位发展的内在驱动力。

一是环境氛围营造体现品牌服务内涵。五工台服务区环境氛围的布置和文化形象展示,总体以"根深叶茂"的喻义来体现,使服务区的服务功能与绿色高效、清新自然的视觉效果相融合,提升了整体公共空间的自然、亲切之美,体现服务区文化建设"生机盎然"的发展前景。

二是为了突出"便民、优质、舒适、温馨"的"丝路温馨驿站"星级服务区品牌,在环境布置上着眼于细节艺术搭配,以创意提升品牌服务,分别在男、女卫生间的各个空间展示原创卫生间文化,启用一种新的互动式、人性化的宣传手段,内容涉及社会文化、心理调解、个人修养等方面,向过往旅客传递一种健康、快乐、优质的大众文化,搭建起沟通的桥梁,进一步体现"温馨驿站"人性化服务。

三是外观形象推进文化品牌建设。服务区在外观形象上进行整体规划、统一装饰以及艺术化展示,并将交通精神和服务区内涵结合起来,体现人文与和谐,极大程度地提升了服务区的整体社会形象和艺术水平。例如利用公共场所客流量大、服务任务重的特点,采用系列主题海报体现交通文化的意义。在公共卫生间大厅,引经据典,通过"微笑服务""礼让三分""大公无私""拾金不昧"的典故,体现服务区全体职工服务人民、无私奉献的服务宗旨,同时对社会大众起到潜移默化的教育引导作用,折射出人文精神。比如:"微笑服务"首先由美国希尔顿酒店集团创始人康拉德·希尔顿提出,现已发展并渗透到全世界各个行业,五工台服务区以此提出"微笑从心开始"服务模式;"礼让三分"出自清朝张廷玉的故事,遇事时人们如果能相互礼让、相互包容,那么自然就会和谐相处了,在服务工作中也要以礼待人、相互谦让;"大公无私"源自汉·马融《忠经·天地神明》,为了公众利益,不计个人得失,凡事从大局出发,公心为上,用一颗公正无私之心为他人搭建服务桥梁;"拾金不昧"来自清代吴炽昌《客窗闲话·义丐》,在服务区,也常常发生一些拾金不昧的感人事迹,保洁员的这种优良品德受到社会公众广泛的赞誉。

(6)延伸多种便民惠民服务内容,推进品牌建设成果。为进一步做好便民惠民工作,服务区不断拓展功能,服务区的超市也陈列了代表和象征古丝绸之路的陶器、玉石、装饰品、丝巾以及少数民族物品等。为残疾人开设专用通道与蹲位;卫生间实行24h免费服务;开辟顾客休闲区,供停留休息;针对旅客突发病状或者浅显表面伤口进行紧急救助设置便民急用药箱;对出门在外多有不便,急用针线缝缝补补随时提供便民针线包;随着自助旅游不断增多的现状,利用LED电子显示屏的优势,在服务区增设旅游交通信息查询、旅游景点介绍,便民服务台内增加自助旅游手册等,让路过服务区的驾乘人员有宾至如归的感觉,让他们感受到"温馨驿站"尽心尽力的优质服务。

3. 转变服务理念,树立"丝路温馨驿站"窗口服务形象

(1)统一外部形象,营造服务氛围。作为交通系统窗口服务单位、G30高速公路沿线服务区,为树立行业形象、突出服务亮点,五工台服务区按照G30高速公路服务区新标识,对单位门头、logo等颜色、字体、版式进行更换,使外观形象标准化。对区域导视牌、提示牌、指示牌进行统一,达到服务图标规范化。在服务区显要位置制作了服务区功能导视示意图、便民惠民公开栏、新疆交通旅游图、服务热线、投诉受理等公示栏,形成指示导视

系统化。在南北区制作了服务区建设、交通文化建设、党的群众路线教育实践活动为内容的宣传栏,展示服务区的职能与建设。在地下通道制作了反映新疆交通发展的成果展,在场区制作体现民族团结、大美新疆、新疆公路核心价值观为内容的宣传牌,使品牌宣传统一化。在不同区域制作了温馨提示语、艺术挂画及原创卫生间文化,使服务内容人性化,营造温馨服务环境氛围。

(2)完善基础设施,方便群众出行。在便民服务工作中,由于客流量大、使用频率高,许多便民设施出现故障或损坏,服务区在日常检查时对损坏的公共设施及时进行维护、修理。服务区对擦鞋机、热水器、蹲位、水龙头以及户外栏杆、健身器材、休闲桌椅都进行了修理维护,便民药箱里的外用药品也按时限及时更新。为提升服务品质,将客流量较多的北区作为试点,设置了水果、土特产专柜,在卫生间添置了烘干机、防滑地垫、干手器、手纸箱、免费手纸等,为服务区运营积累经验。为确保服务区正常运行,新建了排污设施,改造了电力系统,检修了供暖设备,对照明设施进行更换。基础设施的改善,一方面满足了社会需求,另一方面从某种程度上改变了驾乘人员的行为,提高了社会文明程度。

(3)完善办公设施,提供基础保障。为了改善职工的办公环境,提升单位的行业形象。对综合办公室进行调整,划分为经营管理部、综合管理部和安全设备管理部,使办公环境更为舒适、便捷。服务区实行24h值班制度,工作人员每天在岗值班,考虑到职工吃、住基本都在服务区,有效保障职工日常生活、工作正常。一楼服务管理中心增设失物招领台、好人好事宣传角以及公开办事程序等,从而简化、美化了办公大楼的整体环境,方便了外来办事人员,提高了工作效率,有效保障职工日常生活、群众出行畅通。

(4)美化绿化环境,丰富服务内涵。随着公众对生活质量要求的提高,驾乘人员在服务区内停留的时间也越来越长,服务区也由休息功能向服务功能转变,因此对环境的要求也越来越高。五工台服务区在春融季节,对场区、办公区、围墙内外的积雪、建筑垃圾、废弃物进行彻底清扫整治;对花草树木进行修剪、补种,在春秋两季做好绿化和防病虫害工作;对场区绿化重新进行了规划,新种植灌木、花草与造景;铺设路面人行道彩砖、路沿石,在休闲场地安放了新颖舒适的石凳、石桌;在南北区的绿化带上安装了统一的景观围栏,有效地改善了服务区的公共环境,提升了绿色服务概念,美化了视觉效果,使过往驾乘人员真切地感受到服务区的贴心服务,社会满意度不断上升。

(5)做好对外宣传,树立行业形象。近年来,五工台服务区树立了良好的窗口形象,社会信誉度高,拾金不昧、应急救助、爱心帮扶的事时常发生,多次收到锦旗、感谢信及上门感谢等,群众满意率达90%以上。服务区工作人员用自己的行为树立良好的口碑,积极对外宣传交通文化和行业风采。2007年、2011年、2012年五工台服务区三次作为新疆交通运输厅窗口文化建设现场会观摩点,展示了服务区文化建设的发展变化与进步,获得了上级肯定。2010年服务区先后作为自治区交通建设局、昌吉州交通局党建与文化建设观摩点,受到好评。论文《五工台创"丝路温馨驿站"服务区文化建设思路与做法》,经专家评审委员会评审,入选"第四届中国高速公路服务区管理年会"论文集。2011年,在迎接全国干线公路大检查中,服务区的软、硬环境建设受到检查组肯定,也受到了新疆电视台、昌吉电视台、中国高速公路、新华网、西部庭州、新疆交通报道等多家新闻媒体的大力报道。2010年、2011年获自治区交通建设局、自治区公路管理局"先进服务区",2012年获得"自治州五一女职工文明示范岗"荣誉称号。

在五工台服务区工作人员眼中,高速公路从形态上分为两种,一种是有形的,一种是无形的。高速公路是行车的路,所以是有形的;同时高速公路过往的人心,心路是无形的。"只有把服务区各项工作做到实处,让走在这条道路上的人能感觉畅安舒美,这才是我们最想看到的。"

五工台服务区的品牌建设,正从深层次上影响着职工的思维方式,提高着行业的对外形象,也潜移默化地改变着社会大众的行为。服务区只有积极地从管理体制、经营方式、人员机构、服务功能、文明窗口建设等方面着手,充分有效地利用优势资源,不断提高管理水平,努力拓展业务范围,打造功能完善、服务优质、管理科学、效益一流的服务区,才能最大限度地满足社会需求,给驾乘人员提供优质服务,最终推进"丝路温馨驿站"文化品牌再上新的台阶。

精神文明建设之花(八):库尔勒公路管理局
——全国交通运输行业文化建设品牌单位 "温馨和库" 用心服务

近年来,库尔勒公路管理局认真贯彻落实交通运输厅党委、自治区公路管理局党委关于交通文化建设的有关部署,把交通文化建设作为推进"三个服务"的重要举措、加快交通跨越式发展的重要支撑,紧紧围绕建设交通文化强交通的目标,坚持创新创优,全力打好"温馨和库"服务品牌,使交通文化建设整体工作呈现出良好的发展局面。

1. 文化建设工作加速推进,服务品牌高位发展

按照体现新疆本土特色和交通运输行业特点的思路,库尔勒公路管理局党委以培育具有一定知名度的交通文化服务品牌为目标,统筹谋划、高端定位,努力建设"温馨和库"服务品牌。

(1)充分发挥交通通行费征收服务窗口作用,全力推进服务品牌建设,树立交通运输行业新形象。收费服务窗口是"温馨和库"服务品牌建设中的重要一环,在抓收费服务窗口建设中,库尔勒公路管理局已经形成"9星联动"(和硕、和硕匝道、高桥、焉耆、紫泥泉、塔什店、库尔勒、库尔楚、黄水沟收费站)格局。

为指导所属9个收费站开展交通文化服务品牌建设,库尔勒公路管理局以交通文化

建设年为契机,于2010年编印出版《库尔勒公路管理局收费服务手册》,实现了"温馨和库"服务品牌建设从自发到自觉,从分散到集中的转变,由此,"温馨和库"服务品牌建设得以统一规划和量化。

在"温馨和库"服务品牌建设中,库尔勒公路管理局对和库高速公路沿线收费站的做法是:一是统一外观形象标识,使社会各界对服务品牌以及交通运输行业有了最直观的认知和了解;二是不断提升收费服务水平,积极开展岗前培训、岗上练兵、冬季培训以及星级收费员评选等活动;三是积极开展和规范志愿者服务活动,借助每年的"志愿者服务日""公民道德建设月""民族团结教育月"等载体活动,积极开展形式多样的社会公益活动,使服务品牌建设由行业内部向社会拓展、延伸;四是不断加强各收费站的文化基础设施建设,不仅统一规范办公场地内外的文化宣传牌匾,而且积极建章立制,使制度文化建设和行为文化建设不断深化,为"温馨和库"服务品牌建设提供强有力的支撑;五是将文明创建与开展"温馨和库"服务品牌建设活动相结合,配合单位创建自治区级最佳文明单位,在所属收费站大力实施文明创建工程,大力开展"青年文明号"建设等文明创建活动,积极探索交通文化建设新途径,激发基层交通文化建设工作的活力;六是在和库高速公路沿线设立"温馨和库"服务品牌宣传标牌,接受社会监督和扩大社会影响。

(2)充分发挥公路养护工作对品牌建设的基础性支撑作用,依据所属3个公路管理分局(和硕、焉耆、库尔勒公路管理分局)的特点,将公路养护中心工作同文化建设有机结合,全力打好"温馨和库"服务品牌建设基础,树立交通运输行业新形象。

在"温馨和库"服务品牌建设中,库尔勒公路管理局对所属公路管理分局的做法是:一是统一外观形象标识和不断加大政策宣传,使社会各界对服务品牌以及交通运输行业有了最直观的认知和了解;二是不断提升养护作业服务水平,与交通运输事业跨越式发展要求相适应,积极开展预防性养护站、季节性养护和危病桥改造,不断探索更加适应高速公路发展的养护管理新模式,并通过积极开展岗前培训、岗上练兵、冬季培训以及专业技术大比武等活动来努力提升职工队伍的专业技术水平;三是依据单位实际,不断修订和完善应急保障预案,特别是不断强化抢险队伍建设和抢险物资储备,使保通能力显著增强;四是努力强化安全生产责任意识,切实落实安全岗和安全员责任岗制,使安全生产的理念不断深入人心;五是强化技术革新和新技术推广应用,有效弥补一线养护人员不足和技术更新换代不足的问题;六是形成"四个上"的公路养护作业规则,即"好人好马上一线""技术革新上水平""沿线整治上档次""处突应急上战场",使公路养护服务水平显著提升;七是不断完善干线公路沿线便民服务设施,积极优化配置交通便民公共卫生间,切实加大干线公路沿线卫生整治力度,保证干线公路沿线卫生通畅,这是干线公路成为文明新疆的一张名片。

(3)深化服务意识,不断拓展服务功能,按照适度超前的原则积极筹划服务区建设。

库尔勒公路管理局以迎国检为契机,全力推进所属焉耆服务区的建设工作,使库尔勒公路管理局和库高速公路沿线的服务功能日益完善。通过消化吸收自治区内服务区建设的成功经验,库尔勒公路管理局对焉耆服务区的建设提出了"服务集约化、管理制度化、环卫整洁化、安保协同化"的四化建设目标。焉耆服务区位于南北疆公路大通道——和库高速公路沿线,介于库尔勒、焉耆之间,过往车流量大,来往人员不仅密集而且生活习惯各异。根据上述特点,库尔勒公路管理局对焉耆服务区的服务建设又提出"食有特色""住象公寓""油品齐全""货物多样"的服务要求,确保过往驾乘人员食宿、加油、购物无忧。

目前,库尔勒公路管理局所辖和硕服务区、阳霞服务区的建设正在加紧规划,焉耆服务区的建设初具规模,并已经具备了集食宿、加油、购物为一体的立体服务规模。

2. 文化建设和工作创新实现新突破

把创新作为"温馨和库"服务品牌建设工作的着力点,坚持抓重点、重点抓,以重点要素、重点环节的突破,带动全局交通文化建设整体工作提升。

(1)探索推行"实践学习法",学习型组织建设实现新突破。一是搭建立体平台,实现学习全员化。整合岗前、在岗、冬训等载体资源,构建起所属单位学习教育新模式。二是创新活动载体,实现学习主题化。紧密联系实际,设计特色主题活动,开展以"无差错、比亮点,看作风、比服务"为主要内容的系列活动,丰富学习内涵,营造比学赶帮超的氛围。三是注重成果转化,实现学习实效化。围绕"温馨和库"服务品牌建设,进一步解放思想,提升决策力。将学习与推进服务工作紧密结合,提升服务工作推动力,切实帮助驾乘人员解决实际问题。

(2)围绕中心、服务大局,舆论引导力明显提升。一是超前谋划,主动作为,将全局上线整体联动的服务模式向外宣传推介,中国公路、新疆交通报道、新疆公路曾对此做报道;二是在和库高速公路开通之初,曾邀请巴州主流媒体赴沿线做专题报道,对高速公路建设过程中所采用的新工艺进行宣传;三是坚持典型发现、培养、储备同步推进,大力开展互动式典型评选活动,所属单位先后成功推介出一批"全国模范职工小家""自治区级青年文明号""自治区民族团结好青年"和"全国模范道班"。

3. 不计荣辱,拼命苦干

在新疆纵横万里的公路两旁,高高的白杨树直指云天;茫茫大漠的公路深处,千年不倒的胡杨林深植大地,天山之路雪松不倒,戈壁之路红柳常青……新疆交通人,不就是这遍布天山南北的绿洲白杨、大漠胡杨、天山雪松、戈壁红柳吗?

新疆公路人经过几十年的辛勤耕耘和默默奉献,紧扣时代脉搏,与国家同命运,与人民同呼吸,与时代同发展,在新疆公路事业辉煌发展历程中,涌现出千千万万优秀公路儿女。

漫漫长路留下了新疆公路先辈们的坚定足迹,条条大道吟诵着当代交通人奉献的乐章。从"生命不息、奋斗不止"的总段长马义到舍己救人的养路工烈士周林、蒋笃远,从"帕米尔雄鹰"多力坤·加尼拜克到"公路英魂、道德楷模"胡曼,从"全国公益之星"沙迪克江到今年"五一"表彰的全国劳模何汉明、沙迪克江、孙宪魁、徐成……越来越多的公路英雄楷模和公路优秀儿女,清晰地勾勒出了一座座雄壮豪迈的新疆交通运输精神群雕……

他们的事迹在交通运输行业内外被人们传扬,感动着身边群众,并在新疆公路建设发展中起着表率和引领作用。

他们,身体力行践行社会主义核心价值观,始终保持艰苦奋斗、拼搏进取的优良传统,立足本职岗位,努力工作,在平凡的岗位上做出不平凡的业绩,取得系统上下广泛认同,在推进"综合交通、智慧交通、绿色交通、平安交通"进程中兼具先进性和典型性。

他们,在新疆公路交通的改革和发展中,勤于思考,善于创新,不断在工作领域中取得重大进展和突破。

他们,在交通抢险救灾、安全保障和生命财产救助中,表现出奋不顾身、舍己为人的崇高精神。

他们,恪尽职守,敬业奉献,全心全意为人民服务,展现新疆公路人良好的职业素养和精神追求。

他们,都是社会生活层面的平凡者,在新疆公路行业,他们就像一块砾石,在阳光的普照下,他们身上散发着和谐精神之光,这光芒映照在"路桥塔碑"的时空丰碑上,带头践行着新疆公路行业核心文化价值观,他们是社会正能量的传承者,是时代精神的代言人,是社会进步的推动者。

附:"温馨和库"服务品牌策划方案

"温馨和库"服务品牌是库尔勒公路管理局在和(硕)库(尔勒)高速公路开通后,为"提升服务质量、树交通新形象"在和库高速公路沿线开展的,以提升"三个服务"的能力和水平为目的的文化服务品牌,从提出至今已经8年多时间,目前已拓展到库尔勒公路管理局所辖整个范围内来规划和开展建设。

和(硕)库(尔勒)高速公路是一条全封闭高速公路,为了将此路打造为"三个服务"的精品窗口,"温馨和库"服务品牌应运而生。"温馨和库"服务品牌在形式上属于面向社会、服务大众的交通服务"窗口",在对这一交通文化建设品牌的规划中,库尔勒公路管理局主要强调了创新服务的理念。按照库尔勒公路管理局交通文化建设工作的整体部署,局所属3个公路管理分局(和硕、焉耆、库尔勒)、9个收费站(和硕、和硕匝道、高桥、焉耆、紫泥泉、塔什店、库尔勒、库尔楚、黄水沟)正以"温馨和库"服务品牌为引领,努力提升"三个服务"的能力和水平,使单位的交通文化建设工作在社会上产生一定效应。

一、"温馨和库"价值理念体系

核心价值观:更好更快地为公众出行服务;
共同愿景:路通人和、共享文明;
精神:团结、争先、创新、奉献;
使命:保障安全畅通、服务社会公众;
宗旨:做好"三个服务"、建设和谐交通;
理念:真情奉献、创新服务。

二、形象识别系统

以自治区公路管理局系统正在推行的外观形象识别系统为基准。

三、服务质量

收费服务形成"12345"体系:
一个中心:以打造"温馨和库"服务品牌为中心;
两个强化:强化窗口意识、强化服务意识;
三项承诺:对驾乘人员做到"有问必答、有求必应、有难必帮";
四个服务:创新服务、承诺服务、真诚服务、微笑服务;
五项确保:车来有迎声、离去有送声、协助有谢声、不周有歉声、真心微笑无声胜有声。
公路养护形成"四个上"规则:
"好人好马上一线":以机械化养护为主体,技术骨干和机械设备首先充实到公路养护作业中去,确保公路的"畅""洁""绿""美""安";
"技术革新上水平":提高养护作业水平,依靠技术革新弥补人员不足,同时倡导职工一专多能,努力建设复合型职工队伍;
"养护管理上档次":努力实现公路养护"三无"(标识无缺损、环卫无污染、路面无坑槽)创建目标,并积极探索"坑槽不过夜"养护管理模式;
"处突应急上战场":将处突应急视为军队的作战行动,强调在处突应急工作中的快速动员、快速集结、快速处治和保通必胜。

"温馨和库"服务品牌在建设之初,还形成了收费、养护、路政以及公安交警部门的联动,在巴州区域内有较高的知名度和普遍的影响力,对交通运输事业的跨越式发展起到了"文化名片"的助推作用。

"温馨和库"服务品牌具有鲜明的时代特征,是库尔勒公路管理局与时俱进、注重转变发展方式、努力提升服务水平、顺应先进文化发展方向努力做好"三个服务"的时代产物,在一定程度上体现着新疆交通运输系统和新疆交通人自我加压、乐于奉献、积极进取、勇于创新的时代风貌。

精神文明建设之花(九):胡曼
——新疆公路行业精神文明建设模范个人 公路的女儿

题记:自治区优秀共产党员、已故原塔城公路总段党委副书记、总段长胡曼,一个从普通养路女工成长起来的总段长,把全部的热情和生命融入西部公路。她用独特的人格魅力凝聚团队,用血浓于水的民族亲情展现共产党人的大爱无疆,用创新发展的管理,让一个位于西部边陲的团队领跑在新疆公路系统最前沿。她执政为民的每一个行动感动着新疆,让一个名字代表着新疆交通人精神,让一种精神成为新疆交通人高高举起的旗帜,她是当代共产党人的杰出代表!

自参加工作以来,胡曼以其自身人格的魅力、求真务实的执政理念和与时俱进的创新精神,奉献在公路基层,创业在改革一线,塑造了一个党员领导干部执政为民、清正廉洁的良好形象,并以新思路、新理念、新机制,推动并开创了总段三个文明建设的新局面,促进塔城公路总段的整体服务能力快速提高,文明形象全面提升。

(1)改革创新唤醒人心

在一切改革中,机制创新和思想观念的转变是最根本的。20世纪90年代初的新疆公路上,"大锅饭""铁饭碗"现象比较严重,严重影响了公路事业的发展。胡曼以过人的胆识,对养护机制提出了突破"平均主义"分配机制,打破档案工资,实行全员工资全额浮动。突破固定不变的道班管理模式,由"将点兵、兵择将"的方式重新组合站内人员的内部人事用工制度改革的两个突破性变革,引发了一场巨大的思想碰撞和观念转变,唤醒了职工的竞争意识。随即,胡曼又提出了"两个打破"的改革思路。一是打破传统养护模式,全面推行养护招投标制,积极建立公路养护内部市场引入竞争机制,并推出了小修保养质量评定规程等一整套的管理办法。二是进一步打破分配机制,对养护站实行计量支付,对职工实行定额管理。这些举措的实施在全总段范围内又引起了极大反响,为公路事业的发展增添了活力,开创了新疆公路史上的先河。

针对公路养护资金不足,公路等级低的现状,胡曼知道,要想让现有资金最大地发挥作用,必须解决小修养护招投标中实际工程数量确定不准确的难题。她推出了一系列具体的解决办法:实施计量支付,不合格的工程不计付费用。总段委派监理下到养护站(班),实行100%的监理旁站,对完成工程数量、费用、进度三大块进行控制,减少盲目性,增加节约意识和科学合理的管理能力,推进了总段小修养护质量大大提高,使得多年来塔城总段的小修养护质量一直名列全区公路系统的前茅。为了使计量支付和招投标工作更趋于公平合理,胡曼又组织了对人工、材料、消耗的跟踪考察,制定规范中短缺的计量定额,形成了具有特色的塔城总段公路养护管理模式。

改革的推进和实施,不仅使总段职工产生了巨大的压力和危机感,树立了"今天工作不努力,明天努力找工作"的观念。同时,职工的工作学习积极性和竞争意识都有了明显增强,公路养护工作也出现了前所未有的生机与活力。塔城公路总段的改革成绩和养护工作成为全系统的典范。

(2)人格魅力凝聚人心

如果说铺路石的坚定不移是出于人为的安排和生存本能,那么,展示的全心全意为人民服务的崇高品质和良好的精神风范则是出于一种强烈的责任心。胡曼同志常说:"为党工作是我一生要用生命去做的事。"她在为单位的创新发展开拓性地工作,她要打造属于塔城总段特色的服务品牌。

强化服务职工、服务一线的意识。胡曼建设性地提出开展创建学习型、调研型、创新型、服务型、实干型"五型"领导班子活动。为了让这项活动落到实处,她亲自动手写实施方案,制定了详细的考核办法。胡曼多次强调:党员领导干部就是要带头做好各项工作,用自身的言行感染身边的职工,真正做到"身份亮出来,作用看出来"。切实做到"平常能认得出来、困难面前能站出来、生死关头能豁得出来",让职工通过我们的行动切实感受到党组织的先锋作用。在干部选拔任用工作中,她始终坚持公平、公正、公开和任人唯贤、德才兼备,凭"德"和"政绩"用人的原则,积极推选科级干部竞聘上岗,真正把群众公认的、有强烈事业心、工作能力强、工作成绩突出、清正廉洁的干部选拔到领导岗位,有效地提高了干部队伍的素质,营造了"人人想干事、人人能干事、人人能干成事"的良好氛围。

胡曼对自己的工作定位是一线,她把更多的精力和时间放到了公路养护一线,带着问题有重点地到一线进行调研、现场办公。两年里,对职工提出的200多条问题现场解答,一条条政策解释到位,一句句话语温暖人心。胡曼经常对干部说:咱们的职工都是好职工,是通情达理的人。如果他们有什么问题找领导,一定是遇到了难事。对职工提出的问题,有些是单位暂时无法解决的,但一定要依照政策给他们耐心地解答,只要政策解释到位,职工们是能理解的。在深入调研的基础上,从2005年到2007年总段筹集资金533.3万元,用于改善职工的工作和生活环境:维修道班设施、改善职工小区环境、维修水暖管道和房屋等。为照顾一线老工人利益三次调整了工资系数。为一线职工送生日蛋糕、太阳伞、保温桶、保温杯,配置小药箱、健身器材,设置流动图书箱等,让职工们切实感受到组织的关心温暖。关系到职工切身利益的问题得到解决,塔城总段以多年来无上访事件,成为新疆公路系统创建文明行业工作的亮点。

从养路工走上总段主要领导岗位的胡曼,最能体会一线职工的需要。"我在这里当领导,就有责任为大家创造一个良好的工作生活环境,给职工一个温暖的家",这是她经常挂在嘴边的一句话。为培养学习型职工,全面创建学习型单位,她积极开拓新思路、探索新机制、研究新方法,采取请进来、送出去的方式,为职工构建技能培训平台,以"进""出"结合、劳动竞赛等方式促进技能学习、培训工作的开展。为了鼓励职工在"岗位学习,岗位成才",胡曼主持出台了《职工教育管理办法》,对通过学习取得优异成绩、获得资格证书者给予奖励。这些举措不仅改善了总段工程技术人才缺乏的状况,而且在全总段掀起了一个"在岗位上学习,在岗位上成才"的学习热潮。与此同时,以小发明、小创造为主要内容的技术革新活动也在全总段红红火火地开展起来。2005—2006年在总段一共产生了13项小发明,不仅减轻了职工劳动强度、增加了安全系数,而且进一步激发了广大职工"爱科学、学文化"的求知欲望和学习积极性。

胡曼的苦心得到了回报,总段工程技术人才缺乏的状况得到了有效改善,她的团队在自治区人事厅、交通厅举办的首届汽车驾驶员、公路养护工岗位技术竞赛中获得公路养护团体第一名、汽驾团体第三名;1人凭借汽驾第一名的优异成绩,成为新疆公路史,乃至新疆交通史上从初级工直接进入高级技师的第一人;1人凭借优秀技术技能,获得"全国交通系统技术操作能手称号"。她为自己团队的员工们插上了可以展翅高飞的翅膀。

这些年来,胡曼崇高的人格魅力产生了强烈的亲和力和感召力,不仅带动了班子,而且感染了职工。在她的模范带动下,总段领导班子的凝聚力和号召力显著提高,职工队伍的向心力和战斗力不断增强,全总段形成了敬业奉献、开拓创新、积极进取、拼搏奉献的新风尚。

(3)执政为民鼓舞人心

地处新疆西部的塔城,冬季受风雪影响比较严重,尤其是以暴风雪闻名于新疆内外的风吹雪路段——老风口、玛依塔斯路段,给人们出行带来很多不便。胡曼决心利用现代科技手段为公众出行提供更好的服务。主持研发了信息服务系统,通过信息话务台的信息发布、风区信息电子显示屏,准确、快捷地为出行人员随时提供天气预警及路况信息。同时,通过公路服务信息发布系统将公路管理和服务窗口延伸到用户,随时处理用户提出的问题,成为新疆公路系统第一,塑造了塔城总段为社会服务新形象。办公室自动化管理、公路养护管理系统、路政管理系统、视频会议系统,让塔城总段的管理走上了信息化管理的轨道。为了提高冬季道路抢险应急救援能力,胡曼组织了全区交通首次防风雪应急预案演练,取得良好的效果,受到了交通厅党委的高度肯定。

胡曼把为民造福视作最高追求,以强烈的事业心认真做好每一件事。作为一名工作在西部基层单位的主要领导干部,扶贫帮困、帮助指导待业人员就业是胡曼日程中的重要工作。为了让这个特殊的群体能摆脱困境,她走访了全总段所有的困难家庭,形成了自己的工作思路:这个特殊的群体,需要的不仅是经济上的帮助、一个干活的岗位,更需要的是用爱心从思想上给予他们扶贫帮困。她亲自主持制定出台了《塔城公路总段扶贫帮困长效机制实施办法》，以多种手段筹集资金12.6万元，为有市场营销意识而无资金来源的困难职工家属子女给予无息借资。同时，出台了《塔城公路总段扶贫帮困督查回访工作制度》，加强了对扶贫帮困工作的管理。同时，她身体力行，用自己的工资卡为职工子女上学贷款，为没有钱上学的孩子垫付学费，资助社会贫困孩子上学达5年……几年里，胡曼为了帮助困难家庭和个人捐款达4000多元。

创业创新，天道酬勤。在胡曼同志的带领下，塔城公路总段的各项事业取得了长足进步，荣获全国文明单位、全国创建文明行业工作先进单位、全国模范职工之家、自治区最佳文明单位等50多项殊荣，连续5年以总分第一的好成绩获得新疆公路管理局系统创建文明行业先进单位第一名。她本人也先后荣获"全国交通文明行业先进个人""交通部'巾帼建功'标兵""自治区道德模范标兵""自治区民族团结进步先进个人""自治区优秀共产党员""自治区交通系统优秀党务工作者""自治区交通系统支持工会工作党政好领导""塔城地区十大杰出青年""塔城市优秀人大代表""塔城地区五四青年奖章""塔城地区敬业爱岗模范"……她去世后，中央领导作出重要批示，新疆交通厅党委、自治区公路管理局党委、自治区党委先后作出决定，号召全区各族党员干部职工向胡曼同志学习。

精神文明建设之花（十）：多力坤·加尼拜克
——全国劳动模范　帕米尔的雄鹰

多力坤·加尼拜克是红其拉甫养护站站长，1984年参加工作以来，一直在风雪高原上养路。他扎根高原、献身养路事业的事迹广为流传，为边疆公路建设做出了卓越的贡献。他本人多次获得各项荣誉，1995—2005年连续多年被交通厅、公路局、总段评为先进工作者，获得民族团结模范、先进工会积极分子等诸多荣誉称号；1996年被评为全国交通系统劳动模范，当选为自治区总工会"七大"代表和全国总工会"十二"大代表，受到江泽民、李鹏等时任党和国家领导人的亲切接见；1996年5月被共青团喀什地委评为"十大杰出青年"，同年11月被自治区授予"自治区职工职业道德十佳标兵"称号。1997年5月获得全国"五一劳动奖章"，2000年荣获全国劳动模范称号。2008年荣获2006—2007年度全国交通行业文明职工标兵荣誉称号，2008年8月和2009年10月，分别受全国总工会邀请去北京参加举世瞩目的第29届奥运会开幕式和新中国成立60周年国庆观礼。

红其拉甫道班地处国门，又处在交通要道上，海拔4753m，氧气含量不足平原的60%，多力坤·加尼拜克25载的青春年华奉献给这"生命禁区"，创造了连续多年大雪封山期公路无阻车的光辉业绩。他不善言谈、吃苦耐劳、认真学习养护知识、爱岗敬业、工作有条不紊，带动了整个道班职工的工作积极性。对管理路段可能发生水毁、翻浆、雪崩、堵车的状况，随时防范保障畅通，他心里有一本账。他对工作的执着和勇于拼搏的精神，在冰山雪岭中奏响了一曲热爱党、热爱祖国、热爱养路事业的奉献之歌。

1984年，出生于养路工家庭的多力坤·加尼拜克接过父亲的铁锹，来到了这个祖国最西端道班扎下了根，一干就是20年。红其拉甫养护站坐落在喀喇昆仑山上被称为"雪谷"的红其拉甫达坂上，距中巴边界5km，海拔4753m。这里长冬无夏，四季冰雪，空气含氧量仅有山下的60%，连山鹰与松柏也无法在此驻足。暴风雪加雪崩塌方、泥石流时常阻塞公路，由于高山缺氧，一干活就气喘吁吁，给这里的养路工作造成很大困难。

每年12月1日到次年4月30日是"封关"时期。"封关"期间巴基斯坦的养路边防军全部休假，但是，由于我国外贸、出访、旅游、邮政等需要，中巴公路的交通却不能中断，红其拉甫养护站除养护好自己管养的公路外，还有义务清理巴方境内十几公里的积雪，保证全线畅通。

1993年2月，红其拉甫风雪呼啸，搅得天昏地暗，气温骤然降到-30℃，冰雪无情地封锁了中巴公路，他和道班工人清除了国内段公路上的积雪，但巴方境内公路的积雪仍有1m多厚，新疆维吾尔自治区政协副主席李东辉和交通厅副厅长朱玛·沙比提等一行人考察回国，被风雪困在距中巴国界不远的巴方境内。他听说后，不顾白天清雪的疲劳，立即与边防哨卡联系，率领工友深入巴方境内7km，日夜苦战，终于清除了雪阻，解救出被困的考察团，李副主席和朱玛副厅长拉着多力坤·加尼拜克的手，激动地说："眼看着界碑却进不了国门，没有你们，我们不知还要受冻多久，多感谢你们啦。"

2004年和2005的两次清雪探路，他多次掉进雪坑或滑进冰坡，当时气温-40℃，风力有十级，风卷雪飞，能见度几乎为零，他的鞋里、裤腿里灌满了雪，浑身像雪人，坚持着继续探路，直到把公路疏通。

有人劝他说，现在拿了许多荣誉，父亲逝世了，老母亲需要有人照顾，你要求下山，领导肯定会同意的。为此，他也动摇过、犹豫过，可一想到父亲临终前的嘱托，想到老班长的教诲，他立刻又打消了这些念头。

悲痛中激发出的力量往往是惊人的，这一年红其拉甫养护站的好路率在去年的基础上又提高了两个百分点，每项工作都取得了可喜的成绩。不仅如此，道班工人之间团结互助的深厚情谊也进一步加深了。

刚从学校毕业，年仅22岁的柯尔克孜族养路工艾斯卡尔·吾吉才到红其拉甫，剧烈的高原反应就让他在床上躺了整整15天，他哭闹着要下山，多力坤·加尼拜克看在眼里，急在心里，就自己掏钱买羊为艾斯卡尔调剂营养，亲自给他端水喂饭，耐心劝导。艾斯卡尔被感动了，下床的第二天就扛着铁锹上路了。

近年来，随着我国外贸和旅游业的发展，过往红其拉甫的客货运输车辆越来越多。多力坤·加尼拜克和他的伙伴们全力以赴，顽强拼搏，保障着公路的畅通。从2000年以来，他们不仅以辛勤劳动保证了中巴公路国内段畅通，而且数次到巴基斯坦境内清雪抢险，营

第七章
高速公路文化建设

救被困的车辆和人员,赢得了运输单位和客商的赞誉。

在冰封雪盖的红其拉甫达坂,居住着26户塔吉克牧民,长期以来,红其拉甫养护站与这些牧民相濡以沫,休戚与共,结下了血浓于水、情同骨肉的亲情。他们一次次无偿地为牧民济困解难,于是牧民们称养护站为"牧民的保护神"。

冬天大雪封山的时候,汽车上不来,经常断粮断菜。1996年4月,红其拉甫下了3天大雪,气温降到了-30℃,牲畜死伤无数,提孜那甫牧场二十几户牧民断了近一个星期的粮,没有吃的、没有烧的,多力坤·加尼拜克和道班工人立即把现存的40kg面粉、300kg干柴、500kg煤、80kg盐及时送到了牧民家里,牧民们拉着养路工人的手,流着眼泪连声说:"谢谢你们,太谢谢你们了,你们真是我们的保护神。"

1986年5月1日,连接中巴两国的红其拉甫口岸正式对外开放,这里成了旅游者、商人及登山、朝圣、探亲人员往来的隘口,也是国内外一些敌对分子进行分裂破坏活动的出入之路。多力坤·加尼拜克经常组织道班工人学习国防知识,增强爱国护边意识,与红其拉甫边防连的官兵结下了生死与共、唇齿相依的鱼水情谊。

近几年来,他与工友们协助边防哨所抓获了十余名国际贩毒分子和民族分裂主义分子。边防军称红其拉甫道班职工是"不穿军装的编外国防战士",称养护站是"国际犯罪分子无法逾越的公路防线"。

1991年1月12日傍晚,正值寒冬的红其拉甫高原重云托天,阴霾低垂,他刚刚完成清雪任务在返回的途中,忽然在路边山洞里发现有3个人影在晃动,感到可疑,就一边派人到边防哨所报告,一边走近山洞问:"你们在这做什么,有证件吗?"陌生人见是一群养路的,并没有介意,多力坤·加尼拜克就"热情"地把3个陌生人请进了养护站。后来经红其拉甫边防军查证,这是3名企图越国境与国外敌对势力联络的民族分裂主义分子,他们成功粉碎了一次民族分裂活动的阴谋。

1993年4月2日凌晨,有一名国际贩毒分子混过几个国家的海关后,进入了中巴边境,在红其拉甫道班后面的山沟里,被退休后仍居住在养护站的老班长甫拉提·白克发现了,多力坤·加尼拜克听到汇报就率领全班工人把贩毒分子团团围住,毒贩子拿出一摞外币恳求"放了我吧,这钱都是你们的!"他挥手打掉了毒贩子手里的钱,正气凛然地说:"你们认为钱什么都可以买吗?"毒贩子见无机可乘,顿时凶相毕露,掏出匕首企图行凶,道班工人一拥而上,制服了这名国际贩毒分子。

2003年4月,满载我国援助伊拉克的数百顶帐篷的车队经红其拉甫口岸出境,上级要求总段确保公路畅通,然而此时正是封山闭关季节,达坂冰封雪裹,根本无法通行。养护站员工和段上派来的机械手一道,战严寒、斗冰雪,经过4天4夜(4月3日~6日)殊死搏斗,不仅清完周围路段全部积雪,还清完巴基斯坦境内40多公里段积雪,保障了车队顺利通过。

2008年、2009年,中巴公路二期改建工程交付养护后,红其拉甫养护站重新组建,多力坤·加尼拜克又义无反顾地来到了红其拉甫,带领11名年青的养护职工奋战在养护一线。冬季除冰雪保畅通,夏季补油路提高路面舒适度,"是金子在哪里都会发光",多力坤·加尼拜克的那种敬业奉献的精神,使得他干任何工作都非常出色。

2008年8月和2009年10月,他分别受全国总工会邀请去北京参加举世瞩目的第29届奥运会开幕式和新中国成立60周年国庆观礼。作为新疆交通系统唯一一名参加两次盛况的养路职工,多力坤·加尼拜克感到无比自豪,他将继续带领全站各族养路职工为养护好中巴国际大通道而努力工作。

因为经常为过往旅客实行救助,红其拉甫道班成为雪域高原上闻名遐迩的一盏点亮生命希望的灯塔、一方灵魂升华的净土、一个温暖如春的旅客之家。多力坤·加尼拜克当道班长以来,处处以身作则,严格要求自己,关心职工群众,特别是近几年来路段实行招标养护,工作压力更大,他可以要求到县城段机关工作,但是他依然挑起了站长的重担,更加注重班组科学管理、实行责任目标,工作开展得好的职工生活也到了改善。多力坤·加尼拜克变得更加成熟刚毅,他和当地农牧民、边防军关系处得很好,经常为农牧民排忧解难,协助边防部队防范不法人员的出入境,他既是"公路卫士"也是"国门卫士"。军民共建活动使道班职工和当地军民的鱼水情更加深厚,精神文明得到加强。多力坤·加尼拜克创造了第一流的公路道班和第一流的工作业绩,谱写出人生最亮丽的篇章。

精神文明建设之花(十一):何汉明
——全国劳动模范 我们就是挡住风雪的那堵墙

何汉明,汉族,今年47岁,中共党员,是塔城公路管理局托里分局的一名平地机驾驶员。拥有20多年筑路机械驾龄的他,曾荣获全国劳动模范、全国"五一劳动奖章"、全国模范养路工、全国交通技术能手、新疆交通系统劳动模范、交通运输厅防风雪保交通先进个人、公路局先进个人等殊荣。他用自己无私奉献、忠于职守的精神,精益求精、恪尽职守的工作行动,在平凡的公路养护和与暴风雪搏斗的风口抢险救人的工作中,以突出的业绩诠释了一名公路人忠于职守、勇于拼搏、无私奉献的高尚情操。

(1)立足本职,爱岗敬业

20多年前,当他第一次登上加拿大除雪机时,面对着没有一个中文文字的说明书、操作系统全部是液压装置的扫雪机时,他蒙了。当时,根本没地方去查找此类机械的资料。不服输的他,自己掏钱请人翻译,像啃骨头似的反复对比。凭着一股执着的犟劲,他不仅驯服了这个"洋机械",还进行了小革新。扫雪机的空气滤清器,原本离地面只有1.6m,在老风口这个暴风雪频发的路段,经常会出现吸入雪粒而使机械熄火的情况。他仔细研究,通过改进,把空气滤清器架到车顶上,终于治好了它的"小毛病"。

习惯了以眼看、耳听、手摸、鼻嗅观察机子状况的何汉明,在一次除雪时,发现气泵部位响声异常,停车检查,发现一个螺丝断了。就这个小配件,从申请到购回至少要一周时间。风雪这么大,时间不等人,何汉明急了,拿着断头的螺丝仔细研究,终于找到了和它的硬度、丝口相同的汽车用螺丝,保证了机械的正常工作,不仅节约了时间和资金,也让大家对他刮目相看。何汉明精心操作,严格按照机械保养规程要求,像爱护眼睛一样爱护他所开过的每一辆机械,无论每次工作回来多晚,都坚持将机子保养完毕后才休息。他驾驶的机车每年完好率都达到了100%。

也许是痴迷,他醉心于小革新的实践中。几年里,他与同事们研发了路面清扫车、多功能高空作业箱等。

(2)忘我工作,情系公路

为了体现"以人为本、以车为本"的理念,在标准路基施工中,注重细节工程处理。如公路边坡的整修,采取因地制宜原则,在保持坡面平顺、稳定的同时,针对不同路段采取不同的整修措施。这就对机械手的操作提出了更高的标准。要达到施工目的,大量的土方工程需要平地机与人工配合施工,如果仅靠人工完成,工程进度几乎就是零。如果没有平地机先为大家做前期整修,所有的人工都要停工。

时间紧、任务重,是何汉明走在了前面。刚从老风口抢险基地撤下来,还来不及喘口气,就背着行囊到了距家几十公里外的道班。何汉明每天驾驶平地机作业均在9个小时以上,他知道,只有他干得越精细,职工的劳动强度才能得以减轻,质量才能更好,速度才会更快。为此,他从上道班后,就没回过一次家。职工说"我们最喜欢他来了,正是因为有了何师傅,我们的工作量才少了很多"。

每天提前刮路肩、刮边坡、刮护坡道,工作达十几个小时,由于过度劳累,何汉明腰椎间盘突出的毛病犯了,辗转乌鲁木齐就医,仅仅做了检查,开了一些外敷药品,他就带着钢制围腰返回工地。他没有听从医生再三地嘱托,"不能劳累,必须住院治疗"的话成了一句空话。5月,正值分局处治公路翻浆的关键时刻,养护施工非常需要这个技术高超的操作手。需要用一圈钢支架支撑身体的何汉明第二天就驾驶平地机来到大会战施工现场。看着领导和大家关切的目光,何师傅只说了一句话:"我可以撑得住。"他就是这样带病坚持直至完成工作任务。40多天,他刮过的路基长度达340000多延米,这是一个什么样的数字呀!

(3)鏖战风雪,忠诚护航

入冬以来,特大暴风雪覆盖了塔额盆地,170多天与风暴搏斗、在风口抢险救人的日子里,何汉明与他的战友们坚守在防风雪保交通一线,连续不断地上路抢险救人,风里雪里、车上车下,他严重的关节炎因不断受到寒流侵袭痛得抬不起腿来,腰椎间盘突出带来的痛苦让他在一次次抢险结束后站不起来、下不了车。连续的高强度作业,他的腰椎间盘突出症又发作了,每天坐立难安,他只是在腰上贴了层膏药,用收腹的束腰带勒紧,又上路了。"无论如何,必须全力保障省道221线老风口路段的安全畅通",这是何汉明内心的誓言。

何汉明深深地知道,作为老风口防风雪基地的班长,就是要带好这个由维、哈、回、汉多民族组成的抢险队伍,就是要在过往旅客生命遇到危险时,毫不犹豫地冲进风雪中,与暴风雪搏斗,以命相许,实施救援,用忠诚为生命护航!这,就是风口精神!

2010年12月中旬的一个傍晚,一场突如其来的沙尘暴袭击了老风口至裕民县的公路。大风将公路沿线厚厚的冰雪、砂石、植被吹离地面,搅得昏天黑地。风区内,车辆的玻璃瞬间就被击得粉碎。零下20多摄氏度的气温,让过往旅客的生命受到了严重的威胁!

抢险救援的途中,何汉明驾驶的机车玻璃也被打碎了,尘土飞扬,什么都看不清。凭借着对沿线地理环境的熟悉记忆和准确判断,他和队友们驾驶着机车,一起朝着遇险旅客的方向艰难前进。两个多小时后,终于找到了交错在公路上的小车、货车和客运中巴车,一共8辆。被困的旅客中,有老人、妇女和孩子,还有一名出生只有60天的婴儿。没有任何选择,必须把遇险车辆和旅客安全救出险境。

强烈的沙尘暴,让他这个体重90多公斤的汉子,也没有办法稳住身体。何汉明顾不上腰椎间盘突出的疼痛,弯着腰艰难地解下钢丝绳,挂在自己的机子上。然后,双膝跪着慢慢地向遇险车辆挪动。风沙太大了,找不准方向。何汉明急了,爬在冰雪覆盖的公路上,拖着钢丝绳向前一点一点地移动。那一刻,他只有一个信念:就是爬,也要为被困车辆挂上这救命的钢丝绳!

经过几小时的奋战,8辆被困的汽车全部被成功地救出沙尘暴袭击的路段。就是这样,他和队友们5年里共营救遇险旅客14600多名,没有一人伤亡。

一位在老风口采访的中央电视台记者,曾这样感慨地对何汉明说:这么大的暴风雪,这么顽强的拼搏,这就是公路之魂!听到这样的感叹,眼前浮现的是他和队友们,在肆虐的暴雪中,为营救车辆,一次次冲进雪海时的身影,耳边回响的是被救旅客那一声声由衷的感谢。作为抢险基地的班长,只有保障公路的畅通,才能算是称职的风口护路人!只有公路畅通了,才是合格的新疆公路人!

何汉明将一腔热血献给公路,用自己的忠诚诠释保障安全畅通的不变誓言,在平凡工作中展示了一名公路人爱岗敬业的崇高精神,展示了一名公路人忠于职守的高尚情操。

精神文明建设之花(十二):徐成
——"中国好人" 风雪中的"铁人"

踏实、坚韧、好强的他,是那么平凡,就如公路上的铺路石承载着岁月地辗压。他,就是哈密公路管理局哈密分局筑路机械驾驶员徐成。一位在公路养护岗位上勤勤恳恳、无怨无悔地工作了二十多年"不动窝"的筑路机械驾驶员。

(1)安全隐患的"探照灯"

徐成是一名有着20年驾龄的老驾驶员了,行车20年,从来没有出过事故。他每天要提早半个小时上班,对车辆进行安全检查,防漏水、漏油、漏电、漏气,下班后,还要做好对车辆的清洁、维护和保养,保持机油、空气、燃油滤清器和蓄电池清洁。这样坚持一天两天并不难,难能可贵的是徐成几年如一日坚持下来了。他一方面要求自己做好车辆的日常维护与保养,还每天对所有车辆进行一次巡视。有时驾驶员自己还不知道自己车辆出了毛病,他倒给看出来了,令驾驶员又是惭愧又是感动。有一次出车前,他看到有一辆车的前轮胎半边磨损较厉害,马上让驾驶员把前轮胎换到后轮胎,并打报告要求更换轮胎。还有一次,他看到地上有几小滴机油,马上顺藤摸瓜进行查找,发现有一辆车的机油螺帽有点松,开始漏油了。他马上找来工具,把螺帽拧紧,而这时驾驶员还不知道呢。哪辆车的车况如何,哪辆车的机油该换了等,徐成心里都有一本账呢。

(2)风雪前沿的开路先锋

自从成为一名筑路机械操作手,徐成把所有的热情和干劲都投入到了工作中。因为筑路机械担负着国道312线、国道30线、省道303线的防雪保交通任务,风雪最前沿始终有他战严寒、抗风雪的身影,他被驾乘人员亲切地称为"开路先锋"。

2009年11月23日下午5时许,吐哈石油公司的一辆运油车缓慢地行驶在崎岖的哈巴公路上,11月的山里,早已是冰雪覆盖,山区的不少路段由于长时间下雪,经过汽车的碾压,形成了一层薄冰,而且能见度很低,驾驶员师傅小心翼翼地驾驶着车辆,心中忐忑不安,希望赶在天黑之前能够开出这段冰雪公路。汽车刚刚开过口门子的大上坡,突然在拐弯处熄火。口门子是进出巴里坤的要道,冬季气候异常恶劣,道路非常崎岖,汽车途经此处,稍有不慎,就有滑入山谷的危险。外地大车驾驶员每次经过这里,感觉都是惊心动魄,越是害怕汽车出毛病,偏偏就抛了锚,唉,真是赶上了,驾驶员师傅心中掠过了一丝不安和无奈,赶紧下车检查。由于气温太低,柴油结蜡,汽车无法前行,风雪中驾驶员站在路边急得直跺脚,眼看着天就黑了,实在是没办法。此时正逢徐成开着除雪车刚刚执行完任务准备回养护站,透过满是雾气的车窗,徐成看到了焦急等待救援的驾驶员。徐成二话没说将车停在了路边,上前问明情况后,立即将被冻车辆拖回了白石头养护站,并亲自腾出一间车房供油罐车停放。一切安排妥当后,徐成又开着养护站的巡道车,陪同驾驶员一起赶往口门子加油站买回了35号柴油,并帮助驾驶员把柴油换上。经过两个多小时的努力,运油车终于能够正常运转了,驾驶员兴奋地握住了徐成满是油污的手,连声道谢,然而徐成却是一句轻描淡写的口头禅:"这是我们应该做的,没什么。"

2010年1月9日,又一场大雪过后,白石头乡居民区的积雪最厚处达到了1m,牛羊无法觅食。而此时正是牲畜接羔育幼前补充饲草料的关键阶段,牧区尚缺饲草料,白石头乡1000多头奶牛、6000多只羊的冬季草料面临短缺的危机。牧区道路是这边刚开通,那边就被大风刮来的雪堵住了。连续几天的大雪,使冬季草料无法运进去,也给居民出行带来了不便,许多牧民都在为家里快要断粮及牲畜饲料严重匮乏而感到一筹莫展。如果道路不能及时打通,农牧民财产将受到极大损失。情急之下,白石头乡乡长卡德·托拉打电话向白石头防雪保交通点求助。接到求助后,徐成被第一个安排到前方去支援救援工作。此时,满头是汗的他正在S303线开着除雪机械进行清雪开路,接到命令后,徐成二话没说,掉转车头开往白石头乡居民区。大雪覆盖了路面,冒着零下40多摄氏度的严寒,徐成连续奋战了4个小时,硬是在茫茫雪海中打出了一条通往居民区的"救命路"。看着道路上的积雪被清理干净,徐成紧张的心情终于得以放松。此时,他已经连续工作了十几个小时了。当牧民们看到满载着牛羊饲草料的车辆安全驶入受灾村庄时,激动的心情无以言表,牧民们端上了热茶和食品,挽留他坐下来歇息吃饭,徐成笑着说:"不用客气,都是一家人。"拖着疲惫的身体,驾驶着除雪机械赶往S303线继续清理积雪,一直到路面的积雪全部清干净,他才回养护站休息。养路工人很苦,养路工人很平凡,为了过往车辆和旅客的安全,徐成不知放弃了多少个休息日和节假日,顶风雪,战严寒,驾驶着他心爱的除雪机械辛勤地工作,饿了,吃点馕;渴了,喝点凉水;困了,就在除雪机械的驾驶室里眯上一会。哈密公路交通经常受阻,天气变化无常,有时会六月飞雪,给过往驾乘人员的安全出行带来了威胁。每次只要一下雪,徐成总是忙碌地往返于S303线,尽自己的最大努力尽快清除路面积雪,并护送车辆安全通过危险路段。有时,在养护站刚刚躺下,就被值班人员叫起,不是路上积雪了,就是车滑到边沟里面去了,对于这样的情况,徐成早已习惯了。

(3)"紧要关头,我不能离开"

"现在正是抗风雪保交通的紧要关头,我不能离开",面对领导的劝导,徐成笑着说,"没什么大不了,驾驶不了车还可以帮忙指挥,等于车上有了监控,干起活来更安全"。在2012年抗风雪保交通保民生工作中,徐成在执行清雪任务途中,下车检查机械时,由于路滑,不小心摔了一跤,造成胳膊骨折。为了不影响工作,他没有及时报告伤情,领导得知后,让他回家休息几天,好好养养伤,徐成不愿意休息,在医院打上绑带后就立即返回了防雪保交通工作第一线。由于手上打着绑带,无法驾驶,他就让助手段宏斌驾驶,自己在旁边协助、指挥操作,领导和同事们都劝他回去休息,"紧要关头,我绝不离开,段宏斌同志是新手,经验不足,我在旁边可以指点他。"就这样,他带着伤,一直坚持在一线,在风雪路上忘我地忙碌着。总有一种责任,冲锋在前;总有一种使命,义无反顾。徐成每天就是这样在这条线路上来回循环往复地忙碌着。在近3个月的防雪保交通工作中,有十多辆大小车辆被徐成从路边的深沟中营救出来,且无一人伤亡;给来往的车辆借用防滑链、钢丝绳,叮嘱驾驶员们谨慎驾驶。他用细心和爱心关怀着每一个过往的人,多次为口门子加油站、白石头乡政府、白石头乡派出所清除门前积雪,方便当地居民出行,减少了道路安全隐患,确保道路畅通。2012年11月,徐成获得了哈密市东河区"十大感动人物"称号。

第七章

弯弯山路无言,总有一种信念催人奋进,总有一种精神铸就力量,长路相伴情相随,漫漫风雪无情人有情。20 多年来,徐成就是这样扎根在第一线,心无旁骛地工作着,把保障公路畅通作为自己最大的职责和最高使命,在平凡的工作岗位上默默奉献着,用行动书写着新时期共产党员的风采,一次次生动地诠释着一个普通筑路工人的别样情怀。

精神文明建设之花(十三):亚生·阿不拉
——全国劳动模范 帕米尔高原上的养路人

新疆维吾尔自治区阿图什公路局吐尔尕特道班,地处 S212 线 6km 处,平均海拔 3680 多米的山区,由于气候特殊,这里高寒缺氧。他们终年养护 70km 的边防口岸公路。这里的气候变化无常,即使进入春暖花开的四月,这里的道班依然是靠生火烧炉子在取暖。就是在这样恶劣的自然环境和艰苦条件下,亚生.阿不拉同志一干就是 29 年。他爱党爱国,自觉维护祖国统一,维护民族团结。他为人清正廉洁,业务精益求精,无论在什么工作岗位上,都能以一名共产党员的事业心、责任感和忘我的工作态度,俯首拉重车,辛勤苦耕耘,把对党和人民的一片深情倾注于公路事业,把对事业的热爱融入公路养护与振兴,实践着他对人生价值的美好追求,为公路建设和养护事业发展做出了突出贡献。几年心血终于有了回报:他 2 次被评为公路局级先进生产者(所在道班获得局级先进道班),先后 11 次被总段评为先进生产者,4 次被总段团委授予优秀共青团员称号,2 次被总段评为民族团结先进个人,8 次被公路段评为先进生产者。2005 年 5 月被授予全区交通系统劳动模范荣誉称号;2005 年 10 月被自治区授予劳动模范荣誉称号;2006 年被授予公路局级优秀共产党员称号;2007 年、2008 年被授予优秀共产党员称号;2009 年荣获交通运输部劳动模范、全国"五一"劳动奖章,并被交通运输部评为劳动模范。这些荣誉是对一个奋斗在高原山区普通道班班长的告慰。

历史在这里留下了养路人与大自然搏斗的故事,也给人们注入了不平凡的记忆。历史考验了这里的养路人,这里的养路人也用顽强不息的斗志给历史注入了前进动力。多年来,亚生·阿不拉以道班为家,为了搞好公路养护事业,身为党小组长的他,清醒地意识到不抓好道班建设,其他都无从谈起。努力学习党的重要知识,不断提高自身素质,坚持以人为本,学习和牢固树立科学发展观来开展道班各项工作。他从建立健全道班各项规章制度入手,强化管理。他同道班里的副班长(兼核算、检评)加上工会小组长几个人齐心协力,分工负责。同时,他按照段部下达的每月生产任务,为保证生产进度又特别加强了生产奖惩制度管理。为了充分调动道班工人的劳动积极性,根据段部下达的月份生产计划,严格把握好当月的生产进度,他对每月的生产任务以量化考核的形式公开合理地进行分配,并适当兼顾好每个职工体力状况,进行合理分工。亚生·阿不拉同志总是身体力行,用一名共产党员的标准严格要求自己。凡事都吃苦在先,享受在后,道班里的重活、脏活总是留给自己。每当晚霞映红天边时,他带领核算员对当天的生产任务完成情况进行验收,然后在第二天出工前进行奖评。多年以来,亚生·阿不拉同志日复一日,带领道班职工圆满地完成上级下达的各项学习生产任务。平时,他不仅要安排好每天的生产任务,工余时间还要做职工的思想政治工作。道班位于中国与吉尔吉斯斯坦共和国交界地段,因此,做好各族职工稳定工作尤为重要。为了保证职工生活有所提高,他在合理安排道班开支的情况下,设法从州上购进食物,用以改善职工食堂伙食。针对道班青年人多的特点,他常配合工会或团小组,努力做好青年人的思想工作,为使他们树立以道班为家、以养路为荣的思想,他利用工余时间组织他们学习政治、学习业务,并开展文体娱乐活动,极大地丰富了道班的生活;为加强道班的凝聚力,他引导职工处理好家庭与事业中的矛盾关系。他深知,要想做好道班长工作,只有不断提高自身业务水平。亚生·阿不拉同志利用晚上加班写资料、填图表、计算工程量,这些都是他每天必须完成的工作。他总是精力充沛地带领道班工人投入到早出晚归的公路养护事业中。

无欲则刚,立足平凡。亚生·阿不拉同志热爱公路养护事业,平时他没有节假日,长年夫妻分居,几乎全身心扑在道班工作中。近几年,妻子古丽巴哈尔时常觉得不舒服,但亚生·阿不拉一直忙于工作,没时间照顾她。2009年4月25日这天,当他从口岸回来时,古丽巴哈尔因突发高血压,导致脑出血离开了人世。他为了道班工作舍弃自己的小家而顾全大家。用自己朴实无华的言行证明了一代养路工特别能吃苦、特别能奉献的风采。

警民共建传佳话。2004年3月,托云乡派出所两位民警捧着一块题为"共同维护边防,优秀边境公民"的奖牌,满怀喜悦地前往吐尔尕特道班送给了共产党员亚生·阿不拉班长。

冰心一片在玉壶。防洪抢险是养路工时刻面临的工作任务。2004年夏秋之交的8月里,吐尔尕特气候突变,一场泥石流一夜之间吞没了通往吐帕口岸的公路,吉尔吉斯斯坦国的一队重型货车即将进关卸货。为了不影响吉方车辆顺利通行,亚生·阿不拉连夜带领道班工人出动推土机进行抢险清理,经过近8个小时的奋力拼搏,终于开辟了一条通道。次日中午,吉方车队浩浩荡荡地通关,准时到达口岸。劳累了一夜,大伙滴水未进,终于及时恢复了交通。为此,道班受到了克州人民政府的好评。

见死相救。2004年10月,上阿图什乡撒伊拉克村的农民依民江独身去吐尔尕特打工,因高原气候的强烈反应造成突发性的死亡,亚生·阿不拉在收工的路上发现后带领几名道工及时将其尸体送回老家,并协助入葬。为此,村民无不感激、连声称道"太感谢你们了,不愧是党培养的公路工人。"

绝境逢生。2005年初冬,吉尔吉斯斯坦一辆大型载货车从境外入关去货场,行驶到S212线K18处时货车突然熄火了。驾驶员忙于修车无水无食,加之天寒地冻,不知不觉中人快要冻死了。亚生·阿不拉发现后,将其带回道班取暖。1个多小时后,驾驶员慢慢

第七章
高速公路文化建设

恢复了知觉,万分感激地说"中国的养路工真是好样的,谢谢你们救了我的命"。

2006年4月3日,吉国境内因大雪阻断交通,经中吉双方有关方面协商,吉方邀请我方除雪机械进入吉国帮助清除积雪恢复交通。3日上午11时,阿图什段派亚生·阿不拉率3名机械驾驶员和1台推雪机进入吉国境内除雪。经过连续7个小时的工作,开出一条长500多米的单车道,受阻车辆顺利通行。这是新中国成立以来第一次阿图什公路总段养路职工跨出国境帮助邻国除雪恢复交通。

资助贫困户。托云乡的一名柯尔克孜族女牧民杜仙巴汗多年守寡,因本人丧失劳动能力,生活过得相当艰难。2006年,亚生·阿不拉动员道班工人为她捐款2560元,并帮助她很快地修建了一间简易的住房。类似的平凡事迹举不胜举。

恪尽职守,开拓耕耘。2006年接上级指示,要对S212吐尔尕特段进行改造,该线暂时没有养护必要,于是,经组织安排,亚生·阿不拉带领他们班的同志离开了他们常年工作生活默默奉献的S212,来到了G314 K1385~K1450的养护路段,进行公路养护工作。面对新的工作环境、新的工作任务,亚生·阿不拉同志本想把以前的工作经验和先进方法运用到新的路段养护中,在新的工作岗位上大干一场,但令亚生·阿不拉同志没有想到的是,G314沥青路面的养护与S212砂沥路面的养护有着本质的区别,原来养护砂沥路面的经验与先进方法都用不上了,亚生·阿不拉同志遇到了前所未有的困难。工作一下子陷入了无从下手的僵局,亚生·阿不拉班上的同志为新的工作着急、烦恼,亚生·阿不拉同志更着急、更烦恼。作为一名党员,还有自治区劳模荣誉称号的亚生·阿不拉暗暗下定决心,一定要带领同志们走出困境,找到新的工作方法,学习新的养护技术,一定要将G314养护好,更好地完成上级交给的新的工作任务。

问渠哪得清如许,唯有源头活水来。亚生·阿不拉同志作为班长,工作时,他与同志们一起奋斗在公路养护的最前线;平时,他抓紧业余时间向阿图什养护站的工作人员学习新的养护技术,并将他学到的技术在日常工作中逐步教给班上的其他同志。他带领全班人员,边学习边工作,将新的养护技术一点点渗入到工作之中,很快,亚生·阿不拉班上的同志就掌握了新的工作方法,完全适应了新的工作环境,胜任了新的工作任务。补坑槽、治翻浆、战水毁、整修路容路貌,工作任务看似相同,可实际的工作内容却完全不一样。他带领全班同志学习路面病害规律,放样开挖、切割机开槽、机械拌料、压路机上路作业等技术。但亚生·阿不拉同志并不满足于这一点小小的进步,他还和班上的同志一起严把基层开挖处治关、材料级配关和碾压关,同时,做到零星病害连片修补,大面积病害段罩面,确保了结构合理、材料规格、配比准确、图形方正、平整密实、衔接平顺、外形美观,大力开展公路标准化、净化、美化大行动,对沿线路缘石、路肩、桥栏、标志(牌)、里程碑、百米桩、防护安全设施等进行了整修和粉刷,精益求精,努力追求合格的立体美。

若非一番寒彻骨,哪得梅花扑鼻香。在保障原来工作不放松的情况下,亚生·阿不拉同志又接到了新的任务,他和全班同志又分配到了克州—喀什一级公路的养护任务。养护一级公路对亚生·阿不拉同志来说又是一次巨大的挑战,但有了第一次接新任务的经验,亚生·阿不拉同志对这一次的新任务就更加有信心和勇气了。信心百倍的亚生·阿不拉同志在工作中表现出了极高的热情和顽强的工作能力。他率先学会使用组分液体瓷标线涂料标线,学会修补水泥混凝土路面早期病害,预防公路路面的整体破损,学会使用冷补料、粘缝带等新技术,修补路面坑槽,处理路面裂缝,仅仅一年多的时间,亚生·阿不拉就圆满完成了新任务。

小事成就大事,细节成就完美。掌握了公路养护的先进方法,有的职工还戏称他为养路工中的"工王"。在平凡的公路养护岗位上,亚生·阿不拉用自己的聪明才智和辛勤的汗水,创造了不平凡的业绩。

精神文明建设之花(十四):孙宪魁
——"全国五一劳动奖章"获得者 青春无悔汗洒高速

怀着对新疆高速公路建设事业的一腔热血,24年如一日,奋战在新疆交通建设第一线,从新疆建设第一条高速公路开始,他就把无悔的青春和辛劳的汗水挥洒在新疆的大漠戈壁、亘古荒原。他就是多年从事高速公路建设项目管理、在实践中锻炼和成长起来的优秀项目管理专家、自治区交通建设管理局项目执行一处党委副书记、处长孙宪魁。他曾多次被表彰为自治区交通运输厅优秀共产党员、自治区交通系统先进工作者;2006年获得"开发建设新疆奖章";2009年获首届"新疆交通十大杰出青年"称号;2013年荣获"全国五一劳动奖章"。

(1)敢于担当,勇于实践,打造精品工程

在项目管理工作中,孙宪魁充分展现出一个成熟的工程建设管理者的风范。当拿到赛里木湖—果子沟口高速公路建设项目管理书时,他没有犹豫,打起背包便赶往伊犁果子沟工地,迅速进入角色。面对多个国内没有的先例,面对管理经验严重不足等挑战,他勇于创新,通过外联专家,内挖潜质,既虚心向专家、施工方学习,又利用积累的经验来指导企业施工,并采取信息化、网络化管理手段,提高项目管理工作整体水平,企业连续多年荣获优秀项目执行机构。2011年,已建成通车的赛里木湖—果子沟口高速公路项目创造了多项第一:新疆第一条山区高速公路,全线有国内第一座公路钢桁梁斜拉桥、疆内第一座高等级公路隧道、疆内最高的塔柱(高度215m)等,尤其是10.99km桥隧相连的展线方式在新疆公路建设中也是第一次采用。他刻苦钻研,拓宽思路,引进和改进国内先进施工工艺、技术并加以推广,为建设"高质量、管理一流的环保、安全、廉政、示范工程"奠定了坚实的理论和实践基础,并创造出了一个个精品样板工程。2009年果霍项目交工验收,2010年果子沟大桥无应力精确合龙,2011年9月赛果项目全线通车,2012年8月赛果全面验收。时任中央政治局委员、自治区党委书记张春贤在果子沟大桥上深情地说:"赛果高速公路的建成是新疆交通人向大自然挑战的一个杰作!"

(2)勤奋学习,善于思考,力促事业发展

"理无专在,学无止境"。孙宪魁自己也常说:"要善于在过去的经验中寻找突破点,在经验与专业知识中建立新的思维模式来适应新情况、解决新问题"。近年来,在繁重的工作之余,他始终坚持学习和研究。他结合赛果项目建设实践,对提高新疆公路建设管理水平提出了许多独到的观点和建议,并付诸实践。他还把国内的先进管理经验和施工技术进行系统的总结并加以吸收和应用,整理了多项在疆内首次采用的施工和检测技术,并把这些新技术和工艺整理、汇编成《赛果项目施工技术手册》和《难点分项工程优化评审总结》。按照典型示范工程管理办法、首件工程评审办法、关键疑难工程项目评审办法等规定,组织多次专家评审,解决了果子沟大桥钢桁梁拼装、斜拉索安装等关键工程的施工工艺、施工方案和安全性问题;利用科研机构和大专院校的技术资源,依托赛果项目组织实施了"高寒地区桥梁混凝土耐久性技术应用及大体积混凝土温度控制技术""山区高寒隧道防水关键技术研究""山区小半径、大纵坡预制箱梁施工技术""山坡大纵坡桥面沥青混凝土施工技术研究"等科研课题,作为突破工程难题中关键性技术支撑。同时,在疆内首次采用"温拌沥青路面施工技术",并成功获得了阶段性试验的第一手资料。

通过多年的认真学习和刻苦钻研,孙宪魁先后获得全国监理工程师、一级建造师、建设部项目总承包项目经理资格认证及国际项目管理专家(IPMPC级)等多项资格;经他主笔和参与的多篇技术创新论文在自治区和国家级专业刊物上发表。2012年他参加了中组部"西培项目",通过全国硕士研究生考试,在职攻读清华大学公共管理硕士学位。

(3)率先垂范,廉洁奉公,锻造一流团队

孙宪魁始终坚持深入每一个项目施工现场,主动解决监理、施工单位各方实际困难,发挥团队的集体力量和智慧,带领团队大兴实干务实之风。在他的带领下,工作人员与从业单位之间均形成了团结协作、不断进取的良好精神风貌,为项目建设高效率开展提供有力支撑。他带领的项目办年年被评为优秀项目办,2008年还获得了"全国公路建设施工企业重点工程劳动竞赛优胜奖"和"自治区公路工程建设大干60天劳动竞赛活动优胜集体"等。

"公生明,廉生威""打铁还需自身硬"。作为多个重大项目工程管理者,在面对巨大经济利益诱惑时,孙宪魁始终清醒地认识到"优质工程和腐败水火不容"。他常说:"上级领导把这么大的工程交给我们团队管理,是对自己莫大的信任。要坚决防止工程建设领域中的腐败现象,首先要从自己做起,严于律己、廉洁奉公。"在奎赛高速公路建设中,一位项目经理多次请他吃饭,被他婉言谢绝,后来又给他送来2万元现金,孙宪魁多次退回无果,最终通过项目财务部门将钱全额退回。孙宪魁常常对施工单位说:"我们只是分工不同,你们干好工程,就是对我们最大的支持。"多年来,除了保证自己做到清正廉洁,他带领的项目执行办全体员工也都做到了廉洁奉公,不谋私利。

从新疆第一条吐乌大高速公路到乌奎、奎赛、清伊、果霍高速公路的建成,到目前正在建设中的公路工程,无不留下了孙宪魁忙碌的身影,无不挥洒着他辛勤的汗水。如今的他仍在忘我工作着,怀着对党和人民的无限忠诚,怀着对新疆高速公路建设事业的一腔热血,用实际行动在普通的岗位上书写着不平凡的人生,用青春在戈壁荒漠中继续谱写着新疆公路建设史上一曲又一曲动人的乐章。

精神文明建设之花(十五):巴图散
—— 自治区劳动模范　情洒塔额公路

共产党员巴图散是塔城公路局额敏分局的驾驶员,1998年工作以来,一直摸爬滚打在公路养护、防风雪抢险第一线,多年的风霜磨砺,使他逐渐成长为一名出色的机械手。

(1)汗水洒满公路

省道201线K76~K164(铁厂沟山区)是国检路,2009年6月,巴图散和6名驾驶员开着铲车、平地机等4辆工程机械来到离家100多公里的山里。山里的条件很差,路两侧是清一色的黑石头山,没有一棵树,没有一滴水,生活用品要到铁厂沟镇或克拉玛依市购买,晚上,满身尘土的他们回到工地,洗澡是他们最大的奢望。刚来的时候,干什么都不方便,也很不习惯。7、8月太阳毒辣,烤得他们无处躲藏,住的活动车房,白天热得像蒸笼一样,晚上,不安分的蚊虫追着他们叮咬,深夜气温下降,他们经常被冻醒。遇上下雨,山里面更冷。

每天清晨,他们开着工程机械上路,铲土、推山包、平整路肩,中午回到工地吃饭,山里经常刮六七级大风,饭菜里面掺杂着砂子,狼吞虎咽地将饭菜吃完后,找个背阴的山脚边,休息一会儿,再到工地,一直干到太阳落山才回宿营地。工程机械跑得慢,干完10多公里,宿营地就搬一次,在他们的努力下,土石方平整提前17天完成。

(2)魔鬼路段护路

玛依塔斯风区位于新疆西北部的额敏县境内,是世界上罕见的暴风雪灾害地段,刮大风时,能见度特低,常常出现大雪封路和车辆滞留情况。冬季,玛依塔斯路段(省道201线K23~K76)被许多驾驶员称为魔鬼路段。在这样的环境下,巴图散一次次冒着狂风暴雪,驾车营救被困驾乘人员,许多人都知道玛依塔斯防风雪基地有个了不起的蒙古族小伙子。

2006年,巴图散来到玛依塔斯防风雪基地开除雪车,10多年来,他对这里的天气非常熟悉。这里的风好像为雪而生似的,雪下得越多、越频繁,风就刮得越大、越猛烈。刮大风的日子,清晨6点多,外面还是黑漆漆的一片,班长就起床,乘巡道车上路巡查公路,哪个路段有积雪,就用车载报话机或手机通知机械驾驶员上路除雪。他们趁着路上车少,开着机械上路除雪,天亮时(10点),路上的积雪就清理得差不多了。晚上12点,班长还要出去巡道,他们经常是干到凌晨3点才回基地,为的是睡一个安稳觉。夜里不清雪,深更半夜,过往的车辆困在路上,打来求救电话,他们就得出去救人,几小时后回到基地就睡不着了。风雪封路时,有的驾驶员胆子特别大,前面的车堵在雪窝里,后面来的车不是把车停靠在路右边等待救援,而是见缝插针,抢占公路,把公路塞得水泄不通。巴图散不但要清雪,还要下车疏导拥挤的车辆。除雪车清雪时,有的车就尾随其后,遇到迎面受阻的车辆,除雪车堵在里面,前后不能动弹。许多时候,他忍着寒冷,下车从最后面一辆一辆进行疏导。抢险时,除雪车都是背对着风向开车门,害怕车门闪坏。每一次开、关门,雪雾都会猛扑进来,在驾驶室里迅速融化成水珠。暴风雪里,猛烈而刺骨的风雪发疯似的往棉鞋、衣领、口袋里钻,热棉衣、棉裤上也会粘上薄薄的一层细雪,进了驾驶室后,融化成毛细水,反反复复几十次,棉衣、棉裤、棉鞋就湿了。为了打通道路,他不得不穿上湿棉衣,硬着头皮跳进暴风雪里,疏导车辆。湿棉衣、棉裤遇冷,变得硬邦邦的,好像穿了铠甲一样,卡拉卡拉地响,御寒的效果就差了好多。硬棉衣裹不实,风雪就往内衣里钻。回到驾驶室,立即解开棉帽,脱掉粘满冰疙瘩的头罩,把脸对着暖风口吹,把冻麻木的双脚放在暖风口处烤。抢险十几个小时,棉衣、棉裤就变得湿漉漉的。除雪车的驾驶室门离地面有2m多高,暴风雪里,上、下车,开、关车门是件极其困难的事,体力透支时,更充满着危险。10年来,他参与了上百次的抢险,有好几次开门被车门阻挡的风直接拽出去,摔在路上,不是腿摔青,就是脸被摔肿,但他还在魔鬼路段坚持着……

(3)情谊深厚师与徒

巴图散和24岁的李长青是师徒俩,他们在工作中相互协作,生活上互相照顾,情谊深厚。

2011年秋天,李长青通过社会招聘,考进额敏公路分局,当了一名驾驶员。上班之前,李长青就听他父亲说玛依塔斯的风雪特别凶猛,刚来这里,许多除雪机械没见过,还有装甲车、坦克,既好奇又害怕。第一年他值守电话,熟悉玛依塔斯的气候与环境。2012年他成为巴图散的徒弟,巴图散为了尽快让李长青掌握机械性能和熟悉作业环境,手把手地教他什么时候下除雪滚筒、雪筒该朝那个方向、怎么除雪等。玛依塔斯风雪大,所有的涵洞都被积雪掩埋,作业时,他要求李长青按照轮推推过的雪印进行除雪。出现"雪盲"现象时,指导他怎么看公路上的标线,怎么看GPS定位系统,实在看不见时,就停下车,耐心等待,不要贸然行驶,以免开下路基……冬季,玛依塔斯频频遭受大风袭击,巴图散带着徒弟经常出去抢险救人,每次出去都提醒李长青要注意什么,怎么去营救被困旅客,怎样去保护自己。经历了3个冬季的洗礼,李长青熟练地驾驭了除雪车,熟悉玛依塔斯风区的每一公里路段,也成了玛依塔斯防风雪基地得力的防风雪人员,他的名声和师父巴图散一样,跟随着玛依塔斯的风雪向外传播。

（4）人缘好评价高

"在抢险中，他总是第一个冲到风雪里。"开了13年除雪车的奴尔木合买提说，"他是额敏公路分局最好的人，手脚麻利，干活特别能吃苦，谁叫他帮忙，他都去。我和他都是开除雪车的，除雪车走得慢，一出去干活就是一天，着急。风雪大，看不见时，我们也害怕，还是硬着头皮前去救人，回来衣裤是湿的，很容易得风湿病，我就得上了关节炎"。家属梁爱华说："我们保险公司许多同事说：'你们管理分局的巴图散，救人时不要命，待人很热情。'我与他住在一个院里，他嘴甜，人缘好，我特别喜欢他。"他的媳妇布杰说："他是二级厨师，在家里，喜欢做饭，人很勤快。上路救人太危险了，我常常为他担心，劝他不要开除雪车了，为此我们吵过架，他不听我的。我的同事、朋友说冬天在电视里好多次看到他在风区救人，还对着镜头说话，都夸我的老公厉害，那时我真幸福，也很满足"。

巴图散把汗水洒了一路，把真情留了一路，漫漫长路上写满了对公路的挚爱。他的付出赢来了许多人深深的敬重。

第二节 新疆高速公路文化特色

新疆高速公路发展的历程，是新疆历史文化不断积淀的过程，也是新疆地域文化、民族文化、生态文化等各种多元文化并存、交流、互补、融通、升华、发展的过程。

20世纪90年代之后，新疆经济发展步入了快速增长期，公路交通需求强劲增长。随着自治区改革开放的深入以及经济发展战略的实施，国道312、314、216线及乌市出入口的现有公路等级、通行能力和道路状况已远不能适应自治区当前及今后社会经济发展需要。为进一步完善第二亚欧大陆桥的交通条件，改善自治区的投资环境，促进自治区改革开放和经济的快速发展，自治区决定兴建吐乌大高等级公路，从此新疆结束了没有高速公路的历史。交通建设管理局利用世界银行贷款并运用国际通用的菲迪克条款合同管理模式，先后建成吐鲁番—乌鲁木齐—大黄山高等级公路、乌鲁木齐奎屯高速公路，使新疆"三横两纵两环八通道"公路主骨架的通行能力得到大幅提升，标志着新疆公路交通建设进入了新的历史发展时期，揭开了新疆公路交通史上的新篇章。

一、新疆高速公路的地域文化特色

新疆位于亚欧大陆中部，地处中国西北边陲，总面积166万 km^2，占全国陆地总面积的六分之一；国内与西藏、青海、甘肃等省区相邻，周边依次与蒙古、俄罗斯、哈萨克斯坦、吉尔吉斯斯坦、塔吉克斯坦、阿富汗、巴基斯坦、印度等8个国家接壤；陆地边境线长达5600多公里，占全国陆地边境线的四分之一，是中国面积最大、交界邻国最多、陆地边境

第七章
高速公路文化建设

线最长的省区。新疆古称西域,是古"丝绸之路"的重要通道,是各民族迁徙融合的走廊,是"一体多元"文化和东西方文明交融的地区,自古以来就是祖国不可分割的一部分。生活在这片土地上的各族人民和睦相处、休戚与共,共同开发、建设、保卫祖国的边疆,创造了灿烂的文化,推动着历史的文明进程。

新疆地域辽阔、人口稀疏,因地处中国西北和亚欧大陆腹地,内外联系距离遥远且多有山脉、沙漠阻隔。交通运输作为联结区域的重要纽带,能显著缩短时空距离,从而有效支撑引领经济社会发展,在新疆发展大局中具有特殊重要的地位和作用。近年来,在国家的大力支持、自治区党委政府及兵团党委的高度重视和坚强领导下,新疆各运输方式发展都取得了显著进展,并逐步由各运输方式独立发展向一体化协同发展转变。

新疆特殊的地理环境孕育了特色的文化元素。在戈壁、沙漠、草原、绿洲、高山、冰雪等自然条件下,新疆公路交通在实现跨越发展的进程中,因地制宜,量体裁衣,比较注重高速公路主体及相关设施和地域特点的融合,形成了独特的高速公路文化特色。

(一)新疆第一条高等级公路——吐乌大高等级公路

新疆作为中国通向中亚的桥头堡,在对外开放的 15 个口岸中,有 14 个公路口岸,其中有 4 个口岸通往第三国。在国内则与 3 个省、自治区相连。公路交通发展对国民经济的发展和推动极为重要,在 2009 年以前,公路客货运量分别占全区客货运总量的 95.8% 和 83.3%。进入 20 世纪 90 年代的新疆,改革开放进程与全国一样不断深化深入。"利用世界银行贷款,修建新疆高等级公路。"这个对新疆公路建设有着突破性意义的重大决定提了出来。新疆人利用世界银行贷款建设公路的步伐较之内地、沿海地区晚了几年,但新疆却开创了一种新的模式。国家派专家团对重点项目前期准备工作进行全面考察论证,吐乌大和乌奎两个项目的可行性研究报告被世界银行和国家有关部门一次性通过,在同一地区、同一时间安排同类项目的贷款对世行来说几乎没有先例。世行官员对新疆人的做法给予了充分肯定,称之为"新疆模式"。

当时,吐鲁番—乌鲁木齐—大黄山高等级公路是国家"两横两纵"主干公路的一段。它的建成使新疆维吾尔自治区首府乌鲁木齐同北部昌吉回族自治州东部三县一市及阿勒泰地区、东部吐鲁番地区、哈密地区及南疆五地州直至国内各省区市交通更加顺畅;它改善了乌鲁木齐及其周围城镇的投资环境,促进了旅游业的开发,对自治区的社会与经济发展产生了积极影响。

吐乌大高等级公路全长 283.3km,分为东、北两段。东段吐鲁番至小草湖 60km 为汽车专业二级公路,小草湖至乌鲁木齐 116.2km 为高速公路;北段大黄山至天池路口 53.4km 为汽车专用二级公路,天池路口至乌鲁木齐 53.7km 为高速公路。高速公路平原区路基宽 26m,山区路基宽 21.5m,均为全封闭、全立交、双向四车道;汽车专用二级公路路基宽 12m，路面宽 9m。施工期为 1995 年 3 月至 1998 年 8 月，采用国际竞争性招标，按菲迪克条款管理，经过广大建设者 4 年的艰苦奋斗，建设了一条高标准、高质量、高速度、高效益的样板路。一条贯穿天山、横跨白杨河的吐乌大高等级公路出现在新疆大地上，比设计工期提前了 1 个月 10 天。吐乌大高等级公路如一座丰碑耸立在新疆公路建设史上，标志着新疆的公路建设由此进入了高速公路时代，新疆各族人民从此沿着高速公路走进了 21 世纪。

从吐乌大高等级公路沿线的区域经济看，沿线分布有自治区的煤炭、石油、化工、钢铁、建材、汽车、盐化工、机械、有色冶炼、纺织、皮革、食品加工等生产基地，区域工农业生产总值占全区的 34.4%，其中工业产值占全区的 34%，民用汽车保有量占全区的 41.7%。该区域也是新疆的重要旅游胜地。这条公路的建成，不仅促进了沿线工农业生产的发展，促进了沿线旅游业的发展，而且对新疆在 21 世纪的经济发展起到了极其重要的作用。

（二）新疆首条沙漠高速公路——G216 五彩湾至大黄山高速公路

绵延无边的沙漠在新疆是常见的地貌特征，作为一种自然景观，也突显了新疆独特的地域文化特征——辽阔、旷远、深邃、博大。

新疆公路人先后修建了三条穿越塔克拉玛干盆地的沙漠公路，开创了沙漠公路筑路先河，创造了世界奇迹。现在，新疆又一种新型大道——沙漠高速公路即将诞生。五彩湾至大黄山沙漠高速公路，这是一条资源路、产业路、民生路；这又是一条科研路、环保路、创新路……

G216 五彩湾至大黄山高速公路穿越新疆北部古尔班通古特沙漠，既是北疆通往南疆东部的重要干线，也是吐乌大高等级公路的延伸线。G216 五彩湾至大黄山高速公路是由中铁二十局集团承建的新疆首条沙漠高速公路，是新疆公路网规划"三横两纵两环八通道"主骨架网"两纵"的重要组成部分。工程起点位于火烧山立交 D 匝道加速车道渐变段，终点位于大黄山幸福路口立交（即 G216 与吐乌大高等级公路枢纽立交接 G216 线匝道起点），路线全长 96.305km，路基宽 28m，同时也是新疆首条沙漠高速公路，总体走向由北向南北，为双向四车道高速公路，设计车速为 120km/h，全线总投资 27.6 亿元。该项目主要工程有分离式立交 6 座、互通式立交 5 处、通道桥 22 座、涵洞 113 道、服务区 1 处、停车区 1 处。

2010 年 9 月至 2011 年 3 月，新疆交通规划勘察设计研究院用 6 个月的时间完成了初步勘察设计和施工图勘察设计，并于 2013 年 11 月作为全区首个"五同步"项目建成通车。项目采用了风积沙材料填筑路基、风积沙作为隔断层处治盐渍土、干压实路基等新技术；同时，在新疆高速公路建设中首次采用了左右幅路面厚度、材料不对称路面结构方案；并应用了新型防腐材料，增强了结构耐久性。由于项目穿越卡拉麦里有蹄类自然保护区，在设计过程中,充分考虑野生动物栖息地迁徙问题,合理设置了野生动物保护设施。考虑到这一区域野马、羚羊等国家保护动物需要穿越高速公路、迁徙和寻找水源等需求,项目设计预留20座动物通道,施工时在保护区线路设置了9个宽达8m的涵洞,以保证动物的生存环境不受大的影响。2014—2015年度创建国家优质工程总结表彰大会于2015年12月18日在北京召开,由新疆交通规划勘察设计研究院勘察设计、中铁二十局建设的"G216线五彩湾至大黄山公路工程"荣获"2014—2015年度国家优质工程奖"和"2015年度全国工程建设项目优秀设计成果三等奖"两项大奖。该项目负责人周豫新荣获"2014—2015年度国家优质工程奖突出贡献者"荣誉称号。(注:国家优质工程奖是经国务院确认设立的工程建设领域跨行业、跨专业的国家级质量奖,也是我国工程建设质量方面设立最早、规格最高的国家级荣誉奖励,已成为工程建设行业的重要标杆和示范。)

G216五彩湾至大黄山高速公路的建成通车,成为新疆大地上一道亮丽的风景,做到了人文公路与环境生态保护的有机结合,受到了业内外专家学者和各族人民群众的一致赞誉!

G216 五彩湾至大黄山高速公路

(三)新疆第一桥——果子沟大桥

在乌鲁木齐到伊犁的G312穿越天山的路途中,有一条唯一的峡谷通道,沟内峰峦耸峙、峡回谷转,过去以野果多而著名,这便是果子沟。如今,果子沟大桥静静伫立在这里,仿若仙女遗落在山涧中的玉带一般。与美丽的赛里木湖挥手作别,隧道外的别样风情有别于入隧道前自然的鬼斧神工,如同穿越了时空隧道一般,豁然开朗后的满目葱郁又是另一番景象。2011年9月30日,新疆公路史上建设难度最大、科技含量最高、最为壮观的赛果高速公路全线通车。全长700m、桥面高200多米的果子沟大桥如巨龙般腾空而起,穿山而过,建成的大桥桥身与果子沟的美景浑然一体,为果子沟国家级风景区再添一道美丽风景线。

果子沟大桥桥面距谷底净高达200m,主塔高度分别为209m和215.5m,大桥主桥全部采用钢桁梁结构,使用国内特殊专用桥梁钢材17000t,并采用高强螺栓连接,安装精度控制在2mm以内。大桥是自治区公路第一座斜拉桥,也是国内第一座公路双塔双索面钢桁梁斜拉桥。作为新疆第一座斜拉桥、第一高桥,果子沟大桥是新疆最大最重要的桥梁,同时也是全国首座公路钢桁梁斜拉桥,它集新技术、新结构、新工艺、新设备于一身,是新疆公路建设史上一次重大突破。在新疆首次使用大体积混凝土温度控制技术、塔梁异步施工工艺、液压爬模、自行式移动模架等国内领先技术,为山区高速公路施工积累了宝贵的经验。该工程的建成通车,解决了伊犁河谷的出行难问题,使伊犁州能够全天候通达乌鲁木齐,对边疆地区的稳定和经济发展具有重大意义。果子沟大桥在设计施工中秉承"最小限度破坏、最大限度恢复"的环保理念,在克服地质灾害频发影响通行的同时,边施工边进行环保恢复工作。为方便各地游客观光和了解桥梁的建设过程,同时带动桥旅游、桥文化和桥技术方面的研究,新疆交通运输厅还在果子沟养护站附近修建了果子沟桥梁博物馆,馆内主要展示大桥建设时的图片、画册、建设设备以及具有代表性的大桥、隧道模型等,成为游客观光平台,也成为赛果项目另一道亮丽的风景。

2011年9月30日,自治区党委、自治区人民政府在新疆第一条山区高速公路——赛里木湖至果子沟口高速公路的标志性工程果子沟大桥(果子沟斜拉桥)上,隆重举行了赛果高速公路建成通车仪式。自治区党、政、人大、政协、新疆军区、新疆生产建设兵团主要领导悉数到场,体现了自治区领导对赛果项目的高度重视和充分肯定。一条高速公路的建成通车仪式,得到如此高规格的重视,这在自治区交通运输系统、在自治区公路建设史上,都是史无前例的。这充分表明了赛果高速公路在自治区的重要地位、重大作用,也充分表明了自治区领导、各族人民群众对赛果项目和赛果高速公路建设者的高度肯定和赞许。

果子沟大桥

二、新疆高速公路的民族文化特色

新疆地域辽阔，自然景观神奇独特，著名的景区有高山湖泊——天山天池、人间仙境——喀纳斯、绿色长廊——吐鲁番葡萄沟、空中草原——那拉提、地质奇观——可可托海以及喀什泽普金胡杨景区、乌鲁木齐天山大峡谷等。在5000多公里古"丝绸之路"的南、北、中三条干线上，分布着数以百计的古文化遗址、古墓群、千佛洞等人文景观，其中交河故城、楼兰遗址、克孜尔千佛洞等蜚声中外。截至2014年末，共有国家3A级以上旅游景区160个，其中5A级景区8个。新疆民族风情浓郁，各民族在文化艺术、体育、服饰、居住、饮食习俗等方面各具特色。新疆素有"歌舞之乡"美称，维吾尔族的赛乃姆舞、刀郎舞，塔吉克族的鹰舞，蒙古族的沙吾尔登舞等民族舞蹈绚丽多姿。新疆是一个多民族聚居的地区，共有55个民族，其中世居民族有维吾尔、汉、哈萨克、回、柯尔克孜、蒙古、塔吉克、锡伯、满、乌孜别克、俄罗斯、达斡尔、塔塔尔等13个。

伴随着西部大开发的脚步，响应中央加快西部地区基础交通建设的号召，新疆作为中国西部最大的省级行政区，它的高速公路路网建设是落实经济发展和稳定民族团结的保障。高速公路服务区是高速公路系统的枢纽，是为旅客和车辆提供服务和保障的站点，承担着人流、物流、信息流在高速公路上的快捷、安全、畅通的重任。

新疆自古就是一个多民族聚居的地区，加之丝绸之路带来东西方文明的交融，也使得新疆文化面貌有了自己的地域性。所以在新疆建设高速公路，在满足功能需求、规划需求的同时，更要考虑新疆地域民族文化的精神需求。在新疆独有的地域民族文化背景下，新疆高速公路在设计、施工、建设、养护、管理、服务中充分体现新疆地域的民族文化特色，尤其是收费站、服务区着重体现地域民族文化，如维吾尔、哈萨克、蒙古等建筑风格，结合民族文化特色建成的伊犁河大桥、阿喀高速公路、库阿高速公路、吉木萨尔服务区和额敏服务区等，充分展示了沿线新疆各民族的文化特色，让人们领略了多元文化并存的西域风情和文化景观。

(一)南疆第一路——阿克苏至喀什高速公路

在南疆大地上，一条墨色的长绫沿着天山南麓横贯东西，这就是我国目前线路最长、投资最大的高速公路——阿克苏至喀什高速公路(简称阿喀高速公路)。

阿喀高速公路是连接阿克苏、阿图什、喀什等3座南疆重镇的一条高速公路，跨越3个地州，线路全长428.49km。全线采用四车道高速公路标准建设，设计车速100~120km/h，项目总投资约123亿元，是我国在建路线最长的高速公路工程，也是新疆最长的一条高速公路自建项目。新疆阿克苏至喀什段公路是吐和高速公路(吐鲁番—和田高速公路)的一部分，阿克苏至喀什高速公路全线开通后，两地运行时间可缩短两个多小时。阿喀高速公路是继乌鲁木齐至库尔勒、库车到阿克苏后又一条高速大动脉,它的开通运行将彻底联通南北疆。从此,乌鲁木齐市至"丝路明珠"喀什实现全程高速,还使得新疆南部的喀什地区、阿克苏地区、克孜勒苏柯尔克孜自治州与新疆西北端的塔城地区、阿勒泰地区、博尔塔拉蒙古自治州实现高速公路全线贯通,南北疆实现了高速公路"无缝对接"。

公路交通是各民族文化传播和交往、交流、交融的桥梁和纽带。高速公路通到哪里,文化就会延伸到哪里。作为新疆"十二五"期间构建"五横七纵"高等级公路网中的第三横,阿喀高速公路不仅是我国最长的高速公路,也是我国通往中亚及欧洲的重要运输通道,阿喀高速公路是连云港至霍尔果斯国家高速公路吐鲁番至和田及伊尔克什坦联络线的重要路段,也是亚洲公路网和新疆干线公路网规划的组成部分。

阿喀高速公路沿线民族成分较多,民族文化多元,也是通往吉尔吉斯斯坦、塔吉克斯坦等中亚国家,以及南疆地区重要的经济干线和通往首府乌鲁木齐的主要公路通道,对新疆加快丝绸之路经济带大通道建设具有重要作用。阿克苏至喀什高速公路的运行,使得乌鲁木齐至喀什实现全程高速,形成南疆除和田地区外的环状高速公路网,可以改善南疆公路的交通运输条件,加快人流、物流、信息流步伐,对农产品外输、推动当地经济发展都有很大的促进作用。同时对构筑新疆骨架公路网,便捷内地与中亚及欧洲间的联系和推进国际合作将发挥积极作用。

阿喀高速公路,作为沿线各民族文化传播和交往、交流、交融的桥梁和纽带,以科技引领阿喀项目,将阿喀高速公路精雕细琢成艺术品,镶嵌在南疆大地上,让南疆各族人民尽快享受交通文明发展成果。

(二)库车至阿克苏高速公路——着重体现民族文化特色和亮点

库阿高速公路(库车至阿克苏高速公路)是国家高速公路网"五纵七横主骨架"的重要路段,也是新疆"Y形公路网"纵贯南北疆快速干线的重要组成部分。建设中的新疆高速公路不但在提速,而且在提精出彩,打造精品工程。让库阿高速公路声名雀跃的,不仅是设计施工总承包模式、工厂化的施工现场,还有创新的管理理念、领先的施工工艺、显著的民族文化特色以及全体库阿高速公路建设者无处不精心、无处不精细、无处不精美的执着精神以及处处精彩的工程和文化实践。

新疆首个总承包项目、自治区重点工程、总投资近65亿元的G314库车至阿克苏高速公路于2011年12月9日正式通车运行。库车至阿克苏高速公路是国家高速公路网"五横七纵主骨架"及新疆"Y形公路网"的重要组成部分,为全封闭全立交四车道高速公路,全长260km,是新疆首次采取设计、施工总承包模式建设的公路项目,也是当前全国路线最长、投资规模最大的一条采用该模式建设的高速公路。

库车至阿克苏高速公路沿线民族文化遗迹和景观分布较多,在设计、施工和管理、服务过程中,着重体现民族文化特色和亮点,沿线路牌、收费站和服务区名称均采用两种语言文字,并且充分利用电子屏、横幅、宣传栏等宣传新疆民族团结宣传教育、民族团结进步年、"民族团结一家亲"等内容。库阿高速公路的建成通车,对南疆经济文化发展,特别是阿克苏文化、旅游产业发展起到了很大作用,是阿克苏地区200多万各族群众热切期盼的一件喜事,也是新疆维吾尔自治区交通事业和经济社会文化发展中的一件大事。

库车至阿克苏高速公路位于南疆中部的阿克苏地区,北邻天山南麓,南傍塔里木盆地北缘,紧依塔克拉玛干大沙漠,与塔里木河等多条河流交错。阿克苏地区气候干燥、蒸发量大、日照长、昼夜温差大、气候变化剧烈,每年4~6月风沙满天,7~9月山洪常袭,全线7000多名建设者攻坚克难,早准备、早计划、早部署,加大投入,采取保温措施,打破新疆冬季不能进行混凝土浇筑施工的历史,预制梁场采用新型"桑拿"养生法预制梁板,保证了冬季项目施工质量和进度,提前一年实现主线通车,创造了"库阿速度"奇迹,建成了"新疆一流、全国先进"的典型示范工程。在建设过程中,建设者克服项目大、战线长、工期紧、无人区、缺水源、地质复杂等困难,战风沙,抗山洪,实现了"四个突破",取得了"七项成效"。

通车后,从库车到阿克苏的车程由过去4个小时缩短为2个多小时,为沿途库车县、新和县、温宿县、阿克苏市的社会经济发展提供了快车道,使各族人民在全面奔向小康的路上直接受益。至此,乌鲁木齐至阿克苏拥有了快速通道,南疆沿线地区民族文化得到了更好的交流和交融,为新疆跨越式发展和长治久安做出了积极贡献,对新疆经济社会发展和民生建设发挥了巨大作用。

三、新疆高速公路的生态文化特色

新疆的地貌可以概括为"三山夹两盆":北面是阿尔泰山,南面是昆仑山,天山横贯中部,把新疆分为南北两部分,习惯上称天山以南为南疆,天山以北为北疆。南疆的塔里木盆地面积52.34万 km^2,是中国最大的内陆盆地。位于塔里木盆地中部的塔克拉玛干沙漠,面积约33万 km^2,是中国最大、世界第二大流动沙漠。贯穿塔里木盆地的塔里木河全长2486km,是中国最长的内陆河。北疆的准噶尔盆地面积约38万 km^2,是中国第二大盆地。准噶尔盆地中部的古尔班通古特沙漠面积约4.8万 km^2,是中国第二大沙漠。在天山东部和西部,还有被称为"火洲"的吐鲁番盆地和被誉为"塞外江南"的伊犁谷地。位于吐鲁番盆地的艾丁湖,低于海平面154.31m,是中国陆地最低点。新疆水域面积5500km^2,其中博斯腾湖水域面积992km^2,是中国最大的内陆淡水湖。片片绿洲分布于盆地边缘和干旱河谷平原区,现有绿洲面积14.3万 km^2,其中天然绿洲面积8.1万 km^2,占绿洲总面积的56.6%。

新疆生物资源种类繁多、品种独特。野生植物达3850余种,麻黄、罗布麻、甘草、贝母、党参、肉苁蓉、雪莲等分布广泛，品质优良。果树资源丰富，其中优良品种300余个，自古以来就有"瓜果之乡"的美誉，吐鲁番葡萄、库尔勒香梨、哈密瓜、阿克苏苹果以及遍布南疆的红枣、核桃、杏、石榴、无花果、巴旦木等名优特产享誉国内外。野生动物近700余种，占全国的11%。有国家重点保护动物116种，约占全国的三分之一，其中包括蒙古野马、藏野驴、藏羚羊、雪豹等国际濒危野生动物。在新疆高速公路建设过程中，牢固树立生态环保理念，采用环保工艺、技术和设施，加强高速公路沿线生态治理建设至关重要，对改善整个新疆地区生态环境、促进区域可持续发展影响深远、意义重大。

（一）赛里木至果子沟高速公路——高山、草原景观生态路

果子沟位于乌鲁木齐通往伊犁的公路咽喉处，是历史上的丝绸之路北道。过去这里雪崩、洪水、山体滑坡等地质灾害时有发生。赛果高速公路（赛里木至果子沟高速公路）改建项目是国家高速公路网18条东西横线中最长的一条横线——G30连云港至霍尔果斯高速公路和新疆干线公路网的重要组成部分，是交通部30个典型环保示范工程之一，全长56.2km，总投资23.9亿元。全线桥隧相连，共有5座特大桥、19座大桥、5座隧道，其中赛里木湖隧道是全区最长的公路隧道和制式隧道。赛果项目有着多项第一的称誉，如新疆第一条山区高速公路、国内第一座公路钢桁梁斜拉桥、疆内第一座高等级公路隧道、疆内直径最大桩最深的群桩基础、疆内最高的塔柱（高度219m）等，是当时新疆施工难度最大、技术含量最高、风险最大的公路工程。

赛里木湖环湖公路

工程竣工前，施工人员认真仔细地做好高速路面的附属工程，对高速路面的排水沟、绿化工程、山体破坏工程等做恢复性工作，对高速公路经过的路段及时种草、种树，为高速公路途经路段做绿化等基础性工作。

为了更好地保护赛果高速公路生态环境，伊犁公路管理局根据G30赛果高速公路的安全技术特点，对赛果高速公路，尤其是果子沟大桥、长隧道、引桥等设施管理现状进行综

合分析认证,设计了一整套切实可行的养护管理方案,并于2011年6月编制了《G30赛果高速公路系列养护手册》,经过2011年冬季养护实践及经过专家反复论证、完善,该书在2012年9月由人民交通出版社正式出版发行。《G30赛果高速公路养护手册》由伊犁公路管理局的专业技术骨干、上海法赫桥隧养护公司的专家们编写,经过1年多的实地考察、反复论证和修改后出炉,为G30赛果高速公路交付使用后的安全运营提供了可靠的技术支撑。

G30赛果高速公路改建工程于2011年9月30日完成,该条公路是新疆第一条贯穿天山并实现桥隧相连的高速公路,工程中有被誉为国内公路首座,新疆唯一、最大、最重要的双塔双索面钢桁梁斜拉桥——果子沟特大桥,新疆最长的隧道赛里木湖隧道,以及钢筋混凝土预应力连续桥梁果子沟大桥引桥。赛果高速公路的建成通车将大大提高果子沟路段的通行能力和抵御地域各种灾害、突发事件的能力,真正使果子沟天堑变通途,对于实现新疆跨越式发展和长治久安,促进整个伊犁地区社会经济发展和促进霍尔果斯经济区建设具有十分重要的现实意义。

克拉玛依至塔城高速公路

(二)克拉玛依至塔城高速公路——北疆交通要道上的一道风雪屏障

2014年11月30日,新疆塔城市至克拉玛依市G3015高速公路克塔段通车。克拉玛依至塔城高速公路(简称克塔高速公路)是《国家高速公路网规划》中的国道主干线连云港至霍尔果斯高速公路的联络线之一,也是新疆公路网规划中"三横两纵两环八通道"中"通道三"的重要组成部分。克拉玛依至塔城高速公路全长218.229km。项目概算投资75.82亿元,于2011年4月开工。起点位于克拉玛依市白碱滩区以北7km处,与克拉玛依至乌尔禾高速公路和在建的奎克高速公路相连接,终点在塔城巴克图口岸。途经克拉玛依市、哈图金矿、铁厂沟、万亩农田示范区、额敏县、团结农场、塔城市、巴克图口岸等,路线总体由东南向西北。设计速度100km/h。克拉玛依至塔城高速公路建成后,将把新疆建设成为连接中亚、南亚、西亚的国际战略通道,对拓展我国经济发展战略空间,促进区域经济协调发展,实现新疆跨越式发展和长治久安,具有重要的战略支撑作用。特别是作为丝绸之路经济带新疆境内北线通往中亚、西亚、欧洲大通道重要的西北出入口,是塔城各族人民"转身迈步走西口、敞开大门迎宾客"的希望之路。

该路为国家高速公路网连云港至霍尔果斯高速公路的重要组成部分,是连接克拉玛依和塔城的主要交通线路,也是联系内地与乌鲁木齐及南疆、北疆最主要的便捷通道。此前,进出塔城的道路有限,人们只能依赖省道201线和221线,影响着塔城与外界的联系。克塔高速公路的建成通车,使得从乌鲁木齐至塔城物资运输更便捷,也结束了塔城盆地没有高速公路的历史,对促进新疆区域经济协调发展具有重要作用。

克塔高速公路穿越我国新疆著名的老风口——玛依塔斯风区,冬季风雪对公路危害十分严重,每年冬季因风吹雪害会造成数十次交通中断或封闭,给群众生活、交通运输、农牧业生产带来巨大影响,且直接给工农业生产和人民的生命财产带来严重的损失。在项目实施过程中,通过大量的现场调查、室内外模型试验、实体工程应用,结合理论分析、防治工程验证,对已有科研成果综合分析评价研究,提出新疆公路雪害防治措施,为指导类似公路雪害防治措施的设计、施工、养护等工作提供技术指南,对公路雪害防治具有重要的应用价值,取得了很多创新性成果,其中有五项内容最为突出:首次在高速公路上系统地采用重点灾害段落绕避、深挖方路段隧道+桥的路线方案,主动预防风吹雪害对高速公路的影响,取得显著效果。首次通过放缓路基边坡、采用分离式路基、路侧不设置护栏、敞开路基断面并设置积雪平台的综合防风雪路基方案治理高速公路风吹雪害,取得显著效果。系统地采用挡雪板、视线诱导标志、积雪标杆、可变情报板等特殊交通安全设施防治高速公路风吹雪害,取得显著效果。构建了公路雪害预警指标体系,提出了应急救援预案,为雪害地区抢险保通提供了技术支撑。研究制定了《新疆风雪灾害冬季养护除雪工艺技术指南》,为新疆风雪灾害影响区域的公路冬季养护提供技术支撑。

克塔高速公路还在全区率先引进全自动智能张拉控制系统。达尔布特特大桥工程是克塔高速公路KT-1标段的控制性工程,全长1.01km,桥墩最高81m,上部结构采用长40m、高2.5m的后张预应力混凝土T形梁,先简支后桥面连续,施工难度大,技术要求高。为提高工程质量,打造精品优质工程,克塔高速公路项目始终注重应用新技术、新设备、新工艺。在达尔布特特大桥施工中引进了"全自动智能张拉控制系统",该系统是国内预应力张拉领域最先进的工艺,且在全区桥梁建设史上使用尚属首例。

全自动智能张拉控制系统是借助传感器通过计算机对张拉数据采集、应力控制、指令同步等实现精确控制,能有效控制张拉精度,并具有错误纠正、数据同步、张拉审核等功能,真正实现了张拉的同步控制,完全克服了传统的人工手动控制油泵、人工测量应变值和回缩值误差较大的缺点。同时,还能够充分利用互联网平台,实现远程监控功能,既节省人力资源,提高管理效率,又可为质量追溯提供真实数据。该系统在T形梁预应力张拉中的应用,为提高桥梁工程施工质量奠定了坚实的技术基础。

由于克拉玛依至塔城路段的地域特殊性,一到冬季常有风吹雪现象,广大驾乘人员遇到风雪天气就很危险。为了避免和缓解风吹雪造成的自然灾害,克塔高速公路在设计和施工时充分考虑地域特点,采用缓边坡分离式路基,运用视线诱导标,体现了北疆风雪路段特有的高速公路文化特色。

(三)三岔口至莎车高速公路——全国首条利用风积沙填筑的高速公路

三岔口至莎车高速公路(简称三莎高速公路)是我国第一条大规模利用风积沙填筑的高速公路项目,全线233km中,有60余公里位于沙漠区,有185km路段采用风积沙填筑,部分路段填筑高度超过6m,这在新疆乃至全国高速公路建设史上还没有先例。

三莎高速公路主线为双向四车道高速公路,起于新疆阿克苏至喀什高速公路三岔口互通式立交,经巴楚县、麦盖提县,止于莎车县乌达力克乡北部,与喀什至叶城高速公路连接。三莎高速公路全线通车,极大地缓解了巴莎公路的交通压力,使车程由原来的五六个小时缩短到现在的两个半小时,改善了驾驶员出车难的现状。"以前的巴莎公路沿路都是村庄,路上拖拉机、三轮车、毛驴车特别多,摩托车也多,都是慢行的,我们开车太难行了,容易出事,现在高速公路通了,路面又宽又好,路面设施也比较完善,现在我们开车放心多了,也方便我们运输和出行了。"驾驶员刘成开心地说。

三莎高速公路通车后,不仅为当地群众出行提供了便利,也方便了农产品外输,将有效地推动当地经济发展,新疆莎车县叶尔羌河东面7个乡镇、巴楚县沿线10个乡镇和图木舒克市及新疆建设兵团三师周边农牧场70多万人从中受益。农民宋友启说:"现在高速公路从我们家门口过去了,方便了村里的农产品往外运输,外地客商也愿意来我们这拉货,对我们老百姓来说是一件大好事。"

三莎高速公路地处新疆的边陲喀什地区,具有独特的自然、地理和人文特征。三莎高速公路穿越农田、沙漠和荒漠区,地下水位高、软土层广泛存在,设计和施工难度较大,对环保要求也较高。三莎高速公路于2011年7月开建,全长233.6km,设计速度120km/h,总投资近120亿元,是新疆迄今投资规模最大的高速公路,也是我国首条大规模利用风积沙填筑的高速公路。三莎高速公路将喀什至叶城高速公路、阿克苏至喀什高速公路以及麦盖提至喀什高速公路串联在一起,形成了南疆环状高速公路网。三莎高速公路沿线穿越喀什产业集中区、资源富集区、人口稠密区、重要旅游区,它的建成对喀什实现社会稳定和长治久安具有重大战略意义。同时,三莎高速公路的修建,将极大延展东疆、南疆五地州依靠公路运输发展新型工业化格局,促进东疆、南疆五地州的经济发展,加快农产品外运和农牧民增收步伐。

(四)库车至阿克苏高速公路——绿色环保高速公路

库阿高速公路(库车至阿克苏高速公路)途经地区高温少雨,盐碱化严重,生态脆弱,环境保护极为重要。中交集团建设项目指挥部大力推行信息化管理模式,实行建设管理标准化,构建起"质量、安全、工期、造价、环保""五位一体"管理体系,指挥部结合新疆特殊的地理环境条件,应用先进技术和工法,以科学的工艺带动质量升级;指挥部以"保护环境,维护地球生态家园"为己任,特别注重胡杨、水库湖区保护,做到"多维护,少破坏;多建设,少索取;多培育,少砍伐",坚持文明施工,加大环保控制力度,严格控制水土流失和沙化,减少施工污染。制定环保措施,保护好施工区的植被,做好防护工程、排水工程和裸露地表的植被覆盖,切实保护好环境。

库阿高速公路路段中的新和县、农一师五团、温宿县施工区内有胡杨林、水库、野鸭湖保护区等,项目部制定措施,保护胡杨林,不抽用野鸭湖水,保护了生态环境。库车至阿克苏高速公路建成通车,充分说明交通人不辱使命、不负众望,向新疆各族人民献上了一条优质、畅通、安全、便捷的"新疆一流,全国先进"的高速公路,为促进南疆地区经济社会稳定和生态环境建设发挥了重要作用。

(五)禾木景区公路——环境友好型景区公路

新疆阿勒泰地区的禾木村被称作是"神的自留地",深受旅行者和摄影家们的喜爱。禾木景区公路则是禾木村1000多名居民和游客进出景区的唯一公路。盘山的禾木景区公路蜿蜒而上,沿线有自然形成的木屋村落、草原牧场、沿河峡谷和原始森林四类景观,可谓是"景中有路,路边有景"。途中共设置了10个观景平台,让游客能站在云雾缭绕中更贴近神迹般的风景。

通往"神的后花园"的禾木景区公路全长约49km,起自喀纳斯景区铁尔沙汗,与S232线(喀纳斯至布尔津旅游公路)相接,终点至禾木村中心。景区公路像流淌在山林间的黑色河流,与周围的林区美景融为一体,浑然天成,犹如大自然给予了人类这条路似的,而汽车则像是飘荡的游船,载着人们在如诗如画的风景中徜徉。

从2013年开始至2015年交工的禾木景区公路养护与生态工程不仅在原有路面基础上进行加固拓宽,还在不破坏原有景观的同时,对道路两侧山体和林带进行了养护。禾木景区公路工程建设项目针对景区公路的实际情况提出与环境相协调的公路协调性设计与安全保障成套创新技术,在以下方面形成重大创新:

(1)提出了以旅游者为核心、以旅游环境为核心的旅游公路新型建设思路、理念。将公路单一性的交通功能,强化、转化成旅游资源整合功能、旅游产品体验功能、旅游服务功能的建设理念。将原有的以路为核心的传统思维转化为以旅游者为核心、以旅游环境为核心的旅游公路建设新思路。这一建设理念超越了旅游公路就是美丽公路的狭隘观念，系统解读了景区旅游公路的功能、要求和建设目标，回答了"旅游公路是什么样公路"的关键问题。

（2）首次系统地构建了景区旅游公路的交通安全设计和保障技术体系。

首次提出了基于旅游公路交通环境与驾驶行为交互的景区公路路线安全设计关键参数。针对国内外公路路线设计规范以普通公路、小型车和中型重货车为设计对象，缺乏景区公路因素考量的问题，以新疆景区旅游公路的旅游车辆为对象，基于驾驶仿真技术提出成套路线安全设计参数，弥补了技术空白。

首次提出了针对旅游景区公路的全过程动态仿真交通安全评价技术。针对现有交通安全评价技术注重专家经验，缺乏针对旅游大巴车为主要车型的安全评价方法问题，提出了基于驾驶模拟技术，综合运用车辆动力学仿真、公路环境三维再现以及驾驶行为仿真，实现了全过程动态仿真安全评价技术，在国际上也属于先进的评价技术。

（3）首次系统地提出了环境友好型景区公路的成套建设技术，为新疆地区建设环境友好型公路提供了技术支撑和样板。具体包括：

首次提出了高寒高纬度地区公路坡面绿化设计技术。目前已有的公路边坡绿化方案多适用于南方湿润地区，项目针对高寒、高纬度地区特点开展研究并提出了景区公路坡面绿化最优方案，且使研究成果可复制、可推广，起到指导、示范的作用。

提出了结合新疆景区公路特征的环境友好型交通工程设施。目前国内和国际上应用的常规交通工程设施均存在与自然景观不协调的问题。项目研发了以木制为主的新型交通标志和护栏，突破了钢木结合、木制材料结构加固、木制标志版面文字夜间反光、钢木护栏满足大货车防护强度等技术难题，属国内首创，达到国际领先水平。

形成了系统性的景区公路建设指南，科学指导自治区景区公路建设，综合提升建设理念、安全保障水平及驾驶感受，填补国内空白。

禾木项目地处新疆阿尔泰山国家森林公园中，生态环境脆弱，环境保护与文明施工方面的要求也远高于在一般戈壁、荒漠实施的公路工程项目。项目受无施工便道、施工原材料短缺、天气等不利因素影响，施工期短，现场困难诸多，在各级领导的关心指导下，在项目全体参建单位的共同努力下，禾木景区公路于2014年9月27日完成主线通车的工程目标。

（六）五彩湾至大黄山高速公路——切实保护野生动物

新疆首条沙漠高速公路——G216五彩湾至大黄山高速公路全长96.305km，由于部分路段地处国家级自然保护区卡拉麦里区内，项目设计预留了20座动物通道，保护区线路在施工时设置了9个宽达8m的涵洞,以保护区域内野马、羚羊等动物及其生存环境。保护区总面积1.8万km^2,生活着普氏野马、蒙古野驴、鹅喉羚、盘羊、猞猁、金雕等48种国家重点保护动物。针对公路建设过程中存在的生态破坏、环境污染等突出问题,新疆环境监察总队与新疆公路建设管理局建立协商联动机制,开展联合执法监督,切实解决公路建设中的环境保护问题。

作为项目施工单位的陕西省交通建设集团公司,在施工过程中充分考虑这一区域野生动物迁徙和寻找水源等需求,同时,还专门成立了环境保护、水土保持等领导小组,避免因施工对沿线村(牧)民生活和动物迁徙觅食造成不便,避免因施工造成沿线生态环境破坏。

五彩湾至大黄山高速公路工程本身比较简单,但是从生态环境来说还是有一定的难度,其中在设计方面已经做出要求,比如在动物通道、绿色环保方面都有要求,在取土弃土方面也严格按照要求去做。另外,为保证野生动物产仔及自由迁徙,沿线还设置了"严禁乱砍滥伐和禁止随意碾压植被""保护自然资源、爱护野生动物"等警示牌。施工过程中,为了尽量避免打扰野生动物,施工方采取施工车辆在保护区内禁止鸣笛、完善施工便道等措施。

四、新疆高速公路的历史文化特色

新疆,汉称西域,意思是中国西部的疆域,这一名称自汉代出现于我国史籍,一直沿用到清朝统一新疆,之后改称新疆。

新疆交通运输事业的飞速发展,尤其是高速公路大通道建设的全面铺开和推进,给古老的西域大地注入了无限的生机和活力,为新疆的社会稳定、民族团结、资源开发、经济发展和长治久安提供了强有力的交通运输支撑和保障。新疆高速公路在建设、施工、管理、服务的过程中,着重挖掘新疆历史文化元素特色、内涵,如:大奇高速公路服务区体现北庭汉唐遗风,体现中原文化和古丝绸之路历史文化的结合和传承;吐乌大服务区和沿线设施体现了历史上西域古城的雄姿与气度;新疆国际口岸现代国际贸易物流着重体现古丝路文化和现代文化的融合。在新疆高速公路文化建设过程中,也充分收集、整理、体现、挖掘、提炼历史文化要素,并结合现代文明、现代文化加以融会贯通,形成了富有特色的新疆高速公路文化。

(一)大黄山至奇台高速公路——北庭文化与汉唐遗风的完美结合

大黄山至奇台高速公路(简称大奇高速公路)位于昌吉州东部,是新疆干线公路网"三横两纵两环八通道"中"通道三"的重要组成路段,也是乌鲁木齐至大黄山高速公路的延伸线。项目位于昌吉回族自治州境内,全长114.931km,路线起点接乌鲁木齐至大

第七章
高速公路文化建设

阿拉尔—和田沙漠公路

黄山高等级公路幸福路口,途经吉木萨尔县、奇台县、农六师奇台垦区,终点为 S303 岔路口。该项目的建成通车进一步推进了区域经济的快速发展,同时对于完善国家高速公路网和自治区干线公路网,促进国家西部能源化工战略的实施和沿线区域经济社会发展具有重要意义。大奇高速公路于 2012 年 12 月建成通车,由昌吉州公路局奇台分局管理养护,运营里程桩号 K0+000～K114+931,全长 114.931km,设计速度 120km/h,双向四车道,路基宽度 28m。

大奇高速公路沿线的吉木萨尔县早在 2000 多年前的西汉时期就是西域山北六国的故地。到公元 703 年,唐朝相继设置了北庭都护府、北庭大都护府,北庭一跃成为万里疆域的西域政治、军事中心和丝绸北道的重要枢纽。千百年来中原文化、欧洲文化、宗教文化、民族文化在这里汇集、交融、沉淀,形成悠久历史、厚重底蕴、独特的北庭文化。

北庭文化是历史留给吉木萨尔县 13 万人的一笔巨大的宝贵财富。如何善加利用?新疆交通建设管理局做出了科学决策:将北庭历史文化有机地融入高速公路服务区建设中,赋予高速公路以文化灵魂,把大奇高速公路建成全区独一无二的精品工程和历史文化特色项目。在项目前期设计工作中,设计院深入吉木萨尔县未来定位及发展规划,了解到吉木萨尔县开始全力实施"文化立县战略"中有一个突出的特色,城市建设有了"北庭"这个特色标签后,设计风格立刻清晰起来,打造以仿唐风格为主要特色的全区精品小城成为吉木萨尔县实现经济强县战略的目标之一。在服务区的外观设计中紧紧围绕"北庭"这个文化品牌,了解北庭文化的底蕴,借鉴当地一些特色建筑。于是,一个集旅游观光、历史文化宣传教育、沿线车辆燃油补给、驾驶人员餐饮住宿为一体的综合型特色服务区诞生了,并使服务区重塑了汉唐建筑遗风。

2011年中国共产党成立90周年之际,7月1日下午,大黄山至奇台高速公路建设项目指挥部携手奇台至木垒高速公路建设项目指挥部、五彩湾至大黄山高速公路建设项目指挥部,在吉木萨尔县北庭园广场隆重举办庆祝中国共产党成立90周年文艺汇演,喜迎中国共产党90周年华诞。会演开始由吉木萨尔县委领导在庆祝大会上发表了热情洋溢的纪念建党90周年的讲话,大奇项目指挥部指挥长发表了题为"艰苦奋斗,为当地百姓修建优质工程"的激情演讲。文艺汇演以合唱、独唱、歌舞等表演形式,多角度展示了在新疆交通厅、新疆交通建设管理局的领导下,在昌吉州人民政府、吉木萨尔县人民政府的关怀、帮助下,周边高速公路的建设成果,展示了交通建设者的崇高情怀和新时期昂扬奋进的精神风貌,得到了当地各族人民群众的交口称赞。

(二)首府的大动脉——乌鲁木齐东绕城高速公路

乌鲁木齐位于新疆维吾尔自治区中北部,天山中段北麓、准噶尔盆地南缘,西部和东部与昌吉回族自治州接壤,南部与巴音郭楞蒙古自治州相邻,东南部与吐鲁番地区交界。乌鲁木齐是新疆的首府,历史文化悠久,是全区政治、经济、文化的中心,中国西部对外开放的重要门户,新欧亚大陆桥中国西段的桥头堡,地处亚洲大陆地理中心,是欧亚大陆中部重要的都市,也是中亚地区最具活力的城市。从文化和地缘、交通等方面看,历史上乌鲁木齐就是古丝绸之路新北道上的重镇,东西方经济文化的交流中心,是西方文化和中国文化的荟萃之地,呈现出多元文化的特质,其特点是开放、热情、豪爽和奋进。

G30乌鲁木齐绕城高速公路(东线)项目(下文称"东绕城项目")起自乌鲁木齐市甘泉堡工业园区南侧,接吐乌大高速公路,止于西山路互通式立交,接乌鲁木齐至奎屯高速公路,全长79.352km,工程概算总投资79.85亿元。其中,起点至乌拉泊互通式立交段62.131km为新建,乌拉泊互通式立交至终点段17.221km利用既有二级公路改扩建。全线新建甘泉堡、米东路、铁厂沟、甘沟、石人子沟、观园路、延安路、乌拉泊8处互通式立交,改建仓房沟、西山2处互通式立交;设置甘泉堡主线、米东匝道、铁厂沟匝道、甘沟匝道、石人子沟匝道、观园路匝道、延安路匝道、乌拉泊匝道、乌拉泊主线9处收费站。东绕城项目为新疆第一条一次性投资建成的双向六车道高速公路、新疆第一条桥梁使用减隔震抗震技术的高速公路、新疆第一条跨越煤矿采空区治理的高速公路、新疆第一条路线跨越二级水源保护区的高速公路。

乌鲁木齐绕城高速公路是国家高速公路网的重要组成部分,同时也是新疆维吾尔自治区2001—2020年公路网规划中提出的"三横两纵两环八通道"网络中"环一"的重要组成部分。项目顺利建成通车,对贯彻落实国家西部大开发战略部署,完善国家高速公路网和自治区干线公路网,改善乌鲁木齐市交通条件,缓解首府交通压力和提升首府形象,构建综合交通运输体系,促进新疆经济社会和地域文化发展,保障新疆社会稳定和长治久安具有十分重要的意义。

乌鲁木齐绕城高速公路沿线设施均标注了地名、风景名胜区、历史文化景点等,传承了乌鲁木齐的历史和文明,体现着首府的文化和精神,整体设计风格呈现出乌鲁木齐多元文化的特质,坚持把文化理念落地生根、开花结果,服务社会、惠及群众,坚持把高速公路文化建设成果转化为乌鲁木齐的生产发展力,转化为乌鲁木齐的文明品牌,转化为乌鲁木齐的精神风貌,转化为乌鲁木齐的服务效能,转化为乌鲁木齐的社会美誉,充分体现了乌鲁木齐开放、热情、豪爽和奋进的特点。在乌鲁木齐绕城高速公路建设过程中,新疆交通建设主管部门把"建设一流的班子、培养一流的团队、实施一流的管理、提供一流的服务、打造一流的品牌、创造一流的业绩"作为共同目标,坚持以内强素质、外树形象为主线、以构建核心价值体系为根本、以改革创新精神为动力、以打造阳光交通为重点,行业文明形象和软实力得到很大提升。新疆交通建设者们用辛勤的汗水铺筑了乌鲁木齐经济大动脉,用青春、奉献、智慧浇注着首府这条民生之路、团结之路、经济之路、文明希望之路。

尾声:

展望——新疆高速公路打造"一带一路"交通枢纽中心

新疆是我国西北的战略屏障,是实施西部大开发战略的重点地区,是我国向西开放的重要门户,也是全国重要的能源基地和运输通道。无论地理区位、资源禀赋,还是历史脉络、文化渊源,新疆独特而客观的区位优势、资源优势、政策优势和后发优势,决定了其在"丝绸之路经济带"建设中的核心区域的战略枢纽地位。

高速公路作为交通的有机组成,体现出基础性、先导性、服务性特质,通过"三年攻坚、五年跨越"积淀了富有特色的高速公路文化元素,使行业精神与行业文化有机结合、落地生根,形成了具有新疆特色的高速公路文化体系。正是这样,新疆各族人民才能通过高速公路的延伸,感受新疆交通运输巩固"我国西北战略屏障"、繁荣"对外开放重要门户"、开发"战略资源重要基地"、促进优势资源转换战略以及对新疆经济社会的贡献与拉动、带动作用。新疆高速公路的光辉历程和发展成就,有力见证和展示了新疆经济社会巨变。通过5年大规模的建设,基本形成以乌鲁木齐为中心,以高速公路大通道为主骨架,以国省道干线为骨干,环绕两大盆地,沟通天山南北,辐射主要地州和兵团师团,东联内地、西出中亚、通达全区的大通道公路网。特别是第一次中央新疆工作座谈会以来的4年,新疆交通运输投资规模最大、增长最快、社会效益最好、管理服务水平显著提高、行业文化软实力大力提升,把新疆由国家交通网末端建成中国西部高速公路大通道和丝绸之路经济带交通枢纽中心的规划正在逐步变成现实!

2013年,习近平总书记提出了建设21世纪海上丝绸之路和丝绸之路经济带(简称"一带一路")的重大倡议,立即得到了国际社会的广泛响应。2015年3月,习近平主席在博鳌亚洲论坛2015年年会发表主旨演讲时再次强调,"一带一路"建设不是要替代现有地区合作机制和倡议,而是要在已有基础上,推动沿线国家实现发展战略相互对接、优势互补。

这是为我国全面建成小康社会而营造良好外部环境提出的重大决策,也为新疆的改革发展稳定提供了历史新机遇。根据新疆独特的区位及优势,自治区党委提出了当好丝绸之路经济带桥头堡、排头兵的目标,致力实现中央提出的推进新疆跨越式发展和长治久安两大历史任务。交通运输是振兴古老的丝绸之路、共建丝绸之路经济带的基础和重要支撑,而作为丝绸之路经济带核心区的新疆,建设丝绸之路经济带交通枢纽中心更是迫在眉睫。

综合审视亚欧大陆经贸、交通、资源现状和发展战略格局变化趋势,以及我国经济发展的整体格局和向西开放的通道建设情况,可以清楚地看到,丝绸之路经济带国内段的空间格局主要是北中南三条大通道,分别从我国东部经济最发达的3个经济圈出发,依托国内现有交通干线,自东向西贯穿沿线重要节点城市,经新疆通向中亚、西亚、南亚和俄罗斯等。其中,北通道起于"环渤海经济圈",自京津塘经山西、内蒙古,从明水(甘新界)进入新疆,再经伊吾、北屯、吉木乃西出哈萨克斯坦至俄罗斯;中通道起于"长三角经济圈",自上海沿第二座亚欧大陆桥横穿我国中原、西北诸省区,由星星峡进入新疆,再经哈密、吐鲁番、乌鲁木齐、精河,分别从阿拉山口和霍尔果斯出境直通中亚至欧洲;南通道起于"珠三角经济圈",自广东经湖南、重庆、四川、青海,由依吞布拉克进入新疆,再经若羌、和田、喀什,南下至印度洋沿岸的瓜达尔港,是一条极具战略意义的新通道。新疆是这三大通道的交会地,也是亚太与欧洲两大经济圈的重要节点和枢纽,占据着天时地利人和的优势,推进三大通道建设对新疆发展有着举足轻重的意义。

目前,丝绸之路经济带北、中、南三条大通道及南北疆大通道公路建设情况如下:

北通道:明水—伊吾—巴里坤—木垒段现为等外、二级、三级公路,目前已开工建设G7明水至哈密段高速公路,已完成明水至伊吾段勘察设计,正在开展G7巴里坤至木垒段高速公路工可研究;木垒—奇台—大黄山—五彩湾—乌鲁木齐段高速公路已经建成;北屯(富蕴)至五彩湾(一级)公路计划2016年开工建设;北屯—布尔津—吉木乃—吉木乃口岸段已分别建成一级、二级、三级公路。

中通道:星星峡—吐鲁番—乌鲁木齐—奎屯—精河—果子沟口—霍尔果斯已建成高速(一级)公路(霍尔果斯口岸段一级公路计划2015年开工建设)。

南通道:依吞布拉克—若羌—和田—喀什—红其拉甫段已分别建成一、二、三级公路。目前,自治区交通运输厅正在开展依吞布拉克至和田段工可研究,已开工建设奥依塔克至布伦口段(二级)公路项目,正在开展布伦口至红其拉甫段公路项目工可研究。

南北疆大通道:吐鲁番—库尔勒—阿克苏—喀什—伊尔克什坦口岸段已建成高速公路;乌鲁木齐—尉犁—若羌段现为三级、四级、等外公路,目前,自治区交通运输厅正在开展该段工可研究。

正在推进的覆盖全区北、中、南三大通道的建设,将新疆联通中亚、西亚到俄罗斯、欧洲……高速公路建设将是三大通道建设的重要组成部分。

"一带一路"使新疆迎来了重大历史机遇,特别是核心区建设,将给新疆带来新的升级。新疆将由交通末端变为枢纽中心,打通东连西出的国际大通道,提升对内对外开放水平,加速新疆发展方式转变和经济结构调整,促进新疆国际化发展。这是新疆改革发展稳定的重大机遇,也是新疆交通运输事业的重大机遇。未来新疆交通运输事业的发展必须着眼于打通向西开放的国际大通道,新疆愿以共建"一带一路"为契机,平等协商,兼顾各方利益,反映各方诉求,携手推动更大范围、更高水平、更深层次的大开放、大交流、大融合。

当前,中央明确提出要使交通真正成为发展的先行官,自治区党委和人民政府也将建设丝绸之路经济带交通枢纽中心摆在"五中心、十基地、一通道"发展战略之首,并强调交通运输具有"四个无法替代"的重要作用,这充分体现了新形势下中央和自治区对交通运输工作的高度重视和殷切期望。面对千载难逢的重大历史机遇,新疆交通运输行业主动适应新常态、勇于引领新常态,积极推进新增国家高速公路大通道建设,加快推进部分高速公路项目扩容改造,重点推进重点边境口岸国省干线大通道升级改造,依托乌鲁木齐陆路港,着力推进7大国家级公路运输枢纽、3个铁路枢纽、3个民航枢纽和33个物流园区建设,并加强与铁路、民航的有效衔接,全力构建起东连祖国内地,向西辐射中亚、南亚、欧洲的综合交通运输框架体系,全力为丝绸之路经济带建设提供强有力的基础性、先导性和服务性保障。

自治区交通运输厅党委根据自治区党委、自治区人民政府、交通运输部党组对交通运输率先跨越式发展的全新要求,坚持以"科学发展、率先跨越"为主线,以现代文化为引领,以科技人才为支撑,以改革创新为动力,坚持"强建、固养、畅运"战略选择,实施"57712"(构筑5横7纵高速、高等级公路网,建设7大国家级交通枢纽,建成12条东连内地、西出国际的大通道)和农村公路"畅通富民"(实现网络化、黑色化为主的农村公路网)两大历史性工程,在交通建设、道路运输、公路养护和应急保障能力、综合交通运输体系建设和科技进步、人才保障、文化引领等软实力建设等方面取得重大突破。"十二五"完成交通运输投资1500亿~2000亿元,2015年力争交通运输综合指标名列西部前茅,2020年交通运输服务能力达到或超过全国平均水平,把新疆由国家交通网末端建成中国西部高速大通道和交通枢纽中心。

"十三五"期间,新疆将形成以高速公路大通道为主骨架、以国省道干线为骨干,环绕两大盆地,沟通天山南北,辐射主要地州和兵团师团,东连内地、西出中亚、通达全区的公路网。新疆高速公路建设要主动适应经济发展新常态,把握"稳中求进、适度超前"的总基调,以推进"四个交通"发展为中心,以打造丝绸之路经济带核心区交通枢纽中心为重点,实现内地、周边、南北疆"三个打通"为突破,大力推进万里高速大通道,构建"6横、6纵、7枢纽、8通道"互联互通交通运输网。自治区规划交通建设投资规模1800亿元以上,建设总里程4万km,通车总里程达到20万km(含兵团),到2020年底,全区高速公路达到5500km,实现连接14个地州市及兵团师团的公路高速网。

"十三五"是全面建成小康社会的决胜阶段,是丝绸之路经济带核心区交通枢纽建设的重要时期。新疆迎来了新的发展机遇,也面临着考验和挑战。发展机遇:一是国家"一带一路"倡议的深入推进、两次中央新疆工作座谈会议的贯彻落实,给交通建设带来了新的契机,创造了更为广阔的发展空间;二是建设好丝绸之路经济带核心区、打赢扶贫攻坚战、保持自治区经济稳定增长等新任务和新形势,仍需发挥交通建设的关键作用;三是全面推进深化改革、PPP投融资模式的推广,为交通建设发展注入了新的动力和活力。面临挑战:新机遇也伴随着新矛盾新问题。新常态下资金、土地、资源、环境的刚性约束日趋强化,前期审批、建设成本、资金筹措压力持续加大,实现"十三五"目标任务艰巨。

放眼未来,随着新疆不断完善以中通道为主轴、北通道和南通道为两翼的综合交通运输体系,我们有理由相信,通过交通大通道和枢纽项目建设,通过不断构建、联通和完善整个丝绸之路经济带的铁路、公路、航空综合交通运输体系,最大限度地发挥好自身优势,新疆必将成为丝绸之路经济带上一颗璀璨的明珠。

大道为公,畅通天下,共享文明。

新的起点,新的征程,新的希望。

新疆高速公路努力当好建设丝绸之路经济带的主力军和排头兵,把新疆建设成丝绸之路经济带上重要的交通枢纽中心,为全面实现新疆社会稳定和长治久安提供强有力的交通运输支撑和保障。

未来对于我们,永远是无限美好的憧憬与展望。

是的,对于新疆高速公路,我们翘首以盼、信心满怀。

打开文化这扇窗,让我们满怀期待。展望新疆高速公路发展的未来,波澜壮阔的画面,辽阔多姿的风景,一往无前的气象——这正是大美新疆的浓缩与见证!

第八章
高速公路建设项目

国家高速公路网新疆境内路段规划分别是:G7 北京—乌鲁木齐高速公路(新疆境内省界—哈密—吐鲁番—乌鲁木齐)、G30 连云港—霍尔果斯高速公路(新疆境内星星峡—哈密—吐鲁番—乌鲁木齐—奎屯—霍尔果斯口岸),其中 G30 连霍高速公路有 5 条联络线,分别为 G3012、G3013(吐鲁番—库尔勒-库车—阿克苏—喀什—和田及伊尔克什坦)、G3014(奎屯—克拉玛依—阿勒泰)、G3015(奎屯—克拉玛依—塔城—巴克图口岸)、G3016(清水河—伊宁)。

第一节 G30 星星峡—霍尔果斯高速公路

G30 连云港—霍尔果斯高速公路是国家高速公路网"7918"中东西横线中的第 7 条线,由东向西横贯江苏至新疆 6 个省、自治区,路线全长约 4280km,是著名的欧亚大陆桥通道,是新疆与内地联系的最主要的通道,新疆境内路段全长 1431km,起点位于星星峡,途经哈密、吐鲁番、乌鲁木齐、昌吉、呼图壁、玛纳斯、石河子、沙湾、奎屯、乌苏、精河、果子沟、终点位于霍尔果斯(口岸)。

吐乌大高等级公路根据国家高速公路网"7918"分为两段;吐鲁番—乌鲁木齐段为 G30 连云港—霍尔果斯高速公路的一段;乌鲁木齐—大黄山段为 G7 北京—乌鲁木齐高速公路的一段,中间连接乌鲁木齐市河滩快速路。

吐鲁番—乌鲁木齐段:其中小草湖—达坂城立交段为高速公路,整体式双向四车道路基,设计速度为 80km/h(局部 60km/h),路基宽度 21.5m;达坂城立交—乌鲁木齐河滩路南口段为高速公路,整体式双向四车道路基,设计速度为 100km/h,路基宽度 26.0m。桥涵设计荷载为汽车—超 20 级,挂车—120。

一、G30 星星峡—吐鲁番(二期)高速公路(建设期 2010.7—2012.10)

(一)项目概况

1. 基本情况

(1)功能定位

国家高速公路网规划在新疆境内有 2 条主线和 4 条支线。G30 星星峡—吐鲁番(二期)高速公路改建工程位于新疆维吾尔自治区哈密地区和吐鲁番地区,起于甘肃与新疆交界处的星星峡镇,连接了哈密市、鄯善县、吐鲁番市两市一县,是主线连云港—霍尔果斯高速公路的重要组成部分,也是内地通往新疆最重要的公路。本项目是国家"五纵七横"公路运输网主骨架,连霍国道主干线和国家"7918"高速公路网规划的组成路段之一,也是新疆维吾尔自治区"三横两纵两环八通道"高速公路网规划(简称"3228 工程")的第一横的重要组成部分。待建中的京新高速公路(G7),起点为北京,经河北的张家口,内蒙古的集宁、呼和浩特、包头、临河、额济纳旗,新疆的哈密、吐鲁番至乌鲁木齐。新疆境内哈密骆驼圈子—乌鲁木齐段与连霍高速公路完全重合。项目的实施,对于完善国家公路网建设,改善地区的路网结构、投资环境和生态环境,提高通行能力,完善区域经济结构,开发和利用旅游资源、水土光热资源、矿产资源,加强国防、维护民族团结将产生积极而深远的影响。

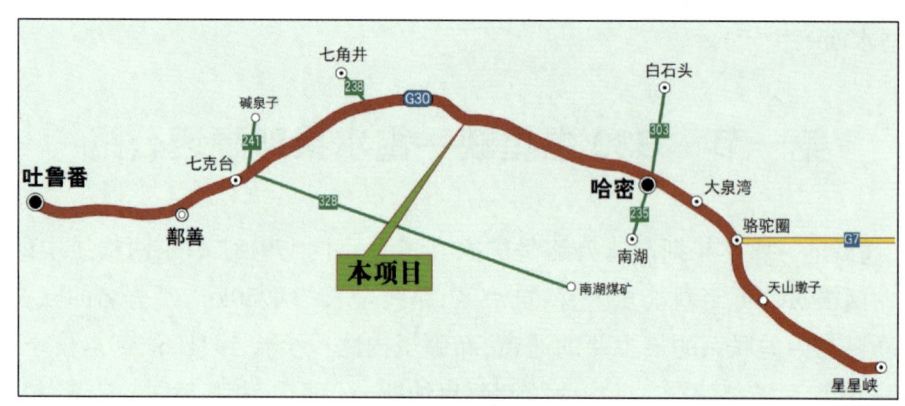

G30 星星峡—吐鲁番(二期)高速公路路线示意图

(2)技术标准

全线采用四车道高速公路标准建设,设计速度 120km/h、100km/h,整体式路基宽度 28.0m,分离式路基宽度 13.75m。过境段维持现有技术标准。桥涵荷载标准:公路—Ⅰ级。其他技术指标按《公路工程技术标准》(JTG B01—2003)执行。

(3)工程规模

本项目建设一期工程剩余的路段共分 9 段,路线总长度 382.99105km,建设里程长度为 376.03479km(建设里程长度扣除一期收费站、服务区、立交区范围对老路的改建段长度 6.95626km,其中甩开老路新建长度约 85.798km,利用老路改建长度约 264.311km,利用老路罩面长度 25.991km)。改建路段路线中间主要控制点为烟墩、骆驼圈子、黄田、三道岭、红山口、七克台、苏巴士、火焰山、吐鲁番等。本项目路线起点位于哈密地区星星镇一期工程整体式路基一次建成路段的终点 K3395+315.72 处;终点位于吐鲁番市,吐乌大高等级公路吐鲁番过境段终点 K3986+343.96 处。全线路面结构为柔性路面,收费广场为普通混凝土路面,共设大桥 13 座,中桥 9 座,小桥 60 座,通道 5 道,互通式立交 3 处(一期已实施),分离式立交 2 处,服务区 1 处,港湾式停车场 9 处。

(4)主要控制点

本项目路线总体走向由东向西,项目起于星星峡,途经哈密地区骆驼圈子、哈密市、三道岭、红山口进入吐鲁番地区境内的七克台、鄯善、连木沁、胜金乡,终点位于吐鲁番市。

(5)地形地貌

本项目拟建道路穿越天山山区的吐鲁番盆地、哈密盆地的北缘,两盆地之间以七克台至七角井附近的中低山,丘陵区为界线,在哈密盆地以东为戈壁平原区,丘陵,低、中山区,路线北部为中、高山地形。

(6)投资规模

项目概算投资 37.79 亿元,竣工决算投资 30.626 亿元。

(7)开工及通车、竣工时间

2010 年 7 月开工建设,2012 年 10 月交工通车,2016 年 2 月完成竣工验收。

2. 前期决策情况

(1)前期决策背景

十七大报告指出,要深入推进西部大开发,推动区域经济协调发展。实施西部大开发战略,重点抓好基础设施和生态环境建设,争取十年内取得突破性进展。新疆交通厅 2006 年安排本项目的可研工作。

(2)前期决策过程

2008 年安排了新疆交通规划勘察设计研究院对本项目进行了深入的工程可行性研究,经区内专家评审,编制了项目工可报告,并上报交通部审批立项。

3. 参建单位主要情况

(1)建设单位

新疆维吾尔自治区交通建设管理局。

(2)设计单位

新疆维吾尔自治区交通规划勘察设计研究院。

(3)施工单位

通过招投标本项目有 21 个施工单位参与建设,其中土建合同段 13 个,交安工程 5 个,房建工程 2 个,机电工程 1 个。

(4)施工监理单位

本项目设置 2 个总监办公室,负责全线施工监理工作;2 个中心实验室;5 个土建工程驻地监理办公室,负责监理区段内路基路面工程的施工监理工作;5 个交安工程驻地监理办公室,负责监理区段内交通安全设施工程的施工监理工作;2 个房建工程监理办公室,负责全线 2 个合同段的房建工程施工监理工作;1 个机电工程监理办公室,负责全线的机电工程施工监理工作。

(二)建设情况

1. 项目准备阶段

1)项目审批

(1)《国家发展改革委关于新疆自治区星星峡至吐鲁番高速公路(二期工程)可行性研究报告的批复》(发改基础〔2010〕1690 号文)。

(2)《关于星星峡至吐鲁番公路(二期工程)初步设计的批复》(交公路发〔2010〕523 号文)。

(3)《关于连霍高速星星峡至吐鲁番段公路项目施工图设计的批复》(新交综〔2010〕385 号)。

(4)《关于连霍高速公路星星峡至吐鲁番段公路工程交通安全设施施工图设计的批复》(新交综〔2012〕17 号)。

(5)国家林业局准予行政许可决定书《使用林地审核同意书》(林资许准〔2011〕139 号)。

(6)新疆生产建设兵团林业局准予行政许可决定书《使用林地审核同意书》(新兵林地审字〔2011〕14 号)。

2)资金筹措

项目概算总额 37.79 亿元。资金来源:国家安排中央专项基金(车购税)9.61 亿元,新疆维吾尔自治区安排公路建设资金 4.7 亿元,共计 14.31 亿元作为项目的资本金,其余资金由自治区自筹解决(利用国内银行贷款解决)。

3)合同段划分

根据各专业的工程内容划分合同段(表 8-1)如下:

G30 星星峡—吐鲁番(二期)高速公路合同段划分一览表　　　　表 8-1

序号	单位类型	工程类型	合同段	单位名称
1	建设单位			自治区交通建设管理局
2	设计单位			新疆维吾尔自治区交通规划勘察设计研究院
3	监理单位	总监办	第 1 总监办	辽宁省公路工程监理咨询有限公司
4			第 2 总监办	武汉中交路桥设计咨询有限公司
5		试验室	第 1 试验室	太原市华宝通试验检测有限公司
6			第 2 试验室	山西交通科学研究院
7		土建监理	第 1 驻地办	北京华路顺工程咨询有限公司
8			第 2 驻地办	湖北华捷工程咨询监理有限公司
9			第 3 驻地办	河北华达公路工程咨询监理有限公司
10			第 4 驻地办	重庆锦程工程咨询有限公司
11			第 5 驻地办	北京诚盟公路工程监理有限公司

续上表

序号	单位类型	工程类型	合同段	单位名称
12	监理单位	交安监理	第1驻地办	北京华路顺工程咨询有限公司
13			第2驻地办	湖北华捷工程咨询监理有限公司
14			第3驻地办	河北华达公路工程咨询监理有限公司
15			第4驻地办	重庆锦程工程咨询有限公司
16			第5驻地办	北京诚盟公路工程监理有限公司
17		房建监理	第1合同段	新疆金石监理公司
18			第2合同段	新疆金石监理公司
19		机电监理		西安金路交通工程科技发展有限责任公司
20	施工单位	土建工程	第1合同段	山东省路桥集团有限公司
21			第2合同段	中铁一局集团有限公司
22			第3合同段	广西壮族自治区公路桥梁总公司
23			第4合同段	中铁七局集团第三工程有限公司
24			第5合同段	中交一公局第一工程有限公司
25			第6合同段	新疆昆仑路港工程公司
26			第7合同段	四川武通路桥工程局
27			第8合同段	新疆北方机械化筑路工程处
28			第9合同段	四川川交路桥有限责任公司
29			第10合同段	内蒙古天骄公路工程有限责任公司
30			第11合同段	中铁十二局集团有限公司
31			第12合同段	重庆渝达公路桥梁有限责任公司
32			第13合同段	新疆北方机械化筑路工程处
33		交安工程	第1合同段	淄博顺达交通设施工程有限公司
34			第2合同段	贵州省交通工程有限公司
35			第3合同段	广东新粤交通投资有限公司
36			第4合同段	潍坊东方交通设施工程有限公司
37			第5合同段	四川京川公路工程(集团)有限公司
38		房建工程	第1合同段	新疆金汇建筑工程公司
39			第2合同段	昌吉建设集团
40		机电工程		北京云星宇交通工程有限公司

(1)设计合同段划分1个合同段。

(2)施工合同段划分:根据工程内容的不同,土建工程划分13个合同段,交安工程划分5个合同段,房建工程划分2个合同段,机电工程划分1个合同段。

(3)施工监理合同段划分:根据工程内容设2个总监办,2个中心试验室;5个土建工程驻地监理合同段,5个交安工程驻地监理合同段,2个房建工程监理合同段,1个机电工程监理合同段。

4）招投标

按照国家颁布的招标投标法和交通部颁布的《公路工程施工招标投标管理办法》《公路工程施工招标资格预审办法》《公路工程施工招标评标办法》的要求,由项目法人单位组织招标工作。

(1)2010年6月25日,有61家单位通过资格预审,参加本项目土建工程13个合同段和房建工程2个合同段的投标。2010年7月15日在乌鲁木齐市开标,采用无标底投标,合理低价中标方式。由交通运输部专家组成评标委员会评审出土建工程13家和房建工程2家中标单位。

(2)2012年3月交安工程发布招标公告,2012年4月确定了第1、2合同段的2家中标单位,2012年9月确定了第3、4、5合同段的3家中标单位。

(3)2012年3月机电工程发布招标公告,2012年4月确定了1家中标单位。

5）征地拆迁

(1)工作及范围

沿线经过哈密地区哈密市、兵团第十三师红星四场、黄田农场、柳树泉农场、吐鲁番地区吐鲁番市、鄯善县。共计2个市、1个县、3个团场。

(2)主要内容

①界定公路项目红线范围,进行征地拆迁外业调查、测算费用,签订征地拆迁协议,支付费用。

②永久占地界内房屋等各种构造物的搬迁。

③永久占地界内地上附着物的拆除。

④电力、通信等各种管线的改迁。

⑤取得地灾、压矿、林地征占批复意见,办理永久性占地报批手续。

⑥临时及借土占地的征用。

(3)遵循的政策法规

①《中华人民共和国土地管理法》。

②《新疆维吾尔自治区实施〈土地管理法〉办法》。

③自治区发展计划委员会、财政厅《关于下发自治区国土资源系统土地管理行政事业性收费标准的通知》(新计价房〔2001〕500号)。

④《森林植被恢复费征收使用管理暂行办法》(财综〔2002〕73号)。

⑤新疆维吾尔自治区国土资源厅《关于印发〈自治区重点建设项目征地拆迁补偿标准〉的通知》(新国土资发〔2009〕131号)。

(4)主要做法

①设立专门组织机构

本项目采取征地拆迁费用总包干方式，自治区国土资源厅负责项目征地拆迁工作的政策制定和组织协调。星吐二期高速公路项目所处地州、县、团场均成立了高速公路协调办公室，负责征地拆迁工作的具体实施，协调解决施工期间出现的征地拆迁问题。

②落实征地拆迁责任制

2010年8月，根据新疆公路规划勘察设计研究院现场放线确定的试验段及全线征地范围，交通建设管理局、国土资源厅、相关地州政府、团场、产权单位联合对工程影响范围内的土地及地上附着物、电信设施等进行了核实，现场丈量、清点、签字、盖章，并制订拆迁工作方案。随后交通建设管理局与自治区国土资源厅签订了征地补偿包干协议。在征地拆迁费到位后，征地拆迁腾地、补偿安置等工作有序开展。该项目征地拆迁较简单，在地方政府、各级国土部门的支持下，征地拆迁工作顺利推进。

③抓紧办理建设用地手续

项目实施中，严格执行"十分珍惜、合理利用土地和切实保护耕地"的基本国策，使用土地严格执行国家的法律、法规，各项手续齐全。交通建设管理局安排专人抓紧办理地灾、压矿、林地征占批复意见，并委托自治区征地事务中心负责建设用地组件报批。2011年9月，国土资源部以国土资函〔2011〕695号批复了本项目的建设用地。共征用土地10239.07亩，拆迁房屋2554.68m²，改迁电力、线路52根，征地拆迁费8977万元。征地拆迁统计见表8-2。

星星峡—吐鲁番高速公路（二期工程）征地拆迁统计表　　　　表8-2

高速公路编码	项目名称	征地拆迁安置起止时间	征用土地（亩）	拆迁房屋（m²）	拆迁占地费（万元）
G30	星星峡—吐鲁番	2010.8—2012.5	10239.07	2554.68	8977

2. 项目实施阶段

1）实施过程

（1）主线土建、交安工程于2010年8月1日开工，2012年10月20日完工。

（2）房建工程第1合同段于2012年6月开工，2013年11月完工。第2合同段于2015年11月开工，预计2016年11月完工。

（3）机电工程于2012年6月开工，2014年6月完工。

（4）2012年10月20日，新疆维吾尔自治区交通建设管理局组织专家对G30星星峡—吐鲁番（二期）高速公路进行了交工验收。交工验收委员会确定的工程质量评分为94.66分，质监局工程质量鉴定得分为87.51分。

（5）2016年2月召开竣工验收会议，3月项目鉴定书已下发。竣工验收委员会工程核查组建议评分为89分。该项目质量得分为89.47分，质量等级为合格。

2）重大决策

2012年2月21日，自治区交通运输厅党委副书记、厅长里加提·苏里堂莅临项目督导检查。

2012年10月20日，连霍高速公路星星峡—吐鲁番（二期）工程项目交工验收会议顺利召开。

时任自治区交通运输厅党委副书记、厅长里加提·苏里堂到项目检查

连霍高速公路星星峡—吐鲁番（二期）工程项目交工验收会议

（三）科技创新

G30连霍高速公路星星峡—吐鲁番段公路中梯子泉—鄯善段大部分处于"百里风区"内，试验段具有新疆高速公路建设的代表性。通过对具有代表性公路建设及运营阶段柔性防风栅和柔性防风网的试验，提出新疆高速公路防风减灾技术和技术标准及其安全保障服务信息平台的合理与有效性。主要技术创新点包括：

（1）提出了新疆公路风害风险三级区划指标体系和区划图。

将新疆公路沿线年最大风速变化划分为4个等级，Ⅰ为重度危险路段、Ⅱ为危险路段、Ⅲ为控速路段、Ⅳ为危险极小路段，并且制订各危险度等级标准，得出新疆公路沿线最大瞬时风速v_{max} 5个区及各区域风害等级界限值（阈值）：Ⅰ特强风害区$v_{max} > 35.0 m/s$；Ⅱ强度风害区$30.0 < v_{max} \leqslant 35.0 m/s$；Ⅲ重大风害区$25.0 < v_{max} \leqslant 30.0 m/s$；Ⅳ中度风害区$20.0 < v_{max} \leqslant 25.0 m/s$；Ⅴ风害较轻区$v_{max} < 20.0 m/s$。

（2）提出了新疆公路风害防控设施的类型和技术标准，编制了新疆公路防风技术指南。

建立了公路风害设施设置技术标准。即公路风害防治工程抗风能力设计标准按两年一遇最大瞬时风速25.0~30m/s设计。防风栅抗风标准：设计风速60.0m/s（17级），设计风速重现期100年。

（3）提出了新疆公路强风天气下风灾防控管理技术规则和预警体系。

制订新疆公路强风天气下风灾防控管理技术规则和预警标准,即强横风天气下不同类型车辆安全行车临界风速及预警标准。运用公路风害防控技术及预案库,既可以降低大风对公路行车的影响和危害程度,也兼顾保证了行车效率,为行车指挥控制系统提供较为合理的行车速度限制指令信息。

在新疆公路修建了柔性防风栅和柔性防风网,以波形开孔钢板式透风率30%防风栅防风效果最佳,瞬时最大风速降低10.0m/s,防风范围20m;柔性防风网最大瞬时风速降低5.0m/s,防风范围16m。

(四)运营养护管理

星星峡—吐鲁番高速公路起于哈密市星星峡镇,经沙泉子、苦水、骆驼峰、烟墩、骆驼圈子、哈密、一碗泉、鄯善县、连木沁止于吐鲁番西,接已建成的连霍高速公路吐鲁番—乌鲁木齐段,全长589km。是新疆首条与内地连接的高速公路,其全线通车,标志着向东出疆实现全程高速公路,新疆与全国相连接的重要运输通道实现公路入疆高速化,具备监控、通信、收费系统等现代化设施及养护工区(养护站)、服务区、停车区、加油站等管理服务设施齐全的高等级公路。该项目2004年开工,2012年10月全线通车。

星星峡—吐鲁番高速公路下设6个服务区(星星峡、骆驼圈子、哈密、一碗泉、南湖、吐峪沟)、1个停车区(二堡),6个主线收费站(星星峡、烟墩、二堡、一碗泉、鄯善东、吐峪沟)。

星星峡—吐鲁番高速公路养护管理模式采取(地、市)公路管理局—公路管理分局—养护工区(站)三级管理模式。"十二五"期间,通过大力实施"好路精养、重点养护、维持养护"三区段养护模式,通过组建专业化养护队伍,优化人员、设备等基础养护资源配置,激发体制机制活力,养护管理水平持续提升。

星星峡—吐鲁番高速公路由哈密公路管理局哈密分局、三道岭分局和吐鲁番公路管理局吐鲁番分局、鄯善分局管养(表8-3)。

星星峡—吐鲁番高速公路管养单位汇总表   表8-3

路线编号	路线名称	起点桩号	讫点桩号	实际管养里程(km)	养护单位	管养单位
G30	连霍高速公路	K2825+000	K3045+000	220	哈密公路管理分局	哈密公路管理局
		K3045+000	K3225+000	180	三道岭公路管理分局	
G30	连霍高速公路	K3225+000	K3372+000	147	鄯善公路管理分局	吐鲁番公路管理局
		K3372+000	K3409+702	37.702	吐鲁番公路管理分局	

星星峡—吐鲁番高速公路已实施的路网结构改造工程项目包括：

（1）2015年，G30星星峡—吐鲁番段生命安全防护工程（K2825~K3225），投入资金951.42万元。

（2）2015年，G30 YK2975+279处黄哈段右线6号桥危桥改造工程，投入资金29.1878万元。

（3）2016年，G30 K3093~K3198+550增设防眩板20654m，投入资金389.0885万元。

（4）2016年，G30 K2825~K3225段更换2340m/128处活动护栏，投入资金216.0419万元。

星星峡—吐鲁番高速公路收费站点设置情况及交通流量发展状况分别见表8-4、表8-5。

收费站点设置情况表　　　　　　　　　　　　表8-4

站点名称	车道数	收费方式	站点名称	车道数	收费方式
星星峡	13	开放式	一碗泉	12	开放式
烟墩	10	开放式	鄯善东	12	开放式
二堡	10	开放式	吐峪沟	10	开放式

交通流量发展状况表（单位：辆/日）　　　　　　表8-5

年份（年）	星星峡	二堡	一碗泉	七克台东	吐鲁番
2008	4325		4096		
2009	4767		4496		
2010	6264		5786		
2011	12350		9456		
2012	14359		11837	9176	
2013	13848	11316	8748	8170	
2014	12842	10214	7035	6899	19109
2015	12337	11268	8196	7100	15518
2016	13788	9825	7792	6628	19074

星星峡—吐鲁番高等级公路年均日交通量2012年为1.18万辆，2013年为1.05万辆，2014年为1.12万辆，2015年为1.09万辆，2016年为1.14万辆。

二、吐鲁番—乌鲁木齐—大黄山高等级公路（建设期1994.03—1998.11）

（一）项目概况

1. 基本情况

（1）功能定位

吐鲁番—乌鲁木齐—大黄山（简称吐—乌—大）高等级公路是国家"两纵三横"主干公路的一段。它的建成使首府乌鲁木齐同北部昌吉州联系更加紧密，与国内各省区市交通更加顺畅；它改善了乌鲁木齐及其周围城镇的投资环境，促进了旅游业的开发，对自治区的社会与经济发展产生了积极影响。

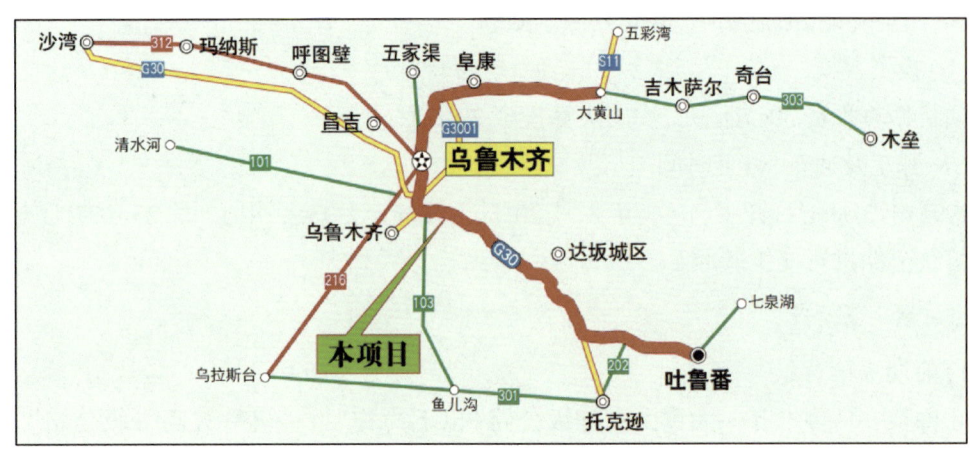

吐鲁番—乌鲁木齐—大黄山高等级公路路线示意图

（2）技术标准

吐—乌—大公路根据当时交通量及相关技术现状，推荐为汽车专用一级公路，但从经济及交通量发展的需要出发并结合地形条件，在具体指标运用中，一级公路实际按高速公路的技术标准设计。

一级公路全封闭、全立交、分道行驶；平微区路基宽26m，设中央分隔带；山区路基宽24.5m，中间设钢筋混凝土隔离墩。设计行车速度平微区120km/h，山区60km/h；桥梁荷载采用汽车—超20级、挂车—120。

（3）工程规模

吐—乌—大公路路线全长283.9km，其中互通式立交13处、分离式立交14处、通道

27道、小桥90座、中桥49座、大桥9座,路面结构为柔性路面,收费广场为普通混凝土路面,服务区4处、停车场1处、主线收费站6处、匝道收费站3处。

(4)主要控制点

吐—乌—大高等级公路分南北两段,路线全长283.9km。南段起于吐鲁番葡萄沟口,总长176.9km;(其中小草湖为一级汽车专用线起点,经后沟、达坂城镇、盐湖、柴窝堡,止于乌市河滩路南口,一级汽车专用公路长113.38km),乌市河滩快速一级城市干道22.3km,是由乌鲁木齐市修建,不属于本工程范围。北段起于大黄山幸福路口,经甘河子、天池路口、阜康市、甘泉堡、米泉市,止于乌鲁木齐市河滩路北口,长107km。为连接沿线重要城镇,同时建有米泉市、甘泉堡、阜康市、甘河子镇4条连接线,共长10.66km。

(5)地形地貌

大部分路段位于山前冲积平原,土质为戈壁砾石土或粉质低液限黏土;后沟路段位于山岭区,山势陡峭,河道狭窄,常受到洪水威胁。

(6)投资规模

项目概算投资30.7亿元,竣工决算投资29.6亿元。

(7)开工及通车、竣工时间

1995年3月1日开工,1998年8月20日主线通车。1999年12月25~27日对吐乌大高等级公路进行交工验收。

2. 前期决策情况

1)前期决策背景

吐鲁番—乌鲁木齐—大黄山高等级公路(以下简称"吐—乌—大高等级公路")是我国公路国道主干线网络"两纵两横"三个重要路段中"两横"之一连云港至霍尔果斯线的重要组成部分,也是"八五"跨"九五"期间交通部和自治区的重点建设项目。为进一步完善第二亚欧大陆桥的交通条件,改善自治区的投资环境,促进自治区改革开放和经济的快速发展,自治区决定兴建吐—乌—大高等级公路。新疆交通厅于1989年启动项目的建设工作。

2)前期决策过程

(1)新疆交通厅以新交计字〔1991〕347号《关于下达〈吐鲁番—乌鲁木齐—大黄山段公路世行贷款建设项目工程可行性研究与初步设计〉任务的通知》安排吐—乌—大项目工可和初步设计。

(2)1992年6月22日,自治区计委和交通厅以新交计字〔1992〕394号向国家计委呈报《关于〈吐鲁番—乌鲁木齐—大黄山公路工程可行性研究报告〉的评估报告》并抄送交通部。

(3)中国国际工程咨询公司受国家计委委托,于1992年9月13～20日对吐—乌—大公路工程可行性研究进行了评估,并于9月30日以咨交〔1992〕467号向国家计委提交了《关于〈吐鲁番—乌鲁木齐—大黄山公路工程可行性研究报告〉的评估报告》。

(4)交通部于1992年11月21日以交计发〔1992〕1090号文向国家计委报送了《关于〈吐鲁番—乌鲁木齐—大黄山公路工程可行性研究报告〉审查意见的函》。

(5)国家发展计划委员会于1993年3月17日以计交通〔1993〕394号印发《关于审批〈吐鲁番—乌鲁木齐—大黄山公路工程可行性研究报告的请示〉的通知》。

3. 参建单位主要情况

1)建设单位

本项目建设单位是新疆高等级公路管理局。

2)设计单位

(1)土建工程设计单位:新疆维吾尔自治区交通规划勘察设计研究院。

(2)机电工程设计单位:中国公路工程咨询监理总公司。

3)施工单位

通过招投标本项目有15个施工单位参与建设,其中土建合同段9个,房建合同段5个,机电工程合同段1个。

4)施工监理单位

本项目设置1个总监代表处,由高等级公路建设指挥部工程监理处人员组成,负责全线施工监理工作;1个外方监理;9个土建工程监理办公室,负责监理区段内路基路面工程的施工监理工作;5个房建工程监理办公室,负责全线5个标段的房建工程施工监理;1个交通工程监理办公室,负责全线的交通工程施工监理。

(二)建设情况

1. 项目准备阶段

1)项目审批

(1)1993年6月15日,自治区人民政府以新政函〔1993〕134号《关于印发〈吐鲁番—乌鲁木齐—大黄山高等级公路建设征地、拆迁优惠办法〉的通知》批准了吐—乌—大公路建设征地拆迁优惠办法。

(2)1993年10月26日,交通部以交工发〔1993〕1083号《关于〈吐鲁番—乌鲁木齐—大黄山公路初步设计文件〉的批复》,批准了吐—乌—大公路的初步设计。

(3)1993年12月18日,国家环保局以环监字〔1993〕662号《关于〈吐鲁番—乌鲁木齐—大黄山公路工程环境影响评价报告工作大纲〉审批意见的复函》，批准环评报告。

（4）1996年7月12～16日期间，日本咨询专家再次来乌鲁木齐，对修改后的交通工程招标文件进行了审核。之后向世行提交了审核报告，世行于1996年9月24日批准了吐—乌—大交通工程招标文件。

（5）1997年1月29日，交通部以交公路发〔1997〕677号《关于〈吐鲁番—乌鲁木齐—大黄山公路调整概算〉的批复》，对吐—乌—大工程概算作了调整。

2）资金筹措

项目概算投资30.7亿元。利用世界银行贷款3亿美元，交通部12.4亿元人民币，其余为自治区公路建设基金。

3）合同段划分

根据各专业的工程内容划分合同段（表8-6）如下：

吐乌大参建单位及合同段划分一览表　　　　　表8-6

序号	单位类型	工程类型	合同段	单位名称
1	建设单位			自治区高等级公路管理局
2	设计单位	土建设计		新疆维吾尔自治区交通规划勘察设计研究院
3		交通工程		中国公路工程咨询监理总公司
4	监理单位	总监代表处		新疆高等级公路建设指挥部工程监理处
5		外监		兰万灵公司
6		土建监理	第1～5合同段	北京华宏路桥咨询监理公司
7			第6、7合同段	陕西省公路工程咨询公司
8			第8合同段	新疆交通科研所
9			第9合同段	新疆高等级公路建设指挥部工程监理处
10		机电监理	第10合同段	中国港湾建设集团公司
11		房建监理	第11、12合同段	新疆建院监理公司
12			第13合同段	新疆综勘院监理公司
13			第14合同段	新疆建科院监理公司
14			第15合同段	新疆建科院监理公司
15	施工单位	土建工程	第1合同段	甘肃长庆石油筑路（集团）总公司
16			第2合同段	铁道部第一工程局
17			第3合同段	铁道部第一工程局
18			第4合同段	新疆昆仑路港工程公司
19			第5合同段	新疆道路桥梁工程总公司

续上表

序号	单位类型	工程类型	合同段	单位名称
20	施工单位	土建工程	第6合同段	山东东方路桥建设总公司
21			第7合同段	山东东方路桥建设总公司
22			第8合同段	山东东方路桥建设总公司
23			第9合同段	新疆昆仑路港工程公司
24		机电工程	第10合同段	中国港湾工程有限责任公司
25		房建工程	第11合同段	自治区第三建筑公司
26			第12合同段	自治区第三建筑公司
27			第13合同段	自治区第三建筑公司
28			第14合同段	新疆东方建筑公司
29			第15合同段	自治区第二建筑公司

(1)土建工程设计合同段划分1个合同段,交通工程设计合同段划分1个合同段。

(2)施工合同段划分:根据工程内容的不同,土建工程划分9个合同段,房建工程划分5个合同段,交通工程划分1个合同段。

(3)施工监理单位:根据工程内容设1个总监代表处,1个外方监理,9个土建工程监理办公室,5个房建工程监理办公室,1个交通工程监理办公室。

4)招投标

按照《中华人民共和国招标投标法》和《公路工程施工招标投标管理办法》《公路工程施工招标资格预审办法》《公路工程施工招标评标办法》的要求,由项目法人单位组织招标工作。

1993年11月25日,有27家单位通过资格预审,参加本项目土建工程9个合同段和房建工程5个合同段的投标。1993年11月在乌鲁木齐市开标,采用无标底投标,投标最低价中标方式。由交通部专家组成评标委员会评审出土建工程9家和房建工程5家中标单位。

5)征地拆迁

(1)工作及范围

沿线经过乌鲁木齐市、乌鲁木齐县、米泉市、阜康市、吐鲁番市、托克逊县,共计2个县、4个市。

(2)主要内容

①界定公路项目红线范围,进行征地拆迁外业调查、测算费用,签订征地拆迁协议,支付费用。

②永久占地界内房屋等各种构造物的搬迁。

③永久占地界内地上附着物的拆除。

④电力、通信等各种管线的改迁。

⑤办理永久性占地报批手续。

⑥临时及借土占地的征用

（3）遵循的政策法规

①《中华人民共和国土地管理法》。

②《新疆维吾尔自治区实施〈土地管理法〉办法》。

③1993年6月自治区人民政府批准的征地拆迁优惠办法。

④1994年自治区人民政府对拆迁补偿标准的调整。

（4）主要做法

①设立专门组织机构

该项目为新疆首条世界银行贷款项目,1993年世行代表团对项目进行评估时,对征地拆迁工作进行了研究讨论,要求项目结束时受影响单位和个人达到或超过其移民安置前生活水平,并形成了评估报告。1995年项目开工后,项目办邀请了新疆社科院三位学者组成征地拆迁监督评价小组。征地拆迁与监督办公室根据工程需要编制吐—乌—大公路《拆迁行动计划书》,报世行批准后执行。

1993年3月,自治区人民政府组建了高等级公路征地拆迁领导小组,由自治区土地管理局、交通厅以及沿线地州市县负责人组成;下设征地拆迁与监督办公室,由土管局、建设厅、项目办以及沿线各地州市土管处（局）负责人参加。各地州市成立协调办公室,成员包括政府领导,市县土管局、交通局、城建局等有关部门及受影响的乡、镇有关人员。各协调办设征地拆迁安置办公室。

②落实征地拆迁责任制

1993年6月,自治区人民政府批准征地拆迁优惠办法,1994年又对拆迁补偿标准进行了调整,为征地拆迁及移民安置提供了明确的政策依据和保障。外部监测机构每年向世行提交监测报告,确保了移民安置工作按计划实施。到项目结束时受项目影响单位和个人的生产生活已经达到或超过了其在移民安置前的水平。

项目办基地建设先行征地,于1994年建成,建筑面积约18000m^2,作为项目实施期间的驻地用房,项目完工后用作沿线管理服务设施。

1995年初,根据新疆公路规划勘察设计研究院现场放线确定的征地范围,项目办、自治区土地局、建设厅及沿线各地州市土管、城建、交通（局）相关人员、相关产权单位联合对工程影响范围内的土地及地上附着物、电信设施等进行了核实,现场丈量、清点、签字、盖章。1995年2月14日,项目办与自治区土地管理局签订了《吐鲁番—乌鲁木齐—大黄山高等级公路征地拆迁包干协议书》,在征地拆迁费到位后,征地拆迁腾地、补偿安置等工作有序开展。

自治区人民政府、交通厅、沿线各地政府对征地拆迁工作高度重视,多次召开专题会议研究解决征地拆迁补偿、组织实施、协调沟通等一系列问题,特别是在土地征用、补偿上出台特殊政策,采取高层推动、强力推进等措施确保了项目建设顺利进行。

③抓紧办理建设用地手续

项目实施中严格执行"十分珍惜、合理利用土地和切实保护耕地"的基本国策,使用土地严格执行国家的法律、法规,各项手续齐全。项目办安排专人与自治区土地管理局对接,抓紧办理建设用地报批工作,完成全线土地使用权勘界工作。1999年7月,国土资源部以国土资函〔1999〕270号批复了本项目的建设用地。共征用土地21040.8亩,拆迁房屋40743m²,拆迁水力、电信、各种管线77756延米/213处,征地拆迁费11611万元,征地拆迁统计见表8-7。

吐鲁番—乌鲁木齐—大黄山高等级公路项目征地拆迁统计表　　　表8-7

路线编号	项目名称	征地拆迁安置起止时间	征用土地（亩）	拆迁房屋（m²）	拆迁占地费（万元）
G30 G216	吐鲁番—乌鲁木齐—大黄山高等级公路	1995.3—1998.5	21040.8	40743	11611

2.项目实施阶段

1）实施过程

(1)主线工程于1995年3月1日开工,1998年8月20日全线通车。

(2)房建工程于1996年6月开工,1998年8月完工。

(3)交通工程于1997年开工,1998年完工。

(4)1998年8月完成交工验收,确定的工程质量评分为91.2分,工程质量等级优良。

(5)2000年11月完成竣工验收。

2）重大决策

1994年8月23日,吐乌大高等级公路项目国际招标开标仪式举行。

开标仪式现场

1995年3月21日,吐乌大高等级公路正式开工建设。

开工典礼

1998年6月,交通部部长黄镇东在自治区副主席吾甫尔·阿不都拉及自治区交通厅党组书记赵保军、厅长于努斯·玉素甫的陪同下视察吐乌大建设工地。

领导视察

1998年8月20日,吐乌大高等级公路全线通车。

通车典礼

(三)运营养护管理

吐鲁番—乌鲁木齐—大黄山高等级公路(简称"吐—乌—大高等级公路"),是新疆首条利用世行贷款、运用国际通用的FIDIC(国际通用公路施工规范、标准)条款管理模式管理、采用中外联合监理建设的大型公路工程。吐—乌—大公路南线由吐鲁番至乌鲁木齐,北线从乌鲁木齐至大黄山。全长283.9km,其中高速公路177.4km,二级公路106.41km,双向四车道。是一条具备监控、通信、收费系统等现代化设施及管理处(所)、服务区、停车区、加油站等管理服务设施齐全的高等级公路。该项目1995年开工,1998年8月全线通车,2001年通过国家验收,最终被评定为优良工程。

吐—乌—大高等级公路分东西两段,东段起于吐鲁番市葡萄沟口,过吐鲁番市街区,经大河沿路口、小草湖、后沟、达坂城镇、盐湖、柴窝堡,止于乌鲁木齐市河滩路南口,长176.9km;北段起于大黄山幸福路口,经甘河子、天池路口、阜康市、甘泉堡、米泉市,止于乌鲁木齐市河滩路北口,长107km。为连接沿线重要城镇,同时建有米泉市、甘泉堡、阜康市、甘河子镇4条连接线,共长10.66km。

吐—乌—大高等级公路,是国家"八五"跨"九五"期间交通部和自治区的重点建设项目。

1995年3月,吐—乌—大高等级公路开工,全线投入上万名来自全国各地的建设者和外国专家。施工过程中,开展技术创新,优化施工工艺和方法,投入大型先进设备。路基施工从填土选择到分层压实受到严格控制;对于由于有大量的盐渍土,使用了大量土工布隔断层防止路基土次生盐渍化;对于空隙率大的湿性土,采取了换填砾石土措施;软土地基采取了砂桩处理。吐—乌—大高等级公路路面全部采用国产克拉玛依沥青。为保证沥青上面层具有较高的耐磨、抗滑性能,集料全部采用项目办指定生产的玄武岩、安山岩等优质集料。为了保证黏结力,适当掺入抗剥落剂。路面从水稳层到上面层全部采用厂拌法拌和,采用了国际上先进的摊铺机和压路机施工,使路面质量得到保证;全线桥梁结构大量采用预应力钢筋混凝土结构;桥梁伸缩缝采用毛勒缝结构,保证了接缝平整,延长桥梁使用寿命;路面标线采用汽车式、手推式划线机施工,标线材料采用新型的热熔反光涂料、标志牌版面采用高强级反光膜,反光亮度高;防撞护栏与波形梁采用镀塑钢板,色彩悦目、色泽均匀、质地优良。

施工过程中,沿线自然条件恶劣,冬季寒冷,时间长达4~5个月;夏季炎热,吐鲁番地区夏季气温高达42℃以上;加之"30里风区"的大风天气,都给施工带来了较大困难,特别是1996年7月份一场百年不遇的洪水,给全线工程造成巨大损失。尤其是第2、3合同段,已经完成的路基工程,下挡墙及部分桥梁下部工程基本被冲毁。

吐—乌—大高等级公路,下设4个服务区(阜康、大黄山、盐湖、小草湖),6个主线收费站

(阜康、南泉子、乌拉泊西、盐湖、小草湖、吐鲁番),3个匝道收费站(甘河子、乌拉泊、盐湖)。

吐—乌—大高等级公路养护管理模式采取公路管理局(管理处)—公路管理分局(管理所)—养护站(道班)三级管理模式。2011年,乌拉泊、卡子湾管理处统一划归自治区公路管理局,统一更名为乌鲁木齐公路管理局,管养模式采取(地、市)公路管理局—公路管理分局—养护站(道班)三级管理模式。"十二五"期间,大力实施"好路精养、重点养护、维持养护"三区段养护模式,通过组建专业化养护队伍,优化人员、设备等基础养护资源配置,激发体制机制活力,养护管理水平持续提升。

吐—乌—大高等级公路由吐鲁番公路管理局吐鲁番(高昌)分局,乌鲁木齐达坂城分局、乌鲁木齐分局、米东分局,昌吉公路管理局阜康分局管养。

吐鲁番—乌鲁木齐—大黄山高等级公路并入国高网后编号和里程变化汇总见表8-8。

吐鲁番—乌鲁木齐—大黄山高等级公路并入国高网后编号和里程变化汇总表　　表8-8

所属地州局	并入国高网后编号和里程变化情况		
	路线编号	起讫桩号	里程(km)
吐鲁番公路管理局	G30	K3472~K3585+200	113.2
乌鲁木齐公路管理局	G216	K600+008~K654+027	54.019
昌吉公路管理局		K675+685~K678+687	3.002

2000—2016年交通量发展状况图

"十一五"期间交通量较"十五"增长49%,"十二五"期间较"十一五"期间增长43.51%。

吐鲁番—乌鲁木齐—大黄山高等级高速公路先后实施的大中修工程项目包括:

(1)2011年,G30小草湖至乌鲁木齐部分路段就地热再生工程(K3474~K3579)部分剩余路段就地热再生,投入资金4829.95万元。

(2)2012年,G216 K587处(种羊场)立交工程,投入资金1473.385万元。

(3)2012年,吐乌大高等级公路天池路口互通式立体交叉完善工程,投入资金141万元。

(4)2013年,G216危小桥涵改造工程,投入资金74.145万元。

(5) 2013 年,G216 危小桥涵改造工程,投入资金 61.6652 万元。

(6) 2013 年,G30 小草湖至乌鲁木齐部分路段就地热再生工程(K3474+000~K3579+000)部分剩余路段就地热再生,投入资金 1487.05 万元。

(7) 2014 年,G30 沟口—盐湖(K3504+000~K3532+000)段大中修工程,投入资金 1974.18 万元。

(8) 2014 年,G30 盐—乌(K3533+000~K3586+000)段养护大中修工程,投入资金 2061.14 万元。

(9) 2014 年,G216 幸福路口至天池立交(K546+600~K602+000)段公路养护大中修工程,投入资金 7970.5276 万元。

(10) 2014 年,吐乌大高等级公路阜康收费站改(扩)建工程(土建),投入资金 1134.1329 万元。

(11) 2014 年,G216 天池立交至卡子湾(K602~K654)段公路养护大中修工程,投入资金 4310.6982 万元。

(12) 2015 年,2015 年桥梁预防性养护工程,投入资金 745.1995 万元。

(13) 2015 年,G216 天池立交、阜康立交完善公路沿线设施工程,投入资金 20.5593 万元。

(14) 2015 年,G216 K569~K619 段桥梁改造工程,投入资金 94.4608 元。

收费站点设置汇总见表 8-9。

收费站点设置汇总表 表 8-9

站 点 名 称	车 道 数	收 费 方 式
卡子湾收费站	14	开放式(已撤销)
甘泉堡收费站	4	开放式(已撤销)
阜康收费站	12(原 8 车道,2015 年扩建为 12 车道)	开放式
小黄山收费站	4	开放式(已撤销)
甘河子收费站	4	开放式(已撤销)
南泉子收费站	6	开放式
乌拉泊收费站	10	开放式
柴窝堡匝道收费站	2	开放式
盐湖收费站	6	开放式
小草湖收费站	10	开放式
吐鲁番收费站	6	开放式

吐鲁番—乌鲁木齐—大黄山高等级公路地处少数民族和边疆地区,除拉动地区社会经济发展外,还发挥了更多的社会功能,具有重要的政治、国防意义。在现有条件下,国民

经济效益比较显著,经济效益成本比为1.05,内部收益率为12.47%,高于社会折现率12%,经济投资回收期为23.5年,财务受益成本为1.04,财务内部收益率为2.79%,财务投资回收期为23.9年,也基本满足要求。根据测算,吐鲁番—乌鲁木齐—大黄山高等级公路建设期拉动建筑业及相关行业形成总产值78.34亿元,项目建设投资在各年度的拉动作用,对地区生产总值(GDP)的贡献率平均在3%以上,资金实际利用最多的1998年达到6%以上。按年度计算,全社会有近40万人次在就业方面受益。

三、乌鲁木齐—奎屯高速公路(建设期1997.04—2000.11)

(一)项目概况

1. 基本情况

1)功能定位

乌鲁木齐—奎屯高速公路(以下简称"乌—奎高速公路")是"九五"期间交通部和自治区重点交通设施建设项目,它是国家主干线"二纵二横"中连云港至霍尔果斯口岸的公路重点路段,G312的重要组成部分。该项目是新疆维吾尔自治区利用世界银行贷款、运用国际惯例"FIDIC"条款合同管理模式建设的工程规模和投资规模最大、技术等级最高的一条高速公路。

乌奎高速公路的建设有力地推动了天山北坡经济带的发展,对于建设乌鲁木齐国际商贸城、实施自治区"东联西出"的经济发展战略、带动全区国民经济和社会发展都具有重要意义。

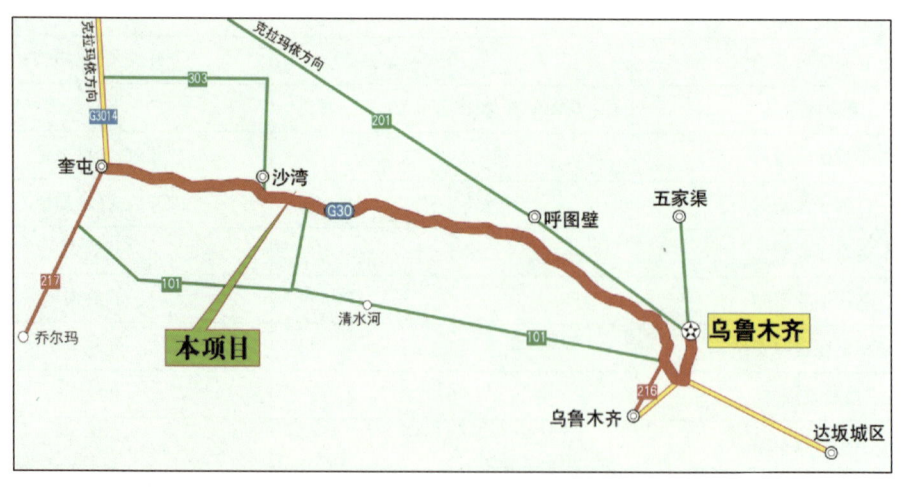

G30 乌鲁木齐—奎屯高速公路路线示意图

2)技术标准

本工程全部项目采用交通部《公路工程技术标准》(JTJ 01—1988):

(1)高速公路:设计行车速度120km/h,路基宽26m,全封闭全立交控制出入。

(2)一级汽车专用公路:设计行车速度100km/h,路基宽24.5m,全封闭、全立交控制出入。

(3)桥梁荷载采用汽车—超20级、挂车—120。

3)工程规模

乌奎高速公路全长248km,包括乌拉泊至西山段18km、汽车专用二级公路、西山至西站13km一级公路,西站至奎屯216km高速公路,一级与高速公路均采用全封闭全立交形式。互通式立交15处、分离式立交27处、通道174道、小桥59座、中桥4座、大桥8座、路面结构为柔性路面(沥青混凝土路面:3cm细粒式沥青混凝土上面层+5cm中粒式沥青混凝土中面层+7cm粗粒式沥青混凝土下面层+30cm水泥稳定砂砾基层+20cm天然砂砾底基层),收费广场为普通混凝土路面,水泥混凝土路面(收费广场):26cm水泥混凝土面层+30cm水泥稳定砂砾基层+20cm天然砂砾底基层。服务区4处、收费站9处。

4)主要控制点

起于乌鲁木齐西山立交,经乌鲁木齐、昌吉、呼图壁、玛纳斯、石河子、沙湾县和奎屯市,止于奎屯市东。

5)地形地貌

项目所在区域地处北天山北麓、准噶尔盆地南缘,海拔高度550~730m。地势呈东南高、西北低,地形大致为南依天山,北部为山前冲洪积倾斜平原形成的绿洲带。按地貌类型路线穿行于低山丘陵和山前倾斜平原两大地貌单元区。

6)投资规模

项目概算投资50.87亿元。竣工决算投资43.46亿元。

7)开工及通车、竣工时间

1997年4月开工建设,2000年9月通车试营运,2001年12月23日正式通过交工验收,2011年12月召开竣工验收会议,竣工鉴定书暂未下发。

2. 前期决策情况

1)前期决策背景

乌鲁木齐至奎屯高速公路是国家在2000年前重点建设"两纵两横"连云港至霍尔斯国道312线的重要路段。是亚欧大陆桥的重要组成部分,也是新疆维吾尔自治区"九五"重点建设项目之一。为进一步完善亚欧大陆桥的交通条件,改善自治区的投资环境,促进自治区改革开放和经济的快速发展,自治区决定兴建乌奎高等级公路。新疆交通厅于1992年启动项目的建设工作。

2)前期决策过程

(1)1992年11月30日新疆维吾尔自治区以新交计字〔1992〕第754号文下达"国道

312线乌—奎高速公路前期工作任务",确定乌一奎高速公路的建设任务、测设标准、各项目工作的进度要求等。

（2）自治区计委以计字〔1993〕17号文《国道312线乌鲁木齐至奎屯段高等级公路建设项目建议书》呈报国家计委并抄报交通部。

（3）交通部1993年1月以交函计〔1993〕363号文将审查意见转报国家计委。

（4）1994年3月3日自治区计委、交通厅以计工字〔1994〕41号联合同国家计委呈报了工可报告,同时抄报财政部和交通部,国家计委委托中国国际工程咨询公司于1994年5月6~12日来疆对工可报告进行了审查。

（5）交通厅与1993年初委托中国环境科学研究院编制乌奎高速公路工程环境评价工程大纲和工程环评报告,同年4月23—交通厅向国家环保局呈报工作大纲,并抄报交通部,7月31日交通部环保办以环办字〔1993〕213号文对环评大纲提出了审查意见。

3. 参建单位主要情况

1）建设单位

本项目建设单位是新疆交通建设管理局。

2）设计单位

设计单位：中交第一公路勘察设计研究院有限公司（原交通部第一公路勘察设计院）。

3）施工单位

通过招投标本项目有19个施工单位参与建设,其中土建标14个,交通工程标1个,房建标4个。

4）施工监理单位

本项目设置1个总监代表处,负责全线施工监理工作；14个土建工程监理办公室,负责监理区段内路基路面工程施工监理工作；1个交通工程监理办公室,负责全线的交通工程施工监理；4个房建工程监理办公室,负责全线4个标段的房建工程施工监理。

（二）建设情况

1. 项目准备阶段

1）项目审批

（1）1994年1月得到国家发展计划委员会的立项批复(计交能〔1994〕384号关于《乌鲁木齐至奎屯公路项目建议书的批复》)。

（2）国家发展计划委员会于1995年12月16日以计交新〔1995〕2266号文正式通知自治区发展计划委员会,国务院已批准乌奎高速公路工可报告。

(3) 国家环保局于 1993 年 10 月以环监建字〔1993〕249 号文批准了环评大纲,1993 年 10 月中国环境科学研究院完成乌奎高速公路环境评价报告编制工作,交通厅以新交高公办字〔1993〕520 号文向国家环保局和交通部呈报,报告经交通部审查后,国家环保局于 1996 年以环监〔1996〕414 号文批复了环评报告。

(4) 1996 年 6 月,交通部批准了初步设计(交公路发〔1996〕552 号《关于乌鲁木齐至奎屯公路初步设计的批复》)。

(5) 1997 年 7 月,国家发展计划委员会将乌—奎高速公路正式列入新开工项目(计报资〔1997〕1349 号)。

2) 资金筹措

项目投资概算 50.87 亿人民币。其中利用世界银行贷款 3 亿美元,国家支持 12.4 亿元人民币,其余为新疆自筹。

3) 合同段划分

根据各专业的工程内容划分合同段(表 8-10)如下:

(1) 全线设计 1 个合同段。

(2) 施工合同段划分:根据工程内容的不同,土建工程划分 14 个合同段,交通工程划分 1 个合同段,房建工程划分 4 个合同段。

(3) 施工监理合同段划分:根据工程内容设 1 个总监代表处,14 个土建工程监理办公室,1 个交通工程监理办公室,4 个房建工程监理办公室。

乌奎高速公路参建单位及合同段划分一览表 表 8-10

序号	单位类型	工程类型	合同段	单 位 名 称
1		建设单位		自治区交通建设管理局
2		设计单位		中交第一公路勘察设计研究院有限公司 (原交通部第一公路勘察设计院)
3	监理单位		总监代表处	北京成明达监理咨询有限责任公司 北京育才交通工程咨询监理公司 新疆宝地工程监理联合体
4			第 1 合同段	西安方舟监理公司
5			第 2 合同段	北京路桥通监理公司
6			第 3 合同段	新疆公路工程监理中心
7		土建工程	第 4 合同段	北京华通监理咨询公司
8			第 5 合同段	北京育才交通工程咨询监理公司
9			第 6 合同段	北京成明达监理咨询有限责任公司
10			第 7 合同段	陕西公路设计院建设监理公司
11			第 8 合同段	山西交通建设监理总公司
12			第 9 合同段	西安方舟监理公司

续上表

序号	单位类型	工程类型	合同段	单位名称
13	监理单位	土建工程	第10合同段	安徽高等级公路监理公司
14			第11合同段	北京育才交通工程咨询监理公司
15			第12合同段	安徽高等级公路监理公司
16			第13合同段	北京双环工程咨询公司
17			第14合同段	新疆北方公路工程监理部
18		交通工程	第15合同段	安徽高等级公路监理公司
19		房建工程	第16合同段	新疆高新监理公司
20			第17合同段	新疆煤炭监理公司
21			第18合同段	新疆建科院监理公司
22			第19合同段	新疆综勘院监理公司
23	施工单位	土建工程	第1合同段	新疆道路桥梁工程总公司
24			第2合同段	新疆昆仑路港工程公司
25			第3合同段	北京第一市政工程公司
26			第4合同段	中铁一局集团有限公司
27			第5合同段	陕西省路桥工程总公司
28			第6合同段	中铁一局集团有限公司
29			第7合同段	广东惠州公路建设总公司
30			第8合同段	新疆道路桥梁工程总公司
31			第9合同段	山东东方路桥建设总公司
32			第10合同段	成都市路桥工程公司
33			第11合同段	新疆建工(集团)有限责任公司
34			第12合同段	新疆昆仑路港工程公司
35			第13合同段	中铁第十八工程局第四工程处
36			第14合同段	山东东方路桥建设总公司
37		交通工程	第15合同段	中国港湾工程有限责任公司 北京路安交通科技发展有限公司 新疆通信建设工程局 北京毕景交通新技术开发公司联合体
38		房建工程	第16合同段	新疆北新建筑公司
39			第17合同段	江苏省建筑公司
40			第18合同段	新疆东方建筑公司
41			第19合同段	自治区第二建筑公司

4)招投标

按照《中华人民共和国招标投标法》和交通部颁布的《公路工程施工招标投标管理办法》《公路工程施工招标资格预审办法》《公路工程施工招标评标办法》的要求,由项目法人单位组织招标工作。

1996年3月,有51家单位通过资格预审,参加本项目土建工程14个合同段和房建工程4个合同段的投标。1996年3月在乌鲁木齐市开标,采用无标底投标,投标最低价中标方式。由交通部专家组成评标委员会评审出土建工程14家和房建工程4家中标单位。

5) 征地拆迁

(1) 工作及范围

沿线经过乌鲁木齐市、乌鲁木齐县、昌吉市、呼图壁县、玛纳斯县、石河子市、沙湾县、奎屯市,共计4个县、4个市。

(2) 主要内容

① 界定公路项目红线范围,进行征地拆迁外业调查、测算费用,签订征地拆迁协议,支付费用。

② 永久占地界内房屋等各种构造物的搬迁。

③ 永久占地界内地上附着物的拆除。

④ 电力、通信等各种管线的改迁。

⑤ 办理永久性占地报批手续。

⑥ 临时及借土占地的征用

(3) 遵循的政策法规

①《中华人民共和国土地管理法》。

②《新疆维吾尔自治区实施〈土地管理法〉办法》。

③《新疆维吾尔自治区高等级公路建设征地拆迁补偿规定》(新政函〔1996〕191号)。

(4) 主要做法

① 设立专门组织机构

该项目为第二条世界银行贷款项目,1995—1996年世行代表团对项目进行评估时,对征地拆迁工作进行了研究讨论,要求项目结束时受影响单位和个人达到或超过其移民安置前生活水平,并形成了评估报告。项目开工后,项目办编制了乌—奎高速公路"拆迁行动计划书",报世行批准后执行。

1996年9月24日,在自治区人民政府安排下,自治区土地管理局以新土建字〔1996〕72号文成立乌—奎高速公路项目建设用地征地。

拆迁办公室,由区土地局牵头,项目办征迁处和各地州市(县)及相关处(局)负责人组成。

② 落实征地拆迁责任制

为做好移民安置工作,在补偿标准方面,乌奎项目在吐乌大公路征地拆迁标准的基础上,自治区人民政府下发了《关于自治区高等级公路建设征地拆迁补偿规定》(新政函〔1996〕191号),提高了补偿标准,以确保移民安置后生活水平不受影响。项目办委托的外部监测机构每年向世行提交监测报告,确保了移民安置工作按计划实施。到项目结束时受项目影响单位和个人的生产生活已经达到或超过了其在移民安置前的水平。

1996年9月24日成立乌奎高速公路项目建设用地征地拆迁办公室后,根据交通部第一公路勘察设计院现场放线确定的征地范围,项目办、自治区土地局及沿线各地州政府、相关产权单位联合对工程影响范围内的土地及地上附着物、电信设施等进行了核实,现场丈量、清点、签字、盖章。随后项目办与自治区土地管理局签订征迁协议,在征地拆迁费到位后,征地拆迁腾地、补偿安置等工作有序开展。

自治区人民政府、交通运输厅及沿线地方政府对征地拆迁工作高度重视,及时召开会议研究解决征地拆迁问题,除个别段落存在争议外,总体征地拆迁进展顺利,在施工单位进场前征地拆迁工作已基本落实。

③抓紧办理建设用地手续

项目实施中严格执行"十分珍惜、合理利用土地和切实保护耕地"的基本国策,使用土地严格执行国家的法律、法规,各项手续齐全。项目办安排专人与自治区土地管理局对接,抓紧办理建设用地报批、土地使用权勘界工作。2001年2月,国土资源部以国土资函〔2001〕87号批复了本项目的建设用地。共征用土地24024亩,拆迁房屋33185m²,坟墓462座,砍伐树木370000棵,征地拆迁费11611万元,征地拆迁统计见表8-11。

乌鲁木齐—奎屯高速公路项目征地拆迁统计表　　表8-11

高速公路编码	项目名称	征地拆安置起止时间	征用土地（亩）	拆迁房屋（m²）	拆迁占地费（万元）
G30	乌鲁木齐—奎屯	1996.9—1998.12	24024	33185	11611

2. 项目实施阶段

1)实施过程

(1)主线工程于1997年4月1日开工,2009年9月通车试运营。

(2)房建工程于1999年7月开工,2000年11月完工。

(3)交通工程于1999年开工,2000年完工。

(4)2001年12月23日正式交工验收,本项目交工验收组确定的工程质量评分为93.22分。

(5)2011年12月召开竣工验收会议,项目竣工验收鉴定书暂未下发。新疆维吾尔自治区公路工程竣工验收委员会工程核查组按《公路工程质量综合评分表》建议评分为90.22分。该项目质量得分93.22×70%+90.22×30%=92.32分,工程质量等级为优良。

2)重大决策

(1)1998年9月25日下午,自治区主席阿不来提·阿不都热西提、副主席吾甫尔·阿不都拉、兵团副司令员塔依·库平率政府副秘书长及自治区计委、财政厅、建设厅、土地管理局、建行、农行及乌鲁木齐市的负责人前往自治区重点工程乌奎高速公路建设工地，检查工程建设情况，慰问工程建设人员，现场解决工程面临的征地拆迁等问题。

（2）2000年6月7日下午，自治区党委书记王乐泉轻车简从，来到已进入最后冲刺的乌鲁木齐—奎屯高速公路第2、3、14合同段建设工地进行工作调研，亲切看望、慰问各族建设者。

领导慰问

（3）2000年7月15日，国务委员司马义·艾买提、自治区副主席阿不都卡德尔·乃斯尔丁在交通厅党组书记蔡毅治、高管局副局长艾克拜尔的陪同下视察了乌奎高速公路。

（4）2000年7月16日，交通部党组成员、纪检组长刘锷在自治区交通厅党组书记蔡毅治等陪同下，到即将竣工的乌鲁木齐—奎屯高速公路就廉政合同执行情况进行调研。

领导调研

（5）2000年11月3日，乌奎高速公路举行隆重的通车典礼。

通车典礼

（三）运营养护管理

乌鲁木齐—奎屯高速公路(以下简称"乌—奎高速公路")是继吐—乌—大高等级公路之后，新疆利用世界银行贷款修建的第二条公路项目。是国家在2000年前重点建设的"两纵两横"连云港至霍尔果斯G312(后改名G30)的重要路段，是亚欧大陆桥的重要组成部分，也是"九五"期间交通运输部和自治区重点交通设施建设项目。

乌鲁木齐—奎屯高速公路东起乌鲁木齐南郊的乌拉泊，与吐—乌—大高等级公路相接，西至奎屯市玛纳斯路西侧，全长265.51km，总投资概算51.27亿元人民币(其中利用世界银行贷款3亿美元，国家支持12.4亿元人民币，其余为新疆自筹)。该项目1997年4月1日开工建设，2000年11月竣工通车，除K3618～K3620段为双向六车道外，其余路段均为双向四车道，是新疆公路建设史上的第一条高速公路。

乌鲁木齐—奎屯高速公路主线东起乌拉泊与吐鲁番—乌鲁木齐—大黄山高等级公路相连，走向西北，在仓房沟二十里店道班西面，越过仓房沟公路，北行在四道岔子跨越西山公路后向北跨过北疆铁路、北站铁路和北站公路后折向西北经火车西站，行经三坪农场以南后过头屯河，经昌吉市南，在阿苇滩附近跨越三屯河，继续向西北至呼图壁县南与昌(昌吉)呼(呼图壁)汽车专用二级公路并行至五工台。路线在五工台跨乌鲁木齐伊犁公路北，西行至乐土驿乡西，再次穿过乌鲁木齐伊犁公路南后，从玛纳斯县南经过，跨过玛纳斯河后，为避免与石河子市发展规划干扰，路线布在北疆铁路以南，沿铁路西行至花园镇后至沙湾县南。为避开复杂地形路段，在沙湾西穿过北疆铁路和乌伊公路北侧，沿乌伊公路北侧的戈壁地西行，经安集海乡南行后，再次穿过北疆铁路直到路线终点奎屯市，与奎屯市的玛纳斯路(后改名迎宾大道)相交。

乌—奎高速公路所跨越的河流分别为头屯河、三屯河、呼图壁河、塔西河、玛纳斯河、金沟河、巴音沟河7条河流。这些河流的水源均来自天山山区冰融水和降水，各河流的变化与气候条件密切相关，年内分配极不均匀，夏季随气温的迅速升高和降水量增大，河水流量猛增,可形成洪水,来势凶猛,历时短暂,多出现于7~8月上旬,11月至次年3月为枯水期。路线所经地区约70%路段为农田灌溉区,30%为戈壁荒漠。

乌—奎高速公路处于天山北麓,准噶尔盆地南缘,总地势呈南高北低,穿行于低山丘陵和山前倾斜平原两地貌区。项目绝大部分路线布设于山前冲积平原上,其岩性为卵石、砾石、砂砾石、亚砂土、亚黏土和黏土。沿线的不良地质分为两类,一是路线通过乌鲁木齐四道岔子附近长约2000m的煤系地层,部分区域经开采,地表分布有塌陷坑,而且路段地势较低,地下水丰富,水文地质条件差,路线无法绕避,该段路基做采空区注浆处理,取得了成功;二是在乌鲁木齐苏家庄、五工台至玛纳斯一带有盐渍土,对公路有不良影响。

按照自治区交通运输体制改革相关部署,经自治区编办同意,吐鲁番—乌鲁木齐—大黄山高等级公路建成初期,在整合新疆公路管理局沿途公路管理机构的基础上,组建成立乌拉泊、卡子湾管理处,隶属于新疆高等级公路管理局(2005年更名为新疆交通建设管理局),负责吐—乌—大及周边国省干线养护管理工作。

2000年,在整合新疆公路管理局乌奎高速公路沿途公路管理机构的基础上成立昌吉、石河子、奎屯3个管理处,隶属于新疆高等级公路管理局,负责乌奎高速公路及周边国省干线公路的养护管理工作。

2011年,按照自治区交通运输体制改革相关部署,根据自治区编办《关于印发〈新疆维吾尔自治区公路管理系统机构编制方案〉的通知》(新机编〔2010〕32号)精神,新疆交通建设管理局所属乌拉泊、卡子湾、昌吉、石河子、奎屯5个整体管理处移交自治区公路管理局。乌拉泊、卡子湾管理处整合归并到乌鲁木齐公路管理局,昌吉、石河子、奎屯管理处保留,并分别更名为"昌吉公路管理局""石河子公路管理局""奎屯公路管理局"。

乌鲁木齐至奎屯高速公路由乌鲁木齐公路管理局地窝堡分局、昌吉公路管理局呼图壁分局、石河子公路管理局石河子分局、奎屯公路管理局独山子分局管养。乌奎高速公路养护管理模式采取公路管理局(管理处)—公路管理分局(管理所)—养护站(道班)三级管理模式。"十二五"期间,大力实施"好路精养、重点养护、维持养护"三区段养护模式,通过组建专业化养护队伍,优化人员、设备等基础养护资源配置,激发体制机制活力,养护管理水平持续提升。

乌鲁木齐至奎屯高速公路,下设4个服务区(三坪、五工台、石河子、奎屯)、3个主线收费站(头屯河、玛纳斯、奎屯)和6个匝道收费站(三坪、昌吉、玛纳斯、乌兰乌苏、沙湾、安集海)。

玛纳斯收费站位于G303线K3722+929处,共有7进7出14条收费车道,采取开放式收费模式。玛纳斯主线收费站于2014年9月实施计重收费改造,2014年11月30全面施工完毕,开始试运行。2015年5月5日零点正式实行计重收费;玛纳斯站ETC车道于2015年4月30日进场施工,2015年12月11号工程完工测试。2015年9月22日00:00点启动ETC电子不停车收费联网系统切换,9月25日00:00点完成ETC电子不停车收费全国联网系统切换,ETC 车道正式并网运行。

石河子服务区 2000 年 11 月成立,位于 G30 乌奎高速 K3741+259 处。服务区分为南北两区,总占地面积 53328m²,建筑面积 9212m²,现在册职工 7 人,其中党员 4 人。历经 15 年的改造建设,服务区从一个只能提供简陋如厕服务的场所,转变为集餐饮、购物、停车、住宿、信息化服务、如厕等多项服务于一体的花园式生态单位,目前服务区设施完备、环境优美、功能齐全。石河子服务区同时也是石河子公路管理局石河子分局应急保障基地,2010 年以来,石河子公路管理局通过储备物资和应急设备,完善各种防范措施和应急预案,并组织维稳防控、消防、车辆拥堵等应急演练,进一步提高了应急保障能力。有 37 台机械用于应急抢险,应急基地常年储备路面冷补料、编织袋、各种型号铁丝、铅丝笼、钢筋笼、路面切割机、高空作业灯、电焊机、抽水机等抢险物资与设备。

乌鲁木齐至奎屯高速公路易发地质灾害的路段有 K3807~K3816、K3819~K3822、K3828~K3831 段,这些路段易在春融及夏季发生水毁。

乌鲁木齐至奎屯高速公路并入国高网后编号和里程变化见表 8-12。

乌鲁木齐至奎屯高速公路并入国高网后编号和里程变化汇总表　　表 8-12

所属地州局	并入国高网后编号和里程变化情况		
	路线编号	起讫桩号	里程(km)
乌鲁木齐公路管理局	G30	K3604~K3630	26
	S114	K2+225~K20	17.775
昌吉公路管理局	G30	K3630~K3701	71
石河子公路局管理局	G30	K3701~K3799	98
奎屯公路管理局	G30	K3799~K3836	37

乌—奎高速公路乌鲁木齐局管辖区域 2000—2016 年交通量发展状况图

"十一五"期间交通量较"十五"增长25.77%,"十二五"期间较"十一五"期间增长49.4%。

乌—奎高速公路昌吉公路管理局管辖区域2000—2016年交通量发展状况图

"十一五"期间交通量较"十五"增长57.4%,"十二五"期间交通量较"十一五"增长80.5%。

石河子公路管理局管辖区域2005—2016年交通量见表8-13。

表8-13 石河子公路管理局管辖区域2005—2016年交通量(单位:辆/日)

站点名称	2005年	2006年	2007年	2008年观测里程	2009年观测里程	2010年观测里程	2011年观测里程	2012年观测里程	2013年观测里程	2014年观测里程	2015年观测里程	2016年观测里程
石河子	9257	9954	7295	7574/48	4420/48	8233/33	11610/33	26159/33	30362/33	31598/33	27944/33	27053/33
沙湾	—	—	—	7665/42	8858/42	9587/42	11020/42	17108/42	18560/42	20608/42	22448/42	16866/42
安集海	—	—	—	—	—	—	—	16650/23	20155/23	21023/23	25586/23	19815/23
加权数据	9257	9954	7295	7616	8708	8991	11279	20048	22908	24406	25035	20988

奎屯公路管理局管辖区域2005—2016年交通量见表8-14。

表8-14 奎屯公路管理局管辖区域2005—2016年交通量(单位:辆/日)

站点名称	2010年观测里程	2011年观测里程	2012年观测里程	2013年观测里程	2014年观测里程	2015年观测里程	2016年观测里程
安集海	10004/59	9310/59	—	—	—	—	—
奎屯	—	—	—	—	16177/36	19576/37	21707/37
奎屯西立交	9611/13	10209/13	11056/13	18145/13	—	18537/13	14099/13
加权数据	9933	9472	11056	18145	16177	19306	19729

乌—奎高速公路石河子公路管理局管辖区域 2005—2016 年交通量发展状况图

乌—奎高速公路奎屯公路管理局管辖区域 2010—2016 年交通量发展状况图

乌鲁木齐至奎屯高速公路实施的大中修工程项目包括：

(1)2003 年,乌—奎高速公路中央分隔带封层工程,投入资金 288.311 万元。

(2)2004 年,乌—奎高速公路昌吉连接线工程,投入资金 350 万元。

(3)2005 年,G045 护栏刷漆、中央分隔带热沥青封面工程,投入资金 178.01 万元。

(4)2006 年,G045 K4198+926~K4270+523 路肩板修复工程,投入资金 70.87 万元,对乌—奎高速公路路肩板实施热沥青封层。

(5)2006 年,G045 K4198+926~K4270+523 沉陷、桥头跳车修补工程,投入资金 51.76 万元。

(6)2007 年,G045 K4234~K4270 昌吉至玛纳斯段路肩板修复工程,投入资金 73.12 万元。

(7)2010 年,G30 乌—奎高速公路交通安全设施大中修工程第 2 合同段,投入资金

859.51万元。

（8）2010年，G30乌—奎高速公路路面、桥梁养护大中修工程第2合同段，投入资金4300.74万元。

（9）2010年，G30 K3588+900～K3939+000段标志牌更换工程，投入资金2024.725万元。

（10）2010年，G30乌—奎高速公路交通安全设施养护大中修工程，投入资金1085.1846万元。

（11）2010年，G30乌—奎高速公路路面、桥涵养护大中修工程，投入资金2459.5486万元。

（12）2011年，G30 K3630～K3701桥梁防腐维修工程，投入资金155万元。

（13）2011年，G30 K3630～K3701轻铣刨路段处治工程第2合同段，投入资金315万元。

（14）2011年，G30 K3630～K3701路面裂缝处治工程，投入资金126万元。

（15）2011年，乌—奎高速公路立交桥区绿化管线改造工程，投入资金60万元。

（16）2011年，2011年国检补充完善项目高速公路30线轻铣刨路段处治工程，投入资金247.1356万元。

（17）2012年，G30乌兰乌苏乡至沙湾公路大中修工程，投入资金512.4810万元。

（18）2013年，G30头屯河至甘河子镇桥梁防腐工程，投入资金324万元。

（19）2013年，G30危小桥涵改造工程，投入资金19.9511万元。

（20）2014年，G30八钢立交至五工台（K3620～K3686）段大中修工程，投入资金8899.3855万元。

（21）2014年，G30 K3636～K3698段危小桥涵改造工程，投入资金96.3667万元。

（22）2014年，自治区公路管路局2014年收费公路桥梁预防性养护工程（乌鲁木齐G30 K3540～K3630段），投入资金440.11万元。

（23）2015年，G30五工台立交至甘河子林场工程，投入资金335万元。

（24）2015年，G30昌吉立交、呼图壁立交完善公路沿线设施工程，投入资金16.4188万元。

（25）连霍高速公路（G30）新疆境内乌鲁木齐至奎屯段改扩建工程，起点位于西山互通立交，与乌鲁木齐绕城高速公路（东线）终点相接，路线经昌吉、呼图壁、玛纳斯、石河子、奎屯，终点位于奎屯河大桥西岸与奎赛高等级公路相接，路线全长241.927km。其中石河子局辖区桩号为K3701～K3799，共98km。原路线公路等级为高速公路，整体式路基，双向四车道，设计速度为120km/h，路基宽度26.0m；改扩建工程设计公路等级为高速公路，双向八车道，设计速度120km/h，路基宽度42.0m，整体式路基；桥涵设计荷载为公路—Ⅰ级，沥青混凝土路面。

(26) 2010年,G30线乌—奎高速公路沉陷路段处治工程(K4371~K4373、K4391~K4397),对路面病害处治、水稳基层及面层挖除并恢复、桥涵恢复、护栏设施拆除更换等内容,投入资金3032.8548万元。

(27) 2010年,G30线乌—奎高速公路路面、桥涵养护大中修工程第4合同段对奎屯公路管理局辖区内K4345~K4423段路面病害处治、沥青混凝土面层、桥涵修复、收费站及服务区广场道路修复投入资金1083.3503万元。

收费站点设置汇总见表8-15,交通流量发展状况见表8-16~表8-18。

收费站点设置汇总表　　　　　　　　　　　　　　　　表8-15

站点名称	车道数	收费方式
三坪收费站	4	开放式
头屯河收费站	18	开放式
上沙河收费站	6	开放式(已撤销)
昌吉匝道收费站	4	开放式
玛纳斯收费站	14	开放式
玛纳斯匝道收费站	4	开放式
乌兰乌苏匝道收费站	4	开放式
沙湾匝道收费站	4	开放式
安集海匝道收费站	4	开放式
奎屯收费站	10	开放式

交通流量发展状况表(昌吉公路局辖区)(单位:辆/日)　　　表8-16

年份(年)	路段一	路段二	路段三	路段四	日平均流量
2000	66516	—	—	—	66516
2005	106380	—	—	—	106380
2010	6174	16186	—	8233	11593
2015	—	27493	19661	27944	25452
2016	—	50471	20179	27053	34593

注:乌鲁木齐至奎屯高速公路昌吉公路管理局辖区下设石河子、三屯河和甘河子3座观测站,其中石河子观测站观测区间为K4199~K4270,三屯河观测站观测区间为K3630~K3672,甘河子观测站观测区间为K3672~K3701。

交通流量发展状况表(石河子公路局辖区)(单位:辆/日)　　　表8-17

年份(年)	路段一	路段二	路段三	日平均流量	备注
2000	—	—	—	—	无设置观测站点,无数据
2005	9257	—	—	9257	K4255~K4303(G045线)
2010	8233	9587	10004	9437	K3701~K3835(G30线)

续上表

年份(年)	路段一	路段二	路段三	日平均流量	备注
2015	27944	22448	25586	25035	K3701~K3799（G30线）
2016	27053	16866	19815	21245	K3701~K3799（G30线）

注：乌鲁木齐至奎屯高速公路石河子公路管理局辖区设石河子（路段一）、沙湾（路段二）、安集海（路段三）3座交通量观测站。

交通流量发展状况表（奎屯公路管理局辖区）（单位：辆/日）　　表8-18

年份(年)	路段一	日平均流量
2000—2013	—	未设置观测站点，无数据
2014	15327	15327
2015	19591	19591
2016	21707	21707

注：乌鲁木齐至奎屯高速公路奎屯公路管理局下设奎屯观测站（2013年8月建成运行），观测区间为K3799~K3836。

四、G312线奎屯—赛里木湖高等级公路（建设期2002.06—2005.10）

（一）项目概况

1. 基本情况

1）功能定位

奎屯至赛里木湖高等级公路（以下简称"奎—赛高等级公路"）是国家规划建设的连云港至霍尔果斯国道主干线新疆境内的重要组成部分。该项目是新疆维吾尔自治区利用世界银行贷款、运用国际惯例"FIDIC"条款合同管理模式建设的工程规模和投资规模较大、技术等级较高的又一条高等级公路。

奎赛高等级公路的建设有力地推动了天山北坡经济带的发展，对于实施国家西部大开发战略和自治区"东联西出"的经济发展战略、带动全区国民经济和社会发展都具有重大意义。

2）技术标准

本工程全部项目采用交通部《公路工程技术标准》（JTJ 001—1997）；

（1）高速公路：采用四车道，路基宽度26.0m，设计行车速度120km/h，全封闭全立交控制出入。

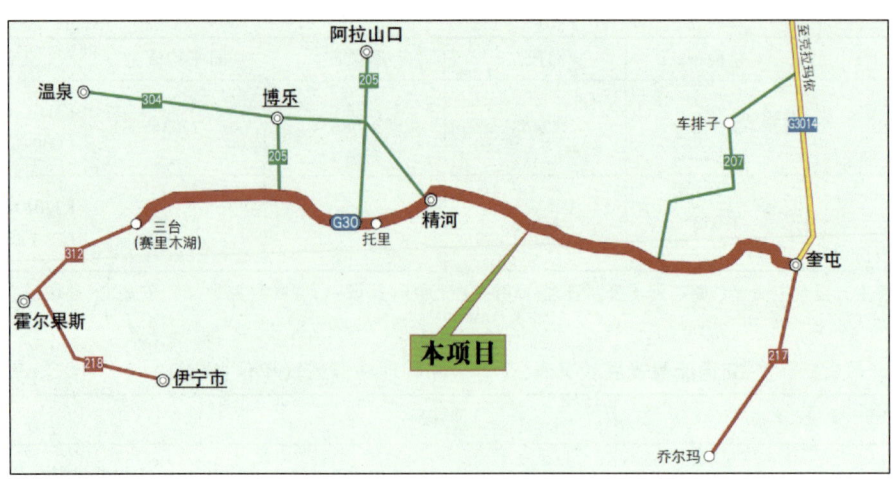

G312 线奎屯—赛里木湖高等级公路路线示意图

(2) 一级公路:采用四车道,路基宽度 25.50m,设计行车速度 100km/h,部分控制出入。

(3) 二级公路:采用二车道,路基宽度 12.0m,设计行车速度 80km/h。

(4) 桥涵设荷载均采用汽车—超 20 级、挂车—120。

3) 工程规模

奎—赛高等级公路全长 302.571km,其中奎屯至乌苏段长 18km,高速公路;乌苏至博乐岔口段长 228.95km,一级公路;博乐岔口至赛里木湖段长 55.62km,二级公路。全线路面结构为柔性路面,收费广场为普通混凝土路面,设置大桥 6 座、中桥 11 座、小桥 84 座、通道 32 道、互通式立交 5 处、分离式立交 8 处、服务区 2 处、收费站 5 处。

4) 主要控制点

本项目起于奎屯,接已建乌鲁木齐至奎屯高速公路,经乌苏、高泉、四棵树、精河、沙山子、五台、博乐岔口、四台,止于赛里木湖。

5) 地形地貌

项目所在区域地处北天山北麓、准噶尔盆地南缘。地势呈东南高、西北低,地形大致为南依天山,北部为山前冲洪积倾斜平原形成的绿洲带。按地貌类型路线穿行于低山丘陵和山前倾斜平原两大地貌单元区。

6) 投资规模

项目概算投资 30.55 亿元。

7) 开工及通车、竣工时间

2002 年 6 月开工建设,2005 年 10 月交工通车。

2. 前期决策情况

1) 前期决策背景

本项目于1993年根据新疆交通厅新交计字〔1993〕022号文安排,项目预可研报告,拟在"九五"期末完成本工程项目,后因资金来源等原因未能立项实施。

根据新疆"九五"计划及2010年国民经济和社会发展远景目标对交通建设及自治区30年路网规划要重点建设自治区"三纵三横"公路主骨架及"Y"形主通道的计划,新疆交通厅1996年再次安排该项目的建设工作。

2)前期决策过程

(1)1993年根据新疆交通厅新交计字〔1993〕022号文安排本项目预可研报告。

(2)1997年安排了新疆公路规划勘察设计院对本项目按贷款公路建设项目要求进行了深入的工程可行性研究,并经区内专家评审,编制了项目建设书,并上报交通部审批立项。

3. 参建单位主要情况

1)建设单位

本项目建设单位是新疆高等级公路建设指挥部项目执行办公室。

2)设计单位

设计单位为新疆维吾尔自治区交通规划勘察设计研究院。

3)施工单位

通过招投标本项目有30个施工单位参与建设,其中土建合同段16个,交通工程合同段6个,房建合同段4个,外电工程合同段2个,机电工程合同段2个。

4)施工监理单位

本项目设置1个总监代表处,1个外方监理单位,负责全线施工监理工作;3个驻地监理处,16个土建工程监理办公室,负责监理区段内路基路面工程施工及交通工程施工监理工作;4个房建工程监理办公室,负责全线4个合同段的房建工程施工监理工作;2个外电工程监理办公室,负责全线2个合同段的外电工程施工监理工作,1个机电工程监理办公室,负责全线机电工程施工监理工作。

(二)建设情况

1. 项目准备阶段

1)项目审批

(1)2001年4月13日,国家发展计划委员会以计基础〔2001〕574号文《印发国家计委关于审批连云港至霍尔果斯国道主干线新疆奎屯至赛里木湖公路工程可行性研究报告的请求的通知》正式批准了该项目可行性研究报告。

(2)2001年10月29日,交通部以交公路发〔2001〕618号文《关于连云港至霍尔果斯国道主干线新疆奎屯至赛里木湖公路初步设计的批复》批准了该项目设计。

2) 资金筹措

项目投资概算30.55亿人民币。其中利用世界银行贷款1.5亿美元,国家支持12.27亿元人民币,其余为新疆自筹。

3) 合同段划分

根据各专业的工程内容划分合同段(表8-19)如下：

G312奎屯—赛里木湖高等级公路合同段划分一览表　　　　　表8-19

序号	单位类型	工程类型	合同段	单位名称
1		建设单位		新疆高等级公路建设指挥部项目执行办公室
2		设计单位		新疆维吾尔自治区交通规划勘察设计研究院
3		总监代表处		中国公路工程监理咨询总公司
4		外方监理		意大利国际咨询公司
5		乌苏驻地监理处		安徽省高等级公路工程监理有限公司
6		精河驻地监理处		山西晋达交通建设工程监理所
7		博乐驻地监理处		威海市公路工程监理公司
8	监理单位	土建工程	第1合同段	西安方舟工程咨询监理有限公司
9			第2合同段	山西晋达交通建设工程监理所
10			第3合同段	新疆北方公路工程监理部
11			第4合同段	西安公路交大建设监理公司
12			第5合同段	东北林业大学工程监理部
13			第6合同段	安徽省高等级公路监理有限公司
14			第7合同段	威海市公路工程监理公司
15		土建工程	第8合同段	中国公路工程监理咨询总公司
16			第9合同段	山西省交通建设工程监理总公司
17			第10合同段	山西晋达交通建设工程监理所
18			第11合同段	安徽省高等级公路监理有限公司
19			第12合同段	湖北中交公路桥梁监理咨询有限公司
20			第13合同段	新疆北方公路工程监理部
21			第14合同段	内蒙古交通建设监理咨询有限公司
22	监理单位		第15合同段	湖北中交公路桥梁监理咨询有限公司
23			精河过境段	安徽省高等级公路监理有限公司
24		机电工程	第16合同段	中国公路工程咨询监理总公司
25		房建工程	第17合同段	新疆建院监理公司
26			第18合同段	新疆昆仑监理公司
27			第19合同段	新疆高新监理公司
28			第20合同段	新疆建科院监理公司
29		外电工程	第21合同段	新疆昆仑监理公司
30			第22合同段	新疆高新监理公司

续上表

序号	单位类型	工程类型	合同段	单 位 名 称
31	施工单位	土建工程	第 1 合同段	北京市公路桥梁建设公司
32			第 2 合同段	中铁一局集团有限公司
33			第 3 合同段	山西太原路桥总公司
34			第 4 合同段	中国葛洲坝水利水电工程集团有限公司
35			第 5 合同段	中铁十六局集团有限公司
36			第 6 合同段	中铁十三局集团有限公司
37			第 7 合同段	中色建设集团有限公司
38			第 8 合同段	山西路桥第一工程有限责任公司
39			第 9 合同段	丹东市公路工程处
40			第 10 合同段	中铁十五局集团有限公司
41			第 11 合同段	北京市市政一建设有限责任公司
42			第 12 合同段	新疆建工(集团)有限公司
43			第 13 合同段	中国十五冶金建设有限公司
44			第 14 合同段	新疆北方机械化筑路工程处
45			第 15 合同段	中国路桥(集团)总公司
46			精河过境段	昌吉州公路桥梁工程公司
47		机电工程	第 16 合同段	华能基础产业投资有限公司
48			五台收费站	
49		房建工程	第 17 合同段	自治区第五建筑公司
50			第 18 合同段	江苏省建筑公司
51			第 19 合同段	江苏省建筑公司
52			第 20 合同段	中铁第十三工程局
53	施工单位	外电工程	第 21 合同段	奎屯金茂电力工程公司
54			第 22 合同段	博州光大电力工程公司
55		交通工程	第 1 合同段	江西省公路机械工程局
56			第 2 合同段	凯通交通工程有限公司
57			第 3 合同段	陕西高速诚信交通工程有限公司
58			第 4 合同段	福建路桥有限公司
59			第 5 合同段	陕西高速交通工贸有限公司
60			第 6 合同段	成都市路桥工程股份有限公司

(1)全线设计 1 个合同段。

(2)施工合同段划分:根据工程内容的不同,土建工程划分 16 个合同段,交通工程划分 6 个合同段,房建工程划分 4 个合同段,外电工程划分 2 个合同段,机电工程划分 2 个合同段。

(3)施工监理合同段划分:根据工程内容设 1 个总监代表处,1 个外方监理,3 个驻地监理处,16 个土建工程监理办公室,4 个房建工程监理办公室,2 个外电工程监理办公室,

2个机电工程监理办公室。

4)招投标

按照《中华人民共和国招标投标法》和交通部颁布的《公路工程施工招标投标管理办法》《公路工程施工招标资格预审办法》《公路工程施工招标评标办法》的要求,由项目法人单位组织招标工作。

(1)2001年8月15日,有64家单位通过资格预审,参加本项目土建工程15个合同段、房建工程4个合同段、机电工程2个合同段的投标。2002年4月20日在乌鲁木齐市开标,采用无标底投标,投标最低价中标方式。由交通部专家组成评标委员会评审出土建工程15家、房建工程4家、机电工程2家中标单位。精河过境段为后续实施合同段。

(2)2004年9月15~22日,在新疆维吾尔自治区高等级公路建设指挥部项目执行办公室发售6个交通工程标段招标文件,共有38家潜在投标人对本招标项目6个合同段购买了85份招标文件。截至2004年10月9日,即接受投标文件的截止时间,共收到32家投标人对本招标项目6个合同段递交72份投标文件。2004年10月22日在高管局二楼会议室召开定标会,确定了6家交通工程中标单位。

奎—赛项目监理机构实行三级管理,即在精河设立总监理工程师代表处(简称"总监代表处"),在乌苏、精河、博乐设立驻地监理处,各合同段设置监理组。乌苏驻地监理处负责1~5合同段;精河驻地监理处负责6~10合同段;博乐驻地监理处负责11~15合同段。交通工程6个合同段监理由原来土建各合同段监理组根据本合同段交通工程的工程内容进行监理。

5)征地拆迁

(1)工作及范围

沿线经过奎屯市、乌苏市、精河县、博乐市。共计3市1县。

(2)主要内容

①界定公路项目红线范围,进行征地拆迁外业调查、测算费用,签订征地拆迁协议,支付费用。

②永久占地界内房屋等各种构造物的搬迁。

③永久占地界内地上附着物的拆除。

④电力、通信等各种管线的改迁。

⑤办理永久性占地报批手续。

⑥临时及借土占地的征用。

(3)遵循的政策法规

①《中华人民共和国土地管理法》。

②《新疆维吾尔自治区实施〈土地管理法〉办法》。

③《新疆维吾尔自治区高等级公路建设征地拆迁补偿规定》(新政函〔1996〕191号)。

④新疆维吾尔自治区计委、国土资源厅《关于奎屯—赛里木湖高等级公路建设征地拆迁补偿标准的通知》(新计价房〔2001〕1354号)。

⑤自治区发展计划委员会、财政厅《关于下发自治区国土资源系统土地管理行政事业性收费标准的通知》(新计价房〔2001〕500号)。

⑥《森林植被恢复费征收使用管理暂行办法》(财综〔2002〕73号)。

(4) 主要做法

①设立专门组织机构

该项目为第三条世界银行贷款项目,前期评估阶段,世行代表团对征地拆迁工作进行了研究讨论,要求项目结束时受影响单位和个人的生产生活达到或超过其移民安置前生活水平,并形成了评估报告。项目开工后,项目办编制了奎—赛高等级公路"拆迁行动计划书",还结合项目处于少数民族地区的实际,编制了少数民族行动计划,报世行批准后执行。

征地拆迁协议由高等级公路建设指挥部项目执行办公室与自治区国土资源厅签订,由自治区国土资源厅负责项目征地拆迁工作的政策制定和组织协调。奎—赛公路项目沿线各地州、县、团场均成立了高等级公路协调办公室,负责征地拆迁工作的具体实施,协调解决施工期间出现的征地拆迁问题。

②落实征地拆迁责任制

为了做好移民安置工作,项目实施阶段进一步完善、提高了土地征用和房屋拆迁的补偿标准,按《关于下发〈自治区国土资源系统土地管理行政事业性收费标准〉的通知》(新计价房〔2001〕500号)、《关于奎屯—赛里木湖高等级公路建设征地拆迁补偿标准的通知》(新计价房〔2001〕1354号)执行,保证了被征地、拆迁的单位和个人的生活达到甚至超过原有水平。项目办委托的外部监测机构每年向世行提交监测报告,确保了移民安置工作按计划实施。

根据新疆公路规划勘察设计院现场放线确定的征地范围,2002年10月项目办、自治区国土资源厅、各地州、县(市)、团场、相关产权单位联合对工程影响范围内的土地及地上附着物、电信设施等进行了核实,现场丈量、清点、签字、盖章。随后项目办与自治区国土资源厅签订征地拆迁协议,在征地拆迁费到位后,征地拆迁腾地、补偿安置等工作有序开展。

自治区人民政府对本项目征地拆迁工作重视,在执行《新疆维吾尔自治区高等级公路建设征地拆迁补偿规定》(新政函〔1996〕191号)的基础上,新疆维吾尔自治区计委、国土资源厅下发了《关于奎屯—赛里木湖高等级公路建设征地拆迁补偿标准的通知》(新计价房〔2001〕1354号),以规范集体土地上的征地拆迁补偿工作。项目建设过程中及时召开专题会议研究解决征地拆迁问题,除个别存在征地拆迁争议段落通过协调解决外,总体征地拆迁进展顺利。

③抓紧办理建设用地手续

项目实施中严格执行"十分珍惜、合理利用土地和切实保护耕地"的基本国策,使用土地严格执行国家的法律、法规,各项手续齐全。项目办安排专人与自治区国土资源厅对接,抓紧办理建设用地报批、土地使用权勘界工作。2003年1月,国土资源部以国土资函〔2003〕14号批复了本项目的建设用地。共征用土地21354.28亩,拆迁房屋96495m^2,砍伐树木33589棵,拆迁电力、通信线杆3611根,征地拆迁费13019万元,征地拆迁统计见表8-20。

G312奎屯—赛里木湖高等级公路项目征地拆迁统计表　　表8-20

高速公路编码	项目名称	征地拆迁安置起止时间	征用土地（亩）	拆迁房屋（m^2）	拆迁占地费（万元）
G312	奎屯—赛里木湖高等级公路	2002.10—2004.10	21354.28	96495	13019

2.项目实施阶段

(1)土建工程于2002年6月20日开工,2005年11月26日完工。

(2)机电工程于2006年开工,2009年5月完工。

(3)房建工程第17合同段五台收费站于2003年6月开工,2004年11月完工。第18~20合同段于2004年11月开工,2005年11月完工。

(4)外电工程于2005年4月开工,2005年9月完工。

(5)交通工程第1~3合同段中标单位承担护栏、隔离栅、附着式轮廓标,栏式轮廓标工程。交通工程第4~6合同段三家中标单位承担单柱式、双柱式标志、门架标牌、里程碑、公路界碑、热溶反光标线工程。

(6)2005年11月30日交工,该项目土建工程第1~13合同段及房建工程第17~19合同段交工验收工程质量评分为93.05分,精河过境段质量评分为92.24分(按04办法验收),质量等级为合格,土建工程第14合同段质量评分为86.4分,第15合同段未交工。

(7)2010年12月召开竣工验收会议,项目竣工验收鉴定书暂未下发。因第15合同段未交工,土建工程第1~13合同段竣工质量鉴定等级待定,所以该工程质量等级待定。

(三)运营养护管理

奎屯—赛里木湖高等级公路(简称"奎—赛公路"),是国家规划建设的连云港—霍尔果斯国道主干线新疆境内的重要组成部分,自治区"三纵三横"公路主骨架及"Y"字形主通道的重要组成部分。项目利用世界银行贷款,运用国际惯例FIDIC条款合同管理模式,建设工程规模和投资规模较大、技术等级较高的一条高等级公路。全长305.195km,路线起于奎屯市,与乌鲁木齐—奎屯高速公路相连。途经乌苏、四棵树、高泉、托托、精河、八家

第八章
高速公路建设项目

户、托里、沙山子、五台、博乐岔口、四台,终点位于赛里木湖,与 G312 赛里木湖—霍尔果斯公路相接,其中奎屯—乌苏段长 18km,为高速公路;乌苏—博乐岔口段长 228.95km,为一级公路;博乐岔路口—赛里木湖段长 55.62km,为二级公路;乌苏连接线长 2.624km,为二级公路。

G312 奎屯至赛里木湖高等级公路,下设 2 个服务区(高泉、精河),下设 4 个收费站(四棵树、托托、八家户、五台),见表 8-21。五台收费站先后荣获自治区青年文明号、自治区文明示范窗口、自治区交通工会工人先锋号、全国青年文明号、全国巾帼文明岗、全国交通运输行业文明示范窗口等荣誉。

收费站点设置汇总表　　　　　　　　　　　　　　表 8-21

站点名称	车道数	收费方式
四棵树收费站	8(另有 4 条辅道)	开放式
托托收费站	8	开放式
八家户收费站	8	开放式
五台收费站	8	开放式

奎屯至赛里木湖高等级公路由奎屯公路管理局乌苏分局、博乐公路管理局精河分局管养,奎屯至赛里木湖高等级公路并入国高网后编号和里程变化汇总见表 8-22。

奎屯至赛里木湖高等级公路并入国高网后编号和里程变化汇总表　　表 8-22

所属地州局	并入国高网后编号和里程变化情况		
	路线编号	起讫桩号	里程(km)
奎屯公路管理局	G30	K3836 ~ K3846 + 500	10.5

G312 线奎屯至赛里木湖高等级公路建成通车以来,实施大中修工程包括:
(1)2006 年 7 月,实施 G045 赛里木湖—果子沟公路改建项目(K3931 ~ K4161)。
(2)2012 年实施 G30 乌苏至赛里木湖一级改高速项目(K3846 + 500 ~ K4142)。

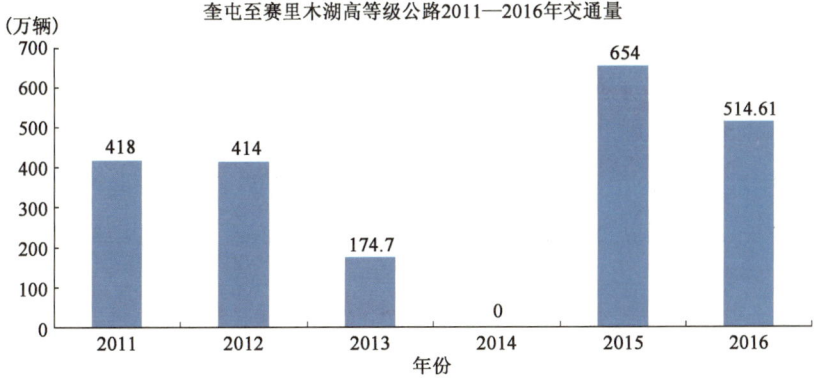

2011—2016 年交通量发展状况图

(注:2013 年此路段一级改高速部分封闭,2014 年全封闭无交通量)

五、G30 乌苏—赛里木湖一级改高速项目（建设期 2012.10—2014.09）

（一）项目概况

1. 基本情况

1）功能定位

G30 乌苏至赛里木湖一级改高速项目是《国家高速公路网规划》中第 7 横连云港至霍尔果斯高速公路（G30）的组成部分，也是新疆高速公路网规划的"五纵五横三环四连"骨架公路网第一横的重要组成路段，本项目是深入贯彻中央新疆工作座谈会和交通运输援疆工作推进会精神，推动新疆经济社会跨越式发展的需要，对于完善新疆区域干线公路结构、提高道路通行能力、改善综合服务水平、巩固祖国边防具有十分重要的意义。2011 年 1 月 12 日，交通运输部在乌鲁木齐召开交通运输援疆工作推进会，按照"政治动员、市场运作"的会议精神，湖北交通职业技术学院与新疆交通建设管理局签署了《项目代建框架协议书》，承担 G30 乌苏至赛里木湖一级改高速项目代建管理任务（简称乌—赛高速公路）。

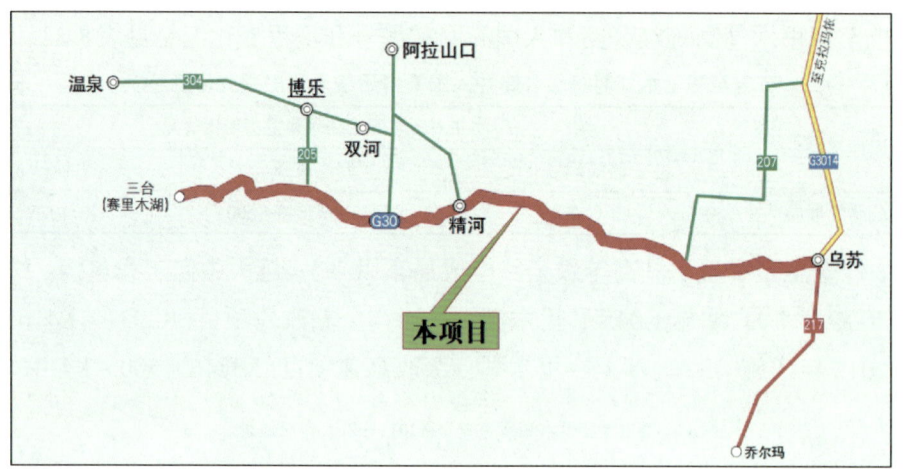

G30 乌苏—赛里木湖一级改高速公路路线示意图

2）技术标准

本项目采用双向四车道，新建段设计速度 100km/h，路基宽 26m；升级改造段设计速度 120km/h、100km/h、80km/h，路基宽 26m、25.5m、2×12m（分离式）、15.75m（分离路基，爬坡车道）；平曲线最小半径采用 5000m，最大纵坡采用 5.95%。

3）工程规模

路线全长 295.517km，桩号为 K259+300～K552+462.303，其中新建 39.881km，改建 255.636km；全线新建辅道 26.135km，整修辅道 32.8km，按照三级公路标准。主线工程路基土石方 1100 万 m^2，路面结构为柔性路面，收费广场为普通混凝土路面，沥青混凝土路面 680 万 m²，设置大桥 13 座，中桥 28 座，小桥 70 座，通道、涵洞 243 座，互通式立交 11 处，排水工程 124585.4m，防护工程 9.5 万 m²，波形护栏 848860.51m，隔离栅 449272.59m，单柱标志 1178 个，双柱标志 356 个，标线 331263.7m，防眩板 247259 片。

辅道、连接线工程路基土石方 75 万 m²，沥青混凝土路面 45 万 m²，大桥 2 座，小桥 4 座，通道、涵洞 79 座，排水工程 5764m，防护工程 7278m²，波形护栏 1403m，单柱标志 16 个，双柱标志 9 个，标线 9500.23m。

全线设置避险车道 19 处，分离式立交 13 处，收费站 15 处，服务区、养护工区各 5 处，停车区 1 处，加宽、加长桥涵 62 座，加固桥梁 156 座，管理、养护、服务、监控房屋建筑面积 49116m²，改建段施工主要为旧路改造升级。结合地区特点制订旧路改造升级为高等级公路采用以旧路车辙深度控制为主，同时考虑弯沉控制的路面改造动态控制原则的合理方案，在保证路面使用性能的前提下，延续道路的服务功能，保存公路经济价值，节约不可再生资源的消耗，符合公路建设新形势下对科技的需求。改建段设计原则：以弯沉值为路面整体刚度的设计标准，计算路面厚度；动态设计，在保障安全的前提下充分利用老路，尽可能解决老路面的现有技术问题。

4）主要控制点

路线自东向西分别经过乌苏市、百泉、哈图布呼、四棵树、红旗乡、高泉、古尔图、托托、艾比湖湿地保护区、精河县、八家户农场、八十三团场、沙山子、大河沿子、五台、博乐岔口、四台、三台，途经新疆塔城、博州 2 个地州，3 个县市，兵团第五师、第七师 2 个师。

5）地形地貌

项目属山区、平原地貌，多为碎（砾）石、砂砾石、亚砂土、粉性土类黄土，地势南高北低。

6）投资规模

项目概算投资 41 亿元。

7）开工及通车、竣工时间

2012 年 10 月开工建设，2014 年 11 月交工通车，缺陷责任期 2 年。预计 2016 年 9 月完成竣工验收。

2. 前期决策情况

1）前期决策背景

为深入贯彻中央新疆工作座谈会和交通运输援疆工作推进会精神，推动落实国家西部大开发战略部署，完善国家高速公路网络及新疆经济社会跨越式发展的需要，改善区域交通条件，促进沿线地区资源开发。G30 乌苏至赛里木湖一级改高速项目是《国家高速公路网规划》中第 7 横连云港至霍尔果斯高速公路（G30）的组成部分，也是新疆高速公路网规划的"五纵五横三环四连"骨架公路网第一横的重要组成路段，新疆交通建设管理局在

2011年启动乌苏至赛里木湖一级改高速公路项目建设工作。

2）前期决策过程

（1）工程可行性研究

《国家发改委关于新疆自治区乌苏至赛里木湖公路可行性研究报告的批复》（发改基础〔2012〕1883号　国家发展和改革委员会　2012年6月26日）。

（2）初步设计批复

《交通运输部关于乌苏至赛里木湖公路初步设计的批复》（交公路发〔2012〕484号　交通运输部　2012年9月21日）。

（3）施工图设计批复

《关于乌苏至赛里木湖公路工程施工图设计的批复》（新交综〔2013〕75号　新疆交通运输厅　2013年5月17日）。

《关于乌苏至赛里木湖公路项目配套房建工程施工图设计的批复》（新交综〔2013〕207号　新疆交通运输厅　2013年10月11日）。

（4）规划及土地手续

国土资源部：《关于连霍国家高速公路新疆乌苏至赛里木湖段工程建设用地预审意见的复函》（国土资预审字〔2011〕13号 2011年1月31日）。

（5）其他手续

环境保护部：《关于连霍国家高速公路乌苏—赛里木湖段一级改高速项目环境影响报告书的批复》（环审〔2011〕362号），2011年12月6日。

水利部：《关于连霍国家高速公路乌苏至赛里木湖段水土保持方案的复函》（水保函〔2011〕117号）批准项目水土保持方案（2011年5月3日）。

3. 参建单位主要情况

1）建设单位

本项目建设单位是新疆维吾尔自治区交通建设管理局。

2）设计单位

第1合同段（K259+300~K428+630）：江苏省交通规划设计院股份有限公司；第2合同段（K428+630~K559+940）：北京交科公路勘察设计研究院有限公司、交通运输部规划研究院（联合体）。

3）施工单位

通过招投标本项目有5个施工单位参与建设，其中土建合同段2个，机电工程合同段3个。

4）施工监理单位

本项目设置1个总监办公室，负责全线施工监理工作（负责组建机电、房建监理）；1

个土建工程驻地监理办公室,负责监理区段内路基路面桥涵工程、交通安全设施工程、绿化工程的施工监理工作。

5)路面咨询单位

通过招投标本项目有1个路面咨询单位,为招商局重庆交通科研设计院有限公司。

(二)建设情况

1. 项目准备阶段

1)项目审批

该项目严格执行了交通基本建设程序,从用地预审、环境影响报告书、工程可行性研究、初步设计、施工图设计、配套房建工程施工图设计的审批、绿化施工图设计的批复,各个环节手续齐全,具体如下:

(1)2012年9月21日,交通运输部以交公路发〔2012〕484号《交通运输部关于乌苏至赛里木湖公路初步设计的批复》批复初步设计。

(2)2013年5月17日,自治区交通运输厅以新交综〔2013〕75号《关于乌苏至赛里木湖公路工程施工图设计的批复》批复土建工程施工图设计。

(3)2013年10月11日,自治区交通运输厅以新交综〔2013〕207号《关于乌苏至赛里木湖公路项目配套房建工程施工图设计的批复》批复房建工程施工图设计。

(4)2015年4月27日,自治区交通运输厅以新交综〔2015〕64号《关于乌苏至赛里木湖公路项目服务区、养护工区、收费站场区绿化施工图设计的批复》批复绿化工程施工图设计。

(5)2015年6月9日,自治区交通运输厅以新交综〔2015〕120号《关于乌苏至赛里木湖公路项目机电工程两阶段施工图设计的批复》批复机电工程施工图设计。

2)资金筹措

项目概算总投资41亿元,项目资本金13.14亿元,国家安排中央专项基金(车购税)12.9亿元,自治区安排财政交通专项资金0.24亿元,其余24.36亿元资金利用国内银行贷款,项目资金来源情况见表8-23。

G30乌苏至赛里木湖一级改高速公路项目资金来源情况(单位:元)　　表8-23

资金来源	2011年度		2012年度		2013年度		2014年度		2015年度		2016年度		合计	
	计划数	实际数	计划数	实际数	计划数	实际数	计划数	实际数	计划数	实际数	计划数	实际数	计划数	实际数
一、基建拨款	421310000.00	84800000.00	597690000.00	24000000.00	1496970000.00	1059491578.20	1591820000.00	1457084210.80	0.00	0.00	0.00	0.00		1314000000.00
二、项目资本	—	—	—	—	—	—	—							

续上表

资金来源	2011年度		2012年度		2013年度		2014年度		2015年度		2016年度		合计	
	计划数	实际数	计划数	实际数	计划数	实际数	计划数	实际数	计划数	实际数	计划数	实际数	计划数	实际数
三、项目资本公积	—	—	—	—	—	—	—	—	—	—	—	—	—	—
四、上级拨入投资借款	0.00	31946039.98	0.00	43253960.02	0.00	-17602000.00	0.00	41772000.00	0.00	61544000.00	0.00	0.00	0.00	160914000.00
五、高管局拨入借款	—	31946039.98	—	43253960.02	—	-17602000.00	—	41772000.00	—	61544000.00	—	—	—	—
六、亚行借款														
七、企业债券资金														
八、上级拨入资金	—	—	—	—	—	—	—	—	—	—	—	—	—	—
合计	42131000.00	40426039.98	59769000.00	45653960.02	14969700000	88347157.20	15918200000	56342842.80		61544000.00	0.00	0.00	0.00	292314000.00

3)合同段划分

根据各专业的工程内容划分合同段(表8-24)如下:

(1)工程设计合同段划分2个合同段。

(2)施工合同段划分:根据工程内容的不同,土建工程划分2个合同段,机电工程划分3个合同段。

(3)施工监理合同段划分:根据工程内容设1个土建工程总监理合同段(负责组建机电、房建监理),1个土建工程驻地监理合同段。

G30乌苏至赛里木湖一级改高速公路项目合同段划分一览表　　表8-24

序号	参建单位	类型	参建单位名称	合同段编号及起讫桩号	主要内容	主要负责人
1	项目管理单位		湖北省代建指挥部	K259+300~K552+462.303	全线管理工作	陈六明
2	勘察设计单位	土建工程设计	江苏省交通规划设计院	设计第1合同段	第1合同段主线土建工程,全线房建、绿化、交安、机电	卢雪龙
3		土建工程设计	北京交科公路勘察设计研究院有限公司、交通运输部规划研究院	设计第2合同段	第2合同段主线土建工程	王光辉

续上表

序号	参建单位	类型	参建单位名称	合同段编号及起讫桩号	主要内容	主要负责人
4	监理单位施工单位	总监办	湖北顺达公路工程咨询监理有限公司	K259+300~K552+462.303	全线土建、交安、房建、绿化工程	陈六明
5		驻地办	北京中交公路桥梁工程监理有限公司	K259+300~K552+462.303	全线土建、交安、绿化工程	孙强
6		房建监理办	北京东方华太建设监理咨询有限公司	K259+300~K552+462.303	全线房建	夏刚
7		机电总监办	北京天智恒业科技发展有限公司	K259+300~K552+462.303	全线机电	张志宁
8	施工单位	土建施工单位	新疆交通建设(集团)有限责任公司	K259+300~K429+117.034	第1合同段土建、房建、交安、绿化	金启
9			新疆交通建设(集团)有限责任公司	K429+117.034~K552+462.303	第2合同段土建、房建、交安、绿化	高德军
10		机电工程	广东新粤交通投资有限公司	K259+300~K552+462.303	全线监控	黄顺锡
11			南京凌云科技发展有限公司	K259+300~K552+462.303	全线通信	孙银中
12			江苏常天智远交通科技有限公司	K259+300~K552+462.303	全线收费	付杰
13	咨询单位	路面咨询单位	招商局重庆交通科学研究院	K259+300~K552+462.303	全线路面咨询	王琪
14	材料供应单位	材料供应单位	河北凯巍塑业有限公司	K259+300~K552+462.303	全线硅芯管供应	—
15	环保水保检测单位	环保水保检测单位	交通运输部科学研究院	K259+300~K552+462.303	全线环保水保检测	—

4)招投标

本项目勘察设计单位经公开招标,确定第1合同段(K259+300~K428+630)为江苏省交通规划设计院股份有限公司,中标金额为2257.1874万元。主要承担工程勘察、初步设计、施工图设计及概、预算文件编制工作、配合招标文件的编制、施工配合服务等,同时负责全线交通工程(含收费、监控、通信和供电照明)及全线沿线设施(含管理、收费和服务设施)、全线绿化及其他工程的勘察设计,负责全线的初步设计、施工图设计的总体设计、各设计单位的协调及设计文件的设计概、预算文件的汇总。

第2合同段(K428+630~K559+940)为北京交科公路勘察设计研究院有限公司、交通运输部规划研究院(联合体),中标金额为1179.4355万元。主要承担工程勘察、初步设计、施工图设计及概、预算文件的编制工作、配合招标文件的编制、施工配合服务等。

(1) 施工单位招标情况

本项目的施工招标采用国内公开招标,资格审查采用资格预审的方式,确定了土建各合同段中标人,各合同段中标价见表8-25。

土建中标价一览表　　　　　表8-25

合 同 段	中 标 单 位	土建中标价(元)
WS-1	新疆交通建设(集团)有限责任公司	1175237315.50
WS-2	新疆交通建设(集团)有限责任公司	945258525.98
合计		2120495841.48

新疆维吾尔自治区交通建设管理局于2013年10月30日签订了《G30乌赛—赛里木湖高速公路项目(一级改高速公路)管理养护与服务房屋建筑工程及配套外部供水、外部供电工程》补充施工合同协议书,见表8-26。

房建合同中标价一览表　　　　　表8-26

合 同 段	中 标 单 位	房建合同价(元)
WS-1	新疆交通建设(集团)有限责任公司	121397358.23
WS-2	新疆交通建设(集团)有限责任公司	136472224.74
合计		257869582.93

(2) 监理单位招标情况

总监办由指挥部按照代建协议组建。驻地监理单位采用国内公开招标进行选择,经评标、定标最后确定中标人和中标价,见表8-27。

监理单位中标情况一览表　　　　　表8-27

机 构 名 称	监 理 单 位	合同价(元)
总监办	湖北顺达公路工程咨询监理有限公司	33663071
驻地办	北京中交公路桥梁工程监理有限公司	27180000
合计		60843071

(3) 机电施工单位招标情况

机电施工单位采用国内公开招标进行选择,经评标、定标最后确定中标人和中标价,见表8-28。

机电施工单位中标情况一览表　　　　　表8-28

机 构 名 称	监 理 单 位	合同价(元)
机电第1合同段	广东新粤交通投资有限公司	22737750
机电第2合同段	南京凌云科技发展有限公司	29926454.58
机电第3合同段	江苏常天智远交通科技有限公司	34409151.92
合计		87073356.5

（4）路面咨询服务

沥青路面施工质量控制技术咨询服务采用国内公开招标进行选择，新疆维吾尔自治区重点建设项目沥青路面施工质量控制技术咨询服务项目第4合同段，经评标、定标最后确定中标人和中标价，见表8-29。

路面咨询服务单位中标情况一览表 表8-29

机 构 名 称	中 标 单 位	服务里程(km)	合同价(元)
路面咨询	招商局重庆交通科研设计院有限公司	300.80	4840479(含暂定金)

5）征地拆迁

（1）工作及范围

沿线经过乌苏市、高泉农场、托托乡、沙泉子、精河县、八家户农场、八十三团场、沙山子、大河沿子、五台、博乐岔口、四台、三台，途经新疆塔城、博州2个地州，3个县市，兵团第五师、第七师2个师。

（2）主要内容

本项目征地拆迁工作采取"双业主制"方式进行。2011年4月由自治区征地事务中心牵头组织完成地类、地面附着物调查核实工作，2011年7月签订总包补偿协议，2011年8月底2.23亿元全额划拨到各地专用账户，2012年9月开展了二期补充调查，并拨付了相关补偿资金。对此，沿线各级党委、政府及兵团领导高度重视，建设有关单位紧密协作，认真落实国家有关政策及补偿标准，按照先面后点、先易后难的步骤，采取以说服教育为主，强制性执行为辅的办法，妥善处理了各方面的关系，较好地处理了施工环境与工程施工的矛盾，确保了征地拆迁工作的顺利推进，项目共征地9464.48亩，其中房屋696.53亩、林地926亩、其他农用地7841.95亩，见表8-30。

G30乌苏至赛里木湖一级改高速公路项目征地拆迁统计表 表8-30

高速公路编号	项目名称	征地拆迁安置起止时间	征用土地（亩）	拆迁房屋（m²）	拆迁占地费（万元）
G30	乌苏至赛里木湖一级改高速公路项目	2012.10—2014.08	9464.48	464164.569	36351.22

2. 项目实施阶段

1）实施过程

（1）主线土建工程于2012年10月1日开工，2014年9月30日完工。

（2）房建工程于2013年8月开工，2015年9月完工。

（3）机电工程于2016年4月开工，于2016年12月完工。

（4）交通安全设施于2012年10月开工，2014年9月完工。

（5）绿化工程于2016年4月开工，于2016年12月完工。

(6)2014年11月17日、18日,新疆交通建设管理局、质监局组织专家对高速公路进行了交工验收。

2)重大决策

(1)2012年7月9~11日,交通运输部在北京组织召开阿克苏至喀什高速公路、乌苏至赛里木湖一级改高速两个公路项目初步设计审查会。

初步设计审查会

(2)2014年11月19日新疆交通建设管理局组织召开G30乌苏至赛里木湖一级改高速项目交工验收会,经交工验收委员会认真研究讨论,一致同意通过验收,并正式办理移交手续。

交工验收会

(三)科技创新

本项目为旧路提级改造项目,将产生一定数量的旧路铣刨粒料,如果废弃,不仅造成浪费,还会污染环境。可供必选的利用方案包括就地热再生和厂拌热再生,旧路就地热再生技术,对设备和人员的要求高,而新疆以往的施工经验很少,相对来说,效果不如厂拌热再生,经综合考虑,本项目未采用就地热再生方案。

在自治区交通运输厅的组织下,项目施工单位新疆交通建设(集团)有限责任公司联合江苏交通科学研究院开展了"公路沥青路面厂拌热再生施工技术应用研究",依托项目第2合同段在上行线四台段中下面层开展了掺配15%RAP(AC-25C)、20%RAP(AC-20C)厂拌热再生试验段,依托项目第一合同段在新建段中下面层开展了掺配25%RAP(AC-25C)、30%RAP(AC-20C)厂拌热再生试验段。经过精心组织,取得了预期数据,为科技研究提供了有力支撑,对后期该研究成果在新疆地区推广应用具有重要意义。该项研究成果已申请自治区科技进步奖。

(四)运营养护管理

G30乌苏至赛里木湖一级改高速项目高速公路,全长212km,双向四车道,2012年开工建设,2014年11月竣工通车。

G30乌苏至赛里木湖一级改高速公路项目下设5个服务区(红星、托托、精河、五台、赛里木湖),2个主线收费站(乌苏临时、五台)(G30乌苏至赛里木湖封闭公路营运后撤销托托、八家户2个主线收费站),4个主线收费站(乌苏临时、托托、八家户、五台),14个匝道收费站(乌苏东、西大沟、红星农场、高泉、古尔图、托托、沙泉子、精河敖包、精河、八十三团、大河沿子、五台、博乐岔口、赛里木湖匝道)。

G30乌苏至赛里木湖一级改高速项目高速公路奎屯公路管理局辖区内K3859~K3866段为易发生水毁路段,K3911~K3931段为风吹雪路段。2014年,乌苏至赛里木湖高速公路交通量为186.38725万辆,2015年为266.0120万辆,2016年为357.37万辆。G30乌苏至赛里木湖高速公路由奎屯公路管理局乌苏分局、博乐公路管理局精河分局管养。乌苏至赛里木湖一级公路并入国高网后编号和里程变化汇总见表8-31。

乌苏至赛里木湖一级公路并入国高网后编号和里程变化汇总表 表8-31

所属地州局	并入国高网后编号和里程变化情况		
	路线编号	起讫桩号	里程(km)
奎屯公路管理局	G30	K3846+500~K4142	295.5
博乐公路管理局			

G30乌苏至赛里木湖一级改高速公路建成通车以来,实施大中修工程包括:

2016年,G30线赛里木湖渔场至松树头(K4143~K4162)段上行线、G30线松树头至赛里木湖(K4143~K4146、K4156~K4162)段下行线公路大中修工程,全长48km,2016年5月15日开工建设,2016年9月15日竣工通车。G30赛里木湖渔场至松树头(K4143~K4162)段上行线公路大中修工程起点位于G30 K4143+000,终点位于G30 K4162+000,建设总里程19km。全线采用综合微表处处治方案(MS-3型微表处+防渗防裂基布)。G30

松树头至赛里木湖（K4143～K4146、K4156～K4162）段下行线公路大中修工程起点位于 G30 K4143+000，终点位于 G30 K4162+000，分为 K4143～K4146、K4156～K4162 两个段落，建设总里程 9km。K4143～K4146、K4158～K4162 段采用综合微表处处治方案（MS-3 型微表处+防渗防裂基布）；K4156～K4158 段采用开普封层处治方案（橡胶沥青碎石封层+MS-3 型微表处，总厚度不小于 1.5cm）。

收费站点设置汇总见表 8-32，交通流量变化状况见表 8-33。

收费站点设置汇总表 表 8-32

站点名称	车道数	收费方式
乌苏东临时主线收费站	9	封闭式
乌苏东互通匝道收费站	7	封闭式
西大沟互通匝道收费站	6	封闭式
红星农场互通匝道收费站	6	封闭式
高泉互通匝道收费站	4	封闭式
古尔图互通匝道收费站	4	封闭式
托托匝道收费站	4	封闭式
托托主线收费站	8	封闭式
沙泉子匝道收费站	4	封闭式
精河敖包匝道收费站	4	封闭式
精河匝道收费站	6	封闭式
八家户主线收费站	8	前期开放式，后期封闭式
八十三团匝道收费站	6	封闭式
大河沿子匝道收费站	4	封闭式
五台匝道收费站	4	封闭式
五台主线收费站	8	封闭式
博乐岔口收费站	6	封闭式
赛里木湖匝道收费站		封闭式

交通流量变化状况表（单位：辆/日） 表 8-33

年份（年）	路段一	路段二	路段三	日平均流量
2016	10128	9454	—	9791

注：乌苏至赛里木湖一级改高速项目奎屯公路管理局辖区设乌苏西、古尔图 2 个交通量观测站，其中乌苏西观测站观测区间为 K3849～K3905，古尔图观测站观测区间为 K3905～K3931，上述交通量观测站均于 2015 年 12 月建成运行。

六、G045 赛里木湖—果子沟口高速公路（建设期 2006.07—2011.09）

（一）项目概况

1. 基本情况

1）功能定位

G045 赛里木湖至果子沟口高速公路（以下简称"赛—果高速公路"）处于连—霍国家高速公路主干线的终点位置，地理位置极为重要，位于新疆维吾尔自治区伊犁地区。它是国家"五纵七横"公路运输网主骨架，连霍国道主干线和国家"7918"高速公路网规划的组成路段之一，也是新疆维吾尔自治区"三横两纵两环八通道"高速公路网规划（简称"3228 工程"）的重要组成部分。

项目的实施，对于完善国家和自治区干线公路网建设，改善伊犁地区的路网结构、投资环境和生态环境，提高通行能力，完善区域经济结构，开发和利用伊犁河谷旅游资源、水土光热资源、矿产资源，加强国防、维护民族团结将产生积极而深远的影响。

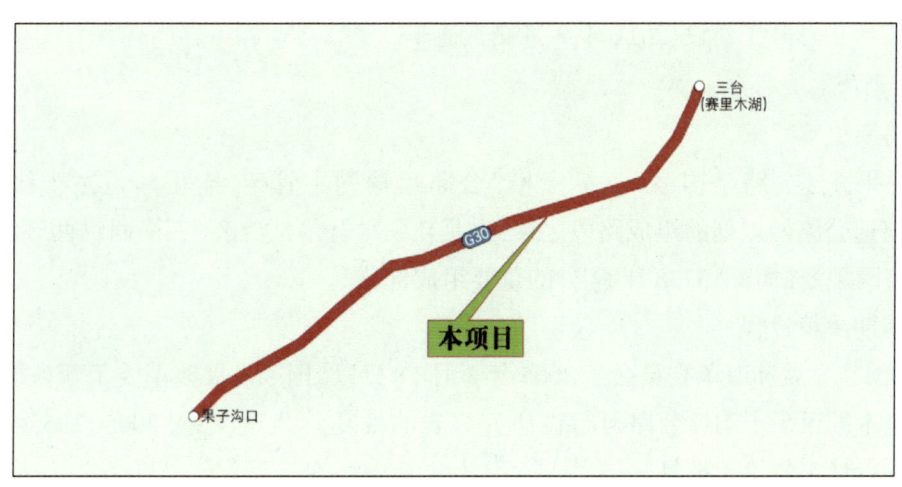

G045 线赛里木湖—果子沟口高速公路路线示意图

2）技术标准

全线采用四车道高速公路标准建设，其中，沿湖段设计速度 100km/h，路基宽度 26.0m；越岭段及沿溪段设计速度 80km/h，路基宽度 24.5m；沿溪段局部路段受地形、地质影响，设计速度采用 60km/h，路基宽度 24.5m；桥涵荷载标准：公路—Ⅰ级。其他技术指标按《公路工程技术标准》（JTG B01—2003）执行。

3）工程规模

赛—果高速公路全长 56.202km，路面结构为柔性路面，路面 127.7 万 m²，收费广场为 26cm 厚 C35 水泥混凝土路面 0.376 万 m²，全线共设：隧道 5 座（其中分离式长隧道 2 座、分离式短隧道 1 座、分离式短隧道 1 座,连拱短隧道 1 座)、小桥 12 座、中桥 14 座、大桥 15 座、特大桥 9 座,路基土石方 311 万 m^2、防护排水工程 38.4 万 m^2,交通安全设施 56.202km。互通式立交 2 处、综合性服务区 1 处、养护工区 2 处、主线收费站 1 处。

4) 主要控制点

本项目起于赛里木湖三台岔口,连接已经建成的奎屯至赛里木湖高等级公路,经赛里木湖、松树头、捷尔得萨依沟谷、加木帕斯夏子沟、果子沟、将军沟、桦木沟、藏营沟、止于果子沟口,与果子沟口至霍尔果斯高速公路相连接,路线全长 56.202km。

5) 地形地貌

项目位于北天山的西段,由北向南横亘有库松木契克山、科古琴山及博罗科努山,南缘为伊犁盆地边缘地带,西北隅为赛里木湖洼地,海拔高度 2000~3500m,地形起伏大,沟壑纵横,地势险峻,自然横坡陡峭。

6) 投资规模

项目概算投资 23.9 亿元。

7) 开工及通车、竣工时间

2006 年 7 月开工建设,2011 年 9 月交工通车。

2. 前期决策情况

1) 前期决策背景

赛—果高速公路是国家"五纵七横"公路运输网主骨架,连霍国道主干线和国家"7918"高速公路网规划的组成路段之一,也是新疆维吾尔自治区"三横两纵两环八通道"高速公路网规划(简称"3228 工程")的重要组成部分。

2) 前期决策过程

(1) 国家发展和改革委员会于 2005 年 8 月 11 日以《国家发展改革委于新疆维吾尔自治区赛里木湖至果子沟口公路可行性研究报告的批复》(发改交运〔2005〕2365 号)对赛果项目可行性报告给予批复。

(2) 2006 年 4 月 30 日,交通部以《关于赛里木湖至果子沟口公路初步设计批复》(交公路发〔2006〕190 号)文批准了该项目设计。

(3) 2007 年 8 月,国土资源部对赛—果高速公路工程建设用地给予批复。

3. 参建单位主要情况

1) 建设单位

本项目建设单位是新疆维吾尔自治区交通建设管理局。

2) 设计单位

设计单位:中国公路工程咨询集团有限公司。

3) 施工单位

通过招投标本项目有17个施工单位参与建设,其中土建合同段10个,交安工程合同段2个,房建合同段2个,外电工程合同段1个,机电工程合同段2个。

4)施工监理单位

本项目设置1个总监代表处,负责全线施工监理工作;10个土建工程监理办公室,负责监理区段内路基路面工程施工;2个交安工程监理办公室,负责监理区段内的交安工程施工监理工作;2个房建工程监理办公室,负责全线2个合同段段的房建工程施工监理工作;1个外电工程监理办公室,负责全线1个合同段段的外电工程施工监理工作,1个机电工程监理办公室,负责全线2个合同段段的机电工程施工监理工作。

(二)建设情况

1. 项目准备阶段

1)项目审批

(1)国家发展和改革委员会于2005年8月11日以《国家发展改革委于新疆维吾尔自治区赛里木湖至果子沟口公路可行性研究报告的批复》(发改交运〔2005〕2365号)对赛果项目可行性报告给予批复。

(2)2006年4月30日,交通部以《关于赛里木湖至果子沟口公路初步设计批复》(交公路发〔2006〕190号)文批准了该项目设计。

(3)2007年8月,国土资源部对赛—果高速公路工程建设用地给予批复。

(4)国家环境保护总局于2006年8月16日以对《国道G045主干线赛里木湖至果子沟口高速公路改建工程环境影响报告书》(环审〔2005〕689号)文件进行批复,2006年10月20日水利部以便函的形式对《国道G045主干线赛里木湖至果子沟口高速公路改建工程水土保护方案报告书》(水保函〔2006〕452号)文件进行批复。

2)资金筹措

项目概算总额23.9亿元。资金来源:车购税12.32亿元作为项目的资本金;国债专项资金2亿元;其余额金利用国内银行贷款解决。

3)合同段划分

根据各专业的工程内容划分合同段(表8-34)如下:

G045赛里木湖至果子沟高速公路合同段划分一览表　　　　表8-34

序号	单位类型	工程类型	合同段	单位名称
1	建设单位			新疆维吾尔自治区交通建设管理局
2	设计单位			中国公路工程咨询集团有限公司

续上表

序号	单位类型	工程类型	合同段	单位名称
3	监理单位	土建工程	总监代表处	深圳高速工程顾问有限公司
4			第1合同段	山东格瑞特监理咨询有限公司
5			第2合同段	安徽省高等级公路工程监理有限公司
6			第3合同段	山东省德州市交通工程监理公司
7			第4合同段	北京育才交通工程咨询有限公司
8			第5合同段	佛山市盛建建设工程监理有限公司
9			第6合同段	河北华达工程咨询监理有限公司
10			第7合同段	江苏交通工程咨询监理有限公司
11			第8合同段	太原市华宝通工程监理有限公司
12			第9合同段	山东格瑞特监理咨询有限公司
13			第10合同段	安徽省高等级公路工程监理有限公司
14		交安工程	第11合同段	山东格瑞特监理咨询有限公司
15	监理单位	交安工程	第12合同段	安徽省高等级公路工程监理有限公司
16		房建工程	第1、2合同段	新疆建科院监理公司
17		外电工程	第1合同段	北京吉北电力咨询公司
18		机电工程	第1、2合同段	北京华路捷公路工程技术咨询有限公司
19	施工单位	土建工程	第1合同段	新疆道路桥梁工程公司
20			第2合同段	中铁隧道集团三处有限公司
21			第3合同段	中铁一局集团第一工程有限公司
22			第4合同段	中交二公司第三工程有限公司
23			第5合同段	中交第二航务工程局
24			第6合同段	中铁十三局集团有限公司
25			第7合同段	新疆昆仑路港工程公司
26			第8合同段	新疆北方机械化筑路工程处
27			第9合同段	中铁六局集团有限公司
28			第10合同段	新疆北方机械化筑路工程处
29		交安工程	第11合同段	北京汉威达交通运输设备有限公司
30			第12合同段	新疆北方机械化筑路工程处
31		房建工程	第1合同段	新疆万紫千红建筑公司
32			第2合同段	克拉玛依金牛建筑公司
33		外电工程	第1合同段	河南省安装集团公司
34		机电工程	第1合同段	紫光捷通科技股份有限公司
35			第2合同段	北京瑞华赢科技发展有限公司

(1)全线设计1个合同段。

(2)施工合同段划分:根据工程内容的不同,土建工程划分10个合同段,交安工程划分2个合同段,房建工程划分2个合同段,外电工程划分1个合同段,机电工程划分2个合同段。

(3)施工监理合同段划分:根据工程内容设1个总监代表处,10个土建工程监理办公室,2个交安工程监理办公室,2个房建工程监理办公室,1个外电工程监理办公室,1个机电工程监理办公室。

4）招投标

按照《中华人民共和国招标投标法》和交通部颁布的《公路工程施工招标投标管理办法》《公路工程施工招标资格预审办法》《公路工程施工招标评标办法》的要求，由项目法人单位组织招标工作。

2005年12月发布招标公告。有66家单位通过了第1、7、8合同段的资格预审。2006年6月在乌鲁木齐市开标，采用无标底投标，综合评分法中标方式。由交通部专家组成评标委员会评审出3家中标单位。有53家单位通过了第2、3、4、5、6合同段的资格预审。2006年9月在乌鲁木齐市开标，采用无标底投标，综合评分法中标方式。由交通部专家组成评标委员会评审出5家中标单位。

5）征地拆迁

（1）工作及范围

沿线经过伊犁州霍城县、博州博乐市。共计1个县、1个市。

（2）主要内容

①界定公路项目红线范围，进行征地拆迁外业调查、测算费用，签订征地拆迁协议，支付费用。

②永久占地界内房屋等各种构造物的搬迁。

③永久占地界内地上附着物的拆除。

④电力、通信等各种管线的改迁。

⑤取得地灾、压矿、林地征占批复意见，办理永久性占地报批手续。

⑥临时及借土占地的征用

（3）遵循的政策法规

①《中华人民共和国土地管理法》。

②《新疆维吾尔自治区实施〈土地管理法〉办法》。

③《新疆维吾尔自治区高等级公路建设征地拆迁补偿规定》（新政函〔1996〕191号）。

④自治区发展计划委员会、财政厅《关于下发自治区国土资源系统土地管理行政事业性收费标准的通知》（新计价房〔2001〕500号）。

⑤《森林植被恢复费征收使用管理暂行办法》（财综〔2002〕73号）。

（4）主要做法

①设立专门组织机构

2006年8月伊犁片区包括本项目在内的3个高速公路同时开工建设，自治区交通运输厅应对征地拆迁工作困难和阻力日益增大的实际，大胆探索征地拆迁工作的新途径、新办法和补偿机制，经与国土资源厅共同协商，在伊犁3个高速公路项目上采取了征地拆迁费用总包干方式，自治区国土资源厅负责项目征地拆迁工作的政策制定和组织协调。随后赛果公路项目所处地州、县、市均成立了高速公路协调办公室,负责征地拆迁工作的具体实施,协调解决施工期间出现的征地拆迁问题。

②落实征地拆迁责任制

2006年8月,根据中国公路工程咨询总公司现场放线确定的征地范围,交通建设局、国土资源厅、伊犁州霍城县、博州博乐市和相关产权单位联合对工程影响范围内的土地及地上附着物、电信设施等进行了核实,现场丈量、清点、签字、盖章。9月9日,交通建设管理局与国土资源厅签订了总包干协议,在征地拆迁费到位后,征地拆迁腾地、补偿安置等工作有序开展。

交通运输厅、交通建设管理局和各级国土部门对项目征地拆迁工作高度重视。自治区国土资源厅、交通厅、伊犁州、博州政府会同相关部门多次召开征地拆迁专题会议,协调解决实际问题,项目办征地拆迁人员协调好与地方政府、施工单位的关系,认真落实相关政策,征地拆迁工作进展顺利。

③抓紧办理建设用地手续

项目实施中严格执行"十分珍惜、合理利用土地和切实保护耕地"的基本国策,使用土地严格执行国家的法律、法规,各项手续齐全。交通建设管理局和项目指挥部安排专人,抓紧办理地灾、压矿、林地征占批复意见,并委托自治区征地事务中心负责建设用地组件报批。2007年1月,国土资源部以国土资函〔2007〕55号批复了本项目的建设用地。共征用土地3447.61亩,拆迁房屋9654.58m²,砍伐树木15815棵,征地拆迁费1954.13万元,征地拆迁统计见表8-35。

G045赛里木湖—果子沟口高速公路征地拆迁统计表 表8-35

高速公路编码	项目名称	征地拆迁安置起止时间	征用土地(亩)	拆迁房屋(m²)	拆迁占地费(万元)
G045	赛里木湖—果子沟	2006.8—2007.10	3447.61	9654.58	1954.13

2. 项目实施阶段

1)实施过程

(1)土建工程于2006年8月8日开工,2010年8月完工,2011年8月全线通车。

(2)房建工程、外电工程于2010年9月开工,2012年9月完工。

(3)机电工程于2012年5月开工,2014年5月完工。

(4)2012年8月,项目正式通过交工验收。本项目交工验收委员会确认的工程质量评分为95.67分。质量鉴定报告质监局未下发。

2)重大决策

(1)2007年6月16~20日,由交通部组织的交通工程建设专家组在交通部时任副总工、教授级高工王玉的带领下,对新疆在建的全国示范工程——伊犁赛里木湖至果子沟口高速公路建设项目进行了实地考察及指导。专家组此行着重对赛—果项目果子沟特大桥、赛里木湖隧道在施工中遇到的技术难题进行了调研,认真商讨解决方案。

专家现场调研

(2)部领导现场视察工地。

现场视察

(3)2012年9月30日上午,新疆第一条山区高速公路——G30赛里木湖—果子沟口高速公路迎来全线贯通的喜庆日子。在风光秀美的果子沟,在雄伟壮观的果子沟大桥上,自治区党委书记张春贤宣布:"果子沟大桥建成通车!"自治区党政军及兵团有关领导出席大桥通车典礼。

(4)国内首座双塔双索面钢桁梁公路斜拉桥,新疆第一条山区高速公路赛里木湖—果子沟高速公路果子沟大桥。

(5)2010年8月28日,当工人们将一个个高强度螺栓安装到合龙的桥梁上后,国内首座双塔双索面钢桁梁公路斜拉桥果子沟特大桥精确合龙,经现场测量,孔眼重合率100%。

开工典礼

果子沟大桥

大桥合龙

（6）在施工过程中，坚持做到最大限度的保护，最小限度的破坏，最大限度的恢复。项目生态环境工作目前已经完成80%以上，去年撒播的草籽成活率达100%。公路两边撒播的草籽已完全成活。

公路生态保护

(三)复杂技术工程

复杂技术工程主要为果子沟大桥、赛里木湖隧道等。

1. 果子沟大桥

1)技术特点

果子沟特大桥为 G30 赛里木湖至果子沟口段公路改建工程越岭段跨越果子沟谷的一座特大型桥梁,为本项目的控制性工程,大桥位于果子沟与将军沟交汇处,其桥面距谷底约 180m,具有桥高、谷深、高墩、大跨的特点。

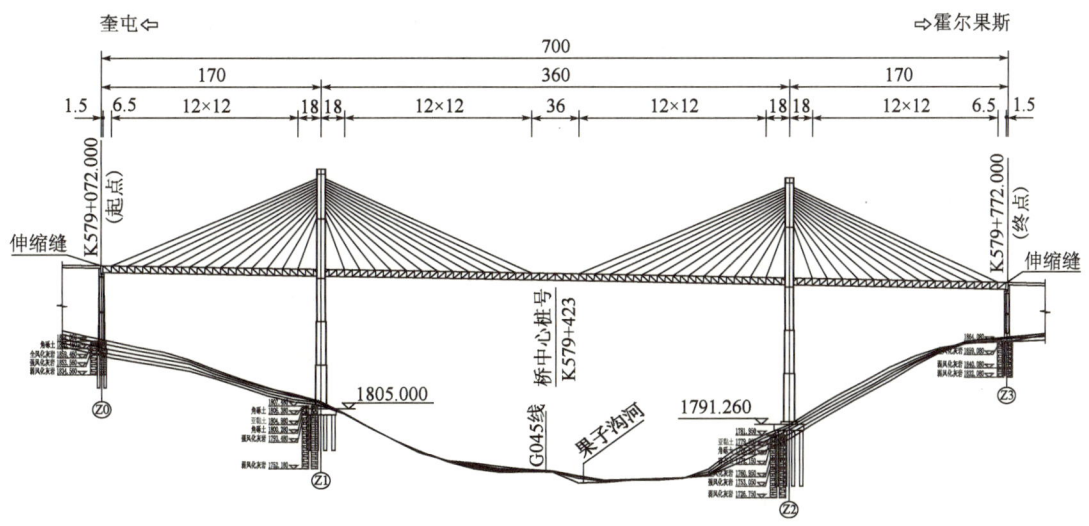

果子沟大桥桥形布置图(尺寸单位:m)

2)设计方案

(1)桥形总体设计方案创新

本项目越岭段路线采用螺旋展线方案,于果子沟与将军沟交叉口处设置果子沟特大桥跨越果子沟谷地,综合考虑果子沟大桥的桥高、两端接线等因素,宜选择大跨桥梁跨越沟谷。

根据果子沟大桥复杂地形、复杂气候、脆弱生态、风景区景观要求、有效工期短、施工场地狭窄等建设条件,创造性地采用主跨360m的钢桁梁斜拉桥作为本桥实施方案,较好地解决了山区地形构件运输、梁体架设问题,体现了桥形选择与建设条件的紧密结合。该桥为国内公路建设史上第一座大跨度钢桁梁斜拉桥,同时也是新疆第一座现代化斜拉桥、第一高桥。

钢桁梁与混凝土梁比,结构受力明确,恒载小约一半,抗震性能好;其具有良好的透风性、抗风性能好,适合桥址处复杂的风环境。

钢桁梁结构采用散件运输,散件拼装的施工方法,其杆件小型化,采用工厂制作,运输、吊装方便,不受气候影响,安装速度快施工期间风险小,工期、质量易保证。实际施工证明,钢桁梁一个节段悬臂拼装速度可以达到7～10d一个节段。

果子沟大桥悬拼施工

建成后的果子沟大桥

(2)主塔结构设计创新

大桥处于果子沟风景区,桥梁景观要求高,而斜拉桥主塔景观起至关重要作用。本桥两个主塔高度分别为209.5m、215.5m,主塔桥面以上高度低于塔墩高度,实属罕见,设计采用阶梯造型,视觉在高度方向进行分割处理,取得了较好的景观效果,具有国内独创性。

(3)钢桁加劲梁设计

钢桁梁由主桁,横梁,上、下平联,横向连接系及桥面系组成,主桁为"N"形桁架,两片主桁,主桁中心间距26m,桁高6m,节间长度6m,采用焊接整体节点;主桁上下弦杆采用箱形截面,每侧竖板各设置一道板式加劲肋。主桁斜杆及竖杆均采用"H"形截面,杆件最大吊重17t。

(4)主桁整体节点

果子沟大桥主桁节点采用整体节点,整体节点具有节点与弦杆形成整体、外观整体线形流畅、整体性强、零件少、现场安装工作量小、节省钢材和高强螺栓数量的特点。本桥所处高山峡谷的特殊环境,风环境复杂,且冬季大约有5~6个月时间不能施工,整体节点能有效提高主梁安装速度,使主桁尽早合龙,有效降低施工期间的风险。

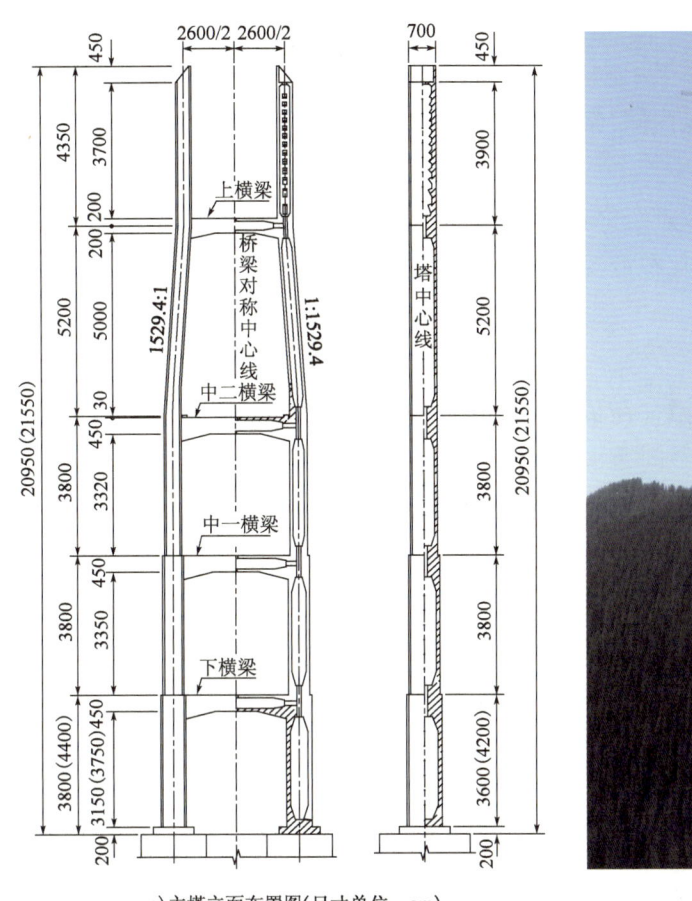

a) 主塔立面布置图(尺寸单位:cm)　　　　b) 主塔封顶

主塔景观效果

(5) 斜拉索设计

本桥斜拉索采用 φ7mm 低松弛镀锌平行钢丝束拉索体系,钢丝抗拉强度标准值为

1670MPa。斜拉索采用双索面平面扇形布置,索体采用双层HDPE防护。两端采用冷铸镦头锚具,梁端为固定端,塔上为张拉端。斜拉索减振采用内置橡胶减振块及PE外面表面设置防风雨振螺旋线,同时设置体外减振器。

(6)拉索梁上锚固方式

根据果子沟桥位处气候条件,果子沟冬季气温严寒,拉索梁上锚固方式采用下锚式的锚固形式,节点锚箱设于整体节点内侧,索导管穿过上弦杆顶底板,斜拉索根据不同角度锚固于上弦杆节点内侧或底面。

下锚式节点的特点是:锚固节点全部在工厂加工完成,无需工地现场焊接,施工质量容易保证,节点板为局部承压,不存在低温情况下发生脆性破坏问题,可有效避免高寒地区钢结构低温脆断问题。

(7)边跨压重设计创新

果子沟大桥静力计算表明边墩存在负反力问题,根据钢桁梁为通透性结构的特点,边跨压重方式采用在主梁端部3个节间范围内设钢筋混凝土块的方式,每端压重1000t,混凝土块横向简支在主桁杆件上。此方案相对于设置体外索种方案来说构造简单,安全可靠,后期维护量小。此压重方式为国内公路桥梁首创。

(8)合龙段设计创新

果子沟大桥合龙采取先合龙两边跨再合龙中跨的施工方案。钢桁梁合龙是大桥的施工控制性节点,设计采用弦杆通过竖板上长圆孔和圆孔,利用温度变化、钢梁的伸缩来实现精确合龙,斜杆通过现场投孔来实现半精确合龙。该合龙工艺具国内公路行业首创。

果子沟大桥于2010年8月28日在无任何辅助措施情况下,仅利用温度变化即实现弦杆精确合龙,合龙精度控制在2mm以内,充分体现了该桥设计、制造、施工的精确性。

(9)桥面系设计

由于钢桥面铺装具有施工工艺复杂、使用环境要求高、运营期容易损坏等特点,本桥桥面系采用预制混凝土板,较好地避免了上述问题,提高了桥面铺装的耐久性及行车舒适性。

2.赛果木湖松树头至二台林场段螺旋展线方案

越岭段为适应地形、地质及生态条件,在疆内首次采用以桥隧相连为主的螺旋展线方案,首次采用百米高墩大桥及斜拉桥跨谷方案。越岭段直线距离短(约3.5km)而相对高差较大(约500m),地势十分险峻,地形、地貌、地质条件复杂,滑坡等地质灾害集中;沿线山坡植被茂密,阴坡上原始云杉林呈片状大面积分布,风景优美,生态环境较佳;冬春季积雪较厚,雪害时有发生;既有路标准低,沿老路改建极为困难,而该路段又临近赛里木湖世界级风景名胜区,区域植被丰富,环保要求高。因此,本路段采用以桥隧相连为主的螺旋展线方案,达到了有效克服高差,减少路基大挖大刷对山坡植被破坏、减少生态环境破坏的目的。

3. 高寒山区复杂地质地形高速公路测量技术

(1)建立高精度桥隧独立平面和高程控制网。本项目除全线建立 GPS 平面控制网和高程控制网外(平面控制测量等级采用了 GPS 三级控制网,高程控制测量等级采用了三等水准),针对越岭段为桥隧相连路段,即赛里木湖隧道、捷尔得萨依隧道、果子沟特大桥、将军沟隧道之间均为高架桥相连(全长约 10km),设计及施工精度要求高,贯通(合龙)误差要求小,越岭段平面控制测量等级采用了 GPS 二级控制网,高程控制测量等级采用了三等水准,并在控制测量时将越岭段作为一个整体进行施测。同时,估算了隧道洞外控制测量对隧道横向贯通误差和高程贯通误差的影响值,并对隧道施工最佳进洞平面控制点进行了分析计算,并提出了建议点。

(2)1/2000 三维数字化地形图测量及抵偿面分幅技术。针对复杂的地形条件,采用常规测量技术难以满足设计、施工、控制要求,为此,本项目采用航空摄影与数字摄影测量系统测绘 1/2000 三维数字化地形图,极大地加快了项目进度。由于项目位于高纬度、高海拔地区,除局部路段雪岭云杉密集,受其影响,需进行人工采点修正外地面高程外,其他大部分路段一般无高大树林,多为草地,采用航空摄影测量技术,基本满足设计要求。考虑路线在测区内为东南—西北走向,路线全长约为 56km,路线范围内的控制点高程在 2128～1065m 之间。依据规范要求,考虑高速公路的勘察、设计、施工以及运营管理的需要,以保持"设计线位实地连续"为原则,在交界处不同坐标放样桩位使中桩在实地位置不变。为了保证投影长度变形值不大于 2.5cm/km,平面控制网坐标系统采用 1980 西安坐标系,中央子午线为 81°,抵偿投影面分为 4 个,分别为赛里木湖抵偿面,抵偿面高程为 2050m;松树头抵偿面,抵偿面高程为 1900m;新二台抵偿面,抵偿面高程为 1550m;果子沟抵偿面,抵偿面高程为 1220m。

4. 隧道洞口防风雪技术

本项目五座隧道洞口不存在雪崩问题,但均存在风吹雪问题,风吹雪影响最严重的是赛里木湖隧道小里程端洞口中,设计中应用了如下措施:

(1)赛里木湖隧道小里程端采用研究建议的长明洞方案,绕避了风吹雪最严重的松树头地段,结合隧道洞口前方路基边坡、路线、路基高度、清理边坡等措施,大大减轻了风吹雪对隧道洞口的影响。

(2)赛里木湖隧道小里程端洞门前方沿湖段填方路基适当抬高了路基,以填方通过,左侧迎风侧填方边坡为 1:4 的缓边坡,同时,对坡顶、坡脚进行了弧形处理(即采用流线型横断面)。

(3)维修完善了既有路修建时在道路南侧(迎风面)所修建的防雪土埝,尽量减少了以蠕移或跳跃运动方式引起的低吹雪的风雪流量进入公路路基范围之内。

(4)越岭段隧道洞门形式均采用与原始地形坡面相一致的削竹式延长明洞洞门,减少了对风雪流的阻挡,减少了风吹雪引起积雪堵塞洞口。

(5)沿湖段赛里木湖隧道小里程端洞口前方路基中央分隔带采用了沥青表处,防弦措施采用防弦板,加强了透风性能,增大了风雪流通过的速度,减少了路面积雪。

(6)研究建议首选缆索护栏,但是考虑到护栏的连续性(沿湖段大部分路段无风吹雪问题,采用波形梁护栏)、经济性(缆索护栏较波形梁护栏投资高)、操作性及技术难度等,同时,数值模拟显示,无论是采用缆索护栏还是波形梁护栏,在中央分隔带透风性好的前提下,路面都不易形成积雪,仅在采用波形梁护栏时,右行车道的流场受到护栏绕流的影响,风速相对于左行车道风速降低了3m/s,左行车道路侧左边的波形护栏下有高速风区(30m/s),路面不易形成风积雪,设计采用波形梁护栏。

(7)加强了隧道洞口段交通安全设施设计。

5. 高寒高海拔区隧道结构设计

(1)设计中充分重视隧道冻害的影响,采取各种措施以减轻冻害影响,具体措施如下:采用了较高的混凝土强度等级C30、P8混凝土(一般地区隧道采用C25、P8混凝土)。为减小冻胀力对结构的影响,采取在结构上予以加强的措施,在一般地区衬砌结构厚度基础上加厚5cm。结构设计中全隧道衬砌结构设置仰拱,以改善结构受力条件。出于耐久性考虑,对混凝土结构提出冻融性指标不低于300次冻融循环指标要求。二次衬砌表面设置隔热保温层,经保温材料比选并计算保温层厚度,本项目采用不燃的5cm厚泡沫玻璃作为隔热保温层。

(2)防排水方案:山岭区隧道一般采用半包防水,并以排水为主,本项目防排水方案采取如下措施:设置完善的纵横向洞内排水系统,坚持隧道防水以结构自防水为主,外辅加防水层为辅的原则。隧道采用横向全包、纵向分区防水。防水层以外、隧道仰拱底设中心深埋水沟(冻土深度以下)。隧道出水口采用圆端掩埋式保温出水口,并在出水口外设置大坡度泄水水沟,以防止出水口冻结。限制排水,加强施工过程中的注浆堵水措施。

(四)科技创新

G30赛里木湖至果子沟高速公路位于西天山边缘赛里木湖及果子沟风景区内,沿线地质构造复杂、地震烈度高、地质灾害多发、气候条件恶劣、冰冻期长,部分路段地形狭窄、沟壑纵横,项目建设条件十分复杂。

本项目在高寒复杂地质区域高速公路勘察设计、桥梁建设、复杂隧道建设、路面建设、新型建筑材料、运营安全技术和生态环境保护等关键技术方面有重大突破和实质性创新,形成了集理论、实践于一体的建设成套技术,解决了果子沟高寒复杂地质区域高速公路建设的重大难题。并且"果子沟高寒复杂地质区域高速公路建设成套技术及工程应用"荣获新疆维吾尔自治区科技进步一等奖。

(1)丰富了高寒、高海拔、生态脆弱山岭区的路线设计。提出了适应高寒、高海拔、生态脆弱、复杂地形地质和特殊桥隧结构的线形组合,在疆内首次采用以桥隧相连为主的螺旋展线设计,解决了直线距离短、高差大的技术难题,减少了高填深挖,有效地保护了生态环境。

(2)建设了国内公路建设史上第一座大跨度钢桁梁斜拉桥。为适应果子沟复杂地形、气候等建设条件,创造性地提出国内公路建设史上第一座大跨度钢桁梁斜拉桥设计方案,并首次采用以桥央吊机为主的对称悬臂安装工艺,辅助于附臂吊机、横梁天车等设计,确保了钢桁梁顺利安装,解决了果子沟山区复杂风环境、高寒、高震以及场地狭窄的难题。

(3)桥梁建设重大装备突破。集成创新 YQ165T-40 型架桥机,首次实现了 270m 小曲线半径、6%横坡、3.95%纵坡山区多跨 40m 预制箱梁的架设施工;应用自主发明的小半径移动模架,首次实现了 40m 跨 600m 小半径 S 曲线连续现浇箱梁的移动模架施工。

(4)完善了高寒寺区桥梁混凝土耐久性设计方法。首次提出高寒山区桥梁混凝土不同结构部位的耐久性控制指标及耐久性混凝土控制指标及耐久性混凝土材料组成参数。

(5)发展了高寒山区富水隧道保温防冻、防水、防风雪技术。首次采用自行研制的恒温低温试验装置和寒区隧道保温模拟试验系统,多材料、多工艺试验比选,提出了适用于高寒山区富水隧道的防水材料和保温材料;国内首次在隧道中采用无机、不燃、环保、保温的泡沫玻璃作为保温材料,并采用对结构无损伤的粘贴铺设工艺;首次采用长明洞口削坡技术治理隧道洞口风吹雪病害。

(6)提出了高寒山区长大纵坡桥面沥青混凝土铺装结构不同层位混合料与气温、交通量、结构层位、行车速度相关联的抗剪强度标准。

(五)运营养护管理

赛里木湖至果子沟口高速公路,全长 56.202km,全线分为沿(赛里木)湖段长 15.686km;越岭段长 15.53km;沿(果子沟)溪长 24.986km。双向四车道,设计速度 80~100km/h,该项目于 2006 年 7 月 19 日开工建设,2011 年 10 交工,项目初步设计概算总额 23.9 亿元。

赛里木湖至果子沟口高速公路位于新疆维吾尔自治区伊犁地区,处于连霍国家高速公路主干线的终点位置,它是国家"五纵七横"公路运输网主骨架,也是新疆"三横两纵两环八通道"高速公路网规划的重要组成部分,地理位置极为重要。

赛里木湖至果子沟口高速公路是新疆公路建设史上的第一条山区高速公路,也是全区第一条贯穿天山并实现桥梁隧道相连的高速公路。作为连云港至霍尔果斯高速公路和新疆大通道建设的重要组成部分,是交通运输部和自治区"十一五"重点基础设施建设工程,也是重大民生工程。

赛里木湖—果子沟口高速公路,下设1个服务区(果子沟),1个主线收费站(果子沟收费站)。果子沟服务区位于 G30 K4197+560 处,北服务区公厕及超市面积 421.5m^2,南服务公厕及超市面积 503.6m^2,能够满足如厕、购物、休憩等需求。

赛—果高速公路由伊犁公路管理局果子沟分局管养,见表8-36。果子沟分局在二台冬季保交通养护站设置应急保障基地,存放各类机械设备34台辆。

赛里木湖至果子沟口高速公路并入国高网后编号和里程变化汇总表　　表8-36

所属地州局	并入国高网后编号和里程变化情况		
	路线编号	起讫桩号	里程(km)
博乐公路管理局	G30	K4142~K4198+170	56.17
伊犁公路管理局			

收费站点设置汇总见表8-37,交通量发展变化见表8-38。

收费站点设置汇总表　　表8-37

站点名称	车道数	收费方式
果子沟收费站	9	开放式

交通量发展变化表(单位:辆/日)　　表8-38

年份(年)	路段一	日平均流量
2013	9193	9193
2014	8716	8716
2015	8371	8371
2016	7600	7600

赛—果高速公路建成通车以来,先后实施的大中修工程包括:

(1)2013年 G30 K4165+221~K4196+084 桥涵修复工程投入资金91.09(万元)。

(2)2014年 G30 K4172~K4194 段危小桥涵改造工程投入资金99.34(万元)。

(3)2014年收费公路 G30 果霍高速公路桥梁预防性养护工程(包含果霍段)投入资金498(万元)。

(4)2015年 G30 K4173~K4195 段危小桥涵改造工程投入资金27.67(万元)。

(5)2015年 G30 K4161~K4196+700 标线工程投入资金97.49(万元)。

(6)2016年 G30 K4174+000~K4197+000 果子沟段水毁抢修保通工程投入资金8692.5159(万元)。

七、G045 果子沟口—霍尔果斯高速公路(建设期 2006.08—2008.12)

(一)项目概况

1.基本情况

1)功能定位

G045 果子沟口—霍尔果斯高速公路改建工程处于连—霍国家高速公路主干线的终点位置,地理位置极为重要,位于新疆维吾尔自治区伊犁地区。它是国家"五纵七横"公路运输网主骨架,连霍国道主干线和国家"7918"高速公路网规划的组成路段之一,也是新疆维吾尔自治区"三横两纵两环八通道"高速公路网规划(简称"3228 工程")的重要组成部分。项目的实施,对于完善国家和自治区干线公路网建设,改善伊犁地区的路网结构、投资环境和生态环境,提高通行能力,完善区域经济结构,开发和利用伊犁河谷旅游资源、水土光热资源、矿产资源,加强国防、维护民族团结将产生积极而深远的影响。

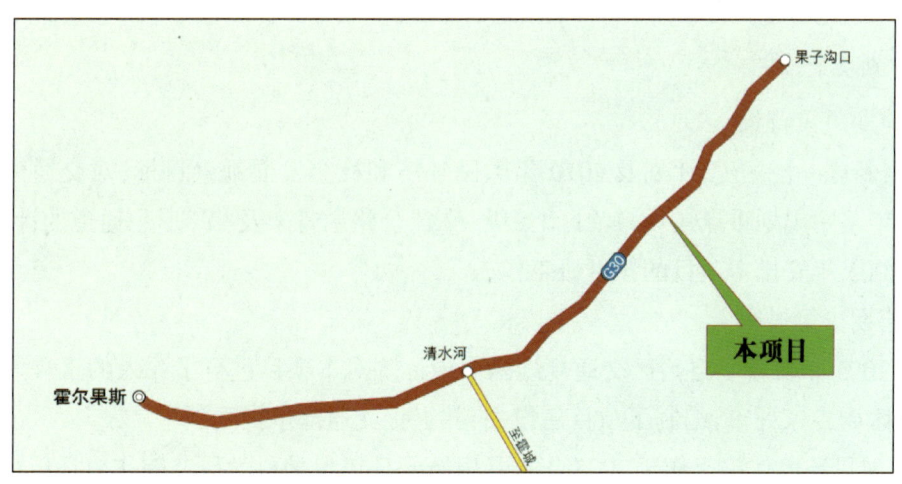

G045 线果子沟口—霍尔果斯高速公路路线示意图

2)技术标准

全线采用四车道高速公路标准建设,设计速度 100km/h,路基宽度 26.0m。过境段维持现有技术标准。桥涵荷载标准:公路—Ⅰ级。其他技术指标按《公路工程技术标准》(JTGB01—2003)执行。

3)工程规模

项目起点 K4772+500～K4817+300 段,路线长 44.80km,采用全封闭、全立交方案,K4817+300～K4822+620 段,路线长 5.32km,采用部分封闭、平面交叉方案,整体式路基长度 32.13693km,新建分离式长度 24.46607km,利用老路罩面路段长度 11.660km,辅道长度 34.46838km,机耕道长度 10.48710km;路面结构为柔性路面,全线设置中桥 6 座、小桥 4 座、通道 16 座、互通式立体 2 处、分离式立体 10 处、人行天桥 2 座,交通工程主要设置了各种标志、护栏、轮廓标、防落网、隔离栅、道路标线等设施。

4) 主要控制点

本项目起于果子沟口,经芦草沟、清水河、62 团,止于霍尔果斯,接霍尔果斯城市道路。

5) 地形地貌

项目位于伊犁河谷北天山下,地处天山山脉的果子沟河、小西沟河和加尔苏河的冲积、沉积平原上,地势总体由东北向西南方向倾斜,表层多为黄土层,其下为砾类土和砂层。

6) 投资规模

项目概算投资 9.13 亿元。

7) 开工及通车、竣工时间

2006 年 8 月开工建设,2008 年 12 月交工通车。

2. 前期决策情况

1) 前期决策背景

根据新疆"十一五"计划及 2010 年国民经济和社会发展远景目标,对交通建设及自治区 30 年路网规划重点建设自治区"三纵三横"公路主骨架及"Y"形主通道的计划,新疆交通厅 2005 年安排本项目的预可研工作。

2) 前期决策过程

(1) 2005 年安排了自治区交通规划勘察设计院对本项目进行了深入的工程可行性研究,并经区内专家评审,编制了项目建设书,并上报交通部审批立项。

(2) 项目环境保护工作于 2005 年 6 月由新疆环境保护科学研究院作出环境影响报告书,并上报国家环境保护总局。

(3) 果霍项目水土保护方案报告书于 2006 年 5 月由水利部新疆水利水电勘测设计研究院作出,并上报水利部。

3. 参建单位主要情况

1) 建设单位

本项目建设单位是新疆维吾尔自治区交通建设管理局。

2) 设计单位

设计单位为新疆维吾尔自治区交通规划勘察设计研究院。

3) 施工单位

通过招投标本项目有5个施工单位参与建设,其中土建合同段3个,房建合同段1个,机电工程合同段1个。

4)施工监理单位

本项目设置1个总监代表处,负责管理全线施工监理工作;3个土建工程监理办公室,负责监理区段内路基路面工程施工监理工作;1个房建工程监理办公室,负责全线的房建工程施工监理工作;1个机电工程监理办公室,负责全线的机电工程施工监理工作。

(二)建设情况

1. 项目准备阶段

1)项目审批

(1)交通部于2005年8月25日以交规划发〔2005〕385号《关于连霍国道主干线果子沟口至霍尔果斯公路改建工程可行性研究报告的批复》对果霍项目可行性报告给予批复。

(2)2006年4月30日,交通部以交公路发〔2006〕192号文《关于果子沟口至霍尔果斯公路初步设计的批复》批准了该项目设计。

(3)2007年1月,国土资源部对连霍国道主干线果子沟口至霍尔果斯高速公路工程建设用地的给予批复。

(4)2005年8月10日,国家环境保护总局以环审〔2005〕679号文下发批复,同意果霍项目的环境影响报告书。

(5)2006年9月26日,水利部以水保函〔2006〕448号文下发批复,同意果霍项目水土保护方案报告书。

2)资金筹措

项目概算总额9.13亿元。资金来源:交通部安排专项资金2.81亿元,作为国家投入的资本金,在"十一五"期间安排,其余资金由自治区自筹解决。

3)合同段划分

根据各专业的工程内容划分合同段(表8-39)如下:

(1)全线设计1个合同段。

(2)施工合同段划分:根据工程内容的不同,土建工程划分3个合同段,房建工程划分1个合同段,机电工程划分1个合同段。

(3)施工监理合同段划分:根据工程内容设1个总监代表处,3个土建工程监理办公室,1个房建工程监理办公室,1个机电工程监理办公室。

G045 果子沟至霍尔果斯高速公路合同段划分一览表 表 8-39

序号	单位类型	工程类型	合同段	单位名称
1	建设单位			自治区交通建设管理局
2	设计单位			新疆交通规划勘察设计研究院
3	监理单位	总监代表处		新疆北方公路工程监理部
4	监理单位	土建工程	第 1 合同段	湖北华捷工程咨询监理有限公司
5	监理单位	土建工程	第 2 合同段	沈阳鑫通公路工程咨询监理有限公司
6	监理单位	土建工程	第 3 合同段	中国公路工程咨询总公司
7	监理单位	房建工程	第 1 合同段	新疆昆仑监理公司
8	监理单位	机电工程	第 1 合同段	西安金路交通工程科技发展有限责任公司
9	施工单位	土建工程	第 1 合同段	中铁一局集团有限公司
10	施工单位	土建工程	第 2 合同段	中油新疆天通路桥建设股份有限公司
11	施工单位	土建工程	第 3 合同段	核工业西南建设工程总公司
12	施工单位	房建工程	第 1 合同段	新疆宏泰建工集团
13	施工单位	机电工程	第 1 合同段	上海电器科学研究所(集团)有限公司

4)招投标

按照《中华人民共和国招标投标法》和交通部颁布的《公路工程施工招标投标管理办法》《公路工程施工招标资格预审办法》《公路工程施工招标评标办法》的要求,由项目法人单位组织招标工作。

2005 年 8 月发布招标公告,由 36 家单位通过了土建工程 3 个合同段和房建工程 1 个合同段的资格预审。2006 年 5 月 23 日在乌鲁木齐市开标,采用无标底投标,合理低价法中标方式。由交通部专家组成评标委员会评审出 4 家中标单位。

5)征地拆迁

(1)工作及范围

沿线经过伊犁州霍城县、兵团第四师 65 团、64 团、62 团。共计 1 个县、3 个团场。

(2)主要内容

①界定公路项目红线范围,进行征地拆迁外业调查、测算费用,签订征地拆迁协议,支付费用。

②永久占地界内房屋等各种构造物的搬迁。

③永久占地界内地上附着物的拆除。

④电力、通信等各种管线的改迁。

⑤取得地灾、压矿、林地征占批复意见,办理永久性占地报批手续。

⑥临时及借土占地的征用

(3)遵循的政策法规

①《中华人民共和国土地管理法》。
②《新疆维吾尔自治区实施〈土地管理法〉办法》。
③《新疆维吾尔自治区高等级公路建设征地拆迁补偿规定》(新政函〔1996〕191号)。
④自治区发展计划委员会、财政厅《关于下发自治区国土资源系统土地管理行政事业性收费标准的通知》(新计价房〔2001〕500号)。
⑤《森林植被恢复费征收使用管理暂行办法》(财综〔2002〕73号)。

(4) 主要做法

①设立专门组织机构

2006年8月,伊犁片区包括本项目在内的3个高速公路同时开工建设,自治区交通运输厅应对征地拆迁工作困难和阻力日益增大的实际,大胆探索征地拆迁工作的新途径、新办法和补偿机制,经与国土资源厅共同协商,在伊犁3个高速公路项目上采取了征地拆迁费用总包干方式,自治区国土资源厅负责项目征地拆迁工作的政策制定和组织协调。随后果霍公路项目所处地州、县、团场均成立了高速公路协调办公室,负责征地拆迁工作的具体实施,协调解决施工期间出现的征地拆迁问题。

②落实征地拆迁责任制

2006年8月,根据新疆公路规划勘察设计研究院现场放线确定的征地范围,交通建设局、国土资源厅、伊犁州、霍城县、相关团场、相关产权单位联合对工程影响范围内的土地及地上附着物、电信设施等进行了核实,现场丈量、清点、签字、盖章。9月9日交通建设管理局与国土资源厅签订了总包干协议,在征地拆迁费到位后,征地拆迁腾地、补偿安置等工作有序开展。

交通运输厅、交通建设管理局和各级国土部门对项目征地拆迁工作高度重视。自治区国土资源厅、交通厅、伊犁州政府、兵团第四师会同相关部门多次召开征地拆迁专题会议,协调解决实际问题。项目办征地拆迁工作人员主动搭建施工单位与相关部门间的桥梁,协调解决具体征地拆迁问题,特别是在高层推动下,边防检查站军事用地问题得以解决。

按照厅、局打造典型示范工程的要求,项目执行办和参建单位投入200余万元,对受施工影响的房屋、水渠、管道等给予补偿,协助村民进行农作物、房屋拆迁、搬运,赞助芦草沟镇篮球赛、修建赛马场,赞助霍城县治理河道,改善村间道路和灌溉水渠,为兵团连队铺路拉料等,因此征地拆迁工作也得到当地政府和群众的理解、支持。

③抓紧办理建设用地手续

项目实施中,严格执行"十分珍惜、合理利用土地和切实保护耕地"的基本国策,使用土地严格执行国家的法律、法规,各项手续齐全。交通建设管理局和项目指挥部安排专人,抓紧办理地灾、压矿、林地征占批复意见,并委托自治区征地事务中心负责建设用地组件报批。2007年1月,国土资源部以国土资函〔2007〕54号批复了本项目的建设用地。共征用土地4544.34亩,拆迁房屋32305.94m²,砍伐树木175644棵,征地拆迁费9960万元,征地拆迁统计见表8-40。

G30果子沟口—霍尔果斯高速公路征地拆迁统计表　　表8-40

高速公路编码	项目名称	征地拆迁安置起止时间	征用土地（亩）	拆迁房屋（m²）	拆迁占地费（万元）
G30	果子沟口—霍尔果斯	2006.8—2007.10	4544.34	32305.94	9960

2. 项目实施阶段

1) 实施过程

(1) 土建工程于2006年6月20日开工,2008年10月30日完工。

(2) 房建工程于2008年4月开工,2008年11月完工。

(3) 机电工程于2009年开工,2011年5月完工。

(4) 2008年12月20正式通过交工验收。本项目交工验收组确认的工程质量评分为94.68分,新疆维吾尔自治区公路工程质量监督局质量鉴定得分为82.63分。

(5) 2010年12月召开竣工验收会议,项目竣工验收鉴定书暂未下发。竣工验收委员会工程核查组按《公路工程质量综合评分表》建议评分为82.3分。按《公路工程质量检验评定标准》(JTG F80/-1—2004)规定,评定该项目质量得分94.68×20% + 82.63×60% + 82.3×20% =84.98分,鉴于第1合同段路面工程存在问题较多,该合同段工程质量等级为暂定合格,故该建设项目质量等级暂定合格。

2) 重大决策

(1) 2007年4月2~3日,自治区交通建设管理局局长燕宪国、伊犁片区项目总指挥阿合买江等随检查组一行来到伊犁,对3个项目的施工准备情况进行了督导检查。局长燕宪国率检查组沿赛里木湖、果子沟、霍尔果斯、清水河、伊宁查看了3个项目的施工现场各合同段人员设备进场及施工准备情况。每到一处,都仔细询问施工单位工作进展情况,了解施工中存在的困难,督促施工单位要抓紧施工,保证工期,保证工程质量。

项目检查

（2）2007年6月16日下午,自治区交通厅安全生产检查组在交通厅副厅长伊马木·纳买提同志的带领下,对伊犁在建的果子沟—霍尔果斯高速公路建设项目进行了检查。副厅长伊马木·纳买提一行在伊犁片区公路项目建设指挥部临时党总支书记吴幸福同志的陪同下,检查了果—霍高速公路建设项目各合同段施工现场,听取了各合同段项目经理的汇报,深入了解工程施工进度、质量安全、环保和施工存在的困难,勉励和要求项目参建单位及干部职工要发扬企业精神,克服困难,确保高速度、高质量地完成好果—霍高速公路建设任务。

项目检查

（3）2007年8月30日~9月3日,自治区交通建设管理局伊犁片区高速公路建设项目在霍城县清水河镇举办了首期安全生产管理人员培训班,邀请了自治区安全科学技术研究院的讲师进行授课。来自伊犁在建的赛里木湖至果子沟口、果子沟口至霍尔果斯、清水河至伊宁3条高速公路建设项目的所有参建单位安全负责人、安全生产管理人员共计75人参加了本次培训。

安全管理人员培训

(三)科技创新

G30 连霍高速公路星星峡至吐鲁番段公路其中梯子泉至鄯善段大部分处于"百里风区"内,试验段具有新疆高速公路建设的代表性。通过对具有代表性公路建设及运营阶段柔性防风栅和柔性防风网的试验,提出新疆高速公路防风减灾技术和技术标准及其安全保障服务信息平台的合理与有效性。主要技术创新点:

(1)提出了新疆公路风害风险三级区划指标体系和区划图。

将新疆公路沿线年最大风速变化划分为 4 个等级,Ⅰ为重度危险路段、Ⅱ为危险路段、Ⅲ为控速路段、Ⅳ为危险极小路段,并且制订各危险度等级标准,得出新疆公路沿线最大瞬时风速 v_{max} 5 个区及各区域风害等级界限值(阈值):Ⅰ特强风害区 $v_{max} > 35.0 m/s$;Ⅱ强度风害区 $30.0 < v_{max} \leq 35.0 m/s$;Ⅲ重大风害区 $25.0 < v_{max} \leq 30.0 m/s$;Ⅳ中度风害区 $20.0 < v_{max} \leq 25.0 m/s$;Ⅴ风害较轻区 $v_{max} < 20.0 m/s$。

(2)提出了新疆公路风害防控设施的类型和技术标准,编制了新疆公路防风技术指南。

建立了公路风害设施设置技术标准。即公路风害防治工程抗风能力设计标准按 2 年一遇最大瞬时风速 $25.0 \sim 30 m/s$ 设计。防风栅抗风标准:设计风速 $60.0 m/s$(17 级),设计风速重现期 100 年。

(3)提出了新疆公路强风天气下风灾防控管理技术规则和预警体系。

制定新疆公路强风天气下风灾防控管理技术规则和预警标准,即强横风天气下不同类型车辆安全行车临界风速及预警标准。运用公路风害防控技术及预案库,既可以降低大风对公路行车的影响和危害程度,也兼顾保证了行车效率,为行车指挥控制系统提供较为合理的行车速度限制指令信息。

(4)在新疆公路修建了柔性防风栅和柔性防风网,效果良好。

在新疆公路修建了柔性防风栅和柔性防风网,以波形开孔钢板式透风率 30% 防风栅防风效果最佳,瞬时最大风速降低 10.0m/s,防风范围 20m;柔性防风网最大瞬时风速降低 5.0m/s,防风范围 16m。

(四)运营养护管理

果子沟口至霍尔果斯高速公路建设项目,全长 50.12km(其中:高速公路里程 44.84km,一级公路里程 5.28km),双向四车道,设计速度 100km/h,该项目 2006 年 8 月 8 日开工建设,2008 年 10 月 31 通车,工程项目总投资概算 9.13 亿元,见表 8-41。

第八章
高速公路建设项目

果子沟口至霍尔果斯高速公路并入国高网后编号和里程变化汇总表　　表 8-41

所属地州局	并入国高网后编号和里程变化情况		
	路线编号	起讫桩号	里程(km)
伊犁公路管理局	G30	K4194 ~ K4238+840	44.84

　　果子沟至霍尔果斯高速公路处于连霍国家高速公路主干线的终点位置，地理位置极为重要，位于新疆维吾尔自治区伊犁地区。它是国家"五纵七横"公路运输网主骨架，也是新疆"三横两纵两环八通道"高速公路网规划的重要组成部分。

　　果子沟口至霍尔果斯高速公路无收费站及服务区。

　　果子沟口至霍尔果斯高速公路由伊犁公路管理局霍城分局管养。霍城分局在朱家庄养护站设置应急保障基地，存放各类机械设备49台辆。

　　果霍高速公路建成通车以来，先后实施的大中修工程包括：

（1）2014年G30线果子沟—霍尔果斯段预防性养护工程投入资金3083万元。

（2）2014年果子沟至清水河（K4194~K4212）公路病害处置工程及加尔苏桥加固工程投入资金4506.9549万元。

（3）2015年朱家庄立交桥匝道罩面投入资金304万元。

（4）2015年G3016线K0~K53+250标线工程入资金203.851万元。

（5）2016年G30线K4205+555~K4205+555芦草沟互通式立交匝道罩面工程投入资金209.2057万元。

（6）2016年G30线K4212+000~K4236+000危小桥涵改造工程投入资金277万元。

交通量发展变化见表8-42。

交通量发展变化表（单位：辆/日）　　表 8-42

年份(年)	路段一	路段二	日平均流量
2010	—	3982	3982
2011	6828	5183	6242
2012	5978	7306	6451
2013	2929	8309	4846
2014	7230	9308	7970
2015	8558	11326	9544
2016	5110	9780	7445

注：果子沟沟口—霍尔果斯高速公路辖线有果子沟、哈尔巴克观测站，其中果子沟观测站观测区间56km；果子沟沟口—清水河镇K4161~K4213；哈尔巴克观测站观测区间31km；清水河镇—霍尔果斯K4213~K4244。

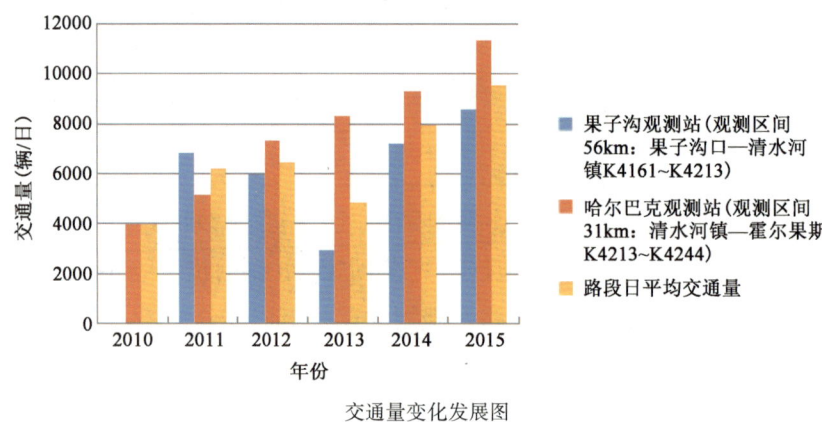

交通量变化发展图

第二节　G7 京新（北京—乌鲁木齐）高速公路

G7 京新高速公路是国家高速公路网规划的第七条放射线——北京至乌鲁木齐高速公路（简称"京新高速公路"），途经北京、河北、内蒙古、新疆，全长 2582km。新疆境内目前建成的有大黄山至奇台高速公路、奇台至木垒高速公路，明水（甘新界）至哈密段。

一、大黄山—奇台高速公路（建设期 2009.09—2012.12）

大黄山至奇台高速公路（简称大—奇高速公路）位于昌吉州东部，是新疆干线公路网"三横两纵两环八通道"中"通道三"的重要组成路段，也是乌鲁木齐—大黄山高速公路的延伸线。项目位于昌吉回族自治州境内，全长 114.931km，路线起点接乌鲁木齐至大黄山高等级公路幸福路口，途经吉木萨尔县、奇台县、农六师奇台垦区，终点为省道 303 线岔路口。整个项目总投资 34.63 亿元，设计标准为双向四车道高速公路、路基宽 28m，时速 120km。该项目的建设通车进一步推进区域经济的快速发展，同时对于完善国家高速公路网和自治区干线公路网，促进国家西部能源化工战略的实施和沿线区域经济社会发展具有重要意义。

大奇高速公路于 2012 年 12 月建成通车，由昌吉州公路局奇台分局管理养护，运营里程桩号 K0+000~K114+931，全长 114.931km，设计速度 120km/h，双向四车道，路基宽度 28m。

（一）项目概况

1. 基本情况

1）功能定位

大黄山至奇台高速公路位于昌吉州境内，远期可作为国家高速公路网进疆的第二条大通道。大黄山至奇台高速公路项目对加快吉木萨尔、奇台、木垒及准东地区的石油、矿产资源开发,促进区域经济发展,推进新型工业化和优势资源转换战略实施,特别是加快社会主义新农村建设有着十分重要的意义。

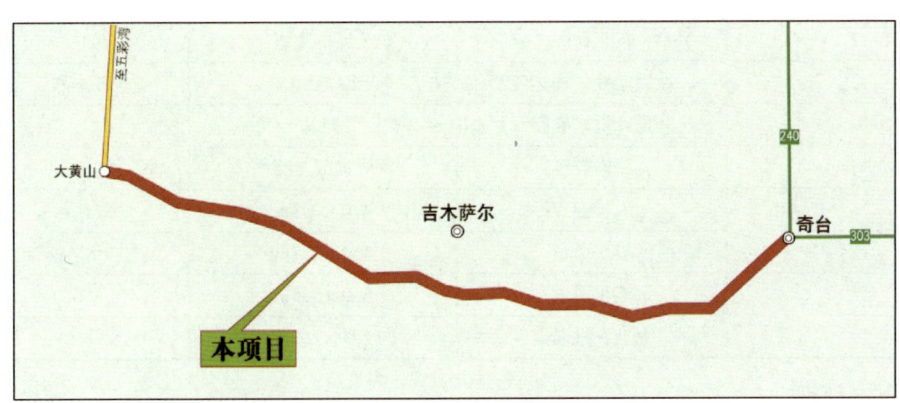

大黄山—奇台高速公路路线示意图

2)技术标准

采用双向四车道,设计速度120km/h,路基宽度28.0m。全线共设37个平曲线交点,平均每公里交点数0.322个,平曲线总长75.783km,占路线全长的65.934%。平曲线最大半径7200m(1处),最小半径3500m(4处),最大直线长度3654.239m,同向曲线间最小直线长度1317.893m,反向曲线间最小直线长度410.276m。全线设置了179个变坡点,平均每公里变坡1.557次,竖曲线长度59.881km,占路线全长的52.1%。其中最大纵坡2.62%,最小纵坡0.00%,最短坡长360m,凸形竖曲线最小半径20000m/16处;凹形竖曲线最小半径12824.097m/1处。主要技术指标见表8-43。

大黄山至奇台高速公路项目主要技术指标表　　　　表8-43

序 号	项 目	技术指标	备 注
1	公路等级	四车道高速公路	—
2	起讫桩号	K0+000～K114+652.510	—
3	路线长度	114.931	
4	设计速度	120km/h	
5	路基宽度	28.0m	
6	行车道宽度	2×2×3.75m	
7	中间带宽度	3.5m	
8	左侧路缘带宽度	0.75m	
9	停车视距	265m	按货车取值

续上表

序 号	项 目	技术指标	备 注
10	平曲线一般最小半径	1000m	—
11	最大纵坡	3%	—
12	汽车荷载	公路—Ⅰ级	—
13	地震动峰值加速度	0.1g~0.15g	基本烈度Ⅶ度
14	设计洪水频率	桥涵及路基1/100	—
15	路面类型	沥青混凝土路面	—
16	人行通道	4.0×2.2m	—
17	机耕通道	4.0×2.7m	—
18	汽车通道	6.0×3.5m	—
19	大型农机通道	7.5×4.2m	—

3）工程规模

大黄山至奇台高速公路全长114.931km，采用双向四车道高速公路标准，设计速度为120km/h，路基宽度为28m，路面结构为柔性路面，收费广场为水泥混凝土路面，全线设置：大桥2座、中桥18座、小桥44座、通道59道、涵洞296道、分离式立交21处、互通式立交7处、2处服务区、6个匝道收费站、交安工程波形梁护栏430625m、标线142745m^2、标志657块、隔离栅259122m、项目初步设计批复总投资340340万元，合同工期为27个月。

4）主要控制点

起点幸福路口互通，途经三台镇自来水厂、水溪沟沟口、吉木萨尔县、千佛洞、车师山庄、北庭开发区、奇台县、中线团场，共计2个县、1个团场、5个乡镇。

5）地形地貌

本项目沿天山褶皱带北麓，乌鲁木齐山前坳陷带接触带布设。地势上南高北低，由东南向西北倾斜，南部是富庶的天山山地，中部为广袤的冲积平原，北部为浩瀚的沙漠盆地。

6）投资规模

项目概算投资34.03亿元。

7）开工及通车、竣工时间

2009年9月开工建设，2013年9月交工通车。

2. 前期决策情况

1）前期决策背景

为更好地服务于准东煤电煤化工产业带开发，改善准东地区煤电煤化工产业带工业园区的对外投资环境，进一步促进沿线地区优势资源以及旅游业的开发，带动天山北坡经济带的快速发展，提高和完善区域公路网通行能力和服务水平。2009年8月，自治区发改委同意自治区交通厅实施大黄山至奇台公路建设项目。

2)前期决策过程

新疆维吾尔自治区交通厅规划设计管理中心与中交第一公路勘察设计院有限公司签订了《大黄山至奇台公路工程可行性研究合同协议书》,中交第一公路勘察设计院于2009年3月完成该项目预可行性研究报告的编制工作。

(1)2009年4月8日,新疆维吾尔自治区交通厅组织召开"大黄山至奇台高速公路工程可行性研究报告"评审会,通过可行性研究报告。

(2)2009年8月,新疆维吾尔自治区发展与改革委员会批复了《关于大黄山至奇台公路建设项目工程可行性研究报告的批复》(新发改交通〔2009〕1787号)。

(3)2009年8月,新疆维吾尔自治区国土资源厅出具了《关于大黄山至奇台公路项目建设用地预审意见》(新国土资预审字〔2009〕47号)。

3. 参建单位主要情况

(1)建设单位

建设单位是新疆维吾尔自治区交通建设管理局。

(2)设计单位

设计单位为中交第一公路工程勘察设计院。

(3)施工单位

通过招投标本项目有13个施工单位参与建设,其中土建合同段7个,交通安全设施合同段2个,房建工程合同段2个,外电工程合同段1个,机电工程合同段1个。

(4)施工监理单位

本项目设置1个土建总监办,负责全线土建交安的施工监理工作;3个土建工程驻地办,负责监理区段内路基路面工程、桥涵和交通安全设施工程监理工作;2个驻地试验室,负责监理区段内路基路面工程、桥涵和交通安全设施工程试验工作;2个房建工程总监办,负责全线2个合同段的房建工程施工监理和外电工程的施工监理;1个机电工程总监办,负责全线的机电工程施工监理。

(二)建设情况

1. 项目准备阶段

1)项目审批

项目严格执行了交通基本建设程序,从工程可行性研究、初步设计、施工图设计、工程施工、监理招投标及工程开工报告的审批,各个环节手续齐全,具体如下:

(1)2009年8月9日,新疆维吾尔自治区发展与改革委员会下发《关于大黄山至奇台公路建设项目工程可行性研究报告的批复》(新发改交通〔2009〕1787号)。

(2)2009年8月7日,新疆维吾尔自治区国土资源厅出具了《关于大黄山至奇台公路项目建设用地预审意见》(新国土资预审字〔2009〕47号)。

(3)2010年4月7日,新疆维吾尔自治区交通运输厅下发《关于大黄山至奇台高速公路初步设计的批复》(新交综〔2010〕84号)。

(4)2010年11月16日,新疆维吾尔自治区交通运输厅下发《关于大黄山至奇台高速公路施工图设计的批复》(新交综〔2010〕435号)。

2)资金筹措

根据自治区交通厅《关于大黄山至奇台高速公路施工图设计的批复》(新交综〔2010〕435号)文件,核定工程施工图预算26.05亿元(不含养护管理房建工程、机电工程、设备和奇台互通连接线工程加宽部分的费用),其中建安工程费19.43亿元,设备及工具、器具购置费247.10万元,工程建设其他费5.88亿元,预留费用7171.11万元。投资来源包括基本建设投资和银团贷款两部分,资金来源见表8-44。

大黄山至奇台高速公路资金来源表　（单位:元）　　　表8-44

序号	资金来源	2009年至2016年(元)	备注
1	一、基建拨款	995210000	1=2+3
2	1.交通专项资金	710210000	—
3	2.成品油转移支付安排公路建设配套资金	285000000	—
4	二、上级拨入投资借款	1820173722.6	4=5
5	开行银团	1820173722.6	—
6	合计(元)	2815383722.6	6=1+4

3)合同段划分

(1)设计合同段:1个合同段。

(2)施工合同段划分:根据工程内容的不同,土建工程划分7个合同段,交通安全设施划分2个合同段,机电工程划分1个合同段,房建工程划分2个合同段,外电工程划分1个合同段。

(3)施工监理合同段划分:根据工程内容设1个土建总监办公室,3个土建工程驻地监理标段,2个驻地试验室合同段,2个房建工程监理合同段,1个机电工程监理合同段。

合同段划分见表8-45。

合同段划分一览表　　　表8-45

建设内容	单位类型	单位名称	项目称呼
全线	建设单位	自治区交通建设管理局	业主
	设计单位	中交第一公路勘察设计研究院有限公司	设计院
	监督单位	自治区公路工程质量监督局	质监局

第八章
高速公路建设项目

续上表

建设内容	单位类型	单位名称	项目称呼
土建工程	监理单位	北京华路顺工程咨询有限公司	总监办
		潍坊市华潍公路工程监理处	一驻地监理办公室
		西安方舟工程咨询有限责任公司	二驻地监理办公室
		北京育才交通工程咨询监理公司	三驻地监理办公室
	试验检测单位	新疆环路通公路桥梁试验检测有限公司	二驻地试验室
		新疆公路桥梁试验检测中心	三驻地试验室
	施工单位	新疆道路桥梁工程总公司	土建第1合同段
		河南省路桥建设集团有限公司	土建第2合同段
		新疆道路桥梁工程总公司	土建第3合同段
		新疆北方机械化筑路工程处	土建第4合同段
		新疆北方机械化筑路工程处	土建第5合同段
		新疆昆仑路港工程公司	土建第6合同段
		河南省路桥建设集团有限公司	土建第7合同段
交安工程	施工单位	黑龙江省北龙交通工程有限公司	交安第1合同段
		北京汉威达交通运输设备有限公司	交安第2合同段
房建工程	监理单位	新疆卓越工程项目管理有限公司	房建一总监
		新疆泽强工程建设监理有限公司	房建二总监
	施工单位	新疆苏泰建筑有限公司	房建第1合同段
		新疆兵九建设有限责任公司	房建第2合同段
		新疆鹏腾新电工程承包公司	10kV供电合同段
机电工程	监理单位	北京华路捷公路工程技术咨询有限公司	机电合同段
	施工单位	北京瑞华赢科技发展有限公司	机电合同段

4）招投标

（1）设计单位招标

2009年6月，新疆维吾尔自治区交通建设管理局向中交第一公路勘察设计研究院有限公司下达了设计委托书。

2010年10月，新疆维吾尔自治区交通建设管理局与中交第一公路勘察设计研究院有限公司签署的《大黄山至奇台高速公路勘察设计合同》。

（2）施工单位招标

土建施工单位招标：本项目分两次招标，第1合同段2009年6月20日新疆交通建设管理局按程序向疆内公开招标，第2~7合同段2010年5月5日新疆交通建设管理局按程序向全社会公开招标。

交安工程施工单位招标：2011年9月14日新疆交通建设管理局按程序向全社会公开招标，全线共设置2个合同段（除第1合同段交安工程外）。

房建工程施工单位招标:2012年4月16日新疆交通建设管理局按程序向全社会公开招标,全线共设置2个合同段。

10kV配套送电工程施工单位招标:2012年9月12日新疆交通建设管理局按程序向全社会公开招标,全线共设置1个合同段。

机电工程施工单位招标:2012年3月26日新疆交通建设管理局按程序向全社会公开招标,全线共设置1个合同段。

(3)监理单位招标

土建(交安)监理单位招标:本项目分两次招标,第1驻地办2009年8月3日新疆交通建设管理局按程序向疆内公开招标,总监办、第二驻地办、第三驻地办、第二驻地试验室、第三驻地试验室2010年4月29日新疆交通建设管理局按程序向全社会公开招标,全线共设置总监理工程师办公室1个,驻地监理工程师办公室3个,驻地试验室2个。

房建(10kV配套送电)监理单位招标:2012年5月8日新疆交通建设管理局按程序向社会公开招标,共设置2个总监办。

机电监理单位招标:2012年3月27日新疆交通建设管理局按程序向社会公开招标,共设置1个总监办。

5)征地拆迁

(1)工作及范围

沿线经过吉木萨尔县、奇台县、兵团农六师中心团场。共计2个县、1个团场、5个乡镇。

(2)主要内容

①签订协议、界定征地界限、办理永久性占地报批手续。

②永久占地内附着物的拆除。

③临时及借土占地的征用。

(3)遵循的政策法规

①《中华人民共和国土地管理法》。

②《自治区重点建设项目征地拆迁补偿标准》。

③《大黄山至奇台高速公路建设工程项目征地补偿安置方案》。

(4)主要做法

大黄山至奇台高速公路建设项目于2009年8月开工,在交通运输厅、交通建设管理局的正确领导下,得到了昌吉州政府及相关市县政府的大力支持。在征地拆迁工作中,严格按照国土资源厅《自治区重点建设项目征地拆迁补偿标准》以及《大黄山至奇台高速公路建设工程项目征地补偿安置方案》,对沿线辖区内涉及需要征地拆迁的房屋、耕地及草场进行了征用。交通建设管理局先后就大奇高速公路项目与国土资源厅签订了四份建设用地补偿协议,并且按时支付了建设用地补偿款项。指挥部与沿线各县、市政府及有关部门积极协调配合、大力推进、了解实际情况、进行实地勘察、摸底等工作,经常到施工现场解决问题,基本完成了本项目建设用地征用、补偿工作。落实承包责任制,征地拆迁工作实行群众参与,各级政府层层签订责任书,采取"四到位""四现场"的做法,即县、乡、村、户四方到场,现场丈量、现场清点、现场签字、现场盖章,征地拆迁统计见表8-46。

大黄山至奇台高速公路征地拆迁统计表　　表8-46

高速公路编码	项目名称	征地拆迁安置起止时间	征用土地（亩）	拆迁房屋（m^2）	拆迁占地费（万元）
G335	大黄山至奇台高速公路建设项目	2009年8月—2012年9月	10444.41	4767.5	25941.84

2．项目实施阶段

1）实施过程

（1）主线土建工程（含交安工程）于2009年9月底开工,2012年12月底完工。

（2）房建工程于2012年8月开工,2013年12月完工。

（3）外电工程于2012年10月开工,2014年1月完工。

（4）机电工程于2012年6月开工,2014年12月完工。

（5）2013年9月30日,在自治区交通建设局召开了交工验收会,项目质量审定结果为合格,加权平均得分90.43分。

（6）2016年7月,由自治区交通运输工程质量监督局,根据《公路工程质量鉴定办法》,对项目进行了竣工质量鉴定,评分为87.49分,等级为合格。

2）重大变更

（1）土建第1合同段甘河子变更

为满足当地经济发展的要求,根据自治区交通厅《关于对S303线甘河子镇区段道路改造工程施工图设计的批复》（新交综〔2012〕87号）和交通建设管理局《S303线甘河子镇区段道路改造工程变更通知单》对S303甘河子镇区段道路进行改造,总长2624.294m,采用双向六车道城市主干道Ⅱ级标准,道宽52m。涉及金额2472.15万元。

（2）土建第1合同段增加4cm上面层和封层

根据自治区交通建设管理局的变更批复,为保证工程质量,土建工程第1合同段新增厚40mmAC-13C细粒式沥青混凝土和10mm下封层,与土建第2~7合同段路面结构层保持一致,涉及金额1456.06万元。

（3）主线收费站变更为匝道收费站,涉及土建第1、2、3、4、6、7合同段。

自治区交通厅 2011 年 8 月 2 日下发的《关于大黄山至奇台高速公路项目互通立交变更设计方案的批复》(新交综〔2011〕199 号)文件精神,设计单位大黄山至奇台高速公路项目互通式立交收费制式按照批复意见进行了变更,指挥部于 2012 年 10 月收到设计图纸并下发实施。因收费制式的改变,所有立交区变更,涉及第 1 合同段新增三台互通式立交及匝道收费站变更;第 2 合同段取消主线收费站;第 3 合同段吉木萨尔主线收费站变更匝道收费站、新增泉子街互通式立交变更;第 5 合同段主线收费站变更为匝道收费站;第 6 合同段中心团场互通式立交区变更;第 7 合同段老奇台互通式立交区变更等,涉及金额 7144.84 万元。

(4)土建第 5 合同段新增奇台连接线工程

根据自治区交通厅《关于大黄山至奇台高速公路项目奇台连接线施工图设计的批复》(新交综〔2011〕244 号),指挥部于 2011 年 4 月收到图纸并下发实施,奇台连接线变更 2013 年 11 完成,涉及金额 2761.23 万元。

(5)土建第 5 合同段新增奇台物流园工程

根据自治区交通厅 2013 年 9 月下达的奇台物流园区道路变更通知单,工程于 2014 年 5 月完成,涉及金额 1266.74 万元。

(三)复杂技术工程

大黄山至奇台高速公路沿线依次穿过山前冲洪积扇残原区、冲洪积扇区,地形较平坦、场地第四系覆盖层较厚,主要由中密—密实的中砾(圆砾)、粗砾(卵石)组成,强度高,压缩变形小,且无软弱地基分布,场地地基稳定性较高,部分路段存在盐渍化现象和湿陷性土,总体而言,项目区适宜于工程建设。全线无特大桥、隧道及严重不良地基,施工单位在项目施工过程中根据以往施工经验,配备公路工程主要施工机械满足现场需要,故无复杂技术工程。

(四)科技创新

在项目第 4 合同段试验使用 DTJ 沥青混合料动态质量监控系统,该系统的应用成功解决了路面面层施工质量控制的关键因素,有效地控制了沥青混合料的级配、油石比、出厂温度、质量、关键孔通过率等关键指标,提高了项目管理的真实性、及时性和管理决策的针对性。

(五)运营养护管理

大黄山至奇台高速公路,全长 114.93km,双向四车道,2012 年 12 月建成通车,项目投资 34.63 亿元,见表 8-47。大黄山至奇台高速公路位于昌吉州境内,起于大黄山幸福路口立交桥,途经三台镇、吉木萨尔县、奇台县、中心团场,终于303省道岔路口。此项目的建成对加快吉木萨尔、奇台、木垒及准东地区的石油、矿产资源开发,促进区域经济发展,推进新型工业化和优势资源转换战略实施,特别是加快社会主义新农村建设有着十分重要的意义。

大黄山至奇台高速公路并入国高网后编号和里程变化汇总表　　　　表8-47

所属地州局	并入国高网后编号和里程变化情况		
	路线编号	起讫桩号	里程(km)
昌吉公路管理局	G7	K2601+600~K2716+530	114.93

大黄山至奇台高速公路,下设吉木萨尔、三个庄子两个服务区;下设三台、吉木萨尔、泉子街、奇台、中心团场、老奇台6个匝道收费站。

2014年大黄山至奇台高速公路交通量为203.5240万辆,2015年交通量为119.2090万辆,2016年交通量为195.90万辆。

大黄山至奇台高速公路由昌吉公路管理局吉木萨尔分局、奇台分局管养。

收费站点设置见表8-48,交通量变化状况见表8-49。

收费站点设置汇总表　　　　表8-48

站点名称	车道数	收费方式
三台收费站	6	封闭式
吉木萨尔收费站	7	封闭式
泉子街收费站	6	封闭式
奇台收费站	9	封闭式
中心团场收费站	6	封闭式
老奇台收费站	6	封闭式

交通量变化状况表(单位:辆/日)　　　　表8-49

年份(年)	路段一	日平均流量
2014	66912	5576
2015	39192	3266
2016	64404	5367

注:大黄山至奇台高速公路下设老奇台观测站,观测区间为K2602~K2636+530。

二、S303线奇台—木垒高速公路(建设期2011.04—2013.11)

奇台至木垒高速公路位于新疆维吾尔自治区昌吉州东部,天山东段博格达峰北麓,准格尔盆地东南缘。本项目是新疆交通运输"57712"工程规划"五横七纵"高速公路、高等级公路网"第2横"(明水—伊吾—阜康—克拉玛依—巴克图口岸)与第4纵(阿黑土别克口岸—阿勒泰—木垒—鄯善—西煤东运煤炭基地）的共线路段，也是大黄山至奇台高速公路的延伸线。路线起点与大黄山至奇台高速公路终点顺接，桩号为K114+900，位于省道S303线桩号K407附近。终点与建成的木垒至鄯善公路衔接，桩号为K185+600，对应省道S303线桩号为K333附近，路线全长70.636km。

该项目的建设对加快奇台、木垒两县及准东地区的石油、矿产资源开发，促进区域经济发展，具有十分重要的意义。

（一）项目概况

1. 基本情况

1）功能定位

奇台至木垒高速公路项目的建设，加快了奇台、木垒及准东地区的石油、矿产资源的开发，促进区域经济的发展，推进新型工业化和优势资源转换战略的实施，特别是加快社会主义新农村建设具有十分重要的意义。同时，随着这条高速公路的延伸，将新增内地进疆通道，乌鲁木齐到北京的距离将大为缩短。

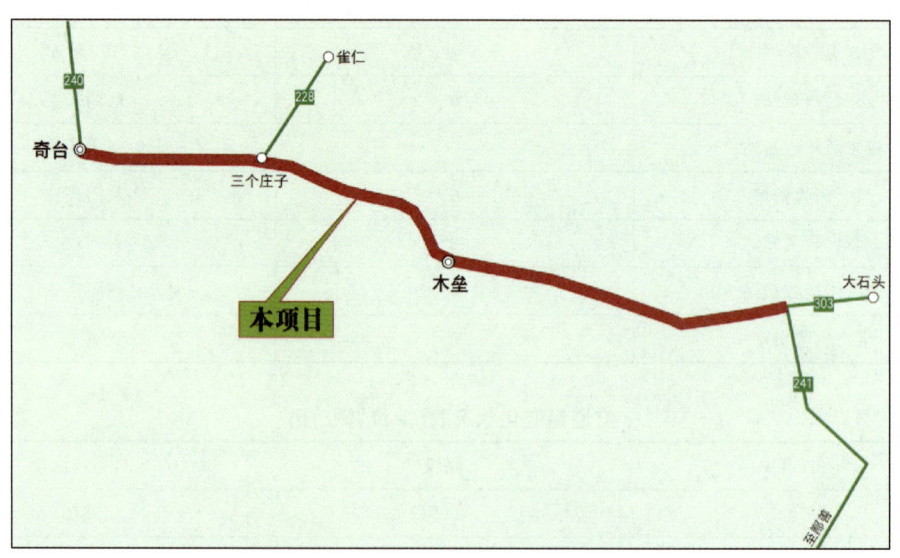

S303线奇台—木垒高速公路路线示意图

2）技术标准

主线采用四车道高速公路技术标准建设，设计速度120km/h，路基宽度28m；博斯坦乡和大浪沙乡连接线采用二级公路标准，设计行车速度80km/h，路基宽度12m；木垒连接线采用一级公路技术标准，设计速度80km/h，路基宽度24.5m；桥涵构造物汽车荷载标准为公路—Ⅰ级，其他技术指标按《公路工程技术标准》（JTG B01—2003）执行。

3)工程规模

本项目主线全长70.636km,为双向四车道高速公路,路基宽度28m,连接线17.304km(其中S303改建工程1.2km、木垒连接线8.37km、博斯坦连接线5.31km、大浪沙连接线2.424km),路面结构为柔性路面,全线设置:大桥2座、中桥9座、小桥6座(含博斯坦互通大坡沟小桥)、互通式立交4处、分离式立交4处、通道桥23座、天桥9座、涵洞193道(其中主线142道、互通16道、连接线21道、圆管涵14道),服务区1处。

4)主要控制点

奇台县、三个桩子乡、木垒县、大石头乡、博斯坦乡。共计2个县、3个乡镇。

5)地形地貌

项目区地貌单元由山前冲洪积扇、冲洪积倾斜平原及黄土丘陵组成。地行开阔,地势变化较小,海拔高度从东至西渐减,从北至南渐增,地面高程在931~1433m之间。

6)投资规模

项目批复概算投资19.8453亿元。

7)开工及通车、竣工时间

项目于2011年5月25日开工,合同竣工日期为2012年11月30日,实际主线工程完工时间为2013年10月。

2. 前期决策情况

1)前期决策背景

奇台至木垒高速公路位于新疆维吾尔自治区昌吉州东部,是新疆交通运输"57712"工程规划"五横七纵"高速公路、高等级公路网中的"第二横"与"第四纵"的共线路段,也是大黄山至奇台高速公路的延伸线。项目建成对加快奇台、木垒及准东地区的石油、矿产资源开发、促进区域经济发展,推进新型工业化和优势资源转换战略实施,特别是加快社会主义新农村建设具有十分重要的意义。

2)前期决策过程

该项目于2010年开始准备工作,2011年自治区发展改革委批准立项。

(1)2010年自治区交通厅上报了《关于审批奇台至木垒高速公路建设项目工程可行性研究报告(代项目建议书)的报告》(新交综〔2010〕487号)。

(2)2011年2月1日,自治区发改委下发《关于奇台至木垒高速公路工程可行性研究报告的批复》(新发改交通〔2011〕290号),批复了工程可行性。

(3)2011年2月9日,自治区交通运输厅下发《关于奇台至木垒高速公路初步设计的批复》(新交综〔2011〕21号),批复了初步设计及投资概算。

(4)2011年2月21日,自治区国土资源厅下发《关于奇台至木垒高速公路建设用地的预审意见》(新国土资源预审字〔2011〕20号),批复建设用地。

3. 参建单位主要情况

1) 建设单位

本项目建设单位是新疆维吾尔自治区交通建设管理局,项目执行机构是 S303 线奇台至木垒高速公路项目福建省代建指挥部。

2) 设计单位

设计单位为中交第一公路勘察设计研究院有限公司。

3) 施工单位

通过招投标本项目有 2 个施工单位参与建设,其中土建、房建 1 个,机电工程 1 个。

4) 施工监理单位

本项目设置 1 个总监办公室,负责全线施工监理工作;1 个土建工程监理办公室,负责监理区段内路基路面工程、交通安全设施工程、绿化工程的施工监理工作;1 个房建工程监理办公室,负责全线 1 个合同段的房建工程施工监理;1 个机电工程监理办公室,负责全线的机电工程施工监理。

(二) 建设情况

1. 项目准备阶段

1) 项目审批

该项目严格执行了交通基本建设程序,从预可行性研究、工程可行性研究、初步设计、施工图设计、工程施工、监理招投标及工程开工报告的审批,各个环节手续齐全,具体如下:

(1) 2011 年 2 月 1 日,自治区发改委下发《关于奇台至木垒高速公路工程可行性研究报告的批复》(新发改交通〔2011〕290 号),批复了主线和支线长度、道路等级、总投资额和资金筹措等内容。

(2) 2011 年 2 月 9 日,自治区交通厅下发《关于奇台至木垒高速公路初步设计的批复》(新交综〔2011〕21 号),批复了奇台至木垒高速公路初步设计。对初步设计提出了审查意见,并确定工程总概算为 198452.5453 万元。

(3) 2011 年 2 月 21 日,自治区国土资源厅下发《关于奇台至木垒高速公路建设用地的预审意见》(新国土资源预审字〔2011〕20 号),批复建设用地。

(4) 2011 年 4 月 6 日,自治区水利厅下发《关于奇台至木垒高速公路建设项目水土保持方案的批复》(新水办水保〔2011〕80 号),批复水保许可。

(5) 2011 年 4 月 18 日,自治区环保厅下发《关于奇台至木垒高速公路建设项目环境影响报告书的批复》(新环自函〔2011〕301 号),批复环保许可。

(6)2011年5月3日,自治区交通厅下发《关于奇台至木垒高速公路施工图设计的批复》(新交综〔2011〕85号),批复了奇台至木垒高速公路施工图设计。

(7)2011年7月4日,国家林业局下发《使用林地审核同意书》(林资许准〔2011〕158号),批复项目林地用地。

2)资金筹措

本项目概算总投资19.85亿元,全部由新疆维吾尔自治区交通运输厅筹措。

3)合同段划分

据各专业的工程内容划分合同段如下:

(1)土建工程设计合同段划分1个合同段,房建工程设计划分1个合同段,机电工程设计划分1个合同段。

(2)施工合同段划分:根据工程内容的不同,土建工程划分1个合同段,房建工程划分1个合同段,机电工程划分1个合同段。

(3)施工监理合同段划分:根据工程内容设1个总监办公室,1个土建工程驻地监理合同段,1个房建工程监理合同段,1个机电工程监理合同段。

项目建设单位信息汇总见表8-50。

奇台至木垒高速公路项目建设单位信息汇总列表　　表8-50

序号	参建单位类别	单位名称	合同段编号及起讫桩号	主要负责人
1	项目管理单位	新疆维吾尔自治区交通建设管理局	K114+964.361~K185+600	冯树林
2	勘察设计单位	中交第一公路勘察设计研究院有限公司	K114+964.361~K185+600	—
3	房建监理单位	福建省交通建设工程监理咨询有限公司	K114+964.361~K185+600	林修
4	路基路面监理单位	湖北华捷工程咨询监理有限公司	K114+964.361~K185+600	陈启华
5	机电施工单位	北京公科飞达交通工程发展有限公司	K114+964.361~K185+600	—
6	路面施工单位	中铁二十一局集团有限公司	K114+964.361~K185+600	吕鑫明
7	路基施工单位	中铁二十一局集团有限公司	K114+964.361~K185+600	吕鑫明
8	交安施工单位	中铁二十一局集团有限公司	K114+964.361~K185+600	吕鑫明
9	房建施工单位	中铁二十一局集团有限公司	K114+964.361~K185+600	吕鑫明

4）招投标

按照《中华人民共和国招标投标法》和交通部颁布的《公路工程施工招标投标管理办法》《公路工程施工招标资格预审办法》《公路工程施工招标评标办法》的要求，由项目法人单位组织招标工作。

(1) 初步设计完成后，设计单位立即投入施工图设计和编制招标文件的工作。由中交第一公路勘察设计研究院有限公司进行施工图设计。

(2) 土建、房建工程于2011年1月25日出售标书，2011年2月11日开标。机电工程于2012年3月27日出售标书，2012年4月23日开标。

(3) 项目办成立招标评标委员会，下设评标工作组，负责评标工作，对投标书进行公正、客观和准确的评价，并形成《评标报告》报送自治区交通厅。

(4)《评标报告》经自治区交通厅批复同意土建工程中标的施工单位1家，为中铁二十一局集团有限公司，机电工程施工单位1家，为北京公科飞达交通工程发展有限公司。整个招标工作分别于2011年2月、2012年4月全部完成。

(5) 根据《新疆维吾尔自治区政府投资第12项目包S303线奇台—木垒高速公路项目代建协议》相关规定和要求，福建省高速公路有限责任公司根据福建省交通运输厅援疆统一部署，委托福建省交通建设工程监理咨询公司组建奇木项目总监办，并以S303线奇台—木垒项目代建指挥部的名义与监理单位签订了监理合同，报新疆交通建设管理局备案。

(6) 自治区交通建设管理局委托华杰工程咨询有限公司为本项目土建工程驻地办招标代理单位，于2011年1月27日在国内发布招标公告，并于2011年1月27日~2月1日在新疆交通建设工程招投标中心出售招标文件。招标人于2011年2月21日上午11:00在新疆交通建设工程招投标中心对本项目进行开标，经评审后确定中标单位：湖北华捷工程咨询监理有限公司。

(7) 自治区交通建设管理局委托新疆智诚达项目管理咨询有限公司为本项目机电工程施工总监办招标代理单位，于2012年3月27日在国内发布招标公告，并于2012年3月27日~4月5日在新疆交通建设工程招投标中心出售招标文件。招标人于2012年4月23日上午11:00在新疆交通建设工程招投标中心对本项目进行开标，经评审后确定中标单位：河北华达公路工程咨询监理有限公司。

5）征地拆迁

(1) 工作及范围

沿线经过奇台县、木垒县、三个桩子乡、大石头乡、博斯坦乡。共计2个县、3个乡镇。

(2) 主要内容

①签订协议、界定征地界限、办理永久性占地报批手续。

②永久占地内附着物的拆除。

③临时及借土占地的征用。

(3)遵循的政策法规

①《中华人民共和国土地管理法》。

②《自治区重点建设项目征地拆迁补偿标准》。

③《大黄山至奇台高速公路建设工程项目征地补偿安置方案》。

(4)主要做法

代建指挥部专门成立征地拆迁协调小组,积极配合自治区交通建设管理局严格按照设计文件规定的范围开展征地拆迁工作。在实施过程中,不等不靠、主动作为,积极寻求木垒县委、县政府的支持和帮助,协调县高速公路建设领导小组多次召开征地拆迁协调会,充分调动沿线各乡党委政府的积极性,有力促进了征地拆迁工作的顺利进行,保证了施工用地的提交。根据施工图纸和其他相关法律、法规的规定,本项目建设征用土地总面积为7061.44亩,其中老路249.06亩。

2. 项目实施阶段

1)实施过程

(1)主线土建工程于2011年5月25日开工,2013年10月30日完工。

(2)房建工程于2012年5月开工,2013年10月18日完工。

(3)机电工程于2013年7月20日开工,2014年7月29日完工。

(4)2013年10月8~12日,由自治区交通建设管理局联合自治区公路工程质量监督局,根据《公路工程竣(交)工质量鉴定验收办法》及《新疆维吾尔自治区公路工程竣(交)工验收办法实施细则》,对项目进行了质量审定,评分为90.81分,等级为合格。

(5)2013年11月18日,新疆维吾尔自治区交通建设管理局组织专家对奇木高速公路进行了交工验收。

(6)2014年11月2~4日,由自治区交通建设管理局联合自治区公路工程质量监督局,对奇木高速公路项目机电工程进行了质量鉴定,评分为94.9分,等级为合格。

(7)2014年12月10日,新疆维吾尔自治区交通建设管理局组织专家对奇木高速公路机电工程进行了交工验收。

2)重大变更

本项目批复变更38份,其中重大变更1份,一般变更37份,变更总金额42931632.40元。

重大变更:土建第QM-1段木垒县城道路改扩建。

2011年6月14日,自治区交通运输厅《关于奇台至木垒高速公路建设项目改造木垒县城部分道路的通知》(新交便函〔2011〕113号),决定将木垒县城部分道路改造列入奇台至木垒高速公路建设项目中实施。共计包括三项工程内容:Z903-S303之间新建一条长约1.5km连接线,路基宽16m;改造西河坝西侧S303岔口处县城段约3.3km,路基宽10m;改造县人民路土管局至老十字段约2.4km,路基宽20m,涉及金额2966.98万元。

(三)科技创新

积极应用新技术、新工艺、新材料提升工程质量和效率。

(1)针对沥青路面易发生开裂的问题,项目部开展高温差寒区水泥稳定砂砾基层抗裂技术的研究及应用,以提高水泥稳定材料的路用使用性能,降低工程成本,延长路面使用寿命。

(2)温拌沥青混合料技术。针对新疆木垒地区进入冬季早、昼夜温差大的实际情况,采用沥青混合料添加温拌剂的温拌沥青混合料技术,延长作业时间、提高摊铺质量。

(3)钢筋加工数字化。引入钢筋加工数控设备,建立起通过PLC伺服系统控制的钢筋自动化生产线,极大地提高了施工效率,钢筋数控加工设备(钢筋加工数控机床和钢筋数控弯箍机),在于推行钢筋加工的标准化,用数控的设备将统一规格的钢筋集中加工生产出来,这样可以保证钢筋在设备的加工过程中保持尺寸的一致,从而达到标准化生产的效果。

(4)混凝土结构物养护标准化。由于本地区气候干燥且常年风大,混凝土表面水分蒸发速度快,极易形成收缩裂缝,混凝土养护是确保混凝土质量的关键。为彻底解决本地区缺水高温所带来的养护问题,项目部采用了新型混凝土节水保湿养护膜,该养护膜是以新型可控高分子材料为核心,以塑料薄膜为载体,黏附复合而成,高分子材料可吸收自身质量200倍的水分,吸水膨胀后变成透明的晶状体,把液态水变为固态水,然后通过毛细管作用,源源不断地向养护面渗透,同时又不断吸收养护体在混凝土水化热过程中的蒸发水。因此,在一个养护期内养护膜能保证养护体表面保持湿润,相对湿度≥90%。

(5)镦粗直螺纹连接技术。本项目对直径25mm以上的钢筋接头采用镦粗套丝的连接方式。套筒现用的类型为扩口加长型(用于钢筋较难对中的场合),套筒外径49mm,套筒长80mm。钢筋接头由丝头和套筒组成,钢筋进行连接时,先用镦粗机将钢筋的连接端进行镦粗,再用绞丝机加工出圆柱螺纹丝头,与套筒的丝头相互咬合、旋紧,使钢筋连接成为一个整体,更好的承受荷载,满足强度、变形和其他性能的要求。

(6)钢筋绑扎安装卡具。为保证各类梁板钢筋绑扎位置的准确性,现场制作了钢筋绑扎卡具,一方面有利于钢筋的准确定位,提高钢筋绑扎的质量。另一方面有利于提高钢筋绑扎安装的功效。

(四)运营养护管理

奇台至木垒高速公路工程位于新疆维吾尔自治区昌吉回族自治州东部,是新疆交通运输"57712"工程规划"五横七纵"高速公路、高等级公路网中的"第2横"与"第4纵"的共线路段,也是大黄山至奇台高速公路的延伸线,线路全长70.6km,设计速度120km/h,双向四车道,2013年11月建成通车。它是新疆唯一实现了"五同步"施工的项目,即配套工程与公路主体工程"同步规划、同步设计、同步审批、同步实施、同步交工"。该项目的建设对加快奇台、木垒两县及准东地区的石油、矿产资源开发,促进区域经济发展具有重要意义。

奇台至木垒高速公路,下设1个服务区(木垒),4个匝道收费站(双涝坝匝道、木垒、博斯坦、大浪沙),见表8-51。

收费站点设置汇总表 表8-51

站点名称	车道数	收费方式
双涝坝匝道收费站	11	封闭式
木垒收费站	7	封闭式
博斯坦收费站	6	封闭式
大浪沙收费站	8	封闭式

2014年奇台至木垒高速公路交通量为278.276万辆,2015年交通量为194.5815万辆,2016年交通量为306.12万辆。交通量发展变化见表8-52。

交通量发展变化表(单位:辆/日) 表8-52

年份(年)	路段一	日平均流量
2014	91488	7624
2015	63972	5331
2016	100644	8387

注:奇台至木垒高速公路昌吉公路管理局辖区设北庭观测站,观测区间为K2550+600~K2601+600。

奇台至木垒高速公路由昌吉公路管理局木垒分局管养,见表8-53。

奎屯至赛里木湖高等级公路并入国高网后编号和里程变化汇总表 表8-53

所属地州局	并入国高网后编号和里程变化情况		
	路线编号	起讫桩号	里程(km)
昌吉公路管理局	G7	K2531~K2601+600	70.6

第三节　G3012吐鲁番至和田高速公路

国家高速公路网新疆境内路段规划分别是:G7北京—乌鲁木齐高速公路(新疆境内省界—哈密—吐鲁番—乌鲁木齐)、G30连云港—霍尔果斯高速公路(新疆境内星星峡—哈密—吐鲁番—乌鲁木齐—奎屯—霍尔果斯口岸),其中G30有5条联络线,分别为G3012、G3013(吐鲁番—库尔勒—库车—阿克苏—喀什—和田及伊尔克什坦)、

G3014（奎屯—克拉玛依—阿勒泰）、G3015（奎屯—克拉玛依—塔城—巴克图口岸）、G3016（清水河—伊宁）。

吐鲁番—和田高速公路（简称"吐和高速公路"），编号为G3012，起点在国家高速公路网G30小草湖立交桥，经库尔勒、阿克苏、阿图什、喀什到达终点和田，与G315吐和高速公路相连接，全长1931km。

一、G3012小草湖—和硕公路改建工程（建设期2011.06—2012.10）

本项目位于新疆维吾尔自治区东部吐鲁番地区托克逊县及巴州和硕县境内，路线总体走向由东北向西南，路线起点位于小草湖互通式立体交叉托克逊至吐鲁番方向匝道起点对应主线位置，对应G3012桩号K3+000，路线穿越戈壁滩，经托克逊县，至K51+400处路线上下行分开，上行线沿卧虎不拉沟翻越天山，下行线沿甘沟翻越天山。在K108+732处上下行线合并（上行线桩号K108+732，下行线桩号K121+182，长链12.47km），然后路线沿老路前行，经过库米什镇，穿过榆树沟，经乌什塔拉、曲惠乡镇，终点接和库高速公路起点G3012桩号K238+284.79位置。路线全长235.685m（按上行线里程计，按下行线里程计路线全长为248.155km）。本项目由于完全利用现有老路，不进行加宽，因此基本为道路工点和附属设施的改（扩）建。本项目路面设计依据《公路沥青路面设计规范》（JTG D50—2006）、《公路沥青路面施工技术规范》（JTG F40—2004）和《公路路面基层施工技术规范》（JTJ 034—2000）、《公路沥青路面养护技术规范》（JTJ 073.2—2001）。改建和补强段落路面设计以BZZ-100为标准轴载设计，在设计年限内一个车道上的累计当量轴次300万次。

（一）项目概况

1. 基本情况

1）功能定位

G3012小草湖至和硕公路改建工程位于吐鲁番地区托克逊县及巴州和硕县境内，是连云港至霍尔果斯国家高速公路的联络线吐鲁番至和田及伊尔克什坦国家高速公路的重要组成部分。也是连接南北疆骨干交通网的重要一环。也是南北疆之间唯一能常年通车的公路通道，行车状况的改善必将对沿线经济起到带动作用。

2）技术标准

本项目主要路段经过改造可升级为高速公路，下行线可全线贯通高速公路，卧虎布拉沟上行线局部困难路段适当降低标准，K51~K79共28km路段采用一级公路标准。主要技术指标见表8-54。

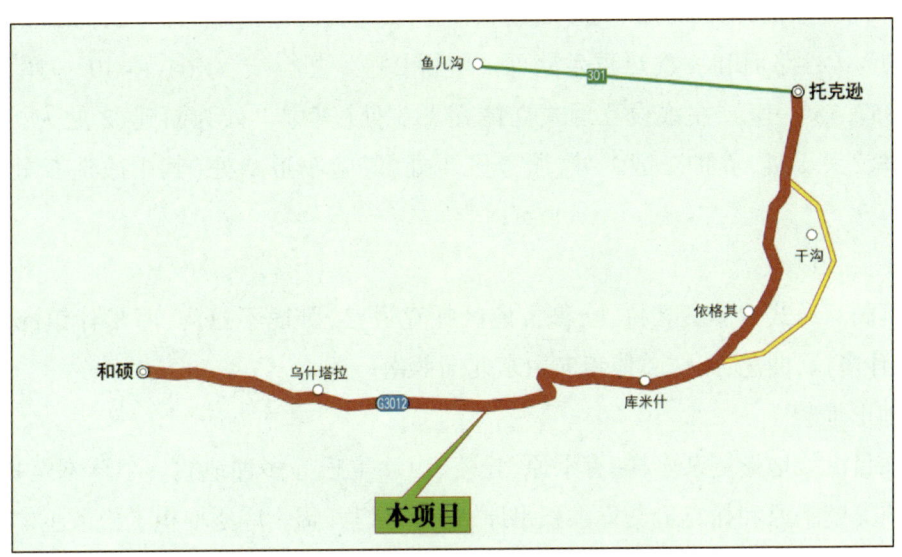

G3012 小草湖—和硕公路改建路线示意图

主要技术指标一览表 表 8-54

指标名称	平 原 区		山 岭 区	山 岭 区
	K3+000~ K38+400	K38+400~ K51+400	K78+700~K99+000 （上行线）	
	K108+032~ K144+000	K144+000~ K159+000	—	K51+400~K78+800 （上行线）
	K159+000~ K238+685	K99+000~ K108+032 （上行线）	K164+530~ K108+0325 （下行线）	
公路等级	高速公路			一级公路
设计速度(km/h)	100	80	60	40
路基宽度	25.5,12×2	12×2,24.5	11.25,12	10
路线长度	150.353	37.332	89.803	28
平曲线最小半径(m)	960	251	125	60
最大纵坡(%)	3.99	5	6	7
最小坡长(m)	260	200	157	120
凸形竖曲线最小半径(m)	20000	4500	3000	1360
凹形竖曲线最小半径(m)	13000	3501	4000	1500

3）工程规模

本项目由于完全利用现有老路，不进行加宽，因此基本为道路工点和附属设施的改

(扩)建。路线全长235.685km(按上行线里程计,按下行线里程计路线全长为248.155km),路面结构为柔性路面和一次热再生路面。中桥2座(上行线YK64+440一座,下行线ZK56+857.75一座),主线设互通式立体交叉3处(其中1处为新建、2处为扩建),分离式立体交叉1处,养护工区1处、服务区4处、避险车道9处(其中改造7处,新建2处)。

4)主要控制点

小草湖互通式立体交叉桥、吐鲁番地区托克逊县、卧虎不拉沟、库米什镇,穿过榆树沟,经乌什塔拉、曲惠,路线总体走向由东北向西南。

5)地形地貌

本项目沿线地形复杂多样,有平原、丘陵、山岭重丘等多种地貌。小草湖至托克逊段经过山前戈壁平原和托克逊艾肯洪积平原,地势平坦开阔。广泛堆积了松散土体,岩体仅出露于盆地边缘中低山丘陵区,湖相沉积埋深大于30m;路线经过托克逊后跨越天山,通过地段位于天山山脉的东段,其主峰构成了南北的分水岭,路线通过地段属中低山、丘陵和山间盆(洼)地地貌,海拔1200~3000m,高差1800m,地形切割较为强烈,比高800~1200m。在中低山地区内,分布有库米什、察汉通古、博斯腾湖等山间盆地,盆地海拔900~1300m,中低山区基岩裸露,山间盆地为第四纪沉积物所覆盖,基岩露头极少。路线跨过天山进入平原地区。

沿线分布托克逊县、库米什镇、乌什塔拉乡、曲惠乡、塔哈其乡等县、乡、镇,有多条道路与本项目存在交叉。老路共设置互通式立体交叉7处,分别为托克逊互通、库米什东互通、库米什西互通、乌什塔拉东互通、乌什塔拉西互通、曲惠互通和塔哈其互通;分离式立交3处。

根据项目沿线地形、社会环境、交通现状、路网特征及将来交通需要,同时结合当地有关部门要求、沿线群众生产、生活需要和本项目总体设计的具体特点,经现场勘查,本次改造除将原伊拉湖分离式立交改为互通式立体交叉,对乌什塔拉东互通、塔哈其互通进行改建外,其余5处互通式立交、2处分离式立交完全利用。

另外,为满足当地政府和群众需求,在库米什镇附近新增分离式立交1处,在乌什塔拉服务区设置人行通道1处。

6)投资规模

项目概算投资5.9602亿元。

7)开工及通车、竣工时间:

2011年6开工建设,2012年10月交工通车,2015年12月完成竣工验收前的工程质量核查工作。

2. 前期决策情况

1) 前期决策背景

G3012 小草湖至和硕公路改建工程位于吐鲁番地区托克逊县及巴州和硕县境内,是连云港至霍尔果斯国家高速公路的联络线吐鲁番至和田及伊尔克什坦国家高速公路的重要组成部分。也是连接南北疆骨干交通网的重要一环。也是南北疆之间唯一能常年通车的公路通道,行车状况的改善必将对沿线经济起到带动作用。

2) 前期决策过程

根据新疆维吾尔自治区公路管理局新公管便函〔2010〕137 号《关于委托小草湖至和硕段一级改高速建设项目进行勘察设计的函》和新疆公路规划勘察设计研究院《关于下达小草湖—和硕段一级改高速公路建设项目勘察设计任务书》（新公设院〔2010〕112 号）的要求执行勘测设计任务,根据勘察设计任务书要求,本项目分为两阶段设计,初步设计阶段于 2010 年 7~10 月完成,施工图设计阶段于 2010 年 11 月~2011 年 3 月完成,并于 2011 年 6 月 30 日正式开工。新疆维吾尔自治区发改委 2010 年 11 月 8 日印发《关于小草湖至和硕段公路改建工程可行性研究报告的批复》（新发改交通〔2010〕2776 号）批复项目的估算,2011 年 2 月 22 日新疆维吾尔自治区交通运输厅印发《关于小草湖至和硕段一级改高速公路建设项目初步设计的批复》（新交综〔2011〕31 号）批复项目的概算,2011 年 7 月 5 日新疆维吾尔自治区交通运输厅印发《关于国道 G3012 小草湖至和硕公路改建工程施工图设计的批复》（新交综〔2011〕170 号）批复项目的预算。新疆维吾尔自治区交通运输厅印发《关于小草湖至和硕段一级改高速公路变更设计费用的批复》（新交工程〔2012〕57 号）、《关于小草湖至和硕段公路房建工程施工图设计的批复》（新交综〔2012〕3 号）、《关于小草湖至和硕段公路托克逊养护工区施工图设计的批复》（新交综〔2015〕55 号）进行批复,新疆维吾尔自治区环境保护厅 2011 年 4 月 27 日印发《关于国道 314 线小草湖—和硕段一级改高速公路项目环境影响报告书的批复》（新环自函〔2011〕337 号）进行批复,新疆维吾尔自治区国土资源厅 2012 年 6 月 5 日印发《关于小草湖至和硕段公路改建项目建设用地的批复》（新国土资函〔2012〕1088 号）进行批复,新疆维吾尔自治区水利厅印发《关于小草湖至和硕段一级改高速公路项目水土保持方案的批复》（新水办水保〔2011〕102 号）进行批复。

3. 参建单位主要情况

(1) 建设单位:新疆维吾尔自治区交通建设管理局。

(2) 项目执行机构:天津城建集团代建新疆项目指挥部。

(3) 设计单位:新疆公路规划勘察设计研究院。

(4) 施工单位:湖南路桥建设集团公司。

(5)监理单位:天津市华盾工程监理咨询有限公司。

(二)建设情况

1.项目准备阶段

1)项目审批

项目严格执行了交通基本建设程序,从预可行性研究、工程可行性研究、初步设计、施工图设计、工程施工、监理招投标及工程开工报告的审批,各个环节手续齐全,具体如下:

2010年11月8日,新疆维吾尔自治区发改委印发《关于小草湖至和硕段公路改建工程可行性研究报告的批复》(新发改交通〔2010〕2776号)批复项目的估算。

2011年2月22日,新疆维吾尔自治区交通运输厅印发《关于小草湖至和硕段一级改高速公路建设项目初步设计的批复》(新交综〔2011〕31号)批复项目的概算。

2011年7月5日,新疆维吾尔自治区交通运输厅印发《关于国道G3012小草湖至和硕公路改建工程施工图设计的批复》(新交综〔2011〕170号)批复项目的预算。新疆维吾尔自治区交通运输厅印发《关于小草湖至和硕段一级改高速公路变更设计费用的批复》(新交工程〔2012〕57号)、《关于小草湖至和硕段公路房建工程施工图设计的批复》(新交综〔2012〕3号)、《关于小草湖至和硕段公路托克逊养护工区施工图设计的批复》(新交综〔2015〕55号)。

新疆维吾尔自治区环境保护厅2011年4月27日印发《关于国道314线小草湖—和硕段一级改高速公路项目环境影响报告书的批复》(新环自函〔2011〕337号)。

新疆维吾尔自治区国土资源厅2012年6月5日印发《关于小草湖至和硕段公路改建项目建设用地的批复》(新国土资函〔2012〕1088号),新疆维吾尔自治区水利厅印发《关于小草湖至和硕段一级改高速公路项目水土保持方案的批复》(新水办水保〔2011〕102号)。

2)资金筹措

本项目概算核定59602.6586万元。投资规模:本项目估算批复55007.04万元,项目资金来源由车辆购置税资金和国内银行贷款两部分组成,其中车辆购置税资金19437万元,其余资金由银行贷款解决,资金来源情况见表8-55。

G3012高速公路项目资金来源情况表 (单位:万元) 表8-55

资金来源	2011年	2012年	2013年	2014年	2015年	合　计
一、基建拨款	24000	17170	-1170	0.00	0.00	40000
1.车购税	24000	17170	-1170	—	—	40000
2.厅拨养路费	—	—	—	—	—	—
3.中央基本建设资金	—	—	—	—	—	—

续上表

资金来源	2011 年	2012 年	2013 年	2014 年	2015 年	合 计
4.公建资金	—	—	—	—	—	—
二、项目资本	—	—	—	—	—	—
1.国家资本	—	—	—	—	—	—
2.法人资本	—	—	—	—	—	—
3.个人资本	—	—	—	—	—	—
三、项目资本公积	—	—	—	—	—	—
四、基建投资借款	—	—	—	—	—	—
五、上级拨入投资借款	600	-600	12000	0.00	2000	14000
1.开行银团贷款	600	-600	12000	—	2000	14000
合计	24600	16570	10830	0.00	2000	54000

3）合同段划分

根据各专业的工程内容划分标段如下：

(1)土建工程设计合同段划分1个合同段。

(2)施工合同段划分：根据工程内容的不同，土建工程划分1个合同段。

(3)施工监理合同段划分：根据工程内容设1个总监办公室。

4）招投标

按照《中华人民共和国招标投标法》和交通部颁布的《公路工程施工招标投标管理办法》《公路工程施工招标资格预审办法》《公路工程施工招标评标办法》的要求，由项目法人单位组织招标工作。

初步设计完成后，交通建设管理局立即投入施工图设计和编制招标文件的工作。由新疆交通规划勘察设计院完成施工图设计。项目采用招标的方式进行招投标工作，土建工程划分为1个合同段，2011年4月19日施工招标中标人公示，G3012小草湖—和硕高速公路项目(一级改高速公路)施工招标中标结果：XH-1合同段中标人为湖南路桥建设集团公司，公示期为2011年4月19～25日。

2011年5月4日签订合同。依据评标报告，同意中标的施工单位为湖南路桥建设集团公司，承担第1合同段的道路土建工程任务。监理单位天津市华盾工程监理咨询有限公司是天津城建集团自带到疆，见表8-56。

5）征地拆迁

(1)沿线经托克逊县、库米什镇、乌什塔拉乡、曲惠乡、塔哈其乡，共计1县、3乡、1镇。

参建单位情况一览表 表8-56

序号	参建单位	参建单位名称	合同段编号及起讫桩号	合同段所在地	主要内容	主要负责人
1	项目管理单位	天津城建集团新疆项目代建指挥部	XH-1K3+000~K238+284.79	托克逊县	负责项目的工程变更、合同管理、质量管理、财务管理、征地拆迁、廉政建设、文明施工、环保安全等工作	黄世军
2	勘察设计单位	新疆交通规划勘察设计研究院	XH-1K3+000~K238+284.79	托克逊县	全线勘察设计、施工后续服务、概（预）算编制、安全评估等工作	程军
3	施工单位 土建	湖南路桥建设集团公司	XH-1K3+000~K238+284.79	托克逊县	承担工程的实施、完成及缺陷修复工作	彭安平
	房建工程	湖南路桥建设集团公司	XH-1K3+000~K238+284.79	托克逊县	承担工程的实施、完成及缺陷修复工作	彭安平
	土建工程监理	天津市华盾工程监理咨询有限公司	XH-1K3+000~K238+284.79	托克逊县	全线范围内路基、路面、桥涵、路线交叉、交安、预埋线、房建、绿化、环水保、安全等工程全部监理工作	安伟峰
	房建工程监理	天津市华盾工程监理咨询有限公司	XH-1K3+000~K238+284.79	托克逊县	全线范围内路基、路面、桥涵、路线交叉、交安、预埋线、房建、绿化、环水保、安全等工程全部监理工作	安伟峰

（2）主要内容：

①签订协议、界定征地界限、办理永久性占地报批手续。

②永久占地界内房屋等各种构造物的搬迁。

③永久占地内附着物的拆除。

④各种管线的迁移、改建,既有通信管线的改建、加高、迁移,电力线路的改建、加高、迁移。

⑤临时及借土占地的征用。

(3)遵循的政策法规：

①《中华人民共和国土地管理法》。

②新疆维吾尔自治区国土资源厅 2012 年 6 月 5 日印发的《关于小草湖至和硕段公路改建项目建设用地的批复》（新国土资函〔2012〕1088 号）。

(4)主要做法：

G3012 小草湖至和硕公路改建工程是在原有道路上进行改建，基本保持原有线形。新疆维吾尔自治区交通建设管理局征地处与新疆维吾尔自治区国土资源厅就征地拆迁方案、管线改迁、费用补偿等依据国家政策和标准落实。项目执行二处征地拆迁科和指挥部协调配合。依据《代建协议书》中的条款规定，代建指挥部协助交通建设管理局办理项目土地征用、房屋拆迁、环保、水保等建设条件的协调、落实和相关报批工作。

由自治区国土资源厅牵头，指挥部、县相关单位逐步落实。对沿线地上附着物进行了清点、登记造册、签字确认。共批准征用土地 1392.81 亩，其中农用地转用 605.32 亩，集体农用地 139.39 亩，建设用地 41.96 亩，未利用地 31.23 亩，国有农用地 465.93 亩，未利用地 108.98 亩，征地拆迁费 3783 万元，征地拆迁统计见表 8-57。

征地拆迁统计表 表 8-57

高速公路编码	项目名称	征地拆迁时间	征用土地（亩）	拆迁费用（万元）
G3012	小草湖至和硕公路改建工程	2011.2—2012.10	1393	3783

2. 项目实施阶段

(1)主线土建工程于 2011 年 6 月 30 日开工，2012 年 9 月 30 日完工。

(2)路基工程、路面及桥涵工程于 2011 年 10 月开工，2012 年 8 月完成。

(3)交通安全设施于 2012 年 8 月开工，2012 年 9 月完工。

(4)2012 年 10 月 25～30 日完成交工验收前的各项准备工作，组织交验。

(5)小草湖至和硕段公路改建工程第 XH-1 合同段托克逊城区增加支线工程于 2013 年 12 月 29～30 日完成质量审定，2015 年 12 月 24 日完成交工验收工作。

(6)G3012 小草湖至和硕高速公路项目（一级改高速公路）管理养护与服务设施房建工程工程施工项目分为乌什塔拉养护工区及服务区、库米什养护工区扩建锅炉房、托克逊养护工区三部分。2012 年 9 月 24 日新疆交通建设管理局与施工单位湖南路桥建设集团公司签署《新疆维吾尔自治区 G3012 小草湖至和硕高速公路项目（一级改高速公路）管理养护与服务房屋建筑工程补充施工合同协议书》。工程造价:45102870.00 万元。2012 年 6 月 12 日开工，2013 年 8 月 15 日完工。2013 年 9 月 22～24 日交工。

(7)2015年4月20日,自治区交通运输厅下发《关于小草湖至和硕段公路托克逊养护工区施工图设计的批复》(新交综〔2015〕55号)批复。G3012小草湖至和硕段一级改高速公路建设项目配套房建工程托克逊养护工区用地总面积16667m^2,总建筑面积2551.16m^2。其中,办公楼2000.04m^2,机械库537.22m^2,值班室13.9m^2,批复建筑安装工程费988.477万元,总投资为1013.627万元。2015年11月16日签署新疆维吾尔自治区小草湖至和硕段一级改高速公路项目小草湖至和硕段公路项目托克逊养护工区工程签订补充协议。2015年6月1日开工,6月10日验槽,7月10日主体验收,2015年11月10日完工,11月26日完成交工前预验。

(8)新疆维吾尔自治区交通建设管理局于2012年10月30日对该项目进行了交工验收。交工验收委员会在查阅资料和现场查看的基础上,听取了建设、设计、施工、监理单位的工作报告,经讨论,同意对工程质量评分等级的结论,工程质量评分93.01分,质量等级优良。

(9)新疆维吾尔自治区公路工程质量监督局按照《公路工程竣(交)工验收办法》的有关规定,于2014年7月25~28日对该项目进行了质量鉴定,工程质量等级为优良。

(10)竣工验收委员会按照《公路工程竣(交)工验收办法》的规定,2015年12月18日进行了现场核查工作。

(三)运营养护管理

G3012小草湖至和硕公路改建工程,位于新疆维吾尔自治区东部吐鲁番地区托克逊县及巴州和硕县境内,路线总体走向由东北向西南,路线起点位于小草湖互通式立体交叉托克逊至吐鲁番方向匝道起点对应主线G3012桩号K3+000处,路线穿越戈壁滩,经托克逊县,至K51+400处路线上下行分开,上行线沿卧虎不拉沟翻越天山57.33km,下行线沿甘沟翻越天山69.78km。然后路线沿老路前行,经过库米什镇,穿过榆树沟,经乌什塔拉、曲惠乡镇,终点接和库高速公路起点,全长235.75km,双向四车道,2011年5月10日开工建设,2012年9月30日竣工通车,工程概算5.5亿万元,合同价为2.94亿元。小草湖至和硕公路并入国高网后编号和里程变化汇总见表8-58。

小草湖至和硕公路并入国高网后编号和里程变化汇总表　　　　表8-58

所属地州局	并入国高网后编号和里程变化情况		
	路线编号	起讫桩号	里程(km)
吐鲁番公路管理局	G3012	K0~K145	145
库尔勒公路管理局	G3012	K145~K238	93

G3012小草湖至和硕段公路设有2个服务区(托克逊、乌什塔拉),1个主线收费站(库米什收费站),见表8-59。

第八章
高速公路建设项目

收费站点设置汇总表　　　　　表8-59

站 点 名 称	车 道 数	收 费 方 式
库米什收费站	8	开放式

托克逊服务区位于G3012高速公路小草湖至托克逊路段K33+000处,2003年4月建成,占地面积约66000m^2,建筑面积7483.99m^2,集餐饮、购物、汽修、加油、住宿、停车、休息、如厕等多功能于一体。现有大车停车位57个,小车停车位66个。2015年服务区内房屋墙面粉刷、重新画停车场标志标线,2016年服务区安装监控设施。大力实施"果园"建设规划,栽种各种果树5000余棵,绿化面积约42000m^2,绿化率达63.6%。为进一步提升服务品质,对服务设施进行了统一装修和改造,对招牌、标识进行了统一制作和安装,进一步美化了服务环境。2015年托克逊服务区被评为"全国高速公路达标服务区"。

乌什塔拉服务区位于小草湖至和硕高速公路,隶属于库尔勒公路管理局,2013年11月15日竣工。北区位于中心桩号(G3012)K208+851.55处,南区位于中心桩号(G3012)K208+940.36处,二层框架结构,有超市、住宿、公厕、餐饮、修理、加油等服务。可供150～200人就餐,有200个泊车位,该服务区为双侧,总占地面积为40800m^2,总建筑面积为5164.93m^2,停车场25000m^2,绿化面积为5500m^2。

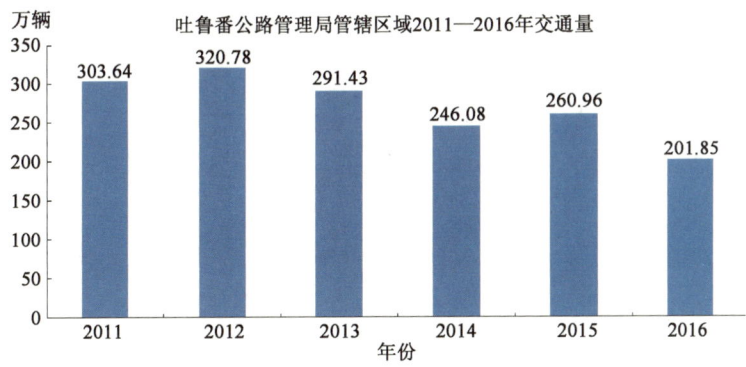

吐鲁番公路管理局管辖区域2011—2016年交通量发展状况图

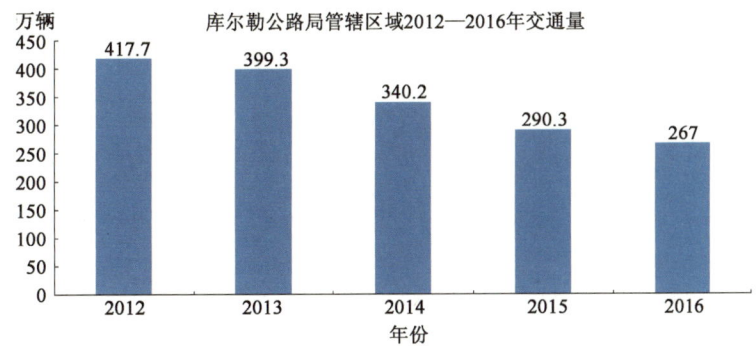

库尔勒公路局管辖区域2012—2016年交通量发展状况图

交通量发展变化见表8-60。

交通量发展变化表（单位：辆/日） 表8-60

年份(年)	路段一	路段二	路段三	日平均流量
2011	—	8319	—	8319
2012	8263	9314	11445	9674
2013	9348	6621	10939	8969
2014	7082	6402	9320	7601
2015	5644	8655	7953	7417
2016	7225	12230	9026	9494

注：G3012小草湖至和硕段公路改建工程在吐鲁番公路管理局辖区设托克逊(路段一)、赛尔敦(路段二)2个观测站，其中托克逊观测站观测区间为K0~K39+311，赛尔敦观测站观测区间为K39+311~K145；库尔勒公路管理局辖区设乌什塔拉观测站(路段三)，观测区间为K145~K238。

小草湖至和硕公路由吐鲁番公路管理局托克逊分局、库尔勒公路管理局和硕分局管养。

G3012小草湖至和硕段公路改建工程建成通车以来，实施的大中修工程包括：

(1)2013年，G3012K0~K145段危桥改造工程投入资金614.3475万元。

(2)2014年，G3012K0~K145段桥梁预防性养护工程投入251.7372万元。

(3)2015年，G3012托克逊至无名沟(K64+000~K103+800)段下行线大中修工程投入资金2935.026911万元，G3012线K0~K145段危桥改造工程投入资金132.2245万元，桥梁预防性养护工程投入10.0725万元

(4)2015年，G3012石棉矿至乌什塔拉(K160+000~K172+000)段上行线大中修工程1144.28万元。

(5)2016年，G3012K0~K145段危桥改造工程投入资金278.1527万元，桥梁预防性养护工程投入62.0198万元。

二、G314线和硕—库尔勒高速公路（建设期2003.05—2005.09）

（一）项目概况

1. 基本情况

1）功能定位

G314和硕至库尔勒高速公路建设项目是国家高速公路网"五横七纵主骨架"及新疆"Y"形公路网的重要组成部分，是连云港至霍尔果斯联络线吐鲁番至和田及伊尔克什坦高速公路的重要组成部分，是新疆维吾尔自治区"十五计划"和"西部大开发战略"交通建设的重点工程，是G314的重要组成部分。

项目的实施,是贯彻落实国家西部大开发战略部署,完善国家和新疆维吾尔自治区高速公路网络,发挥高速公路整体效益,改善区域交通条件,促进沿线地区资源开发和经济社会发展。

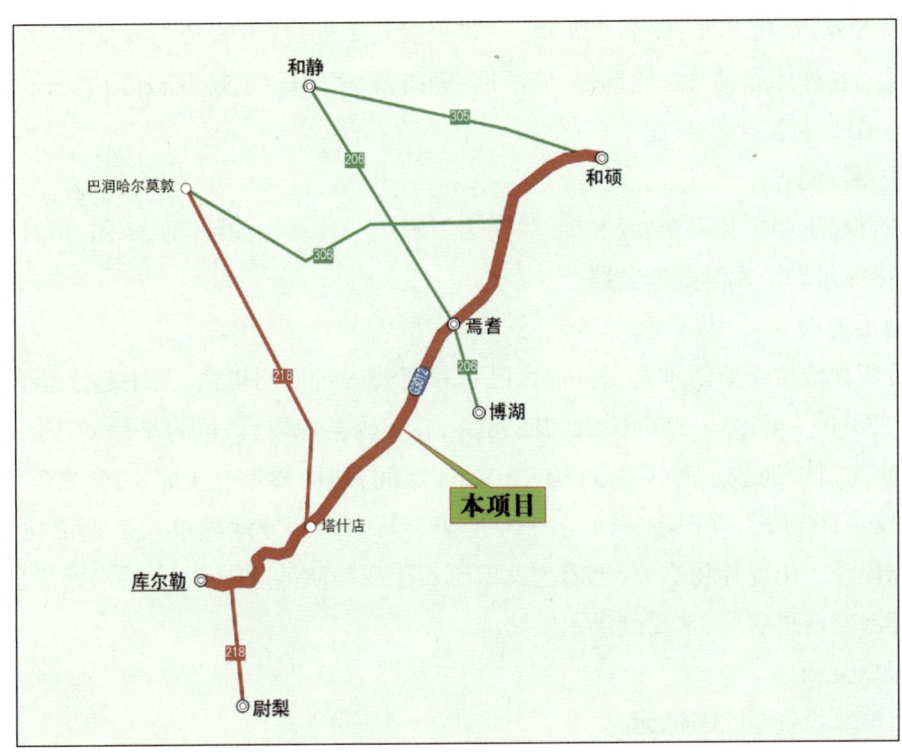

G314 线和硕—库尔勒高速公路路线示意图

2)技术标准

全线采用四车道高速公路标准建设,和硕至塔什店段设计速度120km/h,路基宽度28.0m;塔什店至库尔勒段设计速度100km/h,路基宽度26.0m。桥涵荷载标准:汽车—超20 级,挂车—120。其余技术指标符合《公路工程技术标准》(JTJ 001—1997)规定。G314和硕至库尔勒高速公路项目主要技术指标见表8-61。

G314 和硕至库尔勒高速公路项目主要技术指标一览表   表 8-61

指标名称	平原区	山岭区	和静连接线
公路等级	高速公路		二级公路
设计速度(km/h)	120	100	80
路基宽度(m)	28	26	12
路线长度(km)	75.64656	16.78618	30.19270
路面类型	沥青混凝土	沥青混凝土	沥青混凝土
桥梁设计荷载	汽车—超20 级,挂车—120		汽车—20 级,挂车—100
桥面宽度(m)	28	26	12

3) 工程规模

本项目工程建设里程92.45km。路面结构为柔性路面(收费广场为普通混凝土路面)。全线设置互通式立体交叉6处,分离式立体交叉5处,通道45处,特大桥4座,大桥5座,中桥8座,小桥8座,涵洞228道,主线收费站2处,匝道收费站6处,服务区1处。全线设置了各种标志、护栏、轮廓标、防落网、隔离栅、道路标线,防眩板等功能较齐全的交通标志和沿线设施。

4) 主要控制点

本项目起于和硕县以东,经和硕、兵团第二师24团、焉耆、第二师27团、塔什店,止于库尔勒,接库尔勒至库车高速公路。

5) 地形地貌

项目所在地位于新疆维吾尔自治区巴音郭楞蒙古自治州境内,其中起点至黄水沟段(K364+338.02～K386+627)长22.28898km,在和硕县境内,该段为平原微丘区地形,山前洪积-冲沟扇裙地貌。海拔在1150～1049m之间,地面横坡在1%～2%之间,K377+800～K386+800段为洪积-冲积细土平原地貌。其中一部分地貌单元是盐沼化学沉积。大部分路段位于山前冲积平原,土质为戈壁砾石土或粉质低液限黏土;后沟路段位于山岭区,山势陡峭,河道狭窄,常受到洪水威胁。

6) 投资规模

项目概算投资24.33亿元。

7) 开工及通车、竣工时间

2002年12月开工建设,2005年10月通过交工验收,2011年12月竣工验收。

2. 前期决策情况

1) 前期决策背景

国道314线和硕至库尔勒公路是国家高速公路网"五横七纵主骨架"及新疆"Y"形公路网的重要组成部分,是连云港至霍尔果斯联络线吐鲁番至和田及伊尔克什坦高速公路的重要组成部分,是新疆维吾尔自治区"十五计划"和"西部大开发战略"交通建设的重点工程。

现有的二级公路平交道口较多,混合交通严重,行车安全性差,特别是近几年,随着该区域石化产业、旅游、农牧业等的迅猛发展,交通量快速增长,该路段的通行条件已不能满足自治区经济社会长远发展的需求,道路改建迫在眉睫。

2) 前期决策过程

(1) 根据国家发展计划委员会计基础〔2002〕809号文件批准的可行性研究报告及工程规模,新疆维吾尔自治区高等级公路建设指挥部项目执行办公室委托新疆公路规划勘察设计研究院担负该项目的设计任务。

(2)2000年11月6日和2002年9月16日分别委托新疆环境技术中心和新疆水利水电勘测设计研究院编制了国道314线和硕至库尔勒段高速公路建设项目《环境影响报告书》和《水土保持方案报告书》。

3.参建单位主要情况

1)建设单位

本项目建设单位是新疆维吾尔自治区交通建设管理局。

2)设计单位

土建设计单位:新疆维吾尔自治区交通规划勘察设计研究院。

机电设计单位:北京交科公路勘察设计研究院。

3)施工单位

通过招投标本项目有15个施工单位参与建设,其中土建工程9个,房建工程3个,外电工程2个,机电工程1个。

4)施工监理单位

本项目设置1个总监代表处,负责全线施工监理工作;2个监理驻地处;9个土建工程监理办公室,负责监理区段内路基路面工程的施工监理工作;3个房建工程监理办公室,负责全线3个合同段的房建工程施工监理工作;2个外电工程监理办公室,负责全线2个合同段的外电工程施工监理工作;1个机电工程监理办公室,负责全线的机电工程施工监理工作。

(二)建设情况

1.项目准备阶段

1)项目审批

(1)国家发展计划委员会印发《国家计委关于审批国道314线和硕至库尔勒公路可行性研究报告的请示的通知》(计基础〔2002〕809号)。

(2)交通部印发《关于国道314线和硕至库尔勒公路初步设计的批复》(交公路发〔2002〕311号)。

(3)国家环境保护总局印发《关于国道314线和硕至库尔勒高速公路建设项目环境影响报告书审查意见的复函》(环审〔2003〕131号)。

(4)2004年11月20日,水利部印发《关于国道314线和硕至库尔勒公路水土保持方案的批复》(水保〔2004〕478号)。

2)资金筹措

项目概算总额24.33亿元。资金来源:交通部补助约5.79亿元,国家开发银行贷款9.66亿元,新疆维吾尔自治区交通建设资金8.88亿元。

3) 合同段划分

根据各专业的工程内容划分合同段(表8-62)如下:

G314 和硕至库尔勒高速公路合同段划分一览表　　　　　表 8-62

序号	单位类型	工程类型	合同段	单位名称
1			建设单位	新疆交通建设管理局
2	设计单位		土建设计	新疆维吾尔自治区交通规划勘察设计研究院
3			机电设计	北京交科公路勘察设计研究院
4	监理单位		总监代表处	新疆北方公路工程监理部
5			和硕驻地处	山西晋达交通监理公司
6			焉耆驻地处	中国公路工程咨询监理总公司
7		土建监理	第1合同段	西安公路交大建设监理公司
8			第2合同段	山西省交通建设工程监理总公司
9			第3合同段	江苏交通咨询监理有限公司
10			第4合同段	中国公路工程咨询监理总公司
11			第5合同段	西安方舟工程监理公司
12			第6合同段	河北冀民监理公司
13			第7合同段	新疆公路工程监理中心
14			第8合同段	新疆北方公路工程监理部
15			第9合同段	秦皇岛保神交通建设监理公司
16		房建监理	第10合同段	新疆昆仑监理公司
17			第11合同段	新疆天阳监理公司
18			第12合同段	新疆泽强监理公司
19		外电工程	第13合同段	新疆昆仑监理公司
20			第14合同段	新疆天阳监理公司
21			机电监理	西安金路交通工程科技发展有限责任公司
22	施工单位	土建工程	第1合同段	新疆北方机械化筑路工程处
23			第2合同段	新疆道路桥梁总公司
24			第3合同段	丹东市公路工程处
25			第4合同段	黑龙江龙建集团股份有限公司
26			第5合同段	新疆北新路桥有限公司
27			第6合同段	中铁十二局集团有限公司
28			第7合同段	路桥集团第一公路工程局天津工程处
29			第8合同段	山东东方路桥建设总公司
30			第9合同段	新疆道路桥梁总公司
31		房建工程	第10合同段	新疆七星建工集团
32			第11合同段	新疆天一建工集团
33	施工单位		第12合同段	新疆九洲建设集团
34		外电工程	第13合同段	新疆光源电力工程公司
35			第14合同段	乌鲁木齐兴电送变电公司
36		机电工程		北京云星宇交通工程有限公司

(1)设计合同段划分 2 个合同段。

(2)施工合同段划分:根据工程内容的不同,土建工程划分 9 个合同段,房建工程划分 3 个合同段,外电工程划分 2 个合同段,机电工程划分 1 个合同段。

(3)施工监理合同段划分:根据工程内容设 1 个总监代表处,2 个驻地监理处;9 个土建工程监理合同段,3 个房建工程监理合同段,2 个外电工程监理合同段,1 个机电工程监理合同段。

4)招投标

按照国家颁布的《中华人民共和国招标投标法》和交通部颁布的《公路工程施工招标投标管理办法》《公路工程施工招标资格预审办法》《公路工程施工招标评标办法》的要求,由项目法人单位组织招标工作。

2002 年 6 月 14 日,有 38 家单位通过资格预审,参加本项目土建工程 9 个合同段、房建工程 3 个合同段和外电工程 2 个合同段的投标。2002 年 10 月 15 日在乌鲁木齐市开标,采用复合标底投标,标价最低者中标方式。由交通部专家组成评标委员会评审出土建工程 9 家、房建工程 3 家和外电工程 2 家中标单位。

5)征地拆迁

(1)工作及范围

沿线经过巴州和硕县、博湖县、焉耆回族自治县、库尔勒市、和静县、兵团第二师 24 团和 27 团。共计 4 个县、1 个市、2 个团场。

(2)主要内容

①界定公路项目红线范围,进行征地拆迁外业调查、测算费用,签订征地拆迁协议,支付费用。

②永久占地界内房屋等各种构造物的搬迁。

③永久占地界内地上附着物的拆除。

④电力、通信等各种管线的改迁。

⑤取得地灾、压矿、林地征占批复意见,办理永久性占地报批手续。

⑥临时及借土占地的征用。

(3)遵循的政策法规

①《中华人民共和国土地管理法》。

②《新疆维吾尔自治区实施〈土地管理法〉办法》。

③《新疆维吾尔自治区高等级公路建设征地拆迁补偿规定》(新政函〔1996〕191 号)。

④自治区发展计划委员会、财政厅《关于下发自治区国土资源系统土地管理行政事业性收费标准的通知》(新计价房〔2001〕500 号)。

⑤《森林植被恢复费征收使用管理暂行办法》(财综〔2002〕73 号)。

(4) 主要做法

①设立专门组织机构。

该项目征地拆迁由高等级公路管理局会同自治区征地事务中心与巴州政府、兵团第二师共同组织实施,地方政府成立了包括兵团在内的领导小组,负责征地拆迁组织实施和相关协调工作。

②落实征地拆迁责任制。

2003年7月,根据自治区公路规划勘察设计研究院现场放线确定的征地范围,高等级公路管理局、巴州人民政府及相关县市、兵团第二师及相关团场、自治区征地事务中心、相关产权单位联合对工程影响范围内的土地及地上附着物、电力、通信设施等进行了核实,现场丈量、清点、签字、盖章。其后高等级公路管理局与巴州政府、兵团第二师签订了征地拆迁协议,在征地拆迁费到位后,征地拆迁腾地、补偿安置等工作有序开展。

自治区交通厅、高等级公路管理局和巴州政府对征地拆迁工作高度重视,多次召开征地拆迁专题会议,协调解决实际问题。项目办征地拆迁工作人员主动与地方政府、国土、林业等部门沟通对接,积极协调落实征地拆迁工作。特别是经多方协调努力,兵团第二师24团、27团长期严重阻工问题得以解决。

③抓紧办理建设用地手续。

项目实施中严格执行"十分珍惜、合理利用土地和切实保护耕地"的基本国策,使用土地严格执行国家的法律、法规,各项手续齐全。高等级公路管理局安排专人抓紧办理地灾、压矿、林地征占批复意见,做好建设用地组件报批工作。2007年1月,国土资源部以国土资函〔2007〕21号批复了本项目的建设用地。共征用土地10843.74亩,拆迁房屋28338m^2,砍伐树木106611棵,征地拆迁费17200万元,征地拆迁统计见表8-63。

G314和硕至库尔勒段高速公路征地拆迁统计表 表8-63

高速公路编码	项目名称	征地拆迁安置起止时间	征用土地(亩)	拆迁房屋(m^2)	拆迁费(万元)
G314	和硕至库尔勒	2003.7—2005.10	10843.74	28338	17200

2. 项目实施阶段

(1)主线土建工程于2002年12月20日开工,2005年9月30日建成通车。

(2)房建工程第10、11合同段于2004年11月开工,2005年11月完工。第12合同段于2006年9月开工,预计2007年08月完工。

(3)外电工程于2005年4月开工,2005年9月完工。

(4)机电工程于2005年5月开工,2008年7月完工。

(5)2005年12月3日完成交工验收。本项目交工验收组确定的工程质量评分为

94.42分,新疆维吾尔自治区公路工程质量监督局按《公路工程竣(交)工验收办法》(2004年版),第1~8合同段工程质量鉴定得分为89.03分,第9合同段按《公路工程竣工验收办法》(1995年版)质量评分为88.03分,统一采用《公路工程竣(交)工验收办法》(2004年版)计算,项目工程质量得分为89.24分。

(6)2011年12月召开竣工验收会议,项目竣工验收鉴定书暂未下发。竣工验收委员会工程核查组按《公路工程质量综合评分表》建议评分为90.36分。按《公路工程竣(交)工验收办法》(2004年版)评定,该项目质量得分 94.42×20% + 89.24×60% + 90.36×20% = 90.5分,工程质量等级为优良。

(三)运营养护管理

G314和硕至库尔勒高速公路,全长92.4374km,双向四车道,是南疆地区第一个高速公路项目。下设1个服务区(焉耆)。

焉耆服务区位于G3012和硕至库尔勒高速公路K286+350处,隶属于库尔勒公路管理局,2006年10月建成,2009年10月15日投入使用,属双侧分离式服务区。服务区总占地面积5万m^2,建筑面积3098.61m^2,绿化面积11680m^2。

G314和硕至库尔勒高速公路,下设2个主线收费站(和硕、库尔勒)和6个匝道收费站(和硕匝道、高桥、焉耆、27团、紫泥泉、塔什店),共计61个收费车道(入口车道24个车道,出口车道37个)(表8-64)。库尔勒收费站2013年3月荣获中华全国总工会授予的"全国五一巾帼标兵示范岗"称号,2009年荣获自治区级"青年文明号"称号,2011年获得自治区总工会授予的"模范职工小家"称号,2013年荣获自治区"行风示范窗口"称号等荣誉称号;2009年9月紫泥泉收费站获得自治区交通系统"政风行风建设示范窗口"称号;2013年8月27团收费站获得自治区总工会授予的"模范职工小家"称号,2013年3月收费员阿依努尔·艾拜布拉获得自治区交通运输工会授予的"女职工建功立业标兵岗"称号;2011年8月和硕主线收费站获得自治区总工会授予的"模范职工小家"称号。

收费站点设置汇总表 表8-64

站点名称	车道数	收费方式	站点名称	车道数	收费方式
和硕	11	封闭式	27团	8	封闭式
和硕匝道	5	封闭式	紫泥泉	4	封闭式
高桥	4	封闭式	塔什店	6	封闭式
焉耆	9	封闭式	库尔勒	14	封闭式

G314和硕至库尔勒高速公路设1个监控分中心,位于库尔勒公路管理局9楼,面积219.24m^2,于2005年开始运行。交通量"十二五"期间较"十一五"期间增长262.76%,交通量发展变化见表8-65。

库尔勒公路管理局管辖区域2005—2016年交通量发展状况图

交通量发展变化表（单位：辆/日）　　　　　　　　　　　　表 8-65

年份(年)	路段一	路段二	路段三	日平均流量
2005	—	—	1606	1606
2006	—	—	4208	4208
2007	4259	—	—	4259
2008	4642	4708	—	4675
2009	5912	7788	—	6850
2010	7192	7532	—	7362
2011	8568	6903	—	7736
2012	11661	20232	—	15947
2013	13452	22525	—	17989
2014	13296	21941	—	17619
2015	12569	21029	—	16799
2016	16085	25934	2217	14745

注：G314和硕至库尔勒高速公路库尔勒公路管理局辖区设和硕（路段一）、紫泥泉（路段二）、塔什店3个观测站（路段三），其中和硕观测站观测区间为 K238～K284，紫泥泉观测站观测区间为 K284～K330.786，塔什店观测站观测区间为 K281～K333。

和库高速公路由和硕分局、焉耆分局、库尔勒分局管养。

和硕至库尔勒高速公路并入国高网后编号和里程变化见表 8-66。

和硕至库尔勒高速公路并入国高网后编号和里程变化汇总表　　　表 8-66

所属地州局	并入国高网后编号和里程变化情况		
	路线编号	起讫桩号	里程（km）
库尔勒公路管理局	G3012	K238+338～K330.786	92.448

和库高速公路建成通车以来，先后实施的大中修工程包括：

（1）2010 年，G314 乌鲁木齐至红其拉甫碎石封层段公路大中修工程，投入资金

993.67万元。

（2）2010年4月，G314乌鲁木齐至红其拉甫上行公路大中修工程（K291+000～K328+400），投入资金2194.05万元。

（3）2010年6月，G314和库高速公路塔什店段公路大修工程。主要工程量为：微表处231495m²，黏层油16067.6m²，6cm粗粒式沥青混凝土7270.12m²，4cm粗粒式沥青混凝土4100m²，4cm中粒式沥青混凝土8016.27m²。投入资金793.18万元。

（4）2010年10月，G314上行微表处大修工程，投入资金140.53万元。

（5）2010年6月，G314小草湖至库尔勒段交通标志更换工程，投入资金1051.03万元。

（6）2012年，G3012联络线和硕至库尔勒段高速公路27团互通式立体交叉改扩建工程，投资4453.20万元（含2012年27团收费站房建、机电项目）。

（7）2015年，G3012石棉矿至乌什塔拉段上行线大中修工程项目，投资1361.08万元。

（8）2016年，G3012石棉矿至乌什塔拉段下行线大中修工程，投资1782.06万元。

（9）2016年，G3012和硕收费站至黄水河特大桥段大中修工程，投资3341.38万元。

（10）2016年，G3012焉耆收费站至相思湖段大中修工程，投资2640.51万元。

三、G314库尔勒—库车高速公路（建设期：2007.09—2011.05）

G314库尔勒至库车高速公路改建工程位于塔里木盆地与天山山脉之间的天山南麓山前冲积、洪积平原地带。公路沿线途经的河流均属内陆河，孔雀河、迪那河、阳霞河、库车河、渭干河由北向南流入塔里木盆地，项目海拔在900～1500m。路线由东向西经过的行政区域有巴音郭楞蒙古自治州库尔勒市、轮台县、阿克苏地区库车县。路线起自库尔勒，接已建成的和硕至库尔勒高速公路，经库尔楚、野云沟、阳霞、轮台，止于库车，接现有G314，全长299.92km，是南疆地区的主干线之一，对于推进沿线经济发展以及整个南疆地区的经济社会发展都将起到巨大作用。

（一）项目概况

1. 基本情况

1）功能定位

G314库尔勒至库车高速公路建设项目是国家高速公路网"五横七纵主骨架"及新疆"Y形公路网"的重要组成部分，是连云港至霍尔果斯联络线吐鲁番至和田及伊尔克什坦高速公路的重要组成部分，是新疆维吾尔自治区"十五计划"和西部大开发战略交通建设的重点工程,是 G314 的重要组成部分。

项目的实施,贯彻落实国家西部大开发战略部署,完善国家和新疆维吾尔自治区高速公路网络,发挥高速公路整体效益,改善区域交通条件,促进沿线地区资源开发和经济社会发展。

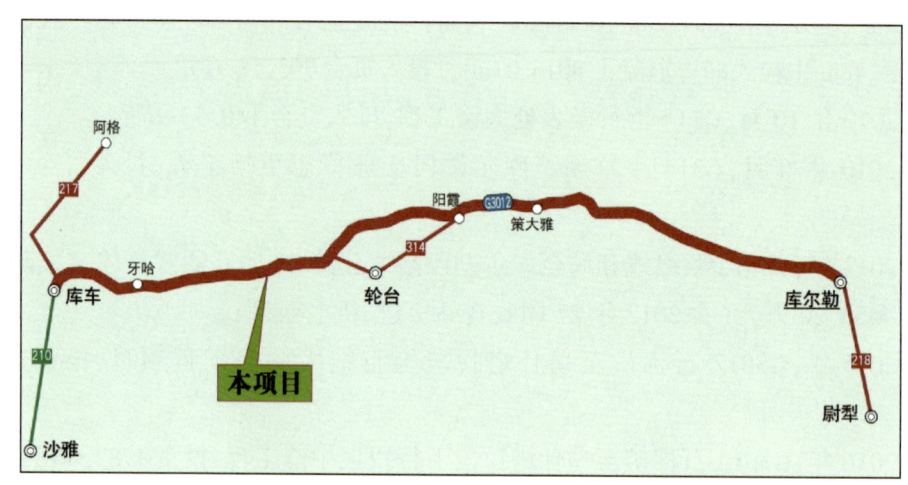

G314 线库尔勒—库车高速公路路线示意图

2)技术标准

全线采用四车道高速公路标准建设,设计速度 120km/h,路基宽度 28.0m,分离式路基宽 2×13.75m;利用老路作一幅的段落,维持原标准;库尔勒过境段设计速度 100km/h,路基宽度 24.5m。桥涵荷载标准:公路—Ⅰ级。其他技术指标按《公路工程技术标准》(JTG B01—2003)执行。

3)工程规模

本项目工程建设里程 299.92km。路面结构为柔性路面(收费广场为普通混凝土路面)。互通式立交 12 处、分离式立交 12 处、公铁分离式立交 7 处、天桥 5 座、小桥 193 座、中桥 40 座、大桥 13 座、通道 34 处、主线收费站 2 处、匝道收费站 5 处、服务区 2 处、超载检测站 1 处、养护工区 4 处。

4)主要控制点

本项目起于库尔勒孔雀河桥头,与已建成的和硕至库尔勒高速公路终点相接,经库尔勒、兵团第二师 28 团、29 团、30 团、库尔楚、阳霞、轮台、二八台、牙哈,止于库车,接库车至阿克苏高速公路。

5)地形地貌

路线位于天山中部南麓,塔里木盆地北缘,地形北高南低,自西北向东南倾斜,为冲积扇形砾石戈壁地和南部冲积平原,土质为戈壁砾石土。

6) 投资规模

项目概算投资41.05亿元。竣工决算投资36.946亿元,平均每公里造价1231.86万元。

7) 开工及通车、竣工时间

2007年9月开工建设,2011年5月主线工程交工通车,2016年2月竣工验收。

2. 前期决策情况

1) 前期决策背景

库尔勒至库车段公路是G314的重要组成部分,是国家高速公路网规划中连云港至霍尔果斯线连霍线(吐鲁番—和田—伊尔克什坦)的一段,是南疆各地州目前唯一能够全天候通往新疆首府乌鲁木齐和北疆各地州的公路通道,该项目的建设,对进一步提高南疆公路的同行能力,促进区域经济发展、社会稳定具有十分重要的意义。近年来,位于塔里木盆地边缘的库尔勒、轮台、库车三市县已逐渐成为我区重要的石油、天然气、煤炭、电力,以及农业产业化基地,经济的快速发展,使得该区域的公路交通需求增长十分迅速,由于该路段存在平面指数低、排水防护设施简陋、桥涵荷载等级低、病害处置不彻底等现象,已成为当地社会经济发展对交通量日益增长需要的"瓶颈",因此尽快改建G314库尔勒至库车段公路十分必要。

2) 前期决策过程

(1) 新疆维吾尔自治区交通厅印发《关于报送亚行贷款项目库尔勒—库车高速公路建设工程农村公路子项目工程可行性研究的报告(代项目建设书)》(新交综〔2007〕117号)。

(2) 新疆维吾尔自治区发展改革委印发《关于314国道库尔勒至库车高速公路建设工程可行性研究报告的请示》(新发改交通〔2006〕418号)。

(3) 新疆维吾尔自治区交通厅印发《关于上报新疆库尔勒至库车公路项目初步设计的请示》(新交综〔2007〕240号)。

3. 参建单位主要情况

1) 建设单位

新疆维吾尔自治区交通建设管理局。

2) 设计单位

新疆交通规划勘察设计研究院、中交路桥技术有限公司。

3) 施工单位

通过招投标本项目有17个施工单位参与建设,其中土建工程合同段12个,房建工程合同段4个,机电工程合同段1个。

4) 施工监理单位

本项目设置1个总监办公室,负责全线施工监理工作;4个土建工程驻地监理办公室,负责监理区段内路基路面工程的施工监理工作;4个房建工程监理办公室,负责全线4个合同段的房建工程施工监理工作;1个机电工程监理办公室,负责全线的机电工程施工监理工作。

（二）建设情况

1. 项目准备阶段

1）项目审批

（1）国家发展和改革委员会批复《关于新疆自治区库尔勒至库车公路可行性研究报告的批复》（发改交运[2007]2179号）。

（2）国家环境保护总局于2007年2月以环审[2007]52号文批准了项目的环境影响报告书。

（3）交通部下发《关于库尔勒至库车公路初步设计的批复》（交公路发[2008]133号）。

2）资金筹措

项目概算总额41.05亿元。资金来源:国家安排中央专项基金(车购税)14.96亿元作为项目的资本金,安排利用亚洲开发银行贷款1.5亿美元,其余资金利用国内银行贷款解决。

3）合同段划分

根据各专业的工程内容划分合同段（表8-67）如下：

G314库尔勒至库车高速公路合同段划分一览表 表8-67

序号	单位类型	工程类型	合同段	单位名称
1		建设单位		新疆交通建设管理局
2		设计单位		新疆交通规划勘察设计研究院
3				中交路桥技术有限公司
4			总监办	江西交通建设工程监理所
5			第1驻地办	新疆北方公路工程监理部
6		土建监理	第2驻地办	湖北华捷工程咨询监理有限公司
7			第3驻地办	河南宏力工程咨询有限公司
8	监理单位		第4驻地办	山东省滨州市公路工程监理咨询公司
9			第1合同段	新疆泽强监理公司
10		房建监理	第2合同段	新疆泽强监理公司
11			第3合同段	新疆昆仑监理公司
12			第4合同段	阿克苏宏宇工程监理公司
13		机电监理		西安金路交通工程科技发展有限责任公司

续上表

序号	单位类型	工程类型	合同段	单位名称
14	施工单位	土建工程	A01 合同段	中交二公局第四工程有限公司
15			A02 合同段	中铁十二局集团有限公司
16			A03 合同段	新疆北方机械化筑路工程处
17			A04 合同段	中交一公局第六工程有限公司
18			A05 合同段	中铁十五局集团第一工程有限公司
19			A06 合同段	新疆道路桥梁工程总公司
20			A07 合同段	中铁七局集团第三工程有限公司
21			A08 合同段	中交二公司第四工程有限公司
22			A09 合同段	中铁一局集团第一工程有限公司
23			A10 合同段	中铁一局集团有限公司
24			A11 合同段	中铁一局集团有限公司
25			A12 合同段	新疆兴亚工程建设有限公司
26		房建工程	第 1 合同段	兵团建工集团
27			第 2 合同段	新疆龟兹建筑公司
28			第 3 合同段	通州建总集团公司
29			第 4 合同段	阿克苏力源建筑安装公司
30		机电工程		中咨华科交通建设技术有限公司

(1)设计合同段划分 2 个合同段。

(2)施工合同段划分:根据工程内容的不同,土建工程 12 个合同段,房建工程 4 个合同段,机电工程 1 个合同段。

(3)施工监理合同段划分:根据工程内容设 1 个总监办,4 个土建工程驻地监理合同段,4 个房建工程监理合同段,1 个机电工程监理合同段。

4)招投标

按照国家颁布的《中华人民共和国招标投标法》和交通部颁布的《公路工程施工招标投标管理办法》《公路工程施工招标资格预审办法》《公路工程施工招标评标办法》的要求,由项目法人单位组织招标工作。

(1)2007 年 11 月 3 日,A07、A08 合同段在乌鲁木齐市开标,采用无标底投标,最低价法中标方式。由交通部专家组成评标委员会评审出 2 家中标单位。

(2)2008 年 7 月 23 日,33 家单位通过 A01~A06、A09~A11 合同段招标资格审查,在乌鲁木齐市开标,采用无标底投标,最低价法中标方式。由交通部专家组成评标委员会评审出 9 家中标单位。

5)征地拆迁

(1)工作及范围

沿线经过巴州库尔勒市、库车县、轮台县、兵团第二师 28 团、29 团、30 团。共计 1 个市、2 个县、3 个团场。

（2）主要内容

①界定公路项目红线范围，进行征地拆迁外业调查、测算费用，签订征地拆迁协议，支付费用。

②永久占地界内房屋等各种构造物的搬迁。

③永久占地界内地上附着物的拆除。

④电力、通信等各种管线的改迁。

⑤取得地灾、压矿、林地征占批复意见，办理永久性占地报批手续。

⑥临时及借土占地的征用。

（3）遵循的政策法规

①《中华人民共和国土地管理法》。

②《新疆维吾尔自治区实施〈土地管理法〉办法》。

③《新疆维吾尔自治区高等级公路建设征地拆迁补偿规定》（新政函〔1996〕191 号）。

④自治区发展计划委员会、财政厅《关于下发自治区国土资源系统土地管理行政事业性收费标准的通知》（新计价房〔2001〕500 号）。

⑤《森林植被恢复费征收使用管理暂行办法》（财综〔2002〕73 号）。

⑥新疆维吾尔自治区国土资源厅《关于印发〈自治区重点建设项目征地拆迁补偿标准〉的通知》（新国土资发〔2009〕131 号）。

（4）主要做法

①设立专门组织机构。

该项目为亚洲银行贷款项目，项目处于少数民族地区，共有 154 户、726 人需搬迁安置。按照亚行在项目结束时受影响单位和个人达到或超过其移民安置前生活水平的要求，为了做好移民安置工作，保证少数民族发展计划的顺利实施，交通厅、交通建设局、国土资源厅等单位分管领导组成"项目建设领导小组"，加强对工程项目的领导和组织协调，监督各级地方政府积极实施少数民族发展计划。该项目采用征地拆迁费用总包干方式，自治区国土资源厅负责项目征地拆迁工作的政策制定和组织协调。随后巴州、阿克苏地区相关县市、兵团第二师均成立了高速公路协调办公室，负责征地拆迁工作的具体实施，协调解决施工期间出现的征地拆迁问题。

②落实移民安置和征地拆迁责任制。

交通建设管理局委托河海大学中国移民研究中心承担少数民族发展计划、总结报告的撰写及实施监测评估工作（4 次），各级地方局（妇联、民政局、社保局、民宗委、交警大队、疾控中心、公交公司、市政养护处等）是实施少数民族发展计划的主体，他们各司其职，严格按《少数民族发展计划》做好移民安置、补偿等相关工作，确保了安置后的少数民族群众在政治、经济、文化、教育等方面的合法权益,实现了项目建设和移民安置的社会、经济效益双赢。

征地拆迁工作根据土建工程分期实施的安排,分两次进行征地拆迁,2008年5月开展7、8合同段的征地拆迁,2008年9月底开展1~6合同段、9~11合同段的征地拆迁。根据新疆公路规划勘察设计研究院(1~8合同段)、中交路桥技术有限公司(9~11合同段)两个设计单位现场放线确定的征地范围,交通建设局、国土资源厅、巴州、阿克苏地区及相关县市、兵团第二师及相关团场、产权单位联合对工程影响范围内的土地及地上附着物、电力、通信设施等进行了核实,现场丈量、清点、签字、盖章。其后交通建设管理局与国土资源厅签订了总包干协议,在征地拆迁费到位后,征地拆迁腾地,补偿安置等工作有序开展。

交通厅、交通建设管理局和各级国土部门对项目征地拆迁工作高度重视。自治区国土资源厅、交通厅、巴州政府、兵团第二师会同相关部门多次召开征地拆迁专题会议,协调解决实际问题。项目办征地拆迁工作人员主动与地方政府、国土、林业等部门沟通对接,积极协调落实征地、拆迁工作,为施工单位的顺利施工创造了条件。

③抓紧办理建设用地手续。

项目实施中,严格依照土地的基本国策,严格执行国家的法律、法规,各项手续齐全。交通建设管理局和项目指挥部安排专人,抓紧办理地灾、压矿、林地征占批复意见,并委托自治区征地事务中心负责建设用地组件报批。2008年11月,国土资源部以国土资函〔2008〕798号批复了本项目的建设用地。共征用土地17164.05亩,拆迁房屋37327.08m^2,砍伐树木138798棵,征地拆迁费19058.8万元,征地拆迁统计见表8-68。

G314库尔勒至库车段高速公路征地拆迁统计表 表8-68

高速公路编码	项目名称	征地拆迁安置起止时间	征用土地(亩)	拆迁房屋(m^2)	拆迁费(万元)
G314	库尔勒至库车	2008.5—2014.3	17164.05	37327.08	19058.8

2. 项目实施阶段

1)实施过程

(1)主线土建工程于2008年5月开工,2011年5月完工。

(2)房建工程第1、2、3合同段于2010年6月开工,2012年11月完工。第4合同段于2012年6月开工,预计2014年9月完工。

(3)机电工程于2010年开工,2014年完工。

(4)2011年5月30日,新疆交通建设管理局组织专家对G314库尔勒至库车段高速公路进行了交工验收。本项目交工验收委员会确认的工程质量评分为96.36分,新疆交通运输工程质量监督局质量鉴定得分为 85.8 分。

(5)2016 年 2 月召开竣工验收会议,3 月项目鉴定书已下发。竣工验收委员会工程核查组建议评分为 86 分,该项目质量得分为 87.97 分,质量等级为合格。

2)重大决策

2007 年 9 月 20 日,由新疆交通厅组织在库尔勒举行了库尔勒至库车高速公路开工典礼。

(三)运营养护管理

库尔勒至库车高速公路(G3012 线 K330~K630.705)起于库尔勒市龙山,经库尔楚、野云沟、阳霞、轮台、拉依苏、二八台、牙哈乡、五区、七区、吾宗乡、九区,管养终点 G3012 线库车西,全长 300.705km,是连接南北疆的主干道,具备监控、通信、收费系统等现代化设施及养护工区(养护站)、服务区、停车区、加油站等管理服务设施齐全的高等级公路。

库尔勒至库车高速公路养护管理模式采取(地、市)公路管理局—公路管理分局—养护工区(站)三级管理模式。"十二五"期间,大力实施"好路精养、重点养护、维持养护"三区段养护模式,通过组建专业化养护队伍,优化人员、设备等基础养护资源配置,激发体制机制活力,养护管理水平持续提升。

库尔勒至库车高速公路(库尔勒境内)由库尔勒公路管理局库尔勒分局、轮台分局和阿克苏公路管理局库车分局管养。库尔勒至库车高速公路并入国高网后编号和里程变化汇总见表 8-69。

G3012 库尔勒至库车段公路,下设 1 个服务区(库车),2 个主线收费站(库尔楚、库车)(表 8-70)。

库尔勒至库车高速公路并入国高网后编号和里程变化汇总表　　　　表8-69

路线编号	路线名称	起点桩号	讫点桩号	实际管养里程（km）	养护单位	管养单位
G3012	库—库高速公路	K330.786	K412	81.214	库尔勒公路管理分局	库尔勒公路管理局
G3012	库—库高速公路	K412.000	K529	117.000	轮台公路管理分局	
G3012	库—库高速公路	K529.000	K630.705	101.705	库车公路管理分局	阿克苏公路管理局

收费站点设置汇总表　　　　表8-70

站点名称	车道数	收费方式
库尔楚	12	开放式
库车	12	开放式

库尔勒至库车高速公路年均日交通量见表8-71。

交通量发展变化表（单位：辆/日）　　　　表8-71

年份（年）	库尔楚西	阳霞北	二八台
2013	—	15185	—
2014	14061	10000	12125
2015	13662	9619	9566
2016	10635	8054	7322

四、G314 库车—阿克苏高速公路（建设期：2010.03—2012.11）

（一）项目概况

1. 基本情况

1）功能定位

G314 库车至阿克苏高速公路建设项目是国家高速公路网"五横七纵主骨架"及新疆"Y形公路网"的重要组成部分，是连云港至霍尔果斯联络线吐鲁番至和田及伊尔克什坦高速公路的重要组成部分，是交通运输部在西部地区规划建设八条省际公路大通道乌鲁木齐至红其拉甫口岸公路的一段，是由中国内地通往中亚及欧洲的又一条重要通道。

项目的实施，贯彻落实国家西部大开发战略部署，完善国家和新疆维吾尔自治区高速公路网络，发挥高速公路整体效益，改善区域交通条件，促进沿线地区资源开发和经济社会发展。

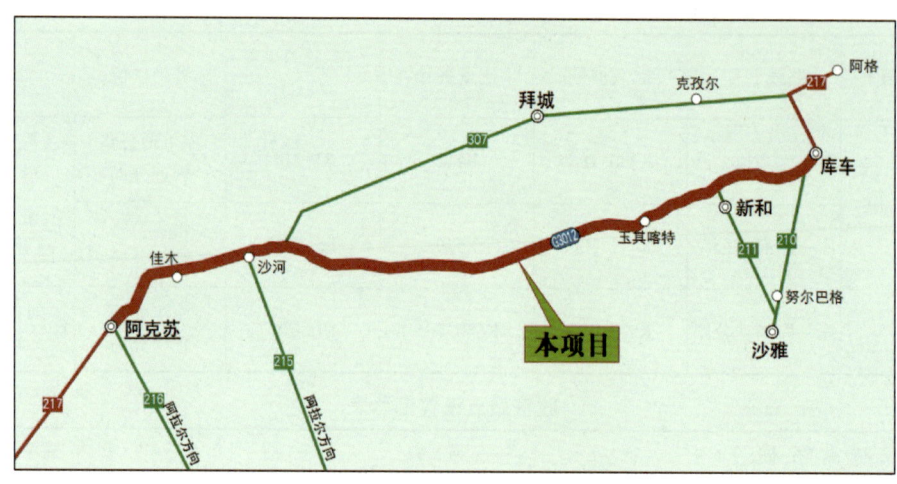

G314 线库车—阿克苏高速公路路线示意图

2）技术标准

全线采用四车道高速公路标准建设，设计速度 120km/h，路基宽度 28.0m，分离式路基宽 2×13.75m；利用老路作一幅的段落，维持原标准。桥涵荷载标准：公路—Ⅰ级。其他技术指标按《公路工程技术标准》（JTG B01—2003）执行。库车至阿克苏高速公路项目主线主要技术指标见表 8-72。

库车至阿克苏高速公路项目主线主要技术指标一览表　　表 8-72

序号	指　标	单位	路　段				
			新建		改造利用		完全利用
			整幅	半幅	整幅	半幅	半幅
1	路段长度	km	64.67	109.45	16.86	34.906	66.238
2	公路等级	级	高速公路	高速公路	高速公路	高速公路	高速公路
3	设计速度	km/h	120	120	100	120	100
4	路基宽度	m	28	13.75	25.5	13.75	12.0
5	行车道宽度	m	3.75	3.75	3.75	3.75	3.75
6	中央分隔带宽度	m	3.0	—	1.5	—	—
7	左侧路缘带宽度	m	0.75	0.75	0.75	0.75	0.75
8	左侧硬路肩宽度	m	—	1.25	—	1.25	1.0
9	右侧硬路肩宽度	m	3.5	3.5	3.0	3.5	2.5
10	土路肩宽度	m	0.75	0.75	0.75	0.75	0.5
11	汽车荷载等级	级	公路—Ⅰ		汽车—超 20	公路—Ⅰ	汽车—超 20
12	地震动峰值加速度	g	0.2				

3）工程规模

本项目工程建设里程 259.991km。路面结构为柔性路面，收费广场为普通混凝土路面。互通式立交 13 处、分离式立交 7 处、公铁分离式立交 1 处、小桥 84 座、中桥 41 座、大桥 12 座、通道 58 处、主线收费站 2 处、服务区 4 处。

4)主要控制点

本项目起于库车,与库尔勒至库车高速公路终点衔接,经库车县、新和县、温宿县、兵团第一师五团、阿克苏市三县一市一团场,止于阿克苏青松建化厂。

5)地形地貌

路线位于天山中部南麓,塔里木盆地北缘,地形北高南低,自西北向东南倾斜,为冲积扇形砾石戈壁地和南部冲积平原,土质为戈壁砾石土。

6)投资规模

项目概算投资64.91亿元。

7)开工及通车、竣工时间

2010年3月开工建设,2012年11月交工通车。

2. 前期决策情况

1)前期决策背景

G314库车—阿克苏公路是国家高速公路规划网中连云港—霍尔果斯的重要联络线,即吐鲁番—和田—伊尔克什坦高速公路的重要组成部分,是中国内地通往中亚欧洲的又一条重要通道,是国家规划建设西部开发八条公路干线阿勒泰至红其拉甫口岸公路的重要路段,是新疆"三纵三横"公路主骨架组成部分,也是联系包括新疆首府在内的北疆地区与南疆地区的唯一长年通车的公路交通大动脉。本项目位于阿克苏地区,起点与库尔勒—库车高速公路的终点相接,经新和县、温宿县、阿克苏市,终点止于阿克苏市南侧的建化厂。项目区域内含有丰富的石油、煤炭和矿产资源,并拥有库车龟兹古城、天山神秘大峡谷、克孜尔千佛洞、苏巴什古城、温宿托木尔神奇大峡谷、燕泉山等一大批自然和人文景观,也是新疆重要的旅游线路之一。原有库车至阿克苏道路为二级公路,阿克苏过境段为一级公路,近年来,虽然经过多次改建,但是随着沿线交通量的快速增长,以及库车县、新和县、温宿县、阿克苏市社会经济的不断发展,现有通行条件已不能满足。为了发展区域经济,促进矿产、旅游资源开发,因此该项目的实施是十分必要和迫切的。

2)前期决策过程

(1)自治区发展和改革委员会印发《关于新疆库车至阿克苏段高速公路工程可行性研究报告事宜的请示》(新发改交通〔2009〕875号)。

(2)自治区交通厅印发《关于新疆库车至阿克苏公路初步设计的请示》(新交综〔2009〕326)。

3)项目组织形式

库阿项目的承包人组织形式是由设计和施工组成联合体并以施工单位为主办方,通过试点项目,设计施工总承包管理模式有以下优势和不足。

优势是:设计和施工可互通有无,相互弥补缺点,利于双方水平、能力的提高;设计、采购、施工一体,责任明确、单一,能够充分挖掘设计、施工协作潜力,有效解决设计与施工脱节、工程实施中变更多、延期和投资增加等问题,有利于资源的优化和配置,更好地保证优化设计与施工质量,加快项目推进;能够有效控制工程造价。总承包方作为项目实施的主体,管理模式是"自主管理、自主施工",充分发挥和利用其管理职能去管好项目、规范施工,减少了业主管理人员和压力,节约了业主的管理成本。

缺点是:对业主呈两个窗口,出现责权与利益冲突时,如因完善优化设计工程费用较大时,责权分摊极易纠缠不清,而业主又很难协调;出现风险时,特别是风险超过了承包人的承受能力,因责任不够明确,会给业主单位带来一定风险;联合体各方均不愿屈从于另一方之下,加之双方出资比例过于悬殊,出资比例大的施工单位很难忍受设计单位的牵制,不利于后期双方的合作及项目的实施;各主体施工分部依据合同对总承包单位负责,不利于业主的管理。

3. 参建单位主要情况

1) 建设单位

新疆维吾尔自治区交通建设管理局。

2) 设计单位

中国公路工程咨询集团有限公司。

3) 施工单位

通过招投标,本项目为1个设计施工总承包合同段。

4) 施工监理单位

本项目设置1个总监办公室,负责全线施工监理工作;2个驻地监理办公室,负责监理区段内土建工程的施工监理工作。

(二)建设情况

1. 项目准备阶段

1) 项目审批

(1) 国家发展和改革委员会2009年12月下发《关于新疆自治区库车至阿克苏高速公路建设项目可行性研究报告的批复》(发改基础〔2009〕3064号文件)。

(2) 交通运输部2010年3月下发《关于库车至阿克苏公路初步设计的批复》(交公路发〔2010〕129号文件)。

2) 资金筹措

项目概算总额64.91亿元。资金来源:国家安排中央专项基金(车购税)14.55亿元,国内银行贷款50.36亿元。

3) 合同段划分

(1) 本项目为 1 个设计施工总承包合同段。

(2) 施工监理合同段划分:根据工程内容设 1 个总监办,2 个驻地监理合同段。

4) 招投标

按照国家颁布的《中华人民共和国招投标法》和交通部颁布的《公路工程施工招标投标管理办法》《公路工程施工招标资格预审办法》《公路工程施工招标评标办法》的要求,由项目法人单位组织招标工作。

交通厅针对该项目特点,依据部《关于开展公路工程项目设计施工总承包试点工作的通知》(交公路发〔2006〕702 号),报请自治区人民政府同意后,建设单位 2009 年 5 月 14 日邀请具有甲级公路设计资质、施工总承包特级或一级资质、有国际或国内工程施工总承包业绩的 4 家施工或设计单位以联合体方式参与本项目的设计施工总承包的投标。2009 年 6 月 8 日评标工作结束,中交第一公路工程局有限公司与中国公路工程咨询集团有限公司联合体中标(主办方中交第一公路工程局有限公司)。建设单位新疆交通建设管理局 2009 年 12 月 25 日与中标单位签订了项目设计施工总承包合同。G314 库车至阿克苏高速公路参建单位见表 8-73。

G314 线库车至阿克苏高速公路参建单位一览表　　表 8-73

序号	单位类型	工程类型		单位名称
1	建设单位			新疆交通建设管理局
2	设计单位			中国公路工程咨询集团有限公司
3	监理单位	总监办		新疆北方公路工程监理部
4		驻地办	第 1 驻地办	河南省宏力工程咨询有限公司
5			第 2 驻地办	重庆锦程工程咨询有限公司
6	施工单位	土建工程		中交第一公路工程局有限公司联合中国公路工程咨询集团有限公司
7		房建工程		中交第一公路工程局
8		机电工程		中交第一公路工程局有限公司联合中国公路工程咨询集团有限公司

5) 征地拆迁

(1) 工作及范围

沿线经过阿克苏市、温宿县、库车县、新和县、兵团农一师 5 团。共计 1 个市、3 个县、1 个团场。

（2）主要内容

①界定公路项目红线范围，进行征地拆迁外业调查、测算费用，签订征地拆迁协议，支付费用。

②永久占地界内房屋等各种构造物的搬迁。

③永久占地界内地上附着物的拆除。

④电力、通信等各种管线的改迁。

⑤取得地灾、压矿、林地征占批复意见，办理永久性占地报批手续。

⑥临时及借土占地的征用。

（3）遵循的政策法规

①《中华人民共和国土地管理法》。

②《新疆维吾尔自治区实施〈土地管理法〉办法》。

③自治区发展计划委员会、财政厅《关于下发自治区国土资源系统土地管理行政事业性收费标准的通知》（新计价房〔2001〕500号）。

④《森林植被恢复费征收使用管理暂行办法》（财综〔2002〕73号）。

⑤自治区国土资源厅《关于印发〈自治区重点建设项目征地拆迁补偿标准〉的通知》（新国土资发〔2009〕131号）。

（4）主要做法

①设立专门组织机构。

本项目采取征地拆迁费用总包干方式，自治区国土资源厅负责项目征地拆迁工作的政策制定和组织协调。库阿高速公路项目所处地州、县、团场均成立了高速公路协调办公室，负责征地拆迁工作的具体实施，阿克苏地区行署给予极大的支持，穆铁礼甫专员经常亲临施工现场及时解决施工期间出现的征地拆迁难题，使项目顺利实施。

②落实征地拆迁责任制。

2009年9月、2010年1月，根据中交第一公路工程局有限公司与中国公路工程咨询集团有限公司联合设计施工总承包单位现场放线确定的试验段及全线征地范围，交通运输厅库阿项目指挥部、交通建设管理局、国土资源厅、相关地州政府、团场、产权单位联合对工程影响范围内的土地及地上附着物、电力、通信设施等进行了核实，现场丈量、清点、签字、盖章，并制定拆迁工作方案。自治区交通建设管理局与自治区国土资源厅于2009年11月20日、2010年4月21日、2011年4月分别签订了试验段征地补偿包干协议、全线征地补偿包干协议和追加征地拆迁包干协议书。在征地拆迁费到位后，征地拆迁腾地、补偿安置等工作有序开展。为及时解决征地拆迁中遇到的难点，交通运输厅库阿项目指挥部在积极争取地方政府支持的同时，派出专人负责协调国土、电力、电信部门，快速推进项目征地拆迁工作。

③抓紧办理建设用地手续。

项目实施中,严格执行"十分珍惜、合理利用土地和切实保护耕地"的基本国策,使用土地严格执行国家的法律、法规,各项手续齐全。交通运输厅库阿项目指挥部安排专人抓紧办理地灾、压矿、林地征占批复意见,并委托自治区征地事务中心负责建设用地组件报批。2011年9月,国土资源部以国土资函〔2011〕679号批复了本项目的建设用地。共征用土地21186.23亩,拆迁房屋19198.01m²,改迁电力、线路,征地拆迁费22765万元,征地拆迁统计见表8-74。

G314 库车至阿克苏高速公路征地拆迁统计表　　　　表8-74

高速公路编码	项目名称	征地拆迁安置起止时间	征用土地（亩）	拆迁房屋（m²）	拆迁占地费（万元）
G314	库车至阿克苏	2009.9—2011.10	21186.23	19198.01	22765

2. 项目实施阶段

1）实施过程

（1）主线土建工程于2010年3月1日开工,2011年10月30日完工。

（2）房建工程于2011年8月开工,2012年8月完工。

（3）机电工程于2009年12月开工。

（4）2011年11月30日完成交工验收。本项目交工验收委员会确定的工程质量评分为94.17分,质监局工程质量鉴定得分为94.74分,质量等级为优良。

2）重大决策

（1）2010年3月11～14日,自治区交通建设管理局联合厅库阿高速公路建设指挥部组织相关专家对库阿高速公路两阶段施工图设计定测进行了外业实地验收。

外业实地验收现场

（2）2010年5月8日,在厅指一楼会议室召开了库阿项目第一次工地会议。会议由党委副指挥长李学东副厅长主持,会议对项目的安全生产零死亡的明确要求,做出了在本项目推行标准化建设、树立交通部典型示范工程的决定。

工地会议

(3)2010年5月29日,交通运输部党组书记、部长李盛霖、中国交通建设集团有限公司董事长周纪昌、自治区党委常委宋爱荣等领导同志为库车至阿克苏高速公路建设项目开工工程培土奠基。

(三)科技创新

库阿项目地处暖温带干旱地区,降雨量稀少,气候干燥,蒸发量大,且年、季变化大,气候变化剧烈,冬寒夏热,昼夜温差大。根据气候特点及施工难点在工程实施过程中不断改革创新,积极推广"四新技术"应用。

(1)结构物台背回填采用掺水泥流态天然级配砂砾浇筑工艺,缩短了施工时间,提高了台背回填施工质量,有效控制了桥头、结构物跳车的质量通病。

(2)全线钢筋加工及安装采用胎卡具,提高了工人工作效率,保证了钢筋加工安装质量。

(3)在水泥稳定碎石基层及桥梁结构物中采用了节水保湿养护膜,有效解决了新疆地区气候干旱、水资源缺乏等不利的因素,保证了结构物养护质量。

(4)采用土石混填路基,采用表面振动压实仪确定最大干密度,得到不同相似模比对应的最大干密度,根据统计学方法对其进行线性回归,得到相似模比与最大干密度相互关系的回归预测方程,用此方法确定的试验室最大干密度能更好地指导土方路基现场压实。

(5)水泥稳定砂砾基层级配,采用振动成型法确定配合比。减少了水泥用量,增强了基层的强度,从而减少了水泥稳定砂砾基层的横向裂纹。

(6)路面采用新型材料——岩沥青,提高了路面的高温稳定性,增强了路面抵抗车辙的能力。

(7)在路基施工中采用了手持式落锤弯沉仪(FWD)检测路基压实质量,大大提高了检测效率,缩短了检测时间,减少了检测投入,有效地保证了施工进度和施工质量。"利用动态回弹模量检测路基压实质量研究"通过了新疆维吾尔自治区交通运输厅验收。

(8)温拌沥青在库阿项目应用研究,解决了热拌沥青混合料存在的环境污染重、能耗大、沥青老化等问题,节约了施工成本。课题"温拌沥青混合料(WMA)技术性能研究"获中国施工企业管理协会科学技术奖一等奖。

(9)课题"可视化公路建设项目管理系统研究",通过中国公路学会鉴定。

(10)课题"新疆盐渍土地区路基、路面病害预防控制研究"通过了中交第一公路工程局有限公司科研课题验收。

(11)课题"新疆公路建设项目设计施工总承包模式管理技术及应用研究"获中国公路学会科学技术一等奖。

(四)运营养护管理

G314库车至阿克苏高速公路,全长259.991km,双向四车道。2010年5月8日开工建设,2011年12月交工通车,工程概算64.9亿元。

路线起点桩号K630+705位于库车县,终点桩号K890+696位于阿克苏市,K603+750～K784+000段路基宽30.34m、路面宽23.5m;K784+000～K833+175段路基宽25.75m,路面宽21.25m;K833+175～K861+790段路基宽32.29m,路面宽23.5m;K861+790～897+500段路基宽25.5m,路面宽21.25m;K879+500～K890+696段路基宽30.34m,路面宽23.5m。K630+705～K861+790、K879+500～K890+696段设计速度为120km/h,K861+790～K879+500段设计速度为100km/h。路面结构为4cm细粒式混凝土+5cm中粒式混凝土+7cm粗粒式沥青混凝土+32cm 5%水稳层+30cm天然砂砾底基层。桥梁263座,总长度12385.88m,其中立交桥13座,总长度1177.01m。大桥31座,中桥57座,小桥175座。

库车至阿克苏高速公路并入国高网后编号和里程变化汇总见表8-75。

库车至阿克苏高速公路并入国高网后编号和里程变化汇总表　　表8-75

所属地州局	并入国高网后编号和里程变化情况		
	路线编号	起讫桩号	里程(km)
阿克苏公路管理局	G3012	K630+705～K905	274.295

G314库车至阿克苏高速公路下设新和、羊塔库都克、佳木、库勒4个服务区,11个收费站。其中2个主线收费站(新和与阿克苏东),9个匝道收费站(新和东、新和、新和西、英买力、玉尔滚、五团、温宿工业园、佳木镇、温宿),分别由库车公路分局、新和公路分局、阿克苏公路分局管养。收费站点设置汇总见表8-76。

G3012 K630+000～K890+696段自阿克苏公路管理局接养后降雨逐年明显增多。在2012年、2013年、2014年期间多次发生水毁,该局先后修筑了混凝土拦水带、沥青拦水带、钢筋混凝土拦水带、陶瓷拦水带,减少雨水对路肩边坡的冲刷。

收费站点设置汇总表　　　　　表8-76

站点名称	车道数	收费方式	站点名称	车道数	收费方式
新和主线收费站	9	封闭式	五团匝道收费站	5	封闭式
新和东匝道收费站	5	封闭式	温宿工业园匝道收费站	10	封闭式
新和匝道收费站	9	封闭式	佳木镇匝道收费站	10	封闭式
新和西匝道收费站	5	封闭式	温宿匝道收费站	10	封闭式
英买力匝道收费站	10	封闭式	阿克苏东主线收费站	17	封闭式
玉尔滚匝道收费站	5	封闭式			

G3012K655+000～K682+000段沿线土质为砂性土。该段多风、风大、沿线植被少。原路线右侧(北部)只有个别少数路段修筑有芦苇栅栏或芦苇方格。自2012年接养后，沙尘天气逐年明显增多。在2013年4月、2014年3～5月均因沙尘天气出现交通事故，导致当地交管部门对该段高速公路多次采取封闭交通、限速放行等交通管制措施。同时这两年的多次沙害，导致路面积沙也相当严重，阿克苏公路管理局采用芦苇草方格、芦苇高沙障对灾害路段进行处置。

阿克苏东主线收费站位于G3012K857+674m处，有17个车道，属于封闭式收费站。2015年获得"新疆维吾尔自治区青年安全生产示范岗"和"自治区青年文明号"自治区级的荣誉称号。

阿恰收费站位于G314K1127+500处，有6个车道，收费模式为开放式收费。先后荣获新疆交通运输行业文化建设"双十双百"工程"文化品牌"荣誉称号、自治区级"卫生红旗单位"称号、自治区级"青年文明号"称号、共青团中央"中国青年志愿者优秀组织奖"称号、自治区"政风行风建设示范窗口"称号、国家级"青年文明号"称号、全国交通运输文化建设优秀单位称号。

阿克苏公路管理局监控通信分中心由库尔勒—库车、库车—阿克苏、阿克苏—喀什(简称：库—库、库—阿、阿—喀)3个机电项目组合而成，其中监控通信分中心主体设备均属库—库项目，设计于2008年。库—库机电项目交工时(机电施工方北京中咨华科)，由于当时阿克苏监控通信分中心大楼未建设完成，监控通信分中心便另作交工处理，后由同为北京中咨华科施工方的库—阿机电项目一并对监控通信分中心的机电设备进行安装和调试。后阿—喀高速公路机电项目部分道路监控数据需要统一汇入阿克苏公路管理局监控通信分中心内。截至2016年11月，监控通信分中心软、硬件设备基本调试完毕。

库—库高速公路：5台立交遥控摄像机，图像接入分中心。库—阿高速公路：15个收费站点各2台云台摄像机。新和服务区、羊塔服务区各2台云台摄像机，6台枪式摄像机；佳木服务区2台云台摄像机，8台枪式摄像机；库勒服务区2台云台摄像机。新和东互通、新和互通、新和西互通、英买力互通、玉尔滚互通、五团互通、温宿工业园互通、佳木镇互通、温宿互通、阿克苏东互通、乌什互通、阿克苏西互通各1台枪式遥控摄像机；塔里木生态景观路U转路口、盐水沟球式U转路口各1台球形遥控摄像机。

阿—喀高速公路:4台为视频事件检测摄像机,7台云台摄像机,4个收费站各2台云台摄像机。阿恰服务区2台云台摄像机。温宿工业园收费站、佳木镇收费站、温宿收费站、阿克苏东主线收费站、新和主线收费站、新和东收费站、新和匝道收费站、英买力收费站、新和西收费站、玉尔滚收费站、五团收费站视频图像汇总接入分中心。阿拉尔收费站、二牧场收费站、盐水沟收费站、库车收费站、阿恰收费站视频图像未接入分中心。

2010年,库车至阿克苏高速公路年平均日交通量为5018辆,2011年年平均日交通量为3411辆,2012年年平均日交通量为7007辆,2013年年平均日交通量为8674辆,2014年年平均日交通量为5028辆,2015年年平均日交通量为9772辆,2016年年平均日交通量为7889辆,交通量发展变化见表8-77。

交通量发展变化表(单位:辆/日)　　　　表8-77

年份(年)	路段一	路段二	路段三	日平均流量
2010	未建站	未建站	5018	5018
2011	未建站	未建站	3411	3411
2012	未建站	未建站	7007	7007
2013	未建站	未建站	8674	8674
2014	12125	未建站	5118	5028
2015	9566	11568	7140	9772
2016	9230	7796	6640	7889

注:国道314线库车至阿克苏高速公路项目设阿克苏东、新大河桥2座观测站,其中阿克苏东观测站观测区间为K810~K861,新大河桥观测站观测区间为K861~K891。

库车至阿克苏高速公路建成通车以来,先后实施的大中修工程有:

(1)2015年G3012英买力至羊塔库都克(K701+200~K745+650)段上行线大中修工程:开工日期2015年7月2日,完工日期8月30日。该项目实施主要内容为44.45km路面病害处治,第一合同段4cmAC-16C中粒式SBS改性沥青混凝土+黏层+老路面层;第二合同段4cmAC-16C中粒式沥青混凝土就地复拌热再生(A-70基质沥青+抗车辙剂)+老路面层。施工单位:新疆西域路桥工程有限责任公司。监理单位:新疆公路工程监理咨询公司。投资资金5460.7589万元。

(2)2015年G3012新和交界至喀拉玉尔滚(K781+800~K785+900、K788+050~K792+950)段上行线大中修工程:开工日期2015年7月2日,完工日期8月30日。该项目实施主要内容9km路面病害处治,4cmAC-16C中粒式沥青混凝土(A-70基质沥青+抗车辙剂)+下封层+老路面层。施工单位:新疆城建股份公司。监理单位:新疆公路工程监理咨询公司。投资资金1204.9897万元。

2010—2016 年交通量发展状况表

五、G3012 阿克苏—喀什高速公路（建设期：2011.05—2015.07）

G3012 阿克苏至喀什高速公路（以下简称阿喀高速公路），位于新疆维吾尔自治区塔里木盆地边缘北部的阿克苏、阿图什、喀什 3 个南疆公路干线的重要节点。是中国内地通往中亚、欧洲的又一条重要通道和新疆"十二五"期间构建"五横七纵"高等级公路网中的第三横，在国家高速公路网中占据重要地位。该项目是国家高速公路规划网中，连云港至霍尔果斯高速公路吐鲁番至和田及伊尔克斯坦联络线的一段，也是亚洲公路网和新疆公路干线网的重要组成部分。建成后将对加快自治区跨越式发展和促进边疆地区各民族的繁荣富裕、保持社会稳定都具有重要意义。

G3012 阿克苏至喀什公路建设项目路线起点桩号为 K1025+415（位于阿克苏建化厂附近，与库尔勒至库车高速公路终点相接），终点桩号为 K1453+982.258（位于喀什市库曲湾收费站以南 700m 处），途经阿克苏市、柯坪县、巴楚县、伽师县、阿图什市、喀什市。

阿克苏至喀什高速公路项目路线全长 428.4937km（其中阿图什东立交东终点 K1423+700～K1453+982.258 段完全利用一级公路，利用段全长 30.282km），辅道及连接线 121km。公路等级：高速公路，设计速度 120km/h，整体路基宽度 28m。

(一) 项目概况

1. 基本情况

1) 功能定位

G3012 阿克苏至喀什高速公路，位于新疆维吾尔自治区塔里木盆地边缘北部的阿克苏、阿图什、喀什 3 个南疆公路干线的重要节点。

2) 技术标准

阿喀路线全长 428.4937km，共划分为 3 个土建合同段。

第八章
高速公路建设项目

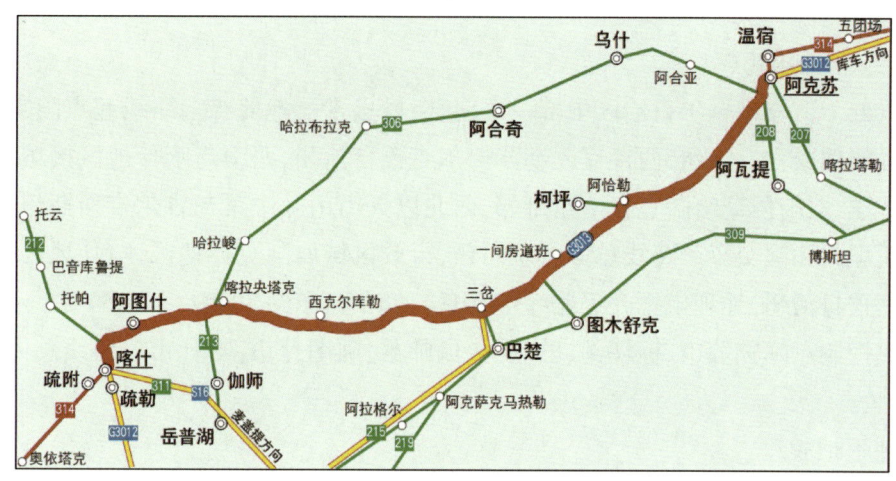

G3012 阿克苏—喀什高速公路路线示意图

（1）第 1 合同段，起点桩号 K1025+415.00，终点桩号 K1176+326.91，路线全长 151.172km。

（2）第 2 合同段，起点桩号 K1176+700.00，终点桩号 K1302+539.70，建设里程长度 125.8397km。

（3）第 3 合同段，起点桩号 K1302+500，终点桩号 K1453+982.258，建设里程长度 151.482km。

G3012 阿克苏至喀什高速公路项目主要技术指标见表 8-78。

G3012 阿克苏至喀什高速公路项目主要技术指标一览表　　表 8-78

公路等级	高速公路，设计速度 120km/h
路基宽度	28m
主线横断面形式	0.75m（土路肩）+3.50m（硬路肩）+2×3.75m（行车道）+0.75m（路缘带）+3.00m（中央分隔带）+0.75m（路缘带）+2×3.75m（行车道）+3.50m（硬路肩）+0.75m（土路肩）
路面类型	沥青混凝土路面，采用 4cm 中粒式沥青混凝土上面层（AC-16C）+5cm 中粒式沥青混凝土中面层（AC-20C）+7cm 粗粒式沥青混凝土上面层（AC-25F）+1cm 沥青表面处至下封层（S12）+33cm 4.5% 水泥稳定砂砾基层+15cm、17cm、20cm、25cm、31cm、34cm 底基层
路面标准轴载	BZZ-100
桥涵荷载标准	公路—I 级
桥梁宽度	桥梁、涵洞均与路基同宽，标准段落为 28m

3）工程规模

阿喀高速公路全长 428.4937km，路基填方 3891.83 万 m^3，路基挖方 615 万 m^3；路面结构为柔性路面（底基层 1156.71 万 m^2，水稳基层 1145.80 万 m^2，下面层 1027.58 万 m^2，中面层 1057.48 万 m^2，上面层 937.35 万 m^2），收费广场为普通混凝土路面。共设大中桥 58 座，小桥 55 座，涵洞 1525 道，服务区 3 处，主线收费站 2 处，匝道收费站 12 处，波形梁护栏 1345269.36m，隔离栅 930581.19m，防眩板 847129 块，标志 2300 处，标线

509277.30m²。

4) 主要控制点

路线处于新疆维吾尔自治区中部—西南部,塔里木盆地北缘。路线起点阿克苏地区东邻巴音郭楞蒙古自治州,西接克孜勒苏柯尔克孜自治州,西南与喀什地区接壤,南与和田地区相望,北与伊犁哈萨克自治州毗邻,西北以天山山脉中梁与吉尔吉斯斯坦共和国、哈萨克斯坦共和国交界。路线总体由东向西,行政区域属阿克苏地区、喀什地区、克孜勒苏柯尔克孜自治州,地理坐标介于北纬41°01′~39°34′,东经80°09′~75°59′之间。

主要控制点阿克苏市、柯坪县、巴楚县、伽师县、阿图什市、喀什市。路线总体走向由东向西。

5) 地形地貌

项目位于塔里木盆地与天山山脉之间的天山南麓山前冲积、洪积平原地带。路线总的走向由东向西。公路沿线地形比较平缓,属平原微丘地貌,总体地势为北高南低,由北向南倾斜,地表多为砂砾石土。地表自然横坡约为0.5%~3%,局部靠山较近,地表横坡5%~10%,地表植被较少。夏季暴雨引起的洪水挟带大量的砂石由北向南流下,容易阻塞桥涵和冲毁路基。

沿线地形开阔,地势变化较小。大部分路段为戈壁沙漠,少部分为绿洲景观,沿线无大型河流,降水稀少,天山冰川融水和山区降水为地下水和地表水的主要来源,河流基本为季节性水流,多成漫流状,流程较短,水量不大。地下水的埋深分布不均,在上游冲洪积扇和扇前倾斜平原区埋深较深,在下游山前冲洪积扇前平原区及绿洲区,地下水埋深较浅。

6) 投资规模

项目概算投资122.9亿元。

7) 开工及通车、竣工时间

2011年5月开工建设,2014年12月交工通车,2016年9月完成竣工验收前的工程质量核查工作。

2. 前期决策情况

1) 前期决策背景

该项目是国家高速公路规划网中,连云港至霍尔果斯高速公路吐鲁番至和田及伊尔克斯坦联络线的一段,也是亚洲公路网和新疆公路干线网的重要组成部分,在国家高速公路网中占据重要地位。建成后将对加快自治区跨越式发展和促进边疆地区各民族的繁荣富裕、保持社会稳定都具有重要意义。

2) 前期决策过程

(1) 工程可行性研究

2010年7月19日,新疆维吾尔自治区交通厅组织完成了《阿克苏至喀什高速公路工程可行性研究报告》评审,2012年1月29日,国家发展和改革委员会对《阿克苏至喀什公路可行性研究报告》进行了批复。

(2)初步设计

新疆维吾尔自治区交通规划勘察设计研究院、中交公路规划设计院有限公司于2010年8月组织项目组技术人员进场对工可路线方案做进一步的研究和优化,补充可行的路线方案,复查纸上定线成果。于10月25日完成了该项目全部外业勘察,2011年1月31日通过交通建设管理局的外业验收。

(3)施工图设计

2011年5月10日,新疆维吾尔自治区交通规划勘察设计研究院、中交公路规划设计院有限公司完成了G3012阿克苏至喀什高速公路工程施工图设计,于2013年5月17日通过了交通运输厅的施工图评审。

(4)合同签订

土建施工单位招标:2011年3月23日,新疆交通建设管理局委托厦门港湾咨询监理有限公司为招标代理,招标代理单位按程序面向全社会公开进行了3个合同段土建施工单位的招标。

土建监理单位招标:2011年3月24日,新疆交通建设管理局委托华杰工程咨询有限公司为招标代理,招标代理单位按程序面向全社会公开进行了3个合同段土建监理单位的招标,设总监办、第一驻地办、第二驻地办和第三驻地办。

(5)环境评价

2010年10月,交通运输部环境保护中心完成了阿—喀高速公路建设项目环境评价工作。2011年8月22日,环境保护部以《关于连霍国家高速公路联络线G3012阿克苏—喀什段环境影响报告书的批复》(环审〔2011〕219号)同意本项目建设。

参建单位主要情况见表8-79。

参建单位主要情况　　　　　　　　　　表8-79

序号	参建单位类别		单 位 名 称
1	质量监督机构		新疆公路工程质量监督局
2	建设单位		新疆维吾尔自治区交通建设管理局
3	设计单位	第1、2合同段	新疆维吾尔自治区交通规划勘察设计研究院
4		第3合同段	中交公路规划设计院有限公司
5	监理服务单位	总监办	新疆公路工程监理中心
6		第1驻地办	武汉中交路桥设计咨询有限公司
7		第2驻地办	山西交通建设工程监理总公司
8		第3驻地办	厦门港湾咨询监理有限公司
9		房建监理第1驻地办	内蒙古承兴建设监理有限公司

续上表

序号	参建单位类别		单位名称
10	监理服务单位	房建监理第2驻地办	新疆泽强工程建设监理有限公司
11		房建监理第3驻地办	新疆卓越工程项目管理有限公司
12		机电监理	北京中交路通交通工程咨询有限公司
13	施工单位	第1合同段	浙江省交通工程建设集团有限公司
14		第2合同段	中铁十四局集团有限公司
15		第3合同段	中国水电建设集团路桥工程有限公司
16		机电第1合同段	陕西公路交通科技开发咨询公司
17		机电第2合同段	北京云星宇交通工程有限公司
18		机电第3合同段	中铁十二局电气化工程有限公司
19	技术咨询单位	路面咨询	江苏省交通科学研究院股份有限公司
20		质控中心	交通运输部公路科学研究所

(二)建设情况

1.项目准备阶段

1)项目审批

该项目严格执行了交通基本建设程序,从预可行性研究、工程可行性研究、初步设计、施工图设计、工程施工、监理招投标及工程开工报告的审批,各个环节手续齐全,具体如下:

(1)新疆维吾尔自治区交通规划勘察设计研究院编制的《阿克苏—喀什段高速公路可行性研究报告》(简称工可报告)。

(2)2012年6月29日,国家发展和改革委员会印发《国家发展改革委关于新疆维吾尔自治区阿克苏至喀什公路可行性研究报告的批复》(发改基础〔2012〕1968号)。

(3)新疆维吾尔自治区交通建设管理局与新疆公路规划设计研究院(第1、2合同段)、中交公路规划设计院有限公司(第3合同段)签署的《G3012阿克苏至喀什高速公路公路勘察设计合同》;第1、2合同段签订日期:2010年9月25日;第3合同段签订日期:2010年10月10号。

(4)2010年1月31日,新疆维吾尔自治区交通建设管理局印发《阿克苏至喀什高速公路工程两阶段初步设计勘测外业验收鉴定书》(新交建总办〔2011〕9号)。

(5)2012年8月10日,交通运输部印发《交通运输部关于阿克苏至喀什公路初步设计的批复》(交公路发〔2012〕379号)。

(6)2013年5月17日,自治区交通运输厅印发《关于阿克苏至喀什公路工程施工图设计的批复》(新交综〔2013〕74号)。

(7)2011年5月3日,水利部印发《关于连霍国家高速公路联络G3012阿克苏至喀什段水土保持方案的复函》(水保函〔2011〕133号)。

(8)2012年7月17日,自治区国土资源厅印发《关于阿克苏—喀什段公路建设工程项目建设用地压覆矿产资源评估报告的批复》(新国土资函〔2012〕1533号)。

(9)2014年3月24日,自治区交通运输厅印发《关于阿克苏至喀什高速公路项目配套房建工程外部供电工程施工图设计的批复》(新交综〔2014〕34号)。

2)资金筹措

投资规模:项目概算总投资122.9亿元(含建设期贷款利息7.7亿元)。项目资金来源由车辆购置税资金和国内银行贷款两部分组成,其中,国家安排中央专项基金(车购税)41亿元、自治区安排财政交通专项资金6.2亿元,共计47.2亿元作为项目资本金,其余68.1亿元资金利用国内银行贷款解决,资金来源情况见表8-80。

项目资金来源汇总表 (单位:万元)　　　　表8-80

资金来源	2011年	2012年	2013年	2014年	2015年	合 计
一、基建拨款	26570	10000	307273	102727	-26570	420000
1.车购税	—	—	307273	102727	—	410000
2.厅拨养路费	—	—	—	—	—	0.00
3.中央基本建设资金	—	—	—	—	—	0.00
4.公建资金	—	—	—	—	—	0.00
5.履约保证金垫付资本金	26570	10000	-10000	—	-26570	0.00
6.财政专项资金	—	—	10000	—	—	10000
二、项目资本	—	—	—	—	—	0.00
1.国家资本	—	—	—	—	—	0.00
2.法人资本	—	—	—	—	—	0.00
3.个人资本	—	—	—	—	—	0.00
三、项目资本公积	—	—	—	—	—	0.00
四、基建投资借款	—	—	—	—	—	0.00
五、上级拨入投资借款	55720	218389	17474	75986	325018	400071
1.开行银团贷款	—	—	—	—	—	0.00
2.中国银行	—	8878	-8878	—	—	0.00
3.交通银行	—	20000	-20000	—	—	0.00
4.昆仑银行	—	56310	-50510	-5800	—	0.00

续上表

资金来源	2011年	2012年	2013年	2014年	2015年	合计
5.工商银行	—	13320	1150828	119286	325018	400071
6.交通厅借款	18220	—	−18220	—	—	0.00
7.昆仑行委贷资本金	37500	—	—	−37500	—	0.00
合计	82290	228387	324747	178713	59318	820071

3)合同段划分

根据各专业的工程内容划分合同段(表8-81)如下：

(1)土建工程设计合同段划分3个合同段。

(2)施工合同段划分：根据工程内容的不同，土建工程划分3个合同段。

(3)土建施工监理合同段划分：根据工程内容设1个土建总监办公室，3个土建驻地监理办公室。

(4)房建施工合同段划分：根据工程内容的不同，房建设3个合同段。

(5)房建施工监理合同段：根据工程内容设3个房建驻地监理办公室。

(6)机电施工合同段划分：根据工程内容不同，机电工程划分3个合同段。

(7)机电施工监理合同段：下设1个机电监理合同段。

参建单位合同段划分一览表　　　　　　表8-81

序号	单位类型	合同段	单位名称
1	设计单位	第1、2合同段	新疆维吾尔自治区交通规划勘察设计研究院
2		第3合同段	中交公路规划设计院有限公司
3	监理服务单位	总监办	新疆公路工程监理中心
4		第1驻地办	武汉中交路桥设计咨询有限公司
5		第2驻地办	山西交通建设工程监理总公司
6		第3驻地办	厦门港湾咨询监理有限公司
7		房建监理第1驻地办	内蒙古承兴建设监理有限公司
8		房建监理第2驻地办	新疆泽强工程建设监理有限公司
9		房建监理第3驻地办	新疆卓越工程项目管理有限公司
10		机电监理	北京中交路通交通工程咨询有限公司
11	施工单位	第1合同段	浙江省交通工程建设集团有限公司
12		第2合同段	中铁十四局集团有限公司
13		第3合同段	中国水电建设集团路桥工程有限公司
14		机电第1合同段	陕西公路交通科技开发咨询公司
15		机电第2合同段	北京云星宇交通工程有限公司
16		机电第3合同段	中铁十二局电气化工程有限公司

4)招标投标

按照国家颁布的《中华人民共和国招标投标法》和交通运输部颁布的《公路工程施工招标投标管理办法》《公路工程施工招标资格预审办法》《公路工程施工招标评标办法》的要求,由项目法人单位组织招标工作。

初步设计完成后,交通建设管理局立即投入施工图设计和编制招标文件的工作。由新疆维吾尔自治区交通规划勘察设计研究院完成第1、2合同段,中交公路规划设计院有限公司完成第3合同段施工图设计工作。项目采用招标的方式进行招投标工作,土建工程划分为3个合同段。

(1)土建施工单位招标:2011年3月23日,新疆交通建设管理局委托厦门港湾咨询监理有限公司为招标代理,招标代理单位按程序面向全社会公开进行了3个合同段土建施工单位的招标。

(2)土建监理单位招标:2011年3月24日,新疆交通建设管理局委托华杰工程咨询有限公司为招标代理,招标代理单位按程序面向全社会公开进行了3个合同段土建监理单位的招标,设总监办、第一驻地办、第二驻地办和第三驻地办。

5)征地拆迁

(1)工作及范围:沿线经过阿克苏市、柯坪县、巴楚县、伽师县、阿图什市、喀什市境内。路线总体走向由东向西。

(2)主要内容:

①签订协议、界定征地界限、办理永久性占地报批手续。

②永久占地界内房屋等各种构造物的搬迁。

③永久占地内附着物的拆除。

④各种管线的迁移、改建,既有通信管线的改建、加高、迁移,还有电力线路的改建、加高、迁移。

⑤临时及借土占地的征用。

(3)遵循的政策法规:

①《中华人民共和国土地管理法》。

②2012年7月17日,自治区国土资源厅《关于阿克苏—喀什段公路建设工程项目建设用地压覆矿产资源评估报告的批复》(新国土资函[2012]1533号)。

(4)主要做法:

①设立专门组织机构:各级政府对征地工作的领导和监督,形成完善的拆迁工作体系,使征地拆迁工作层层有人管、层层有人抓。指挥部协助交通建设管理局办理项目土地征用、房屋拆迁、环保、水保等建设条件的协调、落实和相关报批工作。

②落实承包责任制:由自治区土地局牵头,指挥部、市、州、县相关单位逐步落实。对

沿线地上附着物进行了清点、登记造册、签字确认。根据交通运输部对初步设计的批复，本项目跨越阿克苏地区、农一师、农三师、克州、喀什地区，征用土地及补偿费支付情况如下。

征用土地：根据交通运输部对初步设计的批复，本项目跨越阿克苏地区、兵团农一师、农三师、克州、喀什地区，需征用的土地总面积为38093亩，其中农用地11891.7亩（其中耕地2859.73亩），未利用土地25244.43亩。

征收房屋及附着物。根据批复的初步设计图纸并经现场调查，本项目征收阿克苏地区、农一师、农三师、克州、喀什地区房屋总面积为33192.0603m²，补偿费计1564.2270万元；其中楼房590.52m²，平房32425.4703m²，简易房屋172.07m²，葡萄晾房4m²。附着物：补偿费计2541.8136万元；砍伐树木346368棵，补偿费计2115.4612万元。

其余追加房屋及土地补偿费用为2440.406265万元。

沿线电力、通信线路改迁工作也已全部完成，目前已支付改迁费用合计为7889.90671万元，征地拆迁统计见表8-82。

征地拆迁统计表　　　　　　　　　　　　　　　　表8-82

高速公路编码	项目名称	征地拆迁时间	征用土地（亩）	拆迁房屋（m²）	拆迁费用（万元）
G3012	阿克苏至喀什高速公路工程	2011.2—2014.10	38093	33192	7890

2. 项目实施阶段

1）实施过程

（1）主线土建工程于2011年5月30日开工，2014年10月30日完工。

（2）2014年11月5日～2014年12月4日完成交工验收前的各项准备工作，组织交验。

（3）质监局开展的第1、2合同段交工质量检测于2014年6月10～30日完成，交通建设管理局的质量审定工作于6月27～7月8日完成，第3合同段交工质量检测于11月1～15日完成。第1、2合同段于2014年7月收到交工证书，第3合同段于2014年12月4日收到交工证书。

2）重大决策

（1）2012年5月中旬，新疆维吾尔自治区党委常委、宣传部部长胡伟视察阿喀项目指导工作。

（2）2012年8月16日，新疆维吾尔自治区交通运输厅党委副书记、厅长（里加提·苏里堂）带领调研组一行对阿喀高速公路第3合同段项目工地进行全线检查，帮助协调解决征地问题。

现场指导工作

工地检查现场

(三)科技创新

新技术、新工艺的有效应用,成为阿喀项目工程质量和进度的有力保障,也让这条难点丛生的科技攻关之路亮点频现。

(1)盐水淡化技术的应用。阿喀第 2 合同段根据地下水质的情况量身定制了大容量的水处理设备两套,对生活用水和施工用水进行淡化处理,这是新疆公路工程建设项目中第一次采用的技术,从根本上解决公路工程用水矿物质超标的问题。

(2)根据交通运输部西部交通建设科技项目"新疆干线公路网建设支撑技术研究与应用"课题之专题三"新疆绿洲荒漠地区干线公路路基合理高度研究",将阿克苏至喀什高速公路工程第 2 合同段作为依托工程,对本课题进行研究。为了降低路基高度,一般通过加大桥涵孔径、数量的方法来实现,从国外低路基桥涵处理现状来看,桥涵一般采用单孔、多孔预制箱涵进行处理。指挥部把第 2 合同段 K1296 + 300、K1296 + 562、K1296 + 793 三处 1 ~ 4.0m 钢筋混凝土盖板明涵改为装配式箱涵。箱涵施工的应用,不仅加快了工程施工的进度,还推进了桥涵施工标准化进程。

(3)水稳振动成形施工工艺的推广应用。2013年5月20日在第2合同段召开水稳振动成形施工工艺的经验交流会。通过参建单位之间的交流与观摩,对阿喀项目后续的水稳施工起到了良好的指导作用。

(4)为确保阿喀项目沥青路面的质量,提高抗车辙能力,阿喀指挥部召集路面咨询、质控中心等技术服务单位,在第2合同段开展了500m的高模量沥青试验段的铺筑,经试验检测证明,该路段抗车辙指标大幅提高。

(5)借助信息化建设的技术优势,从狠抓原材料质量入手,在拌和站和路面施工设备上安装监控系统,通过信息化手段实现路面施工质量全程控制。

(6)实施"路容路貌"样板工程。通过对第1、2合同段1:4的边坡进行碾压和整修工艺,路基边坡压实度和平整度有了很大的提高,从外观来看,整体路线的顺直度和整体路貌更加美观。

(7)2014年5月,在阿喀第3合同段实施了18km橡胶沥青试验段的铺筑,通过试验检测,各项性能指标均优于改性沥青,并且具有良好的经济效益,再生橡胶粉的使用,对于环境保护也具有十分重要的意义。

(四)运营养护管理

G3012阿克苏至喀什高速公路全长428.493km,起自阿克苏南,接在建的库车至阿克苏高速公路,经启浪、阿恰、三岔口、西克尔、阿图什,止于喀什北,接拟规划建设的喀什绕城高速公路。全线采用双向四车道高速公路标准建设,设计速度120km/h,路基宽度维持28m。阿喀高速公路是继乌鲁木齐至库尔勒、库车到阿克苏后又一条高速大动脉,它的开通运行将彻底联通南北疆。自此,从乌鲁木齐至喀什实现全程高速公路。

在阿图什公路管理局辖内G3012 106km,其中31.44km为水泥混凝土路面,其余为沥青路面。G3012路面宽度为23.5m、路基宽度为28m、面层厚度为1.6m。全线有各类桥梁145座。互通立交桥7座,分别为格达良互通(K1248+800处)、阿图什东互通(K1286+860处)、阿图什西互通(K1289+800处)、阿扎克互通(K1300+500处)、塔库提互通(K1308+900处)、乌恰互通(K1311+250处)、塔古提匝道桥(K1311+961处)。长度超过100m的大桥有7座,分别为大山口2号大桥(K1214.69处),长126m,预应力钢筋混凝土结构;八盘水墨大桥(K1237.715处),长126m,钢筋混凝土结构;包华孜大桥(K1291.28处),长216.06m,钢筋混凝土结构;阿扎克互通匝道上跨分离式立交(K1300.5处),长120.08m,预应力钢筋混凝土结构;塔库提南互通匝道上跨分离式立交(K1309.1处),长120.08m,钢筋混凝土结构;塔古堤大桥(K1310.276处),133.5m,预应力钢筋混凝土结构;塔库提大桥(右幅)(K1310.3处),133.04m,预应力钢筋混凝土结构。

G3012 阿图什公路管理局下辖有 6 个匝道收费站,分别为格达良匝道收费站,位于 K1247+900 处,有 6 个车道;阿图什东匝道收费站,位于 K1286+500 处,有 4 个车道;阿图什西匝道收费站,位于 K1290+500 处,有 6 个车道;阿扎克匝道收费站,位于 K1300+500 处,有 4 个车道;塔库提匝道收费站,位于 K1308+100 处,有 8 个车道;乌恰匝道收费站,位于 K1312+000 处,有 4 个车道。6 个收费站均实行封闭式联网收费,都装有计重收费设备,但没有 ETC 设备。

沿线有一个服务区即阿图什服务区,位于 K1258+350 处,东、西两个分区共有 300 个停车位。阿图什服务区因受地理位置的制约,至今没有对外租赁,2016 年 2 月只有超市对外出租。目前,该服务区只有停车、免费公厕及超市服务,其他对外租赁宣传工作正在进行中。

沿线有阿图什公路管理局应急抢险保障基地,位于 G3012 与 G3013 交界处,建于 2015 年 5 月,用地面积 30 亩,有两座大型机械车库(彩钢房),各类抢险车辆 184 辆(台),承担着 G3012 线、G3013 线两条高速公路的应急抢险任务。

阿图什公路管理局公路监控中心成立于 2014 年 7 月,位于阿图什市帕米尔路东 42 院。

阿克苏至喀什高速公路由阿克苏公路管理局阿克苏分局、柯坪分局、喀什公路管理局巴楚分局管养。阿克苏至喀什高速公路并入国高网后编号和里程变化汇总见表 8-83。

阿克苏至喀什高速公路并入国高网后编号和里程变化汇总表　　　表 8-83

所属地州局	并入国高网后编号和里程变化情况		
	路线编号	起讫桩号	里程(km)
阿克苏公路管理局	G3012	K905~K1318	413
喀什公路管理局			
阿图什公路管理局			

阿克苏至喀什高速公路,喀什公路管理局管养 K1030+000~K1210+000 段长 180km,双向四车道,于 2014 年 12 月接养,目前未进行竣工验收。

阿克苏至喀什高速公路全线路基宽 28m,路面宽 23.5m,路面结构形式为 33cm 水稳+17cm 沥青混凝土。全线有桥梁 128 座,其中大桥 6 座,中桥 3 座,小桥 119 座。沿线有六处立交桥,分别为:

(1)一间房立交桥,桥梁中心桩号为 K1044+930,桥梁全长 67m,跨径组合为 3×20m,为箱形梁桥。该互通式立交桥通往图木舒克市。

(2)三岔口互通处有四座立交桥,其中三岔口互通 CD 匝道跨线桥,桥梁中心桩号为 K1086+758,桥梁全长 103m,跨径组合为 21m+2×27m+21m,为连续箱梁桥;三岔口互通 BJX 跨线桥,桥梁中心桩号为 K1087+005,桥梁全长 343m,跨径组合为 11×20m+21.5m+

23.5m+27m+24m+20m,为连续箱梁桥;三岔口互通 BJX 右跨线桥,桥梁中心桩号为 K1087+006,桥梁全长 343m,跨径组合为 11×20m+21.5m+23.5m+27m+24m+20m,为连续箱梁桥;三岔口互通 AB 匝道跨线桥,桥梁中心桩号为 K1087+232,桥梁全长 137m,跨径组合为 20m+25m+2×20m+25m+20m,为连续箱梁桥。该互通通往三岔口镇、巴楚县城,并与 S13 三岔口—莎车高速公路立体交叉。

(3)三道班立交桥,桥梁中心桩号为 K1112+574,桥梁全长 67m,跨径组合为 3×20m,为箱形梁桥。该互通式立交桥通往巴楚监狱。

(4)喀什总场立交桥,桥梁中心桩号为 K1169+305,桥梁全长 120.08m,跨径组合为 25m+2×32m+25m,为箱形梁桥。该互通式立交桥通往伽师总场。

(5)西克尔立交桥,桥梁中心桩号为 K1177+448,桥梁全长 120.08m,跨径组合为 25m+2×32m+25m,为箱形梁桥。该互通式立交桥通往克州西克尔镇。

(6)大山口立交桥,桥梁中心桩号为 K1208+460,桥梁全长 120.08m,跨径组合为 25m+2×32m+25m,为箱形梁桥。该互通式立交桥通往铜矿。

阿克苏至喀什高速公路下设 4 个服务区(阿恰、三岔口、西克尔、阿图什),15 个匝道收费站(沙井子、启浪、阿恰、一间房、三岔口、三道班、伽师总场、西克尔、大山口、格达良、阿图什东、阿图什西、阿扎克、塔库提、乌恰)和 1 个主线收费站(沙井子),高速公路沿线收费站实行封闭联网计重收费,收费站点设置见表 8-84。

收费站点设置汇总表 表 8-84

站 点 名 称	车 道 数	收 费 方 式	站 点 名 称	车 道 数	收 费 方 式
沙井子主线收费站	15	封闭式	西克尔匝道收费站	4	封闭式
沙井子匝道收费站	5	封闭式	大山口匝道收费站	4	封闭式
启浪匝道收费站	4	封闭式	格达良匝道收费站	6	封闭式
阿恰匝道收费站	4	封闭式	阿图什(东)匝道收费站	4	封闭式
一间房匝道收费站	5	封闭式	阿图什(西)匝道收费站	6	封闭式
三岔口匝道收费站	5	封闭式	阿扎克匝道收费站	4	封闭式
三道班匝道收费站	4	封闭式	塔库提匝道收费站	10	封闭式
伽师总场匝道收费站	4	封闭式	乌恰匝道收费站	4	封闭式

三岔口服务区建设地点位于 G3012 K1218+750 处双侧,单向服务,三岔口服务区单侧餐饮服务面积 443m^2;单侧超市零售面积 334m^2;单侧修理车间面积 287m^2;单侧宾馆面积 225m^2(未包括管理室面积)。服务类型有:停车场、休息室、餐厅、超市、汽车修理间、加油站等。停车位数量:290 个(大车停车位 160 个、小车停车位 130 个)。

西克尔服务区建设地点位于 G3012 线 K1309+500 处双侧,单向服务,餐饮服务面积 540m^2(3 间餐厅),超市零售面积 332m^2,单侧修理车间面积 316.1m^2,宾馆面积 180m^2(4 间,未包括管理室面积),停车位 160 个,能够提供停车、休息、餐饮、购物、汽修、加油、如厕等服务。

阿克苏至喀什高速公路自建成通车以来,未实施过大中修工程。

阿克苏至喀什高速公路至今未设置交通量观测站。

六、G3012 墨玉—和田段高速公路(建设期:2015.05—在建)

墨玉至和田项目是国家高速公路网中连霍高速 G30 的联络线吐鲁番—和田高速公路的重要路段,也是新疆交通运输"57712"工程中"五横七纵"高速、高等级公路网中"第4横"的重要组成路段,是途径青海,连接西南和华南的大通道,也是通过伊尔克斯坦和红其拉甫口岸连接中亚及南亚的交通要道。墨和项目的实施对于贯彻深入实施西部大开发战略,落实中央新疆工作会议精神,完善国家高速公路网,构筑新疆骨架公路网,便捷内地与中亚及欧洲间的联系及推进国际合作,改善区城交通运输条件具有重要的意义。

G3012 墨玉至和田段公路建设项目位于和田地区的墨玉县、和田市、和田县及洛浦县境内。起点顺接墨玉县南侧的叶墨公路,经皮牙勒玛干渠、喀拉喀什河、昆仑工业园、玉龙喀什河、比孜里墓葬、拜什托格拉克干渠、洛浦县城、阿其克河、洛浦县砂石料场等中间控制点,终点位于 G315(K2401+560)西侧,洛浦东互通式立交终点。属平原微丘地貌。

主线全长 74.01430km,起点桩号为 K0+000,终点桩号为 K74+100。主线土建工程共划分为 3 个合同段:第 1 合同段起点桩号 K0+000,终点桩号 K22+800,路线长度 22.780km;第 2 合同段起点桩号 K22+800,终点桩号 K42+000,断链长度 45.617m,路线长度 19.135km;第 3 合同段起点桩号 K42+000,终点桩号 K74+100.00,路线长度 32.100km。主线按照高速公路标准设计,整体式路基宽度 28m,设计速度 120km/h,双向四车道。桥涵设计荷载等级公路—I级,与路基同宽,路面采用沥青混凝土结构。项目土建计划开工时间为 2015 年 3 月,计划交工时间为 2017 年 10 月 31 日,实际开工时间为 2015 年 5 月,房建工程 2016 年完成招投标,房建参建单位 2016 年 6 月底进场进行开工准备,交安工程于 2016 年 8 月 24 日进行招标,机电工程于 2016 年 10 月 18 日进行招标。

(一)项目概况

1.基本情况

1)功能定位

本项目地处喀喇昆仑山北麓,塔里木盆地南缘,和田地区墨玉县、和田县、和田市、洛浦县是和田地区最大绿洲的核心区,现有 G315 仅为二级公路,混合交通严重,不适应现有交通运输的需求,明显制约当地社会经济的发展,迫切需要提高公路等级。项目的实施对于贯彻深入实施西部大开发战略,落实中央新疆工作会议精神,完善国家高速公路网、构筑新疆骨架公路网、便捷内地与中亚及欧洲间的联系及推进国际合作,改善区域交通运输条件,提高交通安全等级,加快区域高等级公路网络化,促进区域优势资源开发和经济社会协调发展,为向西开放提供更完善的交通条件,加强民族团结,实现新疆经济社会跨越式发展和长治久安等有着十分重要的意义。项目实施后可为推动当地经济发展和社会进步提供坚实的基础条件,促进区域经济发展和社会进步,具有很大的潜在和直接社会经济效益。

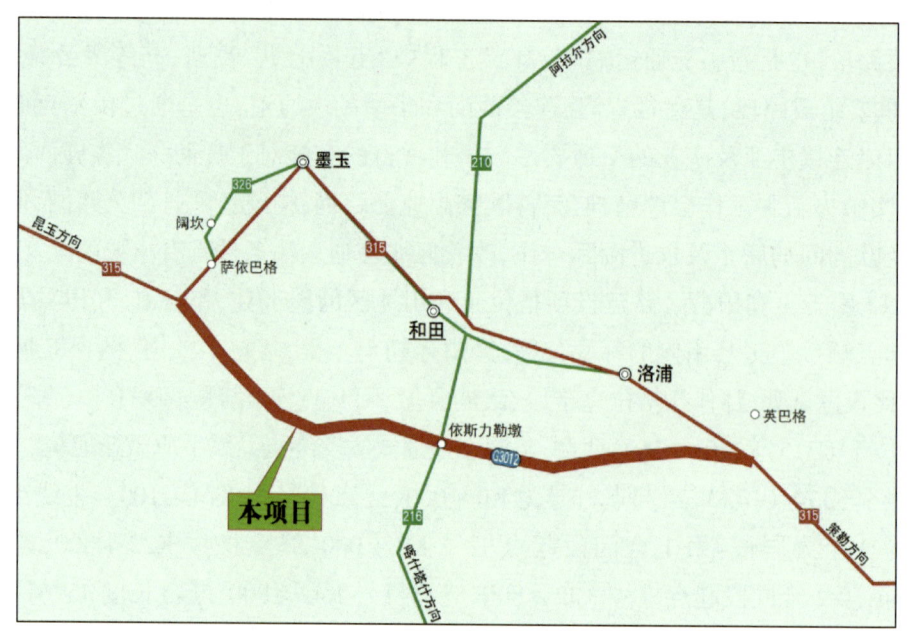

G3012 墨玉—和田段高速公路路线示意图

2) 技术标准

主线按照高速公路标准设计,整体式路基宽度28m,设计速度120km/h,双向四车道。桥涵设计荷载等级公路—Ⅰ级,与路基同宽,路面采用沥青混凝土结构。

3) 工程规模

主线全长74.0143km,路基挖方419.7万m²,路基填方591.8万m²,排水防护工程59.3万m²。路面结构为柔性路面,收费广场为水泥混凝土路面。全线设置特大桥2座,中桥8座(包括被交线1座),小桥25座(包含小桥类型通道),涵洞103道(其中通道13座),互通式立交6处,分离式立交4处,匝道收费站5处、主线收费站1处,服务区1处,全线设置监控通信分中心1处,养护工区1处,新建管理、养护及服务设施总建筑面积21020m²,占地219亩。

4) 主要控制点

G3012墨玉至和田段公路建设项目位于和田地区的墨玉县、和田市、和田县及洛浦县境内。起点顺接墨玉县南侧的叶墨公路,经皮牙勒玛干渠、喀拉喀什河、昆仑工业园、玉龙喀什河、比孜里墓葬、拜什托格拉克干渠、洛浦县城、阿其克河、洛浦县砂石料场等中间控制点,终点位于 G315(K2401+560)西侧,洛浦东互通式立交终点;共计 1 个市、3 个县、9 个乡。

5)地形地貌

拟建项目位于喀喇昆仑山北麓,塔里木盆地南缘,地势南高北低,并由西向东缓倾。山前冲、洪积倾斜平原受喀拉喀什河和玉龙喀什河河谷的切割,地貌主要表现为不同阶段的山前冲、洪积扇台地特征。台地内平坦,南北方向地表横坡较大,约 2%～3%,呈戈壁荒漠景观;河岸两侧表现为堆积平原地貌,岸坎高陡;河谷内地形平坦,呈农耕区景观。路线海拔高程变化为 1400～1530m。属平原区,公路自然区划为 $Ⅵ_2$ 区,即绿洲荒漠区。

6)投资规模

估算 27.8 亿元,项目概算投资 28.7 亿元,预算 26.53 亿元。

7)开工及通车、竣工时间

计划开工时间为 2015 年 3 月,实际开工时间为 2015 年 5 月,计划交工时间为 2017 年 10 月 31 日。

2. 前期决策情况

1)前期决策背景

连云港至霍尔果斯国家高速公路吐鲁番至和田联络线 G3012 墨玉至和田段高速公路是国家高速公路网"71118"网中第七条横线 G30 的第二条联络线(吐鲁番—库尔勒—库车—阿克苏—喀什和田)的终点路段,是《深入实施西部大开发战略公路水路交通运输发展规划纲要(2011—2020 年)》"八纵八横"骨架公路网中天津至喀什公路的组成部分,是《新疆交通运输 57712 工程规划》"五横"中的第四横依吞布拉克—伊尔克什坦公路(依吞布拉克—若羌—和田—喀什—伊尔克什坦口岸)的组成部分,是向东经青海连接内陆省份的骨架公路,也是通过南疆边境口岸向西连接中亚、西亚及南亚的国际通道。根据自治区交通厅"十二五"期间公路网建设的总体规划要求及自治区交通厅有关领导的指示精神,自治区交通厅在 2011 年对项目进行初步可行性研究的编制工作。

2)前期决策过程

(1)2011 年完成项目可行性研究报告的编制工作。

(2)2013 年自治区发展和改革委员会将《关于新疆墨玉至和田高速公路项目社会稳定风险评估意见的报告》上报至国家发展和改革委员会进行审批。

(3)2014 年 5 月 8 日,国家发展和改革委员会对《关于新疆墨玉至和田高速公路项目社会稳定风险评估意见的报告》(新发改交通〔2013〕2838 号)和《关于新疆墨玉至和田高速公路工程可行性研究报告的请示》(新发改交通〔2011〕3351 号)以《国家发改委关于新疆墨玉至和田公路可行性研究报告的批复》(发改基础〔2014〕903 号)进行批复。

3. 参建单位主要情况

1）建设单位

本项目建设单位是新疆交通建设管理局项目执行二处。

2）设计单位

（1）土建工程设计单位：中交第一公路勘察设计研究院有限公司，新疆交通规划勘察设计研究院。

（2）房建工程设计单位：新疆交通规划勘察设计研究院。

（3）交通工程设计单位：新疆交通规划勘察设计研究院。

（4）绿化工程设计单位：新疆交通规划勘察设计研究院。

（5）机电工程设计单位：新疆交通规划勘察设计研究院。

3）施工单位

通过招投标本项目有土建工程共3个，房建工程3个，机电工程2个，交通安全设施3个。

（二）建设情况

1. 项目准备阶段

1）项目审批

该项目严格执行了交通基本建设程序，从工程可行性研究、公路选址、初步设计、施工图设计、工程施工、监理招投标及工程开工报告的审批，各个环节手续齐全，具体如下：

（1）2014年5月8日，国家发展和改革委员会对《关于新疆墨玉至和田高速公路项目社会稳定风险评估意见的报告》（新发改交通〔2013〕2838号）和《关于新疆墨玉至和田高速公路工程可行性研究报告的请示》（新发改交通〔2011〕3351号）以《国家发改委关于新疆墨玉至和田公路可行性研究报告的批复》（发改基础〔2014〕903号）进行批复。

（2）2013年1月9日，自治区住房与城乡建设厅对《关于申请核发墨玉至和田高速公路选址的请示》（和地建规〔2012〕75号）以《关于对墨玉至和田高速公路选址的批复》（新建规函〔2013〕32号）进行批复。

（3）2014年11月2日，交通运输部对《关于上报墨玉至和田段高速公路工程两阶段初步设计的请示》（新交发〔2014〕39号）以《交通运输部关于新疆自治区墨玉至和田公路初步设计的批复》（交工路函〔2014〕894号）进行批复。

（4）2014年11月18日，自治区交通运输厅对《关于对墨玉至和田高速公路两阶段施工图设计修编的请示》（新交建总办〔2014〕158号）以《关于墨玉至和田高速公路施工图的批复》(新交综〔2014〕207号)进行批复。

2)资金筹措

本项目总概算28.70亿元,其中中央资金10.43亿元,车购税8.81亿元,银行贷款9.46亿元,资金来源情况见表8-85。

项目资金来源汇总表 （单位:万元） 表8-85

资 金 来 源	期 初 数	期 末 数
一、基本建设拨款合计	55950	64450
（一）以前年度拨款	—	55950
1.中央财政性资金拨款	—	55950
2.地方财政性资金拨款	—	—
3.其他拨款	—	—
（二）本年拨款	55950	8500
1.中央财政性资金拨款	55950	8500
其中:中央基建拨款	55950	8500
中央财政专项资金	—	—
中央政府性基金	—	—
国有资本经营预算	—	—
其他	—	—
2.地方财政性资金拨款	—	—
其中:省级拨款	—	—
地市级拨款	—	—
县及县以下拨款	—	—
3.其他拨款	—	—
（三）预收下年度财政性资金拨款	—	—
其中:中央财政性资金	—	—
地方财政性资金	—	—
（四）本年交回结余资金	—	—
1.交中央财政	—	—
2.交地方财政	—	—
3.交主管部门及其他	—	—

3)合同段划分

根据各专业的工程内容划分合同段(表8-86)如下:

(1)土建工程设计合同段划分2个合同段,房建工程设计3个合同段,绿化工程1个,机电工程1个,交安工程1个。

(2)施工合同段划分:根据工程内容的不同,土建工程3个合同段,房建工程3个合同段,机电工程2个,交安工程2个。

(3)施工监理合同段划分:土建工程及交通工程设总监办1个,驻地办3个,房建工程设总监办1个,机电工程设总监办1个。

G3012墨玉至和田高速公路项目合同段划分一览表　　　　表8-86

类型	参建单位名称	合同段编号及起讫桩号	合同段所在地	主要内容
建设单位	交通建设管理局	K0+000～K74+100	墨玉县、和田县、洛浦县	负责项目的工程变更、合同管理、质量管理、财务管理、征地拆迁、廉政建设、文明施工、环保安全等工作
勘察设计单位	新疆交通规划勘测设计研究院	1:K0+000～K42+000	墨玉县、和田县、洛浦县	负责K0+000～K42+000土建设计及全线房建设计、交通工程设计、机电设计
勘察设计单位	中交第一公路勘察设计研究院有限公司	2:K42+000～K74+100	洛浦县	负责K42+000～K74+100土建设计
监理单位 土建及交安总监办	新疆公路工程监理中心	MHJL-4:K0+000～K74+100	墨玉县、和田县、洛浦县	路基、路面、桥涵、路线交叉、交通安全设施及预埋管线、绿化、水保、环保等工程的全部施工监理工作
监理单位 土建及交安驻地办	新疆北方公路工程监理部	MHJL-1:K0+000～K22+800	墨玉县、和田县	路基、路面、桥涵、路线交叉、交通安全设施及预埋管线、绿化、水保、环保等工程的全部施工监理工作
监理单位 土建及交安驻地办	北京育才交通工程咨询监理公司	MHJL-2:K22+800～K42+000	和田县、洛浦县	路基、路面、桥涵、路线交叉、交通安全设施及预埋管线、绿化、水保、环保等工程的全部施工监理工作
监理单位 土建及交安驻地办	河南省宏力工程咨询有限公司	MHJL-3:K42+000～K74+100	洛浦县	路基、路面、桥涵、路线交叉、交通安全设施及预埋管线、绿化、水保、环保等工程的全部施工监理工作
监理单位 房建总监办	新疆卓越工程项目管理有限公司	MHFJJL-1:K0+000～K74+100	墨玉县、和田县、洛浦县	项目配套房建工程、外部供电、外部供水施工监理工作
监理单位 机电总监办	北京中交路通交通工程咨询有限公司	MYJDJL-1:K0+000～K74+100	墨玉县、和田县、洛浦县	项目监控设施、通信设施、供电设施、照明设施、收费设施等全部设施施工监理工作

续上表

类型	参建单位名称	合同段编号及起讫桩号	合同段所在地	主要内容
施工单位	土建施工单位			
	新疆交通建设集团股份有限公司	MH-1：K0+000~K22+800	墨玉县、和田县	路基、路面、桥梁涵洞、交叉工程、环境保护工程等
	中交路桥集团建设股份有限公司	MH-2：K22+800~K42+000	和田县、洛浦县	路基、路面、桥梁涵洞、交叉工程、环境保护工程等
	中铁七局集团第三工程有限公司	MH-3：K42+000~K74+100	洛浦县	路基、路面、桥梁涵洞、交叉工程、环境保护工程等
	房建施工单位			
	新疆广鑫胜业建筑安装工程有限公司	MHFJ-1：K0+000~K22+800	墨玉县、和田县	墨玉临时主线收费站、和田西匝道收费站、外部供电、外部供水
	阿克苏松鹤建筑安装有限责任公司	MHFJ-2：K22+800~K42+000	和田县、洛浦县	和田匝道收费站及养护工区、和田服务区、外部供电、外部供水
	伊宁市城市建设总公司	MHFJ-3：K42+000~K74+100	洛浦县	和田东匝道收费站、洛浦匝道收费站、洛浦东匝道收费站、外部供电、外部供水
	交安施工单位			
	成都市路桥工程股份有限公司	MHJA-1 K0+000~K22+800	墨玉县、和田县	交通安全设施及预埋管线施工
	青岛建工集团有限公司	MHJA-2 K22+800~K42+000	和田县、洛浦县	交通安全设施及预埋管线施工
	新疆新路交通工程有限责任公司	MHJA-3 K42+000~K74+100	洛浦县	交通安全设施及预埋管线施工
	机电施工单位			
	陕西汉唐计算机有限责任公司	MYJD-1：K0+000~K74+100	墨玉县、和田县、洛浦县	全线范围内监控系统、通信系统的设备采购、安装施工、集成、调试、开通、试运行、培训、文件及缺陷修复
	陕西高速电子工程有限公司	MYJD-2：K0+000~K74+100	墨玉县、和田县、洛浦县	全线范围内收费系统的设备采购、安装施工、集成、调试、开通、试运行、培训、文件及缺陷修复

4）招投标

按照国家颁布的《中华人民共和国招标投标法》和交通运输部颁布的《公路工程施工招标投标管理办法》《公路工程施工招标资格预审办法》《公路工程施工招标评标办法》的要求，由项目法人单位组织招标工作（本项目招投标由新疆交通建设管理局组织招标完成）。

初步设计完成后，交通建设管理局立即投入施工图设计和编制招标文件的工作。由新疆维吾尔自治区交通规划勘察设计研究院完成第1、2合同段，中交第一公路勘察设计研究院有限公司完成第3合同段施工图设计工作。项目采用招标的方式进行招投标工作，土建工程划分为3个合同段，房建工程划分为3个合同段，交通安全设施工程分为3

个合同段,机电工程分为 2 个合同段。

土建施工单位招标:2014 年 11 月 19 日,新疆交通建设管理局委托华杰工程咨询有限公司为招标代理,招标代理单位按程序面向全社会公开进行了 3 个合同段土建施工单位的招标。

土建监理单位招标:2015 年 1 月 10 日,新疆交通建设管理局委托华杰工程咨询有限公司为招标代理,招标代理单位按程序面向全社会公开进行了 3 个合同段土建监理单位的招标,设总监办、第一驻地办、第二驻地办和第三驻地办。

房建施工单位招标:2016 年 3 月 25 日,新疆交通建设管理局委托华杰工程咨询有限公司为招标代理,招标代理单位按程序面向全社会公开进行了 3 个合同段房建施工单位的招标。

房建监理单位招标:2016 年 3 月 25 日,新疆交通建设管理局委托华杰工程咨询有限公司为招标代理,招标代理单位按程序面向全社会公开进行了房建监理单位的招标,本项目施工监理招标共划分为 1 个合同段,设置一级监理机构,设置总监理工程师办公室。

交安施工单位招标:2016 年 8 月 24 日,新疆交通建设管理局委托华杰工程咨询有限公司为招标代理,招标代理单位按程序面向全社会公开进行了 3 个合同段交通安全设施施工单位的招标。

机电施工单位招标:2016 年 10 月 18 日,新疆交通建设管理局委托深圳高速工程顾问有限公司为招标代理,招标代理单位按程序面向全社会公开进行了 2 个合同段机电施工单位的招标。

机电监理单位招标:2016 年 10 月 18 日,新疆交通建设管理局委托华杰工程咨询有限公司为招标代理,招标代理单位按程序面向全社会公开进行了房建监理单位的招标,本项目施工监理招标共划分为 1 个合同段,设置一级监理机构:总监理工程师办公室。

5)征地拆迁

(1)工作及范围

沿线经过和田市(和田县、洛浦县、墨玉县)三县一市。

(2)主要内容

①签订协议、界定征地界限、办理永久性占地报批手续。

②永久占地界内房屋等各种构造物的搬迁。

③永久占地内附着物的拆除。

④各种管线的迁移、改建,既有通信管线的改建、加高、迁移,还有电力线路的改建、加高、迁移。

⑤临时及借土占地的征用。

(3)遵循的政策法规

①《中华人民共和国土地管理法》。

②自治区有关土地管理办法。

(4) 主要做法

设立专门组织机构。

自治区交通建设管理局建设用地处从上至下,执行处征迁科,指挥征迁部及征迁专职、兼职人员。

和田地区设置了墨和项目征迁领导小组办公室,加强各级政府对征地工作的领导和监督,形成完善的拆迁工作体系,使征地拆迁工作层层有人管、层层有人抓。

截至目前,G3012 墨玉至和田段公路工程已完成以下房屋、土地树木等的补偿,共计支付补偿费用 7000 万。项目的通信线路改迁已完成大部分施工,目前已支付近 700 万通信线路改迁补偿费用,自来水改迁工程大部分已完工,已支付近 100 万改水费用。

墨玉至和田高速公路建设项目用地征地补偿费汇总见表 8-87。

墨玉至和田高速公路建设项目用地征地补偿费汇总表 （单位:万元）　　表 8-87

序号	地州	县市	土地补偿费	安置补助费	青苗补偿费	附着物补偿费	耕地开垦费	费用合计
1	和田地区	和田市	365.60	869.96	13.63	571.06	45.20	1865.45
2		和田县	708.67	1434.47	1.33	546.54	156.72	2847.73
3		洛浦县	238.73	561.82	13.17	499.41	42.33	1355.46
4		墨玉县	191.51	433.10	10.33	277.31	19.50	931.75
总计			1504.51	3299.34	38.45	1894.32	263.75	7000.39

2. 项目实施阶段

1) 实施过程

(1) 主线土建工程于 2015 年 5 月开工,计划 2017 年 10 月 31 日完工。

(2) 房建工程进入开工准备阶段。

2) 重大决策

(1) 2015 年 5 月 19 日,和田地区首条高速公路,墨和高速公路正式开工。

墨和高速公路正式开工

(2)2016年4月16日,墨和高速公路、玉龙喀什河大桥项目率先实施"挂图作战,销号管理",静心研究制定项目建设作战图,确定责任人,明确时间表,全面加快推进工程进度。

项目推进现场

(三)复杂技术工程

复杂技术工程主要为喀拉喀什河特大桥、玉龙喀什河特大桥、K13+120～K13+920及K18+440～K19+580利用方问题。

1. 喀拉喀什河特大桥

1)工程概况

喀拉喀什河特大桥桥位地处河流冲积平原区,路线方向呈东西走向,横跨喀拉喀什河,地势呈南高北低之势,地形起伏不大,桥址区为农田、居民区以及河道。本桥采用错幅设计,左幅起点桩号K14+986.673,终点桩号K17+919,全长2.932km;右幅起点桩号K14+994.252,终点桩号K17+919,全长2.927km,左右均为27联,且布孔及分联相同,桥梁布孔以30m跨预制小箱梁为主,局部辅以非标准跨径的现浇箱梁和35m跨预制小箱梁,跨径组合为9×(4×30)m+3×(3×30)m+(33+33+32)m+(33.5+33.5+33+32)m+2×(4×35)m+(3×35)m+(4×30)m+2×(3×30)m+2×(3×30)m+3×(3×30)m+2×(3×35)m。

(1)上部结构

上部结构采用装配式预应力混凝土箱形连续梁+现浇预应力混凝土箱形连续应力混凝土现浇箱梁。

(2)下部结构下部采用柱式墩、肋板式台,基础采用桩基础。

2)技术特征及难点

(1)钢筋保护层厚度控制,采用高强混凝土垫块,按照标准化要求布设,确保钢筋保护层厚度达到设计要求。

(2)钢筋间距控制,本项目采用专用卡具模具,按照设计图纸间距特制定出卡具,较好地控制了钢筋间距,保证钢筋间距合格率高。

(3)桩基施工难。

原因1:勘察设计原因,特大桥桩基地质勘察深度不足,桥梁桩基地质情况与图纸不符,桩基位置地质结构复杂,砂砾石胶结层、大漂石等在地层中不均匀分布,造成施工单位采用旋挖钻机配各种型号钻头,均无法钻进。针对以上情况,指挥部与各参建单位共同开研讨会周密部署,要求施工单位克服困难,调整优化机械设备的组合,并根据施工现场实际情况,选取合理的机械设备加大投入到桥梁桩基施工中,但因地质情况特殊,虽采用数十台冲击钻进行钻孔,还是成孔缓慢,故2015年底通过研究讨论,要求施工单位冬休期间采取不停工措施,加快桩基施工速度,以确保特大桥的施工进度。

原因2:征地拆迁难。2015年本项目因受桥梁施工范围内耕地、房屋、高压线、乡村道路、水渠影响,第1合同段喀拉喀什河特大桥全长2.98km,其134根桩基(桩基总计388根)无法开展,其严重影响2015年项目投资任务。

(4)碎石料场由原设计于田阿羌乡料场变更至英吉沙料场,运距增加,变更手续长。

2. 玉龙喀什河特大桥

1)工程概况

玉龙喀什河特大桥桥位处地势总体呈南高北低之势,河道顺直,桥址区有便道及县乡道,交通便利,河道以东农田、居民区密集。路线跨越玉龙喀什河流域台阶地带,最大填土高度达22m,因此采用桥梁形式跨越。大桥左幅起点桩号K36+841.75,终点桩号K38+683.897,全长1842.147m;右幅起点桩号K36+841.75,终点桩号K38+769.848,全长1928.098m。本桥跨径组合:左联16联,$3\times35m+4\times(4\times30)m+3\times40m+3\times35m+2\times(4\times30)m+3\times40m+4\times(4\times30)m+2\times(3\times30)m$,右联17联,$3\times35m+4\times(4\times30)m+3\times40m+3\times35m+2\times(4\times30)m+3\times40m+4\times(4\times30)m+3\times(3\times30)m$,桥梁跨径主要采用30m标准跨径布设,局部采用35、40m调整布孔,避免与主干渠、省道等互相干扰。

(1)上部结构

上部结构采用装配式预应力混凝土箱形连梁。

(2)下部结构

下部采用柱式墩,基础采用桩基础,小桩号桥台采用桩柱式桥台,大桩号桥台采用U形台。

2)技术特征及难点

(1)钢筋保护层厚度控制,采用高强混凝土垫块,按照标准化要求布设,确保钢筋保护层厚度达到设计要求。

(2)钢筋间距控制,本项目采用专用卡具模具,按照设计图纸间距特制定出卡具,较好地控制了钢筋间距,保证钢筋间距合格率高。

(3)桩基施工难。

原因1:勘察设计原因,特大桥桩基地质勘察深度不足,桥梁桩基地质情况与图纸不符,桩基位置地质结构复杂,砂砾石胶结层、大漂石等在地层中不均匀分布,造成施工单位采用旋挖钻机配各种型号钻头,均无法钻进。针对以上情况,指挥部与各参建单位共同开研讨会周密部署,要求施工单位克服困难,调整优化机械设备的组合,并根据施工现场实际情况,选取合理的机械设备加大投入到桥梁桩基施工中,但因地质情况特殊,虽采用数十台冲击钻进行钻孔,还是成孔缓慢,故2015年底通过研究讨论,要求施工单位冬休期间采取不停工措施,加快桩基施工速度,以确保特大桥的施工进度。

原因2:征地拆迁难。2015年本项目因受桥梁施工范围内耕地、房屋、高压线、乡村道路、水渠影响,第2合同段玉龙喀什河特大桥全长1.98km,其174根桩基(桩基总计238根)无法开展,其严重影响2015年项目投资任务。

(4)碎石料场由原设计于田阿羌乡料场变更至英吉沙料场,运距增加,变更手续长。

3. K13+120~K13+920及K18+440~K19+580利用方问题

1)工程概况

(1)K13+120~K13+920段位于路基深挖方段,原设计K13+120~K13+920段的深挖方调配至K10+000~K13+120及K13+920~K14+986段作为路基填料加以利用,填方总量为312913m^3,K13+120~K13+480段路基开挖后发现挖土方上部6~9m为粉质细土,粉土以下为天然砂砾土,下挖5m探坑后发现天然砂砾中存在含盐土层,探坑3.5m以上含硫酸盐,含盐量为中盐无法利用,利用土方达不到设计数量。在后续施工中,发现K13+400~K13+480段挖石方为胶结砾岩,胶结砾岩含盐量高,预估该段落约120000m^3挖方无法利用。

(2)K18+440~K19+580段(主线)及和田西立交部分立交匝道的深挖方原设计调配至主线K17+919~K18+440段、K19+580~K22+800段、部分立交匝道填方及特殊路基处理,路基填筑利用总量为249813m^3,该段路基深挖方基本为卵石及粉砂,细料极少且主要以粉砂为主,级配不良存在压实检测困难,压实后表面存在松散的浮砂层。

2)技术特征及难点

针对以上问题,设计院提出了变更方案:

(1)K10+000~K14+986段复合土工布以上调运料场非盐渍化砾类土换填,K12+880~K13+920段深挖路基段原设计中未设置复合土工布,拟在该段路肩以下1.2m位置处增设复合土工布,复合土工布以上调运料场非盐渍化砾类土换填,该方案增加借方数量81353m^3,减少利用方数量81353m^3,复合土工布数量30105m^2。

(2)K18+440~K22+800段路面结构层以下路基填筑料采用利用方,采用10cm筛孔进行筛分后直接进行路基填筑。

尽管以上方案可解决部分问题,但是对现场施工工艺要求较高,仍存在较多的问题,包括:填筑料易溶盐大部分为硫酸盐、亚硫酸盐,且分布不均匀,非盐渍化的砾类土含量较少,开挖时难以单独挖出非盐渍化砾类土,利用方出现大范围的"胶结岩",范围广、硬度强、厚度深、分布无规律、施工单位无法详尽探查,只能动态跟踪岩土分界及岩石的数量。压实度检测难度大,如采用压实度检测方法难以确保准确性,灌沙法适用超粒径粗集料30%以下的检测,现场无法校验压实度,水袋法检测因坑内超粒径较多及坑壁死角多造成压实度检测误差大。

解决办法:

(1) 重点加大易溶盐抽检频率,确保填筑料含盐量复合规范要求,在施工过程中,采取全面寻找合适利用方内弱盐无盐粒料,增加探坑数量。

(2) 采用相应筛孔,剔除超粒径,精心编制施工组织设计,确定适用施工方法,精心组织施工。

(3) 采用水袋法进行路基压实度检测,在进行检查过程中,按照标准化的要求,铺砂以平整坑壁,消除1.5%的检测坑洞内的横坡,尽量减小误差。

(四)科技创新

1. 玉石坑强夯处置

1) 概述

和田有"玉石之乡"的美誉,导致当地因大规模的玉石开采造成河床内外有大量的玉石开采乱掘地,俗称"玉石坑"。本项目区路线处存在多段大规模的玉石开采乱掘地。玉石开采坑深度达15~30m,玉石开采杂乱无序,形成连片的乱掘地,开采坑深度、长宽尺寸不一;开挖出的表层细粒砂质下层卵砾石混合,有些形成松散堆积层,其厚度厚薄不一,若在此路段直接填筑路基,将会造成路基沉降变形等病害,本项目玉石坑填筑采用强夯处理(表8-88)。

强夯处理范围表　　　　表8-88

序号	方式	内容
1	强夯层位	以路床底面处理层位为起算处理层位,向下每4m深度层位进行强夯处理
2	处理范围	路床底面处理层位:填方路段强夯宽度应宽出路基坡脚不小于5m,挖方路段应宽出不小于2m;其他处理层位:当处理层位边缘为坑壁等存在侧向约束的(约束边),处理范围为整个处理层位宽度;当处理层位边缘无侧向约束的(自由边),处理范围边缘距处理层位边缘为5m
3	满夯	满夯夯击时应锤印搭接,宜搭接面积不小于1/3锤印
4	夯点施工顺序	由路基两侧向中心布设,并应保证路基坡脚外至少有1排夯点

2）施工方法

（1）施工工艺流程

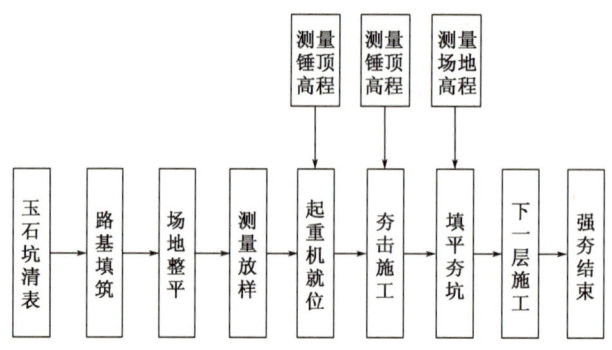

强夯施工工艺流程图

（2）施工工艺

①玉石坑清表

K35+300玉石坑大部分矿渣堆积在玉石坑周边，玉石坑内堆积部分翻松的矿渣，需进行表层矿渣的清理，确保底层强夯厚度不超过4m，保证强夯的效果。因玉石坑坑壁较陡，需提前对玉石坑坑壁进行降坡处理，处理后的边坡坡度为1:1。

②施工放样

根据设计图纸及现场玉石坑的情况，确定首件强夯工程的层数、高程。根据第一层设计高程，采用挖掘机对基底表层矿渣进行清理，直至达到第一层设计高程。

坑壁降坡施工图

强夯施工图

③强夯施工

第一层强夯施工：K35+300玉石坑第一层强夯层位整平后，现场用全站仪放样出中线、边线，布测夯点（分2遍布测夯点），用白灰标注夯点，夯点间距为4m，锤重15t，锤径2.3m，则根据公式计算出落距应为13.33m，取14m。根据测量放样中布置好的夯击点进行布设,并测量强夯前的逐点高程。起重机就位,使夯锤对准夯点位置,并测量夯前锤顶高程。

正式强夯前先进行试夯,试夯选择 5 个点位进行试验,通过试夯确定单点夯击次数,单点夯击次数按照现场试夯得到的夯击次数和夯沉量关系曲线确定。

强夯施工图

经过试夯,夯点满足 3 个条件:一是最后两击的平均夯沉量不大于 50mm;二是夯坑周围地面未发生过大的隆起;三是未因夯坑过深而发生起锤困难现象。

试夯过程中,每个点位进行 1 次夯击后,由测量组现场测量高程并计算夯沉量,进行记录。当夯沉量达到设计要求时,现场进行重型动力触探(63.5kN)试验(表 8-89)。

重型动力触探试验图

G3012 墨玉至和田高速公路项目重型动力触探(63.5kN)试验　　　　表 8-89

检查层位	每个强夯处理层位
检查位置	夯点
检查频率	每 300m² 不少于 1 处检测点,不足 300m² 的按 300m² 计;一个处理路段内部不少于 3 处检测点
检查标准	应达到每贯入 10cm 锤击数≥5 击;检测深度大于 4.0m

通过试夯,5个点位中,前3个点位在第5击时达到设计要求,后2个点位在第6击时达到设计要求。

为保证强夯施工质量,经现场监理工程师同意,采用6击作为后续强夯点位施工的单点夯击次数,夯击能2000kN·m,落距为14m,完成第一层层位上所有夯点的一遍夯击。夯击过程中使用专门的"强夯施工记录表"记录每个夯点的夯击次数和夯沉量。夯击完成后根据强夯检测频率进行夯点检测,现场监理工程师旁站,经检验足够夯点点位并合格,测量人员复核层位高程后,方可进入下一道工序施工。采用合格的路基填料,将夯坑填平并压实,然后测量复核层位高程,确定无误后,则本层位的强夯处理完毕。

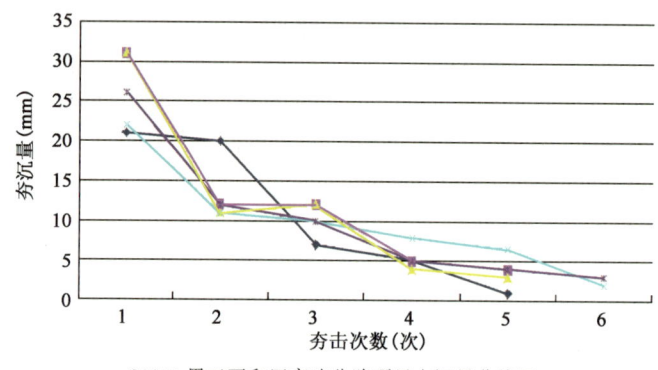

G3012墨玉至和田高速公路项目夯沉量曲线图

(5种颜色线条分别代表5个点位,横坐标为夯击数,纵坐标为夯沉量,单位:mm)

第一层强夯处理完毕后,进行第二层填料填筑,采用坑壁挖方及玉石坑周边矿渣作为填料,填筑至第二层设计高程后(现场测量人员及时进行高程复核),根据设计文件放样出中线、边线,布测夯点,用白灰标注夯点。夯击能仍为2000kN·m,落距14m,夯点间距4m,三角形布置。夯击次数为6击。夯击过程中,由专人进行夯击次数和夯沉量的计算和记录,填写到专门的"强夯施工记录表"中,做好施工过程中的记录。夯击完成后根据强夯检测频率进行夯点检测[重型动力触探(63.5kN)试验],现场监理工程师旁站,经检验足够夯点点位并合格,测量人员复核层位高程后,方可进入下一道工序。第二层施工同第一层大体一致,不再赘述。

待第二层强夯处理完毕后,进行第三层(即顶层)填料填筑。填筑完毕后,根据设计文件放样出中线、边线,布测夯点,用白灰标注夯点。本层位为路面顶以下145cm处理层位,需先点夯1遍,填平夯坑后满夯1遍,最后进行碾压收光。点夯夯击能为2000kN·m,落距14m,夯点间距4m,三角形布置。满夯夯击能1000kN·m,落距7m,搭接不小于1/3锤印。点夯夯击完成后,需根据检查频率进行重型动力触探(63.5kN)试验,待检测合格后,经现场监理工程师同意,填平夯坑,进行层位高程复核,然后进行满夯施工。满夯完成后,进行该层位碾压施工,施工工艺同路堤95区施工工艺。碾压完成后进行压实度和弯沉[允许弯沉为173(0.01mm)]检测(表8-90)。

压 实 度 检 测　　　　　　　　　　　　　　　表 8-90

检查层位	路面顶以下145cm层位
检查频率	根据《公路工程质量检验评定标准》的要求,该层位压实度≥95%,检测频率为每1000m² 至少检验2点,不足时检验2点

3)施工控制要点

(1)夯前质量控制措施

①夯点布设、放样。在夯机就位施夯前,布设、放样夯点位置,复核夯点偏位误差,确保夯点偏位误差不大于5cm。

②夯前高程控制。夯前高程是计算夯沉量的依据,夯前必须认真测量、确保高程准确并记录完整。

③夯击能检查。施夯前,检查落距、夯锤重(称量过磅),保证夯击能符合设计要求。

④夯锤偏心检查。施夯前,检查夯锤是否偏心,若偏心,应采取帮焊钢板或增减混凝土等方法纠偏平衡,以免夯坑发生偏斜。

(2)夯击过程质量控制措施

①夯机偏位、倾斜控制。夯击过程中,严格检查夯击偏位和倾斜,当夯坑偏位大于5cm或倾斜大于30°时,应立即纠偏和回填夯坑,确保夯击能平均传递。

②夯击击数和夯沉量控制。施夯过程中,严格按施工统计表,记录每个夯点的夯击次数和夯沉量。夯击时,若夯坑周围地面发生过大隆起,应立即停止夯击,检查和分析原因,此夯点的夯击次数不作为正常记录。若发生夯坑过深且提锤困难时,应立即停夯,检查和分析原因,待处理后方可继续施工。

③点间距的控制。夯点点间距是夯击施工的重要指标,实际夯点间距根据实际锤的直径,按设计文件提供的夯点间距和锤直径关系进行换算,从而保证重锤夯实的夯点密度,保证夯实质量。

④落距的控制。设计夯击能点夯为2000kN·m,满夯为1000kN·m,根据夯击锤重,计算落锤高度,保证设计的夯击能量。

(3)夯后质量控制措施

①每遍夯击完成后,对已夯夯点的夯坑进行逐个检查、校对,若发现漏夯、夯点偏位超标时,及时予以补夯。

②夯后高程测量。每次夯击完成后,用推土机将夯坑推平压实,对夯坑场地进行高程测量,并以此检查夯沉量是否有异常。

③夯后现场取样检查。严格按照重夯设计要求及相关规范要求的时间、方法、标准、次数、顺序、项目和内容进行夯后现场取样检测和室内试验。

4)总结

因玉石坑的强夯处理在国内尚属首次,无成功经验借鉴,故在本项目路基施工前,做好试夯工作是确定强夯施工参数和间歇时间的第一步,经过反复的调整施工参数和方案修改,并对路基进行沉降观测,以保障强夯处理效果。到目前项目路基工程基本完成,玉石坑处理段的路基出现的沉降值均在规范标准以内,故本项目的玉石坑强夯处理对将来类似特殊路基处理有一定的参考价值。

2. 路面底基层及水稳基层施工

1)概述

墨和项目主线路面结构层底基层采用15cm厚级配砂砾,水稳砂砾基层采用掺5%的水泥,34cm厚。按照标准化要求,本项目底基层采用的级配砂砾分0~4.75mm砂、4.75~9.5mm砾石、9.5~19mm砾石,19~31.5mm砾石4档进行筛分,并对筛分料进行清洗,严格控制级配料的含泥量和含盐量,确保底基层级配砂砾的质量。

2)施工工艺的确定

该级配砂砾底基层厚度为150mm,采用一层铺筑的方法完成。

(1)拌和:拌和站要有充足的场地存放原材料,不同规格的材料要做详细的标识,并且每种材料不准混放。采用连续式拌和机进行集中拌和,拌和过程中严格按施工配合比上料。拌和站设临时试验室,随时抽检和控制砂石料配合比。混合料的含水率应略大于最佳含水率1%左右,使混合料运到施工现场摊铺后,碾压时含水率接近最佳含水率。含水率的增加值视天气情况和运距而定。

(2)运输:运输混合料的车辆根据需要配置并使车辆装载均匀,为防止混合料发生离析,装料时料斗长度方向上要分三次装料,先装前后再中间。及时将混合料运至现场,运距较远时,使用篷布覆盖以防表层水分蒸发。运输混合料运至现场后需压车4~5辆,保证摊铺工作的连续性。

(3)摊铺整形:摊铺前先架设钢丝准线控制高程和边线,利用双传感器控制高程及平整度。挂钢丝绳的钢钎距离按10m控制;每两个钢钎之间配以可调式支架,每根钢线长度不超过150m;紧线器的拉力不小于100kN,以保证钢丝绳的平顺,无挠度,从而保证底基层的高程和平整度。采用两台摊铺机一前一后梯队前进,相隔约5~8m同步向前摊铺混合料,辅以人工找补边角,摊铺时控制摊铺速度,以便与拌和机的产量相配合,尽量减少停机待料或积压料车的情况。现场设补料、修补人员,对个别混合料离析处补洒细料和对有缺陷的地方进行修补。

(4)碾压:对于摊铺成型的混合料,约50m左右时开始碾压,气温高时缩短距离进行碾压,以防止水分过度蒸发。

碾压分初压、复压、终压3个阶段,均重叠1/2轮宽进行,碾压机械组合为:静压→微振→强振→微振→收光。碾压时在直线和不设超高的平曲线段由两侧路肩向路中心碾压,在超高段由低侧向高侧碾压,碾压要连续均匀直至碾压成型,严禁压路机在已完成的或正在碾压的路段上调头、紧急制动,保证稳定层表面不受破坏。一个路段碾压完成后,按标准的方法做压实度试验,未达到要求的路段应重新碾压。碾压过程中,表面应始终保持湿润,如表面蒸发得过快,应及时补洒少量的水。在碾压过程中,如有"弹簧"、松散、起皮等现象,因及时翻开重新拌和或其他方法处理,使其达到质量要求。

(5) 接头处理:接头采用全断面垂直衔接形式,裁接头时不得出现斜面,用方木进行端头处理,用3m直尺进行检验,以确认接头处理是否到位。

(6) 检验:碾压完成以后,除压实度外,检测其表面平整度、高程、宽度、厚度、横坡等,且各项指标必须符合要求,否则必须返工处理,直至合格。级配砂砾底基层表面平整密实、无松散、边线欠整齐。

3) 底基层级配砂砾工艺总结

(1) 确定松铺系数为1.23,高程达到规范要求,因此大面积施工采用松铺系数为1.23,松铺厚度 = $15 \times 1.23 = 18.45$ cm。

(2) 底基层大面积摊铺方法:底基层摊铺碾压机械组合确定为:中联重科摊铺机两台联机梯队摊铺,摊铺机拼装宽度为一台6.75m、一台6.5m。摊铺速度为2.5m/min。

(3) 设备匹配及生产效率情况:500型拌和楼最高产量为500t,为了保证混合料质量,拌和站产量设为400t/h左右,根据拌和机生产能力及运输往返时间、装卸时间、摊铺能力确定运输车数量15辆能保证目前摊铺需求。

(4) 碾压方式:通过对首件工程进行自检,按首件工程碾压方式施工,压实度均达到了设计要求;碾压过程紧凑,碾压工艺简单,便于管理。因此,大面积施工时采用首件工程碾压组合及碾压工艺,碾压机械组合确定为:静压→微振→微振→微振→光轮压路机收光。

G3012墨玉至和田高速公路项目碾压遍数及压实度统计见表8-91。

G3012墨玉至和田高速公路项目碾压遍数及压实度统计表 表8-91

碾压遍数	压 实 度						合格率(%)
三遍	96.6	97.1	96.2	97.5	97.1	96.6	50
四遍	97.1	97.5	96.6	97.5	97.1	97.5	83.3
五遍	98.3	98.7	99.2	99.6	99.2	99.6	100

4) 质量控制方法

(1) 建立质量巡查小组,对现场质量进行控制。对施工作业进行指导,保证摊铺施工更好地进行。

(2) 摊铺前检查下承层的清扫工作:表面杂物、松散部分、泥巴清扫干净。

(3)摊铺前对钢丝挂线高程、结构层宽度(包括距中尺寸)进行抽查。

(4)摊铺过程中,注意观察混合料的含水率等情况,混合料拌和是否均匀,如发现不符应视情况对已摊铺的混合料进行处理。注意检查摊铺厚度是否达到要求,如达不到立即进行调整。

(5)碾压控制、碾压过程中平整度检查:必须按技术交底要求进行碾压,采用3m直尺对平整度逐尺检测,控制在12mm之内,在碾压接头处,用3m直尺检测,人工耙平;低洼处,用耙子将底部耙松洒少量水后找补较细混料,用3m直尺检查处理达到要求。摊铺过程中,在钢线或自动找平装置出现问题而出现摊铺不平整、凹凸不平处,用人工拉线找平;在两个作业段接头处,在与桥头搭板两侧接缝处,用平整度尺重点检测,平整度超标时及时处理。

(6)碾压过程中表面泛白缺水地方及时补水,如天气炎热,缺水严重,用水车整体作雾状洒水。碾压后如发现边缘松散,人工用锹拍实,表面松散人工换填细料压实,收光时注意将轮迹印收掉。

(7)施工完成后及时覆盖养护并对压实度、平整度、纵断高程、宽度、厚度、横坡、强度、整体性等技术指标进行检测,合格后进行下道工序施工。达到表面平整密实、边线整齐、无松散、坑洼现象,施工接茬平顺。

5)总结

路面工程施工严格按照设计图纸施工,级配砂砾底基层填筑料需分级筛分和水洗,严格控制级配料的掺配比及含盐量,基层及底基层采用摊铺机进行摊铺,较好地控制了其平整度、厚度、纵横坡,从整体上提高了路面基层及底基层的施工质量。为保证更好的施工质量,该项目底基层进行分档筛分和水洗,并采用摊铺机进行摊铺,造价高,工艺好,是本项目的亮点工程,底基层和基层施工采用摊铺机摊铺,是一种创新,为将来路面摊铺打下了坚实的基础,也是新疆唯一一个采取标准化措施的项目。

第四节　G3013喀什至伊尔克什坦口岸高速公路

喀什至伊尔克什坦口岸高速公路是《国家高速公路网规划》"7918"网中第七条横线连云港—霍尔果斯国家高速公路的第二条联络线吐鲁番—和田及伊尔克什坦高速公路(编号G3013:吐鲁番—库尔勒—库车—阿克苏—喀什—和田及伊尔克什坦口岸)的终点路段,是亚洲公路网中AH65号公路[喀什—伊尔克什坦—Irkeshtam—萨雷塔什(奥什)—Karamyk—Kofirnigan—杜尚别—图尔孙扎德—乌尊—铁尔梅兹]的起始路段,是《新疆交通运输57712工程规划》"五横"中的第四横依吞布拉克—伊尔克什坦公路(依吞布拉克—若羌—和田—喀什—伊尔克什坦口岸)的终点路段。本项目连接2个国家一类公路口岸:吐尔尕特口岸和伊尔克什坦口岸,是中国内地通往中亚和西亚的一条重要通道。本项目的实施对改善区域交通运输条件,促进区域优势资源开发和经济社会协调发展,加强民族团结、维护国家统一有着十分重要的意义。

G3013 喀什—伊尔克什坦口岸高速公路(建设期:2011.04—2013.10)

(一)项目概况

1. 基本情况

1)功能定位

G3013 喀什至伊尔克什坦口岸高速公路(简称喀伊公路)在国家高速公路网、自治区公路网中均占有重要地位,项目的实施将改善区域交通运输条件,提高交通安全等级,加快区域高等级公路网络化,促进区域优势资源开发和经济社会协调发展,为自治区向西开放提供更完善的交通条件,对完善国家高速公路网、构筑新疆骨架公路网、便捷中国内地与中亚及欧洲间的联系和推进国际合作、巩固国防、促进政治稳定、加强民族团结、维护国家统一有着十分重要的意义。

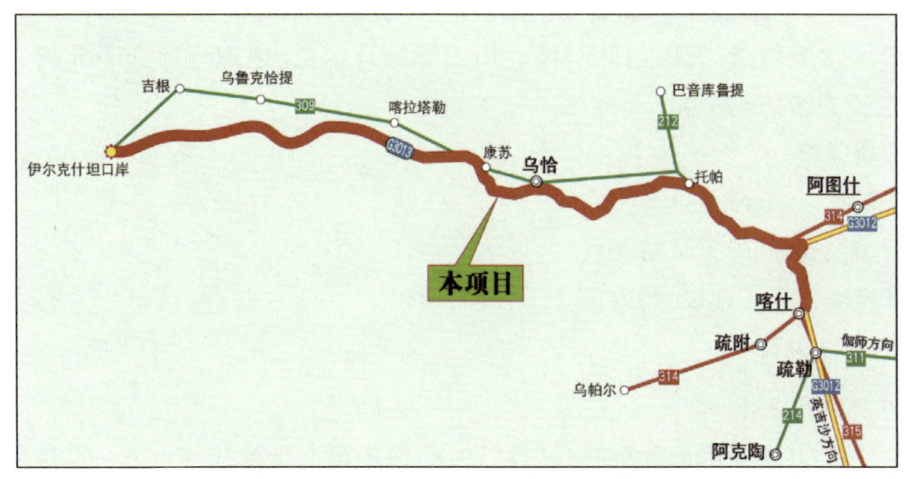

G3013 喀什—伊尔克什坦口岸高速公路路线示意图

2)技术标准

路线总体走向由东向西,起点位于 G314 K1444+900,终点位于乌恰县境内的伊尔克什坦口岸,路线全长 213.91km。起点至乌恰段(Y1K0+959.70~K74+800)采用双向四车道高速公路标准建设,设计速度为 100km/h,路基宽度 26m(2×13m),乌恰至康苏段(K74+800~K94+313.94)长 19.514km,采用设计速度为 80km/h 的二级公路标准建设,路基宽度 12.25m,K94+400(康苏收费站)~终点 K211+387.97 段长 116.988km,采用设计速度为60km/h的二级公路标准建设,局部困难路段在满足行车条件的前提下,个别技术指标适当降低,路基宽度10m。新建桥涵荷载标准采用公路—Ⅰ级,桥涵宽度与路基同宽,高速公路最大纵坡3.965%,二级公路最大纵坡7.715%。高速公路最大纵坡3.965%,二级公路最大纵坡7.715%(根据交通运输部初步设计现场调研意见,已尽可能降坡处理,条件困难时增设避险车道两处)。

3)工程规模

路线全长213.91km,路基土石方1829.3万m^2;路面结构为柔性路面(沥青混凝土面层380.9万m^2,水泥稳定砂砾基层351.1万m^2,天然砂砾底基层394.8万m^2),收费广场为水泥混凝土路面。设置大桥11座,中桥23座,小桥62座,涵洞529道,隧道790m,互通式立交7处,分离式立交2处,波形梁护栏476100m,标志牌2237块,标线158108m^2。房建工程含服务区1处,养护工区4处,监控分中心1处,收费站3处,边防检查站2处,建筑总面积22668.32m^2(不含监控分中心房建)。

4)主要控制点

主要控制点有阿图什工业园、托帕、康西湾、乌恰县、康苏镇、阿克托大坂、加斯、乌鲁克恰提、萨喀勒恰特、吉根、喀拉大坂、斯木哈纳等。

5)地形地貌

本项目位于新疆维吾尔自治区克孜勒苏柯尔克孜自治州的乌恰县和阿图什市境内,地处塔里木盆地西缘,天山山脉与昆仑山山脉结合部位,地理坐标介于北纬39°41′~39°52′,东经73°54′~76°00′。

6)投资规模

投资概算为41.68亿元。

7)开工及通车、竣工时间

2011年4月开工建设,2013年11月交工通车。

2. 前期决策情况

1)前期决策背景

喀伊公路为《国家高速公路网规划》"7918"网中第七条横线连云港—霍尔果斯国家高速公路的第二条联络线吐鲁番—和田及伊尔克什坦高速公路。

2)前期决策过程

(1)《喀什至伊尔克什坦口岸公路建设项目工程可行性研究报告》。

(2)自治区交通厅工可评审会议纪要、新疆公路建设管理局有关文件。

(3)国家发展和改革委员会印发的《新疆喀什—伊尔克什坦口岸公路建设项目工程可行性研究报告咨询审查会专家组意见》。

(4)交通运输部印发的《喀什至伊尔克什坦(口岸)公路工程可行性研究报告现场调研意见》。

(5)《喀什至伊尔克什坦口岸公路建设项目工程两阶段初步设计文件》。

(6)交通运输部印发的《喀什至伊尔克什坦口岸公路两阶段初步设计现场调研咨询意见》。

3. 参建单位主要情况

1)建设单位

建设单位:新疆维吾尔自治区交通建设管理局。

代建单位:浙江省交通投资集团有限公司。

2)设计单位

设计单位:新疆维吾尔自治区交通规划勘察设计研究院。

3)施工单位

通过招投标本项目有3个施工单位参与建设,其中土建合同段2个,机电工程合同段1个。

4)施工监理单位

总监办:由代建单位浙江省交通投资集团有限公司委托宁波市交建工程监理咨询有限公司组建,负责全线施工监理工作。

驻地监理单位:广东虎门技术咨询有限公司,负责路基、路面、桥涵、隧道工程、交通安全设施工程。

(二)建设情况

1. 项目准备阶段

1)项目审批

该项目严格执行了交通基本建设程序,从预可行性研究、工程可行性研究、初步设计、施工图设计、工程施工、监理招投标及工程开工报告的审批,各个环节手续齐全,具体如下:

(1)《新疆维吾尔自治区国民经济和社会发展规划纲要》。

(2)《喀什至伊尔克什坦口岸公路建设项目工程可行性研究报告》(发改基础〔2011〕3233号)。

(3)《关于喀什至伊尔克什坦(口岸)公路项目初步设计的批复》(交公路发〔2012〕75号)。

(4)《关于喀什至伊尔克什坦口岸公路建设用地预审意见的复函》(国土资预审字〔2011〕98号)。

(5)《关于连云港—霍尔果斯国家高速公路吐鲁番—和田及伊尔克什坦联络线喀什至伊尔克什坦口岸公路工程水土保持的复函》(水保函〔2011〕42号)。

(6)《关于连云港至霍尔果斯国家高速公路吐鲁番至和田及伊尔克什坦联络线喀什

至伊尔克什坦口岸段公路工程环境影响报告书的批复》(环审〔2011〕149号)。

(7)《关于喀什至伊尔克什坦口岸公路工程施工图设计的批复》(新交综〔2012〕192号)。

2)资金筹措

喀伊项目概算总投资为41.68亿,其中,国家安排中央专项基金(车购税)14.32亿元,自治区安排财政交通专项资金12.78亿元,共计27.1亿元作为项目专项资金,其余资金利用国内商业银行贷款解决,资金来源情况见表8-92。

G3013喀伊高速公路项目资金来源情况表　(单位:万元)　　表8-92

资金来源	2011年	2012年	2013年	2014年	2015年	合计
一、基建拨款	11150	120000	115808.73	22482.68	1558.58	—
1.车购税	—	50000	93200	—	—	—
2.厅拨养路费	—	—	—	—	—	—
3.中央基本建设资金	—	—	—	—	—	—
4.公建资金	—	—	—	10630	—	—
5.履约保证金垫付资本金	11150	—	−11150	—	—	—
6.地方债券	—	40000	33758.73	11852.68	1558.58	—
7.财政专项	—	30000	—	—	—	—
二、项目资本	—	—	—	—	—	—
1.国家资本	—	—	—	—	—	—
2.法人资本	—	—	—	—	—	—
3.个人资本	—	—	—	—	—	—
三、项目资本公积	—	—	—	—	—	—
四、基建投资借款	—	—	—	—	—	—
五、上级拨入投资借款	36300	29363.79	—	12336.21	15692.69	725
1.开行银团贷款	—	65663.79	—	12336.21	15692.69	725
2.昆仑银行	8950	−8950	—	—	—	—
3.交通厅借款	8600	−8600	—	—	—	—
4.昆仑银行委贷垫付资本金	18750	−18750	—	—	—	—
合计	47450	149363.79	—	34818.89	17251.27	725

3)合同段划分

根据各专业的工程内容划分合同段(表8-93)如下:

(1)土建工程设计合同段划分2个合同段,机电工程设计1个合同段。

(2)施工监理合同段划分:根据工程内容,设1个总监办公室、1个驻地监理办公室。

第八章 高速公路建设项目

G3013 高速公路项目合同段划分一览表　　　　表 8-93

序号	参建单位		参建单位名称	合同段编号及起讫桩号	合同段所在地	主要内容	主要负责人	备注
1	项目管理单位		浙江省交通投资集团有限公司	Y1K0+959.7~K211+387.9	喀什疏勒县	负责项目的工程变更、合同管理、质量管理、财务管理、征地拆迁、廉政建设、文明施工、环保安全等工作	陈继禹	
2	勘察设计单位		新疆公路规划勘察设计研究院	Y1K0+959.7~K211+387.9	喀什疏勒县	负责全线勘察设计、施工后续服务、概(预)算编制、安全评估等工作	常拥军	
3	施工单位	KY-1	中铁十一局集团有限公司	Y1K0+959.7~K94+680	克孜勒苏柯尔克孜自治州	承担工程土建、房建、绿化、交安工程的实施、完成及缺陷修复工作	刘斌	
		KY-2	新疆交通建设(集团)有限责任公司	K94+680~K211+387.91	克孜勒苏柯尔克孜自治州乌恰县	承担工程土建、房建、绿化、交安工程的实施、完成及缺陷修复工作	熊刚	
		KYJD-1	广州海特天高信息系统工程有限公司	Y1K0+959.7~K211+387.91	克孜勒苏柯尔克孜自治州	全线收费站、服务区、养护工区机电工程	杨俊	
			宁波市交建工程监理咨询有限公司	Y1K0+959.7~K211+387.9	克孜勒苏柯尔克孜自治州	负责全线范围内路基、路面、桥涵、路线交叉、交安、预埋线、房建、绿化、机电工程、环水保、安全等工程全部监理工作	夏本好	
		驻地办监理	广东虎门技术咨询有限公司	Y1K0+959.7~K211+387.9	克孜勒苏柯尔克孜自治州	负责全线范围内路基、路面、桥涵、路线交叉、交安、预埋线、环水保、安全等工程全部监理工作	邓华宝	

4)招投标

新疆交通建设管理局委托厦门港湾咨询监理有限公司为土建工程招标代理单位,2011年2月21日开标,经评审后确定中铁十一局集团有限公司(KY-1)、新疆交通建设(集团)有限公司(KY-2)二家土建施工总承包单位,并于2013年6月14日补充签订了喀伊项目配套房建工程施工协议。

喀伊项目土建工程驻地办招标代理单位为华杰工程咨询有限公司，2011年3月10日开标，经评审后确定广东虎门技术咨询有限公司为土建工程驻地办单位。

喀伊项目机电工程招标代理单位为新疆智诚达项目管理有限公司，2012年8月21日开标，经评审后确定广州海特天高信息系统工程有限公司为机电工程施工单位。

5）征地拆迁

（1）工作及范围

沿线经过阿图什工业园、托帕、康西湾、乌恰县、康苏镇、阿克托大坂、加斯、乌鲁克恰提、萨喀勒恰特、吉根、喀拉大坂、斯木哈纳等。

（2）主要内容

①签订协议、界定征地界限、办理永久性占地报批手续。

②永久占地界内房屋等各种构造物的搬迁。

③永久占地内附着物的拆除。

④各种管线的迁移、改建，既有通信管线的改建、加高、迁移及电力线路的改建、加高、迁移。

⑤临时及借土占地的征用。

（3）遵循的政策法规

《中华人民共和国土地管理法》。

（4）主要做法

①设立专门组织机构：双业主制。

②落实承包责任制：现场确认、现场清点、现场签字、现场盖章。

G3013喀什至伊尔克什坦口岸公路征地拆迁统计见表8-94。

G3013喀什至伊尔克什坦口岸公路征地拆迁统计表　　表8-94

高速公路编码	项目名称	征地拆迁时间	征用土地（亩）	拆迁房屋（m²）	拆迁费用（万元）
G3013	喀什至伊尔克什坦口岸公路	2011.3～2013.10	12018.30	47177.9	29414.83

2.项目实施阶段

喀伊项目土建工程于2011年4月1日开工，2013年10月31日前完成了全部工程的施工。新疆公路工程质量监督局于2013年11月10日组织对该项目进行了质量检测；新疆交通建设管理局于2013年11月中旬组织对该项目进行了质量审定，于2013年11月27日对该项目进行了交工核查。

喀伊项目配套房建工程于2012年9月10日开工，2013年6月26日房建工程主体结构通过验收,2013年10月30日进行交工核查,2013年11月26日通过交工验收。

机电工程于2013年4月2日开工,2013年10月15日完成了项目机电设备的安装,2013年11月30日完成了监控、通信等系统的调试工作。

(三)科技创新

根据项目实际情况,喀伊项目积极推广应用"四新"技术的过程中,主要有以下科技创新:
(1)路基封顶整平采用"数字化"平地机施工装备。
(2)梁板预制场采用数控张拉设备和智能压浆设备。
(3)桥涵沉降缝采用聚氨树脂沉降缝快速成形技术。
(4)路面水稳基层采用振动成形技术。
(5)Thiopave沥青混合料改性剂技术。
(6)破碎砾石在沥青中下面层中的应用研究。
(7)桥梁混凝土护栏防腐试验。

(四)运营养护管理

喀什至伊尔克什坦口岸高速公路阿图什公路管理局接养K0+K959.7路段全长97.20391km,双向四车道,2011年4月1日开工建设,2013年10月31日竣工通车,工程概算201138.5580万元。

喀伊高速公路下设1个服务区(乌恰),2个主线收费站(上阿图什、康苏),1个匝道收费站(阿克玛热)。

全线双向四车道高速公路,全线长77.4km,即K0~K77.4,其余19.5km为双车道二级公路,即K77.4~K96.9。全线为沥青混凝土结构,高速公路路基宽度28m、路面宽度23.5m、面层厚度1.6m。二级公路路基宽度12m、路面宽度9m。

全线立交桥有9座,分别为:塔库提北互通式立交一号匝道桥(K1.05处)、塔库提北互通式立交二号匝道桥(K1.286处)、分离式立交跨线桥(K2.926处)、重工业园互通式立交跨线桥(K8.176处)、重工业园立交连接线桥(K8.275处)、乌恰互通式立体交叉跨线桥(K72.124处)、口岸东互通式立体交叉一号匝道桥(K75.851处)、口岸东互通式立体交叉二号匝道桥(K76.461处)、口岸西立交连接线小桥(K77.727处)。

全线桥梁有89座,其中,长度超过100m的大桥有3座,分别为:恰克玛克河大桥(K23.485处)、397.93m、钢筋混凝土结构,喀尔果勒大桥(K24.98处)、127m、钢筋混凝土结构,乌瑞克河大桥(K60.45处)、307.58m、钢筋混凝土结构。

喀伊高速公路下设1个服务区(乌恰),2个主线收费站(上阿图什、康苏),1个匝道收费站(阿克玛热)(表8-95)。

收费站点设置情况表　　　　　　　　　　　　　　　　　　　　表8-95

站点名称	车道数	收费方式
阿克玛热匝道收费站	5	开放式
上阿图什主线收费站	12	开放式

沿线有一个服务区,即乌恰服务区,位于 K65+335 处。东、西 2 个分区共有 200 个停车位。乌恰服务区因受地理位置的制约,至今没有对外租赁。目前,该服务区只有停车、免费公厕服务,其他对外租赁宣传工作正在进行中。

沿线有一个隧道,即康苏隧道,是目前在南疆地区国省干线公路的唯一隧道;总长度 500m,桩号为 K92+600~K93+100;路面类型为沥青路面,净高度 5m,隧道总宽 10.89m,车行道宽度 8.75m,横截面形式为半圆形,洞门形式为端墙式,复合式衬砌结构。

喀伊高速公路由阿图什公路管理局阿图什分局、乌恰分局管养。喀伊高速公路并入国高网后编号和里程变化汇总见表 8-96。

喀什至伊尔克什坦口岸高速公路并入国高网后编号和里程变化汇总表　　表8-96

所属地州局	并入国高网后编号和里程变化情况		
	路线编号	起讫桩号	里程(km)
阿图什公路管理局	G3013	K0~K77+410	77.41

喀伊高速公路于 2015 年 7 月 1 日正式开始收费,2015 喀伊高速公路车流量为 184.3240 万辆,2016 年喀伊高速公路车流量为 141.77 万辆。

喀伊高速公路建成通车以来,先后实施的大中修工程有:

2016 年,阿图什至乌恰高速公路 G3013 K0+000~K96+910 安保工程,投入资金 158.417135 万元。

第五节　G3014 奎屯至阿勒泰高速公路

国家高速公路 G30 连云港—霍尔果斯(新疆境内星星峡—哈密—吐鲁番—乌鲁木齐—奎屯—霍尔果斯口岸)有 5 条联络线,分别为 G3012、G3013(吐鲁番—库尔勒—库车—阿克苏—喀什—和田及伊尔克什坦)、G3014(奎屯—克拉玛依—阿勒泰)、G3015(奎屯—克拉玛依—塔城—巴克图口岸)、G3016(清水河—伊宁)。

一、G3014 奎屯—克拉玛依高速公路(建设期:2009.07—2011.11)

(一)项目概况

1. 基本情况

1)功能定位

奎屯至克拉玛依高速公路(简称奎克高速公路)不仅是《国家高速公路网规划》中连

云港—霍尔果斯高速公路的联络线奎屯至阿勒泰和奎屯至塔城的重要路段,也是新疆"三横两纵两环八通道"主骨架公路网中"一纵"的重要组成部分,在国家和自治区公路网中占有十分重要的地位。

项目的实施,对完善新疆高速公路网的布局,促进地方政治、经济、文化和社会发展,构建和谐社会具有十分重要的意义。

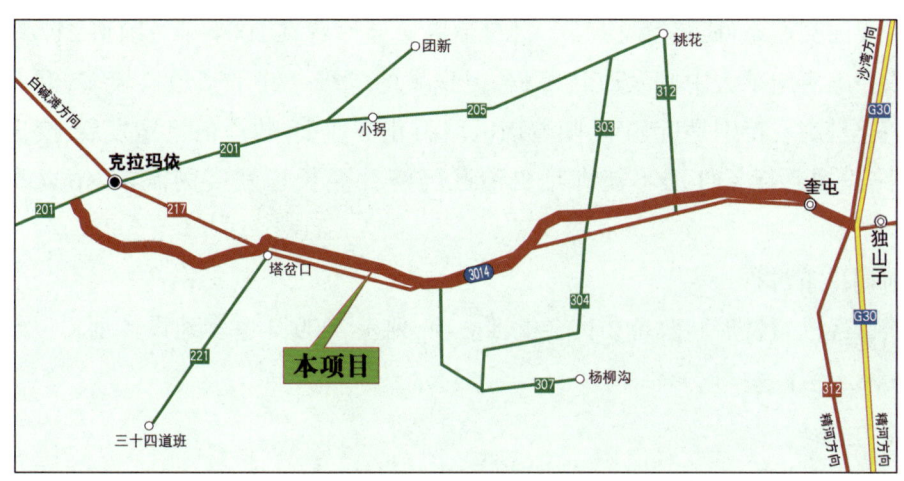

G3014 奎屯—克拉玛依高速公路路线示意图

2) 技术标准

全线采用四车道高速公路标准建设,设计速度 120km/h,路基宽度 28.0m,分离式路基宽 13.75m;利用老路作一幅的段落,维持原标准;桥涵荷载标准:公路—Ⅰ级。其他技术指标按《公路工程技术标准》(JTG B01—2003)执行。

3) 工程规模

主线全长 109.96km。路面结构为柔性路面,收费广场为普通混凝土路面,互通式立交 12 处、分离式立交 5 处、小桥 7 座、大中桥 3 座、通道 18 道、特大桥 1 座、服务区 1 处、收费站 2 处。

4) 主要控制点

本项目起于奎屯市西互通式立交桥,经 131 团场、130 团场(共青城)、129 团场(五五新镇)、128 团场,止于克拉玛依市九公里互通式立交桥。接拟建的克拉玛依至阿勒泰高速公路。

5) 地形地貌

路线位于准噶尔盆地西北缘,为平原微丘、戈壁滩,地势平坦开阔,起伏不大,表层多为黄土层,其下为砾类土和砂层。

6) 投资规模

项目概算投资 39.21 亿元。

7）开工及通车、竣工时间

2009年7月开工建设,2012年9月交工,2012年10月13日全线开放交通。

2. 前期决策情况

1）前期决策背景

奎屯、农七师、克拉玛依是自治区石油、矿产资源储量丰富集中和农牧业发达的区域。为改善沿线的交通条件,缓解交通压力,自治区交通厅曾在2004年对国道217线奎屯—克拉玛依公路实施了大中修及改建工程,但现有的二级公路平交道口较多,混合交通严重,行车安全性差,特别是近几年,随着该区域石化产业、农牧业的迅猛发展,交通量快速增长,该路段的通行条件已不能满足自治区经济社会长远发展的需求,拓宽改建迫在眉睫。

2）前期决策过程

本项目经国家发展和改革委员会批准立项,列入2009年基本建设计划。

3. 参建单位主要情况

1）建设单位

新疆维吾尔自治区交通建设管理局。

2）设计单位

新疆维吾尔自治区交通规划勘察设计研究院。

3）施工单位

通过招投标本项目有10个施工单位参与建设,其中土建合同段7个,房建工程合同段2个,机电工程合同段1个。

4）施工监理单位

本项目设置7个土建工程监理办公室,负责监理区段内路基路面工程的施工监理工作;2个房建工程监理办公室,负责全线2个合同段的房建工程施工监理工作;1个机电工程监理办公室,负责全线的机电工程施工监理工作。

（二）建设情况

1. 项目准备阶段

1）项目审批

（1）国家发展和改革委员会以《国家发展改革委关于新疆自治区奎屯至克拉玛依公路可行性研究报告的批复》(发改基础〔2009〕1715号)批复本项目可行性研究。

（2）交通运输部以《关于奎屯至克拉玛依公路初步设计的批复》(交公路发〔2009〕421号)批复本项目初步设计。

(3)2010年7月,国土资源部对奎屯—克拉玛依高速公路建设用地给予批复。

2)资金筹措

项目概算总额39.21亿元。资金来源:中央预算内基建拨款14亿,占总投资的35%,其中车购税8.27亿元,自治区资本金5.73亿元;国家开发银行贷款26亿元。

3)合同段划分

根据各专业的工程内容划分合同段(表8-97)如下:

G217奎屯至克拉玛依高速公路合同段划分一览表 表8-97

序号	单位类型	工程类型	合同段	单位名称
1	建设单位			新疆维吾尔自治区交通建设管理局
2	设计单位	土建工程		新疆维吾尔自治区交通规划勘察设计研究院
3		机电工程		中国公路工程咨询集团有限公司
4	监理单位	土建监理	第1合同段	安徽省高等级公路工程监理有限公司
5			第2合同段	西安方舟工程咨询有限责任公司
6			第3合同段	北京诚盟公路工程监理有限公司
7			第4合同段	河南省宏力工程咨询有限公司
8			第5合同段	中交路桥技术有限公司
9			第6合同段	深圳高速工程检测有限公司
10			第7合同段	江苏省交通科学研究院股份有限公司
11		房建监理	第1合同段	新疆金石监理公司
12			第2合同段	新疆金石监理公司
13		机电监理		北京华路捷公路工程技术咨询有限公司
14	施工单位	土建工程	第1合同段	中铁十一局集团第一工程有限公司
15			第2合同段	新疆道路桥梁工程总公司
16			第3合同段	中铁一局集团有限公司
17			第4合同段	山东省路桥集团有限公司
18			第5合同段	新疆北方机械化筑路工程处
19			第6合同段	中铁七局集团第三工程有限公司
20			第7合同段	新疆石油工程建设有限责任公司
21		房建工程	第1合同段	伊犁银路工程公司
22			第2合同段	新疆天正建筑公司
23		机电工程		北京瑞华赢科技发展有限公司

(1)设计合同段划分1个合同段,另有1个机电工程设计合同段。

(2)施工合同段划分:根据工程内容的不同,土建工程7个合同段,房建工程2个合同段,机电工程1个合同段。

(3)施工监理合同段划分:根据工程内容设7个土建工程监理合同段,2个房建工程监理合同段,1个机电工程监理合同段。

4)招投标

按照国家颁布的《中华人民共和国招标投标法》和交通运输部颁布的《公路工程施工招标投标管理办法》《公路工程施工招标资格预审办法》《公路工程施工招标评标办法》的要求,由项目法人单位组织招标工作。

2009年5月3日,有321家单位通过资格预审,参加本项目土建工程7个合同段和房建工程2个合同段的投标。2009年6月在乌鲁木齐市开标,采用无标底投标、合理低价中标方式。由自治区交通厅专家组成评标委员会评审出土建工程第4、5、6、7合同段的4家中标单位;2009年7月在乌鲁木齐市开标,采用无标底投标、合理低价中标方式。由自治区交通厅专家组成评标委员会评审出土建工程第1、2、3合同段的3家中标单位。

5)征地拆迁

(1)工作及范围

沿线经过克拉玛依市、乌苏市、奎屯市、兵团第七师128团、129团、130团、131团。共计3个市、4个团场。

(2)主要内容

①界定公路项目红线范围,进行征地拆迁外业调查、测算费用,签订征地拆迁协议,支付费用。

②永久占地界内房屋等各种构造物的搬迁。

③永久占地界内地上附着物的拆除。

④电力、通信等各种管线的改迁。

⑤取得地灾、压矿、林地征占批复意见,办理永久性占地报批手续。

⑥临时及借土占地的征用。

(3)遵循的政策法规

①《中华人民共和国土地管理法》。

②《新疆维吾尔自治区实施〈土地管理法〉办法》。

③自治区发展计划委员会、财政厅《关于下发自治区国土资源系统土地管理行政事业性收费标准的通知》(新计价房〔2001〕500号)。

④《森林植被恢复费征收使用管理暂行办法》(财综〔2002〕73号)。

⑤新疆维吾尔自治区国土资源厅《关于印发〈自治区重点建设项目征地拆迁补偿标准〉的通知》(新国土资发〔2009〕131号)。

(4)主要做法

①设立专门组织机构

本项目采取征地拆迁费用总包干方式,自治区国土资源厅负责项目征地拆迁工作的政策制定和组织协调。奎克高等级公路项目所处地州、县、团场均成立了高等级公路协调办公室,负责征地拆迁工作的具体实施,协调解决施工期间出现的征地拆迁问题。

②落实征地拆迁责任制

2009年7月,根据新疆维吾尔自治区公路勘察设计研究院(K0+000~K88+300)、中交路桥技术有限公司(K88+300~K134+189.586)现场放线确定的征地范围,交通建设管理局、国土资源厅、相关地州政府、团场、产权单位联合对工程影响范围内的土地及地上附着物、电力、通信设施等进行了核实,现场丈量、清点、签字、盖章。随后交通建设管理局与国土资源厅签订了总包干协议,在征地拆迁费到位后,征地拆迁腾地、补偿安置等工作有序开展。

交通厅、交通建设管理局和各级国土部门对项目征地拆迁工作高度重视。多次召开征地拆迁专题会议,协调解决实际问题。项目办征地拆迁工作人员主动作为,强力推进,2011年1月征地拆迁工作基本完成。

③抓紧办理建设用地手续

项目实施中,严格执行"十分珍惜、合理利用土地和切实保护耕地"的基本国策,使用土地严格执行国家的法律、法规,各项手续齐全。交通建设管理局安排专人,抓紧办理地灾、压矿、林地征占批复意见,并委托自治区征地事务中心负责建设用地组件报批。2010年7月,国土资源部以国土资函〔2010〕544号批复了本项目的建设用地。共征用土地12668.66亩,拆迁房屋16821.7m²,砍伐树木22092棵,改迁电力、线路180处,征地拆迁费25871万元,征地拆迁统计见表8-98。

G217奎屯—克拉玛依高速公路征地拆迁统计表 表8-98

高速公路编码	项目名称	征地拆迁安置起止时间	征用土地(亩)	拆迁房屋(m²)	拆迁占地费(万元)
G217	奎屯—克拉玛依	2009.7—2011.1	12668.66	16821.7	25871

2. 项目实施阶段

1)实施过程

(1)主线土建工程于2009年7月31日开工,2012年9月完工。

(2)房建工程于2010年9月开工,2012年11月完工。

(3)机电工程于2012年开工,2014年完工。

(4)2012年10月12日,新疆交通建设管理局组织专家对项目进行了交工验收。本项目交工验收委员会确定的工程质量评分为95.39分,质监局工程质量鉴定得分为78.12分。

2)重大决策

(1)2009年7月22日,奎屯至克拉玛依高速公路工程举行开工奠基仪式,新疆维吾尔自治区党委常委、自治区副主席宋爱荣,新疆维吾尔自治区交通厅党委书记、副厅长王新华,新疆维吾尔自治区交通厅党委副书记、厅长里加提·苏里堂,交通建设管理局党委书记、副局长何立新,交通建设管理局党委副书记、局长燕宪国等领导参加开工奠基仪式。

开工奠基仪式现场

(2)2012年10月12日,奎克项目召开交工验收大会。

交工验收大会现场

(三)复杂技术工程

1. 软弱土层处理(59549.49m)

本路段地下水位较高,许多段落地基土呈软塑—硬塑状态,承载力较低,地基承载力基本容许值小于120kPa,物理指标达不到软土标准的地基土定为软弱土。

采用排水砂砾垫层、反压护坡道结合砾石桩、换填砂砾结合预压三种处理方案。

(1)换填砂砾:在换填砂砾段落按照设计深度挖除软弱土层,换填砂砾并压实,换填砂砾层顶面压实度要求达到90%,换填应采用砂砾,含泥量小于5%。

(2)反压护坡道:反压护坡道用砾类土填筑,同时应保证排水垫层的贯通。

(3)排水砂砾垫层、砾石桩结合预压砾石桩的桩径为50cm,设计的桩长、砾石桩间距均经过计算确定。在平面上呈正三角形布置。设计采用振动沉管施工技术。施工方法一般采用排桩法。施工前将地表清除0.3m后成桩,上设排水砂砾垫层,垫层设计厚度0.5m。

2.风积沙筑路

对路线穿越固定-半固定沙丘段,先清除路基横断面范围内沙丘表面植被,再将该范围内沙丘按设计横断面设计线开挖至原地面线处,再填筑路基,填方边坡采用1:3～1:4,开挖路堑边坡采用1:4,路基两侧设置2m宽积砂平台,并对砂平台、开挖路堑边坡及开挖路堑边坡坡口以外4m范围内设置规格为100cm×100cm的芦苇方格。开挖出的风积沙作为路基填料使用。采用风积沙筑路时,在复合土工布以下的路基范围内使用风积沙填筑,并在两侧设置2m宽砾类土包边。

(四)运营养护管理

奎克高速公路全长109.961km,双向四车道,2009年7月开工建设,2012年10月竣工通车。

奎克高速公路辖区内立交桥5座,特大桥1座,中心桩号K4+912,桥梁起点桩号K2+904,终点桩号K6+915.70,桥梁总长4011.70m,上部结构采用现浇预应力混凝土连续箱梁+装配式预应力混凝土箱形连续箱梁,下部采用扩大基础与桩基础。

奎克高速公路下设1个服务区(五五新镇)、1个主线收费站(天北)(表8-99)。

收费站点设置情况表　　　　表8-99

站点名称	车道数	收费方式
天北收费站	14	开放式

五五新镇服务区位于G3014线奎克高速公路K46+140处,地处兵团第七师129团境内,占地面积30000m²,建筑面积5547.28m²,2013年2月投入运营,是集停车、如厕、住宿、加油、餐饮、购物、汽修、休息等多种功能的综合服务窗口。五五新镇服务区地处古丝绸之路(北道)腹地、天山北坡经济带核心区域、北疆路网的节点,地理、经济、文化区位优势独特。2015年荣获全国百佳示范服务区。

自2012年10月建成通车以来,奎克高速公路不断探索高速公路管养新模式,以实现高速公路管养"快速、规范、高效"的目标,结合地域特点及地州发展完成奎屯公路养护管理信息化建设框架搭建,解决目前日常养护中所遇到的一系列问题,提高养护工作效率和质量,推进公路养护科学化、规范化、标准化管理。

奎屯公路管理局辖区内设置应急保障基地1处,地点奎屯分局,储备有黄河自卸车、清障车、装载机、复合式雪犁、奔驰多功能养护车、多功能除雪车、加拿大除雪机共计16台,铁锹、编织袋、防洪铁丝、麻袋、铁丝笼、十字镐等多种抢险材料物品,能够及时应对夏季抢险及冬季防雪、公路突发事件救援等。

奎克高速公路由奎屯公路管理局奎屯分局、克拉玛依分局管养。奎克高速公路并入国高网后编号和里程变化汇总见表8-100。

奎屯至克拉玛依高速公路并入国高网后编号和里程变化汇总表　　表8-100

所属地州局	并入国高网后编号和里程变化情况		
	路线编号	起讫桩号	里程(km)
奎屯公路管理局	G3014	K0~K109+961	109.961
	G217	K430+089~K434+428	4.339

2013年奎克高速公路交通量为235万辆,2014年为249万辆,2015年为309万辆,2016年为263.97万辆。

2015年,G3014农七师129团—克拉玛依红浅采油区(K67+000~K109+462)段公路实施养护大中修工程,投入资金4150.821933万元。

二、G3014克拉玛依—乌尔禾高速公路(建设期:2011.05—2013.10)

克拉玛依至乌尔禾高速公路(简称克乌高速公路)是国道主干线连云港至霍尔果斯高速公路的联络线奎屯至阿勒泰高速公路的一段。奎屯至阿勒泰高速公路是新疆"三横两纵两环八通道"主架公路网中的第一纵;是自治区内纵贯南北疆国道G217线的一部分;是阿勒泰经克拉玛依、乌鲁木齐、库尔勒、阿克苏、喀什至红其拉甫口岸公路的重要组成部分。该段公路贯穿天山主要经济区,是新疆南北联系的黄金通道,也是北疆地区克拉玛依市与阿勒泰地区联系重要干线。

克拉玛依至乌尔禾高速公路,沿线途经克拉玛依区、白碱滩区和乌尔禾区的白口泉、黄羊泉以及乌尔禾乡,全长139.125km。公路设计速度为120km/h,采用双向四车道高速公路标准,路基宽度28m,路面为沥青混凝土路面。

克乌高速公路项目由四川公路桥梁建设集团有限公司承建,合同总价为33.48亿元,合同工期32个月。四川公路桥梁建设集团有限公司是由四川省人民政府批准成立的国有独资大型企业,具有国家公路工程施工总承包特级资质,主要从事路桥施工、路桥投资收费、水电开发、房地产开发、矿藏开发、证券投资等业务。公司下辖50多个全资和控股分、子公司,员工13000多人,年营业收入300多亿元,是四川交通系统首家A股上市公司。公司是四川乃至国内公路桥梁建设施工的主力军,工程遍布全国各省、自治区、直辖市,并涉足海外市场,多项工程施工项目获取国家、省、部级的科技进步奖,以及鲁班奖、詹天佑奖、天府杯奖等奖项。

(一)项目概况

1. 基本情况

1)功能定位

克拉玛依至乌尔禾高速公路是国道主干线连云港至霍尔果斯高速公路的联络线奎屯至阿勒泰高速公路的一段。奎屯至阿勒泰高速公路是新疆"三横两纵两环八通道"主架公路网中的第一纵;是自治区内纵贯南北疆G217的一部分;是阿勒泰经克拉玛依、乌鲁木齐、库尔勒、阿克苏、喀什至红其拉甫口岸公路的重要组成部分。该段公路贯穿天山主要经济区,是新疆南北联系的黄金通道,也是北疆地区克拉玛依市与阿勒泰地区联系重要干线。

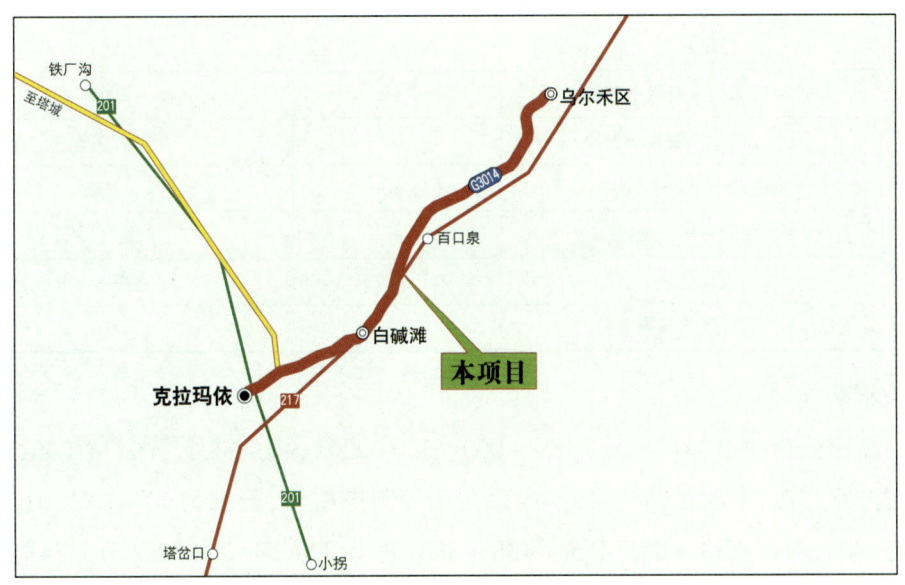

G3014 克拉玛依—乌尔禾高速公路路线示意图

2)技术标准

根据本项目在新疆干线公路网中的地位、功能、作用、远景交通量以及《工可报告》研究确定的建设标准,按照交通部颁发实施的《公路工程技术标准》(JTG B01—2003)中关于确定拟建项目技术标准的有关原则,全线采用四车道高速公路标准,设计速度为120km/h、路基宽度为28m。互通立交连接线采用二级公路标准,行车速度80km/h、路基宽度为12m(表8-101)。

主要技术指标一览表

表 8-101

序号	项目	单位	技术标准
1	公路等级	—	四车道高速公路
2	设计速度	km/h	120
3	路线长度	km	139.125
4	路基宽度	m	28
5	行车道宽度	m	4×3.75
6	中央分隔带宽度	m	3
7	直线最大长度	m	6483.53
8	圆曲线最小半径一般值	m	1000
9	不设超高最小圆曲线半径	m	5500
10	缓和曲线最小长度	m	220
11	最大纵坡	%	3
12	最短坡长	m	300
13	停车视距	m	265
14	凸形竖曲线一般最小半径	m	20000
15	凹形竖曲线一般最小半径	m	12000
16	竖曲线一般最小长度	m	100
17	路面结构类型	—	主线沥青混凝土
18	设计荷载	—	公路—Ⅰ级
19	设计洪水频率	—	1/100

3) 工程规模

克乌高速公路项目起点桩号为 K0+000(SK1+220),止点桩号为 K134+661.222(与乌福高速公路相接,本项目路线设计中,存在三处断链桩号,分别为 K8+191.010~K4+720,长链 3471.01m;K38+656.456~K38+880,短链 223.544m;K52+516.241~K52+520,短链 3.759m,累计长链 3243.707m),连接线长 8.432km,施工里程为 139.125km,合同总价为 33.48 亿元。主要包含路基挖方 827.6 万 m^3,路基填方 1536.5 万 m^3,软基换填 113.2 万 m^3,防护工程 41.2 万 m^3,排水工程 263km;桥梁 59 座,通道 27 道,涵洞 248 道,人行天桥 1 座,互通式立交 6 处,分离式立交 9 处。路面结构为柔性路面[天然砂砾底基层 397.1 万 m^2,水泥稳定砂砾基层 370.6 万 m^2,7cm 粗粒式沥青混凝土(AC-25F)334.9 万 m^2,5cm 中粒式沥青混凝土(AC-20C)327.5 万 m^2,4cm 细粒式沥青混凝土(AC-13C)339.8 万 m^2,封层 364.8 万 m^2],收费广场为水泥混凝土路面 61513m^2。交安波形梁护栏 486917m,刺铁丝网隔离栅 312892m,交通标志牌 1052 套,路面标线 160780m^2,服务区 3

处,主线收费站 1 处,匝道收费站 5 处。

4)主要控制点

克拉玛依至乌尔禾高速公路,沿线途经克拉玛依区、白碱滩区和乌尔禾区的白口泉、黄羊泉,以及乌尔禾乡。

5)地形地貌

克拉玛依市地处沙漠边缘,深处欧亚大陆腹地,属典型的大陆性干旱气候。夏季炎热,冬季严寒,气温变化剧烈,降水稀少,蒸发强烈,气候极为干旱。日照时间长,昼夜温差悬殊,四季气候特征明显。

克拉玛依市属资源性缺水地区,长期以来主要以引用地表水为主,开采部分地下水作为补充。境内的河流主要有达尔布特河、克拉苏河、玛纳斯河、白杨河和奎屯河,均为内陆河流,河水补给来源主要为融雪水、降雨和少量裂隙水。区内无霜期较长,历年平均无霜期为 225d,年均气温 8.3℃,年均降雨量 54.4mm,最大季节冻土深度 192cm,年平均降雪量 4.0mm。新疆春秋季多风,而克拉玛依又为新疆著名风区,是新疆第二大风口,年平均风速 3.1m/s,年平均大风日数(≥8 级)70.3d。

路线所经区域土质为砂砾石土、粉细砂和细粒土,砂土分布断续,范围较广。地层分布结构为中上时延系、二叠系、三叠系、侏罗系和白垩系。地层属性为砂岩、砾岩和泥岩。水文地质条件,项目区分为 4 个工程地质:①山前洪积细土地质;②剥蚀准平原、中等切割线低山丘陵地层;③冲洪积倾斜砾质;④剥蚀准平原、雅丹型丘陵。第四系松散岩类孔隙水属潜水及微承压潜水,主要分布在冲洪积倾斜砾质平原、细土平原及丘陵沟壑中,含水层岩性由粉土和砂、砾石组成,水位埋深 0.5~15m,其水量不大,水质差,有明显的季节性。本区域地震基本烈度为Ⅶ度,地震峰值加速度为 0.10g。

6)投资规模

项目概算投资 33.48 亿元,竣工决算投资 33.46 亿元,平均每公里造价 2406 万元。

7)开工及通车、竣工时间

2011 年 5 月开工建设,2013 年 10 月交工通车,2015 年 11 月完成竣工验收。

2. 前期决策情况

1)前期决策背景

克拉玛依至乌尔禾高速公路是国道主干线连云港至霍尔果斯高速公路的联络线奎屯至阿勒泰高速公路的一段。奎屯至阿勒泰高速公路是新疆"三横两纵两环八通道"主架公路网中的第一纵;是区内纵贯南北疆 G217 的一部分;是阿勒泰经克拉玛依、乌鲁木齐、库尔勒、阿克苏、喀什至红其拉甫口岸公路的重要组成部分。该段公路贯穿天山主要经济区,是新疆南北联系的黄金通道,也是北疆地区克拉玛依市与阿勒泰地区联系重要干线。

克拉玛依至乌尔禾高速公路,沿线途经克拉玛依区、白碱滩区和乌尔禾区的白口泉、黄羊泉,以及乌尔禾乡,全长 139.125km。公路设计速度为 120km/h,采用双向四车道高速公路标准,路基宽度 28m,路面为沥青混凝土路面。

2)前期决策过程

(1)工程可行性研究:2011 年 2 月 15 日,国家发展和改革委员会印发《国家发改委关于新疆自治区克拉玛依经乌尔禾至阿勒泰公路公路可行性研究报告的批复》(发改基础〔2011〕2958 号)。

(2)初步设计批复:2012 年 2 月 28 日,交通运输部印发《交通运输部关于克拉玛依经乌尔禾至阿勒泰公路初步设计的批复》(交公路发〔2012〕77 号)。

(3)施工图设计批复:2012 年 8 月 10 日,自治区交通运输厅印发《关于克拉玛依经乌尔禾至阿勒泰公路工程施工图设计的批复》(新交综〔2012〕193 号)。

(4)规划及土地手续:2011 年 3 月 31 日,国土资源部印发《关于连霍国家高速公路新疆自治区克拉玛依经乌尔禾至阿勒泰公路工程建设用地预审意见的复函》(国土资预审字〔2011〕106 号)。

(5)其他手续:2011 年 8 月 10 日,环境保护部印发《关于连霍国家高速公路拉玛依经乌尔禾至阿勒泰公路高速项目环境影响报告书的批复》(环审〔2011〕203 号)。

3.参建单位主要情况

1)建设单位

新疆维吾尔自治区交通建设管理局。

2)设计单位

中交路桥技术有限公司。

3)施工单位

四川公路桥梁建设集团有限公司。

4)施工监理单位

北京市高速公路监理有限公司。

(二)建设情况

1.项目准备阶段

1)项目审批

该项目严格执行了交通基本建设程序,从预可行性研究、工程可行性研究、初步设计、施工图设计、工程施工、监理招投标及工程开工报告的审批,各个环节手续齐全,具体如下:

（1）工程可行性研究：2011年2月15日，国家发展和改革委员会印发《国家发改委关于新疆自治区克拉玛依经乌尔禾至阿勒泰公路公路可行性研究报告的批复》（发改基础〔2011〕2958号）。

（2）初步设计批复：2012年2月28日，交通运输部印发《交通运输部关于克拉玛依经乌尔禾至阿勒泰公路初步设计的批复》（交公路发〔2012〕77号）。

（3）施工图设计批复：2012年8月10日，自治区交通运输厅印发《关于克拉玛依经乌尔禾至阿勒泰公路工程施工图设计的批复》（新交综〔2012〕193号）。

（4）规划及土地手续：2011年3月31日，国土资源部印发《关于连霍国家高速公路新疆自治区拉玛依经乌尔禾至阿勒泰公路工程建设用地预审意见的复函》（国土资预审字〔2011〕106号）。

（5）其他手续：2011年8月10日，环境保护部印发《关于连霍国家高速公路拉玛依经乌尔禾至阿勒泰公路高速项目环境影响报告书的批复》（环审〔2011〕203号）。

2）资金筹措

本项目概算总投资33.48亿元，竣工决算为33.46亿元，投资节约0.02亿元，平均每公里造价2525.00万元。

3）合同段划分

结合克乌高速公路项目施工里程长、工程量大的特点，采用总经理部、分经理部的两级管理模式。对于整个合同段成立项目总经理部作为合同总体管理，主要履行合同管理、总体施工组织、质量与安全体系建立与运行、材料采购等职责。总经理部下设9个分经理部，分经理部主要负责段内现场施工组织、技术质量安全管理。项目总经理部以及项目分经理部管理层设工程处、机料处、行政办、质检处、实验室、安保部处、财务处。分经理部根据各自工程施工任务和特点，下设多个专业作业班组。项目总经理部对进场的人员、机械设备、物资材料统一管理、统一指挥、统一调动。

G3014克拉玛依至乌尔禾高速公路合同段划分见表8-102。

G3014克拉玛依至乌尔禾高速公路合同段划分一览表 表8-102

序号	参建单位	类型	参建单位名称	合同段编号及起讫桩号	合同段所在地	主要内容	主要负责人
1	监督单位	—	新疆公路工程质量监督局	KW-1 K0+000~ K134+661	—	—	—
2	建设单位	—	新疆交通建设管理局	KW-1 K0+000~ K134+661	—	—	—

续上表

序号	参建单位	类型	参建单位名称	合同段编号及起讫桩号	合同段所在地	主要内容	主要负责人
3	项目管理单位	—	北京市首都公路发展集团有限公司	KW-1 K0+000~K134+661	克拉玛依	主线土建工程,全线房建、绿化、交安、机电	孙长波
4	勘察设计单位	土建工程设计	中交路桥技术有限公司	KW-1 K0+000~K134+661	—	主线土建工程,全线房建、绿化、交安、机电	林久平
5	监理单位	总监办	北京市高速公路监理有限公司	KW-1 K0+000~K134+661	克拉玛依	全线土建、交安、房建、绿化工程	郭鹏
6	监理单位	驻地办	北京市高速公路监理有限公司	KW-1 K0+000~K134+661	克拉玛依	全线土建、交安、绿化工程	崔明河
7	监理单位	房建监理办	北京市高速公路监理有限公司	KW-1 K0+000~K134+661	克拉玛依	全线房建	高铁成
8	监理单位	机电总监办	北京市高速公路监理有限公司	KW-1 K0+000~K134+661	克拉玛依	全线机电	朱金玉
9	施工单位	土建工程	四川公路桥梁建设集团有限公司	KW-1 K0+000~K134+661	克拉玛依	土建、房建、交安、绿化	杨如刚
10	施工单位	机电工程(JD-1)	江西路通科技有限公司	KW-1 K0+000~K134+661	乌尔禾	全线监控系统	欧阳天晓
10	施工单位	机电工程(JD-2)	北京公科飞达交通工程发展有限公司	KW-1 K0+000~K134+661	乌尔禾	全线通信系统	于永涛
10	施工单位	机电工程(JD-3)	江苏安防科技有限公司	KW-1 K0+000~K134+661	乌尔禾	全线收费系统	杨华斌
11	咨询单位	路面咨询单位	招商局重庆交通科学研究院	KW-1 K0+000~K134+661	克拉玛依	全线路面咨询	谭巍
12	地材供应单位	地材供应单位	克拉玛依厚山料厂	KW-1 K0+000~K134+661	克拉玛依	全线地材	刘长清
13	环保水保检测单位	环保水保检测单位	北京新国环	KW-1 K0+000~K134+661	克拉玛依	全线环保水保检测	侯明相

4)招投标

按照国家颁布的《中华人民共和国招标投标法》和交通运输部颁布的《公路工程施工

招标投标管理办法》《公路工程施工招标资格预审办法》《公路工程施工招标评标办法》的要求,由项目法人单位组织招标工作。

克乌高速公路开标时间为2011年2月25日,四川路桥递交标书时间为2011年2月25日,中标时间为2011年3月10日,评标办法为合理低价中标法。评标人员:招标人代表2名,交通运输部评标专家库中随机抽取5人。

5)征地拆迁

沿线途经克拉玛依区、白碱滩区和乌尔禾区的白口泉、黄羊泉以及乌尔禾乡。克乌项目征地拆迁工作按三级管理体系设置安置办公室,在沿线各区的支持配合下,梳理了全线拆迁范围,完成了征地现场勘察工作,通过积极协调各方关系,征地拆迁工作实行群众参与,各级政府层层签订责任书,采取"四到位""四现场"的做法,即区、乡、村、户四方到场,现场丈量、现场清点、现场签字、现场盖章,按期完成征地拆迁工作。电力、通信和水管改、拆迁工作同步完成。征地拆迁工程数量见表8-103。

G3014克拉玛依至乌尔禾高速公路征地拆迁工程数量表　　表8-103

序号	统一里程	施工桩号	距路中心距离(m)		何单位或何人所有	建筑物名称及面积(m²/处)								
			左	右		砖混房(m²)	砖房(m²)	简易房(m²)	围墙砖(m)	铁丝网围栏(m)	沙砾平台(处)	水泥地坪(m²)	水池(m²)	封井(口)
1	K147+413	K32+545		7	克拉玛依市	—	—	—	—	—	—	—	—	—
2	K148+288	K33+420	5	—	托里县精美广告有限公司	600	310	—	—	—	—	570	—	—
3	K148+388	K33+520	—	—	王伟	—	255	55	—	—	—	—	—	—
4	K148+423	K33+555	3	—	禹容管道公司	440	—	—	—	—	—	—	—	—
5	K148+473	K33+605	—	3	托里县宏达石材厂	—	65	—	—	—	—	—	—	—
6	K148+473	K33+605	4	—	托里县宏达石材厂	—	490	—	—	—	—	—	—	—
7	K148+803	K33+935	—	—	永升建筑集团高建34队	—	—	—	150	—	—	—	—	—
8	K151+503	K36+635	15	—	三联拌和站	—	50	—	—	—	—	—	—	—
9	K208+215	K93+575	—	—	油田公司	—	—	—	—	—	—	—	—	1
10	K208+536	K93+896	—	3	百口泉	—	—	—	—	—	—	—	—	—
11	K234+877	K120+237	—	—	乌尔禾乡羊圈村	105	—	—	—	—	1	—	—	—
12	K234+940	K120+300	—	—	乌尔禾乡羊圈村	405	—	30	—	—	—	39.5	—	—

续上表

序号	统一里程	施工桩号	距路中心距离(m) 左	距路中心距离(m) 右	何单位或何人所有	砖混房(m²)	砖房(m²)	简易房(m²)	围墙砖(m)	铁丝网围栏(m)	沙砾平台(处)	水泥地坪(m²)	水池(m²)	封井(口)
13	K237+890	K123+250	—	—	乌尔禾乡	—	—	—	30	—	—	—	—	—
14	K238+315	K123+675	—	—	乌尔禾乡	—	—	—	—	—	—	—	10	—
15	K238+340	K123+700	10	—	乌尔禾乡	—	36	—	20	—	—	—	—	—
16	K246+075	K131+435	—	—	乌尔禾乡	—	—	—	30	—	—	—	—	—
17	K246+710	K132+070	—	—	乌尔禾乡	—	—	—	30	—	—	—	—	—
18	白碱滩连接线	L1K1+135	7	—	乌尔禾乡	—	—	—	—	—	—	—	—	1
19	乌尔禾连接线	L2K0+795	9	—	乌尔禾乡	78	—	—	15	—	—	—	—	—
20	乌尔禾连接线	L2K0+795	—	5.5	乌尔禾乡	106	—	—	—	—	—	—	—	—
21	乌尔禾连接线	L2K0+850	—	—	乌尔禾乡	—	—	—	—	15	—	—	—	—
22	乌尔禾连接线	L2K0+860	—	—	乌尔禾乡	—	—	—	—	15	—	—	—	—
23	乌尔禾连接线	L2K0+910	—	2	乌尔禾乡	160	—	—	16	—	—	—	—	—
24	乌尔禾连接线	L2K0+950	—	4	乌尔禾乡	—	—	—	30	—	—	—	—	—
25	乌尔禾连接线	L2K3+810	—	—	乌尔禾乡	—	—	—	20	—	—	—	—	—
26	乌尔禾连接线	L2K4+100~L2K4+500	—	—	乌尔禾乡	—	—	—	—	400	—	—	—	—
27	乌尔禾连接线	L2K4+505	—	—	乌尔禾乡	—	—	—	30	—	—	—	—	—
28	乌尔禾连接线	L2K5+015	—	—	乌尔禾乡	—	—	—	30	—	—	—	—	—

2．项目实施阶段

1）实施过程

（1）主线土建工程于2011年5月10日开工，2013年10月20日完工。

（2）房建工程于2013年4月16日开工，2014年9月29日完工。

（3）机电工程于2013年4月开工，2013年12月完工。

（4）交通安全设施于2013年4月开工，2013年12月完工。

（5）绿化工程于2016年7月开工，2017年6月完工，2017年7月初交工。

（6）2014年12月，新疆交通建设管理局、质监局组织专家对高速公路进行了交工验收。

2）重大决策

（1）自治区交通运输厅厅长、党委副书记里加提·苏里堂（前排中）出席克乌高速公路开工仪式讲话。

克乌高速公路开工仪式

（2）自治区交通运输厅党委委员、副厅长张德华（前排中）调研克乌高速公路征地拆迁滞后段落，检查指导工作。

克乌高速公路征地拆迁调研现场

(三)复杂技术工程

（1）项目沿线油田管线、电力光缆比较发达，协调工作量大。

（2）盐渍土换填是该段路基施工难点。

（3）克拉苏河特大桥全长1178m，结构形式为39m×30m装配式预应力混凝土连续箱梁。

(4)白杨河大桥位于白杨河大峡谷,结构形式为 17m × 40m 预应力简支 T 梁,墩身高达 30 多米,施工难度大。

(5)全线路面工程共有水泥稳定砂砾 370.6 万 m^2,沥青混凝土 120 万 t,大量的路面材料组织与供应,是路面施工的重、难点。

(四)科技创新

四川公路桥梁建设集团克乌项目部在施工中大力推进“三新”应用,确保了工程质量和施工技术水平的同步提升。

一是对水泥稳定材料路面基层的质量控制。为保证水泥稳定砂砾基层施工质量,项目部从配合比设计着手,由工地试验室优选缓凝水泥,精准把控水泥用量和水泥稳定砂砾的强度,选定优化的混合料级配。在施工过程中加强养护和交通管制,严格控制施工作业时间,有效减少了路面基层反射裂缝的产生。现场施工过程各工序关键环节均严格执行“规范化、标准化、精细化”管理,使得路面基层施工质量成为克乌项目的亮点之一。克拉玛依市属资源性缺水地区,气温变化剧烈,降水稀少,蒸发强烈,气候极为干燥,因此基层不可避免地产生了一些干缩裂缝,为避免产生反射裂缝,项目部及时采取措施,自费订购了聚酯玻钎布进行裂缝处理,并自行承担了该笔费用。聚酯玻钎布具有较好的抗拉能力,很好地解决了干缩裂缝问题。

二是对沥青混凝土路面的质量控制。克拉玛依属典型的大陆性气候,具有干旱、少雨、多风、强风沙、温差大等特征,冬季寒冷(-45℃),夏季炎热(地面达 70℃以上),日照时间长(年均日照时数达 2705.6h)。沥青混合料既要考虑高温稳定性,又要考虑低温抗裂性。针对以上特点,为了保证沥青混凝土上面层的施工质量,项目部从原材料入手,选择优质的基质沥青,精选石料,同时充分依靠第三方咨询单位的技术优势,不断优化沥青混合料配合比设计。为了更好地提高沥青路面的质量,项目部主动申请将沥青面层用改性沥青从 SBR 变更为 SBS,并承担了材料价差近 2000 万元,进一步提高了沥青路面的抗车辙能力和高温稳定性。施工设计抗车辙动稳定度要求值不小于 2400 次/mm,项目部施工的沥青路面抗车辙动稳定度值能达到 6000 次/mm 以上,优于设计指标 260% 以上。为更好地控制沥青混凝土路面厚度和平整度,项目部在施工过程中采取了多种措施:首先是沥青混凝土摊铺中摊铺机采用同一厂家、同一型号;其次是中、上面均安装超声波平衡梁来施工;第三是多次召开接缝处理现场会,根据实际情况制定优化的接缝处理措施,保证接缝处理质量;第四,充分考虑大风、下雨、温度低等不利条件,制定了相应的施工预案,收到了良好的效果。本项目设计平整度为 1.2,经项目部自检,平整度可达到 0.5。

(1)采用数控钢筋加工机

为了提高钢筋加工质量,项目部引进了数控钢筋加工机。数控钢筋加工机将钢筋加工从人工控制变为机械控制,大大地提高了钢筋加工的精度和速度,同时节省了大量劳动力,实现了钢筋加工的标准化和精细化。克乌项目是新疆较早引进数控钢筋加工机的建设项目之一。

使用数控钢筋加工机制作钢筋

(2)应用钢筋安装卡具及模型

为更好地提高钢筋加工的精度,克乌项目在钻孔灌注桩和预制小箱梁钢筋骨架加工过程中采用了钢筋加工模型,提前制作卡具和模型,准确定位预留钢筋位置,在钢筋骨架安装过程中形成标准化施工,不仅加快了骨架的安装进度,而且提高了安装精度,强化了钢筋骨架安装的质量控制。

应用钢筋安装卡具及模型进行钢筋加工

(3)使用成品压浆剂

为提高预应力孔道压浆的施工质量,在预应力孔道压浆施工中首次引进了预应力EPS专用成品压浆剂,使得孔道压浆更均匀、更饱满、更密实,提高了预应力预制构件的耐久性和整体质量。

(4)引进数显张拉设备

在梁板制作加工中,预应力筋的张拉是否精确对其最终质量具有关键影响。传统张拉技术精度差、效率低,且张拉的成败主要取决于操作人员的操作,质量控制难度较大。为克服上述缺陷,提高梁板成品质量,项目部引进了先进的全自动预应力数显张拉设备,该设备不但张拉精度高、速度快,而且操作简单,显示直观,能自动生成并打印施工验收报告单,大大提高了张拉的真实性和准确性,确保了梁板质量。

数显张拉设备控制T梁

(5)预制小箱梁采用"折叠式内模"

在克拉苏河特大桥、达尔布特河大桥、黄羊泉水库中桥的小箱梁施工过程中,项目部大胆创新,将箱梁内模由传统的木内模或螺栓连接的组合钢内模改为折叠式轴销连接的钢内模。该工法不但减少了施工人员在箱梁内的作业时间,极大地改善了施工人员的作业环境,有利于项目的人性化管理,而且具有安拆快捷、方便、安全、节约材料费、人工费、拆除内模时对混凝土无损伤等优点。目前,该工法已被中国建筑行业协会成功评审为国家级工法。

(6)大型预制构件和水泥稳定粒料的养生技术

由于克拉玛依干旱、高温、缺水,如何保证水泥混凝土和水泥稳定粒料的养护是质量管理的重点。克乌项目对大型预制构件采用了循环水喷淋养护,水泥稳定粒料采用了保水养护,使得问题得到了很好的解决。水泥稳定砂砾路面基层施工中,项目部优化施工工艺,将传统的两层分别摊铺改为两层连续摊铺,既减少了一次养护周期,又提高了工作效率,同时还增强了两层水稳粒料基层间的连接,保证了路面基层的整体质量。采取土工布覆盖洒水养护和"一布一膜"无水养护两种方法进行基层养护,养护湿度均匀、成品强度密实,既有效节约了水资源,提高了土工布的利用率,又降低了施工成本,确保了工程质量。在后期养护过程中,项目部结合以往经验大胆创新,在四川路桥集团技术中心主任董武斌的指导下,采用封层养护,即在基层施工完毕后随即进行封层施工,利用封层覆盖进行养护,不仅极大减少了水分的蒸发,避免了由于干缩和温缩引起的裂缝,也节约了养护成本。

大型预制构件喷淋养护　　　　　　　路面基层洒水养护

(7) 沥青混合料拌和站黑匣子

为了更好地加强对沥青混合料拌和站管理,克乌项目沥青拌和楼全部安装了 DTJ-L 沥青混合料动态质量监控系统(黑匣子),远程时时监控和记录沥青混合料生产的各种重要数据和产量情况,实现了对沥青混合料控制的实时监控,受到交通运输部督查组专家的高度评价。

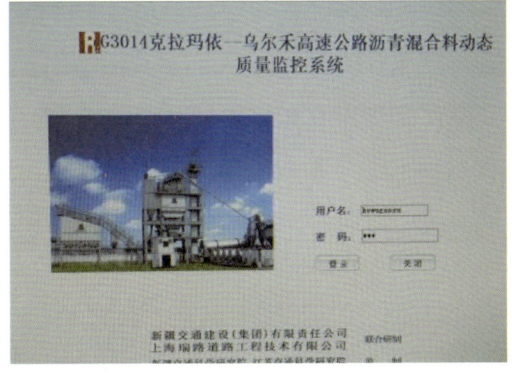

采用沥青混合料动态质量监控系统

(8) 项目 QC 成果明显

本项目 2012—2013 年共申报四川省工程建设系统优秀质量管理小组 9 个,经专家评审和四川省建设工程质量安全与监理协会审定,本项目共获得国家级 QC 二等奖 1 个,三等奖 3 个。

二等奖:预应力 T 梁外观质量控制。

三等奖:提高桥台处路面平整度 QC 小组。

混凝土墙身钢筋保护层控制:利用数显张拉设备提高预制梁张拉精度。

3 年来,在自治区公路工程质量监督局历次质量监督大检查中均对项目部给予了充分的肯定,同时,自治区交通建设管理局还将克乌项目确立为"五化""三新"推广应用示范项目,并荣获新疆交通运输厅授予的2012年"环保科技示范工程"。

(五)运营养护管理

克拉玛依至乌尔禾高速公路,全长139.341km,双向四车道,2011年5月开工建设,2013年12月竣工通车。

克乌高速公路辖区内共有立交桥2座,特大桥1座,中心桩号K218+580,桥梁起点桩号K217+991,终点桩号K219+169,桥梁总长1178m,上部结构连续箱梁,下部采用扩大基础与桩基础。辖区内K223~K225段为易发生风灾路段,受季节性强风侵袭,造成路面积砂、沿线中央防眩板及标志标牌损坏。

克拉玛依至乌尔禾高速公路下设3个服务区(克拉玛依南、百口泉、乌尔禾),下设1个主线收费站(克拉玛依南),5个匝道收费站(西郊、克西、白碱滩、百口泉、乌尔禾),收费站点设置见表8-104。

收费站点设置情况表　　　　　　　　　　　　　　　　　表8-104

站点名称	车道数	收费方式	站点名称	车道数	收费方式
克南主线收费站	10	封闭式	白碱滩匝道收费站	6	封闭式
西郊匝道收费站	5	封闭式	百口泉匝道收费站	5	封闭式
克西匝道收费站	9	封闭式	乌尔禾匝道收费站	5	封闭式

克拉玛依至乌尔禾高速公路由奎屯公路管理局克拉玛依分局管养。克乌高速公路并入国高网后编号和里程变化汇总见表8-105。

克拉玛依至乌尔禾高速公路并入国高网后编号和里程变化汇总表　　　表8-105

所属地州局	并入国高网后编号和里程变化情况		
	路线编号	起讫桩号	里程(km)
奎屯公路管理局	G3014	K109+961~K250	140.039

克拉玛依至乌尔禾高速公路建成通车以来,目前未实施大中修工程。

三、乌尔禾—福海高速公路(建设期:2011.03—2014.08)

G3014乌尔禾至福海高速公路(以下简称"乌福高速公路")是连霍国道联络线奎屯至阿勒泰高速公路G3014中的一段。路线基本呈南北走向,沿G217线平行布设。南起于G217乌尔禾收费站以北西侧(接同期实施的克拉玛依至乌尔禾高速公路项目终点),穿越戈壁滩,跨越和布克河(设大桥),在和什托洛盖镇东侧设互通立交与G217线连接,穿越阿尔格勒特山(设长隧道),穿越巴嘎乌图布拉格牧场(二牧场)、伊克乌图布拉格牧场(国营牧场),沿S318线到达线路终点福海渔场(接同期实施的福海至阿勒泰高速公路项目起点)。公路主线全长160.486km(起讫桩号K135+300~K296+202.62)。

(一)项目概况

1. 基本情况

1) 功能定位

乌福高速公路项目建成后对完善北疆地区高速公路网,贯彻落实国家西部大开发战略部署,改善区域交通条件,促进沿线地区经济、文化、社会发展,构建和谐社会具有重要意义。

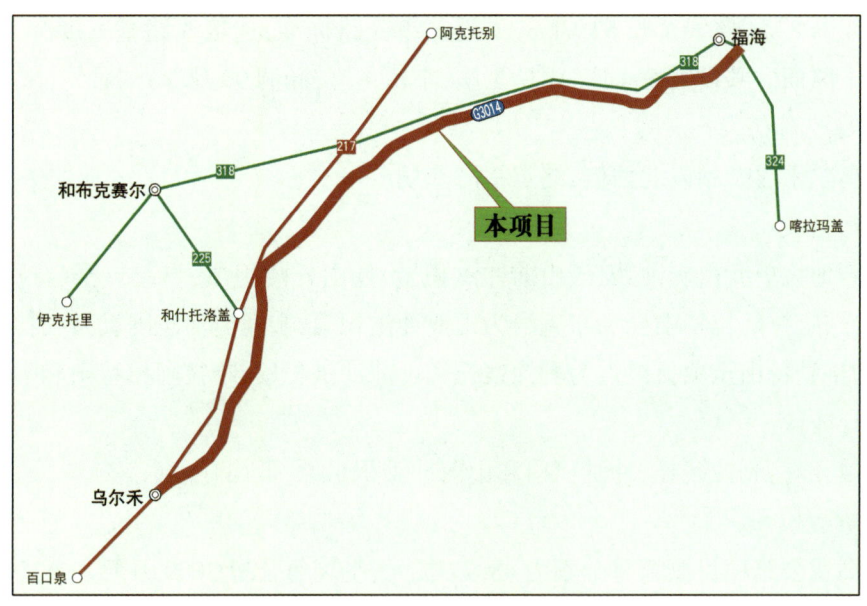

乌尔禾—福海高速公路路线示意图

2) 技术标准

采用双向四车道,设计速度120km/h,路基宽度28.0m(表8-106)。沥青混凝土路面,标准轴载BZ-100,标准轴载累计作用次数1300×10^4次,桥梁荷载等级公路—Ⅰ级,设计洪水频率1/100,设计抗震烈度Ⅶ度。

土建工程主线主要技术指标　　　　表8-106

指 标 名 称	规范指标参数	设计指标参数
公路等级	高速公路	高速公路
设计速度(km/h)	80~120	120
路基宽度(m)	26~28	28
圆曲线最小半径(m)	1000	2100
最大纵坡(%)	3	2.94
最小坡长(m)	300	328.987
竖曲线最小半径(凸)(m)	11000	25000
竖曲线最小半径(凹)(m)	4000	20000

3)工程规模

本项目公路主线施工图设计路线全长160.486km,消除长短链后为160.601km(短链0.115km)。主线采用整体式路基,路基宽度28m,按照高速公路标准建设,设计速度120km/h。桥涵设计荷载等级公路—Ⅰ级,主线路面结构为柔性路面[收费广场水泥混凝土路面,大桥9座,中桥5座,小桥31座,通道8座,涵洞330道,天桥1座,隧道1座(阿尔格勒特山隧道)],设互通式立交3处,分离式立交3座,匝道收费站3处,服务区2处。

连接线共8条,路线全长52.7km,采用二级公路标准,连接线路基宽度为12m,采用沥青混凝土路面。共设大桥4座,中桥1座,小桥4座,涵洞99座。

4)主要控制点

起点乌尔禾收费站以北西侧,终点福海渔场。

5)地形地貌

项目区地貌单元由剥蚀残丘、山前冲洪积扇、低山丘陵组成,自起点至哈拉阿拉特山为剥蚀残丘,哈拉阿拉特山至和布克河为山前冲洪积扇,和布克河至阿勒格勒特山为剥蚀残丘,阿勒格勒特山至项目终点为剥蚀残丘和山前冲洪积扇,哈拉阿拉特山和阿勒格勒特山为低山丘陵区。

地貌单元有:剥蚀残丘、冲洪积扇和山前冲洪积平原、低山丘陵。

6)投资规模

乌福高速公路项目概算总金额为48.77亿元,平均每公里3000万元。

7)开工及通车、竣工时间

第WA-1合同段开工日期为2011年3月19日,完工日期为2014年8月20日。第WA-2合同段开工日期为2011年3月25日,完工日期为2014年8月7日。

2. 前期决策情况

1)前期决策背景

乌福高速公路是连霍国道联络线G3014奎屯至阿勒泰高速公路中的一段。

2)前期决策过程

(1)国家发展和改革委员会印发《国家发展改革委关于新疆自治区克拉玛依经乌尔禾至阿勒泰公路可行性研究报告的批复》(发改基础〔2011〕2958号)。

(2)交通运输部印发《关于克拉玛依经乌尔禾至阿勒泰公路初步设计的批复》(交通路发〔2012〕77号)。

(3)自治区交通运输厅印发《关于克拉玛依至阿勒泰公路工程施工图设计的批复》(新交综〔2012〕193号)。

(4)环境保护部印发《关于连霍国家高速公路联络线G3014乌尔禾至阿勒泰段工程

环境影响报告书的批复》(环审〔2011〕218号)。

(5)水利部印发《关于连霍国家高速公路联络线G3014乌尔禾至阿勒泰段工程水土保持方案的复函》(水保函〔2011〕130号)。

(6)自治区交通运输厅对施工许可进行了批复。

3. 参建单位主要情况

1)建设单位

建设单位:新疆维吾尔自治区交通建设管理局。

代建单位:深圳高速工程顾问有限公司。

2)设计单位

设计单位:中交路桥技术有限公司、新疆交通规划勘测设计研究院。

3)施工单位

施工单位:中铁二局股份有限公司、中国铁建大桥工程局集团有限公司。

4)机电施工

机电施工:江西路通科技有限公司、北京公科飞达交通工程发展有限公司、江苏安防科技有限公司。

5)监理单位

土建监理:项目设置二级监理机构。总监办由指挥部自行组建,承担单位为深圳高速工程顾问有限公司;驻地办通过公开招标选择,中标单位为合诚工程咨询股份有限公司。

房建监理:项目监理机构为新疆泽强工程建设监理有限公司,承担房建工程监理工作。

机电监理:项目监理机构为北京中交路通交通工程咨询有限公司。

参与本项目土建工程建设单位共有15个,主要单位情况见表8-107。

项目参建单位一览表　　　　　　　　　　　　　　　　　表8-107

序号	参建单位类别		单位名称
1	建设单位		新疆交通建设管理局
2	代建单位		深圳高速工程顾问有限公司
3	监督单位		新疆维吾尔自治区公路工程质量监督局
4	设计单位	第WA-1合同段	中交路桥技术有限公司
5		第WA-2合同段	新疆交通规划勘测设计研究院
6	监理单位	总监办	深圳高速工程顾问有限公司
7		WFJL-1(驻地办)	合诚工程咨询股份有限公司
8		机电总监办	北京中交路通交通工程咨询有限公司
9		路面咨询服务中心	招商局重庆交通科研设计院有限公司
10		房建WA-1、2合同段	新疆泽强工程建设监理有限公司

续上表

序号	参建单位类别		单位名称
11	施工单位	土建、房建第 WA-1 合同段	中铁二局股份有限公司
12		土建、房建第 WA-2 合同段	中国铁建大桥工程局集团有限公司
13		机电第 WA-1 合同段	江西路通科技有限公司
14		机电第 WA-2 合同段	北京公科飞达交通工程发展有限公司
15		机电第 WA-3 合同段	江苏安防科技有限公司

(二)建设情况

1. 项目准备阶段

1)项目审批

(1)工程可行性研究:国家发展和改革委员会印发《国家发展改革委关于新疆自治区克拉玛依经乌尔禾至阿勒泰公路可行性研究报告的批复》(发改基础〔2011〕2958号)。

(2)环境评价:环境保护部印发《关于连霍国家高速公路联络线 G3014 乌尔禾至阿勒泰段工程环境影响报告书的批复》(环审〔2011〕218号)和水利部《关于连霍国家高速公路联络线 G3014 乌尔禾至阿勒泰段工程水土保持方案的复函》(水保函〔2011〕130号)。

(3)初步设计:交通运输部印发《关于克拉玛依经乌尔禾至阿勒泰公路初步设计的批复》(交通路发〔2012〕77号)。

(4)招标文件及施工图设计:自治区交通运输厅印发《关于克拉玛依至阿勒泰公路工程施工图设计的批复》(新交综〔2012〕193号)。

2)资金筹措

本项目批复概算总金额 4876972421 元,其中第一部分费用(建筑安装工程费)3963491830 元,第二部分费用(设备及工具、器具购置费)71424298 元,第三部分费用(工程建设其他费)617522907 元。

本项目建设资金来源由国家安排中央专项基金、自治区安排财交通专项资金、国内银行贷款三部分构成。其部分资金来源如表 8-108 所示。

G3014 乌尔禾至福海高速公路项目资金来源情况(单位:元) 表 8-108

资金来源	2011 年度	2012 年度	2013 年度	2014 年度	2015 年度	2016 年度	合计
一、基建拨款	85200000.00	153317000.00	977272342.46	258683633.47	—	0.00	1963235975.93
1.车购税	—	143317000.00	977272342.46	258683633.47	—	—	1863235975.93
2.地方债券资金	—	100000000.00	—	—	—	—	100000000.00

续上表

资金来源	2011年度	2012年度	2013年度	2014年度	2015年度	2016年度	合计
履约保证金垫付资本金	85200000.00	—	—	—	—	—	—
二、项目资本	—	—	—	—	—	—	—
三、项目资本公积	—	—	—	—	—	—	—
四、上级拨入投资借款	367573424.78	621151813.56	300000000.00	540990000.00	400220000.00	0.00	1818449012.90
五、亚行借款	—	—	—	—	—	—	—
六、企业债券资金	—	—	—	—	—	—	—
七、上级拨入资金	—	—	—	—	—	—	—
合计	—	—	—	—	—	0.00	3781684988.83

3）合同段划分

根据各专业的工程内容划分合同段如下：

（1）土建工程设计合同段划分为2个合同段，房建工程设计合同段划分为2个合同段，机电工程设计合同段划分为3个合同段。

（2）施工监理合同段划分：根据工程内容，设1个总监办公室，1个土建工程驻地监理合同段，1个房建工程监理合同段，1个机电工程监理合同段。

4）招投标

按照国家颁布的《中华人民共和国招标投标法》和交通运输部颁布的《公路工程施工招标投标管理办法》《公路工程施工招标资格预审办法》《公路工程施工招标评标办法》的要求，由项目法人单位组织招标工作。

（1）设计单位招标

本项目设计单位通过公开招标选择。招标人为新疆维吾尔自治区交通建设管理局，招标代理单位为中国机械进出口（集团）有限公司。于2010年8月6日同时在中国采购与招标网、中国交通报、新疆经济报、新疆维吾尔自治区交通运输厅网站、新疆维吾尔自治区交通建设管理局网站上发布招标公告。于2010年8月20日在新疆维吾尔自治区交通建设工程招标投标中心开标，经过评审于2010年8月23～29日同时在新疆维吾尔自治区交通运输厅网站、新疆维吾尔自治区交通建设管理局网站上发布中标结果公示。2010

年8月30日分别向两家中标单位发出中标通知书,2010年9月10日分别与两家中标单位签订《勘察设计合同协议书》。

（2）施工单位招标

本项目施工单位通过公开招标选择,共划分两个施工合同段,采用资格预审方式。招标人为新疆维吾尔自治区交通建设管理局,招标代理单位为华杰工程咨询有限公司与国信招标集团股份有限公司。于2010年11月25日同时在中国采购与招标网、中国交通报、新疆经济报、新疆维吾尔自治区交通运输厅网站、新疆维吾尔自治区交通建设管理局网站上发布资格预审公告。于2010年12月14日接收资格预审申请文件,经过评审后于2011年1月24日向通过资格预审单位发出投标邀请书,2011年2月21日在新疆维吾尔自治区交通建设工程招标投标中心开标,经过评审后于2011年3月3~9日同时在新疆维吾尔自治区交通运输厅网站、新疆维吾尔自治区交通建设管理局网站上发布中标结果公示。2011年3月1日分别向两家中标单位发出中标通知书,2011年3月15日分别与两家中标单位签订《施工合同协议书》。

（3）监理单位招标

本项目设二级监理机构。根据《代建协议》总监办由代建单位自行组建,2011年8月受交通建设局委托由指挥部与深圳高速工程顾问有限公司签订了本项目的总监理工程师办公室监理服务合同(含中心试验室)。驻地办通过公开招标选择,招标人为新疆维吾尔自治区交通建设管理局,招标代理单位为华杰工程咨询有限公司。于2011年1月27日同时在中国采购与招标网、中国交通报、新疆经济报、新疆维吾尔自治区交通运输厅网站、新疆维吾尔自治区交通建设华杰工程咨询有限公司管理局网站上发布招标公告。于2011年2月21日在新疆维吾尔自治区交通建设工程招标投标中心开标,经过评审后于2011年3月17~23日同时在新疆维吾尔自治区交通运输厅网站、新疆维吾尔自治区交通建设管理局网站上发布中标结果公示。2013年3月23日向中标单位发出中标通知书,2011年4月17日与中标单位签订《施工监理合同协议书》。

（4）房建单位招标

本项目施工单位通过公开招标选择,共划分两个施工合同段,采用资格预审方式。招标人为新疆维吾尔自治区交通建设管理局,于2010年11月25日同时在中国采购与招标网、中国交通报、新疆经济报、新疆维吾尔自治区交通运输厅网站、新疆维吾尔自治区交通建设管理局网站上发布资格预审公告。于2011年1月24日向通过资格预审单位发出投标邀请书,2011年2月21日在新疆维吾尔自治区交通建设工程招标投标中心开标,2011年2月23日同时在新疆维吾尔自治区交通运输厅网站、新疆维吾尔自治区交通建设管理局网站上发布中标结果公示。2011年2月27日分别向两家中标单位发出中标通知书,2011年3月10日分别与两家中标单位签订《施工合同协议书》。

(5)机电单位招标

①设计单位招标。

本项目设计单位通过公开招标选择。招标人为新疆维吾尔自治区交通建设管理局,招标代理单位为中国机械进出口(集团)有限公司。于2010年8月6日同时在中国采购与招标网、中国交通报、新疆经济报、新疆维吾尔自治区交通运输厅网站、新疆维吾尔自治区交通建设管理局网站上发布招标公告。于2010年8月20日在新疆维吾尔自治区交通建设工程招标投标中心开标,经过评审于2010年8月23~29日同时在新疆维吾尔自治区交通运输厅网站、新疆维吾尔自治区交通建设管理局网站上发布中标结果公示。2010年8月30日向中标单位发出中标通知书,2010年9月10日与中标单位签订《勘察设计合同协议书》。

②施工单位招标。

本项目施工单位通过公开招标选择,共划分3个施工合同段,采用资格后方式。招标人为新疆维吾尔自治区交通建设管理局,招标代理单位为新疆智诚达项目管理有限公司。于2013年5月16日同时在中国采购与招标网、中国交通报、新疆经济报、新疆维吾尔自治区交通运输厅网站、新疆维吾尔自治区交通建设管理局网站上发布招标公告。于2013年6月5日接收投标文件并开标,经过评审后于2013年6月10~14日同时在新疆维吾尔自治区交通运输厅网站、新疆维吾尔自治区交通建设管理局网站上发布中标结果公示。2013年6月15日分别向三家中标单位发出中标通知书。

参见单位合同段划分见表8-109。

参建单位合同段划分一览表　　表8-109

序号	参建单位	类型	参建单位名称	合同段编号及起讫桩号	合同段所在地	主要内容	主要负责人
1	项目管理单位		深圳代建指挥部	K135+300~K296+202.62	塔城地区、阿勒泰地区	全线工程质量管理	张国军
2	勘察设计单位	土建工程设计	中交路桥技术有限公司	设计第1合同段	塔城地区	第1合同段主线土建工程、全线房建、绿化、交安、机电	宁小霞
3		土建工程设计	新疆交通规划勘察设计研究院	设计第2合同段	塔城地区、阿勒泰地区	第2合同段主线土建工程	刘伟
4	监理单位	总监办	深圳高速工程顾问有限公司	K135+300~K296+202.62	塔城地区、阿勒泰地区	全线土建、交安、房建、绿化工程	丁学良
5		驻地办	合诚咨询有限公司	K135+300~K296+202.62	塔城地区、阿勒泰地区	全线土建、交安、绿化工程	杨华东
6		房建监理办	新疆泽强监理咨询有限公司	K135+300~K296+202.62	塔城地区、阿勒泰地区	全线房建	何代新
7		机电总监办	北京中交路通交通工程咨询有限公司	K135+300~K296+202.62	塔城地区、阿勒泰地区	全线机电	徐凤桐

续上表

序号	参建单位	类型	参建单位名称	合同段编号及起讫桩号	合同段所在地	主要内容	主要负责人
8	施工单位	土建施工单位	中铁二局股份有限公司	K135+300~K199+000	塔城地区	第1合同段土建、房建、交安、绿化	李忠
9			中国铁建大桥工程局集团有限公司	K199+000~K296+202.62	塔城地区、阿勒泰地区	第2合同段土建、房建、交安、绿化	李长学
10		机电工程	江西路通科技有限公司	K135+300~K296+202.62	塔城地区、阿勒泰地区	全线监控	王恺
11			北京公科飞达交通工程发展有限公司	K135+300~K296+202.62	塔城地区、阿勒泰地区	全线通信	庄晓实
12			江苏安防科技有限公司	K135+300~K296+202.62	塔城地区、阿勒泰地区	全线收费	徐振田
13	咨询单位	路面咨询单位	招商局重庆交通科研设计院有限公司	K135+300~K296+202.62	塔城地区、阿勒泰地区	全线路面咨询	王琪
14	材料供应单位	材料供应单位	河北凯巍塑业有限公司	K259+300~K552+462.303	塔城地区、阿勒泰地区	全线硅芯管供应	—
15	环保水保检测单位	环保水保检测单位	交通运输部科学研究院	K259+300~K552+462.303	塔城地区、阿勒泰地区	全线环保水保检测	—

5）征地拆迁

乌福项目征地拆迁工作采取"双业主制"方式进行。在塔城地区、克拉玛依市及沿线两县（区）的支持配合下，2011年5月由交建局统一安排，局征地拆迁组、地方政府相关部门和指挥部启动了征地拆迁工作，梳理了全线拆迁范围，完成了征地现场勘察工作，通过积极协调各方关系，化解各层面的矛盾分歧，获得了部分工程用地；2012年底基本完成了主线征迁。至2013年底，完成了和布克赛尔连接线的征地拆迁工作。电力、通信和水管改、征地拆迁工作同步完成，征地拆迁工程数量见表8-110。

G3014乌尔禾至福海高速公路征地拆迁工程地区数量表　　表8-110

类型	分类	地区			
		乌尔禾区（主线）	和丰县（主线）	和丰县（连接线）	合计
土地（亩）	耕地	0.00	233.60	19.61	253.21
	林地	0.00	8.10	3.89	11.99
	牧草地	0.00	0.00	621.33	621.33
	其他农用地	7.12	12502.58	0.00	12509.697

2. 项目实施阶段

1）实施过程

第WA-1合同段开工日期为2011年3月19日，完工日期为2014年8月20日。第

WA-2合同段开工日期为2011年3月25日,完工日期为2014年8月7日。

2014年10月10日、11日,新疆交通建设管理局组织专家对乌福高速公路进行了交工验收。

各年度完成投资进度情况见表8-111。

2011—2014年各年完成投资一览表 表8-111

年份(年)	完成投资(亿元)	占年度计划(%)	占总投资百分比(%)
2011	7.56	94.50	19.38
2012	12.17	86.93	31.19
2013	14.81	105.79	37.95
2014	4.48	148.34	11.48
合计	39.02	—	100

2)重大决策

本项目共计发生设计变更41项,合计增加金额约8306万元,变更增加金额占复测金额的2.8%。其中已完成费用批复39项,已上报待批复2项。已发生设计变更中重大设计变更2项,已上报待批复。变更原因:一是隧道围岩实际开挖较原设计部分段落不一致,预计增加约4359万元;二是由于油砂矿原因致使项目起点约11km改线,预计增加约2382万元。上述两项设计变更合计增加约6741万元。

除上述两项设计变更外,其余已发生设计变更中有1项是由于科研课题需要对局部路段路面结构进行变更,增加费用约176万元。另有1项是由于地质灾害造成的路基处理,增加费用约123万元。另有3项是由于地方政府提出增设牧道与临时交通安全设施,增加费用约123万元。其余34项均为对原设计文件错、漏内容的补正,增加费用合计约1184万元。

(1)2011年1月12日,深圳高速工程顾问有限公司董事长蔡成果与新疆交通建设管理局签订援疆项目代建协议。

援疆项目签字仪式

（2）新疆交通建设管理局、和丰县政府、深代指、驻地监理、施工单位连接线协调会。

连接线协调会

（三）运营养护管理

G3014乌尔禾至福海高速公路，全长149km，双向四车道，连接线52.7km，二级公路，2011年3月开工建设，2014年11月接养通车。

G3014 K250~K399路段采用整体式路基，高速公路，四车道，设计速度120km/h，主线路基宽度28m，路面宽度23.5m，16cm沥青混凝土面层。互通式立交桥3座，分离式立交桥3座。

阿尔格勒特山隧道在塔城地区和布克赛尔县境内，位于G3014奎阿高速公路乌福段，为一座上、下行分离式的四车道高速公路长隧道，隧道最大埋深约95m，暗洞最小埋深约6m，净宽11.5m，净高7.5m，采用沥青混凝土及水泥混凝土路面。由于隧道洞口地形比较平缓，进、出口均采用美观、环保的环框式（削竹式）洞门。洞内照明方式为高压钠灯，通风方式为机械通风。阿尔格勒特山隧道左道中心桩号为K304+792，隧道长度2479m，阿尔格勒特山隧道右道中心桩号为K304+797，隧道长度2515m，均属于长隧道，单洞两车道，围岩级别为Ⅲ、Ⅳ级及Ⅴ级。隧道基本处于基岩裸露区，基岩为泥盆系呼吉尔斯特组和朱鲁木特组安山岩、安山玢岩等。

G3014乌尔禾至福海高速公路，下设2个服务区，乌图布拉克服务区在G3014线K354+500处，位于塔城地区和布克赛尔县境内。于2014年12月建成，2015年8月1日投入使用，分为东、西两个区，总占地面积31822.4m²，建筑面积5925.5m²，绿化面积9058.2m²，停车场面积18852.5m²。东区为主区，是一个集加油、修理、餐饮、超市、卫生间、停车场为一体的综合性服务区。服务区东西两区由地下通道连接，全长32m。东西区日均客流量平均为1200余人，高峰期客流量达3000余人，大、中、小型客车达300辆。服务区坚持更好更快地为社会公众服务理念，坚持公众为尊、服务为本，坚持以优秀文化为引领,坚持为驾乘人员及车辆做好便民惠民服务。

和什托洛盖服务区在 G3014 K287+500 处,位于塔城地区和布克赛尔县境内。于2014 年 12 月建成,2015 年 8 月 1 日投入使用,分为东、西两个区,总占地面积 65333.3m²,建筑面积 5940.5m²,绿化面积 11821m²,停车场面积 48025.2m²。东区为主区,是一个集加油、修理、餐饮、超市、卫生间、停车场为一体的综合性服务区。服务区东西两区由地下通道连接,全长 32m。东西区日均客流量平均为 1400 余人,高峰期客流量达 3500 余人,大、中、小型客车达 350 辆。

3 个匝道收费站分别是和什托洛盖收费站(K293+500)、乌图布拉克收费站(K341+401)、巴音托海收费站(K356+600)。所有收费站均采取封闭式联网收费模式,除和什托洛盖收费站车道为 2 进 4 出 6 车道外,其他各站均为 2 进 3 出 5 车道,全线共 16 车道。计重收费秤台,和什托洛盖收费站 4 秤,其他各站每站 3 秤,总计 10 秤。ETC 车道改造情况各站为 1 进 1 出 2 车道,共计 6 车道。3 个收费站在建站不满一年的情况下,努力打造以"优美环境、优良秩序、优质服务""工作程序化、服务规范化、管理科学化、分配合理化、行动军事化"的"三优五化"为标准;以"微笑是语言,服务是信念"为宗旨的准军事化管理单位为目标,以行业精神文明创建、提升行业服务水平为切入点,紧紧围绕收费管理工作为重心,开拓创新,团结拼搏,扎实工作,为广大过往驾乘人员提供重要保障。G3014 和什托洛盖匝道收费站已荣获地区级"青年文明号"荣誉。

监控资源运行情况:G3014(K250+000~K399+000)线高速公路外场摄像机:阿尔格勒特隧道内固定摄像机 36 台,遥控摄像机 4 台,洞口遥控摄像机 2 台,外场互通立交摄像机 3 台,3 个收费广场 6 台,2 个服务区 8 台,合计 59 台。巴音托海收费站、乌图布拉克收费站广场 4 台摄像机信号传输至阿勒泰监控分中心,和什托洛盖收费站广场 2 台摄像机信号未上传,按照设计文件要求应传输至奎屯分中心。其余 53 路监控数据均传至和什托洛盖收费站隧道监控室。G3014(K250+000~K399+000)共有电子屏 15 个:小型可变信息屏 6 个,收费站前信息屏 3 个,服务区信息屏 4 个,龙门架式可变信息屏 2 个;气象监测设备 3 套。

乌尔禾至福海高速公路由塔城公路管理局和丰分局、阿勒泰公路管理局福海分局管养。乌福高速公路并入国高网后编号和里程变化见表 8-112。

乌尔禾至福海高速公路并入国高网后编号和里程变化汇总表　　表 8-112

所属地州局	并入国高网后编号和里程变化情况		
	路线编号	起讫桩号	里程(km)
塔城公路管理局	G3014	K250~K486	236
阿勒泰公路管理局			

G3014乌尔禾至福海高速公路自2014年11月建成通车以来未实施大中修工程。收费站点设置情况见表8-113。

收费站点设置情况表 表8-113

站点名称	车道数	收费方式
和什托洛盖匝道收费站	6条	封闭式
乌图布拉克匝道收费站	6条	封闭式
巴音托海匝道收费站	6条	封闭式

四、G3014福海—阿勒泰高速公路(建设期:2011.04—2014.11)

G3014福海至阿勒泰高速公路项目是国家高速公路网规划"五纵七横"国道主干线连云港至霍尔果斯高速公路(G30)的一条联络线(G3014),也是新疆交通运输"57712"工程规划中第2纵阿勒泰—奎屯—库车—和田高等级公路的重要组成部分,同时也是阿尔泰地区第一条高速公路。该项目的实施,在政治、经济、军事、旅游等方面以及对新疆实现跨越式发展和长治久安的目标任务都具有重大意义。

本项目于2011年4月12日开工建设,2014年11月建成通车,由阿勒泰公路管理局负责运营管理养护,运营里程桩号K410+000~K538+905,全线设计速度120(100)km/h,整体式路基宽度28(26)m,桥涵荷载标准为公路—Ⅰ级,双向四车道。

(一)项目概况

1. 基本情况

1)功能定位

项目起于阿勒泰地区福海县渔场以西约15km处,由南向北途经福海县、北屯市和阿勒泰市,止于阿勒泰市东南约5.5km处,路线全长128.82km,概算投资62.71亿元。

2)技术标准

采用双向四车道,设计速度120(100)km/h,整体式路基宽度28(26)m,平曲线最小半径采用2200m,最大纵坡采用2.9%。

3)工程规模

本项目路线全长128.82km,新建福海、北屯、阿勒泰3条连接线共长38.26km,其中阿勒泰连接线为一级公路长5.467km,其余连接线为二级公路长32.793km(其中北屯连接线26.933km已于2013年12月交工通车),路面结构为柔性路面及水泥混凝土路面(服务广场),特大桥5座,大桥5座,中桥7座,小桥8座,通道桥48道,匝道桥14座,分离式立交11处,改路跨线桥及连接线桥7座,涵洞394道,互通式立交8处,收费站1处,匝道收费站8处,服务区2处,停车区1处,护栏556801.62m,隔离栅276475.81m,交通标志842个,标线164945.7m²。

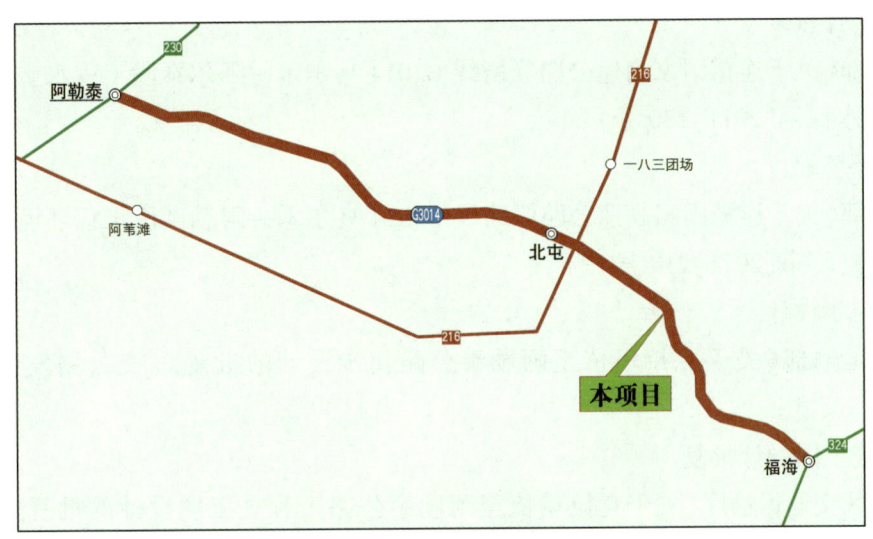

G3014 福海—阿勒泰高速公路路线示意图

4)主要控制点

福海县,北屯市,阿勒泰市,共计2个市、一个县。

5)地形地貌

项目路线呈南—北走向,海拔480～800m,沿线多为平原、微丘地貌,部分段落位于低山丘陵区,山顶呈浑圆状,相对高差不大,地表基岩裸露。地势北高南低。

6)投资规模

项目概算投资62.71亿元,平均每公里造价3058.46万元。

7)开工及通车、竣工时间

项目于2011年4月即先于初步设计批复开工建设,2014年11月交工通车,2016年11月完成质量检定工作。

2. 前期决策情况

1)前期决策背景

G3014福海至阿勒泰高速公路项目是国家高速公路网规划"五纵七横"国道主干线连云港至霍尔果斯高速公路(G30)的一条联络线(G3014),也是新疆交通运输"57712"工程规划中第2纵阿勒泰—奎屯—库车—和田高等级公路的重要组成部分,同时也是阿勒泰地区第一条高速公路。根据中央新疆工作座谈会精神,新疆维吾尔自治区交通运输厅在2011年启动福海至阿勒泰段的建设工作。

2)前期决策过程

(1)工程可行性研究报告批复

国家发改委《国家发展改革委关于新疆自治区克拉玛依经乌尔禾至阿勒泰公路可行

性研究报告的批复》(发改基础[2011]2958号)。

(2)水保批复

水利部《关于连霍国家高速公路联络线G3014乌尔禾—阿尔泰段工程水土保持方案的复函》(水保函[2011]130号)。

(3)环境评价

环保部《关于连霍国家高速公路联络线G3014乌尔禾—阿勒泰段工程环境影响报告书的批复》(环审[2011]218号)。

(4)初步设计

交通运输部《关于克拉玛依至阿勒泰公路初步设计的批复》(交公路发[2012]77号)。

(5)施工图设计批复

自治区交通运输厅《关于克拉玛依至阿勒泰公路工程施工图设计的批复》(新交综[2012]193号)。

(6)招标档及施工图设计

2011年2月建设单位编制完成了项目招标档;2012年8月建设局下发正式施工图设计。

3.参建单位主要情况

1)建设单位

建设单位:新疆维吾尔自治区交通建设管理局。

项目执行机构:陕西省高速公路工程建设集团公司。

2)设计单位

(1)土建工程设计单位:新疆交通规划勘察设计研究院。

(2)房建工程设计单位:新疆交通规划勘察设计研究院。

(3)绿化工程设计单位:新疆交通规划勘察设计研究院(新疆林业规划设计院)。

(4)机电工程设计单位:新疆交通规划勘察设计研究院。

(5)总体设计单位:新疆交通规划勘察设计研究院。

3)施工单位

通过招投标本项目有7个施工单位参与建设,其中土建合同段2个,房建工程合同段1个,机电工程合同段3个,绿化工程合同段1个。

4)监理单位

本项目设置1个土建总监办公室,负责全线土建施工监理工作;2个驻地办(1个驻地办负责北屯连接线二级公路)负责路基路面、桥梁工程、交通安全设施工程;1个房建总监办,负责全线房建工程施工及绿化工程施工;1个机电总监办,负责全线的机电工程施工监理工作。

(二)建设情况

1. 项目准备阶段

1)项目审批

该项目严格执行了交通基本建设程序,从预可行性研究、工程可行性研究、初步设计、施工图设计、工程施工、监理招投标及工程开工报告的审批,各个环节手续齐全,具体如下:

(1)工程可行性研究报告批复

国家发改委《国家发展改革委关于新疆自治区克拉玛依经乌尔禾至阿尔泰公路可行性研究报告的批复》(发改基础〔2011〕2958号)。

(2)水保批复

水利部《关于连霍国家高速公路联络线G3014乌尔禾—阿尔泰段工程水土保持方案的复函》(水保函〔2011〕130号)。

(3)环境评价

环保部《关于连霍国家高速公路联络线G3014乌尔禾—阿勒泰段工程环境影响报告书的批复》(环审〔2011〕218号)。

(4)初步设计

交通运输部《关于克拉玛依至阿勒泰公路初步设计的批复》(交公路发〔2012〕77号)。

(5)施工图设计批复

自治区交通运输厅《关于克拉玛依至阿尔泰公路工程施工图设计的批复》(新交综〔2012〕193号)。

(6)招标档及施工图设计

2011年2月建设单位编制完成了项目招标档;2012年8月建设局下发正式施工图设计。

(7)总监办

土建总监办是按照代建协议,由陕西省高速公路工程建设集团公司组建,确定由陕西高速公路工程咨询有限公司承担。房建总监办是按照代建协议,由陕西永明项目管理有限公司承担。机电总监办是按照代建协议,由陕西公路交通科技开发咨询公司承担。

(8)驻地办

驻地办由新疆维吾尔自治区交通建设管理局于2011年3月采取国内公开招投标产生(招标号:JGJ-2011-02JL),中标单位重庆育才工程咨询监理有限公司承担驻地办,4月

10日签订驻地办合同协议书。另一个驻地办由北京育才交通工程咨询监理公司承担,负责北屯连接线二级公路施工监理工作。

(9)2013年10月11日,自治区交通运输厅以新交综〔2013〕204号文,批复《关于克拉玛依至阿尔泰高速公路项目配套房建工程施工图设计》。

(10)2015年4月27日,自治区交通运输厅以新交综〔2016〕65号文,批复《关于克拉玛依经乌尔禾至阿勒泰高速公路项目服务区、养护工区、收费站场区绿化施工图设计》。

2)资金筹措

克阿高速公路福海至阿勒泰段批复概算62.71亿元。截至2012年12月完成投资393991万元,其中第一部分建安费WA-3合同段合同金额29.89亿元,工程量复核以及设计变更后实际已完成投资为323190万元。第三部分工程建设其他费用完成66189万元。

资金来源为公路建设资金,国家安排中央专项基金(车购税)57.17亿元及自治区安排财政交通专项资金3.09亿元,共计60.24亿元(该费用为克拉玛依至阿勒泰高速公路全段总费用)作为项目资本金,约占总投资的36.8%,其余利用国内银行贷款,资金来源情况见表8-114。

G3014 福海至阿勒泰高速公路项目资金来源情况

表8-114
单位:万元

资金来源	2011年度	2012年度	2013年度	2014年度
一、基建拨款	0.00	0.00	0.00	0.00
二、项目资本	—	—	—	—
三、项目资本公积	—	—	—	—
四、上级(高管局)拨入投资借款	47889	0.00	0.00	0.00
五、亚行借款	—	—	—	—
六、企业债券资金	—	—	—	—
七、上级拨入资金	—	—	—	—
合计	47889	0.00	0.00	0.00
资金来源	2015年度	2016年度	2017年度	2018年度
一、基建拨款	14950	67348	114904.40	1974
二、项目资本	—	—	—	—
三、项目资本公积	—	—	—	—
四、上级(高管局)拨入投资借款	40700.66	72450.44	41000	19451
五、亚行借款	—	—	—	—
六、企业债券资金	—	—	—	—
七、上级拨入资金	—	—	—	—
合计	55650.66	139798.44	155904.40	21425

3）合同段划分

根据各专业的工程内容划分合同段（表8-115）如下：

（1）土建工程合同段划分2个合同段（北屯连接线单独1个合同段实施），房建工程设计1个合同段，绿化工程设计1个合同段，机电工程设计3个合同段。

（2）施工监理合同段划分：根据工程内容，设3个总监办公室（土建总监办、房建总监办、机电总监办），2个土建工程驻地办（1个驻地办负责北屯连接线）。

G3014 福海至阿勒泰高速公路项目合同段划分一览表　　　　表8-115

序号	参建单位	类型	参建单位名称	合同段编号及起讫桩号	合同段所在地	主要内容	主要负责人
1	项目管理单位	工程管理	陕西省高速公路工程建设集团公司	全线	北屯市福海县	全线工程质量管理	赵洁
2	勘察设计单位	土建工程设计	新疆交通规划勘察设计研究院	K410+000~K538+905	—	主线土建工程，全线房建、绿化、交安、机电	刘志
3	监理单位	土建总监办	陕西高速公路工程咨询有限公司	K410+000~K538+905	北屯市	全线土建工程、交安	潘军民
4		FAJL-1驻地办	重庆育才工程咨询监理有限公司	K410+000~K538+905	北屯市	全线土建工程、交安	李洪平
5		FAJL-2驻地办	北京育才交通工程咨询监理公司	K000~K26+933.46	农十师	北屯连接线土建、交安	张超
6		房建总监办	陕西永明项目管理有限公司	K410+000~K538+905	福海县	全线房建、绿化工程	宋东成
7		机电总监办	陕西公路交通科技开发咨询公司	K410+000~K538+905	福海县	全线机电工程	李永强
8	施工单位	土建施工单位	中国路桥工程有限责任公司	K410+000~K538+905	福海县、北屯市、阿尔泰市	主线土建、交安、房建、绿化工程（收费站、服务区）	黄西民
9			新疆交通建设集团股份有限公司	K000~K26+933.46	农十师	全线土建工程、交安	货建国
10		机电施工单位	江西路通科技有限公司	第1合同段 K410+000~K538+905	福海县	全线监控	欧阳
11			北京公科飞达交通工程发展有限公司	第2合同段 K410+000~K538+905	福海县	全线通信	于永涛
12			江苏安防科技有限公司	第3合同段 K410+000~K538+905	北屯市	全线收费	杨华斌
13	咨询单位	路面咨询单位	招商局重庆交通科研设计院有限公司	K410+000~K538+905	克拉玛依	全线路面咨询	周刚

4）招投标

按照国家颁布的《中华人民共和国招标投标法》和交通运输部颁布的《公路工程施工招投标管理办法》《公路工程施工招标资格预审办法》《公路工程施工招标评标办法》的要求，由项目法人单位组织招标工作。

（1）招标工作由新疆交通建设管理局组织实施。招投标分 2 批次，第 1 批次是招标乌尔禾至阿勒泰段，共 3 个合同段，其中乌尔禾至福海段（深圳代建）分 2 个合同段（WA-1 合同段、WA-2 合同段），福海至阿勒泰段（陕西代建）土建 1 个合同段（WA-3 合同段）。第 2 批次是招标福海至阿勒泰段中的北屯连接线，共 26km 二级公路，共 1 个合同段（WABT-1 合同段），施工单位为新疆交通建设（集团）公司。

土建合同第 1 批次为 1 个合同段，起讫桩号：K294+000～K422+705，全长 128.824km。本项目采取国内公开招标形式招标（招标号：JGJ-2011-1B-WA）进行，新疆交通建设管理局于 2011 年 2 月发布招标公告，同时成立招标评标委员会进行评标。《评标报告》经自治区交通运输厅批复同意，中标的施工单位为中国路桥工程有限责任公司，合同总价 298939 万元；新疆交通建设管理局于 2011 年 3 月 10 日下发中标通知书，在 2011 年 3 月 15 日与业主签订了土建合同，合同工期 957 天。

（2）土建监理机构设一个总监办和一个驻地办。总监办（含中心试验室）按照代建协议，由陕西省高速公路工程建设集团公司组建，确定由陕西高速公路工程咨询有限公司承担。驻地办由新疆交通建设管理局于 2011 年 3 月采取国内公开招标产生（招标号：JGJ-2011-02JL），中标单位重庆育才工程咨询监理有限公司承担驻地办，4 月 10 日签订驻地办监理合同协议，服务期 56 个月。

（3）房建工程未单独招标，包含于 WA-3 合同段中；绿化工程未单独招标，包含于 WA-3 合同段中；机电工程单独招标，按照通信、监控、收费三系统分 3 个合同段。

5）征地拆迁

沿线经过福海县、北屯市、阿尔泰市。

G3014 福海至阿勒泰高速公路项目占地 6580 亩，其中耕地 3927 亩，林地 2653 亩。征地拆迁工作按照自治区交通运输厅与阿勒泰行署签订的"双业主制"协议、新疆交通建设管理局与国土资源厅签订的征地拆迁包干补偿协议以及代建指挥部与县市政府签订的变更零星追加补偿协议执行，征地拆迁费用列入项目投资。代建指挥部局派驻项目副指挥长牵头积极和地方政府对接征地拆迁工作，项目征地拆迁工作基本顺利，2011 年大部分土地移交施工，主线极个别路段和部分连接线征地拆迁工作较慢。截至 2014 年 6 月，项目征地拆迁工作全部落实到位。征地拆迁统计见表 8-116。

G3014 福海至阿勒泰高速公路项目征地拆迁统计表 表 8-116

高速公路编号	项目名称	征地拆迁安置起止时间	征用土地（亩）	拆迁房屋（m²）	拆迁占地费（万元）
G30	G3014 福海至阿勒泰高速公路项目	2010.9—2014.6	6580	2709.81	39701.58

2.项目实施阶段

(1)主线土建工程于 2011 年 4 月 12 日开工，2014 年 11 月 20 日完工。

(2)房建工程于 2013 年 5 月 2 日开工，2015 年 6 月 27 日完工。

(3)机电工程于 2013 年 7 月 5 日开工，2016 年 1 月 30 日完工。

(4)绿化工程于 2015 年 11 月 21 日完工。

(5)2014 年 11 月 20 日新疆交通建设管理局及新疆公路工程质量监督局对福海至阿勒泰高速公路项目进行了交工验收。

(三)复杂技术工程

1.跨 70m 台地特大桥

1)工程概况

拟建桥位中心位于福海渔场至阿尔泰高速公路的 K378+290 处，该桥位上跨 70m 台地，设计上部结构为 $28\times30m+18\times40m+8\times30m$ 的装配式预应力混凝土连续箱梁，考虑到该桥梁跨径与桥梁高度有关，为保证桥梁结构安全，需根据桥梁高度调整桥梁高跨比，同时桥梁跨越西水东引大渠，需 40m 跨径才能跨越水渠。因此从经济、安全等方面综合考虑采用 $28\times30m+18\times40m+8\times30m$ 装配式预应力混凝土箱形连续梁。

下部结构拟采用双柱式桥墩，荷载等级为公路—Ⅰ级，桥梁抗震设防分类为 B 类。

(1)上部结构：预制主梁及横隔梁、湿接缝、封锚端、墩顶现浇连续段均采用 C50 混凝土，防撞护栏采用 C40 混凝土。支座垫石采用 C30 小石子混凝土。

(2)下部结构：桥墩桥台盖梁采用 C40 抗冻混凝土，挡块、桥墩系梁、桥墩立柱、桥台台肋、耳背墙及牛腿采用 C30 抗冻混凝土。

桥墩承台、桥台承台、桥墩基桩系梁采用 C30 抗硫酸盐抗冻混凝土，桥墩桥台基桩采用现浇 C30 抗硫酸盐混凝土。

2)技术特征及难点

(1)本桥上部采用 $28\times30m+18\times40m+8\times40m$ 跨径的装配式预应力混凝土箱形连续梁；桥墩采用双柱墩、桩基础；桥台采用肋板式桥台和桩基础。

(2)桥梁上部设计要点详见《公路桥涵通用图(后张法预应力混凝土连续箱梁桥上部构造)》。

3）其他

（1）考虑到桥位处地形陡峭，边坡稳定性较差，且桥位紧临融江，要求施工时尽量减少对自然边坡的扰动，尤其在大、重型机械进场、出场、作业以及爆破作业时。

（2）桩基础按钻（挖）孔灌注桩设计；施工时，可根据具体工点地形情况及施工单位设备情况，经设计方代表及监理同意后可采用其他成熟的施工工艺。

（3）桥面横坡以墩、台身或盖梁高度的变化予以调整。

（4）声测管的设置应按照质检部门要求执行；本桥声测管有关工程数量全部按照摩擦桩计算，计量时应按照实际发生量计算。

2. 跨乌伦古河特大桥

1）工程概况

拟建桥位中心位于福海渔场至阿尔泰高速公路的 K317+220 处，该桥位跨越乌伦古河下游，设计上部为 68×30m 的装配式预应力混凝土连续小箱梁，下部采用柱式桥墩、桩基础、肋板式桥台、桩基础，荷载等级为公路—Ⅰ级，桥梁抗震设防分类为 B 类。桥梁起点桩号为 K316+196.4，终点桩号为 K318+243.6，桥梁中心桩号为 K317+220，桥梁全长为 2047.2m。本桥平面位于直线段上。

（1）上部结构：预制主梁及横隔梁、湿接缝、封锚端、墩顶现浇连续段均采用 C50 抗冻混凝土，桥面调平层、伸缩缝采用 C50 抗冻抗渗钢纤维混凝土，波形梁护栏基座、防撞护栏采用 C30 抗冻抗渗混凝土。中央分隔带搭接板采用 C30 抗冻混凝土，支座垫石采用 C30 抗冻小石子混凝土。

（2）下部结构：桥墩桥台盖梁、挡块采用 C40 抗冻混凝土，桥墩系梁、桥墩立柱、桥台台肋、耳背墙及牛腿、桥墩承台、桥台承台、桥墩基桩系梁采用 C30 抗冻混凝土，桥墩桥台基桩采用现浇 C30 混凝土。

2）技术特征及难点

（1）本桥上部结构采用 30m 跨径的装配式预应力混凝土先简支后结构连续箱梁；桥墩采用双柱墩、桩基础；桥台采用肋板式桥台。本桥平面位于直线段上。

（2）桥梁上部结构设计要点详见《公路桥涵通用图（后张法预应力混凝土连续箱梁桥上部构造）》。

3）其他

（1）考虑到桥位处地形平坦、开阔，要求施工时尽量减少对自然地形的扰动，尤其在大、重型机械进场、出场、作业以及爆破作业时，宜进行统一规划。

（2）桩基础按钻（挖）孔灌注桩设计；施工时，可根据具体工点地形情况及施工单位设备情况，经设计方代表及监理同意后可采用其他成熟的施工工艺。

（3）桥面横坡以墩、台身或盖梁高度的变化予以调整。

(4)本桥基桩均按摩擦桩设计。

(5)声测管的设置应按照质检部门要求执行;本桥声测管有关工程数量全部按照钻孔灌注桩计算,计量时应按照实际发生量计算。

(四)科技创新

(1)按照新疆交通建设管理局安排,在长安大学课题组指导下,福阿项目承担了西部交通科技项目"大温差地区高速公路沥青路面关键技术应用研究"课题两种路面结构的试验路段铺筑任务,为课题分析研究提供了场地和资料。

(2)按照新疆交通建设管理局安排,在长安大学课题组指导下,福阿项目承担了融雪混凝土路面课题试验段铺筑任务,为课题分析研究提供了场地和资料。

(3)按照新疆交通建设管理局安排,在交通运输部科学研究院课题组指导下,福阿项目承担了交通运输部科技项目"西部干旱区路面雨水集流与综合利用研究"课题试验段施工任务,为课题分析研究提供了场地和资料。

(4)针对本项目桥梁多的特点,施工采用以下新技术:
①新疆第一家引进数控钢筋笼加工滚焊机;
②预制梁钢绞线采用智慧张拉设备;
③桥梁钢筋加工数控钢筋弯曲机;
④混凝土成品检测采用钢筋厚度保护层测定仪;
⑤预制梁体养生采用高分子塑料薄膜养生材料或定型架喷淋养生技术;
⑥桥面防水层表面预处理采用喷砂抛丸铣刨机;
⑦桥梁桩基钢筋采用直螺纹套筒连接技术。

这些新技术的应用,不但提高了工作效率,减少了人工操作误差,对保证或提高工程质量发挥了重要作用。

(5)在桥梁上面,设计单位采用 SMA 沥青玛蹄脂路面,多项变位梳齿板伸缩缝,桥梁外侧混凝土护栏刷防腐剂,桥面防水层采用橡胶沥青玛蹄脂+二阶反应型防水黏结材料+反应性树脂下封层等一系列新技术,增大了桥梁耐久性和行车安全性,减少了后期养护成本。

(6)在风吹雪路段,路基外侧护栏采用缆索式钢护栏,桥梁外侧采用钢立柱护栏,挖方坡顶增加拦雪堤坝,坡脚预留积雪平台,有效应对暴风雪灾病害的发生,保证了行车安全。

(7)沥青路面施工,在新疆第一家引进 37t 大吨位胶轮压路机,保证了路面压实度。

(8)结合新疆大风天气多、气候干旱、蒸发量大、养生困难的情况,水稳基层施工采用双层连铺,加强了上下基层之间的层间黏结,节约一道养生工序,加快了施工进度。

(五)运营养护管理

G3014 福海至阿勒泰高速公路,全长 139.635km,双向四车道,2011 年 4 月 12 日开工建设,2014年11月20日竣工通车,工程概算62.71亿元,是阿勒泰地区公路建设史上的第一条高速公路。

福海至阿勒泰高速公路,下设福海渔场和北屯2个服务区,下设阿勒泰主线收费站和福海渔场、福海、阿尔达、福海工业园区、北屯工业园区、187团、北屯、切尔克齐、塔斯塔克等9个匝道收费站。

福海渔场服务区地处G3014高速公路K418处,位于新疆维吾尔自治区北部、阿勒泰地区中部的福海县境内。服务区于2015年7月建成,2015年9月1日正式投入使用。福海渔场服务区以高速公路为中心分为南、北两个区,总占地面积7.6万m^2,绿化面积3.1万m^2,是一个集加油、修理、餐饮、超市、卫生间、停车场及商务休闲为一体的综合性服务区。服务区南北两区由35.7m的地下通道连接。服务区目前为驾乘人员及车辆免费提供的便民惠民主要设施有:公共卫生间、停车场、便民药箱、针线包、免费开水等。服务区倡导节能环保理念,安装了风光互补节能灯,实现低能照明。公共卫生间24小时免费对外开放,并设有残疾人专用蹲位。

北屯服务区位于K474+542处,距离北屯市约12km,属地为新疆建设兵团十师北屯市辖区,服务区周边鱼塘密布,著名的28号坑(丰庆湖)已被十师打造成休闲度假之地,端午的龙舟大赛、钓鱼比赛都在这里举办,附近有千亩玫瑰园,依托十师北屯的农副产品,局党委将北屯服务区打造成以展示十师地产农副产品为主抓手,设立汇聚"额河草原食品、顶山辣椒酱、傻老大瓜子、额河奶酪"等系列品牌产品超市和金丝玉交易市场,为广大驾乘人员提供方便快捷的购物环境。北屯服务区目前开通便民卫生间、便民超市及停车场。男卫生间包括18个厕位、24个小便池、14个洗手池;女卫生间包括36个厕位、14个洗手池。服务区设有特殊人群专用卫生间,保证为每一位驾乘人员提供贴心服务;便民超市货物目前包括各类饮料、食物及生活用品等;广场目前设有大小停车位共计111个,包括小车停车位70个、大型车辆停车位33个、班车停车位8个,供驾乘人员停车休息,并有LED显示屏,全天24小时滚动播放阿勒泰高速公路宣传信息、各类提示(预报)信息等。

福海至阿勒泰高速公路沿线有五座特大桥:

(1)G3014 K424+522处克勒河特大桥,桥梁全长1237.2m,桥跨组合为41×30m,桥梁全宽28m,桥梁净宽24m,上部结构为预应力钢筋混凝土箱形梁,下部结构为钢筋混凝土双柱式墩,肋板式桥台,钻孔灌注桩基础。

(2)G3014 K433+007处乌伦古河特大桥,桥梁全长2047.2m,桥跨组合为60×30m,桥梁全宽28m,桥梁净宽24m,上部结构为预应力钢筋混凝土箱形梁,下部为钢筋混凝土双柱式墩,肋板式桥台,钻孔灌注桩基础。

(3)G3014 K486+609处额尔齐斯河特大桥,桥梁全长1147.2m,桥跨组合为38×

30m,桥梁全宽28m,桥梁净宽24m,上部结构为预应力钢筋混凝土箱形梁,下部为钢筋混凝土双柱式墩,肋板式桥台,钻孔灌注桩基础。

(4) G3014 K493+999处二牧场特大桥,桥梁全长1807.2m,桥跨组合为28×30m+18×40m+8×30m,桥梁全宽26m,桥梁净宽23m,上部结构为预应力钢筋混凝土箱形梁,下部为钢筋混凝土双柱式墩,肋板式桥台,钻孔灌注桩基础。

(5) G3014 K526+055处姜清湖特大桥,桥梁全长1117.2m,桥跨组合为37×30m,桥梁全宽26m,桥梁净宽23m,上部结构为预应力钢筋混凝土箱形梁,下部为钢筋混凝土双柱式墩,肋板式桥台,钻孔灌注桩基础。

福海至阿勒泰高速公路由阿勒泰公路管理局福海分局、北屯分局和阿勒泰分局管养。该高速公路并入国高网后编号和里程变化见表8-117。福海分局应急保障基地位于福海渔场养护工区,储备有融雪剂、刀片、钢丝绳、铅丝笼、编织袋、麻袋、细铁丝、安全锥等物资;有装载机、平地机、道路除雪机、路面养护车、扫雪车等多种抢险设备,能够为夏季水毁灾毁抢险、冬季防雪保交通、公路突发事件救援等提供应急保障服务。

福海至阿勒泰高速公路并入国高网后编号和里程变化汇总表　　表8-117

所属地州局	并入国高网后编号和里程变化情况		
	路线编号	起讫桩号	里程(km)
阿勒泰公路管理局	G3014	K486~K538+635	52.635

福阿高速公路自2015年11月20日正式收取车辆通行费,2015年福海至阿勒泰高速公路交通量为0.1951万辆,2016年福海至阿勒泰高速公路交通量为0.0763万辆。收费站点设置情况见表8-118,交通量发展情况见表8-119。

收费站点设置情况表　　表8-118

站点名称	车道数	收费方式
福海渔场匝道收费站	4	封闭式
福海匝道收费站	7	封闭式
阿尔达匝道	4	封闭式(暂未收费)
福海工业园区匝道收费站	4	封闭式
北屯工业园区匝道收费站	4	封闭式
187团匝道收费站	4	封闭式
北屯匝道收费站	6	封闭式
切尔克齐匝道收费站	4	封闭式
塔斯塔克匝道收费站	4	封闭式
阿勒泰主线收费站	13	封闭式

交通量发展变化表(单位:辆/日)　　　　　　　　　　　　　　　表 8-119

年份(年)	路段一	路段二	路段三	日平均流量
2015	1901	2058	1926	1951
2016	662	510	1116	763

注:G3014 福海至阿勒泰高速公路阿勒泰公路管理局辖区下设福海服务区、187 团立交、塔斯塔克 3 座观测站,其中福海服务区观测站观测区间为 K399～K459,187 团立交观测站观测区间为 K459～K497,塔斯塔克观测站观测区间为 K497～K583+635。

福海至阿勒泰高速公路建成通车以来,目前未实施大中修工程。

2015 年阿勒泰公路管理局交通流量发展状况见下图。

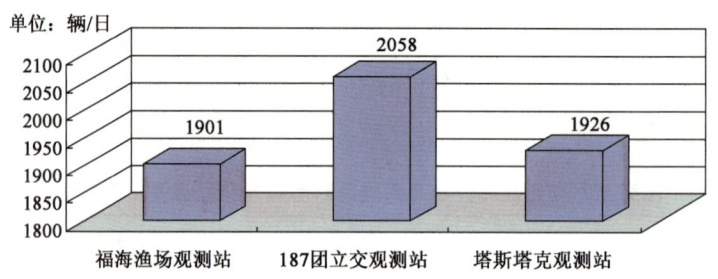

交通流量变化发展状况图

第六节　G3015 克拉玛依至塔城高速公路

G3015 克拉玛依至塔城高速公路是《国家高速公路网规划》中国道主干线连云港至霍尔果斯高速公路的联络线之一,也是新疆公路网规划中"三横两纵两环八通道"中通道三的重要组成部分。克拉玛依至塔城高速公路全长 218.229km,起于克拉玛依市三坪水库,连接在建的奎屯至克拉玛依高速公路和拟建的克拉玛依至乌尔禾高速公路,经托里县、铁厂沟镇、额敏县、塔城市,终点位于巴克图口岸,接省道 221 线。全线在三坪、哈图、铁厂沟、喇嘛昭、库鲁木苏、额敏、团结农场、塔城 8 处设置互通式立交。同步改建塔城互通式立交连接线 7km。项目概算投资 75.82 亿元。

克拉玛依至塔城高速公路建成后,将把新疆建设成为连接中亚、南亚、西亚的国际战略通道,为拓展我国经济发展战略空间,实现新疆跨越式发展和长治久安,具有重要的战略支撑作用。

G3015 克拉玛依至塔城高速公路项目计划于 2011 年 4 月 1 日开工,2013 年 10 月 31 日完工,合同工期 31 个月。实际完工日期为 2014 年 9 月。

G3015 克拉玛依—塔城高速公路(建设期:2011.04—2014.09)

(一)项目概况

1. 基本情况

1)功能定位

克拉玛依至塔城高速公路路线起于克拉玛依以北 7km 处,接克拉玛依至阿勒泰高速公路(克阿高速公路 K40+700),止于巴克图口岸(原 S221 线 K1+600),全长 218.229km。改建塔城连接线长 7km。克拉玛依至塔城高速公路建成后,将把新疆建设成为连接中亚、南亚、西亚的国际战略通道,为拓展我国经济发展战略空间,实现新疆跨越式发展和长治久安,具有重要的战略支撑作用。

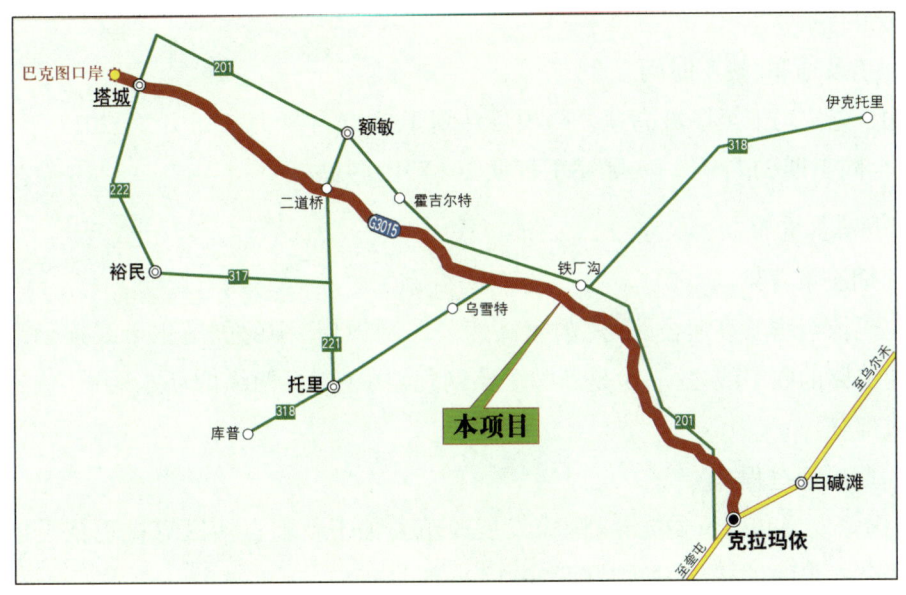

G3015 克拉玛依—塔城高速公路路线示意图

2)技术标准

根据《关于克拉玛依至塔城公路工程施工图设计的批复》(新交综〔2012〕194 号),全线采用四车道高速公路和一级公路标准建设。起点至塔城互通段 205.879km 采用双向四车道高速公路标准建设,其中,起点至库鲁木苏互通段 128.026km,设计速度 100km/h,路基宽度 26m;库鲁木苏互通至塔城互通段 77.853km,设计速度 120km/h,路基宽度 28m;塔城互通至终点段 12.350km,采用双向四车道一级公路标准,设计速度 100km/h,路基宽度 26m,其中终点段约 3km 利用既有公路改扩建。全线新建桥涵设计汽车荷载等级采用公路—Ⅰ级,其他技术指标按《公路工程技术标准》(JTG B01—2003)执行。连接线采用一级公路标准改建。

3）工程规模

克拉玛依至塔城高速公路全长218.229km,路面结构为柔性路面及水泥混凝土路面(收费广场),全线设特大桥1座,大中桥41座,小桥33座,涵洞、通道507道,隧道1座,互通式立交8处,分离式立交16处,主线收费站1处,匝道收费站6处,服务区2处,停车区3处,监控管理分中心1处,养护工区与收费站同址建设。

4）主要控制点

克拉玛依市三坪水库,经托里县、铁厂沟镇、额敏县、塔城市,终点位于巴克图口岸。

5）投资规模

项目概算投资75.82亿元。其中国家安排中央专项基金(车购税)29.19亿元,自治区安排财政交通专项资金5.51亿元,共计34.7亿元作为项目的资本金,其余41.12亿元利用国内银行贷款。

6）开工及通车、竣工时间

G3015克拉玛依至塔城高速公路项目计划于2011年4月1日开工,2013年10月31日完工,合同工期31个月。实际完工日期2014年9月。

2. 前期决策情况

1）前期决策背景

克拉玛依至塔城高速公路是《国家高速公路网规划》中的国道主干线连云港至霍尔果斯高速公路的联络线之一,也是新疆公路网规划中"三横两纵两环八通道"中通道三的重要组成部分。

2）前期决策过程

(1)国家发展和改革委员会《国家发展改革委关于新疆自治区克拉玛依至塔城公路可行性研究报告的批复》(发改基础〔2011〕2605号)。

(2)交通运输部《关于克拉玛依至塔城公路初步设计的批复》(交公路发〔2012〕76号)。

(3)环境保护部《关于连霍国家高速公路联络线G3015克拉玛依—塔城(巴克图)段工程环境影响报告书的批复》(环审〔2011〕232号);

(4)水利部《关于连霍国家高速公路联络线G3015克拉玛依—塔城(巴克图)段工程水土保持方案的复函》(水保函〔2011〕139号),投资建设本项目。

3. 参建单位主要情况

1）建设单位

(1)建设单位:新疆维吾尔自治区交通建设管理局。

(2)监督单位:新疆维吾尔自治区交通运输厅公路工程质量监督局。

(3)代建单位:山东高速集团有限公司。

2)设计单位

第1合同段(含全线总协调):中交第二公路勘察设计研究院有限公司。

第2合同段:江苏省交通科学研究院股份有限公司。

第3合同段:中国公路工程咨询集团有限公司。

机电工程设计单位:中交第二公路勘察设计研究院有限公司、中国公路工程咨询集团有限公司。

3)监理单位

(1)总监办:山东高速工程咨询有限公司。

(2)驻地监理单位:

第一、二驻地办:佛山市盛建公路工程监理有限公司。

第三驻地办:山东东泰工程咨询有限公司。

4)施工单位

第1合同段:中国水电建设集团路桥工程有限公司。

第2合同段:中国路桥工程有限责任公司。

第3合同段:中交第四航务工程局有限公司。

5)机电施工单位

KTJD-1合同段:江苏智运科技发展有限公司。

KTJD-2合同段:北京云星宇交通工程有限公司。

(二)建设情况

1.项目准备阶段

1)项目审批

(1)工程可行性研究:国家发展和改革委员会《国家发展改革委关于新疆自治区克拉玛依至塔城公路可行性研究报告的批复》(发改基础〔2011〕2605号)。

(2)环境评价:环境保护部《关于连霍国家高速公路联络线G3015克拉玛依—塔城(巴克图)段工程环境影响报告书的批复》(环审〔2011〕232号)、水利部《关于连霍国家高速公路联络线G3015克拉玛依—塔城(巴克图)段工程水土保持方案的复函》(水保函〔2011〕139号)。

(3)初步设计:交通运输部《关于克拉玛依至塔城公路初步设计的批复》(交公路发〔2012〕76号)。

2)资金筹措

项目概算投资 75.82 亿元。其中国家安排中央专项基金(车购税)29.19 亿元,自治区安排财政交通专项资金 5.51 亿元,共计 34.7 亿元作为项目的资本金,其余 41.12 亿元利用国内银行贷款。项目资金来源见表 8-120。

G3015 克拉玛依至塔城高速公路项目资金来源情况(单位:万元)　　表 8-120

资金来源	2011 年	2012 年	2013 年	2014 年	2015 年	2016 年	合计
一、基建拨款	—	—	—	—	—	—	—
1. 车购税	—	120000	171900	—	—	—	—
2. 履约保证金垫付资本金	20100	—	—	−20100	—	—	—
3. 成品油消费税转移支付	—	—	—	41981	—	—	—
4. 地方国债	—	—	3230	—	—	—	—
二、项目资本	—	—	—	—	—	—	—
1. 国家资本	—	—	—	—	—	—	—
2. 法人资本	—	—	—	—	—	—	—
3. 个人资本	—	—	—	—	—	—	—
三、项目资本公积	—	—	—	—	—	—	—
四、基建投资借款	—	—	—	—	—	—	—
1. 拨入交通厅借款	18464	—	18464	—	—	—	—
五、上级拨入投资借款	—	—	—	—	—	—	—
1. 昆仑银行贷款	3200	—	—	−3200	—	—	—
2. 上级拨入昆仑银行委贷资金	22500	—	—	−22500	—	—	—
3. 上级拨入浦发银行委贷资金	—	90000	75000	141000	18000	4190.61	—
六、资金缺口	—	—	—	—	—	—	—
合计	64264	210000	231666	137181	18000	4190.61	665301.61

3)合同段划分

根据各专业的工程内容划分合同段(表 8-121)如下:

土建工程设计合同段划分 3 个合同段(包含房建工程、绿化工程、交通安全设施),机电工程设计 2 个合同段。

施工合同段划分:根据工程内容的不同,土建工程 3 个合同段(包含房建工程、绿化工程、交通安全设施),机电工程 2 个合同段。

施工监理合同段划分:根据工程内容设 1 个总监办公室,3 个土建工程驻地监理合同段,1 个房建工程监理合同段,1 个机电工程监理合同段。

第八章
高速公路建设项目

G3015 克拉玛依至塔城高速公路合同段划分一览表　　　表 8-121

序号	类型	参建单位名称	合同段编号及起讫桩号	合同段所在地	主要内容	主要负责人
1	项目管理单位	山东高速集团有限公司	K0+000~K222+600	克拉玛依、塔城	进度、质量、资金	杨博
2	土建工程单位	中国水电建设集团路桥工程有限公司	KT-1 合同段:K0+000~K80+866	克拉玛依	路基、路面、桥梁、隧道工程	黄国华
3		中国路桥工程有限责任公司	KT-2 合同段:K83+615.28~K147+903.36	塔城	路基、路面、桥梁工程	赵同顺
4		中交第四航务工程局有限公司	KT-3 合同段:K148+000~K222+600	塔城	路基、路面、桥梁工程	袁求武
5	监理单位	山东高速工程咨询有限公司	K0+000~K222+600	克拉玛依、塔城	全线总监理	杨启江
6		佛山市盛建公路工程监理有限公司	驻地1:K0+000~K80+866	克拉玛依	克塔第1合同土建监理	刘大虎
7		佛山市盛建公路工程监理有限公司	驻地2:K83+615.28~K147+903.36	塔城	克塔第2合同土建监理	杨军雄
8		山东东泰工程咨询有限公司	驻地3:K148+000~K222+600	塔城	克塔第3合同土建监理	柴峰
9	设计单位	中交第二公路勘察设计研究院有限公司	KT-1 合同段:K0+000~K80+866	克拉玛依	土建、房建、机电	余泽新
10		江苏省交通科学研究院股份有限公司	KT-2 合同段:K83+615.28~K147+903.36	塔城	土建、房建、机电	朱绍伟
11		中国公路工程咨询集团有限公司	KT-3 合同段:K148+000~K222+600	塔城	土建、房建、机电	杨春晖
12	机电工程单位	江苏智运科技发展有限公司	KTJD-1 合同段:K0+000~K222+600	塔城	机电	孙询
13		北京云星宇交通科技股份有限公司	KTJD-2 合同段:K0+000~K222+600	克拉玛依	机电	李才彬
14	监理单位	北京泰克华诚技术信息咨询有限公司	KTJD-1、2 合同段:K0+000~K222+600	克拉玛依、塔城	克塔机电第1、2合同段监理	常新生
15	设计单位	中交第二公路勘察设计研究院有限公司	KTJD-1 合同段:K0+000~K222+600	克拉玛依、塔城	机电	罗小荣
16		中国公路工程咨询集团有限公司	KTJD-2 合同段:K0+000~K222+600	克拉玛依、塔城	机电	余志华

4)招投标

(1)设计单位招标

根据自治区交通运输厅《关于对克拉玛依至塔城高速公路工程两阶段勘察设计招标有关事宜的批复》(新交工程〔2010〕70号)的有关精神,依据国家有关法规,成立了由交通运输部专家库5名专家及2名业主代表组成的评标委员会,负责克拉玛依至塔城高速公路工程两阶段勘察设计招标的评标具体工作,并于2010年8月6日完成了上述项目勘察设计招标的评标工作。评标委员会专家依据招标文件评标办法的相关规定,推荐了克拉玛依至塔城高速公路工程两阶段勘察设计第1、2合同段的前两名中标候选人。

2010年8月10日上午,克拉玛依至塔城高速公路工程两阶段勘察设计招标定标委员会听取了此项目勘察设计招标评标委员会的汇报,认真审阅了评标委员会的评标报告,决定采纳评标委员会的推荐意见,一致同意评标报告中推荐的各合同段第一中标候选人为中标人,确定第1合同段中标单位为:中交第二公路勘察设计研究院有限公司,合同价4042.5万元;第2合同段中标单位为:江苏省交通科学研究院股份有限公司,合同价2950万元。

根据自治区交通运输厅《关于对克拉玛依至塔城高速公路工程两阶段勘察设计第3合同段招标有关事宜的批复》(新交工程〔2010〕77号)的有关精神,依据国家有关法规,成立了由交通运输部专家库4名专家及1名业主代表组成的评标委员会,负责克拉玛依至塔城高速公路工程两阶段勘察设计第3合同段招标的评标具体工作,并于2010年8月21日完成了上述项目勘察设计招标的评标工作。评标委员会专家依据招标文件评标办法的相关规定,推荐了克拉玛依至塔城高速公路工程两阶段勘察设计第3合同段的前两名中标候选人。2010年8月23日上午,克拉玛依至塔城高速公路工程两阶段勘察设计第3合同段招标定标委员会听取了此项目勘察设计招标评标委员会的汇报,认真审阅了评标委员会的评标报告,决定采纳评标委员会的推荐意见,一致同意评标报告中推荐的第3合同段第一中标候选人为中标人,中标单位为:中国公路工程咨询集团有限公司,合同价2220.35万元。

(2)施工单位招标

根据自治区交通运输厅《关于对G3014乌尔禾至阿勒泰高速公路等9个第一批施工总承包项目施工招标有关事宜的批复》(新交工程〔2011〕7号)的有关精神,依据国家有关法规,成立了由交通运输部专家库5名专家、1名业主代表及各公路项目1名代建单位代表组成的评标委员会,负责G3014乌尔禾—阿勒泰高速公路项目等9个第一批新开工项目施工招标的评标具体工作,并于2011年2月28日完成了上述项目施工招标的评标工作。评标委员会专家依据招标文件评标办法的相关规定,对各公路项目各标段均推荐了前三名中标候选人。

2011年3月3日下午,G3014乌尔禾—阿勒泰高速公路项目等9个第一批新开工项目施工招标定标委员会听取了9个项目施工招标评标委员会的汇报,认真审阅了评标委员会的评标报告,决定采纳评标委员会的推荐意见,一致同意评标报告中推荐的各标段第一中标候选人为中标人,名单见表8-122。

中标单位情况一览表　　　　　　　　　表8-122

项目名称	合同段编号	中标单位名称	预期第一部分中标价(元)	预期第二部分中标下浮费率(%)	预期第三部分中标下浮费率(%)
G3015克拉玛依至塔城高速公路项目	KT-1	中国水电建设集团路桥工程有限公司	2194424945.00	12.00	12.00
	KT-2	中国路桥工程有限责任公司	1292957196.00	7.50	7.50
	KT-3	中铁十八局集团有限公司	1549042918.71	8.00	8.00

(3)监理单位招标

根据代建协议总监办由代建指挥部负责组建,不另行招标,最终确定由山东高速工程咨询有限公司承担总监办工作任务,2011年3月同代建指挥部签订监理合同协议书。

根据自治区交通运输厅《关于G3015克拉玛依—塔城7个高速公路项目施工监理招标有关事宜的批复》,交通建设管理局于2011年1月26日发布项目招标公告,于2011年3月10~12日完成了G3015克拉玛依—塔城公路项目施工监理评标工作。2011年3月17日,定标委员会审阅通过了评标委员会的评标报告,一致同意第一驻地办中标人为佛山市盛建公路工程监理有限公司(招标时本项目设置一个驻地办)。

针对2011年驻地办存在的问题,特别是履约率严重偏低,监理人员多采用社会招聘或个体承包,监理人员临时拼凑且水平普遍偏低,合同履约率不足2%,现场监理人员缺乏工程管理的责任心和必需的管理手段,检测手段和检测能力不足,现场管理不到位,局部路段质量隐患和质量问题等频发,代建指挥部极力改变这种不利局面,会同交通建设管理局采取驻地监理合同分割的手段,将1个驻地办分割为3个驻地办,分别承担3个施工单位的驻地监理任务。第一、二驻地办为佛山市盛建公路工程监理有限公司;第三驻地办为山东东泰工程咨询有限公司。至此驻地监理工作逐步走向正轨,监理管理、工程质量、进度、费用控制以及合同管理等各项工作有了较大改观,驻地监理工作朝良性发展,有效保障了项目管理工作的正常开展。

5)征地拆迁

(1)工作及范围

G3015 克拉玛依至塔城高速公路项目全线占地 1504.2 公顷,其中耕地 143.5 公顷,林地 187.43 公顷,草地 1084.99 公顷,建设用地及老路 70.32 公顷,未利用地 17.92 公顷。砍伐树木 26668 棵,拆迁房屋 2513m²,迁移电力线路 82 处,通信线路 58 处,长途传输线路 23 处,自来水管线 1 处。

(2)主要内容

征地拆迁工作按照自治区交通运输厅与塔城地区行署签订的"双业主制"内容,主要由新疆交通建设管理局与自治区国土资源厅签订的征地拆迁包干补偿协议及代建指挥部与县市签订的零星变更追加补偿协议组成。

(3)主要做法

项目征地拆迁具体工作由交通建设管理局建设用地处、项目执行一处征迁科和局派驻项目副指挥长牵头协调地方政府完成,在整个征迁过程中除个别农田区及城市连接线房屋拆迁滞后外,征地拆迁工作基本顺利。截至目前,征地拆迁资金约 27735 万元,占概算批复征地拆迁总资金 4.98 亿元的 55.6%,确保了项目征地拆迁工作、资金的保障与全部落实到位,为项目建设创造了良好的外部施工环境。征地拆迁统计见表 8-123。

G3015 克拉玛依至塔城高速公路征地拆迁统计表　　表 8-123

高速公路编号	项目名称	征地拆迁安置起止时间	征用土地（亩）	拆迁房屋（m²）	征地补偿费（万元）
G30	克拉玛依至塔城高速公路项目	2010.10—2012.8	45144.21（3009.61 公顷）	8767.88	20395.29

2. 项目实施阶段

1)实施过程

2012 年 10 月铁厂沟隧道全线贯通;

2013 年 4 月完成达尔布特河特大桥 40m 预制 T 梁架设;

2013 年 7 月完成路基施工;

2013 年 11 月完成桥涵施工;

2014 年 7 月完成路面施工;

2014 年 9 月完成交通工程、排水工程及施工现场清理、恢复等善后处理工作。

房建、机电工程由于下发图纸较晚,2014 年 10 月达到交工验收条件。

2)重大决策

(1)新疆交通建设局北疆片区开工仪式。

(2)山东省交通运输厅党委副书记、副厅长范正金视察项目驻地。

(3)自治区交通运输厅党委委员、副厅长张德华检查项目。

新疆交通建设局北疆片区开工仪式

领导视察项目驻地

领导检查项目

(三)科技创新

1. 采用箍筋自动加工机提高钢筋加工精度

解决钢筋加工精度和安装精度是保证混凝土保护层厚度的前提。为提高加工安装质量,全线钢筋加工车间推广使用箍筋自动加工机、钢筋骨架模具、卡具和钢筋骨架焊接平台。箍筋自动加工机无论是加工精度还是工作效率都大大优于人工加工,尤其是钢筋弯起角度和弯钩长度控制比较准确,同一型号的钢筋加工误差不到1mm,成品离散误差很小。钢筋骨架模具能有效按照设计图纸定位每个钢筋位置,有效控制了钢筋间距符合设计及规范误差要求,保证了钢筋安装质量。

数控钢筋自动加工机

精确定位卡具

2. 采用智能张拉及压浆设备提高张拉和压浆质量

预应力智能张拉系统以应力为控制指标,伸长量误差作为校对指标。系统通过传感技术采集每台张拉设备(千斤顶)的工作压力和钢绞线的伸长量(含回缩量)等数据,并实时将数据传输给系统主机进行分析判断,同时张拉设备(泵站)接收系统指令,实现张拉力及加载速度的实时精确控制。系统还根据预设的程序,由主机发出指令,同步控制每台设备的每一个机械动作,自动完成整个张拉过程。

预应力智能张拉系统现场应用

智能压浆系统由主机、测控系统、循环压浆系统组成。浆液在由预应力管道、制浆机、压浆泵组成的回路内持续循环以排净管道内空气,及时发现管道堵塞等情况,并通过加大压力进行冲孔,排出杂质,消除导致压浆不密实的因素。在管道进、出浆口分别设置精密传感器实时监测压力,并实时反馈给系统主机进行分析判断,测控系统根据主机指令进行压力调整,保证预应力管道在施工技术规范要求的浆液质量、压力大小、稳压时间等重要指标约束下完成压浆过程,确保压浆饱满和密实。主机判断管道充盈的依据为进出浆口压力差在一定的时间内是否保持恒定。

智能压浆设备

通过上述系统设备的应用,有效解决了张拉力精度控制问题,大幅提高了压浆的密实性,保证了工程质量,提高了工效。

3. 风雪害综合治理

克塔高速公路第2合同段穿越新疆著名的老风口——玛依塔斯风区,冬季风雪对公路危害十分严重,目前通过该区域的S201省道每年冬季因风吹雪害会造成数十次交通中断或封闭,给群众生活、交通运输、农牧业生产带来巨大影响,且直接给工农业生产和人民的生命财产造成严重的损失。经过专家论证设计采用分离式路基、缆索式护栏、放缓路基边坡坡度、进行地形整治等工程措施,减少障碍物,增加风吹雪的通过性,从而达到减少路面积雪的目的。通过近两年观测,治理效果比较明显,基本达到设计意图。为彻底解决风吹雪灾害问题,后续拟增设挡雪墙和防风林,进一步减少风吹雪对道路通行的影响。同时在玛依塔斯设置救援中心并配备大型清雪、救援设备,提高应急抢险应变能力,确保道路畅通。

(四)运营养护管理

G3015克拉玛依至塔城路段,全长219.447km,双向四车道,2011年4月1日开工建设,2014年11月19日接养通车,工程概算75.82亿元,是通往塔城的第一条高速公路。

G3015 K155+399~K232+558路段采用整体式路基,高速公路,四车道,设计速度100km/h,主线路基宽度是26m,路面宽度22.5m,17cm沥青混凝土面层。互通式立交桥 3 座。

G3015 K232+558~K288+242 路段采用分离式路基,高速公路,设计速度 100km/h,路基宽度是 2×13m,路面宽度 2×11.5m,17cm 沥青混凝土面层。互通式立交桥 2 座。

G3015 K288+242~K362+416 路段采用整体式路基,高速公路,四车道,设计速度 120km/h,主线路基宽度 28m,路面宽度 23.5m,17cm 沥青混凝土面层。互通式立交桥 2 座。

G3015 K362+416~K374+766 路段采用整体式路基,一级公路,四车道,设计速度 100km/h,主线路基宽度 26m,路面宽度 22.5m,17cm 沥青混凝土面层。互通式立交桥 1 座。

铁厂沟隧道位于新疆维吾尔自治区塔城地区托里县境内,G3015 线克塔高速铁厂沟段。隧道最大埋深约 35m,净宽 9.5m,净高 5m,为沥青混凝土路面。由于本隧道洞口地形比较平缓,采用美观、环保的环框式(削竹式)洞门和端墙式洞门。洞内照明方式为高压钠灯,通风方式为机械通风。

G3015 克拉玛依至塔城高速公路,下设 1 个主线收费站(塔城主线收费站 K362+416)和 6 个匝道收费站,分别是:团结农场匝道收费站(K320+551)、额敏匝道收费站(K306+166)、额敏东匝道收费站(K281+149)、乌雪特匝道收费站(K246+200)、铁厂沟匝道收费站(K231+000)、哈图匝道收费站(K190+700)。所有收费站均采取封闭式联网收费模式,每个收费站除塔城主线收费站车道为 4 进 8 出 12 车道外,其他各站均为 2 进 4 出 6 车道,全线共 48 车道。计重收费秤台塔城主线收费站 5 秤,其他各站每站两秤,总计 17 秤。ETC 车道改造情况塔城主线收费站为 2 进 2 出 4 车道,其他各站为 1 进 1 出两车道,共计 16 车道(ETC 改造 10 月份进场,11 月份安装基础底座,12 月份完成设备安装及 ETC 联网测试)。

下设额敏、铁厂沟两个服务区。额敏服务区位于奎塔高速公路 G3015 K296 处,主要提供餐饮、公厕、超市、停车场、汽修、加油站、加气站服务。南区占地面积 40 亩,建筑面积 2930m²,绿化面积 3670m²,南区停车面积 20579m²,停车位 130 个。北区占地 30 亩,建筑面积 2507m²,北区绿化面积 3308m²。停车场面积 14634m²。停车位 58 个。目前南北两区加油加气站均未开始营业。铁厂沟服务区位于奎塔高速 G3015 K232+700 处,距托里县铁厂沟镇 8km。铁厂沟服务区以高速公路为中心分南北两区,总占地面积 4.75 万 m²。停车场可供 240 辆小客车,40 辆大货车停车休息,区内环境优美,配套设施齐全,设有停车场、加油站、便民超市、特色餐饮、车辆维修、钟点客房、便民公厕等服务,是过往驾乘人员中途休息的理想场所。

监控资源运行情况:G3015 高速公路外场摄像机:铁厂沟隧道内固定摄像机 14 台、洞口 4 台遥控摄像机、外场 47 台、7 个收费广场共计 14 台、2 个服务区 4 台,玛依塔斯应急保障基地 2 台,共计 85 台。所有视频数据通过光缆传输至塔城监控分中心。塔城分中心可控制 G3015 电子显示屏 33 个;双立柱情报板 18 个;龙门架情报板 2 个;可变限速标志 7 个;6 个 LED 全彩显示屏(2 个服务区有 4 个;玛依塔斯应急保障基地 2 个)。气象监测设备 5 套。

G3015 克拉玛依至塔城高速公路由塔城公路管理局额敏分局、塔城分局管养。该高速公路并入国高网后编号和里程变化见表 8-124。

克拉玛依至塔城高速公路并入国高网后编号和里程变化汇总表　　表 8-124

所属地州局	并入国高网后编号和里程变化情况		
	路线编号	起讫桩号	里程(km)
塔城公路管理局	G3015	K155+319~K362+416	207.097

G3015 克塔高速公路自 2014 年 11 月建成通车以来未实施大中修工程。

收费站点设置情况见表 8-125,交通量情况见表 8-126。

收费站点设置情况表　　表 8-125

站点名称	车道数	收费方式	站点名称	车道数	收费方式
哈图匝道收费站	6	封闭式	额敏匝道收费站	6	封闭式
铁厂沟匝道收费站	6	封闭式	团结农场匝道收费站	6	封闭式
乌雪特匝道收费站	6	封闭式	塔城收费站	10	封闭式
额敏东匝道收费站	6	封闭式			

交通量发展变化表(单位:辆/日)　　表 8-126

年份(年)	K155+319~K190+030	K231+000~K246+200	K281+149~K306+166	K362+416~K374+766	日平均流量
2015	—	—	—	1781	1781
2016	2118	2156	1567	1671	1806

注:G3015 克拉玛依至塔城高速公路设有额敏、铁厂沟、哈图、塔城主线 4 座观测站,其中额敏观测站观测区间为 K281+149~K306+166,铁厂沟观测站观测区间为 K231+000~K246+200,哈图观测站观测区间为 K155+319~K190+030,塔城主线收费站观测站观测区间为 K362+416~K374+766。塔城主线收费站观测站于 2015 年投入使用,其余三站于 2016 年投入使用。

第七节　G3016 清水河至伊宁高速公路

国家高速公路网新疆境内路段规划分别是:G7 北京—乌鲁木齐(新疆境内省界—哈密—吐鲁番—乌鲁木齐)、G30 连云港—霍尔果斯(新疆境内星星峡—哈密—吐鲁番—乌鲁木齐—奎屯—霍尔果斯口岸),其中 G30 有 5 条联络线,分别为 G3012,G3013(吐鲁番—库尔勒—库车—阿克苏—喀什—和田及伊尔克什坦),G3014(奎屯—克拉玛依—阿勒泰),G3015(奎屯—克拉玛依—塔城—巴克图口岸),G3016(清水河—伊宁)。

G3016 清水河—伊宁高速公路(建设期:2006.06—2008.10)

(一)项目概况

1. 基本情况

1)功能定位

清水河至伊宁高速公路向西与G30(原GZ045)相连,向东与G217相接,是伊犁地区与外界联系的重要通道,也是自治区公路网规划"二纵三横"公路主骨架的组成部分,在新疆公路网中发挥着重要的作用。项目的实施,对于完善国家和自治区干线公路网建设,改善伊犁地区的路网结构、投资环境和生态环境,提高通行能力,完善区域经济结构具有重要作用。

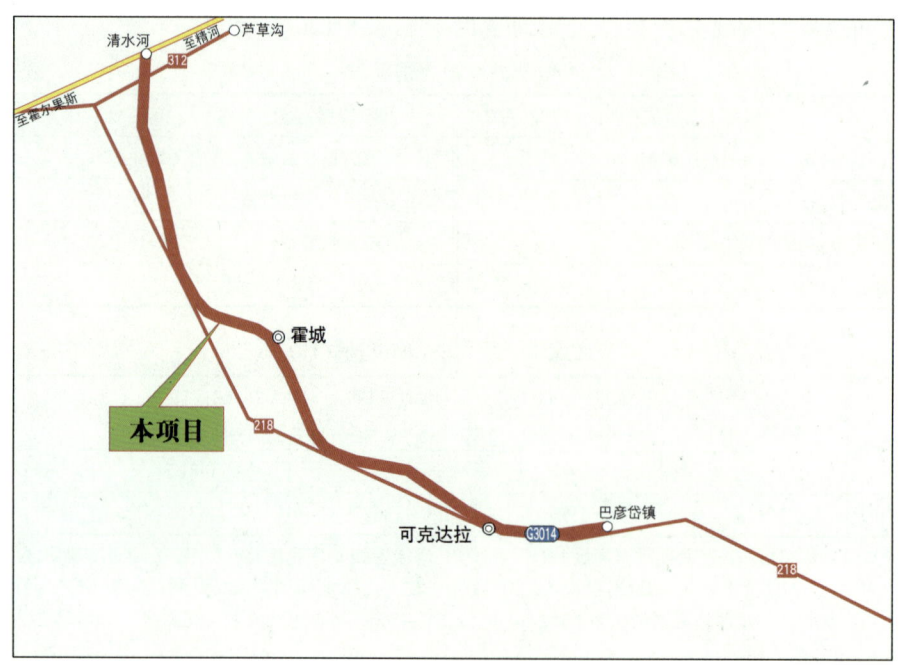

G3016 清水河—伊宁高速公路路线示意图

2)技术标准

全线采用四车道高速公路标准建设,设计速度120km/h,路基宽度28.0m。过境段维持现有技术标准。桥涵荷载标准:公路—Ⅰ级。其他技术指标按《公路工程技术标准》(JTG B01—2003)执行。

3)工程规模

本项目工程建设里程53.25km。路面结构为柔性路面,桥梁(含立交区桥梁)共63道,其中大桥4座、中桥12座、小桥10座、通道37道,互通式立交6处,分离式立交6处。

4)主要控制点

清伊高速公路起于霍城县清水河镇朱家庄,经兵团农四师 65 团、霍城、英也尔,至伊宁市巴彦岱镇,与已建成的 G218 伊宁过境公路相接。

5)地形地貌

路线位于天山西部冲洪积山间盆地上,为平原微丘,路线从农田和居民区穿过,地势平坦开阔,起伏不大,工程地质条件较好,地下水位深,表层多为黄土层,其下为砾类土和砂层。

6)投资规模

项目概算投资 13.8 亿元。

7)开工及通车、竣工时间

2006 年 6 月开工建设,2008 年 10 月交工通车。

2. 前期决策情况

1)前期决策背景

霍城县清水河镇至伊宁市高速公路也是国家高速公路网的重要组成部分,它与 G045(连云港至霍尔果斯公路)相连,而霍城县及伊宁市都是伊犁州经济最发达的区域,未来面向中亚五国的出口加工基地、物流中转中心均在该高速公路的两侧。它的建成通车,将大大提高进出伊宁市道路的通行能力,改善 G218 最北端的交通状况,对于伊犁河谷打破交通瓶颈,扩大对外开放,促进经济社会全面发展都具有重要作用。新疆交通厅于 2003 年安排本项目的可研工作。

2)前期决策过程

2003 年安排了新疆公路规划勘察设计院对本项目进行深入的工程可行性研究,并经区内专家评审,编制了项目工可报告,并上报交通部审批立项。

3. 参建单位主要情况

1)建设单位

建设单位:新疆维吾尔自治区交通建设管理局。

2)设计单位

设计单位:新疆维吾尔自治区交通规划勘察设计研究院。

3)施工单位

通过招投标本项目有 5 个施工单位参与建设,其中土建合同段 3 个,房建工程合同段 1 个,机电工程合同段 1 个。

4)施工监理单位

本项目设置 1 个总监代表处,负责全线施工监理工作;3 个土建工程监理办公室,负责监理区段内路基路面工程的施工监理工作;1 个房建工程监理办公室,负责全线的房建工程施工监理工作;1个机电工程监理办公室,负责全线的机电工程施工监理工作。

(二)建设情况

1. 项目准备阶段

1)项目审批

(1)国家发展和改革委员会《国家发展改革委关于新疆自治区清水河至伊宁公路可行性研究报告的批准》(发改交运〔2005〕2716号)。

(2)交通部《关于清水河至伊宁项目建议书的批复》(交规划发〔2005〕36号)。

(3)国家环境保护总局《关于G218线清水河至伊宁高速公路建设项目环境影响报告书的批复》(环审〔2005〕680号)。

(4)交通部《关于对G218线清水河至伊宁高速公路建设项目环境影响报告书预审意见的函》(水保函〔2006〕389号)。

(5)国土资源部《关于新疆清水河至伊宁高速公路项目建设用地预审意见的复函》(国土资预审字〔2005〕286号)。

2)资金筹措

项目概算总额13.8亿元。资金来源:国家安排中央专项资金3.71亿元,自治区安排公路建设资金1.29亿元,中国工商银行贷款8.8亿元。

3)合同段划分

根据各专业的工程内容划分合同段(表8-127)如下:

G3016清水河至伊宁高速公路合同段划分一览表　　　　表8-127

序号	单位类型	工程类型	合 同 段	单 位 名 称
1	建设单位			自治区交通建设管理局
2	设计单位			新疆交通规划勘察设计研究院
3	监理单位		总监代表处	深圳高速工程顾问有限公司
4	监理单位	土建监理	第1合同段	西安方舟工程咨询有限责任公司
5	监理单位	土建监理	第2合同段	中国公路工程咨询总公司
6	监理单位	土建监理	第3合同段	湖北华捷工程咨询有限公司
7	监理单位	房建监理		新疆昆仑监理公司
8	监理单位	机电监理		西安金路交通工程科技发展有限责任公司
9	施工单位	土建工程	第1合同段	新疆道路桥梁工程总公司
10	施工单位	土建工程	第2合同段	通辽市交通工程局
11	施工单位	土建工程	第3合同段	新疆北方机械化筑路工程处
12	施工单位	房建施工		新疆宏泰建工集团
13	施工单位	机电施工		上海电器科学研究所(集团)有限公司

(1)设计合同段划分:1个合同段。

(2)施工合同段划分:根据工程内容的不同,土建工程3个合同段,房建工程1个合同段,机电工程1个合同段。

(3)施工监理合同段划分:根据工程内容设1个总监代表处,3个土建工程监理合同段,1个房建工程监理合同段,1个机电工程监理合同段。

4)招投标

按照《中华人民共和国招标投标法》和交通部颁布的《公路工程施工招标投标管理办法》《公路工程施工招标资格预审办法》《公路工程施工招标评标办法》的要求,由项目法人单位组织招标工作。

(1)2004年9月,有42家单位通过资格预审,参加本项目土建工程3个合同段和房建工程1个合同段的投标。2006年5月23日在乌鲁木齐市开标,采用无标底投标,合理低价中标方式。由交通运输部专家组成评标委员会评审出土建工程3家和房建工程1家中标单位。

(2)2008年8月,由自治区交通厅评标专家库中抽取的4人及业主代表1人共5人组成评标委员会,评审出机电工程施工及监理各1家中标单位。

5)征地拆迁

(1)工作及范围

沿线经过伊犁州伊宁市、霍城县,兵团第四师65团、66团。共计1个县、1个市、2个团场。

(2)主要内容

①界定公路项目红线范围,进行征迁外业调查、测算费用,签订征地拆迁协议,支付费用。

②永久占地界内房屋等各种构造物的搬迁。

③永久占地界内地上附着物的拆除。

④电力、通信等各种管线的改迁。

⑤取得地灾、压矿、林地征占批复意见,办理永久性占地报批手续。

⑥临时及借土占地的征用。

(3)遵循的政策法规

①《中华人民共和国土地管理法》。

②《新疆维吾尔自治区实施〈土地管理法〉办法》。

③《新疆维吾尔自治区高等级公路建设征地拆迁补偿规定》(新政函〔1996〕191号)。

④自治区发展计划委员会、财政厅《关于下发自治区国土资源系统土地管理行政事业性收费标准的通知》(新计价房〔2001〕500号)。

⑤《森林植被恢复费征收使用管理暂行办法》(财综〔2002〕73号)。

(4)主要做法

①设立专门组织机构。

2006年8月伊犁片区包括本项目在内的3个高速公路同时开工建设,自治区交通厅应对征迁工作困难和阻力日益增大的实际,大胆探索征地拆迁工作的新途径、新办法和补偿机制,经与国土资源厅共同协商,在伊犁3个高速公路项目上采取了征地拆迁费用总包干方式,自治区国土资源厅负责项目征迁工作的政策制定和组织协调。随后清伊公路项目所处地州、县、团场均成立了高速公路协调办公室,负责征地拆迁工作的具体实施,协调解决施工期间出现的征地拆迁问题。

②落实征地拆迁责任制。

2006年9月,根据新疆公路规划勘察设计研究院现场放线确定的征地范围,交通建设管理局、国土资源厅、伊犁州、伊宁市、霍城县、兵团第四师及相关团场、产权单位联合对工程影响范围内的土地及地上附着物、电信设施等进行了核实,现场丈量、清点、签字、盖章。9月9日,交通建设管理局与国土资源厅签订了总包干协议,在征地拆迁费到位后,征地拆迁腾地、补偿安置等工作有序开展。

自治区交通厅、交通建设管理局和各级国土部门对项目征地拆迁工作高度重视。自治区国土资源厅、交通厅、伊犁州政府、兵团第四师会同相关部门多次召开征地拆迁专题会议,协调解决实际问题。项目办征迁工作人员主动搭建施工单位与相关部门间的桥梁,协调解决具体征迁问题。特别是本项目的雷达阵地军事用地、边角地机耕道问题,在高层推动下最终得到解决。

③抓紧办理建设用地手续。

项目实施中,严格执行"十分珍惜、合理利用土地和切实保护耕地"的基本国策,使用土地严格执行国家的法律、法规,各项手续齐全。交通建设管理局和项目指挥部安排专人,抓紧办理地灾、压矿、林地征占批复意见,并委托自治区征地事务中心负责建设用地组件报批。2009年4月,国土资源部以国土资函〔2009〕491号文批复了本项目的建设用地。共征用土地4933.66亩,拆迁房屋78553.01m^2,砍伐树木425572棵,迁坟1830座,征地拆迁费19000万元。

2.项目实施阶段

1)实施过程

(1)主线土建工程于2006年8月8日开工,2008年10月30日完工。

(2)房建工程于2008年4月开工,2008年11月完工。

(3)机电工程于2009年开工,2011年5月完工。

(4)2008年12月15日交工验收。本项目交工验收组确认的工程质量评分为93.99分,新疆维吾尔自治区公路工程质量监督局质量鉴定得分85.86分。

(5)2010年12月召开竣工验收会议,项目竣工验收鉴定书暂未下发。本项目交工验收组确认的工程质量评分为93.99分,新疆维吾尔自治区公路工程质量监督局质量鉴定得分85.86分,竣工验收委员会工程核查组按《公路工程质量综合评分表》建议评分为86.1分。评定该项目质量得分87.54分,等级为合格。

2)重大决策

(1)2006年8月8日,G30连云港至霍尔果斯高速公路赛里木湖至果子沟口、果子沟口至霍尔果斯、G218清水河至伊宁高速公路开工典礼在新疆伊犁哈萨克自治州霍城县清水河镇隆重举行。交通部部长李盛霖出席开工典礼。

开工典礼

(2)2008年12月20日,清水河至伊宁高速公路项目交工验收。

G218线清水河至伊宁高速公路项目交工验收会议

(三)运营养护管理

清水河至伊宁市高速公路建设项目全长56.363km,起点位于霍城县清水河镇朱家庄与G30高速公路相接,终点位于伊宁市巴彦岱镇(接已建成的国道218线伊宁过境公路)。其中,高速公路53.250km,巴彦岱街区城市道路长3.113km,高速公路为双向四车道,设计速度120km/h。该项目于2006年8月8日开工建设,2008年12月通车,工程项目总投资概算12.6亿元。该项目为新疆第六条高速公路,其建成通车,改写了伊犁河谷没有高速公路的历史,极大地改善了国道218线最北端的交通状况,对于伊犁河谷打破交通瓶颈,扩大对外开放,促进经济社会全面发展都具有重要作用。

清水河至伊宁市高速公路设1个主线收费站(惠远东)和2个匝道收费站(六十六团、巴彦岱)。

清伊高速公路由伊犁公路管理局霍城分局和伊宁分局管养。其并入国高网后编号和里程变化见表8-128。

清水河至伊宁市高速公路并入国高网后编号和里程变化汇总表　　表8-128

所属地州局	并入国高网后编号和里程变化情况		
	路线编号	起讫桩号	里程(km)
伊犁公路管理局	G3016	K0~K53+250	53.25

清伊高速公路建成通车以来,先后实施的大中修工程有:

(1)2015年,G3016线K0~K53+250标线工程,投入资金203.851万元。

(2)2016年,G3016线K34+000~K53+250惠远镇至伊宁市巴彦岱罩面工程投入资金3818万元。

收费站点设置情况见表8-129。

收费站点设置情况表　　表8-129

站点名称	车道数	收费方式	站点名称	车道数	收费方式
惠远东收费站	13	封闭式	巴彦岱匝道收费站	6	封闭式
六十六团匝道收费站	5	封闭式			

交通量变化情况见表8-130。

交通量发展变化表(单位:辆/日)　　表8-130

年份(年)	路段一	日平均流量	年份(年)	路段一	日平均流量
2010	5442	5442	2014	11835	11835
2011	7782	7782	2015	11112	11112
2012	10251	10251	2016	13084	13084
2013	10799	10799			

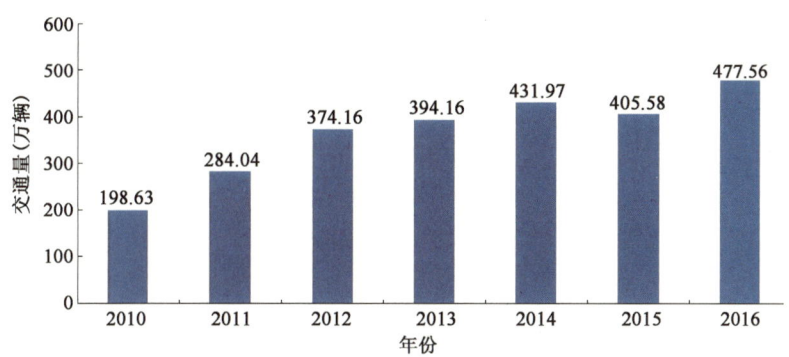

清水河至伊宁高速公路2010—2016年交通量发展变化图

第八节　G30乌鲁木齐绕城高速公路(东线)

乌鲁木齐绕城高速公路(东线)项目起自乌鲁木齐市甘泉堡工业园区南侧,接吐乌大高速公路,止于西山路互通式立交,接乌鲁木齐至奎屯高速公路,全长79.652km,工程概算总投资79.85亿元。其中,起点至乌拉泊互通式立交段62.131km为新建,乌拉泊互通式立交至终点段17.521km利用既有二级公路改扩建。全线新建甘泉堡、米东路、铁厂沟、甘沟、石人子沟、观园路、延安路、乌拉泊8处互通式立交,改建仓房沟、西山路2处互通式立交。全线采用六车道高速公路标准建设,设计速度100km/h,路基宽度33.5m。

本项目岩土地质(湿陷性黄土处多)复杂,同时跨越近10km二级水源地保护区,还存在煤矿采空区治理工程(跨越2km煤矿采空区),也有一定的桥隧比例,项目建设涵盖高速公路工程建设所涉及的全部技术要素,施工难度较大。同时,本项目地处乌鲁木齐市郊,沿线涉及众多军事管理区和少数民族聚居区,征地拆迁矛盾多,民生诉求广,环保人文要求高,是综合管理难度较大的项目。

G30乌鲁木齐绕城高速公路(东线)(建设期:2011.06—2016.08)

(一)项目概况

1.基本情况

1)功能定位

本项目是国家高速公路网的重要组成部分,同时也是新疆维吾尔自治区2001—2020年公路网规划中提出的"三横两纵两环八通道"网络中"环一"的重要组成部分。本项目顺利建成通车对贯彻落实国家西部大开发战略部署,完善国家高速公路网和自治区干线公路网,改善乌鲁木齐市交通条件,缓解首府交通压力和提升首府形象,构建综合交通运输体系,促进新疆经济社会和谐发展,保障新疆长治久安具有十分重要的意义。

G30 乌鲁木齐绕城高速公路(东线)路线示意图

2)技术标准

采用双向六车道高速公路标准,路基全宽 33.5m,设计速度 100km/h;桥涵设计汽车荷载:公路—Ⅰ级;桥梁净宽:2×净-15.25m;设计洪水频率:特大桥 1/300,大、中小桥及涵洞 1/100;地震动峰值加速度 0.15g/0.2g;坐标系:测区抵偿坐标系,中央子午线 87°45′;高程系:1985 国家高程基准;环境类别:Ⅱ类环境。

3)工程规模

全线共有路基土石方 3335 万 m³;底基层共 308.57 万 m²;基层共 287.92 万 m²;下面层共 262.43 万 m²;中面层共 301.33 万 m²;上面层共 307.14 万 m²。全线共设置特大桥 2 座(石人子沟特大桥和葛家沟特大桥)、大桥 30 座、中桥 18 座、小桥 4 座、涵洞 109 道、长隧道 1452.5m/1 座(葛家沟隧道)、短隧道 420.0m/1 座(石人子沟隧道)、互通式立交 10 处、分离式立交 10 处、通道 19 道、天桥 9 座、服务区及养护工区 2 处、收费站 9 处。同步建设的观园路立交连接线为二级公路,路线长 7.945km,全线设置涵洞 22 道、大桥 1 座,批复施工图预算 1.07 亿元。

4)主要控制点

项目主要控制点包括 10 个互通:甘泉堡互通、米东互通、铁厂沟互通、甘沟互通、石人沟互通、观园路互通、延安路互通、乌拉泊互通、仓房沟互通、西山互通;2 座特大桥:石人沟特大桥、葛家沟特大桥;2 座隧道:石人沟隧道、葛家沟隧道;除此之外,项目还跨越近

10km 二级水源地保护区和 3km 煤矿采空区。

5）地形地貌

项目所在区域位于亚欧大陆腹地，地处北天山北麓、准格尔盆地南缘，地势东南高、西北低，地形大致为东、南、西三面环山，北部为倾斜平原，东可见天山主峰博格达峰，南依天山中段天格尔峰，西北向准格尔盆地倾斜。本项目走廊带地貌大致可分为冲积平原区、低山丘陵区、河床区和河谷阶地四个地貌单元。

6）投资规模

项目概算投资 798539 万元。施工图预算核定为 748058.1324 万元（不含观园路立交连接线 B、C，房建工程及配套外部供水供电、绿化工程费用），其中建安工程费594975.9279万元，设备、工具器具购置费 10987.6599 万元。工程建设其他费用118943.6647万元，预留费用 20499.157 万元。

7）开工及通车、竣工时间

2011 年 6 月开工建设，2016 年 8 月交工通车。

2. 前期决策情况

1）前期决策背景

本项目是国家高速公路网的重要组成部分，同时也是新疆维吾尔自治区 2001—2020 年公路网规划中提出的"三横两纵两环八通道"网络中"环一"的重要组成部分。本项目顺利建成通车对贯彻落实国家西部大开发战略部署，完善国家高速公路网和自治区干线公路网，改善乌鲁木齐市交通条件，缓解首府交通压力和提升首府形象，构建综合交通运输体系，促进新疆经济社会和谐发展，保障新疆长治久安具有十分重要的意义。

2）前期决策过程

2010 年 11 月 22 日，自治区党委印发《关于研究自治区"十二五"综合交通运输体系规划及乌鲁木齐综合交通枢纽规划建设有关问题的会议纪要》（新党纪字〔2010〕11 号），决定乌鲁木齐绕城高速公路（东线）项目实行双业主制，由自治区交通运输厅负责本项目工程建设，征地拆迁、沿线市政管网配套工程及附属工程建设工作和费用，涉及乌鲁木齐市的由乌鲁木齐市负责，涉及兵团的由兵团负责。2011 年 1 月 12 日，交通运输部在乌鲁木齐召开新疆公路建设项目推进会，湖南高速项目管理有限公司和新疆交通建设管理局按照"优势互补、合作共赢、共谋发展"的原则，就第 10 项目包代建合作事宜签订了框架协议。

（1）2013 年 3 月 16 日，乌鲁木齐绕城高速公路（东线）工程可行性研究报告获国家发改委批复，批复文号为发改基础〔2013〕583 号。

（2）2013 年 7 月 4 日，乌鲁木齐绕城高速公路（东线）初步设计获交通运输部批复，批复文号为交公路发〔2013〕406 号。

3. 参建单位主要情况

（1）建设单位

建设单位：新疆维吾尔自治区交通建设管理局。

代建单位：湖南高速项目管理有限公司。

（2）设计单位

第1合同段及采空区治理设计单位：苏交科集团股份有限公司。

第2合同段及采空区治理设计单位：中交第一公路工程勘察设计研究院（项目总体设计）。

第3合同段设计单位：陕西省公路勘察设计院。

（3）施工单位

①土建施工划分为3个合同段：

1合同段为：中国路桥工程有限责任公司（合同价13.9亿元）。

2合同段为：中交第二航务工程局有限公司（合同价21.7亿元）。

3合同段为：中铁十七局集团有限公司（合同价11.6亿元）。

土建合同段包含路基、路面、桥涵、交叉、隧道、交通安全、绿化环保、房建等工程。

②采空区治理工程划分为4个合同段：

1合同段：吉林省地矿建设集团有限公司（合同价8005.5万元）。

2合同段：中交通力建设股份有限公司（合同价5898.6万元）。

3合同段：中地地矿建设有限公司（合同价4881.3万元）。

4合同段：江西有色工程有限公司（合同价8528.8万元）。

③机电工程划分为5个合同段：

1合同段：北京公科飞达交通工程发展有限公司（合同价4072.1万元）。

2合同段：北京路安交通科技发展有限公司（合同价2656.7万元）。

3合同段：科润智能科技股份有限公司（合同价6839.8万元）。

4合同段：陕西汉唐计算机有限责任公司（合同价6295.9万元）。

5合同段：陕西高速电子工程有限公司（合同价3297.8万元）。

④观园路连接线工程划分为1个合同段，中标单位为通辽市交通工程局。

（4）施工监理单位

①土建工程监理：

总监办：陕西高速公路工程咨询有限公司（合同金额942.4万元）。

第一监理驻地办：重庆锦程工程咨询有限公司（合同金额1945.8万元）。

第二监理驻地办：中国公路工程咨询集团有限公司（合同金额2466万元）。

第三监理驻地办：北京中交安通工程技术咨询有限公司（合同金额1835.8万元）。

②采空区治理工程监理：

第一监理驻地办：山西晋达交通建设工程监理有限公司（合同金额215.7万元）。

第二监理驻地：为山东恒建工程监理咨询有限公司（合同金额184.5万元）。

③房建监理：

总监办：湖南湖大建设监理有限公司。

④机电监理：

总监办：陕西公路交通科技开发咨询公司。

⑤观园路连接线工程监理：

总监办：西安方舟工程咨询有限责任公司。

(二)建设情况

1. 项目准备阶段

1) 项目审批

（1）2011年5月6日，乌鲁木齐绕城高速公路（东线）工程水土保持方案获水利部批复，批复文号为水保函〔2011〕121号。

（2）2011年8月23日，乌鲁木齐绕城高速公路（东线）项目工程环境影响报告书获环保部批复，批复文号为环审〔2011〕217号。

（3）2013年3月16日，乌鲁木齐绕城高速公路（东线）工程可行性研究报告获国家发改委批复，批复文号为发改基础〔2013〕583号。

（4）2013年7月4日，乌鲁木齐绕城高速公路（东线）初步设计获交通运输部批复，批复文号为交公路发〔2013〕406号。

2) 资金筹措

项目投资来源包括基本建设投资和银团贷款两部分，具体见表8-131。

乌鲁木齐绕城高速公路（东线）资金来源情况（单位：万元） 表8-131

序号	概算金额	资金来源	2011—2016年实际到位资金	剩余资金	合计	备注
1	798539	中央投资（车购税）	293300	—	293300	—
2		交通专项资金	43900	—	43900	—
3		履约保证金垫付资本金	31950	—	31950	—
4		农行贷款	154358	—	154358	—
5		其他	—	275031	275031	包含征迁费用
6		合计	523508		798539	

3) 合同段划分

根据各专业的工程内容划分合同段(表8-132)如下:

合同段划分一览表　　　　表8-132

建设内容	单位类型	单位名称	项目称呼
全线	建设单位	新疆维吾尔自治区交通建设管理局	业主
	代建单位	湖南高速项目管理有限公司	代建
	设计单位	苏交科集团股份有限公司	设计院
		中交第一公路勘察设计研究院有限公司	
		陕西省公路勘察设计院	
	监督单位	自治区交通运输工程质量监督局	质监局
土建工程	监理单位	陕西高速公路工程咨询有限公司	总监办
		重庆锦程工程咨询有限公司	一驻地监理办公室
		中国公路工程咨询集团有限公司	二驻地监理办公室
		北京中交安通工程技术咨询有限公司	三驻地监理办公室
	试验检测单位	湖南省海威特公路检测技术咨询有限公司	中心试验室
	施工单位	中国路桥工程有限责任公司	土建第1合同段
		中交第二航务工程局有限公司	土建第2合同段
		中铁十七局集团有限公司	土建第3合同段
采空区治理工程	监理单位	山西晋达交通建设工程监理有限公司	采空区第一驻地办
		山东恒建工程监理咨询有限公司	采空区第二驻地办
	施工单位	吉林省地矿建设集团有限公司	采空区第1合同段
		中交通力建设股份有限公司	采空区第2合同段
		中地地矿建设有限公司	采空区第3合同段
		江西有色工程有限公司	采空区第4合同段
观园路连接线工程	设计单位	新疆维吾尔自治区交通规划勘察设计研究院	设计院
	监理单位	西安方舟工程咨询有限责任公司	观园路连接线总监办
	施工单位	通辽市交通工程局	观园路连接线第1合同段
机电工程	监理单位	陕西公路交通科技开发咨询公司	机电总监办
	施工单位	北京公科飞达交通工程发展有限公司	机电第1合同段
		北京路安交通科技发展有限公司	机电第2合同段
		润智能科技股份有限公司	机电第3合同段
		陕西汉唐计算机有限责任公司	机电第4合同段
		陕西高速电子工程有限公司	机电第5合同段
房建工程	监理单位	湖南湖大建设监理有限公司	房建总监办

(1)设计合同段划分:3个合同段。

(2)施工合同段划分:根据工程内容的不同,土建工程3个合同段,采空区治理工程4个合同段,机电工程5个合同段,观园路连接线工程1个合同段。

(3)施工监理合同段划分:根据工程内容设1个土建总监办公室,3个土建工程驻地监理合同段,2个采空区驻地办合同段,1个房建工程监理合同段,1个机电工程监理合同段,1个观园路总监办合同段。

4)招投标

(1)设计单位招标

2010年9月,新疆维吾尔自治区交通建设管理局与本项目3家设计单位签订两阶段勘察设计合同。

(2)施工单位招标

土建施工单位招标:本项目分两次招标,2010年3月23日,新疆交通建设管理局按程序向全社会公开招标第1、3合同段,2010年5月26日,新疆交通建设管理局按程序向全社会公开招标第2合同段。

采空区治理单位招标:2011年6月16日,新疆交通建设管理局按程序向全社会公开招标,共设置4个合同段。

机电工程施工单位招标:2015年6月19日,新疆交通建设管理局按程序向全社会公开招标,全线共设置5个合同段。

观园路连接线施工单位招标:2013年9月23日,新疆交通建设管理局按程序向全社会公开招标,设置1个合同段。

(3)监理单位招标

土建监理单位招标:2011年3月28日,新疆交通建设管理局按程序向全社会公开招标,共设置4个合同段,其中总监理工程师办公室1个,驻地监理工程师办公室3个。

采空区治理监理单位招标:2011年7月13日,新疆交通建设管理局按程序向全社会公开招标,共设置2个合同段。

观园路连接线监理单位招标:2013年9月24日,新疆交通建设管理局按程序向社会公开招标,共设置1个总监办。

房建监理总监办和机电总监办均由湖南省代建指挥部组建,房建总监办为湖南湖大建设监理有限公司,机电总监办为陕西公路交通科技开发咨询公司。

5)征地拆迁

2010年11月22日,自治区党委印发《关于研究自治区"十二五"综合交通运输体系规划及乌鲁木齐综合交通枢纽规划建设有关问题的会议纪要》(新党纪字〔2010〕11号),决定乌鲁木齐绕城高速公路(东线)项目实行双业主制,由自治区交通运输厅负责本项目工程建设,征地拆迁、沿线市政管网配套工程及附属工程建设工作和费用,涉及乌鲁木齐市的由乌鲁木齐市负责,涉及兵团的由兵团负责。征地拆迁统计见表8-133。

乌鲁木齐绕城高速公路(东线)征地拆迁统计表　　表8-133

高速公路编码	项目名称	征地拆迁安置起止时间	征用土地(亩)	备注
G30	乌鲁木齐绕城高速(东线)公路	2011年6月至今	12715	延安路互通目前仍未完成征地拆迁

2.项目实施阶段

1)实施过程

2011年7月15日,各土建施工、监理单位合同全部签订完成,人员履约到位,项目建设正式开工;采空区治理各施工、监理单位2011年8月正式进场。

2012年5月至2013年6月,因各方面的原因,项目停工缓建。

2013年7月5日,项目结束停工缓建,全面复工;观园路连接线项目2013年10月进场施工,2014年10月完成交工验收工作;2016年1月1日,主线试通车;2016年8月20日,主线正式通车。

2)重大决策

(1)2015年7月2日,自治区党委副书记、自治区主席雪克来提·扎克尔率自治区党委常委、乌鲁木齐市委书记朱海仑、市委副书记、市长伊力哈木·沙比尔,原交通运输厅党委书记、副厅长王新华,厅党委委员、交通建设管理局党委书记苏彪等专赴项目现场办公。

领导现场办公

(2)2015年5月15日、5月22日、6月23日、10月28日,自治区人民政府副主席穆铁礼甫·哈斯木四度到项目进行现场指导。

领导现场指导

（3）针对新疆的实际情况，指挥部有针对性地制定了《乌绕高速东线公路质量通病及治理措施》《湿陷性黄土路基强夯处理施工工法》；按照《公路路基施工技术规范》（JTG F10—2006）和《新疆盐渍土地区公路路基路面设计与施工规范》（XJTJ 01—2001）要求，把不满足路基路面规范要求的湿陷性黄土和盐渍土全部废弃，确保路基路面质量。预制箱梁等混凝土工程养生全面采用高性能混凝土养生剂。高性能混凝土养生剂是浅色半透明液体，与混凝土本色近似，解决了施工工艺复杂、特定部位无法养生的问题。为保证钢筋焊接质量，提高焊接工效，在盖梁骨架、桥面系施工中全面推广使用 CO_2 气体保护焊接新工艺，熔敷效率达到 90%。

（三）复杂技术工程

1）葛家沟隧道

葛家沟隧道设计为双洞分离式隧道，左右测设线间距为 19.1～53.6m，属长隧道。左线隧道起讫桩号为 ZK42+520、ZK43+995，左线进口位于缓和曲线上，出口均位于 R-4800 圆曲线上，隧道长度 1475m；右线隧道起讫桩号为 K42+530、K43+960，右线进口位于缓和曲线上，出口均位于直线上，隧道长度 1430m。本隧道明洞段采用明挖法施工，隧道暗洞均采用新奥法施工。葛家沟隧道设计为Ⅳ、Ⅴ级围岩，其中Ⅴ级浅埋段、偏压段、加强段均采用双侧壁导坑法开挖，Ⅴ级深埋段施工采用 CD 法开挖；Ⅳ级采用预留核心土分步开挖法开挖。

2）石人沟隧道

石人沟隧道地处乌鲁木齐市水磨沟区芦草沟乡石人子村，是本合同段的控制性工程。设计为分离式隧道，左右线间距为 35m，其中左线全长 393m（ZK30+480～ZK30+873），右线全长 447m（K30+425～K30+872）。隧道最大埋深 60m。石人沟隧道设计为Ⅴ级围岩，明洞段采用明挖法施工，暗洞采用新奥法施工。浅埋段采用双侧壁导坑法开挖，深埋段采用 CD 法开挖。

3）葛家沟特大桥

木桥为路基主线桥，为跨越葛家沟沟谷而设，起点里程 K41+246.4，终点里程 K42+

423.6，中心里程 K41+835，桥梁全长 1177.2m。本桥平面位于曲线段内。桥梁基础为嵌岩钻孔灌注桩；下部结构桥墩采用空心薄壁墩和桩柱接盖梁形式，桥台采用柱式台、肋板台；上部桥跨布置为(4×30m)预制箱梁+3×(3×50m)预制 T 梁+5×(4×30m)预制箱梁，桥面正宽 33.5m。线路改移后的葛家沟特大桥从原平原地区移至山岭重丘区，其所有墩位全部位于葛家沟山谷地段、谷深坡陡。特别是 1 号～4 号、8 号～9 号及 13 号～20 号墩位处于陡峭的山峰上，出现了同一幅左右两根桩高差较大的情况。

4) 石人沟特大桥

本桥为跨越石人子沟而设，桥梁左线起点桩号 ZK30+878.161，终点桩号 K33+413.600；右线起点桩号 YK30+875.82，终点桩号 K33+443.600，桥梁中心桩号 K32+160，左线桥梁全长 2535.439m，右线桥梁全长 2567.780m。跨径组合：左幅上部采用 8×(4×50m)预制 T 梁+2×(3×50m)预制 T 梁+3×(4×30m)现浇箱梁+3×(3×30m)现浇箱梁；右幅上部采用 8×(4×50m)预制 T 梁+2×(3×50m)预制 T 梁+3×(4×30m)现浇箱梁+2×(3×30m)现浇箱梁+(4×30m)现浇箱梁。桥墩、桥台均按径向布置，下部采用柱式桥墩、薄壁墩，肋式桥台，桩基础。桩基 413 根，桥台 4 个，圆柱墩 61 个，空心薄壁墩 56 个，50m 预制 T 梁 532 片，现浇箱梁 12 联 43 跨。

(四) 运营管理养护

G30 乌鲁木齐绕城高速公路(东线)项目起自乌鲁木齐市甘泉堡工业园南侧，接吐乌大高速公路，止于西山路互通式立交，接乌鲁木齐至奎屯高速公路，全长 78.118km，工程概算总投资 79.85 亿元。其中，起点至乌拉泊互通式立交段 60.896km 为新建，乌拉泊互通式立交至终点段 17.222km，利用原有二级公路改扩建。

本项目主线全长 78.118km，其中，新建路线长 60.896km，改建路线长 17.222km（G30 线与 G3001 重复），全线均采用六车道高速公路设计标准，设计速度 100km/h，路基宽度 33.5m。路面宽度 30.5m。此项目的建成运行，可缓解乌鲁木齐城区交通压力，有利于加快乌昌地区，以及天山北坡经济带等区域干线公路网的衔接，完善乌鲁木齐市的路网结构，改善区域交通出行环境，为乌鲁木齐百姓出行提供保障。

全线新建甘泉堡、米东路、铁厂沟、甘沟、石人子沟、观园路、乌拉泊 7 处互通式立交，改建仓房沟、西山 2 处互通式立交，设置 2 个服务区(延安路服务区、米东服务区)，2 个主线收费站(乌拉泊西主线收费站、甘泉堡主线收费站)，8 个匝道收费站(米东匝道收费站、铁厂沟匝道收费站、甘沟匝道收费站、石人沟匝道收费站、观园路匝道收费站、延安路匝道收费站、乌拉泊北匝道收费站、乌拉泊南匝道收费站，其中：延安路匝道收费站、乌拉泊南匝道收费站、延安路养护工区均因土地原因，还未建设)。

全线(含互通区、天桥)共设置特大桥 2 座、大桥 50 座、中桥 30 座、小桥 7 座、涵洞 179

道、隧道3745m/2座,互通立交10处、分离式立交3处、通道18座、天桥8座、服务区2处、养护工区2处。全线于2016年8月20日完工,2016年9月18日全线通车。

G30乌鲁木齐绕城高速公路(东线)养护管理模式采取(地、市)公路管理局—公路管理分局—养护工区(站)三级管理模式。"十三五"期间,大力实施"好路精养、重点养护、维持养护"三区段养护模式,通过组建专业化养护队伍,优化人员、设备等基础养护资源配置,激发体制机制活力,养护管理水平持续提升。

G30乌鲁木齐绕城高速公路(东线)由乌鲁木齐公路管理局米东分局、燕儿窝分局、乌鲁木齐分局管养(表8-134)。

G30乌鲁木齐绕城高速公路(东线)项目　　　表8-134

路线编号	路线名称	起点桩号	讫点桩号	实际管养里程(km)	养护单位	管养单位
G30	G30乌鲁木齐绕城高速公路(东线)项目	K95+498	K127+000	31.502	米东公路分局	乌鲁木齐公路管理局
	G30乌鲁木齐绕城高速公路(东线)项目	K127+000	K156+394	29.394	燕儿窝公路分局	
	G30连云港—霍尔果斯	K3590+678	K3607+900	17.222	乌鲁木齐公路分局	

乌鲁木齐绕城高速公路(东线)下设2个服务区(米东、延安路),2个主线收费站(甘泉堡、乌拉泊西),9个匝道收费站(米东、铁厂沟、甘沟、石人子沟、观园路、延安路、乌拉泊北、乌拉泊、乌拉泊南)。收费站点设置情况见表8-135。

东绕城收费站点设置情况表　　　表8-135

站点名称	车道数	收费方式	站点名称	车道数	收费方式
甘泉堡主线收费站	12	封闭式	观园路匝道收费站	8	封闭式
米东匝道收费站	6	封闭式	延安路匝道收费站	6	封闭式
铁厂沟匝道收费站	8	封闭式	乌拉泊北匝道收费站	15	封闭式
甘沟匝道收费站	6	封闭式	乌拉泊西主线收费站	18	封闭式
石人沟匝道收费站	6	封闭式	乌拉泊南匝道收费站	12	封闭式

注:因东绕城房建及机电设备尚未交工,延安路匝道收费站、乌拉泊南匝道收费站两个站点尚未建设,乌拉泊收费站尚未改造。自治区交通运输厅、发改委、财政厅关于东绕城收取通行费的批文还没有下发,故东绕城收费站何时开通,以什么方式收费均存在不确定性。东绕城上设置两个服务区:一个是延安路服务区、一个是米东服务区。

第九节　G218伊宁至墩麻扎高速公路

G218伊宁至墩麻扎高速公路建设项目为自治区重点工程,项目位于伊犁哈萨克自治州腹地伊宁市、伊宁县境内,承担着伊犁河谷与外界连通的重要作用。该项目的实施对于落实中央新疆工作座谈会精神,加快新疆交通基础设施建设,促进伊犁州经济社会跨越式发展和长治久安、实现各民族团结,共建和谐具有重要意义。

项目于 2013 年 12 月主线主体工程建成通车,由伊犁公路管理局负责运营管理养护,项目主线全长 70.904km。其中新建高速公路 67.401km,桩号 K49+899.2～K117+300,采用双向四车道高速公路标准,设计速度 100km/h,整体式路基宽度 26m;终点连接段二级路 3.503km,桩号 K117+300～K120+803.34,采用双向两车道公路标准,设计速度 80km/h,整体式路基宽度 20m。

全线设置互通立交 6 处;新建收费站 7 处,改建收费站 1 处,新建服务区 1 处,改建养护工区 2 处;公路分离立交 22 处,铁路分离立交 1 处;新建大、中桥 8 座,小桥 11 座,跨线桥 12 座,通道桥 47 道,涵洞 329 道。主要施工项目有路基、路面、桥涵、交通工程及沿线房建、机电、绿化等。本项目概算总投资约 28.6 亿元。

G218 伊宁—墩麻扎高速公路(建设期:2011.05—2013.12)

(一)项目概况

1. 基本情况

1)功能定位

伊宁至墩麻扎高速公路建设项目为自治区重点工程,是远期规划中的清水河—伊宁—那拉提高速公路的重要组成部分,承担着伊犁河谷与外界连通的重要作用。该项目的实施对于落实中央新疆工作座谈会精神,加快新疆交通基础设施建设,促进伊犁州经济社会跨越式发展和长治久安、实现各民族团结,共建和谐具有重要意义。

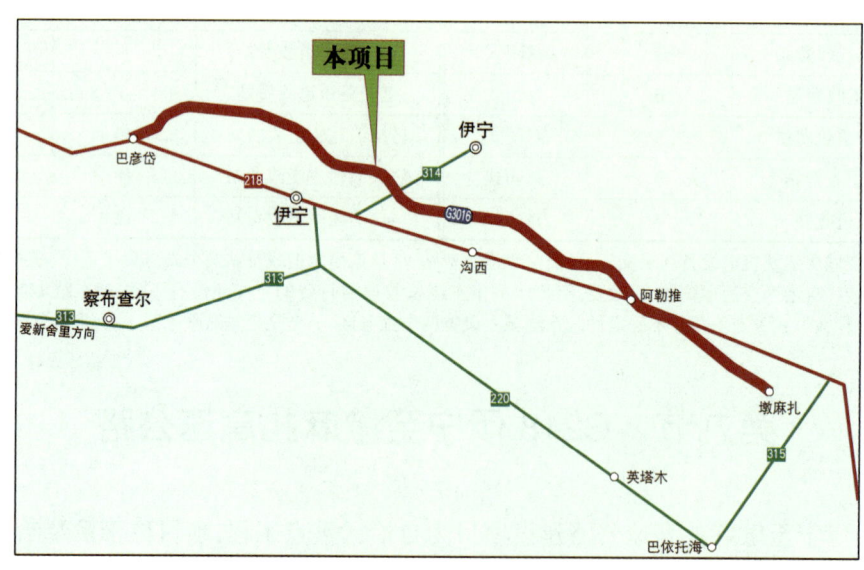

G218 伊宁—墩麻扎高速公路路线示意图

2)技术标准

(1)公路等级:高速公路(主线 K49+899.2～K117+300,设计速度 100km/h)。

(2) 路基宽度：主线高速公路整体式路基宽 26m。

(3) 路面类型：沥青路面。

(4) 路面标准轴载：BZZ-100，设计年限内一个车道上主线高速公路累计当量轴次：590×10^4。

(5) 桥涵荷载标准：公路—Ⅰ级。

(6) 桥涵宽度：桥梁、涵洞与路基同宽。

(7) 平曲线不设超高，最小圆曲线半径采用 4000m；竖曲线最大纵坡 4%，最小坡长 250m。

(8) 其余技术指标：均按交通部《公路工程技术标准》(JTG B01—2003)执行。

3) 工程规模

本项目主线高速公路全长 67.401km，路面结构为柔性路面，收费广场为水泥混凝土路面，其中：大桥 6 座，中桥 2 座，小桥 11 座，互通式立交 6 处，公路分离式立交 22 处，铁路分离式立交 1 处，跨线桥 12 座，通道桥 47 道，涵洞 329 道；主线收费站 2 处，匝道收费站 6 处，服务区 1 处，养护工区 2 处，房屋建筑面积 19585.68m²。

4) 主要控制点

项目位于新疆维吾尔自治区伊犁地区伊宁市及伊宁县境内，地理位置介于东经 81°13′~82°04′、北纬 43°44′~44°00′之间。项目起点位于伊宁市巴彦岱镇，与清伊高速公路在 K49+899.20 衔接；项目终点 K120+803.34 位于伊宁县萨木于孜乡。

路线自西向东穿越伊犁河谷，主要控制点为清伊高速公路巴彦岱附近、火车站货场、飞机场、铁路交叉点、伊东工业园 B 区、与 S314 交叉点、污水处理厂、与 G218 交叉点、军事用地区、小叶白蜡自然保护区、跨越 G315 处、喀什河桥位、终点与 G218 接线点。

5) 地形地貌

伊犁河谷北、东、南三面环山，北面有西北—东南走向的科古琴山、婆罗科努山；南有北东—西南走向的哈克他乌山和那拉提山；中部还有乌孙山、阿吾拉勒山等横亘，构成"三山夹两谷"的地貌轮廓。三列山系向东辐合于东部的依连哈比尔尕山系，使伊犁河谷形成向西敞开的喇叭形谷地。

路线布设区域属伊犁河谷阶地和喀什河谷阶地，均为平原区地形。沿线地势平坦，属农业密集区，为大规模的自流灌溉区，植被丰富，地表覆盖度高。主要地形为东北高西南低，地势由东北向西南倾斜，地形平坦。本项目位于伊犁河河流三级阶地，属第四、三系冲洪积地貌。

6) 投资规模

项目概算投资 28.62 亿元，竣工决算投资约 26.89 亿元，平均每公里造价约 3693 万元。

7) 开工及通车、竣工时间

2011 年 5 月 16 日开工建设，主线主体工程于 2013 年 12 月 10 日交工通车，项目未竣工验收。

2.前期决策情况

1)前期决策背景

项目所属的 G218 是伊犁河谷的主要运输动脉,承担着伊犁河谷与外界连通的重要作用。新疆公路网规划中,G218 是新疆路网规划快速通道之一,其中与项目衔接的清水河—伊宁段还属于国家高速公路网连接线。依托 G218 自伊犁州区域西部可以到达霍尔果斯口岸、博乐及克拉玛依、阿勒泰;向东通过 G217 和 G30 可以到达奎屯、石河子、乌鲁木齐;向南可以通过 G218、G217 到达和静、库尔勒、库车及以远的阿克苏、喀什。该道路在伊犁州道路网结构中处于主导地位,在区域公路网中发挥着非常重要的作用。

本项目的实施对完善新疆高速公路网的布局,促进地方政治、经济、文化和社会发展,构建和谐社会具有十分重要的意义。

2)前期决策过程

(1)新疆维吾尔自治区发展和改革委员会《关于国道 218 线伊宁至墩麻扎公路工程可行性研究报告的批复》(新发改交通〔2010〕2649 号)。

(2)新疆维吾尔自治区交通厅《关于国道 218 线伊宁至墩麻扎高速公路项目初步设计的批复》(新交综〔2010〕437 号)。

(3)新疆维吾尔自治区交通运输厅《关于国道 218 线伊宁至墩麻扎高速公路项目施工图设计的批复》(新交综〔2011〕149 号)。

(4)新疆维吾尔自治区交通运输厅《关于伊宁至墩麻扎高速公路项目省道 314 线连接线施工图设计的批复》(新交综〔2012〕24 号)。

(5)新疆维吾尔自治区交通运输厅《关于伊宁至墩麻扎高速公路建设项目配套房建工程施工图设计的批复》(新交综〔2012〕74 号)。

(6)新疆维吾尔自治区交通运输厅《关于伊宁至墩麻扎高速公路建设项目巴彦岱干沟公路施工图设计的批复》(新交综〔2012〕191 号)。

(7)新疆维吾尔自治区交通运输厅《关于伊宁至墩麻扎高速公路建设项目潘津连接线施工图设计的批复》(新交综〔2013〕49 号)。

(8)新疆维吾尔自治区环境保护厅《关于伊宁—墩麻扎段公路建设工程环境影响报告书的批复》(新环自函〔2010〕604 号)。

(9)新疆维吾尔自治区水利厅《关于国道 218 线伊宁—墩麻扎段公路改建工程水土保持方案的批复》(新水办水保〔2010〕108 号)。

(10)中华人民共和国国土资源部《国土资源部关于国道 218 线伊宁至墩麻扎段公路改建工程建设用地的批复》(国土资函〔2013〕470 号)。

3. 参建单位主要情况

1) 建设单位

建设单位:新疆维吾尔自治区交通建设管理局。

项目执行机构:江苏省代建指挥部(江苏省交通规划设计院,现改名为中设设计集团)。

2) 设计单位

(1) 土建工程设计单位:新疆交通规划勘察设计研究院(总体设计负责)、新疆交通科学研究院。

(2) 房建工程设计单位:新疆交通规划勘察设计研究院。

(3) 绿化工程设计单位:新疆交通规划勘察设计研究院。

(4) 机电工程设计单位:新疆交通规划勘察设计研究院。

3) 施工单位

通过招投标本项目有14个施工单位参与建设,其中土建合同段3个,交通安全设施合同段3个,房建工程合同段4个,外电合同段1个,地源热泵及外水合同段1个,机电工程合同段1个,绿化工程合同段1个。

4) 施工监理单位

本项目设置1个土建工程总监理工程师办公室,负责全线3个土建、3个交安施工监理工作;设置1个房建工程总监理工程师办公室,负责全线4个房建、1个外电、1个绿化、1个地源热泵及外水施工监理工作;设置1个机电建工程总监理工程师办公室,负责全线1个机电施工监理工作。

5) 驻地试验室

本项目设置1个驻地试验室,负责全线3个土建、3个交安施工监理试验工作,接受土建工程总监理工程师办公室管理。

6) 路面沥青咨询

本项目设置1个路面沥青咨询服务组,协助建设单位对沥青路面施工质量监控,提出合理的意见。

(二)建设情况

1. 项目准备阶段

1) 项目审批

该项目严格执行了交通基本建设程序,从用地、环境影响报告书、水土保持方案、工程可行性研究、初步设计、施工图设计、配套房建工程施工图设计的审批,各个环节手续齐全,具体如下:

（1）新疆维吾尔自治区发展和改革委员会《关于国道218线伊宁至墩麻扎公路工程可行性研究报告的批复》（新发改交通〔2010〕2649号）。

（2）新疆维吾尔自治区交通厅《关于国道218线伊宁至墩麻扎高速公路项目初步设计的批复》（新交综〔2010〕437号）。

（3）新疆维吾尔自治区交通运输厅《关于国道218线伊宁至墩麻扎高速公路项目施工图设计的批复》（新交综〔2011〕149号）。

（4）新疆维吾尔自治区交通运输厅《关于伊宁至墩麻扎高速公路项目省道314线连接线施工图设计的批复》（新交综〔2012〕24号）。

（5）新疆维吾尔自治区交通运输厅《关于伊宁至墩麻扎高速公路建设项目配套房建工程施工图设计的批复》（新交综〔2012〕74号）。

（6）新疆维吾尔自治区交通运输厅《关于伊宁至墩麻扎高速公路建设项目巴彦岱干沟公路施工图设计的批复》（新交综〔2012〕191号）。

（7）新疆维吾尔自治区交通运输厅《关于伊宁至墩麻扎高速公路建设项目潘津连接线施工图设计的批复》（新交综〔2013〕49号）。

（8）新疆维吾尔自治区环境保护厅《关于伊宁—墩麻扎段公路建设工程环境影响报告书的批复》（新环自函〔2010〕604号）。

（9）新疆维吾尔自治区水利厅《关于国道218线伊宁—墩麻扎段公路改建工程水土保持方案的批复》（新水办水保〔2010〕108号）。

（10）中华人民共和国国土资源部《国土资源部关于国道218线伊宁至墩麻扎段公路改建工程建设用地的批复》（国土资函〔2013〕470号）。

2）资金筹措

本项目概算总投资28.62亿元，自治区安排财政交通专项资金7.0014亿元，自治区财政资金0.8亿元，公建资金0.837亿元，利用国内银行贷款资金14.68亿元。竣工决算约为26.89亿元，投资节约1.73亿元，平均每公里造价3693万元。资金来源见表8-136。

G218伊宁至墩麻扎高速公路项目资金来源情况（单位：万元） 表8-136

资金来源	2011年度	2012年度	2013年度	2014年度	2015年度	2016年度	合计
一、基建拨款	31000	30622	24582	—	—	180	86384
二、项目资本	—	—	—	—	—	—	—
三、项目资本公积	—	—	—	—	—	—	—
四、上级拨入投资借款	22453	21625	44422	28300	30000	—	146800
五、高管局拨入借款	22453	21625	44422	28300	30000	—	146800
六、亚、世行借款	—	—	—	—	—	—	—
七、企业债券资金	—	—	—	—	—	—	—
八、上级拨入资金	—	—	—	—	—	—	—
合计	53453	52247	69004	28300	30000	180	233184

3)合同段划分

根据各专业的工程内容划分合同段(表8-137)如下:

(1)工程设计合同段划分:土建、交安1个合同段,房建1个合同段,机电1个合同段,绿化1个合同段。

合同段划分一览表 表8-137

序号	单位类型	工程类型	合同段	单位名称
1	建设单位			新疆交通建设管理局
2	代建单位			江苏省交通规划设计院
3	设计单位	土建工程		新疆交通规划勘察设计研究院
				新疆交通科学研究院
		房建工程		新疆交通规划勘察设计研究院
		绿化工程		
		机电工程		
4	监理单位	土建监理	总监办	山东格瑞特监理咨询有限公司
		房建监理	总监办	北京华兴建设监理咨询有限公司
		机电监理	总监办	江苏纬信工程咨询有限公司
5	试验单位	土建试验	驻地试验室	新疆金鼎检测有限公司
6	施工单位	土建工程	主线:K49+899.2~K70+000	广西路桥建设有限公司
7			主线:K70+000~K90+500 连接线:K1+025~K10+691.75	核工业西南建设集团有限公司
8			主线:K90+500~K117+300 连接段:K117+300~K120+803.34	中铁十局集团有限公司
9		交安工程	主线:K49+899.2~K70+000 连接线:K0+000~K7+737	新疆交通建设集团有限责任公司
10			主线:K70+000~K90+500 连接线:K1+025~K10+691.75	青岛建工集团有限公司
11			主线:K90+500~K117+300 连接段:K117+300~K120+803.34	中交一公局交通工程有限公司
12		房屋建筑工程	惠远东收费站、巴彦岱收费站、六十六团收费站、潘津收费站	新疆宏泰建工集团有限
13			达达木图收费站、伊宁县收费站、胡迪迁孜养护工区	青岛建工集团有限公司
14			愉群翁服务区	新疆万盛建筑工程有限责任公司
15			伊东工业园收费站、墩麻扎收费站、温亚尔养护工区	新疆兵团水利水电工程集团有限公司
16		机电工程	地源热泵	贝莱特空调有限公司
17			外电	新疆鹏腾新电工程承包有限责任公司
18			绿化	昌吉市净达市政园林工程有限责任公司
19			全线	紫光捷通科技股份有限公司

(2)施工合同段划分:根据工程内容的不同,土建工程3个合同段,交通安全设施工程3个合同段,房屋建筑工程4个合同段,外电1个合同段,地源热泵及外水1个合同段,绿化1个合同段,机电工程1个合同段。

(3)施工监理合同段划分:根据工程内容设1个土建工程总监办、1个房建工程总监办、1个机电工程总监办,1个土建、交安工程驻地试验室。

4)招投标

(1)设计单位招标情况

根据新疆维吾尔自治区发展和改革委员会《关于国道218线伊宁至墩麻扎公路工程可行性研究报告的批复》(新发改交通〔2010〕2649号),G218伊宁至墩麻扎公路工程勘察、设计不采用招标方式。自治区交通厅直接委托新疆交通规划勘察设计研究院、新疆交通科学研究院完成本项目勘察设计。地质勘探和线形勘测、互通立交设计、房建、绿化和机电由新疆交通规划勘察设计研究院承担,主线及交通安全设施工程由新疆交通科学研究院承担。

(2)施工单位招标情况

根据新疆维吾尔自治区发展和改革委员会《关于国道218线伊宁至墩麻扎公路工程可行性研究报告的批复》(新发改交通〔2010〕2649号),G218伊宁至墩麻扎公路工程施工全部采用公开招标方式。

机电工程1个施工合同段,由紫光捷通科技股份有限公司中标,中标合同价60205890.0元。

(3)土建监理单位招标情况

监理招标采用国内公开招标方式确定监理单位,本工程设置一级监理机构,全线设置总监理工程师办公室1个(不含驻地试验室,驻地试验室另行招标确定),中标单位为山东格瑞特监理咨询有限公司,中标合同价为1088.64万元。

(4)驻地试验室招标情况

驻地试验室招标采用国内公开招标方式确定试验检测单位,中标单位为新疆金鼎检测有限责任公司,中标合同价为660.9156万元。

(5)房建监理单位招标情况

根据G218伊宁至墩麻扎高速公路项目代建协议,伊墩高速公路管理养护及服务房屋建筑工程总监办应由代建指挥部负责组建并完成合同签订任务。依据交建局《关于代建公路项目配套房建工程监理工作有关事宜的通知文件》(新交建工程〔2012〕39号)、《关于代建公路项目配套房建工程监理工作有关事宜的补充通知》(新交建施工函要求〔2012〕33号),伊墩项目代建指挥部选择北京华兴建设监理咨询有限公司承担本项目房屋建筑工程、外电外水工程施工监理任务,监理服务费为 268 万元。

(6) 机电监理单位招标情况

根据代建协议,机电监理总监办由代建指挥部组建,并报新疆交通建设管理局批复,最终确定由江苏纬信工程咨询有限公司承担本项目的机电监理任务。

5) 征地拆迁

(1) 工作及范围

项目位于伊犁哈萨克自治州伊宁市、伊宁县境内,路线自西向东穿越伊犁河谷,主要经过巴彦岱镇、达达木图乡、潘津乡、克伯克于孜乡、胡地亚于孜乡、萨迪克于孜乡、愉群翁回族乡、温亚尔乡、玉其温乡、墩麻扎镇、萨木于孜乡等乡镇。

(2) 主要内容

项目征地调查工作:项目外业地类调查确认工作由自治区征地事务中心负责牵头,具体实施由伊犁州征地整理中心会同县、市、兵团国土资源、林业草原、建设单位、设计单位等部门,以村为单位做好权属、地类、用途、面积等各项内容的确认工作。

项目征地拆迁补偿工作:征收和使用土地的补偿标准,按照《关于下发自治区国土资源系统土地管理行政事业收费标准的通知》(新计价房〔2001〕500 号)执行。由于本项目在土地征用调查、核实、上报阶段由 2010 年跨年度至 2011 年,自治区征地统一年产值标准已经自治区人民政府批准,2011 年 1 月 1 日后新申报的建设用地,涉及征收集体耕地、园地的补偿标准按《关于公布实施自治区征地统一年产值标准的通知》(新国土资发〔2011〕19 号) 文件执行。

房屋拆迁和地上附着物补偿按照《自治区重点建设项目征地拆迁补偿标准》(新国土资发〔2009〕131 号) 文件执行。城市规划区外国有土地上附着物拆迁补偿,参照该标准执行。对城市规划区外国有土地上实施房屋拆迁,按照《自治区实施〈城市房屋拆迁管理条例〉细则》(政府令 127 号) 和自治区人民政府办公厅《关于进一步加强新疆征地拆迁管理工作的实施意见》(新政办发〔2010〕139 号) 文件执行。房屋拆迁工作按照新疆公路管理局与伊犁州人民政府签订的协议规定,由伊犁州政府负责组织相关县市实施。

征地拆迁补偿费用测算、征地拆迁补偿费协议签订工作由自治区征地事务中心负责完成,伊犁州征地整理中心协助完成。

建设用地报批工作:建设用地报批资料组织、收集工作由伊犁州征地整理中心负责完成,自治区征地中心协助做好项目报批资料组织工作。

兵团勘测规划设计研究院负责完成项目征地图内业量算面积工作,建设用地勘测定界报告和项目线路走向图、土地利用总体规划、补充耕地位置图的制作工作。

自治区林业勘察设计研究院负责完成林地可研、上报审批工作。

新疆公路管理局积极落实项目可研、初设文件的批复工作,并委托有资质的单位进行项目压覆重要矿产资源评估报告的编制、审批工作和地质灾害危险性评估、备案工作。

地方党委政府和相关部门工作支持：由于伊犁地区地处天山腹地，是新疆的粮仓，土地资源相当紧张，本项目征用的土地中95.3%为耕地和林地，剩余部分均为建设用地；水土保持、环境保护要求非常严格。在征地过程中还涉及民生问题，工作之难大于其他地区，工作之苦难以想象。

尽管征地拆迁工作难度大，但是伊犁州、市县地方党委政府以及相关部门给予了大力支持，先后组织召开征地拆迁协调会议达四十次之多，做了大量细致的工作；伊墩高速公路江苏省代建指挥部针对本项目特点，多次和地方有关部门协商，制定了"保控制性工程，先赔付个人，后赔付集体"的征地拆迁工作方针，取得了较好的效果。施工单位、设计单位、监理单位也密切配合征地拆迁工作，出人、出力帮助测量、调查，并根据征地拆迁提供的条件，及时地调整施工组织计划。大家集思广益，齐心协力，共同解决问题。

最终批复情况：根据中华人民共和国国土资源部《国土资源部关于国道218伊宁至墩麻扎段公路改建工程建设用地的批复》（国土资函〔2013〕470号），最终批准建设用地483.4042公顷，由当地人民政府按照有关规定提供，作为G218伊宁至墩麻扎段公路改建工程建设用地。其中服务设施用地6.257公顷范围内的经营性用地以有偿方式供地，其余建设用地以划拨方式供地。征地拆迁情况见表8-138。

G218伊宁至墩麻扎高速公路项目征地拆迁统计表　　　　　表8-138

高速公路编号	项目名称	征地拆迁安置起止时间	征用土地（亩）	拆迁房屋（户）	拆迁占地费（万元）
G218	伊宁至墩麻扎高速公路项目	2010.09—2013.12	7251	107	52654

2. 项目实施阶段

1）实施过程

（1）主线土建工程于2010年5月开工，2013年12月完工。

（2）交通安全设施于2013年5月开工，2013年12月完工。

（3）房建及配套设施工程于2013年4月开工，2014年9月完工。

（4）机电工程于2013年9月开工，2015年11月完工。

（5）绿化工程于2015年10月开工，2016年9月完工。

（6）2013年12月10日，新疆交通建设管理局组织召开了土建、交通安全设施工程、房建第三合同段的交工验收会议，等级合格。

（7）2014年9月12日，新疆交通建设管理局组织召开了房建及配套设施工程的交工验收会议，等级合格。

（8）2015年8月11~22日，新疆交通运输工程质量监督局对项目路基、路面、桥涵、交通安全设施进行了工程质量鉴定，评分为91.88分，等级为优良。

(9)2015年12月3日,新疆交通建设管理局组织召开了机电工程的交工验收会议,等级合格。

2)重大决策

(1)2010年9月30日,自治区公路管理局在项目所在地伊犁州伊宁县举行了项目开工典礼仪式。

项式开工典礼

(2)2011年10月4日,新疆交通运输工程质量监督局对项目进行了2011年年终质量监督检查。

2011年年终质量监督检查

(三)运营养护管理

伊宁至墩麻扎高速公路,起点位于伊宁市巴彦岱镇,终点位于伊宁县萨木于孜乡,全长70.904km,其中高速公路里程67.401km,二级公路3.503km,高速公路为双向四车道,设计速度100km/h,二级公路设计速度80km/h。该项目2010年9月30日开工建设,2013

年12月16日通车,工程总投资28.6亿元,委托江苏省交通规划设计院负责代建。伊宁至墩麻扎高速公路是新疆伊犁哈萨克自治州交通中期规划中"清水河—伊宁—那拉提高速公路"的重要组成部分,是新疆"三横两纵两环八通道"公路网规划中的第四通道,即清水河—伊宁—则克台—那拉提—巴伦台—阿拉沟—托克逊的重要一环。

伊宁至墩麻扎高速公路,下设1个服务区(愉群翁),2个主线收费站(惠远东、墩麻扎)和6个匝道收费站(巴彦岱、六十六团、达达木图、伊东工业园、潘津、伊宁县)。

愉群翁服务区地处伊犁杏乡伊宁县境内,坐落于伊宁至墩麻扎高速公路,位于S12 K37+501处。该服务区于2015年5月1日正式投入营运,总占地面积43843m²,绿化面积4673m²,停车场占地面积317772m²,总建筑面积67562m²,其中维修区建筑面积628m²、公厕建筑面积828m²、便利店建筑面积553m²、免费休息区581m²、餐厅建筑面积572m²,画线停车位328个。男厕有46个蹲位、42个小便池,女厕有92个蹲位。提供的服务内容有:如厕、停车、休息、信息、加油、加气、加水、汽修、零售、餐饮、住宿。

伊墩高速公路由伊犁公路管理局伊宁分局管养。伊宁分局院内设有应急保障基地,存放各类机械设备55台辆。伊墩高速公路并入地高网后编号和里程变化见表8-139。

伊宁至墩麻扎高速公路并入地高网后编号和里程变化汇总表　　表8-139

所属地州局	并入地高网后编号和里程变化情况		
	路线编号	起止桩号	里程(km)
伊犁公路管理局	S12	K0~K67+401	67.401

伊墩高速公路建成通车以来,先后实施大中修工程有:

(1)2016年S12线K9+000~K41+000段危小桥涵改造工程投入资金39.1153万元。

(2)2016年S12线K0+000~K70+904公路安全保障工程投入资金316.5541万元。收费站点设置情况见表8-140。

收费站点设置情况表　　表8-140

站点名称	车道数	收费方式	站点名称	车道数	收费方式
达达木图匝道收费站	4	封闭式	伊东工业园匝道收费站	4	封闭式
潘津匝道收费站	4	封闭式	墩麻扎主线收费站	9	封闭式
伊宁县匝道收费站	6	封闭式			

第十节　S215三岔口至莎车高速公路

根据2013年10月29日新疆维吾尔自治区交通运输厅《关于三岔口至莎车、麦盖提至喀什等高速公路项目路线编号的通知》(新交函〔2013〕267号),S215线三岔口至莎车高速公路建设项目(以下简称"三莎高速"公路)路线编号改为"S13"。

三莎高速公路是《国家高速公路网规划》中 G3012 的重要连接线,同时也是新疆干线公路网规划"57712"工程的第七纵的重要组成部分。项目位于新疆维吾尔自治区喀什地区,路线基本呈南北走向,北起同期实施的阿克苏至喀什高速公路项目的三岔口互通式立交,经巴楚县、麦盖提县、莎车县,跨越 G315 及喀什至和田铁路后,路线终点在莎车县乌达力克乡北部与已建成通车的喀叶一级公路相接。

三莎高速公路项目批复总概算为 119.29 亿元,是新疆迄今为止投资规模最大的交通工程之一。沿线穿越盐渍土、戈壁、湿地和沙漠,地质条件复杂,地基处理量大、运距远,路基总运输量近 3000 万 m^3,砾类填料运输距离最长达 165km。为节省投资,有近 184km 路段的路基采用风积沙填筑,总使用量达 1800 万 m^3,为国内首条大量使用风积沙填筑的沙漠高速公路。项目建成后对完善南疆地区高速公路网,确保边防战略稳固和社会稳定,带动喀什地区经济、文化、社会发展,构建和谐社会具有重要意义。

2011 年 1 月 12 日,交通运输部在乌鲁木齐召开了交通运输援疆工作推进会议,按照"政治动员、市场运作"的会议精神要求,上海市城乡建设和交通委员会并由代建单位负责组建总监理工程师办公室(含中心试验室)。

S215 三岔口—莎车高速公路(建设期:2011.07—2014.10)

(一)项目概况

1. 基本情况

1)功能定位

三莎高速公路是《国家高速公路网规划》中 G3012 的重要连接线,同时也是新疆干线公路网规划"57712"工程的第七纵的重要组成部分。项目位于新疆维吾尔自治区喀什地区,路线基本呈南北走向,北起同期实施的阿克苏—喀什高速公路项目的三岔口互通式立交,经巴楚县、麦盖提县、莎车县,跨越 G315 及喀什—和田铁路后,路线终点在莎车县乌达力克乡北部与已建成通车的喀叶一级公路相接。

项目批复总概算为 119.29 亿元,是新疆该年度投资规模最大的交通工程之一。沿线穿越盐渍土、戈壁、湿地和沙漠,地质条件复杂,地基处理量大、运距远,路基总运输量近 3000 万 m^3,砾类填料运输距离最长达 165km。为节省投资,有近 184km 路段的路基采用风积沙填筑,总使用量达 1800 万 m^3,为国内首条大量使用风积沙填筑的沙漠高速公路。项目建成后对完善南疆地区高速公路网,确保边防战略稳固和社会稳定,带动喀什地区经济、文化、社会发展,构建和谐社会具有重要意义。

S215 三岔口—莎车高速公路路线示意图

2)技术标准

土建工程主线主要技术指标见表 8-141,连接线主要技术指标见表 8-142。

土建工程主线主要技术指标 表 8-141

指 标 名 称	指 标 参 数
公路等级	高速公路
设计车速	120km/h
设计使用年限	100 年(沥青路面 15 年,混凝土路面 30 年)
自然区划	VI_2
路基宽度	28m
路面等级	高级(沥青混凝土路面)
主线路面结构	4cm 细粒式改性沥青混凝土(AC-13C 型)+5cm 中粒式沥青混凝土(AC-20C 型)+7cm 粗粒式沥青混凝土(AC-25F 型)+1cm 下封层+32cm 水泥稳定砂砾+26(19)cm 天然砂砾
主线路面设计弯沉值	20.9/(1/100m),21.1(1/100m)

续上表

指标名称	指标参数
标准轴载	BZZ-100
标准轴载累计作用次数	945×10^4
桥梁荷载等级	公路—Ⅰ级
设计洪水频率	1/100,1/50
设计抗震烈度	Ⅷ
其他	执行《公路工程技术标准》(JTG B01—2003)

土建工程连接线主要技术指标　　　　表8-142

指标名称	指标参数
公路等级	二级公路
设计车速	80km/h
设计使用年限	15年
自然区划	Ⅵ$_2$
路基宽度	12m
路面等级	高级(沥青混凝土路面)
主线路面结构	4cm细粒式沥青混凝土(AC-13C型)+5cm中粒式沥青混凝土(AC-20C型)+30cm水泥稳定砂砾+18cm天然砂砾
路面设计弯沉值	24.2/(1/100m)
标准轴载	BZZ-100
标准轴载累计作用次数	945×10^4
桥梁荷载等级	公路—Ⅱ级
设计洪水频率	1/100,1/50
设计抗震烈度	Ⅷ
其他	执行《公路工程技术标准》(JTG B01—2003)

3)工程规模

主线全长235.649km,消除长短链后为233.616km(其中第1合同段长链0.018288km,第3合同段短链2.050949km),实际施工为231.816km,其中K0+000~K1+800段为阿克苏至喀什高速公路建设项目承建。项目主线采用整体式路基,路基宽度28m,设计速度120km/h。桥涵设计荷载等级为公路—Ⅰ级,与路基同宽,路面结构为柔性路面,其中:大桥16座、中桥37座,小桥18座,涵洞500道,通道107座,互通式立交9处(三岔口互通由阿克苏至喀什高速公路建设项目承建),分离式立交24座,匝道收费站7处、主线收费站1处,服务区3处。连接线全线共六条,路线全长40.06km,均采用二级公路标准,巴楚连接线路基宽度为33m,其余路基宽为12m;均采用沥青混凝土路面,其中:大桥4座,中桥5座,小桥4座,涵洞141座。

4）主要控制点

三岔口镇、巴楚县、色力布亚镇、麦盖提县、莎车县。

5）地形地貌

项目路线位于新疆西南部,天山南麓,昆仑山北麓,东临塔克拉玛干沙漠,西为布里吉库姆沙漠,中部为叶尔羌河和喀什噶尔河下游冲积平原,项目区地势平坦,主要的地貌组合为沙漠、冲积平原和洪积平原。沿线多为广阔平坦的农田区、荒漠区及沙漠地区。

6）投资规模

项目概算投资119.29亿元,竣工决算投资73.69亿元,平均每公里造价4791.66万元。

7）开工及通车、竣工时间

2011年7月开工建设,2014年11月交工通车。

2. 前期决策情况

1）前期决策背景

S215线三岔口至莎车公路项目是《国家高速公路网规划》中G3012的重要连接线,同时也是新疆干线公路网规划"57712"工程的第七纵的重要组成部分。

项目贯沿叶尔羌河水系主要经济区,项目建成后将有利于加快喀什经济特区建设,加快发展地方优势产业、促进产业结构调整,加快形成塔里木盆地西部经济三角洲。对完善新疆高速公路网的布局,促进地方政治、经济、文化和社会发展,构建和谐社会具有十分重要的意义。

2）前期决策过程

2011年1月12日,交通运输部在乌鲁木齐召开了交通运输援疆工作推进会议,按照"政治动员、市场运作"的会议精神要求,上海市城乡建设和交通委员会(上海市建交委)以援疆干部和企业相结合的方式组建项目代建管理团队,由新疆维吾尔自治区交通建设管理局(交建局)委托上海市政工程设计研究总院(集团)有限公司(上海市政总院)进行代建。

3. 参建单位主要情况

1）建设单位

建设单位:新疆维吾尔自治区交通建设管理局。

代建单位:上海市政工程设计研究总院(集团)有限公司。

2）设计单位

设计单位:新疆维吾尔自治区交通规划勘察设计研究院。

3）施工单位

土建SS-1合同段:中铁二十三局集团有限公司。

土建 SS-2 合同段：中交路桥集团建设股份有限公司。

土建 SS-3 合同段：中铁一局集团有限公司。

土建 SS-4 合同段：邯郸市光太公路工程有限公司。

机电 SSJD-1 合同段：中海网络科技股份有限公司。

机电 SSJD-2 合同段：紫光捷通科技股份有限公司。

4）施工监理单位

土建 SSJL-1 合同段：（联合体）新疆北方公路工程监理部、上海斯美科汇建设工程咨询有限公司。

土建 SSJL-2 合同段：河南省宏力工程咨询有限公司。

机电 SSJDJL 合同段：西安金路交通工程科技发展有限责任公司。

（二）建设情况

1. 项目准备阶段

1）项目审批

（1）新疆维吾尔自治区发展与改革委员会《关于省道215线三岔口至莎车公路工程可行性研究报告的批复》（新发改交通〔2010〕2775号）（2010年11月8日）。

（2）新疆维吾尔自治区发展与改革委员会《关于省道215线三岔口至莎车公路工程可行性研究报告（代项目建议书）的批复》（新发改交通〔2011〕2224号）（2011年7月8日）。

（3）新疆维吾尔自治区交通运输厅《关于三岔口至莎车高速公路建设项目初步设计的批复》（新交综〔2011〕147号）（2011年6月23日）。

（4）新疆维吾尔自治区交通运输厅《关于三岔口至莎车高速公路建设项目施工图设计的批复》（新交综〔2011〕203号）（2011年8月3日）。

（5）国土资源部《国土资源部关于省道215线三岔口至莎车公路工程建设用地的批复》（国土资函〔2012〕855号）（2012年10月31日）。

（6）新疆维吾尔自治区环境保护厅《关于S215线三岔口至莎车公路项目环境影响报告书的批复》（新环自函〔2011〕336号）（2011年4月27日）。

（7）新疆维吾尔自治区水利厅《关于省道215线三岔口至莎车公路工程水土保护方案的批复》（新水办水保〔2011〕155号）（2011年6月29日）。

（8）新疆维吾尔自治区交通运输厅施工许可批复（2014年3月27日）。

2）资金筹措

根据《关于省道215线三岔口至莎车公路工程可行性研究报告的批复》（新发改交通〔2011〕2224号）和《关于三岔口至莎车高速公路建设项目初步设计的批复》（新交综〔2011〕147号），初步设计概算批复为1192877.16万元，其中建筑安装工程费875416.41

万元,设备、工器具购置费10127.45万元,工程建设其他费256520.54万元,预留费50812.76万元。

主要投资来源:中央投资车购税、银行贷款。

3)合同段划分

参与本项目参建单位共有16个,具体情况见表8-143。

参建单位一览表 表8-143

序号	参建单位类别		单位名称
1	建设单位		新疆维吾尔自治区交通建设管理局
2	代建单位		上海市政工程设计研究总院(集团)有限公司
3	监督单位		新疆维吾尔自治区公路工程质量监督局
4	设计单位		新疆交通规划勘测设计研究院
5	监理单位	总监办	上海斯美科汇建设工程咨询有限公司
6		土建SSJL-1	(联合体)新疆北方公路工程监理部 上海斯美科汇建设工程咨询有限公司
7		土建SSJL-2	河南省宏力工程咨询有限公司
8		机电SSSJD-1、2	西安金路交通工程科技发展有限责任公司
9	咨询单位	南疆片区质量控制中心	交通运输部公路科学研究院
10		路面咨询服务中心	交通运输部公路科学研究院
11	施工单位	土建 SS-1	中铁二十三局集团有限公司
12		SS-2	中交路桥集团建设股份有限公司
13		SS-3	中铁一局集团有限公司
14		SS-4	河北省邯郸市光太公路工程有限公司
15		机电 SSJD-1	中海网络科技股份有限公司
16		SSJD-2	紫光捷通科技股份有限公司

4)招投标

(1)施工单位

本项目施工招标采取在国内公开招标形式,交通建设管理局委托厦门港湾咨询监理有限公司进行招标代理。招标人2011年5月4日同时在中国采购与招标网、《中国交通报》、《新疆经济报》、新疆维吾尔自治区交通运输厅网站、交建局网站上发布了本项目的招标公告。5月31日,各单位投标书递交后,通过清标、初步评审、详细评审,6月23日公示了由定标委员会确定的SS-1、SS-2、SS-3、SS-4合同段的施工中标人,7月5日与SS-1、SS-3、SS-4合同段签订了施工合同。因SS-2中标单位放弃,又通过两次重新招标,于2012年4月20日确定中标单位并签订了施工合同;2013年7月16日建设局与中海网络科技股份有限公司签订了SSJD-1合同段的施工合同,合同金额为4318万元;2013年7月16日建设局与紫光捷通科技股份有限公司签订SSJD-2合同段的施工合同,合同金额为3841

万元。施工单位见表8-144。

施工单位一览表　　　　　　　　　表8-144

合同段	中标单位	中标价(万元)
SS-1	中铁二十三局集团有限公司	158411.84
SS-2	中交路桥集团建设股份有限公司	187096.01
SS-3	中铁一局集团有限公司	208669.24
SS-4	邯郸市光太公路工程有限公司	186706.81
SSJD-1	中海网络科技股份有限公司	4318
SSJD-2	紫光捷通科技股份有限公司	3841

（2）监理单位

根据本项目代建协议，2011年8月交建局和代建单位上海市政总院与上海斯美科汇建设工程咨询有限公司签订了本项目的总监理工程师办公室监理服务合同(含中心试验室)。驻地监理单位采用国内公开招标进行选择，2011年6月7日发布施工监理招标公告，通过清标、初步评审、详细评审，7月4日公布由定标委员会确定的施工监理中标人，7月20日签订了驻地监理服务合同。土建工程监理服务合同总价为1.56亿元；2013年9月13日代建指挥部与西安金路交通工程科技发展有限责任公司签订机电工程监理合同，合同金额130.544万元。土建工程监理单位见表8-145。

土建工程监理单位一览表　　　　　　表8-145

合同段	中标单位
总监办	上海斯美科汇建设工程咨询有限公司
SSJL-1	上海斯美科汇建设工程咨询有限公司新疆北方公路工程监理部
SSJL-2	河南省宏力工程咨询有限公司
SSJDJL	西安金路交通工程科技发展有限公司

5）征地拆迁

本项目征地拆迁工作采取"双业主制"方式进行。在喀什地委、行署及沿线三县的支持配合下，2011年5月由交通建设管理局统一安排，局征地拆迁组、地方政府相关部门和代建指挥部启动了征地拆迁工作，梳理了全线拆迁范围，完成了征地现场勘察工作，通过积极协调各方关系，化解各层面的矛盾分歧，获得了部分工程用地；2012年底基本完成了主线征地拆迁。至2013年底，完成了巴楚县城、艾力西湖及米夏三条连接线的征地拆迁工作，阿瓦提连接线通过线位优化，基本完成征地拆迁，剩余的四十八团、色力布亚连接线也于2014年4月全面完成。电力、通信和水管改、拆迁工作同步完成。土建工程详情见表8-146～表8-148。

土建工程拆迁工程数量表 表8-146

地区		巴楚县	麦盖提县	莎车县	合计
土地(公顷)	耕地	272.21	50.6	282.66	605.47
	园地	52.07	0	49.82	101.89
	林地	123.36	2.95	13.92	140.23
	牧草地	162.09	0	0	162.09
	其他农用地	9.36	0.43	8.11	17.9
	建设用地	27.58	2.23	13.49	43.3
	未利用地	300.38	76.08	122.04	498.5
房屋(户)	住房	331	21	164	516
林木	阔叶树(棵)	297071	20688	320701	638460
	针叶树(棵)	0	0	0	0
	果树(棵)	50228	21381	66466	138075
	灌木(棵)	6580	27	508	7115
	其他灌木(亩)	1294.9	0	0.26	1295.16
	苗圃(亩)	2.36	0	0	2.36
	幼苗(棵)	189765	189899	174989	554653

土建工程2011—2014年各年完成投资一览表 表8-147

年份(年)	完成投资(亿元)	占年度计划(%)	占总投资百分比(%)	备注
2011	4.26	78.02	5.78	
2012	28.71	104.02	38.96	
2013	35.99	102.76	48.84	
2014	4.73	100	6.42	
合计	73.69	—	100	

土建工程各合同段工程结算 表8-148

合同段	施工合同价(万元)	工程量清单(100~700章合计)(万元)	复核后的工程量清单(100~700章合计)(万元)	初步工程变更增加费用(万元)	2012年、2013年价格调整费用(万元)	预测2014年价格调整费用(万元)	初步决算(万元)
1	158411.84	150868.42	151347.07	3551.31	2637.03	1117.40	158652.81
2	187109.60	178199.62	178081.11	3211.79	3008.16	747.86	185048.92
3	208669.24	198732.61	209438.73	2199.12	2416.33	935.86	214990.04
4	186706.81	177816.01	170669.28	1552.42	1570.61	1318.70	175111.01
合计	740897.49	705616.67	709536.19	10514.64	9632.13	4119.82	733802.78

2.项目实施阶段

1)实施过程

(1)2011年7月29日,开工典礼。

(2)2011年9月5日,全线首件风积沙路基试验段施工。

(3)2011年9月20日,全线首件砾石土路基试验段施工。

(4)2011年10月5日,全线首件桩基施工。

(5)2011年10月8日,全线首件箱梁施工。

(6)2011年10月10日,全线首件涵洞施工。

(7)2012年5月9日,全线征地拆迁工作全面展开;2013年3月18日,全线基本完成主线征地工作;2014年4月30日,全线基本完成连接线土地和房屋的征地拆迁工作。

(8)2012年8月20日,全线首件底基层试验段施工。

(9)2012年9月22日,全线首件基层试验段施工。

(10)2012年10月3日,全线首件梁板架设施工。

(11)2012年11月9日,全线首件沥青下面层试验段施工。

(12)2013年5月25日,全线基本完成房屋拆迁、林木、电力、通信和水管的改迁工作。

(13)2013年5月31日,全线首件沥青中面层试验段施工。

(14)2013年6月15日,全线首件沥青上面层试验段施工。

(15)2013年7月5日,全线首件交安附属工程试验段施工;2014年7月21日,全线完成交安附属工程施工。

(16)2013年9月9日,全线机电工程开始进场施工;2014年6月30日,全线完成机电工程施工,进入单机调试阶段。2014年11月下旬,完成了交建局组织的完工测试。2015年5~6月,完成了收费软件安装、秤台标定等工作,并完成了完工测试发现问题的整改工作。

(17)2014年6月3日,全线完成路面工程施工。

(18)2014年8月22日,全线完成房建工程施工。

(19)2014年7月22日至8月25日,项目交工验收。

2)重大决策

2011年7月29日,举行开工仪式。

开工仪式

(三)科技创新

按自治区交通运输厅的统一安排,配合交通运输部西部交通建设科技项目"新疆干线公路网建设支撑技术研究与应用"之专题四"沙漠公路修筑技术推广应用"开展了一些科研工作。以新疆维吾尔自治区交通科学研究院为主,在路线设计关键技术、风积沙路基断面形式、风积沙填筑路基施工技术、防沙技术研究等方面取得了一些成果。以长安大学为主开展的风积沙离心模型试验也已完成基础性试验工作。此外,代建指挥部根据工程的实际需要,组织开展了数十项以工程实际需求和提升工程质量为主要目的科研工作。在混凝土方面开展了"南疆地区混凝土气泡问题研究";在路基方面开展了"盐渍土中总盐含量的试验研究""影响复合土工布埋设后强度的主要因素""砾石土填筑中含石率曲线应用研究"等;在路面方面开展了"南疆地区沥青混合料水稳定性能研究""石灰提高集料与沥青粘附方法研究""提高南疆地区沥青混合料抗车辙性能研究"等。

这些科研工作的开展为工程顺利推进和保证工程质量发挥了积极作用,也为南疆地区的高速公路建设积累了经验。

(四)运营养护管理

S13三岔口至莎车高速公路项目位于新疆维吾尔自治区喀什地区,路线基本呈南北走向,北起同期实施的阿克苏至喀什高速公路项目的三岔口互通式立交,经巴楚县、麦盖提县、莎车县,跨越G315及喀什至和田铁路后,路线终点在莎车县乌达力克乡北部与已建成通车的喀叶一级公路相接。S13三岔口至莎车高速公路项目全长233.616km,双向四车道,开工日期为2011年7月29日,竣工日期为2014年11月30日,项目批复总概算为119.29亿元,是新疆迄今为止投资规模最大的交通工程之一。该项目是《国家高速公路网规划》中G3012的重要连接线,也是新疆干线公路网规划"57712"工程的第七纵的重要组成部分。

S13采用整体式路基,路基宽度28m,路面宽度23.5m,按照高速公路标准建设,设计速度120km/h。路面结构:4cm细粒式改性沥青混凝土(AC-13C型)+5cm中粒式沥青混凝土(AC-20C型)+7cm粗粒式沥青混凝土(AC-25F型)+1cm下封层+32cm水泥稳定砂砾+26(19)cm天然砂砾。主线(含互通、分离式立交)大桥16座、中桥37座,小桥18座,涵洞500道,通道107座,互通式立交30处(其中三岔口互通由阿克苏至喀什高速公路建设项目承建),分离式立交20座,匝道收费站7处、主线收费站1处,服务区3处。

连接线全线共五条,路线全长37.26km,均采用二级公路标准,路基宽12m;均采用沥青混凝土路面,共大桥4座,中桥5座,小桥4座,涵洞141座。

S13 三岔口至莎车高速公路下设 3 个服务区(巴楚 K60+500、英吾斯塘 K125+600、莎车 K188+200);服务类型:公路服务设施、停车位 1 个、下设 1 个主线收费站(莎车南 K230+220)和 7 个匝道收费站(巴楚 K17+200、阿克萨克玛热勒 K56+354、色力布亚 K113+876、阿瓦提 K147+513、艾里西湖 K192+187、莎车西 K231+564、莎车北 K220+130),全部采取计重收费。

S13 三岔口至莎车高速公路现有养护机械设备配备:库地分局(莎车养护工区 K188+400)39 辆,红柳滩分局(巴楚养护工区 K60+500)70 辆。

S13 三岔口至莎车高速公路由叶城公路管理局库地分局和红柳滩分局管养。伊墩高速公路并入地高网后编号和里程变化见表 8-149。

伊宁至墩麻扎高速公路并入地高网后编号和里程变化汇总表 表 8-149

所属地州局	并入地高网后编号和里程变化情况		
	路线编号	起讫桩号	里程(km)
叶城公路管理局	S13	K0~K233+616	233.616

2015 年,S13 三岔口至莎车高速公路交通量为 148.76 万辆,2016 年 S13 三岔口至莎车高速公路交通量为 247.58 万辆。

红柳滩分局管养 K2+000~K150+000 段,共计 148km,库地分局管养 K150+000~K233.616 段,共计 83.616km。

收费站点设置情况见表 8-150,交通量情况见表 8-151。

收费站点设置情况表 表 8-150

站 点 名 称	车 道 数	收费方式
巴楚互通匝道收费站	10	封闭式
阿克萨克玛热勒互通匝道收费站	5	封闭式
色力布亚互通匝道收费站	4	封闭式
阿瓦提互通匝道收费站	4	封闭式
艾里西湖互通匝道收费站	6	封闭式
莎车北互通匝道收费站	5	封闭式
莎车西互通匝道收费站	4	封闭式
莎车主线收费站	11	封闭式

2016 年交通量发展变化表(单位:辆) 表 8-151

路段一	毛拉 观测站	2751735
路段二	荒地镇 观测站	1768790
合计		4520525
日平均流量		12385

第十一节　S16 麦盖提至喀什高速公路

S16 麦盖提至喀什高速公路项目位于新疆公路网"喀什—莎车—巴楚—图木舒克—阿拉尔—阿克苏—阿图什—喀什"环形区域内喀什地区的东西向中轴线，路线途经麦盖提县、喀什监狱、塔吉克县阿巴提镇、农三师、岳普湖县、伽师县、疏附县和喀什市，连接 G315、S215、S213、S310、S311 等多条区域主干线，是喀什地区公路网规划中的快速干线通道，在区域路网中具有十分重要的位置。本项目的建设对构筑新疆高速公路网、便捷内地与中亚及欧陆间的联系和推进国际合作等具有重要意义。

项目起点位于麦盖提县希依提墩乡，经牌楼农场、农三师 42 团到达岳普湖境内，然后经过伽师县工业园、夏普吐勒乡，跨克孜勒河后进入疏附县阿克喀什乡，经英吾斯塘乡、阿瓦提乡后进入喀什市，终点接喀什绕城高速公路；高速公路主线全长 143.011km。起点设置麦盖提连接线与麦盖提县城的主干道对接，全长 14.6km（含二级公路 3.664km）；终点设置喀什连接线与喀什市人民东路对接，全长 11.404km。伽师西互通设置伽师连接线与伽师县规划西环路对接，全长 8.826km。塔吉克互通设置塔吉克连接线与 S310 连接，全长 3.294km。

沿线主要控制点有：项目起点、叶尔羌河特大桥、希依提墩互通、牌楼互通、四十二团互通、岳普湖互通、伽师南互通、伽师西互通、克孜勒河大桥、69018 部队无线电监测站、喀什互通、南疆铁路和项目终点等。

测区内的主要道路有 S234、S215、S310、S213、S311 和 X572、X585、X429 等，喀什连接线下穿南疆铁路 1 次（桥孔已预留）。沿线主要河流有叶尔羌河、克孜勒河，水库主要有红旗水库、上亚郎水库、下亚郎水库，均为中小型，为蓄水灌溉而建。

本项目主线采用双向四车道高速公路标准，设计速度 120km/h，路基宽 28m；麦盖提连接线 S310 至主线收费站段、喀什连接线、伽师连接线及塔吉克连接线采用双向四车道一级公路标准，设计速度 100km/h，路基宽 26m；麦盖提连接线起点 S234 至 S310 段 3.664km，采用双车道二级公路标准，设计速度 80km/h，路基宽 12m。

高速公路起点与麦盖提连接线终点相接，以起点主线收费站为界；终点与喀什连接线起点相接，以终点主线收费站为界。主线与连接线相接处技术指标较高，满足设置主线收费站的技术要求。

麦盖提连接线起点与麦盖提县城的主干道 S234 对接，经与 S310 平交后，终点与高速公路相接。S234 为麦盖提县城南北向的交通主干道。

喀什连接线起点与高速公路相接，终点与喀什市人民东路对接，且与 G315 相交，设置了平交口。

S16 麦盖提—喀什高速公路(建设期:2011.09—2014.10)

(一)项目概况

1. 基本情况

1)功能定位

麦盖提至喀什段公路(以下简称本项目)连接了国家高速公路网规划中的连霍高速公路联络线阿克苏至和田、巴楚至莎车高速公路,本项目的建成,对国家高速公路网将形成有效的补充。

本项目连接了新疆交通运输"57712"公路网规划中的第3横、第4横、第2纵、第3纵共四条干线公路,本项目的建设对构筑新疆高速公路网、便捷内地与中亚及欧陆间的联系和推进国际合作等具有重要意义。

本项目位于新疆公路网"喀什—莎车—巴楚—图木舒克—阿拉尔—阿克苏—阿图什—喀什"环形区域内喀什地区的东西向中轴线,路线途经麦盖提县、塔吉克阿巴提镇、农三师42团、岳普湖县、伽师县、疏附县和喀什市,连接了G315、S215、S213、S310、S311等多条区域主干线,是喀什地区公路网规划中的快速干线通道,对打造喀什核心区1小时经济圈具有重要意义。

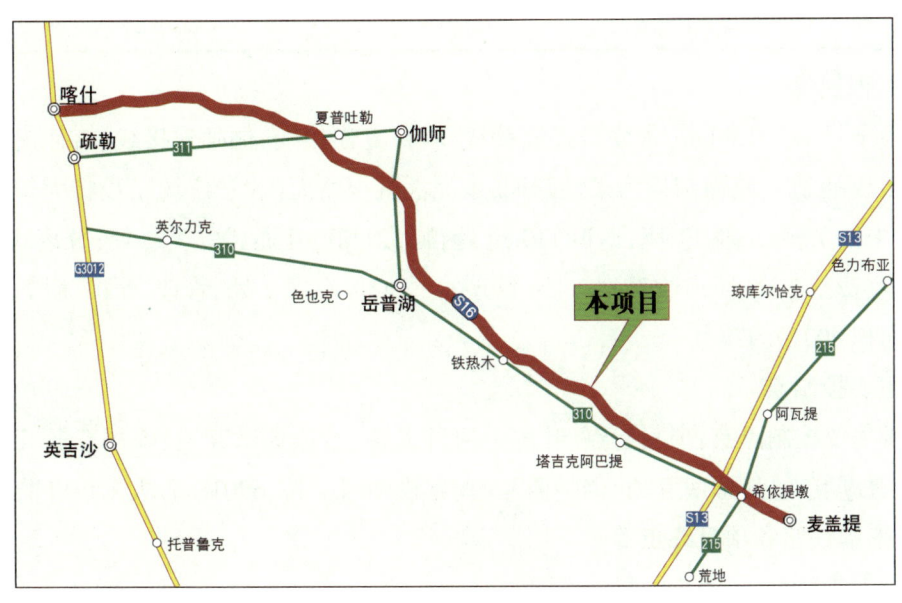

S16 麦盖提—喀什高速公路路线示意图

本项目地处祖国边境少数民族聚居区域,公路网不完善,严重制约当地经济发展,本项目的实施是深入贯彻中央新疆工作座谈会精神，实现新疆跨越式发展和长治久安的具体行动。

2）技术标准

本项目主线采用双向四车道高速公路标准，设计速度120km/h；麦盖提连接线S310至主线收费站段、喀什连接线、伽师连接线及塔吉克连接线采用双向四车道一级公路标准，设计速度100km/h；麦盖提连接线起点S234至S310段3.664km采用双车道二级公路标准，设计速度80km/h。其余技术标准按交通部发《公路工程技术标准》（JTG B01—2003）采用。主要技术指标见表8-152。

主要技术指标表　　　　　　　表8-152

序号	指 标 名 称	单位	主线/连接线	备注
1	公路等级	级	四车道高速公路/一（二）级公路	
2	设计速度	km/h	120/100	
3	平曲线一般最小半径	m	1000/700	
4	最大纵坡	%	3.0/4.0	
5	最小坡长	m	400/360	
6	路基宽度	m	28.0/26.0	
7	行车道宽度	m	2－2×3.75	
8	桥涵设计荷载		公路—Ⅰ级	
9	地震动峰值加速度		0.1g、0.15g、0.2g	

3）工程规模

路线全长181.136km（含麦盖提连接线、塔吉克连接线、伽师连接线、喀什连接线，不含岳普湖A匝道），路面结构为柔性路面，水泥混凝土路面（收费广场），设特大桥1座，大桥3座，中桥7座，小桥17座，通道119道，涵洞321道，互通式立交7处，分离式立交13座，主线收费站2处，匝道收费站7处；服务区2处，停车区2处，管理、养护、服务、监控房屋建筑面积40219.97m^2。

4）主要控制点

沿线主要控制点有：项目起点、叶尔羌河特大桥、希依提墩互通、牌楼互通、四十二团互通、岳普湖互通、伽师南互通、伽师西互通、克孜勒河大桥、69018部队无线电监测站、喀什互通、南疆铁路和项目终点等。

5）地形地貌

项目位于喀什冲积扇平原的前端，塔里木盆地西部边缘，喀喇昆仑山北麓，喀什绿洲中部，叶尔羌河中下游地区，属于沙漠与冲积平原过渡的绿洲地带，路线总的走向由东南向西北,全线地势平坦,海拔在 1155~1225m 之间,相对高差 70m,属典型的平原农耕区,总的地势为西北高,东南低,自然降坡比较小。公路自然区划为Ⅵ$_2$区,即绿洲荒漠区。

6) 投资规模

项目概算投资 75.5 亿元,平均每公里造价 4546.5 万元。

7) 开工及通车、竣工时间

2011 年 9 月开工建设,2014 年 11 月交工通车。

2. 前期决策情况

1) 前期决策背景

麦喀高速公路项目位于新疆公路网"喀什—莎车—巴楚—图木舒克—阿拉尔—阿克苏—阿图什—喀什"环形区域内喀什地区的东西向中轴线,是喀什地区公路网规划中的快速干线通道,在区域路网中具有十分重要的位置。本项目的建设对构筑新疆高速公路网、便捷内地与中亚及欧陆间的联系和推进国际合作等具有重要意义。根据新疆维吾尔自治区交通厅干线公路网建设的总体规划要求及自治区交通厅有关领导的指示精神,自治区交通厅在 2010 年启动麦盖提至喀什高速公路项目的建设工作。

2) 前期决策过程

2010 年 10 月,新疆公路规划勘察设计研究院编制了《麦盖提至喀什段公路工程可行性研究报告》。

3. 参建单位主要情况

1) 建设单位

建设单位:新疆维吾尔自治区交通建设管理局。

代建单位:浙江公路水运工程咨询公司。

2) 设计单位

中国公路工程咨询集团有限公司。

3) 施工单位

本项目为 7 个合同段:

第 1 合同段:新疆城建(集团)股份有限公司。

第 2 合同段:新疆交通建设(集团)有限责任公司。

第 3 合同段:新疆北新路桥集团股份有限公司。

第 4 合同段:新疆昆仑路港工程公司。

第 5 合同段:永升建设集团有限公司。

伽师连接线合同段:新疆北新路桥集团股份有限公司。

机电工程合同段:中铁十二局集团电气化工程有限公司。

4）施工监理单位

（1）总监办：浙江公路水运工程监理有限公司，负责全线监理工作及房建、机电监理工作。

（2）第一驻地办：山东格瑞特监理咨询有限公司，负责第1、2合同段的桥梁、路基、路面、交安、绿化现场监理工作。

（3）第二驻地办：山东省滨州市公路工程监理咨询公司，负责第3、4、5合同段的桥梁、路基、路面、交安、绿化现场监理工作。

（4）伽师连接线监理办：新疆北方公路工程监理部，负责伽师连接线工程路基、路面、交安、绿化现场监理工作。

（二）建设情况

1. 项目准备阶段

1）项目审批

该项目严格执行了交通基本建设程序，从预可行性研究、工程可行性研究、初步设计、施工图设计、工程施工、监理招投标及工程开工报告的审批，各个环节手续齐全，具体如下：

（1）2010年12月8日，新疆维吾尔自治区公路管理局总工办组织设计、地勘监理及咨询等单位主要人员召开了本项目勘察设计工作大纲讨论会，并提出指导性意见。

（2）2011年3月30日至4月3日，新疆交通建设管理局组织召开了本项目初测验收会，形成专家组意见及会议纪要。

（3）2011年4月27日，新疆维吾尔自治区交通运输厅及交通建设管理局联合召开了本项目初步设计评审会。

（4）2011年7月7日，新疆维吾尔自治区交通建设管理局组织召开了定测验收和施工图预审会议。

（5）2011年7月9日，新疆维吾尔自治区交通运输厅召开了本项目施工图审查会，并形成专家意见和会议纪要。

（6）2012年5月25日，新疆维吾尔自治区交通运输厅组织对本项目的风积沙及特殊路基设计方案进行了专项评审。

（7）2012年10月8日，新疆维吾尔自治区交通建设管理局总工办下发了《麦盖提至喀什高速公路工程初步设计、施工图设计补充及修编文件审查会议纪要》。

2）资金筹措

本项目估算总投资69.1亿元，平均每公里造价3818.97万元，由自治区交通运输厅申请车购税资金17.28亿元，其余资金通过银行贷款解决。S16高速公路项目资金来源见表8-153。

S16 高速公路项目资金来源情况表(单位:万元)　　　　表 8-153

资金来源	2011 年	2012 年	2013 年	2014 年	2015 年	合计
一、基建拨款	9588	113274	9908	6699	(13510)	125959
1. 履约保证金垫付资本金	556	96806	9908	(18499)	(13510)	75261
2. 地方债券资金	9032	468	—	—	—	9500
3. 交通专项资金	—	6000	—	25198	—	31198
4. 区财政厅专项资金	—	10000	—	—	—	10000
二、项目资本	—	—	—	—	—	—
三、项目资本公积	—	—	—	—	—	—
四、基建投资借款	—	—	—	—	—	—
五、上级拨入投资借款	—	67648	148722	104004	125890	446264
1. 开行信托贷款	—	59058	2942	31080	(30)	93049
2. 交通银行贷款	—	8590	(8590)	—	(13508)	(13508)
3. 工商银行贷款	—	—	27320	—	102240	129560
4. 开行贷款	—	—	45450	—	—	45450
5. 开行银团贷款	—	—	81600	72924	37188	191712
合计	9588	180922	158630	110703	112380	572223

3)合同段划分

根据各专业的工程内容划分合同段如下:

第 1 合同段起讫桩号:主线 K0+780~K20+000,全长 19.134km,麦盖提连接线 LK0+000~LK14+601.425,全长 14.601km。

第 2 合同段起讫桩号:主线 K20+000~K54+000,全长 34.104km。

第 3 合同段起讫桩号:主线 K54+000~K89+000,全长 34.993km。

第 4 合同段起讫桩号:主线 K89+000~K119+000,全长 30.0km。

第 5 合同段起讫桩号:主线 K0+119~K141+500,全长 24.78km,喀什连接线 LK141+500~LK153+105.366,全长 11.404km。

以上合同段主要工程内容包括:路基、路面、桥涵、交安、房建等配套服务设施。

伽师连接线合同段起讫桩号:LK1+000~LK9+826.616,全长 8.827km。主要工程内容:路基、路面、桥涵、交安。

机电合同段:全线通信系统、监控系统和收费系统。

施工监理合同段划分:根据工程内容设 1 个总监办公室,3 个土建工程驻地监理合同段,1 个房建工程监理合同段,1 个机电工程监理合同段。

S16 高速公路项目合同段划分见表 8-154。

S16 高速公路项目合同段划分一览表

表 8-154

序号	参建单位		参建单位名称	合同段编号及起止桩号	标段所在地	主要内容	主要负责人
1	项目管理单位		浙江公路水运工程咨询公司项目代建指挥部	K0+000~K153+105	喀什地区	负责项目的施工管理、工程变更、合同管理、质量管理、财务管理、廉政建设、文明施工、环保安全等工作	叶勇
2	勘察设计咨询单位		中国公路工程咨询集团有限公司	K0+000~K153+105	喀什地区	全线勘察设计、施工后续服务、概(预)算编制、安全评估等工作	鸿建伟
3	施工单位	土建、房建、绿化、交通安全设施	新疆城建(集团)股份有限公司	K0+780~K20+000，LK0+780~LK14+601	喀什地区	承担工程的实施、完成及缺陷修复工作	刘小龙
			新疆交通建设(集团)有限责任公司	K20+000~K54+000	喀什地区	承担工程的实施、完成及缺陷修复工作	赵友权
			新疆北新路桥集团股份有限公司	K54+000~K89+000	喀什地区	承担工程的实施、完成及缺陷修复工作	田秋林
			新疆昆仑路港工程公司	K89+000~K119+000	喀什地区	承担工程的实施、完成及缺陷修复工作	柏莘程
			永升建设集团有限公司	K119+000~LK531+105	喀什地区	承担工程的实施、完成及缺陷修复工作	吴大金
			新疆北新路桥集团股份有限公司	K000+000~K143+011	喀什地区	承担工程的实施、完成及缺陷修复工作	田秋林
		机电	中铁十二局集团电气化工程有限公司	K000+000~K153+105	喀什地区	承担工程的实施、完成及缺陷修复工作	张毅
4	监理单位	总监办	浙江公路水运工程监理有限公司	K000+000~K153+105	喀什地区	全线范围内路基、路面、桥涵、路线交叉、交安、预埋线、房建、机电、绿化、环水保、安全等工程全部监理工作	潘克宏
		土建、绿化、交安工程监理	山东省滨州市公路工程监理咨询公司	K000+000~K54+000，LK0+780~LK14+601	喀什地区	全线范围内路基、路面、桥涵、路线交叉、交安、预埋线、绿化、环水保、安全等工程全部监理工作	王宜杰
			山东省滨州市公路工程监理咨询公司	K54+000~K153+105	喀什地区	全线范围内路基、路面、桥涵、路线交叉、交安、预埋线、绿化、环水保、安全等工程全部监理工作	王宝坤
			新疆北方公路工程监理部	LK1+000~LK9+826.6	喀什地区	全线范围内路基、路面、桥涵、路线交叉、交安、预埋线、绿化、环水保、安全等工程全部监理工作	宋利
		房建、机电工程监理	浙江公路水运工程监理有限公司	K000+000~K153+105	喀什地区	全线范围内房建、机电等工程全部监理工作	潘克宏

4）招投标

2011年5月4日，自治区交通运输厅对S310麦盖提至喀什高速公路项目施工招标进行批复（新交工程〔2011〕42号），主要内容包括：路基、路面工程、桥梁涵洞工程、交叉工程、交通安全设施及预埋管线工程、绿化及环境保护工程、房建工程等。招标采用资格后审，区内公开招标方式。2011年5月26日至6月1日在乌鲁木齐公开招标，依据国家有关法规，成立了由自治区交通运输厅专家库5名专家、1名业主代表及1名代建单位代表组成的评标委员会，经评审，确定了3家中标单位。10月9日确定另2家中标单位。

5）征地拆迁

（1）工作及范围

麦喀高速公路（麦盖提县至喀什市）为双向四车道高速公路，设计速度120km/h，路线走向为近东南至西北，起点位于麦盖提县城北侧昂格特勒克乡恰克古鲁克村，依次经过希依提墩乡、牌楼农场到达岳普湖县境内，经巴依阿瓦提、农三师42团场、岳普湖县城北、伽师县江巴孜乡、夏普吐勒乡、疏附县阿克喀什乡、英吾斯塘乡、阿瓦提乡至喀什市多来特巴格乡后，与人民东路顺接，并与G315平面交叉，跨越绕城高速公路东段、吐曼河、克孜勒河和叶尔羌河，路线全长168km。

（2）主要内容

①签订协议、界定征地界限、办理永久性占地报批手续。

②永久占地界内房屋等各种构造物的搬迁。

③永久占地内附着物的拆除。

④各种管线的迁移、改建，既有通信管线的改建、加高、迁移，还有电力线路的改建、加高、迁移。

⑤临时及借土占地的征用。

（3）遵循的政策法规

《中华人民共和国土地管理法》。

（4）主要做法

①设立专门组织机构。

按三级管理体系设置安置办公室，加强各级政府对征地工作的领导和监督，形成完善的拆迁工作体系，使征地拆迁工作层层有人管、层层有人抓。

根据近几年新疆维吾尔自治区高速公路建设里程长、路段多、地方问题复杂的特点，省政府成立了"自治区高速公路建设领导小组"，负责各市、县成立相应机构。各市、县成立了相应机构负责本市、县段的征地拆迁及建设环境协调，形成了在自治区政府领导下的专门负责征地拆迁工作的领导体系和专门机构。为落实政策、落实地方工作、落实人口安置、落实征地拆迁提供了组织保证。

②落实承包责任制。

征地拆迁工作实行群众参与,各级政府层层签订责任书,采取"四到位""四现场"的做法,即县、乡、村、户四方到场,现场丈量、现场清点、现场签字、现场盖章。征地拆迁统计见表8-155。

征地拆迁统计表　　　　　　　　　　表8-155

高速公路编码	项目名称	征地拆迁时间	征用土地(亩)	拆迁房屋(m²)	拆迁费用(万元)
S16	麦盖提至喀什高速公路项目	2011.2—2014.6	12204	88404.25	44639.6568

2. 项目实施阶段

1)实施过程

(1)土建2、3、4合同段工程于2011年9月11日开工,土建1、5合同段工程于2011年10月27日开工;伽师连接线工程于2013年11月10日开工;土建工程均于2014年10月30日完工。

(2)房建工程于2012年10月开工,2014年10月完工。

(3)机电工程于2013年10月开工,2015年6月完工。

(4)交通安全设施于2014年3月开工,2014年10月完工。

(5)绿化工程于2014年3月开工,2014年10月完工。

(6)2014年9月26日至10月6日,新疆交通建设管理局组织工程质量审定组对S310麦喀高速公路进行交工质量审定。麦喀主线5个合同段审定得分95.1分,其中第5合同段审定得分95.87分为最高分,伽师连接线合同段审定得分93.11分。实现了指挥部既定的工程质量优质目标。

(7)2014年11月6日,麦喀项目通车试运营。

2)重大决策

新疆维吾尔自治区党委常委、常务副主席黄卫到麦喀项目检查指导工作。

领导检查指导

(三)复杂技术工程

复杂技术工程主要为叶尔羌河特大桥、盐渍土路基处理、风积沙填筑路基、软弱土地基处理、地震土液化。

1. 叶尔羌河特大桥

1）工程概况

叶尔羌河特大桥位于喀什地区麦盖提县，是跨越叶尔羌河的一座特大桥，设计中心桩号为LK9+540，交角90°，桥梁布孔为50×30m装配式预应力混凝土先简支后结构连续小箱梁，桥长1507.0m。桥位终点侧设置导流堤，起点侧加固和铺砌防洪大堤。

（1）上部结构

上部结构采用装配式预应力混凝土先简支后结构连续小箱梁。

（2）下部结构

下部结构均采用柱式墩、肋板台，钻孔灌注桩基础。

2）技术特征

本桥跨越叶尔羌河，叶尔羌河为漫流性河流，是塔里木河的源流之一，主梁采用50×30m装配式预应力混凝土先简支后结构连续小箱梁。该结构能上下部同时施工，采用的基本是简支梁的施工方法，得到的却是结构更优的连续梁。这种结构比其他装配式连续梁桥湿接缝数量少，不需要临时支架，特别适用于软土、深水、高墩等。

2. 盐渍土路基处理

1）工程概况

基本全线均有分布，含盐性质主要为亚硫酸—硫酸盐渍土，盐渍化程度为弱盐、中盐、强盐。麦盖提、喀什连接线临近城区路段盐渍土程度较弱，为弱盐渍土。主线及连接线盐渍土处理长度合计为161968.7m，计入互通匝道、服务区等后合计处理长度为189363.3m。一般采用换填法处理。

根据沿线盐渍土的含盐类型、盐渍化程度及地下水位、地表水位和土质情况，盐渍土路基防治措施与设计原则如下：

（1）盐渍土地区路基采用适当高的路堤，原则上不采用路堑形式，受控需采用路堑形式时，采取反开挖人工做成路堤形式通过，并铺设复合土工膜隔断层。

（2）做好路基排水，尽可能减少地表水对路基的浸透。

（3）路基有足够的压实度，减少压实含水率，以达到防止盐胀效果。

（4）盐渍土一般不得用于填筑路基。

（5）将地表的盐渍土铲除。

（6）路床底部设置隔断层，阻断毛细水携带盐分上升。

弱盐渍土主要分布于农田绿洲区路段，清除表层30cm或路床范围内盐渍土，根据路基填料换填风积沙或砾石土。

中盐、强盐渍土路段，对于风积沙填筑路基，当路基填高$H>2.5m$时，可不设隔断层；当路基填高$1.87m \leqslant H \leqslant 2.5m$时，在路面下1.57m（路床底面）位置铺设两布一膜隔断层；当路基填高$H<1.87m$时，在路面下1.37m（下路床中部）位置铺设两布一膜隔断层。对于砾石土填筑路基，当填土高度$H>3.5m$时，可不设隔断层；当路基填高$1.87m \leqslant H \leqslant 3.5m$时，在路面下1.57m（路床底面）位置铺设两布一膜；当路基填高$H<1.87m$时，在路面下1.37m（下路床中部）位置铺设两布一膜隔断层。

对于中—强盐渍土挖方路段，采用堑中式路基形式，在路面下1.37m位置铺设两布一膜隔断层。

复合土工布采用两布一膜，单位面积总质量$\geqslant 450g/m^2$。

2）盐渍土的工程特性及处理难点

（1）工程特性

①溶陷性：盐渍土浸水后由于土中易溶盐的溶解，在自重压力作用下产生沉陷现象。

②盐胀性：硫酸盐沉淀结晶时体积增大，失水时体积减小，致使土体结构破坏而疏松。碳酸盐渍土中$NaCO_3$含量超过0.5%时，也具有明显的盐胀性。

③腐蚀性：硫酸盐渍土具有较强的腐蚀性，氯盐渍土、碳酸盐渍土也有不同程度的腐蚀性。

（2）处理难点

主要对盐渍土段采用换填、隔离等措施，但是在气候、地形和水的作用下，很难彻底隔断路基跟原有地形的联系，这就需要填筑路基过程中不断检测路基填料原材料含盐量情况，采用透水性好的填料填筑，尽量减少蒸腾作用和毛细水现象。

3. 风积沙填筑路基

项目区域风沙路段主要位于岳普湖境内牌楼农场至四十二团路段（K15~K40），沙丘主要为半固定沙丘区，大小不一，风积沙局部低洼位置长有芦苇，沙丘表面部分生长有红柳、梭梭和骆驼蓬等植被，沙丘土质一般为极细粉砂。

处理措施及原则：

风积沙填筑路基两侧边坡采用砾石土包边，根据路基填高采用不同填筑方案。

方案A：$H \leqslant 3m$风积沙填筑路基，采用顶宽2m砾石土包边。

方案B：$3m<H \leqslant 5m$风积沙填筑路基，采用顶宽2m砾石土包边，路床30cm采用砾石土填筑，基底铺设一层土工格室。

方案C：$H>5m$风积沙填筑路基，采用顶宽2m砾石土包边，路面下30cm采用砾石土填筑,基底铺设一层土工格室,距离基底 2.4m 铺设一层土工格栅。

风积沙填筑路基在风积沙顶部铺设一布一膜进行防水加固处理。为加强路基与地基的整体结合,防止坡脚或浅层地基的破坏,风积沙填筑方案 B、C 在基底铺设一层土工格室,方案 C 距离基底 2.4m 铺设一层土工格栅。土工格栅采用单向土工格栅,其技术指标为:抗拉强度≥60kN/m,屈服延伸率<10%。

4. 软弱土地基处理

1) 分布情况及特点

本合同段软弱土段落分布较多,地层为粉、细砂层,局部夹有粉土层,软弱土主要为饱和松散粉砂,含水率7.9%~25.4%、孔隙比(0.48~0.89)。由于沿线地下水水位较高,土层长期受水浸泡而形成软弱土,非常规意义上的软弱土。荒漠(盐碱地)盐渍化程度高,盐渍化程度重,盐胀严重,地表较松散。

2) 设计方案

软弱土路段软弱土层厚 $H \leqslant 3m$ 时,采用开挖换填处理。根据路基填料采用风积沙换填,回填应分层填筑、压实,压实机械选用重型压路机,碾压厚度不宜大于30cm,碾压后压实度宜大于90%。

5. 地震液化土

地震液化能在地震时产生瞬间的破坏,表现为地表冒水、地面变形引起公路路基变形现象,造成构造物的损坏变形。

根据详勘报告,项目区地震烈度在 7~8 度,地表广泛分布有饱和性砂土或饱和性粉土,液化等级轻微—严重全线均有分布。

路线区域地震液化土层,基底经过清表碾压,增加地层的密实度可有效增强地层的抗液化能力。对一般路基路段影响性较小,故对于一般路基路段不进行抗液化处理。

液化等级中等、严重路段,涵洞通道等小型构造物,加大基础埋置深度、增大基底面积,并对基础采用砂砾桩、强夯等方案处理。对于地下水位较低路段采用强夯法处理。地下水位较高路段,强夯法难以实施时,采用砂砾桩对基础进行抗液化处理。若路段地表并存有软弱土,采用砂砾桩一并处理。考虑到强夯法施工噪声大,冲击波对当地土层安全不利,临近居民生活区路段采用砂砾桩进行抗液化处理。

对于桥梁桩基础,加长桩基采用深基础方案,基础置于深层非液化土层,桩长计算时考虑砂土液化影响。

涵洞通道等小型构造物,加大基础埋置深度、增大基底面积,并对基础采用砂砾桩、强夯等方案处理。

(四)运营养护管理

S16麦盖提至喀什高速公路全长143.791km,起点位于S215 K156处,经麦盖提、岳普湖、伽师、疏附,终点位于喀什国道315线K3014。全线采用双向四车道高速公路标准建设,设计速度120km/h,路基宽度28m,路面宽度23.5m。麦盖提至喀什高速公路连接S215、G315以及三岔口至莎车高速公路,此项目的建成运行,改善了麦盖提、岳普湖、伽师及沿线团场的出行条件,对农副产品对外销售运输、推动当地经济发展有很大的促进作用,同时便捷了麦盖提、巴楚、莎车及沿线村镇的出行状况,加快区域间的物流和贸易合作。

S16麦盖提至喀什高速公路全线有桥梁68座。大桥2座,分别为夏普吐勒八桥(K106+150),桥梁全长131.08m,克孜勒河大桥(K114+070),桥梁全长407m。立交桥7座,分别为牌楼立交桥(K8+110)、塔吉克立交桥(K24+450)、42团立交桥(K46+745)、岳普湖立交桥(K69+940)、伽师南立交桥(K91+349)、伽师西立交桥(K105+246)、阿克喀什立交桥(K129+443)。除阿克喀什立交桥上部结构为钢筋混凝土结构外,其余大桥、立交桥上部结构均为预应力钢筋混凝土结构。

麦盖提至喀什高速公路起点K0+000,终点K143+791,全线143.791km,全部由喀什公路管理局于2014年底接养,目前尚未进行竣工验收。其并入地高网后编号和里程变化见表8-156。

麦盖提至喀什高速公路并入地高网后编号和里程变化汇总表 表8-156

路线编号	路线名称	起点桩号	讫点桩号	实际管养里程(km)	养护单位	管养单位
S16	麦喀高速公路	K0+000	K50+000	50	麦盖提公路管理分局	喀什公路管理局
		K50+000	K110+000	60	岳普湖公路管理分局	
		K110+000	K143+791	33.791	喀什公路管理分局	

麦盖提至喀什高速公路路基宽度28m,路面宽度23.5m。路面结构形式为:26cm天然砂砾底基层+34cm水泥稳定砂粒基层+1cm封层+16cm沥青混凝土面层,路面结构层厚度77cm。全线有桥梁2409.27延米/68座,其中大桥618.08延米/2座,中桥1082.76延米/14座,小桥708.43延米/52座。沿线立交桥有七处,分别为:

(1)牌楼立交桥,桥梁中心桩号K8+110,桥梁全长91.08m,跨径组合为2×20m+25m+20m,箱形梁桥。此立交桥通往牌楼监狱。

(2)塔吉克立交桥,桥梁中心桩号K24+450,桥梁全长89.08m,跨径组合为2×20m+23m+20m,箱形梁桥。此立交桥通往塔吉克村。

(3)42团立交桥,桥梁中心桩号K46+745,桥梁全长94.08m,跨径组合为20m+22m+26m+20m,箱形梁桥。此立交桥通往塔吉克村。

(4)岳普湖立交桥,桥梁中心桩号 K69+940,桥梁全长 93.90m,跨径组合为 20m+22m+26m+20m,箱形梁桥。此立交桥通往岳普湖县。

(5)伽师南立交桥,桥梁中心桩号 K91+349,桥梁全长 94.22m,跨径组合为 20m+22m+26m+20m,箱形梁桥。此立交桥通往伽师县江巴孜乡。

(6)伽师西立交桥,桥梁中心桩号 K105+246,桥梁全长 89.08m,跨径组合为 2×22m+23m+20m,箱形梁桥。此立交桥通往伽师县夏普吐勒乡。

(7)阿克喀什立交桥,桥梁中心桩号 K129+443,桥梁全长 89.08m,跨径组合为 4×20m,箱形梁桥。此立交桥通往英吾斯坦乡。

喀什公路管理局监控分中心成立于 2010 年 8 月,位于喀什市文化路 8 号院。主要职责是:贯彻落实相关法规、政策,负责组织辖区公路信息化网络、数据库及业务系统管理和维护;负责组织辖区公路路网管理与应急处置平台和体系管理和维护;负责组织辖区公路路网运行监测、协调管理和信息服务;负责局机关机房、网络和计算机设备、办公自动化系统等的管理和维护。

喀什监控分中心目前实现了 G3012 高速公路阿喀段、喀叶段、S16 麦喀高速公路、S13 三莎高速公路的路况信息的收集、汇总、整理、分析、上报和对外发布,实现了对路网内重点路段、桥梁的实时监控,特殊情况的应急协调处理和应急抢险的远程指挥。

当前接入的监控设备共有 4 类 484 处。其中:电子情报板共有 77 处(阿喀 23 处,麦喀 12 处,三莎 33 处,喀叶 9 处);门架式 19 处,悬臂式 44 处,双立柱式 14 处。车检器 89 处(阿喀 24 处,麦喀 21 处,三莎 38 处,喀叶 6 处);微波式 42 处,线圈式 47 处。气象检测站 8 处。视频监控共有 310 路,其中:收费监控视频 232 路;外场监控 78 路。

麦盖提至喀什段高速公路 S16 线喀什公路管理局下辖有 9 个收费站,其中 2 个主线收费站、7 个匝道收费站,分别是:麦盖提主线收费站,位于 K0+970 处,有 9 个车道;牌楼匝道收费站,位于 K8+110 处,有 4 个车道;塔吉克匝道收费站,位于 K24+449 处,有 4 个车道;四十二团匝道收费站,位于 K46+745 处,有 4 个车道;岳普湖匝道收费站,位于 K69+940 处,有 4 个车道;江巴孜匝道收费站,位于 K91+349 处,有 5 个车道;夏普吐勒匝道收费站,位于 K105+245 处,有 4 个车道;阿克喀什匝道收费站,位于 K126+853 处,有 5 个车道;喀什主线收费站,位于 K141+290 处,有 11 个车道(表 8-157)。

收费站点设置情况表 表 8-157

站点名称	车道数	收费方式	站点名称	车道数	收费方式
麦盖提主线	9	封闭式	江巴孜匝道	5	封闭式
牌楼匝道	5	封闭式	夏普吐勒匝道	4	封闭式
塔吉克匝道	4	封闭式	阿克喀什匝道	5	封闭式
四十二团匝道	4	封闭式	喀什主线	11	封闭式
岳普湖匝道	4	封闭式			

沿线有两个服务区,即喀什服务区和岳普湖服务区。喀什服务区位于麦喀高速公路S16线K118+080处双侧处,隶属于喀什公路管理局。服务区总占地面积39999.6m²,建筑面积5712.21m²,内设停车场、休息室、餐厅、超市、汽车修理车间、加油站等;其中便民商店面积331.64m²、餐厅面积533.52m²、修理车间面积223.31m²、单侧宾馆面积179.54m²、停车场24410.68m²。喀什服务区正式运营后,将为过往驾乘人员提供餐饮、超市、加油、车辆维修、厕所、加水等服务。

岳普湖服务区位于麦喀高速公路S16线K58+000处双侧,隶属于喀什公路管理局。服务区总占地面积39999.6m²,建筑面积5712.21m²,内设停车场、休息室、餐厅、超市、汽车修理车间、加油站等;其中便民商店面积317.85m²、餐厅面积528.39m²、修理车间面积216m²、单侧宾馆面积181.52m²、停车场24048.1m²。岳普湖服务区正式运营后,将为过往驾乘人员提供餐饮、超市、加油、车辆维修、厕所、加水等服务。

第十二节　G216 五彩湾至大黄山高速公路

G216 五彩湾至大黄山高速公路起点位于火烧山立交D匝道加速车道渐变段起点处,对应高速公路主线桩号为K452+770,其位于火烧山岔路口北侧约1.5km、火烧山采油厂计量站附近。高速公路建成后G216老路车辆通过火烧山立交匝道收费站(E匝道与G216老路平面交叉)进出高速公路。终点与吐乌大高等级公路及大奇高速公路通过大黄山定向互通立交相接。本项目采用双向四车道高速公路标准,设计速度120km/h,是新疆第一条沙漠高速公路,路线经火烧山油田岔路口、火烧山大坡、白板地、五彩湾砖厂、五彩湾镇、古海温泉、红旗农场岔路口、三台油库、公铁立交、滋泥泉岔路口,至终点幸福路口立交(即G216与吐乌大高等级公路枢纽立交接G216匝道起点),路线总体走向由北向南,项目路线主线全长96.305km,其中主要工程有:分离式立交6处、互通式立交5处、通道桥22座、涵洞113道,服务区、治超站、养护工区合并设置1处、停车区1处。

G216 五彩湾—大黄山高速公路(建设期:2011.04—2013.10)

(一)项目概况

1.基本情况

1)功能定位

G216 五彩湾至大黄山高速公路是新疆公路网规划"三横两纵两环八通道"主骨架网"纵二"的重要组成部分,全长96.305km,采用双向四车道高速公路标准,设计速度为

120km/h,是新疆第一条沙漠高速公路,路线总体走向由北向南,穿越的大部分地段为荒漠戈壁和天然草场,人烟相对稀少,沿线零星散布着一些村镇、单位和居民点。沿线主要分布有火烧山炼油厂、准东神华煤矿、准东五彩湾煤电煤化工基地、五彩湾镇、昌吉州北部荒漠管理站、沙南油田作业区、三台油库转油站、上户沟乡的东槽子村、幸福路村、野马繁殖中心、新疆油田公司东部勘探基地、老台乡的下西沟村、西地村等单位、村镇和居民点。规模较大的城镇为五彩湾镇,是准东煤电煤化工产业带的服务基地。

G216五彩湾至大黄山高速公路已成为强势拉动该地区经济社会发展的基础性源动力;同时对完善昌吉准东煤电煤化工产业带公路网建设、促进当地经济发展以及改善五彩湾煤电煤化工基地的运输状况有着非常重大的意义。

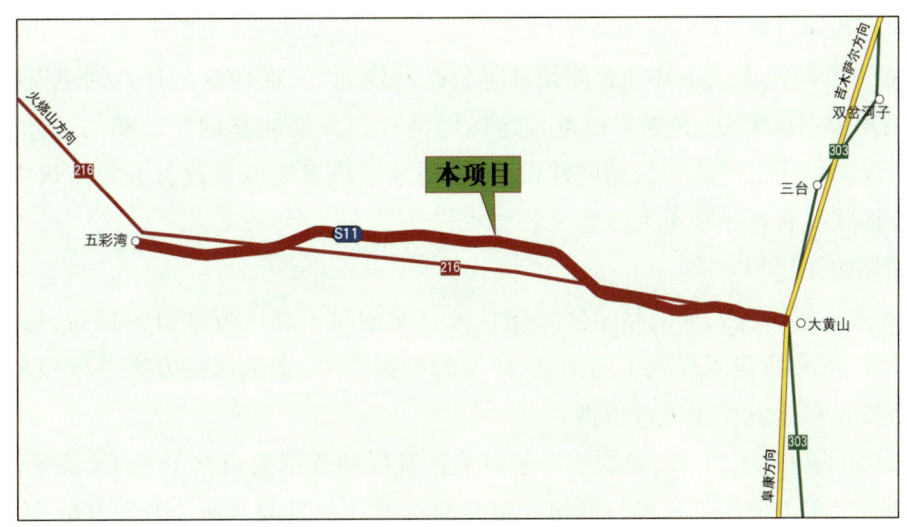

G216线五彩湾—大黄山高速公路路线示意图

2)技术标准

本项目主线按120km/h设计速度、双向四车道、路基宽度28.0m设计,平曲线最小半径6000m,最大纵坡2.922%。

3)工程规模

路线全长96.305km,路面结构为柔性路面,其中通道桥22座、涵洞113道,分离式立交6处,互通式立交新建5处、利用幸福路口立交1处,服务区、治超站、养护工区合并设置1处、停车区1处。

4)主要控制点

主要控制点有火烧山油田岔路口、火烧山大坡、白板地、五彩湾砖厂、五彩湾镇、古海温泉、红旗农场岔路口、三台油库、公铁立交。

5)地形地貌

本项目从总体上看,地形呈南北两侧高、中间低的地形,地处古尔班通古特沙漠东部、卡拉麦里山前冲积平原,公路沿线地形总体比较平缓,属于平原微丘区,地势由东南向西北倾斜。由北向南依次通过剥蚀处。堆积低山丘陵地貌、风积沙漠地貌和山前冲积、洪积平原三个地貌单元。

6) 投资规模

项目概算投资 291135.64 万元,平均每公里造价 2888.08 万元。竣工决算投资 246707.12 万元,平均每公里造价 2561.72 万元。

7) 建设项目开工及交工通车、竣工时间

2011 年 4 月 12 日开工,2013 年 11 月 19 日交工通车,2016 年 2 月 17 日完成竣工验收。

2. 前期决策情况

1) 前期决策背景

G216 五彩湾至大黄山高速公路是新疆公路网规划"三横两纵两环八通道"主骨架网"纵二"的重要组成部分,为强势拉动该地区经济社会发展的基础性源动力;同时对完善昌吉准东煤电煤化工产业带公路网建设、促进当地经济发展以及改善五彩湾煤电煤化工基地的运输状况有着非常重大的意义。

2) 前期决策过程

G216 线五彩湾至大黄山高速公路建设项目前期对工程可行性研究报告、初步设计、施工图设计、配套房建工程施工图预算、环境影响报告书、水土保持方案等依照相关法律法规严格按工程建设程序进行审批。

(1) 2010 年 10 月 21 日,新疆维吾尔自治区发展和改革委员会下发了《关于国道 261 线五彩湾至大黄山公路工程可行性研究报告的批复》(新发改交通〔2010〕2661 号)。

(2) 2011 年 2 月 9 日,新疆维吾尔自治区交通运输厅下发了《关于五彩湾至大黄山高速公路初步设计的批复》(新交综〔2011〕20 号)。

(3) 2011 年 4 月 29 日,新疆维吾尔自治区交通运输厅下发了《关于五彩湾至大黄山高速公路施工图设计的批复》(新交综〔2011〕84 号)。

(4) 2012 年 11 月 5 日,新疆维吾尔自治区交通运输厅下发了《关于下发五彩湾至大黄山高速公路项目配套房建工程施工图预算的批复》(新交综〔2012〕252 号)文。

(5) 2011 年 4 月 20 日,新疆维吾尔自治区交通运输厅下发了《关于 G216 线五彩湾—大黄山公路建设项目环境影响报告书的批复》(新环自函〔2011〕307 号)。

(6) 2012 年 6 月 14 日,国家林业局下发了《使用林地审核同意书》(林资许准〔2012〕123 号)。

(7) 2011 年 4 月 26 日,新疆维吾尔自治区水利厅下发了《关于国道 216 线五彩湾至大黄山公路建设项目水土保持方案的批复》(新水办〔2011〕109 号)。

(8) 2012 年 12 月 31 日,新疆维吾尔自治区国土资源厅下发了《关于 G216 线五彩湾至大黄山高速公路建设用地的批复》(新国土资函〔2012〕3371号)。

3. 参建单位主要情况

1)建设单位

建设单位：新疆维吾尔自治区交通建设管理局。

代建单位：陕西交通建设集团公司新疆项目代建指挥部。

2)设计单位

新疆维吾尔自治区交通规划勘察设计研究院。

3)施工单位

土(房)建施工单位：中铁二十局集团有限公司。

机电施工单位：安徽皖通科技股份有限公司。

4)施工监理单位

本项目采用邀请招标方式，确定由陕西兴通监理咨询有限公司承担G216线五大高速公路总监办(含中心试验室)监理任务，机电、房建监理由陕西兴通监理咨询有限公司选择具有资质的单位组成联合体，承担机电、房建监理任务。全线土建工程设置一个驻地办，通过公开招标，由安徽高等级公路工程监理有限公司承担土建工程驻地监理任务。

(二)建设情况

1. 项目准备阶段

1)项目审批

该项目严格执行了交通基本建设程序，从预可行性研究、工程可行性研究、初步设计、施工图设计、工程施工、监理招投标及工程开工报告的审批，各个环节手续齐全，具体如下：

(1)2010年10月21日，新疆维吾尔自治区发展和改革委员会印发了《关于国道216线五彩湾至大黄山公路工程可行性研究报告的批复》(新交综〔2010〕2661号)。

(2)2011年2月9日，新疆维吾尔自治区交通运输厅印发了《关于国道五彩湾至大黄山高速公路初步设计的批复》(新交综〔2011〕20号)。

(3)G216五大高速公路项目全线划分为1个合同段(除机电工程外)，实行工程总承包，新疆交通建设管理局通过社会公开招标，交通建设管理局和代建指挥部联合评标，确定由中铁二十局集团公司承建除机电工程以外的全部施工任务；机电工程由安徽皖通科技股份有限公司承建；机电施工单位招标：新疆交通建设管理局通过公开招标，并和代建指挥部联合评审，确定安徽皖通科技股份有限公司为中标单位，负责全线机电工程施工。土建工程实行二级监理，房建、机电工程实行一级监理。按照代建协议要求，总监办由代建单位组建，指挥部按照建设局下发的"新交建工程〔2011〕384号""新交建交工〔2012〕

61号"和"新交建工程〔2012〕39号"文件要求,采用邀请招标形式,编制招标文件并向监理人发出投标邀请函,重点对企业资质、业绩、人员配置、报价和信誉进行评审、打分,最终按照投标人得分顺序,确定由陕西兴通监理咨询有限公司承担G216五大高速公路总监办(含中心试验室)监理任务,机电、房建监理由陕西兴通监理咨询有限公司选择具有资质的单位组成联合体,承担机电、房建监理任务。全线土建工程设置一个驻地办,新疆交通建设管理局通过公开招标,交通建设管理局和代建指挥部联合评标,确定由安徽高等级公路工程监理有限公司承担土建工程驻地监理任务。

2)资金筹措

项目批复投资估算金额为29.11亿元,其中申请中央投资车购税资金9.6亿元,其他资金通过银行贷款等渠道筹措解决,批复概算为27.6亿元,其中建安费19.4亿元,平均每公里造价2868万元,施工图预算批复金额为26.8亿元(不含绿化工程)。资金来源见表8-158。

资金来源情况表(单位:万元)　　　　　　　　表8-158

资金来源	金额	资金占用	金额
一、基建拨款	105900	一、基本建设支出	
1. 预算拨款	—	1. 交付使用资产	243144
2. 基建基金拨款	—	2. 在建工程	3564
其中:国债专项资金拨款	—	3. 待核销基建支出	
3. 专项建设基金拨款	—	4. 非经营项目转出投资	—
4. 进口设备转账拨款	—	二、应收生产单位投资借款	—
5. 器材转账拨款	—	三、拨付所属投资借款	—
6. 煤代油专用基金拨款	—	四、器材	—
7. 自筹资金拨款	—	其中:待处理器材损失	
8. 其他拨款	105900	五、货币资金	29930
二、项目资本	—	六、预付及应收款	184
1. 国家资本	—	七、有价证券	—
2. 法人资本	—	八、固定资产	
3. 个人资本	—	固定资产原价	
4. 外商资本	—	减:累计折旧	
三、项目资本公积	—	固定资产净值	
四、基建借款	138968	固定资产清理	—
其中:国债转贷	—	待处理固定资产损失	
五、上级拨入投资借款	—	—	
六、企业债券资金	—	—	
七、待冲基建支出			
八、应付款	5016	—	
九、未交款			

续上表

资金来源	金额	资金占用	金额
1. 未交税金	—	—	—
2. 其他未交款	—	—	—
十、上级拨入资金	—	—	—
十一、留成收入	—	—	—
合计	249884	合计	249884

3)合同段划分

设计部分划分为1个合同段。

施工合同段划分:土(房)建工程划分1个合同段、机电工程划分1个合同段。土建工程实行二级监理,房建、机电工程实行一级监理。按照代建协议要求,总监办由代建单位组建,采用邀请招标形式。机电、房建监理由总监办选择具有资质的单位组成联合体,承担机电、房建监理任务。全线土建工程设置一个驻地办,由新疆维吾尔自治区交通建设管理局通过公开招标,交通建设管理局和代建指挥部联合评标确定。

4)招投标

按照国家颁布的《中华人民共和国招标投标法》和交通部颁布的《公路工程施工招标投标管理办法》《公路工程施工招标资格预审办法》《公路工程施工招标评标办法》的要求,由新疆交通建设管理局负责招标工作。

土(房)建工程设计合同段划分1个合同段,机电工程划分1个合同段,均由新疆交通建设管理局通过公开招标,交通建设管理局和代建指挥部联合评标确定。

按照代建协议要求,总监办由代建单位组建,采用邀请招标形式。机电、房建监理由总监办选择具有资质的单位组成联合体,承担机电、房建监理任务。全线土建工程设置一个驻地办,由新疆交通建设管理局通过公开招标,交通建设管理局和代建指挥部联合评标确定。从业单位见表8-159。

从业单位一览表　　　　表8-159

单位类型	单位名称
建设单位	新疆维吾尔自治区交通建设管理局
项目执行机构	陕西交通建设集团公司新疆项目代建指挥部
设计单位	新疆维吾尔自治区交通规划勘察设计研究院
路面咨询单位	山西省交通科学研究院
总监办	陕西兴通监理咨询有限公司
中心试验室	陕西交建公路工程试验检测有限公司(机构含在总监办)
监理单位	安徽省高等级公路工程监理有限公司
施工单位	中铁二十局集团有限公司
机电施工单位	安徽皖通科技股份有限公司

5）征地拆迁

（1）工作及范围

沿线经过吉木萨尔县和富康市境内，沿线分布有火烧山炼油厂、准东神华煤矿、准东五彩湾煤电煤化工基地、五彩湾镇、昌吉州北部荒漠管理站、沙南油田作业区、新疆油田公司东部勘探基地等。

（2）主要内容

①签订协议、界定征地界限、办理永久性占地报批手续。

②永久占地内附着物的拆除。

③各种管线的迁移、改建，包括电力、通信杆、光缆、电缆等。

④临时及取（弃）土占地的征用。

（3）遵循的主要政策法规

①《中华人民共和国土地管理法》（第19号主席令，2014年8月28日第二次修订）。

②《新疆维吾尔自治区耕地占用税实施办法》（自治区人民政府令〔2008〕第159号）。

③《关于印发〈自治区重点建设项目征地拆迁补偿标准〉的通知》（新国土资发〔2009〕131号）。

④《关于确定土地复垦方案报告取费标准的批复》（新交综〔2010〕305号）。

⑤《森林植被恢复费征收使用管理暂行办法》（财综〔2002〕73号）。

（4）主要做法

征地拆迁落实承包责任制，采用"双业主模式"，即新疆建设管理局、地方政府及当地兵团主要负责项目土地征用（按照自治区标准）、附着物拆迁补偿等。征地拆迁款由新疆交通建设管理局支付到国土资源厅，由国土部门逐级下拨到县级政府，由县国土部门按照实际调查核实数量兑付给所有权人和使用人，涉及兵团的分两条流向下拨。电力、通信杆线、铁塔及地下管线由新疆交通建设管理局直接委托第三方专业施工单位进行施工、拆移，代建方和业主方共同负责与各方的沟通、协调。征地拆迁工作实行群众参与，各级政府层层签订责任书，采取"四到位""四现场"的做法，即县、乡、村、户四方到场，现场丈量、现场清点、现场签字、现场盖章。

本项目实际征地9854.88亩，无房屋拆迁，土地征用及补偿费188929817.26元。征地拆迁情况见表8-160。

征地拆迁统计表　　　　　　　　　　　表8-160

项目名称	征用土地（亩）	土地征用补偿等安置补助费（元）	备注
G216五彩湾至大黄山高速公路	9854.88	188929817.26	无房屋拆迁

2.项目实施阶段

1)实施过程

(1)土建工程于2011年4月12日开工,2013年10月31日完工,2013年11月19日交工。

(2)房建工程于2012年8月8日开工,2013年10月30日完工,2013年11月30日交工。

(3)机电工程于2013年3月25日开工,2013年11月25日完工。2014年12月10日交工。

(4)交工验收:土建工程于2013年11月19日通过交工验收,交工验收委员会认定该合同段工程质量得分93.23分,质量等级合格。房建工程于2013年11月30日通过交工验收,交工验收委员会认定该合同段房建工程质量等级合格。机电工程于2014年12月10日通过交工验收,经质量鉴定验收小组和交工验收委员会认真检查验收,各分部工程满足公路机电工程质量检验评定标准,验收合格,可交付使用。

(5)2015年8月3日至8月16日根据《公路工程质量鉴定办法》,对该项目进行了竣工质量鉴定,评分为92.86分,质量等级为优良。

(6)2015年12月7日至12月9日,交通运输厅竣工验收委员会对工程进行了竣工验收现场核查,工程质量评分为93分,等级为优良。2016年2月27日召开了项目竣工验收会议并顺利通过竣工验收,建设项目综合评分93.35分,该工程建设项目综合配件等级为优良。

2)重大决策

(1)2013年5月30日,交通运输部规划研究院专家组,在新疆交通运输厅规划中心人员陪同下,实地考察五大高速公路建设项目环境保护工作。

实地考察

(2)2013年9月4日,交通运输部副部长冯正霖一行对陕西省交通建设集团公司新疆代建项目 G216 五彩湾至大黄山高速公路建设工程进行了质量安全调研指导。

领导进行质量安全调研指导

(三)科技创新

1. 桥梁钢筋加工制作

本项目桥梁钢筋加工制作,采用钢筋加工制作数控技术,有效地提高了钢筋加工精度和生产效率,降低工人工作强度,使桥梁钢筋加工制作机械化、高效化进一步提升。

2. SBS 改性沥青的应用

本项目在新疆首次大规模使用 SBS 改性沥青,以期提高路面质量水平,对改性沥青混合料性能检测结果表明:低温弯曲 3500με 左右(设计要求不小于 3000με)、车辙大于 6000 次/mm(设计要求大于 4000 次/mm)、冻融大于 80%(设计要求不小于 75%)、残留度大于 85%(要求不小于 80%)、马歇尔稳定度(上面层 15kN、中面层右幅 14kN)远大于规定值 8kN;流值在 20~30(0.1mm)范围之内(规定范围 15~40)。说明用改性沥青比基质沥青从性能上有了很大改善。

3. 黑匣子的应用

本项目积极响应新疆交通建设管理局及项目执行三处的要求,及时安装高速公路信息化管理系统"黑匣子",对提高路面工程质量、提高管理效率、节约建设资金、保证路面监测数据的真实可靠,有效避免人为因素对沥青路面质量造成干扰具有重要的意义。

4. 高分子塑料模具加工制作混凝土小型构件

在小型构件预制过程中,指挥部积极落实新疆交通建设管理局"四新"技术要求,采用聚丙烯塑料模板加振动平台,纳米涂层材料,制作出的混凝土构件线形顺直流畅、表面光滑无气泡。

5. 新型防腐材料新应用

本项目途经盐渍土地段，为了防止盐蚀作用对桥梁混凝土防撞护栏和隔离墩造成破坏，采用新型"绿石"聚合物防水涂料对结构物进行保护。该材料运用多重防腐理论，很好地解决混凝土碳化、开裂、冻融破坏等一系列问题。"绿石"聚合物防水涂料能渗入墙体的微孔中，堵塞这些过水通道并与墙体结合为一体，同时在墙体表面形成附着力极强的密实、坚硬涂层，进一步起到防水作用，还能保证墙体的呼吸，使墙体内的潮气可以正常地散发出来。

6. G216 五彩湾至大黄山高速公路

新疆交通科学研究院选取 G216 五彩湾至大黄山高速公路作为重载交通典型路段，是"新疆干线公路网建设中沥青路面关键技术研究"的依托工程。根据现场调研、室内试验研究、驻地现场材料试验、配合比设计，并依据试验结果，在 K468+000～K470+000 路段铺筑试验段。通过试验路的检测数据可得出：ATB-25 大粒径沥青碎石混合料的车辙动稳定度、冻融循环劈裂强度比、渗水系数、压实度、弯沉值等指标明显优于原设计 AC-25F 沥青混合料；多碎石沥青混凝土 SAC-20、SAC-16 级配与原设计 AC-20C、AC-13C 相比，高温稳定性、渗水系数、压实度、弯沉值、抗低温开裂性能均优于原路面结构类型，同时上面层的抗滑性能、耐磨性能均有所提高，保证了行车安全性。同时该项目的研究成果可有效改善干旱荒漠区沥青路面的早期车辙病害和水损坏问题，延长路面使用寿命，具有节约工程投资、提高行车安全等显著的社会和经济效益。

7. 设计理念新颖

本项目为能源重载交通重要道路工程，通往大黄山方向为满载重车，通往五彩湾方向相对为轻载交通，由于这种特殊的交通流，新疆公路规划设计研究院在路面结构设计中，左、右幅路面采用不同厚度的结构形式；由于新疆气候冬夏温差大、路面右幅为重载交通，沥青路面上面层和右幅中面层采用改性沥青。

(四)运营养护管理

五彩湾至大黄山高速公路穿越新疆北部古尔班通古特沙漠，是新疆首条沙漠高速公路。该项目是北疆通往南疆东部的重要干线，也是吐乌大高等级公路的延伸线。起点位于火烧山岔路口附近，线路途经火烧山、五彩湾镇、古海温泉、红旗农场岔路口、三台油库、公铁立交、滋泥泉岔路口，终点为幸福路口立交，下穿乌准铁路。路线全长 91.673km，2013 年 10 月建成通车，双向四车道，设计速度 120km/h。

五彩湾至大黄山高速公路下设 1 个服务区(五彩湾)，2 个主线收费站(南泉子、火烧山)和 4 个匝道收费站(五彩湾、红旗农场、滋泥泉子、三台油库)。

五彩湾至大黄山高速公路由昌吉公路管理局吉木萨尔分局管养。其并入地高网后编号和里程变化见表 8-161。

五彩湾至大黄山高速公路并入地高网后编号和里程变化汇总表　　表 8-161

所属地州局	并入地高网后编号和里程变化情况		
	路线编号	起讫桩号	里程(km)
昌吉公路管理局	S11	K0～K91+673	91.673
	G216	K541+400～K546+268	4.868

收费站点设置情况见表 8-162。

收费站点设置情况表　　表 8-162

站点名称	车道数	收费方式	站点名称	车道数	收费方式
火烧山匝道收费站	6	封闭式	三台油库收费站	4	封闭式
五彩湾收费站	7	封闭式	滋泥泉子匝道收费站	5	封闭式
红旗农场匝道收费站	6	封闭式	南泉子收费站	14	封闭式

附 录
新疆高速公路建设大事记

吐鲁番至乌鲁木齐段高等级公路

1992 年

4月,自治区机构编制委员会对吐鲁番—乌鲁木齐—大黄山高等级公路建设项目执行办公室机构编制进行了批复。

6月8日,召开第一次会议。会议由自治区政府副主席王友三和阿不来提·阿不都热西提主持。会议确定吐乌大高等公路建设指挥部改名为自治区高等级公路建设指挥部。

1993 年

2月22日,成立自治区高等级公路征地拆迁领导小组。

10月13日,召开自治区高等级公路征地拆迁领导小组第一次扩大会议。

11月1日,以哈蒂姆·哈吉先生为团长的世行新疆公路项目评估代表团开始对新疆吐乌大高等级公路建设项目进行评估。

11月13日,吐乌大公路项目通过正式评估。

1994 年

11月25日,吐乌大高等级公路项目土建工程合同在新疆人民会堂签字,自此,拉开了新疆高等级公路建设的序幕。

1995 年

2月8日,吐乌大高等级公路世行贷款协议正式生效。

3月1日,吐乌大公路正式开工建设。

7月1日,吐乌大高等级公路第二、第三合同段在达坂城后沟开工建设。

8月8~10日,自治区人大常委会副主任颉富平、政协副主席迪牙尔·库马什率人大、政协相关同志视察吐乌大工程现场。

10月3日,交通部副部长刘锷视察吐乌大公路施工现场。

10月19~25日,世行新疆项目代表团对吐乌大工程施工进行监督检查。

1996年

10月30日~11月4日,世行新疆项目代表团对吐乌大项目进行监督检查。

1997年

6月4日,自治区副主席吾甫尔·阿不都拉视察吐乌大高等公路现场。

8月24日,自治区党委书记王乐泉、副书记张文岳一行视察吐乌大高等公路。

11月3~6日,世行新疆项目代表团对吐乌大项目进行监督检查。

1998年

3月26日,自治区副主席张云川视察吐乌大公路,他要求各施工单位齐心协力,确保吐乌大公路于8月20日通车。

6月17日,自治区机构编制委员会下关《关于成立吐乌大高等级公路管理机构及相应调整自治区高等级公路管理局所属事业机构的批复》(新机编字〔1998〕27号),批复明确吐乌大高等级公路管理机构设乌拉泊管理处和卡子湾管理处,隶属自治区高等级公路管理局。两个处机构规格为县处级。

6月26~27日,自治区人民政府主席阿不来提·阿不都热西提视察吐乌大工程施工现场。

7月30日~8月8日,对吐乌大公路乌鲁木齐驻地处所属第4、5合同段进行工程质量检验评定,由新疆交通厅公路质监站负责组织。

8月9~27日,对吐乌大公路阜康驻地处所属第6、7、8、9合同段进行工程质量检验评定,由新疆交通厅公路质监站负责组织。

8月29日~9月12日,对吐乌大公路吐鲁番驻地处所属第1、2、3合同段进行工程质量检验评定,由新疆交通厅公路质监站负责组织。

8月20日,吐乌大高等级公路全线通车。

9月4~8日,世行新疆项目代表团对吐乌大进行监督检查。

乌鲁木齐至奎屯高速公路

1997年

1月10日,自治区交通厅副厅长、高等级公路建设指挥部项目执行办公室相关领导与美国路易斯·伯杰国际工程咨询公司总裁德里希·沃尔夫先生正式签订了乌奎高速公路施工监理咨询服务合同。

4月1日,乌奎高速公路正式开工。

5月,质监站对施工单位开工准备工作及监理工程师情况进行了检查,主要检查了施工单位人员资质、监理工程师资质、进场主要施工设备的数量、规格、性能,施工单位技术管理体制和质量管理目标。

11月,对本项目的管理、工程质量和工程监理工作进行了第二次全面检查监督。

1998年

9月28日~11月3日,质量局乌奎东段检查组对乌奎高速公路第1~第9合同段、第14合同段进行工程质量检查。

10月15~28日,质量局乌奎西段检查组对乌奎高速公路第10合同段、第11~第13合同段进行工程质量检查。

1999年

7月,交安工程开工。

9月,通车试运营。

2000年

11月3日,乌奎高速公路全线建成通车,同时开始收费还贷。

G312奎屯至赛里木湖高等级公路

2002年

7月13日,奎屯至赛里木湖高等级公路开工。自治区主席阿不来提·阿不都热西提代表自治区党委、自治区人民政府在奎赛高等级公路开工仪式上发表了重要讲话。

2003年

4月,奎赛项目办会同总监代表处、驻地处召开了现场办公会议。

5月2~4日,交通厅厅长穆铁礼甫·哈斯木,副厅长卫晓,厅党组成员、建设局党委书记黄振东对正在建设的奎赛高等级公路第1~第7合同段等重点工程项目进行了督导检查。

2005年

9月,交通厅质监站对奎赛项目进行质量检测。

10月20日,奎屯至赛里木湖高等级公路交工。

G314 和硕至库尔勒高速公路

2002 年

12月20日,G314和硕至库尔勒高速公路建设项目开工。

2003 年

7月,和库项目办邀请有关专家召开了砾石桩研讨会。

2004 年

4月15日,州环保局一行来项目办进行环保工作检查。
5月5日,质监站站长许忠良等人进行年初工作检查。
7月12日,质监站在该项目南铁会议室举行了2004年年中质量检查通报会。
8月4日,在南铁会议室交通建设管理局召开加快公路建设南疆片区动员大会。
10月23日,质监站对该项目进行年终检查。
11月23日,项目办在南铁会议室召开和库高速公路工程建设2004年度总结表彰大会。

2005 年

7月25日,交通厅穆铁礼甫厅长一行来施工现场进行检查。
11月25日~12月1日,交通厅质监站对和库项目进行质量检测。
12月1日,G314和硕至库尔勒高速公路建设项目交工。

G3016 清水河至伊宁高速公路

2006 年

4月30日,交通部下发《关于清水河至伊宁公路初步设计的批复》(交公路发〔2006〕191号)。

8月8日,G218清水河至伊宁高速公路建设项目在新疆伊犁哈萨克自治州霍城县清水河镇举行开工典礼。

9月23日,总监代表处召开了第一次工地会议。自治区交通建设管理局副局长兼伊犁片区三条高速公路工程总指挥郝永峰做了讲话。总监代表刘光荣同志主持会议。

2007 年

5月17日,霍城隧道破土动工。

6月16日,自治区交通厅副厅长伊马木·纳买提率交通厅安全生产检查组一行对清伊项目进行安全检查。

8月8~9日,自治区纪律监察厅执法监察室主任吴秋生为组长的自治区重点项目监督检查组一行在建设管理局副局长郝永峰陪同下对清伊项目建设情况进行监督检查。

8月13~16日,自治区交通厅党组成员副厅长李学东、交通建设管理局局长燕宪国率督导组对伊犁片区在建的赛果、果霍、清伊3个项目进行了督导检查。

8月18日,清伊项目第2合同段沙尔布拉克大桥第一片30m箱梁架设成功。

9月5日,自治区交通建设管理局下文成立G218清水河至伊宁高速公路建设项目执行办公室,驻地设在伊宁。

11月28日,自治区交通厅厅长穆铁礼甫、副厅长李学东、总工李志农等一行对伊犁片区公路建设指挥部管理的清伊项目进行了检查。

2008年

7月7~10日,交通建设管理局党委副书记、纪委书记孙建华、局总会计师常建共率检查组到清伊项目进行"阳光工程"检查。

8月2日,清伊高速公路路面施工技术现场会在伊宁市召开。

8月14日,交通建设管理局副局长孜普卡尔·努尔买买提一行在指挥部有关领导陪同下到清伊、果霍及赛果高速公路项目调研。

8月31日,伊犁片区公路项目建设指挥部召开"大干60天劳动竞赛誓师大会"。

9月5日,清伊高速公路霍城隧道拱圈混凝土浇筑完工。

9月27~28日,交通建设管理局在伊犁召开施工技术现场会。

10月31日,G218清水河至伊宁高速公路建设项目主线完工。

12月15日,G218清水河至伊宁高速公路建设项目交工。

G045赛里木湖至果子沟口高速公路

2006年

7月19日,赛果项目全线开工。

8月8日,赛果、果霍、清伊高速公路举行开工仪式。

11月22日,赛果总监代表处组织召开了赛果项目重点工程技术交流会。

2007年

4月2~3日,交通建设管理局局长燕宪国、总工程师阿合买江等一行到伊犁对赛果、果霍、清伊项目进行督导检查。

5月3~4日,交通厅副厅长李学东、交通建设管理局局长燕宪国带领交通厅检查督导组一行对赛果、果霍、清伊项目建设进展情况进行了督导检查。

5月21~22日,自治区交通厅邀请内地知名专家以"会诊"方式对赛果项目进行技术指导。

6月16~20日,由交通部原副总工王玉、自治区交通厅副厅长王水平带队的专家组一行对赛果高速公路项目进行了实地考察及指导。

6月24日,果子沟大桥1号墩第一桩浇筑成功。

7月13日,交通厅党组成员、副厅长、伊犁项目总指挥李学东为经德良等四位全国知名桥梁、隧道专家颁发了聘书。

7月16日,果子沟大桥2号墩桩基开挖。

8月22日,果子沟大桥1号墩主墩承台施工开始浇筑。

9月8日,赛果霍项目执行副主任赵雍带领赛果项目11个合同段监理及施工单位负责人和技术人员一行60余人前往建设中的精—伊—霍铁路北天山隧道进行观摩学习。

9月24日,果子沟斜拉桥2号主墩第一根桩成功浇筑。

9月24日,赛果项目进展最快的捷尔得萨依大桥第一片拆装式桁梁在左幅第二跨吊装成功,这是赛果项目目前大桥施工中最早进行吊装施工拆装式桁梁。

9月27日,赛果项目五条隧道之一的藏营沟隧道左道贯通。

9月28~29日,新疆隧道建设技术交流会暨新疆公路学会六届二次理事会在伊宁市召开。

11月28日,交通厅厅长穆铁礼甫、副厅长李学东、总工李志农等一行对伊犁片区公路建设指挥部管理的赛果项目进行了检查。

2008 年

1月19日,在交通建设管理局二楼会议室召开伊犁片区公路项目建设指挥部2008年工作会议。局长燕宪国主持会议,交通厅副厅长李学东、总工李志农及质监站、定额站、厅、局相关处室处长、指挥部人员参加会议。赛果执行办做了2007年的情况汇报和2008年工作思路以及存在问题报告。

3月15日,赛里木湖隧道穿越断层破碎带技术方案专家论证会在乌鲁木齐召开。

3月19日,伊犁片区公路建设项目召开2008年誓师大会。赛果霍、清伊项目等300余人参加了会议。

4月2日,果子沟大桥液压爬模系统顺利完成第一节爬节。

5月2日,果子沟大桥2号墩进入下塔柱施工。

5月18日,赛果指挥部召开混凝土结构工程施工质量暨耐久性研讨会。

5月27日,交通建设管理局局长燕宪国到赛果项目赛果木湖隧道检查工作。

5月28日,应指挥部邀请,交通运输部隧道专家朱光仪来到赛果霍项目进行隧道建设专题讲座。

7月11日,自治区党委常委宋爱荣在交通厅党委书记、副厅长王新华,厅党委委员、副厅长李学东,厅党委委员、交通建设管理局党委书记李斌等有关领导陪同下,到赛果、果霍、清伊项目进行调研。

8月13日,由交通厅主持的赛果高速公路第4合同段架桥机架梁方案专家评审会在乌鲁木齐召开。交通厅总工程师李志农,交通建设管理局局长燕宪国、副局长郝永峰及有关部门领导出席会议。

8月21日,赛果项目控制性工程726m长的捷尔得萨依隧道右线贯通。

8月29日,赛果第五合同段移动模架第一跨混凝土成功浇筑。

9月3~4日,交通运输部组织的公路建设质量安全督查组一行10人在组长部质监总站副站长成平带领下对赛果项目进行质量安全督查。

9月19日,自治区交通厅厅长里加提·苏里堂、副厅长高江淮在分得州常务副州长万水、州交通局局长奚元琪、交通建设管理局副局长郝永峰等有关人员陪同下到伊犁片区对赛果、果霍、清伊项目进行调研。

9月28日,捷尔得萨依隧道双线顺利贯通。

10月11~16日,交通厅质监站站长宋学艺、驻伊质量监督办公室主任周锋等一行5人到伊犁片区公路建设项目进行了为期6天的年终质量检查。

10月17日,赛果项目桦木沟隧道全线贯通。

2009年

6月30日,历经26个月紧张施工,由中交第二航务工程局承建的新疆果子沟特大桥两座主塔顺利封顶。

8月8日,赛果项目果子沟斜拉桥挂索成功安装。

8月10日,赛果项目指挥部召开"保增长、促稳定、迎国庆,大干60天"动员大会,建设局局长燕宪国参加了会议。会后燕局长率有关桥梁专家一行到赛果项目果子沟大桥工地检查指导工作。

8月10日,赛果项目执行办召开了果子沟大桥钢桁梁施工方案及零号块件施工工艺评审会。

8月14日,以高级审核员刘翔为组长的中国船级社质量认证公司组到赛果项目进行为期两天的管理体系审核工作。

8月28日,交通建设管理局邀请的路面施工技术咨询组进驻赛果高速公路路面施工现场,为即将开展的路面工程建设提供技术支持。

9月1日,赛果项目将军沟隧道全线顺利贯通。

2010年

9月30日,赛果项目交工,全线通车。

2012年

8月,赛果项目进行交工验收。

G045果子沟口至霍尔果斯高速公路

2006年

6月20日,G045果子沟口至霍尔果斯高速公路项目开工建设。

7月30日,赛果霍项目执行办公室在果霍项目第1合同段主持召开现场会。

11月8日,赛果霍项目办在果霍项目第1合同段召开两个项目工地现场会,积极推广桥涵滴灌、覆盖养生膜保湿工艺。

2007年

4月4日,交通厅组织召开了G045果子沟口至霍尔果斯段高速公路工程低液限粉土设计方案审查会。会议由总工程师李志农主持。

8月25日,交通部公路建设市场督察组对果霍项目进行督察。

8月30日~9月3日,交通建设管理局伊犁片区高速公路建设项目在霍城县清水河镇举办了首期安全生产管理人员培训班。

11月28日,交通厅厅长穆铁礼甫、副厅长李学东、总工李志农等一行对伊犁片区公路建设指挥部管理的清伊、果霍项目进行了检查。

2008年

1月19日,在交通建设管理局二楼会议室召开伊犁片区公路项目建设指挥部2008年工作会议。局长燕宪国主持会议,交通厅副厅长李学东、总工李志农及质监站、定额站、厅、局相关处室处长、指挥部人员参加会议。果霍执行办做了2007年的情况汇报和2008年工作思路以及存在问题报告。

4月13日,赛果霍项目办组织全线11个合同段的承包商、监理组、总监办等单位主管领导和安全专职工作人员在果赛路第 3 合同段召开安全生产、环境保护工作现场观摩和经验交流会。

4 月 19 日,赛果霍项目召开试验检测专项治理活动动员大会。

5 月,伊犁片区公路项目建设指挥部组织召开"赛果霍项目工程混凝土施工质量暨耐久性研讨会"。

8 月 31 日,伊犁片区公路项目建设指挥部召开"大干 60 天劳动竞赛誓师大会"。

9 月 7 日,果霍第 1 合同段沥青路面全线贯通。

11 月 16～23 日,交通厅质监站对果霍项目进行了质量检测。

12 月 15 日,果霍项目交工验收。

G314 库尔勒至库车高速公路

2007 年

9 月 20 日,由新疆交通厅组织在库尔勒举行了库尔勒至库车高速公路开工典礼。

2008 年

9 月 20 日,厅督查组李志农、燕宪国、程玉林、李晓东等一行检查项目办工作。

9 月 23～25 日,局纪委副书记、监察室主任及纪检人员对项目进行阳光工程工作调研。

10 月 19～27 日,厅质监站对项目进行年终检查。

11 月 4 日,新疆环境监测站贺华一行对项目大气监测,地表水监测,现场调查取土场、料场、生活垃圾。

2009 年

3 月 10 日,由审计署授权自治区审计厅外资处处长张明、副处长张蜀颖一行 5 人在交通建设管理局财审处高级会计师李康的陪同下,到 G314 库尔勒至库车段高速公路项目执行办,对 2008 年工程项目资金使用情况进行审计。

3 月 14～16 日,交通厅党委委员、副厅长艾斯卡尔、交通建设管理局总工程师阿合买江·尤努斯督导组一行 8 人到库尔勒至库车高速公路建设项目督导检查工作。

3 月 21 日,巴州国土局、库尔勒市土地局李巴特一行对项目进行检查。

3 月 26 日,交通建设管理局在库车召开南疆片区公路建设动员大会,对优秀参建单位和个人进行表彰,党委副书记、局长燕宪国与各项目执行办主任签订了2009年工作目标责任书。

4月8日,在库尔勒至库车项目执行办会议室由指挥长李重阳主持召开了年度表彰专题会"表彰先进鼓实劲　明确目标定举措"。

4月19日,交通厅工会检查项目务工人员工作。

4月23日,中央扩大内需检查组、国家发展和改革委员会处长张康民,财政部驻辽省专员办副处长崔佳巍,审计署京津冀办审计员高秀江一行到库尔勒至库车高速公路建设项目莅临检查工作。

5月4~14日,厅质监站年初检查。

8月21~28日,亚行代表团、亚行运输专家、亚行移民安置专家来一行人员对项目进行考察。

9月6~8日,库阿高速公路项目人员对项目进行参观学习。

2010年

3月11~14日,自治区重点建设项目监督检查组来项目进行检查指导工作。

3月31日,自治区交通厅副厅长李学东率厅检查督导组对库尔勒至库车高速公路项目质量安全工作进行检查。

4月10~25日,亚行检查组来项目检查指导工作。

4月27~30日,交通建设管理局党委委员、副局长郝永峰一行到库库高速公路项目全线11个合同段的施工现场及沥青、水稳拌和站逐一进行了巡视检查。

5月6日,交通厅党委书记、副厅长王新华率厅检查组赴巴州检查督导交通工作,其间,听取了库尔勒至库车高速公路项目执行办就项目建设情况的汇报,了解了项目建设中亟待解决的困难和问题,深入库尔勒至库车高速公路项目第1合同段看望了施工一线员工,察看了路面施工现场和沥青、水稳拌和站。

5月7~14日,质量监督局南疆片区第一检查组对G314库库高速公路建设项目进行了2010年第一次全面监督检查,对项目执行办、各驻地办、各合同段项目部的工作质量和安全生产管理进行了量化评分。

6月20日,自治区交通建设管理局局长燕宪国带领局系统部分项目执行办领导和局机关部门领导莅临库库高速公路第3、4、5合同段施工现场巡视指导工作。

8月7日,交通厅党委委员、纪检委书记张原率厅督查组前往库库高速公路项目检查工程质量、廉政工作、行业作风建设和平安工地建设。

8月23~24日,交通厅党委委员,交通建设管理局党委书记、副局长何立新率队前往库库高速公路项目督导帮办。

2011 年

2月18~19日,交通建设管理局对南疆片区建设项目开工进行检查督导。

5月,新疆首条亚洲开发银行贷款建设的库尔勒至库车高速公路建成通车。

G3014 奎屯至克拉玛依高速公路

2009 年

7月22日,举行开工仪式,宋爱荣、王新华等领导主持,施工单位代表、克拉玛依副市长、伊犁州州长等发表讲话。

8月23日,根据监理规范提出要求,指挥部召开安全生产会议。

9月5日,在129团召开奎克高速公路项目建设协调会,会议就拆迁、施工等问题与地方、兵团协调。

9月7日,召开对接会,要求奎克项目各参建单位与地方相关部门进行工作对接。

10月22日,局项目考核组来奎克项目进行考核。

2010 年

3月10日,奎克项目指挥部召开全体大会,传达上级文件精神,安排2010年项目工作。

4月3日,奎克项目指挥部召开质量安全年动员大会。

4月19日,奎克项目指挥部在农七师会议室参加协调会,就拆迁及相关手续办理等工作中存在问题进行协调。

4月20日,自治区质监局来奎克项目进行检查。通过检查,项目施工现场各类指标合格率达到92%。

5月5日,指挥部就精细化管理召开项目全体研讨会。会议中对各合同段精细化管理工作提出要求。

5月30日,召开全项目大会,对各参建单位的进度、费用、安全、质量及农民工各方面进行总结并提出要求。

6月5日,由质监局赵尔胜等专家组织成的专家组来奎克项目解决强夯砂桩及料场问题。

7月19日,奎克项目第1合同段举行架梁仪式。

7月24日,奎克项目指挥部召开"大干100天"动员大会。

10月15日,奎克指挥部会议召开质监局年终检查大会。

11月11日,奎克项目指挥部召开会议,针对项目检查出的问题进行反馈并要求施工单位及时整改。

2011年

4月7日,交通厅督导组来奎克项目视察,对项目管理工作予以肯定。

4月17日,自治区审计厅来奎克项目进行审计。

5月25日,奎克项目指挥部在第4合同段项目经理部召开全体大会,要求对桥梁结构安全、预压数据真实性、小型构造物预制安装等工作加强管理。

7月16日,奎克项目指挥部在奎屯市召开地方协调会。

7月24日,审计署工作人员到奎克项目指挥部收集资料,为日后审计工作做准备。

7月29日,交通运输部一行4人在交通运输部质监局等单位人员陪同下莅临奎克项目听取汇报。

8月31日,审计署5人来奎克项目进行资金拨付、使用等情况的审计。

10月18日,针对第7合同段开展交工前质量检测会。

12月5日,奎克项目第7合同段召开交工验收会议。

2012年

3月19日,奎克项目指挥部召开全体大会,会上传达燕宪国局长工作报告及交通建设管理局相关文件精神,对项目工作提出要求,传达廉政建设及安全生产会议的报告。

5月6日,指挥部召开施工技术研讨会。

5月7日,质监局来奎克项目进行检查。

7月8日,自治区税务稽查局检查。

8月6日,厅纪检书记孙建华带队来奎克项目进行项目廉政合同检查。

10月12日,郝永峰副局长主持奎克项目交工验收委员会。

10月13日,奎屯至克拉玛依全线开放交通。

大黄山至奇台高速公路

2009年

8月6日,大奇项目执行办开工奠基,自治区副主席宋爱荣、交通厅党委书记王新华、交通厅厅长里加提、昌吉州副州长参加开工奠基仪式。

10月4日,自治区交通建设管理局党委副书记、局长燕宪国一行来项目办慰问调研。

10月17日,自治区交通建设管理局党委书记何立新一行4人来项目办进行调研。

12月7日下午,大奇项目执行办在会议室召开2009年度工作总结大会。

2010年

4月7日,交通厅党委书记、副厅长王新华在交通建设管理局党委书记何立新和局长燕宪国的陪同下,对大黄山至奇台高速公路建设项目第1合同段进行了视察。

4月28日,交通建设管理局党委副书记、局长燕宪国一行来大奇项目办进行工作检查。

7月26日~8月1日,在交通厅质监局副总工程师赵尔胜和陈文的带领下,新疆公路工程试验检测专家库中抽取专家组成的现场评审组,对大黄山至奇台高速公路建设项目的10家工地试验室进行了现场评审。

8月6日,自治区交通运输厅党委书记、副厅长王新华,厅党委委员、副厅长高江淮等领导在交通建设管理局党委委员、副局长郝永峰及昌吉州党委常委、副州长热合满江·达吾提的陪同下,对大奇高速公路建设项目进行了检查督导。

8月10日,大奇项目办召开了第一次工地会议,交通建设管理局党委委员、副局长郝永峰、局总工办主任王成、建设用地处处长李欣、奇台县委书记、政法书记孟繁刚、吉木萨尔县委副书记何文、兵团农六师奇台总场场长助理张成立以及奇台县、吉木萨尔县、奇台总场的交通局和国土资源局相关领导出席了会议,副局长郝永峰宣读开工令。

8月25~26日,交通运输厅巡视员艾尔肯·阿布都热依木,交通建设局党委委员、副局长郝永峰以及局党委委员、总会计师常建共一行到大奇项目进行督导帮办,检查了解项目征地拆迁、工程质量、安全、环保等方面情况,并与当地政府领导、项目办领导共同商讨征地拆迁问题,积极帮助指导项目办妥善处理征地拆迁及施工过程中的各种困难,并提出了切实可行的方案。

2011年

4月19日,交通厅督导四组一行6人在任存新书记的带领下,对大奇项目2011年交通工作会议部署任务的落实情况进行督导。

5月14日,大奇各参建单位计量人员参加项目指挥部举办的计量培训班,指导老师针对计量系统中出现的问题一一进行解答指导,收到了良好的效果。

5月24日,交通厅党委书记王新华一行到大奇高速公路建设项目检查督导工作。

5月29日,交通建设管理局党委书记何立新、副局长郝永峰等在项目指挥部召开工作督导会议。

6月16~17日,质监局局长宋学艺对各施工单位预制场进行了检查指导,并在会上做出相应要求。

2012 年

3月26日,交通建设管理局组织召开东疆片区复工动员工作会议。党委书记何立新在会上对东疆片区各公路建设项目的复工工作给予了充分的肯定,同时要求各项目指挥部、施工、监理单位要深入贯彻落实自治区交通运输工作会议和交通建设管理局工作会议精神,攻坚克难,敢于担当,全力确保年度目标任务的完成;同时要大力推行精细化管理,全面提升工程管理水平和建设质量;在抓好工程质量的同时继续做好民生、环保、廉政、"阳光工程"、文化建设和民族团结等工作。

4月15日,指挥部协同奇台县政府、县交通局、规划局前往第5合同段,对支线增加道口、涵洞等相关事宜进行协商,并达成一致意见。

4月24~26日,交通厅质监局来大奇项目对2012年施工准备阶段的各项工作进行全面的监督检查。

5月15日,新疆中财财经信息研究中心调研组前来大奇项目进行调研。

5月18日,新疆交通运输厅记者团来大奇项目进行实地采访。

5月24日,由交通运输厅副厅长张德华一行在奇台华东酒店二楼会议室召开了交通运输厅调研组反馈会议。

6月13日,自治区质监局副局长巴哈提带领张艳等一行5人对大奇项目进行"飞行"检查、指导。

8月17日,交通建设管理局对大奇项目进行年中考核评价,重点对工程质量、安全、进度计划、党风廉政建设工作进行检查指导。

9月17~21日,质监局对大黄山至奇台高速公路建设项目进行2011年年终工作检查。

12月11日,在新疆交通运输厅召开了大黄山至奇台高速公路和沙尔湖至南湖公路试通车协调会议,定于12月17日进行试通车。

12月17日,本项目正式开放通车。

2013 年

6月6日,大奇高速公路项目建设指挥部被中华总工会评为"工人先锋号"。

9月30日,在新疆交通建设管理局召开了项目交工验收会议,本项目正式移交公路局通车运营。

G314 库车至阿克苏高速公路

2009 年

12月7日,G314库车至阿克苏高速公路项目工程可行性研究报告获国家发改委正式批复。

12月25日,G314库车至阿克苏高速公路项目设计施工总承包合同签字仪式在交通建设管理局举行。交通建设管理局党委副书记、局长燕宪国代表建设单位与中交第一公路工程局和中国公路工程咨询集团有限公司组成的联合体签订了设计施工总承包合同。签字仪式由交通厅党委委员、建设局党委书记何立新同志主持,交通厅党委委员、副厅长李学东同志就做好该项目设计、施工及工程质量控制等工作提出了具体要求和希望。

12月9~14日,新疆公路工程质量监督局组织试验检测专家对库阿公路6个工地试验室进行现场考核评审和验收。

2010年

1月6日,由厅指挥部驻地指挥长、指挥部各部门负责人、总监办、驻地负责人及工程技术人员参加的第一次联席工作会议在库阿建设指挥部召开。

1月8日,阿克苏地区召开库阿公路征地拆迁工作会议。库阿高速公路项目建设单位以及阿克苏地区、农一师有关单位、沿线5个县(市、团)相关领导和部门负责人参加了会议,各有关领导就征地拆迁工作向大会表态。

1月12日,交通厅指挥部会同总监办对第四分指预制场、混凝土拌和站、新大河桥桩基施工现场进行检查。

2月22日~3月14日,库阿高速公路项目办举办了为期17天的试验检测人员业务培训班,总承包方及驻地监理办共计110人参加了培训。

3月11~14日,交通建设管理局联合厅库阿高速公路建设指挥部组织相关专家对库阿高速公路两阶段施工图设计定测进行了外业实地验收。

3月18日,阿克苏地区地委书记黄三平,地委副书记、行署专员穆铁礼甫·哈斯木在地区人大工委副主任赵明林等领导的陪同下,对库阿项目进行了实地调研。

4月1日,交通厅党委委员、副厅长李学东率检查组一行赴库阿项目检查工程质量安全情况。

4月10日,交通厅召开了库阿项目两个科研课题项目建议书、工作大纲评审会。建设厅副厅长肖徽,交通厅党委书记王新华、副厅长李学东、王太、总工程师李志农及建设局局长燕宪国等领导、专家参会。与会专家高度评价了总承包模式及课研究的重要意义,一致通过了库阿项目两个科研课题工作大纲、项目建议书的评审。

4月26~27日,新疆公路工程质量监督局局长宋学艺率检查组对库阿项目质量安全进行了检查。

5月8日,在厅指挥部一楼会议室召开了库阿项目第一次工地会议。会议由厅党委委员、副指挥长李学东主持。

5月14~16日,厅派驻地纪检监察组,对两个驻地办、中交指挥部及4个分指挥部的党风廉政建设工作开展情况进行了检查指导。

5月15~18日,新疆公路工程质量监督局对库阿高速公路项目进行了2010年第一次监督检查。

5月19日,自治区地方税务局直属征收局书记许旭一行在阿克苏地区地税局领导的陪同下,来厅指挥部召开座谈会,调研库阿高速公路项目工程进展情况。

5月29日,G314库车至阿克苏高速公路建设项目开工典礼仪式在阿克苏市隆重举行,交通运输部党组书记、部长李盛霖,自治区有关领导,中国交通建设集团有限公司董事长周纪昌,自治区党委常委宋爱荣等领导同志为工程培土奠基。

5月30日,库阿高速公路项目设计施工总承包建设管理廉政协议签字仪式在乌鲁木齐举行,交通厅与中国交通建设股份有限公司分别签订了《国道314线库阿高速公路设计施工总承包建设管理框架协议书》和《国道314线库阿高速公路设计施工总承包建设管理廉政协议书》。

6月19~20日,交通厅党委委员、纪委书记张原与自治区检察院职务犯罪预防处副处长努尔尼莎等同志前往库阿高速公路项目,对该项目的建设及党风廉政工作进行检查指导。

6月19日,交通建设管理局局长燕宪国至库阿项目检查指导。

6月27~29日,交通厅交通建设质量安全现场会在库阿高速公路项目召开。

7月3日,阿克苏地委副书记、行署专员穆铁礼甫·哈斯木,在地区行署秘书长艾尼瓦尔·莫明、交通厅库阿高速公路建设指挥部驻地指挥长陈健壮、中交库阿高速公路建设指挥部总工程师张国友等陪同下,对项目建设进展情况进行实地调研。

7月15日上午,厅指挥部组织召开了电力、电信拆迁协调会。

7月15日下午,库阿高速公路建设项目召开了优化沥青路面技术咨询研讨会。会议邀请了长安大学公路学院副院长、博士生导师郝培文教授对沥青路面结构材料的优化和沥青混凝土配合比设计等问题进行了指导。

7月17~18日,自治区交通厅副厅长王太率交通厅部分专家、交通建设管理局、自治区公路规划设计院负责人至阿克苏、克州、喀什等地,现场实地踏勘阿克苏至喀什高速公路设计方案。

7月20~23日,自治区公路工程质量监督局对库阿高速公路项目进行了2010年年中专项工程质量监督检查。

8月6~7日,交通运输部质监总站站长李彦武率督查组至库阿项目检查指导工作。

8月24日,根据交通厅统一安排部署,交通厅党委委员、交通建设管理局党委书记何立新率督导组到库阿项目进行督导检查。

9月6日,厅指挥部总监办组织召开库阿项目路面基层施工经验交流会。

10月12日,厅指挥部组织召开设计施工总承包管理模式建设管理建议讨论会。

10月14日,自治区人大常委会副主任马明成率检查组视察库阿项目。

10月25日,驻交通运输部纪检组长杨利民一行莅临库阿项目检查指导。

11月6日,厅指挥部组织召开了K1013+500~K1017+500终点段改线方案协调会。

12月12~16日,厅指挥部工作人员会同电力、电信施工单位及工程造价审核单位就库阿项目征地拆迁工作进行了检查验收。

12月26日,厅指挥部召开库阿高速公路乌什互通区、阿克苏东互通区交通导改方案讨论会。

2011年

3月19~20日,由交通厅专家委员会高级工程师许忠良、王丛喜、崔云翔、李国栋,厅工程处高级工程师王廷武及交通建设管理局总工办高级工程师包卫星组织的专家组对库阿高速公路利用段改造68.11km及终点改线段4km工程进行外业验收。

3月22日,库阿高速公路召开利用段改造及终点改线变更设计图纸审查会。

5月5日,交通厅党委副书记、厅长里加提·苏里堂一行到库阿项目检查工程质量、安全、进度工作情况。

5月11日,浙江交通投资集团来库阿项目观摩考察。

5月13日,厅指挥部召开了各部门负责人及总监办主要人员参加的就收费制式变更引起的互通立交区路基、路面施工、桥涵构造物工程量增减的现场核查专题会议。

5月15日,库阿高速公路项目召开沥青混合料配合比设计评审会。

5月21日,国家林业局驻乌鲁木齐专员肖新艳处长一行来库阿项目对建设征占用林地情况进行监督检查。

6月17日,审计署驻长沙特派办副特派员张瑞民一行在交通建设管理局党委委员、副局长郝永峰陪同下,进驻库阿高速公路项目对建设资金进行跟踪审计。

7月12日,交通运输部公路局局长李华一行对库阿高速公路设计施工总承包项目进行调研。

7月12日,自治区水利厅建设项目水土保持监督检查组赴库阿项目开展水土保持监督检查。

7月12~18日,自治区公路工程质量监督局对库阿项目进行年中专项质量监督检查。

8月18日,全国人大常委会内务司法委员会主任委员黄镇东、交通运输部副部长冯正霖一行,在自治区党委常委宋爱荣、自治区人民政府副秘书长哈德尔别克·哈木扎、自治区交通运输厅党委副书记、厅长里加提·苏里堂陪同下对库阿项目进行调研指导。

11月12~17日,新疆公路工程质量监督局组成检查组对库阿项目进行交工验收质量检测工作。

11月18~22日,交通建设管理局对库阿高速公路进行交工验收质量审定工作。

11月28~30日,库阿项目主线交工。

G30 星星峡至吐鲁番(二期)高速公路

2010 年

8月1日,项目开工建设。

2011 年

2月19日,以交通建设管理局党委副书记、局长燕宪国为组长的检查督导小组对星吐片区建设项目的人员、设备进场、备料、施工组织计划、开工动员等开工准备工作落实情况进行检查监督。

3月25日,在第5合同段预制场组织召开了钢筋骨架制作安装现场观摩会。

3月28日~4月1日,由交通运输部科学研究院一行4人对连霍国道主干线新疆星星峡至吐鲁番段高速公路(二期)工程实施了水土保持监测项目,对全线水土保持状况进行了本年度首次全面调查。

4月10日,2011年施工工艺评审会议在第3合同段顺利召开。

4月16日,新疆公路工程质量监督局检查小组一行来到星哈项目,对本项目进行了2011年年初质量监督检查。

4月23日,在第8合同段新疆北方机械化筑路工程处召开了"连霍高速公路哈密至吐鲁番项目建设质量年精细化管理、质量通病专项治理现场观摩会"现场会。

5月17日,项目指挥部在哈密市组织了施工单位项目经理、环保工程师,监理单位总监、驻地工程师、环保工程师等人参加了"开发建设项目水土保持与环境保护知识培训"讲座。

6月19日,指挥部对项目监理单位、试验检测单位及各合同段试验检测人员进行了考核。

7月26日,由交通运输部党组成员、驻部纪检组长杨利民带队,自治区交通运输厅党委委员、纪检委书记张原、交通建设管理局局长燕宪国陪同,一行25人对连霍高速公路星星峡至吐鲁番建设项目进行了综合督查。

8月19日,全国人大常委会内务司法委员会主任委员、原交通部部长黄镇东,交通部副部长冯正霖在新疆维吾尔自治区交通厅副厅长李学东、交通建设管理局党委书记兼副局长何立新、中铁十二局党委书记梁健等领导同志的陪同下,来到由中铁十二局承建施工的连霍高速公路第11合同段检查督导工作,对施工现场予以高度评价,称赞该项目环保好、质量好、进度快。

10月12日下午,连霍高速公路第11合同段实现了提前一年铺通黑色路面的目标。

10月18~31日,公路质监局对哈密至吐鲁番段项目工程进行了年终施工阶段的质量综合监督检查。

11月23~24日,新疆交通建设管理局检查组对项目2011年下半年工作情况进行考核评价。

2012年

2月21日,交通运输厅党委副书记、厅长里加提·苏里堂苾临项目督导检查。

2月24日下午3点,打下波形梁护栏第一根立柱,标志着交安工程全线开始施工。

3月28日,自治区交通运输厅党委书记、副厅长王新华、党委委员、副厅长李学东一行到哈密视察公路工程建设,详细察看星星峡至哈密、哈密至吐鲁番项目建设情况,并在星星峡召开了座谈会。

3月30日,交通运输厅党委委员,交通建设管理局党委书记、副局长何立新一行莅临项目视察自制路肩施工布料机设备施工现场。

5月17日,自治区交通运输厅副厅长张德华一行督导帮办解决困难。

7月31日上午10时30分,连霍高速公路星星峡至哈密段路基路面主线全线贯通。

9月14日,交通运输厅党委委员、纪委书记张原一行对项目建设指挥部工作情况进行督察指导。

10月19日,由自治区交通运输厅、自治区交通建设管理局、自治区公路管理局、自治区公路工程质量监督局、自治区路政管理局的领导、专家及工程技术人员组成的交工验收委员会,连霍高速公路星星峡至吐鲁番建设项目现场进行了核查。

10月20日,在鄯善县召开了连霍高速公路星星峡至吐鲁番(二期)工程项目交工验收会议,一致通过该项目的交工验收并签署了交工证书及工程交接单。

10月21日,该项目正式由自治区公路管理局接管养护,自治区路政管理局进行路政管理。

2013年

7月11日,自治区交通建设管理局组织有关单位和部门对星星峡至吐鲁番(二期)机电工程进行了实地考察和检测。

2014 年

5月28日,自治区交通建设局组织有关单位和部门对星星峡至吐鲁番项目(二期)机电工程进行了交工验收工作,经过认真地讨论,形成并通过星星峡至吐鲁番项目(二期)机电工程交工验收报告。至此,连云港至霍尔果斯高速公路星星峡至吐鲁番项目(二期)机电工程顺利完成了交工验收工作。

G3012 小草湖至和硕公路改建工程

2010 年

2010年11月8日,由新疆维吾尔自治区发改委印发《关于小草湖至和硕段公路改建工程可行性研究报告的批复》(新发改交通〔2010〕2776号),批复项目估算55007.04万元。项目资金来源由车辆购置税资金和国内银行贷款两部分组成,其中车辆购置税资金19437万元,其余资金由银行贷款解决。

根据新疆维吾尔自治区公路管理局《关于委托小草湖至和硕段一级改高速建设项目进行勘察设计的函》(新公管便函〔2010〕137号)和新疆公路规划勘察设计研究院《关于下达小草湖至和硕段一级改高速公路建设项目勘察设计任务书》(新公设院〔2010〕112号)的要求执行勘测设计任务,根据勘察设计任务书要求,本项目分为两阶段设计,初步设计阶段于2010年7月~2010年10月完成,施工图设计阶段于2010年11月~2011年3月完成,并于2011年6月30日正式开工。

依据2010年1月14日交通运输部召开的全国交通援疆工作推进会中签订的代建框架协议,天津城建集团组成了新疆项目代建指挥部。指挥部所代建的新疆维吾尔自治区政府投资第13项目包,总投资约8亿元人民币,其中包括两个项目:一是S103艾维尔沟至鱼尔沟段新建二级公路工程。二是G3012小草湖至和硕一级公路改高速公路项目。

2011 年

2月22日,新疆维吾尔自治区交通运输厅印发《关于小草湖至和硕段一级改高速公路建设项目初步设计的批复》(新交综〔2011〕31号),批复项目概算核定的59602.6586万元。

3月17日,天津代建指挥部抵达乌鲁木齐,成员按框架协议规定进场。

4月19日,交通建设管理局网站发布施工招标中标人公示,G3012小草湖至和硕高速公路项目(一级改高速公路)施工招标中标结果如下所示,XH-1合同段中标人:湖南路桥建设集团公司。公示期为2011年4月19～25日。2011年5月4日,交通建设管理局与其签订施工合同。

4月20日,交通建设管理局下发《关于成立交通建设管理局G30乌鲁木齐绕城高速(东线)等21个代建项目指挥部的通知》(新交建党〔2011〕29号)。

4月25日,交通厅质监局完成第一合同段工地试验室资质核查工作。

4月27日,新疆维吾尔自治区环境保护厅印发《关于国道314线小草湖—和硕段一级改高速公路项目环境影响报告书的批复》(新环自函〔2011〕337号)。

5月11日,天津市政公路管理局领导视察慰问项目及工作人员。

7月5日,新疆维吾尔自治区交通运输厅印发《关于国道G3012小草湖至和硕公路改建工程施工图设计的批复》(新交综〔2011〕170号)批复项目预算核定的48689.0191万元。

6月30日,举行开工典礼,各参建单位和当地政府领导参加。

7月,通过了公路工程质量监督局对工地试验室临时资质的认证。

8月26日,指挥部组织召开项目交通导行方案专家论证会。

8月27日,天津市政公路管理局局长等视察项目。

9月22日,交通厅厅长穆铁礼甫、交通建设管理局局长燕宪国等一行来项目检查工作。

11月10日,天津援疆指挥部领导来项目视察工作。

2012年

4月12～17日,指挥部组织各参建单位安全教育学习和消防演练。

4月17日～5月15日,新疆维吾尔自治区公路工程质量监督局对在建公路建设项目进行监督检查。

5月14日,新疆交通建设管理局、托克逊政府领导视察项目工作。

5月28日,指挥部组织召开热再生专家方案评审会。

6月5日,新疆维吾尔自治区国土资源厅印发《关于小草湖至和硕段公路改建项目建设用地的批复》(新国土资函〔2012〕1088号)。

8月13～14日,交通厅、建设局、南疆片区指挥部领导视察本项目。

8月12日,热再生完工;8月,完成路基工程、路面及桥涵工程的施工;9月,完成交通工程、防护工程的施工;9月30日,项目完工。

G3012小草湖至和硕高速公路项目(一级改高速公路)管理养护与服务设施房建工程工程施工项目分为乌什塔拉养护工区及服务区、库米什养护工区扩建锅炉房、托克逊养护工区三部分。9月24日,新疆交通建设管理局与施工单位湖南路桥建设集团公司签署

《新疆维吾尔自治区 G3012 小草湖至和硕高速公路项目（一级改高速公路）管理养护与服务房屋建筑工程补充施工合同协议书》。工程造价 45102870 元。

10 月 25 日，交通建设管理局组织召开项目交工验收会。

2013 年

8 月，根据《关于小草湖至和硕公路改建工程托克逊城区建设有关事宜的批复》（新交综〔2013〕86 号），交通厅、建设局下发了小草湖至和硕公路改建工程（托克逊城区增加支线工程）变更设计图纸，将托克逊城区增加支线工程纳入小草湖至和硕公路改建工程中，施工任务仍由湖南路桥建设集团公司完成。托克逊城区增加支线工程于 2013 年 8 月 26 日开工，10 月 31 日完工。

11 月 11～12 日，交通建设管理局组织建设项目的资金核查工作。

12 月 20 日，交通建设管理局下发《关于开展代建设项目工作总结事宜的通知》（新交建计〔2013〕137 号）文件组织代建项目工作总结。

12 月 29～30 日，完成质量审定。2014 年 1 月 22 日，下发了《关于印发 G3012 小草湖至和硕公路改建项目（托克逊城区增加支线工程）质量审定报告》。2015 年 12 月 24 日，完成交工验收工作。

G3012 小草湖至和硕高速公路项目（一级改高速公路）管理养护与服务设施房建工程乌什塔拉养护工区及服务区、库米什养护工区扩建锅炉房于 2013 年 8 月 15 日完工。

2014 年

7 月 25～30 日，交通建设管理局组织项目质量鉴定工作。

8 月，指挥部完成本项目工程结算工作，并向审计单位提供审计资料。因厅批复变更及 2015 年新增变更还未确定费用，工程审计还在进行中。

12 月 5 日，召开水保交工验收工作会议。区水利厅于 2014 年 12 月 16 下发《关于印发小草湖至和硕段公路改建工程水土保持设施验收鉴定书的通知》（新水办水保〔2014〕303 号），竣工水土保持设施验收合格。

2015 年

4 月 20 日，交通厅下发《关于小草湖至和硕段公路托克逊养护工区施工图设计的批复》（新交综〔2015〕55 号），批复总投资为 1013.627 万元。

5 月 13 日，交通运输厅下发《关于国道 314 线小草湖至和硕段环境保护完善设计的批复》和图纸，要求部分路段设置声屏障、隔声窗、坎儿井保护、桥面封闭排水系统等设施。6 月 25 日开始进场实施，10 月 30 日已完工。

11月13～25日,交通建设管理局组织高速公路建设信息采集和实录编撰工作,小和项目完成了对数据采集和建设历程的梳理工作。

11月16日,签署新疆维吾尔自治区小草湖至和硕段一级公路改高速公路项目托克逊养护工区工程签订补充协议。

G3012阿克苏至喀什高速公路建设项目

2010年

1月31日,新疆维吾尔自治区交通建设管理局下发《阿克苏至喀什高速公路工程两阶段初步设计勘测外业验收鉴定书》(新交建总办〔2011〕9号)。

7月19日,新疆维吾尔自治区交通厅组织完成了"阿克苏至喀什高速公路工程可行性研究报告"评审。

9月25日,新疆维吾尔自治区交通建设管理局与新疆交通规划设计研究院(第1、第2合同段)签订《G3012阿克苏至喀什高速公路公路勘察设计合同》;10月10日,新疆维吾尔自治区交通建设管理局与中交公路规划设计院有限公司(第3合同段)签订《G3012阿克苏至喀什高速公路公路勘察设计合同》。

2011年

1月31日,通过交通建设管理局的外业验收。新疆维吾尔自治区交通规划勘察设计研究院、中交公路规划设计院有限公司2010年8月组织项目组技术人员进场对工可路线方案做进一步的研究和优化,补充可行的路线方案,复查纸上定线成果,于2010年10月25日完成了该项目全部外业勘察。

3月23日,新疆交通建设管理局委托厦门港湾咨询监理有限公司为招标代理,按程序面向全社会公开进行了3个合同段土建施工单位的招标。并于2011年4月19～25日对招标结果进行公示。

3月24日,新疆交通建设管理局委托华杰工程咨询有限公司为招标代理,招标代理单位按程序面向全社会公开进行了3个合同段土建监理单位的招标,设总监办、第一驻地办、第二驻地办和第三驻地办。

5月3日,水利部下发《关于连霍国家高速公路联络G3012阿克苏至喀什段水土保持方案的复函》(水保函〔2011〕133号)。

5月10日,新疆维吾尔自治区交通规划勘察设计研究院、中交公路规划设计院有限公司完成了G3012阿克苏至喀什高速公路工程施工图设计,于2013年5月17日通过了交通运输厅的施工图评审。

8月22日,环境保护部以《关于连霍国家高速公路联络线G3012阿克苏市—喀什段环境影响报告书的批复》(环审〔2011〕219号)同意本项目建设。

2012年

6月29日,国家发展和改革委员会下发《国家发展改革委关于新疆维吾尔自治区阿克苏至喀什公路可行性研究报告的批复》(发改基础〔2012〕1968号)。项目概算总投资:122.9亿元(含建设期贷款利息7.7亿元)。项目资金来源由车辆购置税资金和国内银行贷款两部分组成,其中,国家安排中央专项基金(车购税)41亿元、自治区安排财政交通专项资金6.2亿元,共计47.2亿元作为项目资本金,其余68.1亿元资金利用国内银行贷款解决。

7月17日,新疆维吾尔自治区国土资源厅下发《关于阿克苏—喀什段公路建设工程项目建设用地压覆矿产资源评估报告的批复》(新国土资函〔2012〕1533号)。

8月10日,交通运输部下发《交通运输部关于阿克苏至喀什公路初步设计的批复》(交公路发〔2012〕379号)。

2013年

5月17日,自治区交通运输厅下发《关于阿克苏至喀什公路工程施工图设计的批复》(新交综〔2013〕74号)。

2014年

3月24日,自治区交通运输厅下发《关于阿克苏至喀什高速公路项目配套房建工程外部供电工程施工图设计的批复》(新交综〔2014〕34号)。

6月10~30日,质监局完成第1、第2合同段交工质量检测,第3合同段于11月1~15日完成。第1、第2合同段于7月收到交工证书,第3合同段于12月4日收到交工证书。

S303奇台至木垒高速公路

2010年

12月29日,由中交第一公路勘察设计研究院有限公司编制的奇台至木垒高速公路项目初步设计文件顺利通过厅、局联合审查。

2011年

2月1日,自治区发改委下发《关于奇台至木垒高速公路工程可行性研究报告的批复》(新发改交通〔2011〕290号),批复了主线和支线长度、道路等级、总投资额和资金筹措等内容。

2月9日,自治区交通厅下发《关于奇台至木垒高速公路初步设计的批复》(新交综〔2011〕21号),批复了奇台至木垒高速公路初步设计,并对初步设计提出了审查意见,确定工程总概算为198452.5453万元。

2月21日,自治区国土资源厅下发《关于奇台至木垒高速公路建设用地的预审意见》(新国土资源预审字〔2011〕20号),批复建设用地。

4月6日,自治区水利厅下发《关于奇台至木垒高速公路建设项目水土保持方案的批复》(新水办水保〔2011〕80号),批复水保许可。

4月12日,奇木高速公路等12个项目同时开工,自治区及生产建设兵团领导分别前往11个公路建设工地现场,见证开工。

4月18日,自治区环保厅下发《关于奇台至木垒高速公路建设项目环境影响报告书的批复》(新环自函〔2011〕301号),批复环保许可。

4月23日,交通运输厅党委委员、副厅长李学东一行到S303奇台至木垒公路项目福建省代建指挥部检查指导工作。

5月3日,自治区交通厅下发《关于奇台至木垒高速公路施工图设计的批复》(新交综〔2011〕85号)批复了奇台至木垒高速公路施工图设计。

5月20日,昌吉州党委副书记、福建省援疆工作前方指挥部指挥长严金静在木垒县政协主席蔡云和县委副书记李明清的陪同下,来S303奇木高速公路项目福建省代建指挥部调研。

5月31日,S303奇台至木垒高速公路项目召开贯彻落实交通运输厅、建设管理局督导检查意见会议,福建省代建指挥部、总监办、驻地办、项目部和设计代表组等单位共40余人参加了会议。

6月16日,S303奇台至木垒高速公路项目召开"大干150天"劳动竞赛动员大会。同日,指挥部组织开展"安全生产月"消防演练。

7月4日,国家林业局下发《使用林地审核同意书》(林资许准〔2011〕158号)批复项目林地用地。

7月13日,交通运输部公路局局长李华等一行在新疆交通运输厅副厅长李学东、副厅长王太、交通建设管理局局长燕宪国等领导的陪同下莅临奇木高速公路项目调研。

7月27日,交通运输部党组成员、驻部纪检组组长杨利民带领交通运输部综合督查组在新疆交通运输厅党委委员、纪检委书记张原和交通建设管理局局长燕宪国等领导陪同下对奇木高速公路项目进行督查。

8月18日,交通运输厅党委委员、纪委书记张原,交通建设管理局党委委员、纪委书记李凌杰和公路管理局党委副书记、纪委书记孟新华等一行,对奇木高速公路项目进行检查。

8月21日,全国人大常委会内务司法委员会主任委员黄镇东、交通运输部副部长冯正霖在自治区常委宋爱荣、交通运输厅副厅长高江淮、李学东、交通建设管理局书记何立新等领导的陪同下,莅临奇木高速公路项目视察。

8月25日,福建省交通运输厅党组书记、厅长、省高速公路建设总指挥部总指挥李德金率省厅、省高指和省监理公司有关领导莅临福建省援疆代建指挥部检查奇木高速公路代建项目建设情况,并亲切慰问全体援疆人员。

10月28日,福建省代建指挥部组织各参建单位召开奇木高速公路落实农民工工资布置会。

2012年

3月8日,福建省代建指挥部组织开展2012年复工考核活动。

4月10~11日,S303奇木高速公路项目举办了"路面工程试验检测技术"讲座,各参建单位试验检测技术人员共50人参加了培训。

5月25~26日,新疆交通运输厅党委委员、纪委书记张原,新疆交通建设管理局党委副书记、局长燕宪国等领导与福建省交通运输厅党组成员、驻厅纪检组组长陈浦生一行就专项督查援疆代建工作进行了座谈。

5月27日,福建省代建指挥部组织项目全体参建单位召开"大干150天,确保完成工期目标"劳动竞赛动员大会。

6月11~15日,福建省交通运输厅党组成员、副厅长、省高速公路建设总指挥部副总指挥、福建省高速公路有限责任公司董事长吴庭锵莅临新疆S303奇台至木垒段高速公路建设项目视察援疆代建工作。

8月28日,福建省交通运输厅巡视员宋海滨及省交通工会一行专程赴福建代建奇木高速公路项目看望福建交通全体援疆工作人员。

9月21日,奇木高速公路附属项目木垒县城区道路人民路改造工程顺利建成通车。

10月6日,代建指挥部组织各参建单位、施工队对收费广场水泥混凝土路面施工较好的工点进行观摩。

10月18日,自治区监察厅执法监察室林亚蓉主任带领联合监督检查组对S30奇台至木垒高速公路建设项目进行督查。

11月3日,福建省代建指挥部组织全体参建单位召开奇木高速公路项目"大干150天"劳动竞赛总结会。

2013年

6月26日,自治区交通运输厅党委书记、副厅长王新华在交通建设管理局、公路管理局及厅有关处室等领导的陪同下,对 S303 奇台至木垒段高速公路建设项目双涝坝收费站、木垒服务区及沥青路面施工情况进行全线查看,现场了解和协调解决项目建设中存在的困难和问题。

10 月 8~12 日,自治区交通建设管理局联合自治区公路工程质量监督局对项目进行了质量审定,评分为 90.81 分,等级为合格。

10 月 15 日,厅党委委员、局党委书记何立新一行前往奇台至木垒项目,查看项目"五同步"实施情况。

10 月 17 日,奇台至木垒高速公路项目的房建工程通过交工验收。

11 月 18 日,新疆维吾尔自治区交通建设管理局组织专家对奇木高速公路进行了交工验收。

2014 年

7 月 29 日,机电工程全部完工。

11 月 2~4 日,自治区交通建设管理局联合自治区公路工程质量监督局对奇木高速公路项目机电工程进行了质量鉴定,评分为 94.9 分,等级为合格。

12 月 10 日,新疆维吾尔自治区交通建设管理局组织专家对奇木高速公路机电工程进行了交工验收。

G3015 克拉玛依至塔城高速公路

2010 年

8 月 6 日,完成了项目勘察设计招标的评标工作。

8 月 10 日上午,采纳评标委员会的推荐意见,确定第 1 合同段中标单位为中交第二公路勘察设计研究院有限公司,合同价 4042.5 万元;第 2 合同段中标单位为江苏省交通科学研究院股份有限公司,合同价 2950 万元。

8 月 21 日,完成了克拉玛依至塔城高速公路工程两阶段勘察设计第 3 合同段招标的评标工作。

8 月 23 日上午,采纳评标委员会的推荐意见,中标单位为:中国公路工程咨询集团有限公司,合同价 2220.35 万元。

2011 年

1 月 12 日,交通运输部在新疆组织召开工作推进会,建设局与 18 家代建单位签署代建框架协议。

1月26日,交通建设管理局发布项目招标公告,于2011年3月10~12日完成了G3015克拉玛依至塔城公路项目施工监理评标工作。

3月3日,确定由山东高速工程咨询有限公司承担总监办工作任务,同代建指挥部签订监理合同协议书。

3月17日,定标委员会审阅通过了评标委员会的评标报告,一致同意第一驻地办中标人为佛山市盛建公路工程监理有限公司(招标时本项目设置一个驻地办)。

3月23日,新疆交通运输厅召开代建项目开工动员会。

4月1日,G3015克拉玛依至塔城高速公路项目开工,2013年10月31日完工,合同工期31个月。实际完工日期为2014年9月。

4月21日,新疆交通运输厅党委委员、政治部主任孙永建调研克塔项目,视察驻地建设和实验室建设情况。

5月29日,新疆交通建设管理局党委委员、局长燕宪国检查克塔项目,视察工程建设进度情况。

5月30日,国家环评小组检查克塔项目,对克塔高速公路项目进行环境测评。

5月31日,新疆公路工程质量监督局巴哈提·吾先副局长率专家组对克塔项目各单位实验室进行了现场评审,各单位顺利通过评审,指挥部、总监办中心试验室荣获第一名。

8月25日,山东省交通运输厅副厅长范正金看望慰问克塔高速公路项目援疆干部员工,对指挥部在面临诸多不利因素制约下取得的工作成绩给予了充分肯定,并要求指挥部在以后的工作中强化大局意识、精品意识、安全意识和创先争优意识。

2012年

3月30日,克塔高速公路指挥部召开2012年复工工作会议,明确了克塔项目2012年投资目标和工程形象进度目标。

4月19日,自治区常委、自治区常务副主席黄卫在克拉玛依宣布克拉玛依至塔城高速公路开工建设。

4月30日,山东高速建设集团党委书记、副总经理、山东省代建指挥部指挥长杨博检查克塔高速公路第3合同段工作,要求合理调配资源,利用有限资金,抓好工程控制性节点的施工。

5月3日,新疆公路工程质量监督局副局长巴哈提·吾先带领第一监督组对克塔高速公路2012年施工准备阶段进行了质量监督检查。

5月8日,新疆交通运输厅副巡视员奚元琪到克塔项目督导帮办。听取了克塔高速公路工程建设情况的汇报,并视察了工程施工工艺控制、安全生产、标准化建设等情况。

6月28日,克拉玛依至塔城高速公路达尔布特特大桥首片40m预制T梁架设成功,标志着达尔布特特大桥已进入上部结构施工。

7月25日,交通运输厅党委委员,交通建设管理局党委书记、副局长何立新检查指导克塔项目工作,重点视察了达尔布特河大桥、铁厂沟隧道等工程建设进展情况。对项目严格落实标准化要求,积极引进新工艺和新设备表示了赞扬。

7月28日,克塔高速公路指挥部组织开展"百日大干"劳动竞赛活动,要求各单位统一思想,认清形势,围绕目标,强化保障措施,推动项目建设再上新水平。

8月10日,山东高速集团副总经理孙富军检查克塔项目,检查了达尔布特河特大桥施工现场和铁厂沟隧道施工现场,要求指挥部要始终把质量安全放到工程建设的首位,打造精品工程、优质工程。

8月13日,新疆交通运输厅纪委副书记孙建华一行到新疆克塔项目进行督查调研。重点对廉政文化建设和开展预防职务犯罪工作等情况进行了检查,对工程项目转包分包、资金拨付使用、农民工工资发放管理等关键环节进行了调研。

8月14日,山东高速集团总经理王玉君到克塔项目检查指导工作,对指挥部克服诸多不利因素,全力推动工程建设表示充分肯定。要求严格落实上级部署,狠抓落实,高效优质地完成项目建设任务。

10月27日,自治区交通运输厅党委书记、副厅长王新华看望慰问克塔高速公路各参建单位干部员工,视察了达尔布特河大桥的建设进展情况。

2013年

3月29日,克塔高速公路山东代建指挥部五楼会议室召开"百日大干"劳动竞赛活动总结暨2013年复工动员会议,并对今年"百日大干"劳动竞赛活动进行了部署。

4月9日,新疆交通建设管理局局长燕宪国督导检查克塔高速公路项目,重点检查了一合同段梁板预制厂、达尔布特河特大桥施工现场和第2、第3合同段材料储备情况。

4月16日,自治区交通运输厅党委委员、副厅长张德华督导调研克塔项目,详细了解项目建设过程中存在的困难和问题,视察了三坪互通、达尔布特河特大桥施工现场。

4月30日,达尔布特河特大桥,随着最后一片40m预制T梁就位,克塔高速公路达尔布特特大桥顺利架设完成。

8月20日,自治区交通运输厅党委委员、总工程师李志农调研克塔高速公路党的群众路线教育实践活动开展情况,并听取工程进度情况的汇报。

2014年

5月12日,交通运输厅党委委员、交通建设管理局党委书记苏彪调研克塔项目,对参建人员的付出和努力和在代建管理中取得的成绩给予肯定。

5月21日,克塔高速公路房建工程全体通过验收。

7月15日,克塔高速公路路面施工全部完成。

9月5日,山东省交通运输厅党组书记、厅长张传亭到新疆克塔项目调研指导工作。

9月11日,克塔项目交通工程、排水工程全部完成。

9月16日,克塔高速公路项目交工验收工程质量检测会议第一次会议在克拉玛依召开,随后展开外业实测实量及资料汇总工作。

10月19日,质监局对克塔项目工程质量检测完成,并召开第二次会议,同意克塔项目进行下一阶段交工验收工作。

11月4日,克塔高速公路通过新疆交通建设管理局审定检查组的检查验收。

11月11日,克塔项目通过由新疆交通建设管理局、塔城路政海事局和克拉玛依公路局等单位组成的验收核查小组验收。

11月19日,新疆交通建设管理局组织召开了G3015克拉玛依至塔城高速公路交工验收会议,由新疆交通运输厅、公路工程质监局、交通建设管理局、公路管理局、路政海事局等单位领导、专家组成的交工验收委员会,综合审定了克塔项目质量检测意见和质量审定报告,一致认为克塔项目工程质量合格,同意交工。

11月30日,塔城地委书记、行署专员等领导及塔城公路局、交通局干部职工参加G3015克拉玛依至塔城高速公路通车仪式,并宣布克塔高速公路工程通车。

G218 伊宁至墩麻扎高速公路

2010年

9月30日,自治区公路管理局在项目所在地伊犁州伊宁县举行了项目开工典礼仪式。

2011年

1月12日,江苏省交通规划设计院院长杨卫东与新疆交通建设管理局签订援疆项目代建协议。

8月12日,新疆交通建设管理局对代建项目进行了2011年上半年信用考核评价。

11月27日,新疆高博造价咨询有限公司、新疆高博会计师事务所对项目进行了跟踪审计。

11月29日,指挥部组织召开了项目第一次工程变更会议。

2012年

4月19~22日,自治区公路工程质量监督局第三监督小组对项目进行了2012年年初质量监督检查。

4月25~26日,代建指挥部组织召开了2012年复工会议,北疆片区指挥部主要领导参加了会议并检查了相关代建工作。

7月27日,新疆交通建设管理局党委委员、总会计师常建共一行对项目进行财务、资金的督查和指导工作。

8月3~6日,代建指挥部组织了对各参建单位年中履约考核和"大干60天"劳动竞赛考核。

8月10日,代建指挥部组织了硅芯管联合比选统一采购招标会。

8月14日,代建指挥部组织召开了S314部分路段换填的设计变更会议。

8月22~24日,代建指挥部开展了质量通病防治、强化"五化"建设的专项检查。

9月10日,伊犁州水利局水保处对项目在施工过程中水土保持情况进行了检查。

10月17~20日,自治区公路工程质量监督局第三质量监督小组对项目进行了年终质量和平安工地的考核。

2013年

4月17日,新疆交通运输厅党委委员、副厅长艾斯卡尔·牙合甫等一行调研伊墩高速公路项目工程建设情况。

5月5日,代建指挥部指挥长周冰组织召开了土建各参建单位生产推进会。

5月16日,自治区国土资源厅对项目建设用地遗留问题进行了调研并召开了座谈会。

6月20~21日,江苏省交通厅副厅长王永安一行督导调研江苏代建项目并与地方沿线政府召开了协调会。

6月22日,新疆交通建设管理局党委委员、副局长阿合买江·尤努斯一行检查伊墩项目房建施工质量、进展情况。

6月26~29日,新疆交通建设管理局党委委员、副局长郝永峰一行组织召开关于解决项目剩余若干问题的会议。

7月9日,代建指挥部组织了交通安全设施项目图纸技术交底及下一阶段工作计划会议。

7月16日,新疆维吾尔自治区公路工程质量监督局副局长望远福一行对伊墩项目安全生产进行了检查。

8月2日,自治区发改委、交通运输厅、交建局联合调研伊墩项目收费方案。

8月24日,自治区交通运输厅党委委员、副厅长张德华一行对伊墩项目进行调研指导工作。

11月3日~12月4日,新疆公路工程质量监督局对项目进行了交工前的检测,并出具了检测意见书。

11月22~30日,新疆交通建设管理局对项目进行了质量审定,并出具了审定报告。

12月10日,新疆交通建设管理局组织召开了土建、交安工程的交工验收会议。

2014年

6月11日,自治区交通运输厅党委委员、交建局党委书记苏彪一行调研项目扫尾工程进展情况。

8月22日,自治区交通运输厅党委书记王新华一行检查督导项目房建、机电工程进展情况。

9月2~5日,新疆公路工程质量监督局对项目未完遗留工程进行了第二次工程质量检测。

9月10~12日,新疆交通建设管理局组织了对项目房建工程及配套设施工程交工验收会议,同意交工。

2015年

5月20~22日,交通建设管理局对项目机电工程进行了完工检测。

5月30日~6月4日,交通建设管理局对项目土建工程、交通安全设施工程进行了工程质量复审。

6月10日,项目正式进入收费试运营阶段。

8月11~22日,新疆交通运输工程质量监督局对项目路基、路面、桥涵、交通安全设施进行了工程质量鉴定。

9月1日,绿化工程开工。

12月4~6日,新疆交通运输工程质量监督局对机电工程进行了质量鉴定。

S215 三岔口至莎车高速公路

2010年

9月15日,新疆交通规划勘察设计研究院开始初步勘测设计。

11月8日,新疆维吾尔自治区发展与改革委员会正式下发《关于省道215线三岔口至莎车公路工程可行性研究报告的批复》(新发改交通〔2010〕2775号)。

2011年

1月12日,交通运输部在乌鲁木齐召开了交通运输援疆工作推进会议,按照"政治动员、市场运作"的会议精神要求,上海市城乡建设和交通委员会(以下简称"上海市建交委")以援疆干部和企业相结合的方式组建项目代建管理团队,由新疆维吾尔自治区交通建设管理局(以下简称"交建局")委托上海市政工程设计研究总院(集团)有限公司(以下简称"上海市政总院")进行代建,并由代建单位负责组建总监理工程师办公室(以下简称"总监办")(含中心试验室)。

2月25日,总指挥陈靖主持召开了巴莎公路项目代建专题会议。

3月30日,代建指挥部、总监办和中心试验室组建成立。

5月29日,上海市建交委主任黄融、总工程师秦云视察了莎车驻地的建设情况。

6月28日,上海市建设和交通工作党委书记许德明、副主任蒋曙杰等领导在上海援疆前方指挥部副总指挥闵师林陪同下到代建指挥部慰问检查。

7月17日,上海市人大常委会主任刘云耕率上海市人大代表团来代建指挥部莎车驻地视察慰问,上海建工集团总裁、上海市政总院董事长徐征陪同。

7月29日,项目在莎车南互通举行开工典礼。

8月13日,上海市建设和交通工作党委副书记范志伟一行到代建指挥部慰问并检查指导工作。

9月18日,上海市政总院党委书记莫峻、副书记陆大忠到代建指挥部进行慰问和工作指导。

9月22日,上海建工集团副总裁卞家俊一行到代建指挥部进行慰问和工作指导。

11月30日,上海建工集团纪委书记郭雪林、副总裁卞家俊一行到代建指挥部进行慰问和工作指导。

12月8日,新疆交通运输厅党委书记王新华、喀什地委委员、行署副专员叶林一行到代建指挥部检查指导工作并慰问。

2012年

3月3日,上海援疆前方指挥部常务副总指挥张仁良、闵师林一行领导到代建指挥部慰问并指导工作。

4月21日,上海市建设和交通工作党委书记许德明一行在代建指挥部指挥长过震文、党支部书记兼副指挥长张亮等代建指挥部领导陪同下到第1合同段施工现场慰问建设者。

4月26~27日,由代建指挥部承办的"新疆公路工程工地试验室示范推进会"召开,新疆交通运输厅总工程师李志农出席并讲话。

5月14日,上海市副市长姜平视察工地现场,并慰问建设人员。

5月18~19日,新疆交通运输厅副厅长殷绍龙一行三莎项目进行安全生产督导。

6月6日,《人民日报》以"三莎高速公路项目工作纪实"为题报道三莎项目建设推进情况。

6月8~9日，上海市政总院总裁周军、总裁助理马珏伟到代建指挥部莎车、麦盖提驻地慰问员工，了解项目施工进展情况，检查指导代建工作。

6月11日，上海市建设和交通工作党委副书记田赛男一行到三莎项目指导工作、慰问代建指挥部员工。

6月15日，喀什地委委员、莎车县委书记何利民一行在三莎项目第4合同段工地进行慰问。

6月29日，上海市国资委副主任陈晓宏一行到莎车南互通施工现场看望和慰问参建员工。

7月13日，新疆卫视《新闻联播》对三莎项目建设情况进行报道。

7月17日，《中国交通报》以"盐碱荒滩树'标杆'"为题，报道三莎项目工程建设特点、困难以及工程建设进展情况。

8月9日，新疆交通运输厅纪委书记张原一行到三莎项目指导廉政工作，开展建设项目执法监察专项督查调研。

8月17日，新疆交通运输厅党委副书记、厅长里加提·苏里堂出席项目建设工作推进会，并视察三莎项目施工现场，看望参建人员。

8月19日，由中共上海市委常委、宣传部部长杨振武率领的上海文化援疆考察团一行，到第四合同段莎车南互通工地，慰问代建指挥部员工以及施工单位一线人员。

8月23日，上海市建交委主任黄融到三莎项目调研、指导工作，并对援疆干部和参建单位人员进行慰问。

8月25日，新疆交通运输厅在乌鲁木齐召开"S215线三岔口至莎车公路代建项目工作推进座谈会"，上海市建交委主任黄融一行就三莎项目工作推进事宜与新疆交通运输厅党委副书记、厅长里加提·苏里堂等厅、局领导进行了交流。指挥长过震文、党支部书记兼副指挥长张亮参加。

8月29日，上海市重大工程办公室副主任、上海市重点实施立功竞赛办公室主任刘军到三莎项目检查指导工作。

9月25~26日，交通运输部新疆公路（代建）项目廉政建设工作座谈会在新疆乌鲁木齐举行，部党组成员、驻部纪检组组长李建波出席会议。代建指挥部党支部书记兼副指挥长张亮参加会议，就廉政建设工作情况进行了经验交流发言。

10月15~16日，新疆交通运输厅党委书记、副厅长王新华，厅党委委员、交通建设管理局党委书记、副局长何立新等一行领导到上海进行回访调研。其间与上海市建交委主任黄融、副主任秦云、上海前方指挥部副总指挥闵师林等上海建交系统领导就三莎项目推进工作情况进行交流。

10月16日,新疆交通运输厅副厅长张德华同志在交通建设管理局副局长王成陪同下到三莎项目检查指导工作。

2013年

1月31日,上海市建交委主任黄融主持召开专题会议,听取三莎项目进展情况汇报,建交委副主任、援疆前方指挥部副总指挥闵师林、上海市建交委副主任秦云以及上海市政总院总裁周军、代建指挥部指挥长过震文、党支部书记兼副指挥长张亮等参加会议。

3月18日,全线基本完成主线征地工作。

3月25日,新疆卫视《新闻联播》报道三莎项目建设推进情况。

4月11日,在喀什召开S215线三岔口至莎车公路项目2013年度建设工作会议。

5月1日,上海市副市长时光辉、市政府副秘书长吴建融等一行到施工现场视察并慰问项目建设者。

5月1日,上海市建设和交通工作党委书记许德明、上海市建交委副主任蒋曙杰等一行到莎车南互通施工现场看望建设者。

6月28日,上海市委常委、秘书长尹弘视察莎车南互通施工现场。

6月30日~7月1日,新疆交通运输厅党委委员、总工程师李志农一行对三莎项目进行调研并指导科研工作。

7月15日,上海市建交委工作党委秘书长张旗一行慰问三莎项目,并指导工作。

7月14~17日,上海市建设工程安质监总站站长黄忠辉带队,来自上海公路建设系统的专家到项目进行质量安全检查指导。

9月17日,上海市建交委主任汤志平、上海市建设和交通工作党委副书记田赛男一行莅临三莎项目指导工作。

9月18日,新疆交通建设管理局局长燕宪国一行视察现场。

9月24~26日,上海市政总院总工程师徐健一行对沥青路面施工进行现场技术指导。

10月17~18日,上海市政总院党委书记陆大忠、副书记张辰一行到代建指挥部看望员工并检查指导工作。

10月31日,上海市人大常委会副主任薛潮、人大城建环保委副主任许解良,视察三莎项目进展情况。

11月6日,上海市建设交通工作党委书记崔明华一行到莎车南互通施工现场检查指导工作,看望建设者。

11月30日,全线完成房建结构封顶。

2014年

3月20日,新疆维吾尔自治区交通厅党委书记、副厅长土新华一行巡视第3、第4合同段并检查指导工作。

3月24日,在喀什召开S215三岔口至莎车公路项目2014年度建设工作会议。

3月27日,新疆维吾尔自治区交通运输厅正式批复施工许可。

4月13~14日,交通运输厅党委委员、交通建设管理局党委书记苏彪对项目进行调研。

4月29日,喀什地区行署副专员王勇智带领喀什地区交通局、公路局、路政局负责人,专程检查项目连接线征迁工作落实情况。

5月1日,代建指挥部被中华总工会授予"全国工人先锋号"称号。

6月3日,全线完成路面工程施工。

6月6~11日,上海市建交委质监处副处长祝若萍、公路质监站站长周净带队,上海市公路系统专家组对项目进行交工前施工质量及内业资料检查。

6月16~17日,新疆交通运输厅副厅长张德华、副巡视员何立新一行到项目调研。

6月29~30日,上海市交委副主任、路政局局长戴晓坚,路政局养护处处长李俊,路网中心副主任李哲梁等一行到项目进行调研。

6月30日,全线完成机电工程施工,进入单机调试阶段。

7月9~18日,新疆交通建设管理局组织进行全线工程质量审定。

7月17~20日,中共中央政治局委员、上海市委书记韩正,市委副书记、市长杨雄率领上海市党政代表团考察。

7月21日,全线完成交安附属工程施工。

8月20日,新疆交通建设管理局局长燕宪国一行视察现场。

8月22日,全线完成房建工程施工。

8月25~28日,新疆交通建设管理局组织公路管理局、路政局、设计单位进行房建工程交竣工预验收工作。

9月25~26日,交通运输部全国公路建设管理体制改革座谈会,在新疆乌鲁木齐举行,部党组成员、副部长冯正霖出席会议。代建指挥部指挥长过震文参加会议,并就三莎项目代建工作情况进行交流发言。

G30乌鲁木齐绕城高速(东线)公路

2011年

4月20日,新疆交通建设管理局和湖南高速项目管理有限公司就G30乌鲁木齐绕城高速公路(东线)项目签订代建协议。

11月3日,新疆交通质监局确定本项目为全区"创建平安工地"示范交流项目。

11月28日,新疆交通建设管理局明确,湖南省代建指挥部为2011年度争创"筑路先锋杯"劳动竞赛优胜单位。

2012年

6月,因项目工可未批复等原因,新疆交通运输厅决定本项目停工缓建。

2013年

5月24日,总监办签发本项目复工令。

6月3日,湖南省代建指挥部组织召开复工动员大会。

7月15日,湖南省代建指挥部组织召开"三集中"标准化建设现场会。

7月30日,新疆交通运输厅对本项目标准化建设情况进行检查验收。

8月11日,湖南省委第五巡视组组长徐泽高莅临本项目检查指导工作。

8月31日,"大干70天"劳动竞赛活动正式启动。

11月13日,本项目正式列为最高人民检察院、新疆维吾尔自治区人民检察院、新疆交通运输厅和新疆交通建设管理局职务犯罪专项预防重点挂牌督办项目。

2014年

4月2日,湖南省代建指挥部组织各施工、监理单位负责人召开2014年度项目施工动员大会。

4月11日,新疆维吾尔自治区环保厅调研组一行莅临项目,就项目建设穿越乌拉泊一级水源地保护区环境保护工作进行专项调研。

4月17日,项目第2合同段石人子沟特大桥首片箱梁顺利浇筑完成。

5月5日,自治区交通运输厅党委委员、交通建设管理局党委书记、副局长苏彪一行对项目进行调研指导。

5月13~16日,自治区交通运输厅副巡视员何立新一行深入项目施工一线,就项目征迁协调工作情况进行实地调研指导。

6月10日,市人大常委会党组书记、副主任隋吉平,副市长樊新和,交通运输厅副巡视员何立新率各相关单位负责人及有关人员,实地督战项目征地拆迁及协调工作。

6月17日,自治区交通运输厅党委书记、副厅长王新华实地调研指导项目,看望慰问广大建设者,现场了解与协调项目当前存在的问题与困难。

8月27日,湖南省交通运输厅党组成员、副厅长詹新华一行,专赴新疆看望慰问援疆代建干部职工。

9月2日下午,自治区人民检察院职务犯罪预防处一行专赴项目,实地调研项目职务犯罪专项预防工作。

9月4日,项目举办桥面系施工现场观摩会,项目各参建单位的相关人员在第2合同段对其桥面铺装和防撞栏杆进行现场实地观摩。

9月12日,湖南省高管局党委委员、副局长宋祖科,局党委委员、总工程师李健一行,赴新疆调研项目,看望慰问援疆干部职工。

9月23日,新疆交通运输厅党委副书记、厅长里加提·苏里堂,厅党委委员、副厅长王永轩,乌鲁木齐市副市长樊新和,新疆交通建设管理局局长燕宪国一行,对项目建设情况进行实地督战调研。

9月26日,湖南省交通运输厅党组成员、副厅长赵平,省高管局党委委员、副局长谢立新一行赴疆调研项目。

10月10日,新疆交通运输厅党委委员、副厅长汪宝良在厅副总工程师、新疆公路工程质量监督局局长陈发明等的陪同下,对项目建设情况进行实地督查。

10月14日,黄河上中游管理局督查组祁永新一行,对项目水土保持工作进行实地督查。

11月5日,自治区交通运输厅党委委员、交通建设管理局党委书记、副局长苏彪一行,深入项目进行实地督战调研。

11月15日,新疆交通建设管理局对项目观园路连接线工程进行质量审定。

2015年

4月20日,湖南省代建指挥部组织召开项目2015年度施工动员大会。

5月15~22日,自治区副主席穆铁礼甫·哈斯木率自治区交通运输厅、交通建设管理局及乌鲁木齐市政府相关责任人一行,对项目进行实地督查指导。

5月16日,湖南省代建指挥部特邀长安大学公路学院郝培文教授召开路面施工接缝处理专题研讨会。

5月17日18点58分,项目第2合同段石人子沟隧道左幅左上导顺利贯通。

6月5日,项目配套房建工程施工图设计正式确定,房建工程拉开建设序幕。

6月9日,自治区交通运输厅党委书记、副厅长王新华率厅党委委员、自治区交通建设管理局党委书记苏彪,局党委委员、副局长阿合买江·尤努斯一行,对项目进行实地调研指导。

6月23日,自治区人民政府副主席穆铁礼甫·哈斯木率乌鲁木齐市市长伊力哈木·沙比尔,副市长樊新和,自治区交通运输厅党委委员、交通建设管理局党委书记苏彪,厅党委委员、副厅长汪宝良,局党委委员、副局长阿合买江·尤努斯等对制约工程进展问题进行现场办公。

7月2日,自治区党委副书记、自治区主席雪克来提·扎克尔率自治区党委常委、乌鲁木齐市委书记朱海仑,市委副书记、市长伊力哈木·沙比尔,副市长樊新和,原交通运输厅党委书记、副厅长王新华,厅党委委员、交通建设管理局党委书记苏彪,厅党委委员、副厅长汪宝良等一行,专赴项目现场调研。

7月2日,自治区交通建设管理局质量总监陈建壮带领第三方检测单位新疆环路通公路桥梁试验检测有限公司到项目开展质量安全综合检查。

7月7日,交通建设管理局党委委员、副局长阿合买江·尤努斯一行到项目第3合同段进行现场办公。

7月9日,自治区环保厅、自治区环境保护监察总队、乌鲁木齐市环保局对项目进行环保、水保检查。

7月15日,湖南省代建指挥部组织召开采空区治理工程施工推进会议。

8月1日,交通运输厅党委书记、副厅长高江淮,厅党委委员、总工程师李志农,厅副巡视员何立新到项目全线进行巡视调研。

8月1日,自治区交通建设管理局党委委员、副局长阿合买江·尤努斯,执行三处党委副书记、处长张毅到项目全线现场办公。

8月10日,项目重要节点性工程、项目最长桥梁石人子沟特大桥左幅顺利贯通。

8月12日,自治区交通运输厅党委委员、交通建设管理局党委书记苏彪,局党委委员、副局长阿合买江·尤努斯到项目一线实地调研。

8月26日,自治区交通运输厅党委副书记、厅长祖丽菲娅·阿布都卡德尔率厅党委委员、总工程师李志农,厅副巡视员何立新,交通建设管理局党委副书记、局长燕宪国,局党委委员、副局长阿合买江·尤努斯一行,深入项目施工一线,对安全生产工作进行专项督查。

9月4日,采空区第1合同段完工。

9月11日,项目重要节点性工程石人子沟特大桥全幅顺利贯通。

9月12日,采空区第3合同段完工。

9月18日,由湖南省高管局工会组织的离退休老干部一行三十余人,赴新疆看望慰问了指挥部援疆干部职工。

9月21日,黄河上中游管理局赴项目全线开展水土保持工作专项督查。

9月22日,土建第3合同段全线顺利贯通。

10月3日,自治区交通运输厅书记高江淮、厅长祖丽菲娅·阿布都卡德尔、总工程师李志农,交通建设管理局书记苏彪等实地调研项目施工进展情况。

10月20日,自治区交通建设管理局副局长阿合买江·尤努斯赴项目全线实地调研,督查各项工程进展情况。

10月22日，项目土建第1合同段圆满完成全部路面施工任务，沥青路面全线贯通。

10月28日，自治区人民政府副主席穆铁礼甫·哈斯木率交通运输厅党委书记、副厅长高江淮，厅党委委员、交通建设和管理局党委书记苏彪，局党委副书记、局长燕宪国等一行实地视察项目，对项目贯通工作进行现场指导。

10月29日，湖南省交通运输厅党组书记、厅长刘明欣率厅办公室主任周超、基建处处长罗恒、财务处处长廖毅，湖南省高管局党委委员、纪委书记孟繁魁等一行，赴新疆看望慰问了指挥部援疆干部职工。

11月25日，总监办下达除葛家沟隧道外的停工令。

2016年

3月18日，项目2016年度工作会议召开。

5月20日，项目葛家沟隧道左洞贯通。

6月2日，项目葛家沟隧道全幅顺利贯通。

6月29日下午，自治区交通运输厅质监局就"公路水运工程建设质量管理体系研究"课题对项目进行调研。

S16麦盖提至喀什高速公路建设项目

2011年

1月12日，交通运输部召开交通运输援疆工作推进会，李盛霖部长作重要讲话，动员全国交通运输系统加大支持新疆力度，促进新疆交通运输跨越式发展。会上，新疆维吾尔自治区交通运输厅和浙江交通运输厅、新疆交通建设管理局和浙江省交通投资集团有限公司、浙江公路水运工程咨询公司分别签订了框架协议书。框架协议书确定浙江省交通投资集团有限公司代建G3013喀什至伊尔克什坦口岸高速公路项目、G315叶城至喀什段老路改造公路项目。浙江公路水运工程咨询公司代建S310麦盖提至喀什高速公路项目。

10月30日，麦喀公路项目召开第一次工地会议，标志着麦喀高速公路项目建设土建工程已由施工准备阶段正式进入施工阶段。

11月14日，新疆交通运输厅公路工程质量监督局局长宋学艺，新疆交建局南疆片区副指挥长陈建壮、李立新等就麦喀项目各驻地办、项目部的进场工作开展情况以及指挥部的中心试验室建设情况进行了实地检查。

2012年

1月5日，浙江省交通运输厅召开援疆干部新春座谈会，厅党组副书记、副厅长徐纪平出席会议并作重要讲话。

2月8日,浙江省交通运输厅党组书记、厅长郭剑彪在浙江交通援疆办上报的2011年工作总结中作出重要批示。批示全文为:"援疆办全体同志克服各种困难,作出显著成绩,展示了浙江交通精神。我代表厅党组向你们致以节日的慰问和崇高的敬意。"

4月22日下午,自治区党委常委、自治区常务副主席黄卫在喀什地委书记程振山陪同下,专程到S310麦喀项目浙江代建工地现场检查指导工作。

7月13~14日,自治区交通运输厅副巡视员王军一行督导S310麦喀高速公路项目。

7月26~27日,麦喀项目指挥部开展本工程项目预防职务犯罪检查工作。本次检查,特邀新疆维吾尔自治区人民检察院喀什分院预防处工作人员参加。

8月9~10日,自治区交通运输厅厅党委委员、纪委书记张原、自治区检察院职务犯罪预防处处长谭淑丽、建设局监察室主任王俊杰一行督查麦喀项目廉政建设工作。

10月1日上午,新疆喀什地委书记程振山率喀什地委、市委领导班子成员来到S310麦盖提至喀什高速公路项目第五合同段工程施工现场看望、慰问了放弃节假日休息、仍然奋战在工程一线的建设者。

10月16日晚上,新疆交通运输厅党委委员、副厅长张德华到S310麦喀高速公路项目浙江公路水运工程咨询公司代建指挥部驻地看望、慰问了指挥部的全体人员。

2013年

4月1日,喀什地区地委委员、书记曾存一行调研S310麦盖提至喀什高速公路项喀什连接线建设情况,实地察看了麦喀第5合同段小亚郎桥的施工情况。

4月9日,新疆交通运输厅党委委员,交通建设管理局党委书记、副局长何立新率检查组一行督导麦喀高速公路项目。

6月18~21日,浙江省交通运输厅副厅长、党组成员储雪青一行考察调研浙江交通援疆代建项目,看望慰问浙江交通援疆全体干部职工。

6月29日,新疆维吾尔自治区交通运输厅党委委员、总工程师李志农率检查组督导调研麦喀高速公路项目。

8月10日,浙江省交通建设监理行业协会常务副会长江立生一行到新疆喀什浙江交通两个代建指挥部进行考察调研。

9月16~17日,新疆交通运输厅党委委员、副厅长张德华督导调研麦喀项目,协调解决麦喀高速公路工程推进难题,推动工程进展。

2014年

3月13日,喀什地区行署副专员王勇智带领地方政府及交通局相关负责人在新疆交通建设局项目执行二处党委副书记、处长玉山江·伊布拉音,新疆交通建设管理局建设用地处孙志勇及沿线地方政府负责人的陪同下对麦喀第1~5合同段全线进行了实地考察、现场办公,协调解决沿线杆线迁移、土地征迁存在问题。

4月10日,新疆交通建设管理局、新疆公路工程质量监督局、新疆交通建设局项目执行二处组成质量验收小组顺利通过了麦喀高速公路项目首批房建工程(包括主线喀什收费站监控楼、路政综合楼、养护工区综合楼等)的主体结构验收。

4月13日,新疆维吾尔自治区交通运输厅党委委员、交通建设局党委书记、副局长苏彪一行考察、调研浙江省代建麦喀高速公路项目,并帮助代建指挥部协调解决项目遗留征地拆迁困难。

5月13日,新疆公路工程质监局局长陈发明、副局长望远福、处长蔡东波等一行对麦喀第2合同段沥青路面数字化施工实时动态检测系统的应用情况进行了考察。

6月16日,新疆交通运输厅党委委员、副厅长张德华、新疆交通运输厅副巡视员何立新、新疆交通建设管理局项目执行二处党委副书记、处长玉山江·伊布拉音一行深入麦喀高速公路施工现场调研指导工作,全线察看了项目总体进度、路面施工质量、房建机电工程、边坡修整和波形护栏安装等施工情况。

7月1~2日,新疆交通建设管理局党委委员、总会计师曾伟,财务处副处长陈坚,执行二处财务科科长王新莉一行督查浙江代建麦喀项目财务运转情况,了解项目工程进度,协助解决工程存在的困难。

8月20日上午,新疆交通建设管理局党委副书记、局长燕宪国对麦喀项目工程建设情况进行了调研。

9月21日,新疆维吾尔自治区交通运输厅党委委员、交通建设局党委书记、副局长苏彪一行考察浙江省代建麦喀高速公路项目。

9月25~26日,全国公路建设管理体制改革座谈会(代建工作总结表彰)在乌鲁木齐市举行。浙江省交通运输厅荣获"新疆公路代建工作先进管理单位";浙江公路水运工程咨询公司荣获"新疆公路代建工作先进单位";浙江代建S310麦喀高速公路项目指挥部指挥长叶勇荣获"新疆公路代建工作优秀指挥长";孙庆云、陈武林、杨奎平、李继平、沈少华、郑炜、苏昕睿、季媛媛、杨永涛、刘华芝、陶云、项春春、杨超、胡彦威、潘治豪、欧阳鑫和新疆派驻本项目的陈建壮、曹国生、张振煜荣获"新疆公路代建工作先进工作者"。

9月26日~10月6日,新疆交通建设管理局组织工程质量审定组对S310麦喀高速公路进行交工质量审定。麦喀主线5个合同段审定得分95.1分,其中第5合同段审定得分95.87分为最高分,伽师连接线合同段审定得分93.11分。实现了指挥部既定的工程质量优质目标。

11月6日,麦喀项目通车试运营。

G216 五彩湾至大黄山高速公路

2011 年

3月4日,在由新疆维吾尔自治区交通建设管理局召开开了土建项目招标开标会议,公开项目施工招标中标结果。

4月12日,项目在吉木萨尔县老台乡开工,交通厅党委副书记、厅长里加提·苏里堂主持仪式。

6月,开展"安全生产月活动"。

7月20日,完成工程量清单符合工作。

8月25日,全国公路代建工作座谈会在新疆维吾尔自治区乌鲁木齐市举行。

9月10日,新疆维吾尔自治区交通建设管理局局长燕宪国带领检查组对项目进行现场视察指导工作。

2012 年

3月22日,指挥部联合监理单位对已完工工程进行"质量回头望",并对部分存在质量缺陷的工程要求限期整改。

4月12日,认真学习全面贯彻落实新疆维吾尔自治区交通建设管理局《新疆维吾尔自治区公路建设项目"抓示范、树品牌"活动实施方案》活动。

5月5日,陕西省交通建设集团公司有关领导到项目视察指导工作。

6~7月,项目积极开展"安全生产月活动"。

7月10日~10月20日,项目全面开展"大干一百天,劳动竞赛活动"。

10月,项目全线路基土石方工程基本完成。

2013 年

3月28日,由项目执行三处、代建指挥部、吉木萨尔县公路管理局吉木萨尔县环保局等单位代表在代建指挥部会议室召开环境保护协调工作会。

3月30日,项目全线工作面全部复工。

6月25日,陕西省交通建设集团公司骆处长到项目视察指导工作。

8月底,项目全线桥涵结构物主体基本全部完成。

9月25日,项目全线路面工程基本完成。

10月30日,项目交安工程基本完成。

11月19日,项目土建工程通过交工验收。

11月30日,项目房建工程通过交工验收。

12月7日,项目正式试运行通车。

2014 年

12月10日,项目机电工程通过交工验收。

2015 年

项目荣获"2014—2015年度国家优质工程奖"。

G30乌苏至赛里木湖一级公路改高速公路项目

2011 年

8月4日,举行项目设计技术交底会。

8月17日,指挥部组织监理、施工、设计各方代表召开施工图纸审查会。

8月25日,湖北省交通运输厅巡视员徐健在第1合同段四棵树梁场指导标准化工作。

9月26日,质监局局长宋学艺一行对项目质量安全管理情况进行检查指导。

9月30日,新疆交通运输厅厅长里加提·苏里堂一行视察指导乌赛项目工作。

10月15日,举办施工技术资料培训班。

2012 年

9月27日,北疆片区指挥部临时党委副书记、副指挥长皮里东·吾甫尔一行检查指导乌赛项目工作。

2013 年

5月11日,指挥部组织第1、2合同段安全专项方案专家评审。

5月28日,乌赛项目首片梁板成功吊装。

9月12日,湖北省交通运输厅纪检组长刘汉诚代表省总工会授予指挥部"工人先锋号"奖牌。

2014 年

6月10日,新疆交通运输厅党委委员、局党委书记、副局长苏彪视察指导乌赛项目工作。

11月19日,召开G30乌苏至赛里木湖一级公路改高速公路项目交工验收会。

11月21日,房建15个站点预验收。

2015年

5月20~21日,受新疆交通建设管理局委托中国电建集团华东勘测设计研究院有限公司组成的水土保持评估调查组对项目水土保持工作进行了首次全面普查。

11月14~15日,新疆交通建设管理局会同自治区公路局、质监局、路政海事局、项目执行一处等单位组成联合验收核查组,对配套房建工程的最后3个站点红星农场互通收费站、乌苏东互通收费站及养护工区、赛里木湖服务区及养护治超站进行了交工前验收核查。

G3013 喀什至伊尔克什坦口岸公路

2011年

5月6日,新疆维吾尔自治区交通运输厅党委副书记、厅长里加提苏里堂一行莅临指挥部考察指导工作。

5月7日,新疆交通建设管理局党委副书记、局长燕宪国到指挥部调研指导。

5月19日,指挥部召开项目建设形势分析座谈会,指挥长陈继禹要求大家做到"灵活、主动、创新、可控"地推动项目建设。

6月9~10日,浙江省交通投资集团有限公司董事长兼党委书记陈继松、副总经理张鲁芸一行赴代建喀伊项目视察指导工作。

6月22日,喀伊项目桩基、大型混凝土挡土墙首件在KY-1合同段开始浇筑。

8月24~25日,全国公路代建工作座谈会在乌鲁木齐召开,交通运输部副部长冯正霖参加会议,并做重要谈话。

8月29~30日,浙江省交通运输部副厅长兼公路建设领导小组组长徐纪平到代建指挥部考察指导,并对全体人员进行了慰问和座谈。

9月12~14日,浙江省交通投资集团有限公司总经理王洪涛一行到指挥部慰问和考察指导工作。

11月23日,新疆维吾尔自治区交通运输厅督察组对喀伊项目建设、管理情况进行督导检查。

2012年

3月20日,喀伊项目浙江省代建指挥部网站开通。

4月21日,自治区党委常委、常务副主席黄卫约见指挥长陈继禹。

5月23日,喀伊项目第1合同段举办数字化施工交流演示会。

5月24~25日,自治区交通运输厅副巡视员奚元琪检查督导喀伊项目。

6月30日~7月1日,由《中国交通报》、《新疆日报》、新疆电视台、《新疆经济报》等媒体组成的新闻记者团到喀伊项目采访。

7月6日,喀伊公路控制性工程——康苏隧道顺利贯通。

8月10日,自治区交通运输厅党委委员、纪委书记张原对喀伊项目进行执法监察专项督查调研。

8月16日,自治区交通运输厅党委副书记、厅长里加提·苏里堂对喀伊项目进行督导检查。

8月23日,中国海员建设工会检查慰问喀伊项目,并就劳动立功竞赛活动开展考察调研。

9月20~21日,浙江省交通运输厅副厅长徐纪平,集团公司总经理王洪涛一行检查慰问喀伊项目。

9月25~26日,交通运输部在乌鲁木齐召开新疆公路(代建)项目廉政建设工作座谈会,陈小龙参加会议,并就喀伊项目廉政工作做经验交流发言。

11月5日,指挥部召开喀伊项目工作会议。

2013年

3月22日,《中国交通报》、《新疆日报》、新疆电视台、《新疆都市报》等媒体组团联合采访喀伊项目。

4月25~29日,《新疆日报》"中央新疆工作座谈会三周年·重点建设巡礼"栏目组采访全区唯一被选中的公路建设项目重点工程——喀伊公路项目。

5月5日,新疆维吾尔自治区交通运输厅党委委员、总工程师李志农督导调研喀伊项目。

6月1日,自治区交通运输厅党委委员、总工程师李志农督导调研喀伊项目。

6月18日,浙江省交通运输厅副厅长储雪青莅临喀伊项目考察指导工作。

7月6日,项目顺利完成SBS改性沥青混凝土上层面试验段铺筑。

7月11日,全线96座桥梁双幅贯通。

7月13日,指挥部召开"决战100天,全面完成项目建设任务"工作动员会。

8月4~5日,代建指挥部副指挥长、书记陈继禹检查喀伊项目建设情况。

8月22日,交通厅党委委员、交通建设管理局党委书记何立新莅临喀伊公路项目检查指导工作。

8月24日上午,《中国交通报》、新疆电视台、《新疆经济报》组团对喀伊项目联合采访。

9月13日,项目征地拆迁工作全部完成。

9月15日,自治区交通运输厅副厅长张德华调研喀伊项目。

10月11日,指挥部、总监办联合组织对全线巡视,重点梳理施工遗留项目和开展交工检测准备情况。

10月21日,自治区质监局对喀伊项目进行交工检测。

10月31日,浙江省交通投资集团董事长、党委书记王洪涛,副总经理李雪平赴代建指挥部考察慰问。

G3014 克拉玛依至乌尔禾高速公路

2011年

3月10日,开标。

6月27日,批复开工令。

2012年

新疆交通运输厅授予项目2012年"环保科技示范工程""标准化建设示范工程"光荣称号。

2013年

新疆维吾尔自治区交通运输厅授予项目2013年"环保科技示范工程""标准化建设示范工程""精细化管理示范工程"光荣称号。

8月,荣获新疆维吾尔自治区总工会授予的2013年"开发建设新疆"标兵称号。

10月20日,项目完工。

11月底,通过交工验收。

12月,项目通车。

2014年

克乌高速公路KW-1合同段段二分部QC小组,荣获2014年度四川省工程建设系统优秀质量管理小组二等奖。

2015年

荣获四川省"四川省建设工程天府杯金奖"。

2016年

荣获国家"国家优质工程奖"。

乌尔禾至福海高速高速公路

2011 年

8月15日,新疆交通运输厅党委委员、副厅长王永轩指导项目工作。

9月27日,新疆交通建设局党委副书记、局长燕宪国指导项目工作。

2012 年

7月,新疆交通运输厅党委委员、交通建设管理局党委书记、副局长苏彪等领导在乌阿项目调研。

2013 年

6月10日,指挥部组织第1、2合同段项目施工安全专项检查。

8月4日,指挥部组织第1、2合同段项目规范化管理整顿。

9月12日,指挥部组织职工夜校培训班、力抓安全质量。

G3014 福海至阿勒泰高速公路项目

2011 年

4月12日,项目举行开工典礼,新疆维吾尔自治区人大常委会主任艾力更·依明巴海出席仪式并宣布开工令。

4月14日下午1时30分,福阿高速公路项目指挥部举行挂牌仪式,兵团十师师长姚新民揭牌。

5月8~9日,陕西省交通运输厅副巡视员赵新民视察项目建设进展情况。

5月27~30日,建设局党委副书记、局长燕宪国督导检查福阿项目。

6月2日,陕西高速集团在新疆北屯召开代建制项目建设管理工作研讨会。

7月8日,新疆交通运输厅副厅长殷绍龙检查指导福阿项目安全生产工作。

7月14日,交通运输部公路局局长李华一行在新疆交通运输厅副厅长李学东、王太、建设局局长燕宪国、集团副总经理杨健、省厅援疆督导组组长孙新安等陪同下,视察福阿专案并座谈。

8月20~23日,陕西交通运输厅厅长冯西宁、陕西高速集团董事长靳宏利视察督导福阿项目、慰问援疆干部。

9月1日,建设局党委书记何立新、副局长何勇检查福阿项目。

9月23日,内蒙古交通运输厅副厅长戴贵率交通运输部安全生产检查组到福阿项目检查指导工作。

11月20日,新疆环境监察总队支队长刘刚检查指导福阿项目环境保护执行情况。

2012年

4月12日,指挥部召开福阿高速公路复工动员会。

5月10日,新疆公路工程质量监督局局长宋学艺检查福阿高速公路项目。

6月7日,指挥部在二分部召开安全生产事故警示教育周现场会,会议特邀新疆森源企业咨询有限公司讲师授课。

6月16日下午,阿尔泰地区行署在行署专员王胜平现场解决征迁问题。

6月20日,指挥部在额尔齐斯河特大桥施工现场召开高空坠落救援演练现场会。下午5时,阿尔泰地区突降暴雨,冰雹、洪水中克兰河2号桥安全度汛。

7月27日上午,阿尔泰行署在行署四楼召开高速公路征地拆迁工作协调会,建设局何立新书记参加会议,并检查督导福阿项目。

8月29日,兵团十师召开福阿项目征地拆迁工作协调会。

9月9日,交通运输部公路局工程管理处副处长张建军检查指导福阿项目。

9月15日上午,《中国交通报》、新疆电视台、《新疆日报》、《新疆经济报》和交通运输厅宣教中心等媒体记者,深入施工一线采访。

9月14日,新疆交通运输厅党委书记王新华检查福阿项目,提出五项要求。

9月18日,阿尔泰地区行政公署副专员王胜平检查福阿项目,慰问参加人员。

9月25日,集团党委委员、副总经理杨健检查指导福阿项目。

10月12~14日,集团公司党委委员、副总经理李东涛检查指导福阿安全工作、慰问援疆干部。

10月23日上午,福阿项目控制性工程——额尔齐斯河特大桥架梁完成。

2013年

4月7日,建设局局长燕宪国对福阿项目进行督导检查。

4月18日,新疆交通运输厅第六督察组副厅长王永轩一行在阿尔泰行署副专员王胜平、地区交通副局长胡强、福海县委书记焦晓凡等陪同下对福阿项目进行督导。

5月15日,福阿项目在全区2012年度公路建设"抓示范、树品牌"活动中,被授予"标准化管理示范工程""精细化管理示范工程"两项殊荣。

6月2日,集团副总经理杨健现场督导建设管理工作。

6月7日,福阿项目入选第三批交通运输部"平安工地"示范创建名单。

7月14日,新疆交通运输厅党委委员,建设局党委书记何立新对福阿项目进行督导检查。

7月23日,新疆水利厅水土保持处处长张爱民在阿尔泰地区水利局有关人员陪同下,对福阿项目的水土保持工作进行监督检查。

9月5日,陕西省交通运输厅副厅长冯明怀、副巡视员赵新民、集团党委委员、副总经理杨健检查督导福阿项目,看望慰问了全体参见人员。

10月20日,阿尔泰地委福书记、行署专员塔力哈提对福阿项目进行视察,现场办公解决阿尔泰连接线征地拆迁遗留问题。

11月7日,新疆交通运输厅副厅长张德华视察福阿项目。

2014年

5月1日,指挥部被中华全国总工会授予2012—2013年度全国重大工程示范性劳动竞赛项目"全国工人先锋号"荣誉称号。

5月13日,交通运输厅党委委员,建设局党委书记、副局长苏彪一行对福阿项目进行调研,并与阿尔泰地位行署及市政府领导进行座谈,协商解决影响高速公路建设环境保障征迁问题。

7月15~16日,十余名媒体记者来福阿高速公路,以交通运输部"新丝路、大交通"为主题,采访报道援疆代建工作成果。

7月17日,新疆交通运输厅副厅长张德华、副巡视员何立新对福阿高速公路项目进行检查指导。

7月21日~8月15日,新疆维吾尔自治区公路工程质量监督局完成对福阿高速公路第三方质量检测工作。

9月25~26日,交通运输部在乌鲁木齐召开公路建设体制改革座谈会,指挥部及全体人员受到新疆维吾尔自治区政府和交通运输部表彰。

9月27日,交通运输部公路局处长张建军检查福阿高速公路项目建设市场信用管理工作。

2016年

11月,新疆公路工程质量监督局及第三方检测单位对本项目进行了质量鉴定(竣工验收),得分91.08分。

G3012 墨玉至和田段高速公路

2015年

4月19日,墨和项目指挥长甫卡提·依不拉音及第1合同段项目经理苏枝胜等一行,来到克格孜艾日克村排碱渠施工现场,并将修建排碱渠所需的9000元由克格孜艾日克村"访惠聚"住村工作小组组长曾伟转交给村委会书记阿生木手里,以保证排碱渠重建顺利进行。墨和指挥部将陆续帮助克格孜艾日克村完成7条排碱渠的重修工作。

5月12~14日,自治区交通运输工程质量监督局第五监督小组对G3012墨玉至和田段公路工程项目进行了第一次监督检查工作。

6月29日,墨和高速公路项目7家参建单位顺利通过工地实验室验收,获得临时资质认证。

10月21日,墨和高速公路三标项目部召开了"大干六十天,确保产值任务完"动员大会,要求所有项目施工队要充分利用有效时间,再次掀起大干高潮,确保今年1.8亿元产值目标的完成。

10月23日,墨和项目玉龙喀什河特大桥预制箱梁首件工程浇筑完成。玉龙喀什河特大桥是本合同段控制性工程,桥梁左幅全长1842.147m,右幅全长1928.098m,设计预制箱梁共计472片。

2016年

4月16日,墨和高速公路、玉龙喀什河大桥项目率先实施"挂图作战,销号管理",静心研究制定项目建设作战图,确定责任人,明确时间表,全面加快推进工程进度。

4月25日,墨和项目底基层全面开工。